虚构的西方文明史
——古今西方"复制中国"考论

诸玄识 著

山西出版传媒集团
山西人民出版社

图书在版编目（CIP）数据

虚构的西方文明史：古今西方"复制中国"考论／诸玄识著．—太原：山西人民出版社，2017.10（2024.5重印）

ISBN 978-7-203-10021-8

Ⅰ．①虚…　Ⅱ．①诸…　Ⅲ．①文化史—西方国家　Ⅳ．①K03

中国版本图书馆 CIP 数据核字（2017）第 161575 号

虚构的西方文明史：古今西方"复制中国"考论

著　　　者：	诸玄识
责任编辑：	王新斐
复　　审：	樊　中
终　　审：	员荣亮
装帧设计：	谢　成
出 版 者：	山西出版传媒集团·山西人民出版社
地　　址：	太原市建设南路 21 号
邮　　编：	030012
发行营销：	0351-4922220　4955996　4956039　4922127（传真）
天猫官网：	https://sxrmcbs.tmall.com　电话：0351-4922159
E - mail：	sxskcb@163.com　发行部
	sxskcb@126.com　总编室
网　　址：	www.sxskcb.com
经 销 者：	山西出版传媒集团·山西人民出版社
承 印 厂：	山西出版传媒集团·山西人民印刷有限责任公司
开　　本：	720mm×1010mm　1/16
印　　张：	36
字　　数：	660 千字
版　　次：	2017 年 10 月　第 1 版
印　　次：	2024 年 5 月　第 6 次印刷
书　　号：	ISBN 978-7-203-10021-8
定　　价：	86.00 元

如有印装质量问题请与本社联系调换

略论"中学西被"

林 鹏

一、欧洲"近现代文明"源于"中学西被"

"文明"(法语:Civilisation)一词来源于中国。17—18世纪时,以法国为代表的欧洲部分先进人士对中国文明有了清晰的印象,于是导入了"文明"的概念,掀起反对基督教的启蒙运动。与启蒙运动的"文明"含义——进步、创造、礼乐和高尚——形成对照,对于中世纪的基督教欧洲来说"文明"是个贬义词,它意味着:人脱离上帝而自作自受——原罪爆炸、充满灾难、走向毁灭。后来,西方所走的"文明"之路则是"中表西里",实质上是走进了"上帝的怪圈"——"创世→末日",暂时把原罪和灾难转嫁给了外部世界——新大陆(西印度)、亚洲(东印度)及非洲。

欧洲在与东方世界的早期接触中,受到亘久浩大的中国文明的震撼,以致连续两个世纪,欧洲都把中国作为其"近代转型"的文明样板。有一种说法:法国人自诩为欧洲的"文明传教士"。意思是说,与基督教的传播形成对照,法国所传的是"文明教",而"文明教"的内容则是中国文化。早在16世纪末的法国学者斯卡利杰说:"中国人在正义的制度下过着太平的生活……这让基督教统治面对耻辱。"[1]查尔斯·费希尔说:"在1785年之后,人们每每称法国为'欧洲的中国'。"[2]法国路易十四效法中国宫殿生活,建造凡尔赛宫,并开展了模仿华夏曲礼三千的"礼仪运动";其后百余年间,欧洲各国纷纷跟风,形成了大规模竞相营造宫殿的风潮。此前的欧洲,只有城堡,没有宫殿。

"意大利文艺复兴"是19世纪的概念。而在14—16世纪的欧洲,并不存在一

---

[1] Mingjun Lu: *The Chinese Impact upon English Renaissance Literature*, Ashgate Publishing Ltd., 2015, p.8.
[2] Charles A. Fisher: *The Geographical Journal*, Vol. 136, No. 4, Dec., 1970, p. 549.

场所谓的"文艺复兴运动"。换句话说,被称为"文艺复兴"的运动应该正名为"中学西被"运动,用英国学者孟席斯的话说,叫作"中国点燃意大利文艺复兴之火"。美国历史学家林恩·怀特也说:"鉴于中国的科技发明把欧洲人从中世纪的桎梏中解放出来,北京启迪意大利文艺复兴可能不亚于欧洲本身。"①

伏尔泰说500年前欧洲无人识字。"我们可以回忆一下,500年前,不管是在北欧,在德国,还是在俄罗斯,还几乎没有一个人会写字。今天我们的面包商还使用着的刻记赊售面包的木筹,就是我们过去的象形文字和账簿。"②

伏尔泰是18世纪的人,他说的500年前大约为距今700年前,即所谓的意大利"文艺复兴"之前,当时的欧洲基本上是文化荒漠。

明朝时,郑和曾七次下西洋,到海外去传播中国文化。据东西方学者最新研究成果,郑和下西洋的船队不仅到达了印度洋、阿拉伯半岛、非洲东海岸,而且还曾造访美洲与澳洲,同时还于1434年派遣分队到达意大利佛罗伦萨。当时的佛罗伦萨是教皇的驻地,郑和的副使在那里与教皇尤金四世进行了会面,并向欧洲传播了大量的中国文化知识,包括明朝郑和的《星历表》,元朝的《授时历》及科技专著《农书》刻印本等大量信息。③中国到海外的活动,是一种文化传播活动,与西方"发现"新大陆灭绝土著的殖民行径,形成了鲜明的对照。

在郑和下西洋传播文化的半个多世纪之后,西方开始了所谓"发现"新大陆及开通东印度航道的"探险"之旅。这种从大西洋出发的探险之旅,无论向西还是向东,始终以寻找中国为目标。当时在欧洲人的地理知识中,将以中国为中心的亚洲大陆及群岛称为"印度",哥伦布"发现新大陆"之旅所设定的向西航行目的地是"印度的泉州""印度的杭州""印度的广州"及"印度的日本";泉州、杭州、广州不用说都是属于中国的地理区域,而日本显然也是属于中国文化影响的区域。

哥伦布登上新大陆之后,以为自己到了接近"印度的日本"的地方,前方不远就应该是"印度的杭州"(中国)了,因此将所到达的地方称为印第安(印度)。后来人们才知道,哥伦布所到达的地方并非中国(印度),而是一块新的陆地,因其航路

---

① Lynn T. White: *Medieval Religion and Technology*, University of California Press, 1978, p.xiii.
② [法]伏尔泰:《风俗论》,上册,商务印书馆,1994年,第87页。
③ 参阅[英]孟席斯:《1421中国发现世界》(2011年台北远流)、[英]孟席斯:《谁发现了美洲?》(2015年台北远流),李兆良:《坤舆万国全图解密——明代测绘世界》(2012年台北联经)、李兆良:《宣德金牌启示录——明代开拓美洲》(2013年台北联经),[加]保罗·夏亚松:《口述:最早发现北美洲的中国移民》(三联书店)等。

方向由西取道大西洋,因而称之为"西印度"。

另一方面,葡萄牙人达·伽马探寻"东印度"之旅的目的地也是中国。"东印度"是相对于哥伦布发现之"西印度"(新大陆)而言的,达·伽马在到达了今天的印度半岛南端城市古里时,称印度半岛为"小阿拉伯半岛",并非"东印度"之旅的目的地。待其夺取马六甲,蛰居澳门后,总算可以远眺"东印度"之旅目的地——中国——的腹地了。早期欧洲称太平洋为"中国海"(或译秦海),称东印度群岛(包括印度尼西亚及菲律宾等)为"大中国海群岛"。在当时欧洲人贫乏的地理概念中,无论"西印度"还是"东印度",起初都是以对中国的想象为背景的。

在"东印度"航路开通后不久,西方传教士即由澳门进入中国。这些传教士以耶稣会士们最为著名,他们在致力于中华归主(基督教征服中国)事业的同时,也将中国的宋明理学、儒学经典等传回欧洲,引起了基督教观念支配下的欧洲社会的巨大反响,从而形成了"中学西被"的一个新阶段。

学术界有一个词汇叫作"东学西渐",我们认为这个概念不能很好描述这一大规模文化传播运动的实际情况。"东学"的"东"是一个以西方中心论为背景的地理概念,偏于"远东"一隅;"西渐"的"渐"所表示的是小规模、长时间的缓慢渗透,不足以描述中国学术在短时间内大规模覆盖欧洲"文化荒漠"的景象。相比之下,"中学"是一个中国文化的概念,表示中国的学术文化传统;而"西被"则说明中国文化西传欧洲时,好像是铺天盖地而来,势不可挡。因此,我们觉得使用"中学西被"这个概念比较贴切。

二、"中学西被"举隅:西方历史学观念的起源

历史学是中国文化的特色。在历史长河中,唯有中国有着不间断的纪年。这一方面是因为中国有文字和语言统一的大一统政治文化,颁行统一的历法是天子的职责;只有通过统一的政令,才能颁行统一的历法。另一方面,因为中国有"左史记言,右史记事",重视历史记载的文化传统,历代的典籍车载斗量,不可胜数。据记载黄帝时"大挠作甲子",创造了干支法,起初用于记日;周朝的《四分历》开始将其用于纪年,如战国时魏国史书《竹书纪年》所采用的就是干支纪年法;东汉时复用《四分历》,亦明确采用干支法纪年,黄巾起义"岁在甲子,天下大吉"是其用例。干支纪年法的特点是便于计算、记忆,掐指一算就有结果,不会产生年代错乱。这种六十花甲干支纪年法方便、实用,几千年一直沿用至今。中国历史纪年的另一个特

点是翔实可信,所记年代不仅为当时的记录,而且几千年连续不断;更有进者,对中国古代纪年的真实性还可以通过当今科技手段进行验证,如通过古代天文学对天象变化的记载验证其准确性等。

与此形成鲜明对照的是,历史上欧洲很少有过政治统一,也没有统一的文字,因而不可能有统一的纪年法存在。欧洲开始有历史纪年,出现在与中国文化接触之后,即在17世纪,欧洲对中国的历史纪年有了初步了解之后。我们今天常听说西方古代有所谓"古希腊奥运纪年""雅典执政官纪年""斯巴达监察官纪年""古罗马建城纪年"等概念,其实这些说法都是出于后世的伪造。就中世纪以前的欧洲而言,只有神话传说,没有历史记录。

西方的《格列历》来源于元代的《授时历》

从历法来说,中国上古文献《尚书·尧典》就已经明确提出一年为366天[①],杜预《长历》曰:"《书》称期三百有六旬有六日,以闰月定四时,成岁。"将一年365又四分之一天说成366天,是因为"举全数而言,故曰六日,其实五日四分之一。"《史记·历书》记载了黄帝制订历法:"黄帝考定星历";三代的历法:《夏正》《殷正》《周正》[②]以及汉代的《太初历》等。子曰:"行夏之时"是也。其后经过历代不断修订,到元代所测定、颁行的《授时历》则进一步精确化,将一年确定为365.2425日,距近代观测值365.2422日仅差25.92秒,达到了在利用现代科学手段进行实际测量之前所能达到精准度的极限。

在《授时历》颁行后300多年,欧洲才有了《格列历》(《格里高利历》),现代世界通行的历法就是以《格列历》为基础的。然而,这部"伟大"的《格列历》是从哪里来的呢?据说是16世纪意大利医生、天文学家、哲学家、年代学家阿洛伊修斯·里利乌斯(Aloysius Lilius,约1519—1576)与克拉乌(Christophorus Clavius)等学者对古罗马《儒略历》加以改革制成的一种历法,由教皇格里高利十三世于1582年颁行。无巧不成书,剽窃中国纪年将其用于西方历史的"历史学之父"斯卡利杰,在第二年(1583)发表了这方面的专著《时间校正篇》(Opus de emendatione tempore);他没有提到《格列历》,却"造出"一个《儒略历》。(详见本书第二章诸玄识先生的考证)

[①]《尚书·尧典》:"期三百有六旬有六日,以闰月定四时,成岁。"这是人类历史上第一次将一年确定为366天的明确记载。

[②]《史记·历书》:"盖黄帝考定星历,建立五行,起消息,正闰馀……《夏正》以正月,《殷正》以十二月,《周正》以十一月。"《史记索隐》:"《世本》及《律历志》黄帝使羲和占日,常仪占月,臾区占星气,伶伦造律吕,大挠作甲子,隶首作算数,容成综此六术而著调历也。"

既然不存在所谓古罗马的《儒略历》,那么《格列历》的来历也就成了问题。事实上,《格列历》与早于它300余年的《授时历》如出一辙①;因此,与其说《格列历》是教皇格里高利对《儒略历》的改革,毋宁说《格列历》就是《授时历》的翻版。不仅《格列历》袭用了《授时历》,哥白尼的"日心说"理论也脱胎于《授时历》。哥白尼"日心说"直接抄袭了雷乔蒙塔纳斯,而雷乔蒙塔纳斯的知识来源就是中国元朝的《授时历》。从1504年起,哥白尼已在波隆那获得雷乔蒙塔纳斯的《星历表》和《天文学概要》,这两本书抄袭了郑和的《星历表》,而郑和的《星历表》则以郭守敬的《授时历》为基础②。这就是"西历"的来历。

"西元"纪年出现于17世纪

说了"西历",再说"西元"。20世纪为西方霸权扩张的极盛期,整个世界都被迫采用了一种被称为"公元纪年"的耶诞纪年法,以耶稣诞生为公元元年。1949年9月27日中国政协第一届全体会议通过决议:"中华人民共和国的纪年采用西元。"然而,这种耶诞纪年法实际上是欧洲人在了解到中国历史上存在一套几千年不间断的历史纪年后,才导入欧洲"历史学"的。"用耶稣诞辰作为公元纪年基点的方法要晚得多。1627年,裴达提乌斯首次在历史著作中使用了公元纪年,到18世纪被西方各国学者广泛接受。这就是我们今天使用的公历纪年。"③

关于耶诞纪年法的出现时间,有人以比德所著《英吉利教会史》为依据,认为早在8世纪时英国的教士比德在基督教修道院中就采取了这种纪年法;实际上这种说法不可靠,因为《英吉利教会史》不仅是孤证,并且确实是一部伪书。④而所谓的"公元纪年"为6世纪宗教法规学者小狄奥尼修斯所创立的说法,更是无根游

---

① 1279年,郭守敬向元世祖报告时,提出在太史院建造一座新的司天台,同时在全国范围进行大规模的天文测量的想法,得到了元世祖的批准。经过王恂、郭守敬等一起研究,在全国各地设立27个测点,最北的测点是铁勒(在今西伯利亚的叶尼塞河流域),最南的测点在南海(在今西沙群岛上),选派14名监候官员分别到各观测点进行观测。郭守敬也亲自到几个重要的观测点进行观测。各观测点把得到的数据向太史局进行汇总报告。郭守敬根据这些数据,花了两年时间编出了这部《授时历》。这种新历法比旧历法精确得多,它算出一年为365.2425天,同地球绕太阳一周的时间只相差不到26秒。这部《授时历》同现代世界通行的《格列历》(即公历)一年的周期相同,时间上却比《格列历》早302年。

② 详见董并生:《虚构的古希腊文明——欧洲"古典历史"辨伪》,山西人民出版社,2015年,第456—458页。

③ 晏绍祥:《执政官年表与早期雅典历史的年代学》,载东北师范大学世界古典文明研究所编:《世界诸古代文明年代学研究的历史与现状》,世界图书出版公司,1999年,第161页。

④ 从罗马占领到大宪章的英国历史,基本上都是后世伪造的,详见诸玄识新浪博客。

谈,不值一驳。

在"中学西被"的过程中,中国不仅在伦理和政治方面给欧洲带来了广泛的影响;1740年之前,欧洲发现中国历史纪年,所造成的影响则尤为震撼。

欧洲的"创世纪"纪年法

18世纪时,欧洲的世界历史纪年依然处于一片蒙昧之中。当时,欧洲人在对照中国历史纪年清理《圣经》年代时,发现不同语言版本的《圣经》之间,关于创世纪的时间完全驴唇不对马嘴。

当佩迪库罗索(Pediculoso)修士——人称贫者——启程去圣地时,拉古萨①的嘉布遣修会会长要求他:"请给我带回《圣经》希伯来语原文文本、撒马利亚原文文本和由七十士编纂的《圣经·旧约》译本,它们记载的洪水发生的年代分别为创世1656年、2309年和2062年;请将这三个文本统一起来,学习普吕施(Pluche)院长的做法,得出一个准确的年代来。"②

嘉布遣修会是当时天主教主要修会之一的方济各会的分会,其会长提出对于《圣经》不同版本时间体系进行统一的要求,反映了欧洲天主教应对中国纪年挑战的迫切性。

1769年,首次在日内瓦刊印的《阿玛贝德书简》中说:他刚刚读过一本世界通史,"最使我感到惊讶的是,他们都从他们那与我们完全不同的创世开始计算时代。我的欧洲学者向我出示了他们的宗教历书之一,大家由此可知其现在的同胞们生活于创世之后的5552年或6244年,也可能是6940年,根据大家所希望的情况而定③。这种奇怪的做法使我惊奇。我曾问他同一事件为什么会有三个不同的时代。我对他说:'你自己不可能同时30岁、40岁和50岁,你们的宇宙怎可能会有三个互相形成鲜明对照的时间呢?'……"

"这同一部书论述了一个叫作亚当的世界第一人,该隐、马太和一名在洪水淹没了整个地球之后栽培了葡萄园的诺亚,最后是我从未听说过和从未在我们的任何书中读到的大量事物……"

---

① 拉古萨位于克罗地亚南端,现名杜布罗夫尼克(Dubrovnik),面积364平方公里,人口5.6万。现为奈雷特瓦省省会,重要的旅游和海运城市,素有"亚得里亚海滨明珠"的美誉。杜布罗夫尼克(斯拉夫语中译为:橡树林)建于公元7世纪中叶。

② [法]艾田蒲:《中国之欧洲》,许钧、钱林森译,广西师范大学出版社,2008年,下卷,第159页。

③ 这是在希伯来文本、撒马利亚文本和七十士希腊文译本《圣经》之间的差异。

《阿玛贝德书简》继续写道:"我抱怨欧洲的这些不幸之辈,他们最多只是自69649年以来才被造成,而我们的年代却已经是115652年。我更抱怨他们缺少胡椒、桂皮、丁香、茶叶、咖啡、丝绸、棉花、油漆、神香、香料和一切能使生活变得较舒适的东西……还有人声称他们在卡利卡特(Calicut,古里)仅仅为了胡椒就犯下了令人发指的暴行。这样做使印度人的天性感到战栗。印度人的体制无论如何也与他们不同,因为他们胸膛上长满了汗毛。"[①]

从这封书简中的关键概念胡椒、茶叶、咖啡、丝绸、香料以及卡利卡特(古里)、印度人等可以看出,当时欧洲人由"发现"东印度而对东方世界感到惊奇。修道士是当时欧洲的主要知识分子,从上面引文中"他们最多只是自69649年以来才被造成,而我们的年代却已经是115652年"这句话,可知当时欧洲人对历史纪年的认识完全不靠谱。

在此27年以前,伏尔泰于1741年介绍了一个传奇性故事,借一位在荷兰的中国商人之口讲到东方的历史,说中国与越南(交趾/东京)及日本之间的战争史长达22552年时间,说蒙古帝国向欧洲天主教会派出使团的时间为上帝创造世界之前的500000000000007912345000年,尽管伏尔泰也许是在讲述一个戏弄天主教的笑话,然而这也反映出欧洲在受到中国历史纪年影响后所产生的思想混乱。

孟德斯鸠的年代观——从"创世纪"到"末世"计6000年

伏尔泰的对手孟德斯鸠也不可能不思考世界的纪年问题。这个问题在当时如此紧迫,孟德斯鸠本人也假装对于希伯来文本和七十士希腊文译本《圣经》之间的不相吻合感到不知所措,我们看一下他是怎样解释这种年代不一致现象的:

"当耶稣—基督降世时以及继此之后很久,有一种传说认为世界只能持续6000年。当耶稣—基督降世时,大家只会计算到世界已接近末日,也就是说从6000年又大大地向前移了。这就使圣保罗去讲世界末日之事……

"在3世纪时,由于这一末日未曾出现,任何人都不希望它如此过早地到来,大家只能计算到5500年,这就是非洲人儒略(Jules)的纪年。

"在5世纪时,还必须继续后移,任何人都不希望看到世界的这一末日,以至于大家只能有5200年了……最后,由于已超过了预定的时间,所以还必须再把时间后移,把直到耶稣—基督降世的时代定为4000年。

[①] [法]安田朴:《中国文化西传欧洲史》,耿昇译,商务印书馆,2013年,下册,第727—728页。

到7世纪末,大家在《塔木德》(Talmud)中发现了赫利家族,其中记载说世界应持续6000年,2000年的混沌、2000年的法治、2000年由救世主治理,这样就使在6000年之前还有很长的时代。因此,大家看到随着自耶稣—基督降世以来时代的增长,耶稣—基督降世之前的时代就应该递减。"①

欧洲第一部"世界通史"采用"创世纪"分期纪年法

博绪埃(Jacques Benigne Bossuet,1627—1704)于1681年出版的《论世界史》(Discourssurl'histoireuniverselle)为欧洲第一部"世界通史"。这部著作是法王路易十四做太子时的老师博绪埃为教育王储而写的教材,该著作采用"创世纪纪年法",从伊甸园一直写到查理曼大帝立国。

博绪埃"世界通史"的第一个日期是亚当的出现,或者是创造世界。其次一个历史断限是诺亚,或称之为洪水时期。接下来是亚伯拉罕的受命,或曰上帝和人们联盟之开始。第四阶段是摩西,或曰成文法典的出现。随后引用一个重大事件——占领特洛伊作为一个阶段,从博绪埃所抱定的圣经传统观点来看,有些出人意料。第六个阶段是所罗门,或由他来创立教堂。第七阶段是罗慕洛的统治或创建罗马城。第八阶段是犹太人从巴比伦的囚禁中解放出来。第九阶段是斯奇庇奥,或曰毁灭迦太基。第十阶段是耶稣—基督的诞生。第十一阶段是君士坦丁,或称基督教的胜利。第十二阶段是查理大帝建立新帝国。他把从创造世界直到查理大帝统治结束的时代称作古代史,而把从查理大帝到路易十四世称作现代史。②

《大英百科全书》与《大美百科全书》对博绪埃都有高度评价,新近出现的一些西方思想史的研究著作中,博绪埃也被列入中世纪思想大家的行列。

博绪埃的世界历史年代是以圣经观念为背景的法国中心论的表现,遗憾的是路易十四没有成功,法国大革命之后拿破仑也失败了。因此,博绪埃的世界历史也就成了笑话。

16世纪德国发明"世纪纪年法"——以每百年为1个世纪

在中世纪后期,欧洲新教徒"发明"了以百年为单位,把神学及其事迹排成时间序列的纪年方法,这是欧洲人在中国历史纪年的影响下,试图创造自己的历史纪年的缘起。埃里克·库珀说:皮斯卡托《城区教会记事》(1526年)分为连续的几个百年,这是作者获得了新的历史方法……首次在历史著述中分为百年,即是《城

---

① [法]安田朴:《中国文化西传欧洲史》,耿昇译,商务印书馆,2013年,下册,第732页。
② [俄]叶·阿·科斯敏斯基:《中世纪史学史》,郭守田等译,商务印书馆,2011年,第178—179页。

区教会记事》,但该书是在皮斯卡托死后三十年被提及于新问世的《马格德堡世纪史》(*Magdeburg Centuriators*,1559年);这个历史方法开始出名,以致英语中的"世纪"(century)一词的诞生,可能是直接受此影响……中世纪后期,存在着多种尝试来实行百年的计算方法。

佛拉西斯(Matthias Flacius,1520—1575年)的著作《马格德堡世纪史》(教会史)是一部原始社会水平的"历史"。中国古人写编年史都分年月日,叙述详细,前后照应。而《马格德堡世纪史》则分为13个百年,每个百年中堆积素材,各个事件都是孤立的,全无联系,也没有具体时间……[①]

印刷术普及之前欧洲没有历史记录,亦没有历史观念

亨利·珀金森教授说:(欧洲)中世纪的学者从来不用历史方法。的确,历史学家彼得·伯克(Peter Burke)甚至宣称,在中世纪,人们没有历史感。他们缺少过去和现代有什么不同的感觉。他们没有历史的透视和往昔的意义。当然,他们只知道过去已经过去了,是混沌的,不去注意过去时代和文化有什么不一样……印刷术带来了历史感,它出现在15世纪的后期。历史感是基于被写的历史的可行性的……此前,基督教尽可能使书写历史毫无必要……它的教条被编成神秘文字……不仅描绘神变成人的整个故事,而且记录"神的话"。如此手稿所包含的信息不是历史,而是无限;不是时间,而是神圣……印刷术改变了一切。带着大量副本的手稿被制造出来,散布到各地。印刷术使基督教面对抨击……历史学破坏了经院主义。[②]

中世纪早期的欧洲没有历史

休谟是欧洲启蒙时代著名的思想家,著有多卷本的《英国史》,称为欧洲史学名著。按照他的观点,中世纪早期英国盎格鲁—撒克逊时代不过是老鹰与乌鸦之战的时代。而启蒙时代最著名的思想家伏尔泰则认为研究早期中世纪的历史,就像研究狼与熊的活动,是没有价值的。[③]

在谈到法国中世纪历史时,伏尔泰说:"如果从法国的历史著作,或者不如说,从有关法兰克国王和他们的宫相的历史著作中,要删去的只是这样一些故事,那

---

① Erik Kooper: *The Medieval Chronicle*, Rodopi, 1999, p.137.
② Henry J. Perkinson: *How Things Got Better: Speech, Writing, Printing, and Cultural Change*, Bergin & Garvey, 1995, p.92—93.
③ [英]乔治·皮博迪·古奇:《十九世纪历史学与历史学家》中译本,商务印书馆,2011年,上册,第85页。

我们还可以勉强一读;但是这些历史著作中赤裸裸的谎言比比皆是,我们怎能接受?这些历史著作中不断说到围攻城市和堡垒,其实这些城市和堡垒并不存在。当时在莱茵河以东只有一些没有城墙、靠木桩和堑壕来防卫的小镇。我们知道,只是在920年捕鸟者亨利时期,日耳曼才筑有城墙和设防的城市。总之,有关这些时期的细节都是一些无稽之谈,而且都是令人厌恶的无稽之谈。"①

欧洲的这些故事没有年代,好像我们儿时听长辈们讲故事时所说的:从前有个山,山里有个庙,庙里有个老道吹洋号;吹的是什么呢?从前有个山,山里有个庙……如此反复不断地吹下去,重重无尽。

18世纪欧洲人如是说:只有中国编年史翔实可靠

伏尔泰在1765年出版的《历史哲学》中专门谈到编年史的历史学方法时写道:"无可否认,世界上最古老的编年史是中国的编年史。中国的这些编年史连续不断,详尽无遗,撰述严谨,没有掺杂任何神奇的成分,而且全都以4152年的天文观察为依据。"②

伏尔泰是从世俗角度撰写欧洲版"世界通史"的第一人,他撰写的《风俗论》是欧洲第一部世界历史,这部著作包括了《圣经》以外东方各民族的历史,因而伏尔泰对于编年史学最有发言权。

中国古籍中所记载的时间序列,在近代早期的欧洲掀起轩然大波。

"在1640和1770年间,大家曾大量地争论了《书经》中记载的一次天文观察的具体时间,大家由此而得出结论认为——这次天文观察只能是在公元前2200年左右从事的。"③

"一旦西方人了解到中国人这种假定的古老历史时,便一片轰动……1686年,柏应理神父发表了《自中国的第一位帝王黄帝以来统治中国的前三朝的纪年表》,他们共有过相继执政的86位君主,要上溯到公元前2457年。因此,1686—1743年间,也就是当尼古拉·弗雷烈在金石和美文科学院对于他1733年11月宣读的有关中国纪年的古老性和可靠性的论文做出澄清时,仅仅就此问题就相继出现了10多部著作。毕诺引证了在1630—1700年间发表的40多部著作,其中有

---

① [法]伏尔泰:《风俗论》,梁守锵译,商务印书馆,1997年,上册,导论,第226页。
② [法]伏尔泰:《风俗论》,梁守锵译,商务印书馆,1997年,上册,导论,第220页。
③ [法]安田朴:《中国文化西传欧洲史》,耿昇译,商务印书馆,2013年,下册,第730页。

30 部是 17 世纪下半叶的。这就说明了当时这个问题的严重性。"①

欧洲编年历史学的真正始祖——斯卡利杰

法国"文明传教士"中有一人名叫约瑟夫·斯卡利杰(Scaliger Joseph Justus,1540—1609 年),此人在中国知名度很低,然而他却是西方历史纪年的开山祖师,可以称得上是真正的欧洲"历史学之父"。欧洲版的世界历史最初是由他一手构造出来的,现代通行的关于古代世界和中世纪欧洲的编年史,主要是基于 16—17 世纪的约瑟夫·斯卡利杰的系列著作,以致西方历史学可被称为"斯卡利杰历史学"(Scaligerian History)。

然而,斯卡利杰是欧洲伪造历史的集大成者:他不仅汇总了杜撰的神学故事,用其充当历史;而且还把许多发生在中古的事以及由拉丁文翻译成希腊文的伪书,都编纂成古代史。

斯卡利杰袭取了中国的纪年体系,并参考中国的纪年杜撰了"圣经编年",欧洲的历史纪年就建立在斯卡利杰所设计的"圣经编年"的基础上。也就是说,欧洲的世界历史纪年并无事实根据,欧洲版的世界历史宗本于斯卡利杰所炮制出来的仿制品,其所模仿的内容就是中国的历史纪年。

据诸玄识先生考证,在欧洲的"文艺复兴"追随中国影响而转到荷兰之际,斯卡利杰就从法国赶到那里;他参照和模仿中国历史(中国的朝代帝王年表等),建立了"圣经编年"及其子系统(希腊、罗马、埃及和巴比伦等"时间序列"),用它们来经纬西方版的世界历史。建立起这个框架之后,斯卡利杰就把他之前的所有伪造品,当作素材,填入其中。在斯卡利杰死后的 200 年中,即在 17—18 世纪,大群西方学者——包括科学家牛顿——都在利用越来越准确的"中国信息",来校对、修改、批评或补充"斯卡利杰编年史"。中国式的西方历史学,成为欧洲从文艺复兴到启蒙运动之间最热门的"显学"。整个西方版的世界历史就是这样缘起的。

三、"中学西被"的后果——"文明"之变异

2015 年,山西人民出版社出版了董并生的著作《虚构的古希腊文明——欧洲"古典历史"辨伪》,我在为该书所作题为《"文明"的唯一性》的序言中,提出了"文明"概念的三个标准:第一,作为"文明"的核心标准首先必须要有真正的"文字",

---

① [法]安田朴:《中国文化西传欧洲史》,耿昇译,商务印书馆,2013 年,下册,第 731—732 页。

而文字必须具有形、音、义三项要素;第二,有了文字,还必须要"文以载道";第三,既称"文明",必须"照亮历史"。

其中,"照亮历史"的标准有两层含义。首先,顾名思义"历史"由"历"与"史"构成,既云"历史",必须有"历"有"史","历"指"历法","史"指"史册","史册"即"左史记言,右史记事"的各种历史档案及历史著作;其次,"文明"必须要有礼乐典章制度,也就是政治文明制度。有了这两个条件,才能"照亮历史",才称得上文明社会。

作为《虚构的古希腊文明——欧洲"古典历史"辨伪》的姊妹篇,山西人民出版社今年又推出了诸玄识先生所著《虚构的西方文明史》一书。从我们对欧洲历史纪年起源的探讨中可以见到,是中国文明照亮了欧洲的近现代历史,换句话说"西方近现代文明"起源于中国。这也是诸玄识先生著作中的主要观点。

诸玄识著作所揭示的"中学西被"内容概要

诸玄识先生寓居文化异乡,甘于寂寞,长期以来搜集了大量相关的外文原始资料,在此基础上潜心研究,博采许多天良未泯、敢于自曝学术丑闻的西方学者新近研究成果,大致梳理出了"中学西被"的历史脉络,揭露了欧洲版世界历史形成过程中袭用中国历史作为其造史基础的真相,揭示了"西方近现代文明"形成过程中所受到中国文化广泛、深入影响的概貌。

诸玄识先生得出结论认为,与中国接触之前西方本来是原始社会,它几乎从零开始,百分之百地拥抱源自中国的文明。基于中国文明成果的西方"文明元素"可以分为:科学技术、民主政治、国家制度、自由经济和哲学思想等内容。其概略如下:

1.科技:中国的科技发明奠基了西方的科学—工业革命,而中国的有机自然的哲学则引导现代与后现代的科学。

2.民主:儒家的自然哲学、选贤举能和科举考试,分别"启蒙"欧美的天赋人权、民主立宪和文官制度。

3.制度:欧美的民族国家步武战国七雄,兼取中国历朝的行政管理制度,各种现代制度差不多袭用的都是中国的原创。

4.经济:西方的经济思想、经济体制和财政金融以及全球贸易体系,基本上都是基于中国的成就。宋朝开启了世界的近代化。

5.哲学:中国哲学的"道"(宋明理学的"理")到西方被"一分为二":逻各斯和辩证法分别被用于塑造"希腊哲学"和近代哲学。

应当指出,在西方中心论远未退出历史舞台,或者毋宁说在西方列强、帝国主义和霸权主义还保有非常巨大势力的历史条件下,能够不畏强权,以充分的事实为根据,提出全面否定西方中心论理论基础的尖锐论点,可以说是需要巨大理论勇气的。古人云"后生可畏",可以毫不夸张地说,诸玄识先生的这部著作,为全面质疑西方中心论的理论基础提供了重要的学术支持。

传播中国"文明教"者何许人也

法国的"文明传教士"著名者如:孟德斯鸠、伏尔泰、卢梭、狄德罗、爱尔维修、霍尔巴赫、杜尔哥、魁奈、孔多塞等,也就是被称为"哲学家"(法语:Philosophes)的那一帮人。

法国是近代欧洲传播中国文化的中心,但中国文化的影响范围则不限于法国,可以说整个近代欧洲,都曾受到中国文化广泛、深入的影响。这些文明传播的接棒人包括:莱布尼兹、莱辛、赫尔德、歌德、洛克、休谟、波令布鲁克、费格逊、亚当·斯密、普莱斯、普利斯特雷,还有新大陆的杰弗逊、富兰克林等。"这些人不管可以表现出什么样的民族与个人的特色,全都是启蒙运动的真正儿女。哲学家的王国是一片国际领地,法国只不过是它的母国,巴黎则是它的首都。无论你愿意走到哪里——英国、荷兰、意大利、西班牙、美国——到处都会遇到他们这些'哲学家',说着同样的语言,被同样舆论的气候维系着。他们是属于一切国家的,并不属于某一个国家,他们公开宣称效忠于全人类。"①

何以见得上述这些18世纪欧洲的"文明传教士"及其接棒人在欧洲所传的"文明教"是中国文明呢?

首先,欧洲启蒙运动来自中国文化的影响,启蒙运动的四个核心概念,理性、自然、自由、进步都来源于中国。欧洲的"理性"概念来源于宋明理学的"理",在此之前欧洲存在理性观念一说,出于后世伪托;欧洲的"自然"概念包括自然法与自然神学,其来源为宋明理学中"天理"的概念;"自由"概念则出于"权利"概念,欧洲的"权利"概念来自"自然法"概念,而欧洲"自然法"的鼻祖是荷兰人格劳秀斯,格劳秀斯的老师就是真正的"欧洲历史学之父"斯卡利杰,而斯卡利杰的学术来源就是中国历史。"进步"的概念则来自欧洲对中国技术的引进,尤其是印刷术、指南针和火药的引进②,在欧洲引起"古今之争",这是欧洲"进步"概念的缘起。

---

① [美]卡尔·贝克尔:《18世纪哲学家的天城》,何兆武译,北京大学出版社,2013年9月,第27页。
② [美]马丁·贝尔纳:《黑色雅典娜:构造古希腊1785—1985》,中译本,吉林出版集团,2011年,第159页。

其次，启蒙运动是针对欧洲传统的基督教而言的，基督教本身不能产生否定自身的世俗文化，需要借助外来力量以破除信仰启示一统天下的局面，这个外来力量就是中国文明。

还有，被称为"哲学家"的这帮"文明传教士"在欧洲来说属于另类，换句话说，启蒙运动人物的思想并非产生于欧洲自身的传统。不论这帮人是站在推崇中国文化的立场上，抑或是站在抵制中国文化的立场上，他们所关注与讨论的问题，都来自中国对欧洲所产生影响的结果。传播中国"文明教"的人物，原来就是我们百余年来所熟悉的这些"西方神圣"！

在法国作家阿兰·佩雷菲特于1989年5月出版的《停滞的帝国——两个世界的撞击》一书中，中国依然被称为"天下唯一的文明国家"，与之对应，英国则被称为"世上最强大的国家"[1]。欧洲列强在其崛起过程中，一方面全面袭用中国文明的成果，包括政治、经济、文化、科技、军事等各项内容，兼容并包，巨细靡遗；另一方面将中国文明成果的真实来历掩盖起来，谎称其为欧洲自身"古典历史"的"文艺复兴"。与此同时，近现代欧洲在袭用中国文化时，将其王道政治的核心要素——道德内核舍弃不顾，导致了中国文明的"西方变异"。

中国疑古思潮的西方背景

西方学者们正是在斯卡利杰虚构的编年史的基础上，塑造欧洲"古典文明""东方古老文明"以及欧洲中世纪历史的。萨义德将欧洲人所虚构的东方历史（古埃及—两河—波斯与印度史）的行为取名为欧洲的"东方主义"，后者旨在为欧洲列强及帝国主义的殖民利益服务。

令人啼笑皆非的是，与西方进行着如火如荼地大规模伪造"世界历史"形成鲜明的对照。20世纪初，在中国兴起了一股来势迅猛的针对中国真实历史的疑古风潮。从顾颉刚提出"大禹是条虫"的口号，到胡适在其所著《中国哲学史》中将中国历史拦腰斩断，对老子之前的历史一概否定，一时间怀疑中国古史的风潮恶浪汹涌。

更为有趣的是，在欧洲杜撰古希腊的虚假历史和中国否定自己的真实历史时，两者所采用的历史学方法却如出一辙，欧洲造假与中国疑古都采用了"古史辨"的方法——所谓"层累地造成的古史观"。我在《平旦札》中曾经提出："疑古派

---

[1] [法]阿兰·佩雷菲特：《停滞的帝国——两个世界的撞击》，中译本，三联书店，1993年。当时中国对英国的称呼：英夷。夷人翻译为野蛮人。按："野蛮人"的概念出现在"文明"的概念导入欧洲之后。

怀疑一切的理论,正是19世纪兴起的强大的世界思潮。这个思潮在西方产生了对希腊古典文化的崇拜,在东方则恰恰相反,对西方的崇拜带来了对东方的蔑视。"①

中国"古史辨派"对"层累地造成的古史观"的经典表述:第一,"时代愈后,传说的古史期愈长"。第二,"时代愈后,传说中的中心人物愈放愈大"。第三,勘探古史时即使"不能知道某一件事的真确的状况,但可以知道某一件事在传说中的最早的状况"。根据这种方法,顾颉刚提出"大禹是条虫"的说法。这实际上是20世纪初日本学者提出的"尧舜禹抹杀论"②的翻版。

"层累地造成的古史观"的鼻祖是英国史学家康诺普·瑟尔沃尔。19世纪20年代,英国剑桥大学引进德国古典学,康诺普·瑟尔沃尔为这期间的代表人物。他第一次对"层累地造成的古史"进行了表述:"随着时间的推移,这些故事的数量似乎在不断增加,让人们了解的细节也愈加详细。但年代愈是久远,我们能听到的这类故事就愈少,直到,如果我们查阅《荷马史诗》的话,完全找不到这类故事的踪迹。"③这种古史观还反映在19世纪中晚期的英语世界标准古典学的教科书威廉·史密斯爵士的《希腊史》中。

西方的"层累地造成古史观"之目的是编造种族主义虚假历史的神话。19世纪时,欧洲发明了以比较语言学为基础的所谓"历史科学",对于此前所编造的古希腊源于东方文明的种种传说不能满意,于是以比较语言学为根据对前此的各种传说进行扫荡,从而形成属于印欧语系的纯种的古希腊—日耳曼种族伪史。

这种本来是服务于虚构古希腊文明的西方古典学方法,经过日本传到中国之后,形成了中国的"疑古派"的方法,用以对中国古史进行否定,结果充当了帝国主义企图灭亡中国的"文化"工具。从民国时期到今天的中国历史学,其基本倾向是向西方的意识形态看齐,陷入了否定中国历史的虚无主义之中。

---

① 林鹏:《平旦札》稿本,第53则。

② 1909年,东瀛学者白鸟库吉在东洋协会评议委员会上讲演,声称:厘清中国哲学就要研讨中国古代传说。传说的思想背景为儒学,其中人物多与儒学相关。传说常衍变为真实,少有人怀疑与考实,其中可置疑而当否定的是有关"尧舜禹"的传说。他大胆议论:《尚书》中的《尧典》《舜典》《大禹谟》以"曰若稽古"起句,皆非当时所记。尧、舜、禹为古代圣王,孔子推崇,然而着实研讨,却有很多值得怀疑的理由,倘能舍弃成见,当不以"吾人之论断"为不当。这就是轰动史界的"尧舜禹抹杀论"。其记录在《东洋时报》第131号(1909年8月)以《支那(中国)古传说之研究》刊出。

③ C.Thirlwall(1835,第一卷,p.64),转引自马丁·贝尔纳:《黑色雅典娜》,第295页。

真文明遭无视，伪文明得追捧的怪现象

西方人没有历史，对照源远流长的中国历史时自惭形秽；于是，花了差不多前后 500 年时间，伪造古希腊、古罗马文明，以期证明自己的民族更为绵长而深厚，没有历史遗迹就千方百计新造景点以冒充古迹，于是 17 世纪时"古罗马建筑遗存"遍地开花。然而，谁知这些纵横数千里、上下两千年的"古罗马建筑遗址"千人一面，既无时代特征，也无地域差别，更无建筑材料、设计者个性的不同，都是一个模子拓出来的，可偏偏擅长考据的中国人也相信那是真古董，令人难以理解。所谓古希腊第一古建遗址雅典"帕台农神庙"，本来是土耳其的一座无名神庙，历史上经多次战火，早已成为废墟；西方人先设计好图纸，于 19 世纪时将其重新修建，土耳其的无名神庙就成了"古希腊"的"帕台农神庙"，将假古董雅典娜神像放进去供人观瞻顶礼。

再如，意大利水城威尼斯人本来是一群难民的后代，觉得这座城市没有圣人，面子上挂不住，828 年有两名威尼斯商人打听到使徒圣马可遗骸存放在埃及的亚历山大港，于是连哄带骗将遗骸偷运回威尼斯，获得全城热烈欢迎，随后兴建了兼具陵寝与教堂意义的建筑，称为"飞狮"，成了威尼斯的象征。[①]由此可见，西方人锻造伪历史与假古董不遗余力。

时下常听人说，西方有识之士早已提出，西方文明已呈没落之势，21 世纪是东方的世纪。世界看东方，东方数中国，中华民族复兴重儒学，众望所归在孔子。孔子"祖述尧舜，宪章文武"，所推重的是尧、舜、禹、汤、文王、周公的文化传统，《论语》所云"斯文"是也。孔子讲学使用"雅言"，雅者"夏"也，雅言就是"夏言"，中国最早的书面语言就是夏言，四千年不间断的古汉语就是在夏言基础之上形成的。中国最早的辞典名曰《尔雅》，"尔"者近也，"雅"者夏也，尔雅的意思指以夏言为标准对当时各种方言进行训诂的意思。"夏言"为尧、舜、禹所使用的语言。

令人振奋的是，20 世纪 80 年代前后，尧帝的古都——陶寺遗址被发现了！中华文明源远流长不仅有历史记录，经过中国考古工作者们不辞辛苦的工作，居然将人类历史上唯一文明的最早遗址完整地发掘了出来，呈现在世人面前。这个遗址位于山西南部临汾市襄汾县陶寺镇，距今 4300 多年，该遗址不仅面积超大、达 300 万平方米以上，具有国家首都的规模，而且出土了文字，还正巧是"文明"的

---

① 详见《威尼斯共和国的故事》导读三，工头坚 Ken Worker《海国威尼斯的魅力》，威廉·麦克尔尼《威尼斯共和国的故事》，台湾，广场出版社，2012 年。

"文"字;这里有观象台,有大型成套礼乐器等大批珍贵文物出土。像这样完整反映礼乐文明制度的早期大型遗址,在全世界范围内绝无仅有,为中国古代礼乐文明的起源提供了实物证明。①

西方中心论——"文明"的怪胎

近300年来,东方民族逐渐受制于欧洲列强及西方帝国主义,而其思想武器则是被称为"西欧中心论"(意、法、英、德)、"欧洲中心论"(包括俄国)及"西方中心论"(包括美国)的意识形态。我们发现"西方中心论"是以古希伯来《圣经》与伪古希腊为内核,虚构的"东方主义"概念为幔帐,直接杜撰的西方近代民族历史为表层的一个三重结构。

西方中心论的实质为"西体中用":1."西学为体"的核心内容为《圣经》上帝选民观念及近代社会达尔文主义,这种观念是西方"文明"的各种种族主义、白人至上主义、西方民族特殊论及一切"双重标准"的理论基础。2."中学为用"则是"文明"的怪胎,袭用宋明理学及中国儒学的若干理念,将其核心的道德因素抽空抛弃,滥用"权利"概念,将"天理"的概念偷换成"人欲"的内容。

近现代"西方文明"是"中学西被"的结果。西方扭曲了中国文明的成果,并以此为基础,打造出冠冕堂皇的"西方中心论"历史观,反过来凭借这种变异了的"文明怪胎",打压正版的文明中国及亚非拉各民族。

还是那句话,只有全面认清"西方中心论"的真实面目,同时彻底解构"西方中心论"的理论基础,才能彰显"中华文明"的光辉。

2016年4月23日于太原东花园

---

① 详见中国社会科学院考古研究所、山西省临汾市文物局编著:《襄汾陶寺——1978—1985年发掘报告》,文物出版社,2015年12月,第1版。

推翻西方伪史 扶正中华文明
——把颠倒的历史再颠倒过来

受托为诸玄识先生新著《虚构的西方文明史》写个序,深感不胜任。但阅后感慨万千,还是从命写了。

首先要说的是,这是一本颠覆性的书,颠覆大量的"常识",将150多年来西方灌输给我们的"西方文明史"(及伴生的"中国专制史"),整个掀翻在地!

诸先生寓居伦敦,中西贯通,博引西籍中典,文笔平和,但笔底激荡风雷、振聋发聩。

事实上,学术界已经有人质疑西方文明"正史"。梁漱溟先生(我最推崇的民国学界思想家),在五四时期一派西化氛围中大唱反调,写出《东西方文化及其哲学》,认为中国、印度和西方文化是三股道上跑的车,最终中国文化更为优越。朱谦之先生写的《中国哲学对于欧洲之影响》《中国古代乐律对于希腊之影响》和《哥伦布前一千年中国僧人发现美洲史》等著作,可谓首创中学西渐之说。近年,何新先生出版《希腊伪史考》,董并生先生出版《虚构的古希腊文明》,可谓开创了中国学界质疑西方"文明史"的一个崭新阶段。

诸先生不同于先哲今贤,闻所未闻地宣告:古今西方文明并非自创,而是整个地"复制"了中国!

大有冒天下之大不韪的气概!

说"古希腊文明"出于虚构,中国学界已有很多人觉得受不了。这下说整个西方文明都是抄搬"拷贝"中华文明,那是要让他们彻底地"毁三观"啊!

试举诸先生主要论点:

1.西方复制了中国的时间:现代西方历史学之父斯卡利杰(1540—1609年)是参照和模仿中国历史,建立了"圣经编年"。今天所谓"公元纪元",只是元朝《授时历》的改写。

2.西方复制了中国的空间:发明指南针的中国,开启了世界海洋时代。

3.西方复制了中国的文明:在蒙古征服、郑和远航、教士使华、丝路延伸和地理连通的时代背景下,中国科技与文明信息在西方发生了"爆炸性效应",让欧洲在原始蛮荒之中,获得机遇突然兴起。现代科技总源于中国。现代世界是中华文明的历史展开。

诸先生书中还有一些令人震惊的说法:

1.欧洲上古和中古欧洲是原始社会。真正的古希腊是半原始、无文字、频战乱的氏族部落社会,滞留于史前状态。"希腊语"不属于希腊。

2.柏拉图、亚里士多德、欧几里得和阿基米德等人及其著作,都是中世纪后期杜撰的。塔西佗《罗马编年史》是伪造的。

3."埃及学"衍生于汉学。"破译"古埃及象形文字,是共济会、拿破仑和商博良三者的杰作。

4.整个"两河流域文明"的发现,是出自一位德国中学年轻数学教师的酒后赌注以及一位在波斯服役的英国青年的猎奇兴趣。

5."人的文明"和"人的历史"只存在于中国。西方则是"神的社会",它对于"人"的一切,不是包容和调节,而是禁锢或窒息。

6.西方民主是儒家的成果与变种,孔子是自由"守护神"。

7.美国是"以儒建国",英国《大宪章》出于伪造。

8.《拉奥孔》雕塑是米开朗琪罗本人伪造。

9.康德是"哥尼斯堡的中国佬",黑格尔抄袭中国哲学……

诸先生这些论点,乍看似乎有悖"常识",细寻却非信口开河,而是基于翔实的史料和严谨的学术论证,尤其引征了大量西方文献原著,持之有故,言之成理。这些论点独具慧眼,打破西方中心主义话语权,具有敢为天下先的理论勇气。其实好多"逆天"说法,就来自一些追求真理、富于正义感的西方学者。例如:

1."耶稣是中世纪的人,生于1152年,被钉十字架于1185年。"

2."在11世纪之前,没有一个(西方)文献是可信的。""西方的世界历史(包括埃及和两河)不会超过1000年,而且在公元1700年之前不存在信史。"

3."伏羲这个人物被变成多个智者的名字,诸如埃及和希腊的赫尔墨斯·特里斯梅奇斯图斯、希伯来的以诺和波斯的琐罗亚斯德"。

4."许多历史学家都主张,是东方主导中期世界的;但不尽相同的是,哪个文明对世界贡献最大?大多数人倾向于中国是这个千年的领袖……是中国发明了近代农业、造船、天文观测、石油工业、纸币、十进位数学、轮子推车、绕线轮、多节火箭、枪、伞、热气球、棋和威士忌,乃至蒸汽引擎的基础设计……若非中国的航海技术,哥伦布是不可能航行到达美洲的。"

5."太多抄袭中国的(so many plagiarisms from China)……"

还有诸先生认为:欧美文明是中华母体的派生与退化,是华夏的"阴阳运动的周期律"的一段极危险的"阳亢"。因为西方文明是征服自然的"无序运动",导向"人与生物圈同归于尽",而中华文明"遥契天道,和合自然",是"有序运动"。因此,中华文明是人类社会"死亡之海的光明岛"。华夏使人类社会具有了生命性和可持续性。人类文明全部的希望在于"中华民族的伟大复兴",要靠中国文化扭转乾坤……

诸先生此书比以往国内学者更激烈、更彻底、更全盘地否定了西方历史,高扬了中华文明,其颠覆性是空前的,想必也将在学界引起空前激烈的反响。

我本人也有长期海外生活的经历。受梁漱溟和西哲列维—施特劳斯的启示,1990年底在巴黎写成《现代与后现代——西方艺术文化小史》,结论是:中国文化与西方文化是平等"差异"的关系,而不是先进落后的"差距"关系。尤其揭示:西方19世纪兴盛的"进步论"——社会进化论,以物质经济水平衡量一个社会文化的先进落后,物质先进文化就先进,实质是欧洲文化中心主义或"欧洲种族中心主义"(列维—施特劳斯语),构成百年中国人深重文化自卑感的总根源。

此后,本人一直鼓呼清算社会进化论,破除国人文化自卑感,为中国文化争取与西方文化"平等"的地位。在中国学界,即使说中西文化平等,已经千难万难,所以没有心力去论证中国文化比西方文化优越,尽管心里觉得中国的"和"文化——"人与天和(道)、人与人和(儒)、人与己和(释)"的关系上,要比西方文化更高明。

拙著《现代与后现代》是论证西方"现代性"文化陷入困境,转向所谓"后现代",其实是归合于中国文化,由此证明中国文化与西方文化平等,甚至优越。"西方现代文化是一种'争'的文化,与自然争,与他人争……而'争'的文化已被证明有很多问题,西方出现'后现代'文化现象便是证明。只有与自然和,与他人和,人类才有希望。"(462页)甚至提出:"中国应当实行适度工业化,保持准农业风格,保持一种低消费或适度消费的生活方式,与自然共存……"(452页)还设喻:西方文明像"流彩四溢,蔚为壮观"的焰火转瞬即灭,而东方中华文明像"光影微微"的蜡烛,"久久在黑夜中长明"……(14页)

这些观点,与诸先生完全相同,但在当时还是中气不足。

1999年,深感社会进化论给中国知识精英带来病入膏肓的文化自卑感,又写成一本《破解进步论——为中国文化正名》,阐明社会进化论在价值、时间和空间上三重否定中国文化,构成百年"中国知识分子的精神鸦片"。只有破除进步论(社会进化论),中国文化才能正名。

1980年代所谓"新启蒙"那一代知识精英普遍文化自卑,僵固于一种崇西贬中的"河殇式思维",始终生活在"80年代"。他们膜拜西方,咒骂自己,骂自己文化"落后""劣根",骂"祖宗和我们自己罪孽深重",骂中国从古到今的"专制",不跟人家那样搞"民主"。他们迷信西方多党宪政,迷信市场万能。其实今日之右,与当年之左,左右是一家,都信奉同一个西方"民主乌托邦"。(参阅拙著《西方民主的乌托邦》)左的法国大革命的龙种已收获过跳蚤,右的美国恐龙种将在中国收获什么呢?

30多年过去了,他们依然迷信西方极乐园,可谓一种真正的"现代迷信"或"新蒙昧主义"。可悲的是,他们如今都成为政府、大学、媒体和文化知识界的骨干力量,具有很大的影响。

当今中国已经在物质、经济、军事上相当程度地崛起,这些知识精英为何还是那么文化自卑?究其原因,除了社会进化论"先进落后"的原理,还有另一个更隐匿的原因,那就是:西方对中国的百年奴化教育,用一部虚构伪造的"西方文明史",美化西方文化历史,污蔑中国文化历史,给百年中国人洗脑!

西方人深知,要征服一个像中国这样一个具有深厚文化历史的民族,仅靠武力是不够的,必须在精神上奴化之,才能彻底征服。美国学者何伟亚《英国的课业:19世纪中国的帝国主义教程》申明:"帝国主义从来都不仅仅是枪炮和商品,它还是一个文化过程","英国外交官和军官们常常把帝国主义和殖民主义看作是一个教育过程,一个通过枪炮和笔所进行的、由教育和学习两个方面构成的过程。"所以,鸦片战争后西方人在中国大办教育。外国人办的大学,占了民国时期中国大学的半壁江山。

可以说,西方人不仅向中国出口物质鸦片,还出口精神鸦片!

"物质先进文化就先进",这个社会进化论基本原理所导致的文化自卑,随着中国物质水平的提升,在80后、90后一代青年身上开始渐渐淡去。而今中国人的文化自卑,越来越根本地是出自教育,出自西方虚构的"西方文明史"的洗脑。西方伪史,构成了目前西方精神鸦片祸害中国人最阴险、最长效、最剧毒的部分。

而诸先生这本《虚构的西方文明史》,提供了国内学界闻所未闻的西方史料,全盘彻底地推翻了"西方文明史",全盘彻底地为中华文明正名,具有空前的学术意义。诸先生直探要害,整体地否定西方伪史——当今国人文化自卑的主要原因,将极大地有助于提升国人的文化自信。

非常同意诸先生的结论:中华文明将引领世界。也基本同意诸先生四个"划时代的50年代":1750年代,西方崛起;1850年代,西方超过中国;1950年代,西方衰落;2050年代,中华民族的伟大复兴。

也许可以把西方超过中国推前50年到1800年。最同意的是"1950年代"的"划时代"。尽管我与诸先生对于苏联和美国对华关系的历史,观点不尽相同,但诸先生认为1950年代的抗美援朝战争遏制了美国的海洋霸权,敲响了西方海权的丧钟,标志了西方的衰落,我完全同意。

历史事实正是如此,在毛泽东领导下,抗美援朝战争抵挡住了以美国为首的西方"海洋暴力"。是毛泽东力挽狂澜,以西方之"阳"、克西方之"阳亢",给积贫积弱到谷底的中国注入了阳刚之气,从而使中国实现了"强"。有了"强",和平有保障,"富"是自然而然的事。抗美援朝的胜利,不仅对于中国,而且对于世界都具有划时代意义——标志了西方由盛转衰,毛泽东厥功至伟。

还同意诸先生认为2050年,随着以中国为主轴的"海陆有机、丝路经纬、洲洋整合、共赢互惠","中华重新成为'天下太平'的中坚。汉语和人民币分别取代英语和美元的主导地位。"诸先生的这一眺望,极具有洞见性。可能这一前景会稍稍更晚一些时日实现,但它必然实现。

我同样坚信,中国将重新恢复历史性大国地位,中华将重新成为"中国"——天下之中,人类文明的中心。西方"现代性"文化含有人类中心主义和个人中心主义,注定是一种自杀性的文化:人类中心主义——反自然;个人中心主义——反社会。唯有中华文明崇尚"天人合一",人与人和,才可以久远,是真正的"普世价值"。

我曾与当年切·格瓦拉的战友、法国哲人雷吉斯·德布莱讨论过中国文化是一种"尊重他人的人文主义",并据此认为:中华"尊重他人"的文化必将取代"统治(奴役)他人"的西方文化。"美国治下的和平"(Pax Americana)将趋于终结,"中国治下的和平"(Pax Sinica)正在来临……

西方只是"武化",而非"文化"(文明)。所谓"武化",就是亨廷顿所说"整部欧洲历史,战争是常态,和平是非常态"。西方的崛起并非因为其文化的优越,而只是靠了"有组织的暴力"。待到毛泽东让中国也具备了可以与西方抗衡的"有组织的暴力",西方的衰落便是注定的,一发而不可收。君不见当今之时,以联合国为框架、美国为中心的世界体系正日陷困境,而以一带一路为框架、中国为中心的世界体系方兴未艾……

中华民族的复兴,首先是文化复兴。文化复兴是中华民族全面复兴的根本前提。而西方伪史的百年流毒,严重阻碍了国人的文化自信,阻碍了中华民族的文化复兴。27年前我就在拙著中呼吁:"今天中国最需要启蒙的不是百姓大众,而是中国的知识分子!"因为中国知识分子受西方伪史毒害最深,最文化自卑。

诸先生这本《虚构的西方文明史》是开创性的。因为至今尚没有人如此深地探入西方学界,引用如此丰富的外语原文史料,证伪"西方文明史"。本书可以说是打开了一扇大门,里面有无数的路径,可以让后人进一步探究。书里的有些论点,也许可以存疑,但这本书空前地打开了我们的思路。

全面推翻西方伪史,扶正中华文明,是一项长期的、需要未来几代中国青年学子持续接力才能完成的事业。我觉得我和诸先生这代学人的历史使命,就是要为这项伟大事业开一个好头。

诸先生为这个开头做出了卓越的贡献!

不敢称之为序,只是信笔写来,表达一点对诸先生的敬佩之意。

浙江大学人文学院教授　河清
丁酉夏末于杭州西湖之畔

目　录

略论"中学西被" / 001
推翻西方伪史 扶正中华文明——把颠倒的历史再颠倒过来 / 001
中式文明 中式历史 / 001

第一编　西方中心历史的"中国模板"

第一章　揭示西方历史的"周期律" / 002
　　一、简述西方历史成型的原委 / 002
　　二、外国学者抨击杜撰的历史 / 005
　　三、基于中国编年的古今西方 / 026

第二章　考证公元历法的"太极根" / 039
　　一、西方的编年史序列的形成 / 039
　　二、如何把历史荒漠包装起来 / 050
　　三、耶稣纪年来源于华夏授时 / 054

第三章　查究无中生有的"辨神论" / 066
　　一、中国历史学变成"敲门砖" / 066
　　二、主流学术界施展"诡辩论" / 076
　　三、杜撰的古典岂能"垂青史" / 084

第四章　探源古代亚非的"泛西方" / 099
　　一、神职学者哪来"造史灵感" / 099
　　二、古老文明何缘"神话成真" / 110
　　三、史前幽灵怎会"起死回生" / 121

第二编　科学与文明的创造者与受益者

第五章　古典文明：穷山沟的理想国 / 136
　　一、希腊原始部落之考述 / 136
　　二、古希腊使用方言口语 / 145
　　三、地理否定"希腊文明" / 150

第六章　中古欧洲："末日般的千禧年" / 157
　　一、中国启动西方的前后 / 157
　　二、中古欧洲是原始社会 / 159
　　三、欧洲不存在封建制度 / 168
　　四、中国使西方加入文明 / 177

第七章　科技原创："与道的智慧结缘" / 188
　　一、科学传统在中不在西 / 188
　　二、古代科技缘起的奥秘 / 204
　　三、现代科技总源于中国 / 215

第八章　文明诞生："适度挑战的环境" / 220
　　一、现代世界是中华文明的历史展开 / 220
　　二、《易经》之有序运动的古今文明 / 222
　　三、诊断西方的"先天愚型"（概述）/ 233
　　四、诊断西方的"先天愚型"（九论）/ 237

第三编　中华母体派生欧美及现代文明

第九章　欧美文明主要来自中国 / 260
　　一、中华传统与现代科学 / 260
　　二、儒家民治与西方民主 / 273
　　三、经世济民与自由经济 / 280
　　四、东方真知与西方哲学 / 289

第十章　智慧与知识源于"一" / 299
　　一、《易经》是古今中西的源头 / 299

二、古希腊哲学是中国翻版 / 305
三、西医产生于中医的考证 / 313
四、共济会神秘智慧中国源 / 316

第十一章 中国给全人类带来文明 / 323
一、华夏的契合自然的动的旋律 / 323
二、横向传播造成了"文明接力" / 330
三、开放世界与文明中心的转移 / 336

第十二章 是"活的文明"创造历史 / 360
一、人与自然的生命互动 / 360
二、论"活文明"与"死文明" / 366
三、决定中西兴替的客观原因 / 371

第十三章 文明的创生与衍生机制 / 379
一、真文明须化解"发展悖论" / 379
二、真智慧才能够"托起文明" / 383
三、西方是中华的"矛盾辩证" / 387

第四编 西方民主是儒家的成果与变种

第十四章 中国产生欧美民主的过程 / 402
一、民主的启蒙：孔子是自由"守护神" / 402
二、民主的前奏：政策公开与新闻自由 / 405
三、民主的真源：高卓文明的政治传统 / 407
四、民主的传播："以儒建国"的美利坚 / 419
五、民主的特例：贵族议会到中式政体 / 426

第十五章 现代政治是"德治"之变异 / 432
一、中国民主及其西传都很纯正 / 432
二、现代民主是儒家治道的退化 / 436
三、古今之政治文明的整体透视 / 440

第十六章 西方不能产生和维持民主 / 444
一、西方原本没有"民主土壤" / 444
二、欧美，无传统的"机遇文明" / 445

三、中国在支撑现代西方民主 / 450
四、究竟谁开创的"自由王国" / 452

第十七章 来到现代民主的古代源头 / 461
一、圣人之道是否存在 / 461
二、世界民主的源头：西汉废除皇权的运动 / 466
三、儒家的自由民主的人类宪章 / 478

第五编 深度思考人类历史与未来趋势

第十八章 文明合分几百年九九归一 / 492
一、原始要终，长河贯通 / 492
二、追昔抚今，返本开新 / 501
三、中华文明启动世界，吞食"西洋苦果" / 511
四、中国文化协和万邦，消化"西洋苦果" / 525

中式文明 中式历史

西方文明(欧美文明或现代文明)和它的"历史"(古典文明与古老文明),都是源于中国;两者一实一虚,相反相成,而喧宾夺主——取代了有史以来的中华文明的主导地位。

第一,西方文明源于中国。

近代以前的西方,无论是中古,还是上古,都是很原始的(零发展)。中古—近代之交,西方几乎是从零开始拥抱"文明"——几乎是百分之百的"东方赐予"。那时的欧洲只有一个客观优势,即被中国技术所提升起来的地理优势(海洋地缘),这不仅使它成为连通和掠夺西半球的捷径,而且还使西方有幸躬逢文明的接力传递。这一"地缘政治"的优势,支持西方长足发展和宰制全球长达500年。

基于中国成果的西方"文明要素"是:科学技术、民主政治、国家制度、自由经济和哲学思想等。

1.科技:A.四大发明促成了西方的民族国家、书写语言和新教运动;B.众多的中国发明奠基了西方的科学—工业革命;C.中国的有机自然的哲学引导现代与后现代的科学。

2.民主:儒家的现世有为、民本人文、自然哲学、选贤举能和科举考试,分别"启蒙"美国与法国的革命及其建国立宪,也启蒙了欧美的天赋人权、民主政治和文官制度。

3.制度:近代欧美步武战国七雄,兼取中国历朝的行政管理制度,从而形成了重实效、善组织、排他性和应战型的民族国家。现代世界的各种制度差不多都是古代历史中国的发明。

4.经济:中国是世界历史上唯一的持续发展和创新的"经济体",宋朝开启了全球近代化。西方的经济思想、经济体制和财政金融以及全球贸易体系,都是基于中国的成就。

5.哲学:中国哲学的"道"传至西方,被"一分为二"。逻各斯和辩证法:前者融于神创论,而伪造希腊哲学及赫尔墨斯智慧;后者融于进步论,而衍生近代哲学及神秘组织精神。

第二,西方的"历史"源于中国。

中西相遇之初,《圣经》神话体系受到严峻挑战。当此之际,在基督教内部,一些持异议的神职学者(人文主义者)借助于四大发明与东方新知,再按照《圣经》中的"线索",大量杜撰"异教文明",包括"古代"希腊、罗马、埃及和巴比伦等历史、文献及文物,其首个高峰期是"文艺复兴"。不久,欧洲文化的中心尾随"中国影响"而转移到了荷兰(后来又到法国);留下的意大利,则被达·芬奇等人所引进的中国的军事科技("偷盗天火")所摧残,而陷于长期混战与分裂。此需解释:近代以前的欧洲,由于没有"道的智慧"(和谐文化、和合智慧),不仅不能创造科技,也几乎不能接受外来科技;众多的中国技术导致其宗教失控、人神火拼和族群吞噬,如果不是指南针等把火药从自我摧毁,转向海外征服,那么,西方早就自体毁灭了。

在意大利文艺复兴"人去楼空"之际,西方的历史学之父斯卡利杰(神职学者、人文主义者)从法国赶到荷兰;他参照和模仿中国历史(尤其是中国的朝代帝王年表),建立了"圣经编年"及其子系统(希腊、罗马、埃及和巴比伦等"时间序列"),用它们来经纬西方版的世界历史。在建立起这个框架之后,斯卡利杰就把他之前的所有的神话、传说和杜撰当作史料,填入其中。在斯卡利杰死后的200年中,即在17—18世纪,大群西方学者——包括科学家牛顿——都在利用越来越准确的"中国信息"来校对、修改、批评或补充"斯卡利杰编年史"。中国式的西方历史学,成为欧洲从文艺复兴到启蒙运动之间的"热门"。

最具讽刺性的是"古埃及"。它的历史(王朝与国王系列)是中国历史的朝代帝王序列的翻版,这是"埃及学"的起因之一;其二是它的首创者竟用古代汉字"推演"出来象形文字(说是"圣书体"),然后在此基础上,出现了共济会、拿破仑和商博良三者的杰作——"发现"罗塞塔石碑和"破译"象形文字!

除此之外,我们今天所使用的"公元纪元"不是西方的原创,而是元朝《授时历》的"改写"。还有,近代以前的西方不存在任何"现世制度"(中世纪欧洲是原始社会+宗教迷信);在18—19世纪,西方学者"引进"周朝的封建制与贵族制,便把它们说成是"中世纪欧洲"的固有特性。

表解　欧美文明和西方历史都是"复制中国"

中式文明	"人的文明"取代神的社会	★自然律	文艺复兴宗教改革科学革命启蒙运动	丝路贯通,欧洲东方化,进入"全球天下"	战国式民族国家、儒式文官及民主、无为自由经济、西方哲学
				四大发明与儒教促成宗教战争、新教运动	
				中国技术奠基军事革命、农业—工业革命	
				儒家战胜神权,欧洲全面转向俗世或现世	
按照中华文明的模样与标准塑造出来欧美文明和西方版的"世界历史"(16—19世纪)					
中式历史	"人的历史"充实神的虚幻	★周期律	中国史形成"圣经编年"及其子系统	中国历法及天干地支等变为"公历、公元"	西方古老文明、西方古典文明、犹太—基督教史、中世纪史
				中国朝代帝王年表是"世界历史"的标准	
				耶稣会士汉学演绎埃及学,中式埃及王朝	
				圣智→逻各斯、赫尔墨斯智慧→希腊哲学	

一、人的景观,神的景观

近现代是"以人为本"的文明,是一个人欲、人智、人为和人口皆是"爆炸"的新纪元,它的特点是与宗教社会相反:现世或俗世、发展与发明、人本和人文。这是依靠被打开的"全球性生态"为其平衡条件与牺牲代价。这就是说,此种文明只是近现代的现象。

在近代以前,"人的文明"和"人的历史"都只存在于中国,但它们是被"道的智慧"(和谐文化、和合智慧)所开创和制导的;而西方则是"神的社会",它对于"人"的一切,不是包容和调节,而是禁锢或窒息。因此,现代文明——包括欧美文明——只能是源于中国。再细说两点:

第一,"易经式"的和谐健行、周期平衡的"有序运动",是人类文明和历史的"原创机制";它在历史上,独一无二地使中华民族在物质与精神两个方面发展与创新,而持续亘古。然后是"量变→质变":在欧洲这个生物圈"自卫系统"的薄弱环节和连接东西半球的"海洋捷径",发生了突破,这也就成全了西方——文明中心的中西易位。以"全球性生态作为平衡条件与牺牲代价",解放潜能,狂热发展,这是"破天荒"的!但这毕竟是挑战星球和人类自身的极限,因而不能长此以往,而须重新被纳入《易经》的"和谐之道",否则便是"'易'不可见,乾坤毁矣!"

可持续性发展专家麦克尔罗伊说:"对于这个星球上最古老和最有活力的文

明之一来说,《易经》继续形成其命运和意识。"①

第二,按照现在的文化含义,近代以前的西方只有《圣经》神秘和神话,而无"现世"的一切,没有文明元素,没有历史和历史学,也没有时间概念(没有现世或现代的时间观念)。中古与近代之交,欧洲人"发现中国",却使《圣经》受到了真文明的致命挑战。于是,神职学者开始"历史学的创世纪",即按照中国历史的内容和时间序列,在《圣经》的框架下,不仅把其神话、传说和杜撰都变成了"历史",而且坚持"神造万物"的原则,来囊括被中华文明所开通的世界及历史。到19世纪,西方中心论学者在"圣经编年"的框架下,根据圣经神话的线索,在近东地区进行"科学考古",这就是"历史学的十字军"。

在伏尔泰看来,西方的"古老文明、古典文明"的起源与奇迹都是荒谬的,它们都是在重复那终古延绵、存活至今的中华民族的历史。②

图解　欧美文明及现代世界和西方版的"世界历史",都是源于中华文明

①Mark McElroy: *I Ching for Beginners*, Liewellyn Publications, 2008, p.4.
②Paolo Rossi: *The Dark Abyss of Time: The History of the Earth and the History of Nations*, the Universty of Chicago Press, 1984, p.164.

二、有序运动，无序运动

思想、文化、宗教、组织、国家和社会等无不在运动。究竟是哪一种或哪一些运动牵引世界，行进于历史长河之中，而来到近现代的呢？为此，我们有必要引入"有序运动"和"无序运动"这一对概念。

虽说所有的思想、文化、宗教、组织、国家和社会的运动都是"有序运动"，否则，它们都不能存在；但是，它们之中的绝大多数都是"对内有序"和"对外无序"（具有排他性与冲突性）——后者是前者的必要条件。例如，西方文化是通过对外制造"非理性、不和谐"来达成其内部的"理性、和谐"的。因此，古今世界绝大多数的社会运动都是"无序运动"。

唯有中华文明是真正的、全面的"有序运动"，它遵循和维护人与人、人与自然的双重和谐。孟子曰："亲亲而仁民，仁民而爱物。"从亲情到博爱，从爱人类到爱自然；无远弗届，民胞物与。我们认为，中华文明的有序运动是社会发展的总动力，是它把人类带进近现代的；而许多"无序运动"的暂时得逞，都是寄生于它的。分析如下：

在近现代，传统的"有序运动"似乎失灵，而西方式的"无序运动"（内部有序，对外无序）则尤能发挥"神效"。为什么？因为 1492 年之后的世界联通，西方可以把其社会运动的"副作用、负面性"向外疏解或宣泄，让偌大的生物圈和那些"地缘欠佳"的国家去承受，而使其自身得到的全是"正能量"。但在近代以前，西方这种生产方式和社会运动是绝对行不通的；那是因为自然占绝对优势，人受制于地理环境（囿于本土生态），故而不能向外疏解矛盾（至少不能持续良久）。

在近代以前，任何的"无序运动"或带有排他性与斗争性的"有序运动"，都是"作用力与反作用力"的直接抵消，结果为零；所以根本谈不上"发展与文明"，倒是须用宗教把"运动基因"禁锢起来，以免自体毁灭。就像本书所援引的西方学者的论证——西方在近代以前一直是零发展和原始性的。

表解　"易经式"的有序运动牵引人类社会的发展,来到近现代

	1492年之前:人们囿于本土的生态环境	1492年之后:人们利用整个的地球生态
有序运动	以《易经》为代表的中华文明的运动,是唯一的全面开放、无限包容、无排他性的"有序运动",把越来越大的"天下"纳入和谐轨道,化解其中的祸因乱源,契合自然或天道,持续创新与发展。	《易经》式的有序运动"隐退"。由于前者的大功告成,人们破天荒地利用"全球性生态"作为其平衡条件与牺牲代价,从事大竞争大发展,而且压倒一切。传统的有序运动因其力度太小,而不能自保。
	中国的"有序运动"启动、驱动世界发展→(失控期)西方的"无序运动":牺牲自然	
无序运动	绝大多数的古今世界的社会运动与精神动,都是"无序运动":对内和谐,对外冲突。古人囿于自身环境,无序运动等于自我否定。故在中华圈之外,恒保持原始静态,或是宗教禁锢人为。	近现代都是无序运动、耗丧生态。唯有"地缘政治"较优的国族能顺利疏解矛盾,长足发展,彰显文明。从长远看,如此无序运动通向"人与生物圈同归于尽"。必须尽快回到《易经》的有序运动。

最能体现中华文明的有序运动和迤逦亘古的就是《易经》,略为解释如下:

1.遥契天道、和合自然、主客互动、避免或恢复失衡,以防不测。故曰:"与天地合其德,与日月合其明,与四时合其序,与鬼神合其吉凶。"

2.序动不乱、稳健迈进、坎止流行、凡事变通。故曰:"圣人有以见天下之动,而观其会通……言天下之至动而不可乱也。……化而裁之存乎变,推而行之存乎通。"

3.顺天应人、遵道进取、探索发明、精益求精。故曰:"……法象莫大乎天地;变通莫大乎四时;县象著明莫大乎日月;崇高莫大乎富贵;备物致用,立成器以为天下利,莫大乎圣人探赜索隐,钩深致远。"

4.运动轨迹、周期绵延、万变有宗、会之有元。故曰:"一阴一阳之谓道,继之者善也,成之者性也。"

5.承受忧患、不拘公式、事在人为、逢凶化吉。故曰:"为道也屡迁,变动不居,周流六虚;上下无常,刚柔相易;不可为典要,唯变所适。……明于忧患与故,无有师保……"

6.忧患至极,文明几亡,能进能退,先否后喜。故曰:"亢之为言也,知进而不知退,知存而不知亡,知得而不知丧。其惟圣人乎?知进退存亡,而不失其正者,其为圣人乎?"

三、孰为河殇,孰为智殇

近代以前的西方不可能有文明与科学,为什么?让我来讲两点,希望大家能够

一目了然。

地理：欧洲是高纬度、阳光稀、地表贫，加上"非时雨"（降水与植物生长期相反）。因此，在1492年之前，即在全球财源资源向西方滚滚倾注之前，欧洲连原始社会都不如——农牧业产量（平均热量）不如宋朝的十分之一（在17世纪引进中国农具和农艺后才达到宋朝的一半）。生存困厄，冲突压倒一切，若非"神权禁锢"，则自体毁灭。

智慧：西方不是"和合之道"，而是主客两分为宰制自然和牺牲自然。它在今天可以"大展宏图、大行其道"，直到耗丧整个地球生物圈为止。而在古代，人们囿于"国土生态、乡土环境"，"西学"只能是存在于中国的"道"之下，否则寸步难行，动辄自毁家园、自取灭亡。而在欧洲，由于没有"道的智慧"，只能是宗教把"人欲、人智、人为"禁锢起来，所以其物质文明为零。

地理环境对于古代文明是至关重要的。就东半球而言，在1492年之前，即在全球财富开始倾注于西方之前，欧洲极为贫瘠，因而不可能支持文明；而中国则相对富庶，并且是独一无二的自然对人的"适度挑战"。再说，文明产生于"中间地带"，在中国之南的"适居地带"，由于阳光强、物种繁，人贴近自然，生存无忧，因而自然的挑战太低，也无须文明。其他地方，主要是高纬度、阳光稀的欧洲，皆是自然的挑战太大，冲突也大，故而不可能产生文明。

虽然文明诞生于大河流域，但也要看具体条件。首先，须有战略纵深与生态纵深。由于文明是不进则退，一张一弛，趋于博大，而且伴随着"矛盾的对立面"（包括"文明的天敌"）；所以，它要求在大河流域的背后或两侧存在着，既是地形与气候皆复杂、安全可靠，又可供农垦的巨大空间，可以承载"起伏周期"，可以缓冲各种忧患。

其次，河道固然有利于交通和发展，但另一方面，河谷平原在战略上极为脆弱，一马平川，多面受敌。特别是文明发展，技术创新与传播，就会使遍天下的矛盾冲突得以升级，反过来又顺着地形与生态倾势（富裕河谷），而汇聚于"发祥地"，岂不是灭顶之灾、万劫不复？所以，文明虽是倚靠大河，却并非萌芽于此——文明实际上诞生于江河湖汉的网状支脉之间（例如，众多的像汾水那样的黄河支流）。

第三，不能一概而论"文明发祥于大河流域"。严格地讲，文明发祥地应该是，在某些生态环境适中的江河附近的支流水系中，多个（潜在）发祥地的组合；它们可以"四处开花、一气贯通"，此起彼伏，接力传递。只有这样，文明才既不会被"扼杀在摇篮中"，又能够循序渐进地发展与交通（先民不可能直接利用大河）。

根据上述三点，古代的埃及和两河（迦勒底—美索不达米亚）不可能出现文明，因为它们的地理环境只是单纯的"大河"而已，并不具备文明诞生的必要条件。国史大师钱穆对中华文明诞生的地理环境的分析和比较，基本上可以推演出上述道理；尽管他并不知道西方的"古老文明"是杜撰出来的，而且是复制中国的"大河文明"的。

钱穆写道："普通都说，中国文化发生在黄河流域。其实黄河本身并不适于灌溉与交通。中国文化发生，精密言之，并不赖藉于黄河本身，他所依凭的是黄河的各条支流。每一支流之两岸和其流进黄河时两水相交的那一个角里，却是古代中国文化之摇篮。那一种两水相交而形成的三角地带，这是一个水桠杈，中国古书里称之曰"汭"，汭是在两水环抱之内的意思。中国古书里常称谓"汭"：泾汭、洛汭等，即指此等三角地带而言。我们若把中国古史上各个朝代的发源地和根据地，分配在上述的地理形势上，则大略可作如下之推测。唐虞文化是发生在现在山西省之西南部，黄河大曲的东岸及北岸，汾水两岸及其流入黄河的桠杈地带。夏文化则发生在现在河南省之西部，黄河大曲之南岸，伊水、洛水两岸，及其流入黄河的桠杈地带。周文化则发生在现在陕西省之东部，黄河大曲之西岸，渭水两岸，及其流入黄河的桠杈地带。这一个黄河的大隈曲，两岸流着泾、渭、伊、洛、汾、涑几条支流，每一条支流的两岸，及其流进黄河的三角桠杈地带里面，都合宜于古代农业之发展。而这一些支流之上游，又莫不有高山叠岭为其天然的屏蔽，故每一支流实自成为一小区域……

"我们只根据上文约略所谈，便可见古代中国文化环境，实与埃及、巴比伦、印度诸邦绝然不同。埃及、巴比伦、印度诸邦，有的只藉一个河流，或一个水系，如埃及的尼罗河。有的是两条小水合成一流，如巴比伦之底格里斯与幼发拉底河，但其实仍只好算一个水系，而且又都是很小的。只有印度算有印度河与恒河两流域，但两河均不算甚大，其水系亦甚简单，没有许多支流。只有中国，同时有许多河流与许多水系，而且都是极大和极复杂的。那些水系，可照大小分成许多等级。如黄河、长江为第一级，汉水、淮水、济水、辽河等可为第二级，渭水、泾水、洛水、汾水、漳水等则为第三级，此下还有第四级、第五级等诸水系，如与汾水相近的有涑水，漳水相近有淇水、濮水，入洛水者有伊水，入渭水者有澧水、滈水等。此等小水，在中国古代史上皆极著名。中国古代的农业文化，似乎先在此诸小水系上开始发展，渐渐扩大蔓延，弥漫及于整个大水系。

"我们只要把埃及、巴比伦、印度及中国的地图仔细对看，便知其间的不同。埃及和巴比伦的地形,是单一性的一个水系与单一性的一个平原。……印度北部的印度河流域与恒河流域,它的地形仍是比较单纯。只有中国文化,开始便在一个复杂而广大的地面上展开。有复杂的大水系,到处有堪作农耕凭藉的灌溉区域,诸区域相互间都可隔离独立,使在这一个区域里面的居民……密集到理想适合的浓度……又得四围的天然屏障而满足其安全要求。如此则极适合于古代社会文化之酝酿与成长。但一到其小区域内的文化发展到相当限度,又可藉着小水系进到大水系,而相互间有亲密频繁的接触。因此中国文化开始便易走进一个大局面,与埃及、巴比伦、印度,始终限制在小面积里的情形大大不同。若把家庭作譬喻,埃及、巴比伦、印度是一个小家庭,他们只备一个摇篮,只能长育一个孩子。中国是一个大家庭,他能具备好几个摇篮,同时抚养好几个孩子。这些孩子成长起来,其性情习惯自与小家庭中的独养子不同。这是中国文化与埃及、巴比伦、印度相异原于地理背景之最大的一点。"①

表解 由于在地理上和智慧上的"双重缺陷",近代以前的西方没有文明。西方的"古老文明"似是而非(单纯的"大河生态"不可能产生文明)

	1492年之前	1492年之后
1. 欧洲地理	生态贫瘠:欧洲—地中海本土不支持文明 高纬度、阳光稀、地表贫、非时雨(雨季与生长期相反);所以,人群生困厄,冲突压倒一切。宗教禁锢防止毁灭,保持最低水准的相对稳定。原始社会,不用文字。不存在发展、创造和文明。	生态补充:若非占有美洲,则无西方文明 最富裕,文明亢奋,因为中国传统科技的传播,把欧洲的"海洋性"提升了起来,成为联通和掠夺全球的捷径。数百年中,西欧与北美的"海洋地缘"极具战略、经济意义,其余世界沦为猎物。
2. 大河文明	中国之外:西边大河流域不可能诞生文明 文明发祥于大河流域,但是,单纯的大河无缘于此。它必需战略纵深与生态纵深——地形与气候皆复杂,且有适居和可耕的广大空间。文明诞生于支流,而非大河;这样既安全,又可循序渐进。	泛西方的"古老文明"是中国历史的翻版 在古代,唯有中国的地理环境适合诞生和发展文明。其他的"古老文明"都是在近代早期,西方参照中华文明,照葫画瓢,炮制出来的。1492年后,天时地利使西方开始文明与历史的"创世纪"。
3. 智慧比较	唯有"道的智慧"能产生文明,欧洲则无 先民囿于狭小的生态环境,人与自然的关系是直接的生命攸关;人为和人智所招致的自然的反弹或报复,都会倾覆家园。唯有那与自然"和解、和合"的智慧,才能发挥效用,产生科学与文明。	脱离"道"的、单纯"器的文明"极亢奋 西学(科学)并非智慧,而是人的反克自然的本能。它在近代以前不能单独存在,而是"惟道是从"。后者形成规模,联通世界,才会有近代西学及"器的文明",并且在耗丧生态的情况下大发展。

---

① 钱穆:《中国文化史导论》,商务印书馆,1994年,第4—5页。

在现代人的知识结构中,有许多已成为我们的"常识"的那些内容,基本上都是在西方中心论与帝国主义的高峰期形成的。中国的疑古派、虚无论和西来说与之契合,舍己从人、削足适履。然而随着中外研究之冷静与深入,如此知识雾霾不久便会烟消云散。

证明西方不能创造科学与文明,并非难事,只要发挥我们固有的智慧潜能,就会豁然开朗。

西学及西方文化是专门针对客观或自然的,其特点是"双刃剑",极具负面性。设想两种情况:1.在一个相对封闭的环境中,那么,"双刃剑"全然在内,动辄自毁。2.在一个相对开放的环境中,那么,唯有在地理上占上风的人群能够向外疏解矛盾,而享有"正能量";但到了大环境饱和或超限之时,则是物极必反,化为乌有。第一种情况即1492年之前的世界,第二种情况即近现代的地球村。由此可见,西学及西方文化只是近现代的"暂时现象",而不能通行于古代与未来。

质言之,"科学与文明"的创生与可持续性的发展是依靠"道的智慧"的,它能够确保"人与人、人与自然之双双和解、重重和合"。在历史上,只有中国具有此种智慧。从这个意义上讲,西学既非自我生存,亦非西方原创,而是"西学中源"。严格地讲,古今西方不存在智慧,而其文化所体现的则无非是"人作为智能生物的反克自然的本能";西方使之"绽放"是有条件和代价的,而且是千载一时的和短暂的机遇。

说到智慧,今天的很多人都会有此共识:西方胜过中国,今人强于古人。不是吗?体现最高科技水平的诺贝尔奖总被欧美人及犹太人包揽过半!但在我看来,现代"智慧"及其认识论都属于"时代的智殇"。为何如是说?略讲两点,我想大家都会明白的。

第一,科学和科技百科,乃至整个的现代知识系统(西学)都不是"智慧",而属于"人作为智能生物的反克自然的本能"(第二本能,相对于人的动物本能而言),其特点是"双刃剑",即它对人的生存与发展的正反两面都是"利器"。之所以现代人能够极大地获取其正面,那是因为有"全球性生态"作为其平衡条件与牺牲代价。然而,在不久的将来,由于地球村饱和、生物圈超限,如果没有真正的智慧来驾驭之,西学就会走向反面,乃至人类自毁。再者,在近代以前,由于世界相对封闭(定居人群皆囿于各自的"小环境"),如果没有真正的智慧驾驭之,西学为零(动辄"正能量"与"负能量"互相抵消),恒为原始状态。而实际上,近代以前的西方一直如此。

第二,真正的智慧就是"道",它确保或恢复人与人、人与自然的和谐,因而人们在"人与万物共生长存"的前提下,稳健地创新、可持续性发展。经过数千年的努力,终于"量变到质变"——把世界打通了,科学与经济等都可以"爆炸性发展"。首先是西方,依靠被传统科技所提升起来的"海洋地缘"(易于宣泄矛盾、猎取财富),能够最大化地绽放人的潜能,而收获其"正能量"。由此,西方人及现代人多会误以为,西学是源于西方自身。相比之下,在公元1500—2000年间,特别是在19—20世纪,中国的"地缘政治"是相对被动的,以致其海洋反倒有利于列强侵略与霸权扼制;因而在中国承受极大的内忧外患的情况下,其矛盾难以疏解,"正能量"也多被抵消。

西方充其量也就是文明的"中间商"——人类文明在空间上和时间上的短暂中介。由《易经》式的"有序运动"所驱动的终古文明,愈益受制于太平洋的地理瓶颈;其内在张力愈益增大,通过"战争与和平"向西运动,终于在亚欧大陆的另一端这个"生物圈的自我保护系统的薄弱环节",发生了突破(人类文明"从量变到质变"),这就使西方有幸成为东西半球的捷径和中介(空间中介)。

中国传统科技的传播把西方的"海洋地缘"给提升了起来,这使它很容易向外疏解或宣泄"负能量",而自身则绽放和发挥"正能量"(开发人的知识潜能:第二本能);在牺牲其余世界与地球生态的条件下,西方变为"理性社会"和"创新佳境"。这样一来,传统文明的千秋硕果都会在西方那儿变成"种子",反其"道"而行之,尽情发展"新文明"(人文—现世、科技—物质、天下—海洋,这些原本都是中华文明的)。由此,西方就成了人类文明在时间上的中介(承上启下及传统与现代)。

欧美文明及其一切的优越性都是基于地理上的战略优势的——"地缘政治"(海洋地缘)。但也就是五百年左右的光景。因为由技术进步所影响的地理战略优势(地缘政治)的变化规律是:1.草原胡骑扼制河谷平原(文明)→2.海洋地缘扼制大陆文明→3."陆海有机"淘汰海洋霸权。

第一编

西方中心历史的"中国模板"

第一章　揭示西方历史的"周期律"

一、简述西方历史成型的原委

以我们某个智慧之士的观察,所有的古代史都是神话,人们则信以为真。(All ancient histories, as one of our wits has observed, are only fables that men have agreed to admit as true.)——伏尔泰

研究表明,那些与近现代同构的或西方式的古代历史及其文化、思想和著作,都很难说是真实的。它们包括:1.西方的"古典文明"(古希腊、罗马);2.泛西方的"古老文明"(古埃及、苏美尔、巴比伦、亚述等);3.犹太—基督教"文明"(中世纪欧洲、犹太教古国)。

众多学者揭示,通行于今的西方版的世界历史,是在《圣经》的框架中建造起来的洋洋大观的空中楼阁,它是摇摇欲坠的。先看作为时间轴线的"圣经编年"本身,它一直是问题重重。

桑迪斯·文施博士写道:基于《圣经》来重建人类编年史,一开始就出现了裂痕。文艺复兴学者们的雄心壮志,是整合《圣经》资料与别的文化的记录,尤其是关于奥林匹克运动会的时间记录。偶尔一个小的"创造性"就会影响深远,例如安尼乌斯(Annius of Viterbo,1432—1502年)公然伪造公元前3世纪巴比伦祭司波洛修斯(Berossus)的残片……16—17世纪夸大"古巴比伦"的文字,通常都与安尼乌斯有关。然而,这只是症状,而非问题之根源;简而言之,无法圆满地把不同的编年史纳入《旧约》的框架之中……[①]

[①] John Sandys-Wunsch: *What Have They Done to the Bible*? Litugical Press, 2005, p.126.

为了从《圣经》中推导出统一的编年史,尤其是要安排各个事件日期与通史年代,学者们必须进行多方调节,因为并非所有的编年系统都能在《圣经》框架内彼此吻合,特别是与犹太—以色列王国相吻合。七十士译本《圣经》与希伯来译本是不同的时间序列。一些学者倾向于七十士译本,因为它有可能把"创世纪"的时间提前。而且,来自别的文化——主要是中国——的编年史,所记载的时间比希伯来文本《圣经》要悠久得多。①

这段引文中提到的文艺复兴时期的学者安尼乌斯,我们稍后还会讲到,他总共杜撰了17部历史书,其中包括古代的波洛修斯的《巴比伦史》和曼涅托的《古埃及史》。它们是怎样变成"西方正史"的呢?在17世纪以前的西方,包括这2部书在内的所有的"历史",都没有时间概念,或是时间错乱;它们只是在中国编年史到来之后,统统都被进行"时间定位",从而系统化的。我们从下面亚瑟·麦卡拉的话中,可见端倪:

"……中国文明构成了特别的挑战……被耶稣会士传入的中国历史记录,其不间断的悠久绵长,超过了《圣经》时间的限度。如此刚被发现的编年史促使西方人重新考虑他们的古典史料,尤其是波洛修斯和曼涅托的史料。波洛修斯是巴比伦的祭司,曼涅托是古埃及祭司。后者是公元前3世纪早期的赫里奥波里斯《太阳城》的作家,他用希腊文写了这部书。"

构思了亚历山大大帝征服及其余波和随后的融入希腊化世界,两人分别谱写此种历史篇章,宣称古埃及和巴比伦都比征服它们的希腊文明更古老、更优越。

波洛修斯的《巴比伦史》和曼涅托的《埃及史》皆已湮佚,我们从17世纪发现的古代犹太教和基督教作者的书中获得一些相关资料……

波洛修斯提供了惊人的数据,即:根据天文学档案,这个诺亚洪水之前的王国(巴比伦)的时间跨度是432 000年。曼涅托把古埃及划分为31个王朝……"神的王朝"(前王朝)是24 925年,"人的王朝"是11 600年……总计是36 525年。②

实际上,西方是在中国的影响下,很迟才形成时间概念、"标准时间"和公元纪年(包括"公元前")的,大约是在17世纪中叶的事。因而文艺复兴时期杜撰历史,在时间上都"太离谱"了,动辄几万、几十万年。上面引文所说的《巴比伦史》(43万多年)和《埃及史》(3.6万多年),都被17—19世纪的西方学者按照"中国时间"大为削减。那时,伏羲是世界历史最早标识,中国历史最古老;其他的,除了"圣经创世纪"之外,都往后排。但到19世纪末20世纪初,再次调整,就变成今天这种"世

---

① John Sandys-Wunsch: *What Have They Done to the Bible?* p.85.
② Arthur McCalla: *The Creationist Debate*, London: Continuumbook, 2006, p.29.

界编年史"了。

中华文明对于近代欧洲与古代西方的"双项塑造",皆是至关重要的。美国汉学家孟德卫说:"17世纪的欧洲之缺少文化优势,暴露于中国的知识挑战的面前。中国历史形成'欧洲认同'。"(China's history posed European identity.)[1]

这就是说,以前没有历史与文明的欧洲,在近代之初要借助于中国历史来塑造其将来与过往,从而获得一个无比优越的"文明"。1."借助于中国历史来塑造将来":在17—18世纪,欧洲全面而系统地引进中国的思想和制度(中国"启蒙"西方)。2."借助于中国历史来塑造过往":欧洲人需要参照中国历史来"照亮"他们近代以前的漫漫长夜,来定位和充实那个未知的时间与空间。

确切地讲,通行于今的西方版的"世界历史"的缘起是:《圣经》神话+中国历史。那就是:西方神职学者借助于中国历史而搭起一个包罗万象的"圣经框架",与此同时,启迪和取材于东方文明——"见龙在田,天下文明"。恰值"东学西渐、中学西被"。这样一来,基督教欧洲就有机会、也必须把神话变成"历史",以适应来自东方的非宗教的和现世性的严峻挑战。

欧洲神职学者基于中国的编年史,来铸造"圣经编年"及其子系统("古典文明"与"古老文明"的编年史);再把被中华文明所打通、联通的全球地理,当作它自己的"历史空间"。

在接触到中国文化与历史之前,西方学者(神职学者)基本上是既无时间概念,也无空间概念。时间上,在中国影响下,是17世纪才形成"公元纪年"的(他们却说是"古已有之");空间上,"巴比伦"原本不在美索不达米亚地区,而是中世纪欧洲的哥特小镇。[2]

在一些非西方中心论的学者看来,近代西方模仿中华文明并非仅是建设西方文明,它模仿中国历史并非仅是建设"西方历史";两者都是为了西方主宰世界,首先是取代中国的文明中心的地位。于是,西方通过武力进行全球扩张和它通过伪造进行"历史扩张",双管齐下,双喜临门。

孟德卫较为婉转地解释道:在17世纪,被那些(欧洲)思想所卷入的是:把中国的悠久历史与"圣经编年"相妥协;以欧洲的世界地理的新知识来同化"中央王国"的中国观念(天下观、普天之下);把关于中国的新的资讯融合到(欧洲)固有的

---

[1] David Emil Mungello: *The Great Encounter of China and the West, 1500—1800*, Rowman & Littlefield Publishers, Inc., 2013, p.103.

[2] A. Fomenko: *History: Fiction or Science? Chronology 1*, p.44.

神秘理论之中;协调基督教与中国这个"高贵异教"的地位;消化关于中国语言的信息,服务于欧洲之寻求一个世界性的语言……研究"中国言法"(Clavis Sinica——解码中文的钥匙);最后,把中国传统的生命数字观念(命理学)与欧洲最发达的算术理论相妥协。

17世纪,欧洲人寻求世界性语言使得他们着迷于中国语言。培根和别的杰出学者皆感到中文是语言的模范,因为它的表意原则超越了地域限制和各种方言;如此共识使汉语一度被热议,是否可以作为世界性语言的候选者……《圣经》中亚当的原始语言早已失传(引者按:那时的西方人似乎感到西方是巴别塔之变乱言语的受害者,而中国则是"书同文"的成功者)。

耶稣会士卫匡国(Martino Martini,1614—1661年)和柏应理(Philippe Couplet,1623—1693年)带回(欧洲)的关于中国历史的信息,宣称其"高古绵长",它震撼了欧洲思想界;以致促成了基于七十士译本的"圣经编年"取代(时间较晚的)拉丁文版本,如此行动伴随着一系列的离奇的创新。[1]

二、外国学者抨击杜撰的历史

(一)不同寻常的"本来面目"

人是具有历史感的动物,对其过往有着深深的情怀:如果他不能用一个清晰的和真实的历史来整合它,那他将会用含糊的和伪造的历史来成全之。(Man is history animal with a deep sense of his own past, and if he cannot integrate the past by a history explicit and true, he will integrate it by a history implicit and false.——Geoffrey Barraclough)——杰弗里·巴勒克拉夫[2]

让我们来介绍一下西方的非主流学者的相关研究,仅供参考。

16世纪,西班牙萨拉曼卡大学教授安西拉(de Arcilla)发表了2部著作,主要阐明,整个古代历史(包括"古老文明"和"古典文明")都是中世纪伪造的。(The whole of ancient history had been forged in the Middle Ages.)[3]

---

[1] David E. Mungello: *Curious Land*, University of Hawaii Press, 1985, p.15—16.

[2] Ronald H. Fritze: *Invented Knowledge: False History, Fake Science and Pseudo-religions*, Reaktion Books, 2009, p.7.

[3] A.T. Fomenko: *Empirico-Statistical Analysis of Narrative Material*, Springer-Science+Business Media, B.V., 1994, p.96.

同样的结论,也被耶稣会士历史学家、文献学家让·哈尔端（Jean Hardouin, 1646—1724年）所提出,他宣称:"古典文献"（包括古希腊、罗马的历史、哲学、科学和文学及文物）都是中古后期和近代早期在修道院中被杜撰出来的。①

哈罗德·勒沃教授解释道:耶稣会士让·哈尔端……论述:绝大多数的古典希腊著作、罗马著作和宗教文献,都是在13世纪后期和14世纪编造出来的。编造者分别声称,其中的拉丁文著作是他们在教堂书室发现原稿或他们自己发掘出来的,希腊文的是被从君士坦丁堡逃难的人带来的……让·哈尔端在1727年发表的文章中还指出,《神曲》不是但丁的著作,而是(后来)被英格兰宗教改革者约翰·威克里夫的徒弟拼凑出来的。②

德国学者巴利道夫（Robert Baldauf）在其所著《历史与批评》（Historie and Kritik）一书中断言:"不仅古代历史,甚至中世纪历史,都是文艺复兴期间和随后的几个世纪里伪造的。"（not only ancient, but even medieval history was a falsification of the Renaissance and subsequent centuries.）③

科学家牛顿（1642—1727年）发表专著,批评西方伪史的两位"首创者"斯卡利杰（Scaliger）和佩塔维斯（Petavius）。牛顿所推算的编年史,比通行于今的"斯卡利杰版本"（世界史）要短得多,距离我们今天要近得多,例如他认为,马其顿·亚历山大（大帝）更接近我们的时代。④牛顿算出,古埃及的历史在公元前946年至公元前617年之间,仅有300多年。⑤虽然牛顿并未否定,反而维护"圣经编年",但他"严厉地批评(神职学者写的)古代编年史。他断言最老的神篾已遗失,而现存的,即使不是完全伪造的,也是充满错误的。"牛顿进而谴责,"伪造埃及、巴比伦和希腊等编年史的企图,是证明它们的历史是'古老'的。"（Egyptian, Babylonian, Greek, and other chroniclers of attempts to fabricate historical lists to prove their antiq-

---

① Fomenko, Z. Krawcewicz, V. Nosovskiy: *ZODIACS Timeline of Egypt Cut in Stone*, New Chronology Publications, 2005, p.4.

② Harold Love: *Attributing Authorship: An Introduction*, p.186.

③ Robert Baldauf From Wikipedia, the free encyclopedia.

④ 阿纳托利认为,《圣经》是中世纪伪造的,《旧约》是在《新约》之后。他相信,摩西的继承人约书亚就是亚历山大大帝。约书亚在《圣经》中是最好战的。约书亚所征服的两个国王是玛基和玛顿。这个马其顿亚历山大大帝生活于15—16世纪之间,他转战于普鲁士和白俄罗斯,而不是波斯。*A. Fomenko and the New Chronology*, http://cracrocrates.blogspot.co.uk/2007/11/anatoly-fomenko-and-new-chronology.html

⑤ The Chronology of Ancient Kingdoms Amended From Wikipedia, the free encyclopedia.

uity.)①

英国历史学家埃德温·约翰逊(Edwin Johnson, 1842—1901年)严厉批评基督教的编年(历史与纪年)。②他的主要结论是,较之写在编年史上的,所谓的"古希腊""古罗马"更接近我们的时代。(两者都是中世纪的影响很小的诸多事件)③

莫罗佐夫(N. A. Morozov, 1854—1946年)认为,大部分的人类历史都是伪造的。(Much of human history has been falsified)④他得出结论,斯卡利杰(西方历史的"首创者")的编年体系是全无根据的。在分析了巨量的历史资料之后,莫罗佐夫证实,斯卡利杰的古代编年史是被人为地拉长时间,比实际存在的要久远得多。(Scaliger's ancient chronology was artificially expanded in time and made much longer than it was in reality.)⑤

多位学者揭示:绝大部分的"历史文献"都是在"黑暗的中世纪"之后,在文艺复兴时期问世的。例如19世纪著名的历史学家奥沙尔(P. Hochart)和罗斯(J. Ross)……发现的"古代(罗马)手稿"《塔西陀历史》(History of Tacitus Cornelius),实际上是15世纪意大利神学人文主义者波焦·布拉乔利尼(Poggio Bracciolini)所写(编造)的。⑥

15世纪著名的人文主义者,诸如赫里索洛拉斯(Chrysolora)、卜列东(Plethon)和贝萨里翁(Bessarion)以及别的意大利的神职学者,他们首次把据说是"古希腊的学术成果"带进欧洲,但实际上都是伪造品。⑦所谓的中世纪"百年翻译运动",把古希腊的文化复活,然后传给欧洲也是杜撰的。⑧

上文所提到的意大利人文主义学者卜列东,就是"柏拉图"的原型;卜列东的著述,加上东方智慧,成为稍后问世的"柏拉图哲学"的资料来源(详见本书第十

---

①Jonathan Karp, Adam Sutcliff: *Philosemitism in History*, Cambridge University Press, 2011, p.58.
②Edwin Johnson (historian) From Wikipedia, the free encyclopedia.
③*ZODIACS Timeline of Egypt Cut in Stone*, p.6.
④Nikolai Alexandrovich Morozov From Wikipedia, the free encyclopedia.
⑤*ZODIACS Timeline of Egypt Cut in Stone*, p.6—7.
⑥*ZODIACS Timeline of Egypt Cut in Stone*, p.8.
⑦*ZODIACS Timeline of Egypt Cut in Stone*, p.8.
⑧Miguel López-Pérez: Chymia: *Science and Nature in Medieval and Early Modern Europe*, Cambridge Sxholar Publishing, 2010, p.2. / Thomas FRELLER: Between Andalusia and Sicily. New light on some famous politically motivated Arabic forgerieshttp://digibug.ugr.es/bitstream/10481/2512/1/Freller.04.pdf

章)。

柏拉图、亚里士多德、欧几里得和阿基米德等人及其著作,都是中古与近代之交杜撰的。①

有历史学家说,《荷马史诗》不是荷马所作,它是典型的18世纪的启蒙时代的反传统的作品。②也有说《荷马史诗》是在18世纪60—90年代之间伪造的。③按照阿纳托利院士的看法,《荷马史诗》起源于16—17世纪。"荷马文字"的翻译片断出现于16世纪,第一部完整的《伊里亚特》译本问世于1723年。④

中世纪欧洲的历史也有很多是被杜撰出来的。德国历史学家波特·伊利格(Heribert Illig)揭露,中世纪早期的历史(614—911年)根本不存在,加洛林王朝和查理曼大帝等都是伪造的。在教皇奥托三世和西尔维斯特二世的密谋和指派下,用各种假证据充实了这段历史,没有考古证据与树年轮的测试能够证明之。⑤

最近(2016年3月29日),Podbean 网站发文《我们的假历史》(*Our Fake History*)称:特洛伊战争是真正的历史事件吗?海因里希·施里曼宣称,他已经发现特洛伊城真正存在的历史证据。他的发现是19世纪最有名的考古成就之一,这使他赢得"考古学之父"的称号。但实际上,海因里希·施里曼是个多产骗子,篡改和编造他的"发现",而且还发明了他自己的"传奇生涯"。我们能够相信最大的学术流氓吗?(Can we trust one of academia's greatest scoundrels?)⑥

通行于今的说法是:海因里希·施里曼(1822—1890年)……德国商人和考古业余爱好者。出于一个童年的梦想,他毅然放弃了商业生涯,投身于考古事业,使得长期被认为是文艺虚构的国度——《荷马史诗》中特洛伊、迈锡尼和梯林斯——重现天日。

---

① *ZODIACS Timeline of Egypt Cut in Stone*, p.9—10.
② G.A.Kennedy: *The Cambridge History of Literary Criticism*: Volume 4, The Eighteenth Century, Cambridge University Press, 1997, p.754.
③ Michael C. Carhart: *The Science of Culture in Enlightenment Germany*, Harvard University Press, 2007, p.144.
④ A. T. Fomenko: *History Fiction Or Science: Chronology 2*, Delamere, Resources LLC., 2005, p.117.
⑤ http://en.wikipedia.org/wiki/Phantom_time_hypothesis. / Emmet Scott: *A Guide to the Phantom Dark Age*, New York: Algora Publishing, 2014, p.72.
⑥ http://ourfakehistory.com/

(二)西方历史的"和盘托出"

直到狮子有自己的历史学家,狩猎的故事总是荣耀猎人。(Until lions have their historians, tales of the hunt shall always glorify the hunters.)——非洲谚语

美国哲学家乔治·桑塔亚纳说:"历史竟是如此谎言的集合,即它们是由不存在的人物所讲述的从未发生的事。"(History is a pack of lies about events that never happened told by people who weren't there.)①

一些学者主张,近代以前的西方历史——无论是中古,还是上古,无论是欧洲史(包括几个"古典文明"),还是泛世界的印欧史(包括几个"文明古国"),都是根据非文字的中世纪的"事件"与"传奇"而编织出来的:

1.事件? 即使是确实存在,也是被挪用或夸大了。正如托马斯·麦考利所说:"在历史中,每一个特定的事件可能是真的,但整体则是假的。"(A history in which every particular incident may be true may on the whole be false.—Thomas B. Macaulay)②

2.传奇? 在相当程度上,西方历史是基于对传奇的解读,而传奇则是基于对谎言的解读。正如 H.L·孟肯所说:"传奇,是获得了时代尊严的谎言。"(Legend: A lie that has attained the dignity of age.—H.L. Mencken)。③

美国约翰·霍普金斯大学教授罗尔斯顿写道:"杜撰的资料已经构成各个阶段的历史记录的相当部分……同样,我认为,19世纪、20世纪和21世纪的伪造也都变成了历史记录的部分……"④

骇人听闻的是,法国人弗兰·卢卡斯(Vrain-Lucas,1818—1882年)借用阿基米德、萨福、加略人犹大、恺撒、查理曼和他人的名字,伪造了27000份古典文件! ⑤

多位国外学者揭露,有助于我们反思历史与文明(以下九点):⑥

第一,通行于今的历史编年基本上是被斯卡利杰在其所著《编年校正篇》

---

①George Santayana, American philosopher(1863—1952)Joseph Demakis: *The Ultimate Book of Quotations*, Raleigh, North Carolina: Lulu enterprise Inc, 2014, p.181.

②*Quotations about History*, http://www.quotegarden.com/history.html

③*Quotations about History*.

④Matthew T. Rutz, Morag Kersel: *Archaeologies of Text: Archaeology, Technology, and Ethics*, Oxford: Oxbow Books, 2014, p.193.

⑤*Time*, Vol. 121 Cover Time Incorporated, 1983, p.866.

⑥*History: Science or fiction? Revised Chronology—our ancient history has been forged. Is history totally fake?*

(1583年)和《年代学宝典》(1606年)两部书中编造出来的。它们所产生的时间序列毫无根据。他的继承者、耶稣会士佩塔维斯(D. Petavius)完成了另一部编年巨著《时间纲目》(De Doctrina Temporum)(卷一,1627年;卷二,1632年)。

第二,《新约》比《旧约》更老,两者都是中世纪伪造的。《旧约》所呈现的事件,都是14—16世纪在欧洲和拜占庭所发生的;其中所包含的"先知"启示未来的部分,属于《新约》的内容,是1152—1185年间所发生的事。

第三,"耶稣是中世纪的人,生于1152年,被钉十字架于1185年。"①这似乎可以和另一件事互相印证,即"1887年,诺托维茨(Nicolas Notovitch)写了一本书名为《不为人知的耶稣生涯》(The Unknown Life of Jesus Christ),其中有一个关于圣徒伊萨(Saint Issa)的传奇……圣徒伊萨就是耶稣,他去西藏学习佛教。"②如果这个传奇能够被证实,那么,它暗示了耶稣生活的时间,因为藏传佛教始于7世纪,11—12世纪是繁荣期,与喜马拉雅山两边交往密切。凡此线索,有待考证。

第四,"在11世纪之前,没有一个(西方)文献是可信的。"(No single document in existence can be reliably dated earlier than the 11th century.)

第五,"古代罗马、希腊和埃及的历史都是在文艺复兴期间,被人文主义者和神职人员所制作的,大部分是基于他们自己伪造的文献。"(Histories of Ancient Rome, Greece and Egypt were crafted during the Renaissance by humanists and clergy – mostly on the basis of documents of their own making.)

第六,关于科学史,"传统上,托勒密的《天文学大成》被溯源到公元150年,它被视为'古典历史'的基石。但实际上,该书被编纂于16—17世纪,其所依据的天文学数据是9—16世纪的。"

第七,"古罗马和希腊的雕塑,都展示了人体解剖学的完美技巧,但它们都是文艺复兴期间伪造的,艺术家仅在此时才首次掌握这般技巧。"

第八,"公元640—1040年的英格兰历史和公元378—830年的拜占庭历史,如出一辙地源于中世纪后期。"

第九,"西方的世界历史(包括埃及和两河)不会超过1000年,而且在公元1700年之前不存在信史。"③

---

①http://tamrin.proboards.com/thread/2340/anatoly-fomenko

②Hooper, Richard: *Jesus, Buddha, Krishna, and Lao Tzu*, Sanctuary, Publications, 2007, p.15.

③A chronological revolution made by historical analytics By Eugen Gabowitsch(Potsdam, Germany)

诸多学者共识,文艺复兴也是西方伪造历史、伪造"古典"的首次高潮。我推测,这在物质条件上是中国西传的造纸术与印刷术为其奠定了基础,而在精神层面,在蒙古征服、郑和远航、教士使华、丝路延伸和地理连通的时代背景下,东方新知与文明信息在西方发生了"爆炸性效应"。我基本同意上述学者的见解,即17世纪以前西方的文明与文化以及历史与历法,都是伪造的(本书第五、六章将会阐明,上古与中古的西方都是原始社会);而且主要是从"东学西渐、中学西被"中吸取灵感与素材的。

另根据多名外国学者的查究①,西方"世界历史"的古代部分(古典文明和古老文明),都是基于中世纪后期到19世纪这段时间里伪造出来的"史料"——西方文化的"精华"。

别看其数量与内容皆大得惊人,可谓遮天蔽日、云屯雾集;但深入分析,它们无非是造纸与印刷术的应用、东方文明的信息和中国历史学的方法这三者,与西方的宗教热情与世俗雄心的有机结合,所产生的"爆炸效应",犹如中国的技术发明在西方所发生的科学的"爆炸效应"(历史学家斯塔夫里阿诺斯所言)。②

别看它们是无比的博大精深、包罗万象和集"智慧"之大成,但就其性质而言,这类知识并不是那促进人与人、人与自然之和谐,并且调控人智、人为的真正智慧;它是人作为智能生物的反克自然的本能,人在这方面具有无限的潜力,只要条件许可便会绽放出来。因此,打开如此"知识宝藏",只不过就像打开"潘多拉盒子"而已!关于西方的"历史文化"的性质及其产生的必要条件,本书稍后将会阐明。现在我们就把外国学者已查明的伪史料、伪文献(或者说,它们的成书时间实际上是很晚的)列举如下(总共100项):

1.《圣经》(旧约和新约)。2.《塔木德》(犹太法典)。3.《妥拉》(摩西五经)。4.新约、旧约的伪经。5.《摩尔门经》。6.荷马(《伊利亚特》和《奥德赛》)。7.希罗多德(《历史》)。8.修昔底德(《伯罗奔尼撒战争史》)。9.苏格拉底(古希腊哲学家)。10.梭伦(古希腊政治家)。11.柏拉图(哲学著述)。12.亚里士多德(众多著作)。13.普鲁塔克(传记作品)。14.色诺芬(古希腊军事家、文史学家,多部著作)。15.阿基米德(古希腊哲学家、科学家)。16.欧几里得(《几何原本》)。17.阿里斯塔克(古希腊科学

---

① HOW IT WAS IN REALITY, http://chronologia.org/en/how_it_was/index.html / http://blackbag.gawker.com/is-ancient-history/

② [美]斯塔夫里阿诺斯:《全球通史》,上册,董书慧、王昶、徐正源译,北京大学出版社,2005年,第266页。

家)。18.阿里斯托芬(古希腊文学家,多部剧作)。19.菲洛斯特拉托斯(古希腊作家)。20.阿波罗尼奥斯(古希腊哲学家)。21.欧多克斯(Eudoxus of Cnidus,古希腊天文学家)。22.伊壁鸠鲁(古希腊哲学家)。23.留基伯(古希腊哲学家)。24.阿那克萨戈拉(古希腊哲学家)。25.埃拉托色尼(古希腊地理学之父)。26.斯特拉波(《地理学》)。27.毕达哥拉斯(古希腊科学家)。28.赫拉克利特(古希腊哲学家)。29.恩培多克勒(古希腊哲学家)。30.希波克拉底(古希腊医学之父)。31.阿那克西曼德(古希腊生物学家)。32.泰勒士(古希腊哲学家)。33.埃斯库罗斯(古希腊悲剧之父)。34.波利比乌斯(古希腊政治家和历史学家,著有《通史》等)。35.古埃及《死亡之书》。36.赫尔墨斯智慧。37.古埃及诸神。38.古希腊诸神。39.《吉尔伽美什史诗》。40.汉谟拉比法典。41.曼涅托(《埃及历史》)。42.波洛修斯(《巴比伦—迦勒底历史》)。43.保萨尼亚斯(《希腊志》)。44.奥维德(古罗马诗人,著有《变形记》等)。45.亚历山大大帝传奇。46.特洛伊传说。47.古老的法国传奇。48.第欧根尼·拉尔修(古罗马作家,《哲人言行录》)。49.西西里的狄奥多罗斯(古希腊历史学家)。50.维吉尔(古罗马诗人,《牧歌集》、《农事诗》和《埃涅阿斯纪》)。51.李维(古罗马历史学家,著有《罗马史》)。52.托勒密(古罗马,埃及天文学、地理学等著作)。53.苏埃托尼乌斯(古罗马历史学家,《罗马十二帝王传》)。54.塔西陀(《演说家对话录》、《阿格里可拉传》、《日耳曼尼亚志》、《罗马史》和《编年史》)。55.西塞罗(众多哲学及政法著作)。56.阿米阿努斯·马尔切利努斯(历史学家)。57.《罗马法》。58.波菲利。59.弗拉维奥·约瑟夫斯(犹太历史)。60.《阿加达》(阿拉姆语故事)。61.阿庇安(古罗马历史学家,《罗马史》)。62.大马士革的阿波罗多洛斯(工程师)。63.欧特罗庇厄斯(拜占庭政治家)。64.维克多(古罗马历史学家,《恺撒》)。65.《罗马帝王纪》。66.卡庇托利努斯(《罗马国史大纲》)。67.兰普瑞狄乌斯(罗马作家)。68.圣奥古斯丁。69.中世纪翻译运动(古希腊著作)。70.保卢斯·奥罗修斯(神学家、历史学家)。71.约翰·马拉拉斯(《编年史》)。72.柏朗嘉宾(意大利传教士)。73.古代印度《摩诃婆罗多史诗》。74.菲尔多西(古代波斯的史诗《列王记》)。75.古代日耳曼史诗。76.古代冰岛史诗。77.蒙茅斯的乔佛瑞(《不列颠诸王史》)。78.内尼厄斯(《不列颠人的历史》)。79.《盎格鲁—撒克逊编年史》。80.拉斐尔·霍林斯赫德(《英格兰、苏格兰和爱尔兰编年史》)。81.《亚瑟王传奇》。82.萨克索·格拉马提库斯(《丹麦史》)。83.尼西塔斯·卓尼亚铁(历史学家)。84.安娜·科穆宁娜(《阿历克塞传》)。85.克里斯蒂娜·德·皮桑(中世纪淑女、作家)。86.普罗科匹厄斯(历史学家)和其他的拜占庭学者。87.维尔阿杜安(《君士坦丁堡的征服》)。88.罗伯特·克拉理。89.《往年纪事》和别的俄罗斯编年史(包括西伯利亚编年史)。90.俄罗斯史诗多卷。91.但丁(《神曲》)。92.杨布里科斯(新柏拉图主义代表人物)。93.贞德(法兰西民族英雄)。94.狄奥尼修斯·伊希格斯(公元纪年的创立者)。95.《大宪章》。96.古代中世纪神父的著作。97.全部的近代以前的编年史。98.巴托洛梅·德拉斯·卡萨斯(16世纪西班牙教士,保护印第安人)。99.布拉斯达雷斯(神学—法学家)。100.《波波尔·乌》(玛雅人的古典史诗)。

当然,对于上述100项究竟是不是伪史料、伪文献,我们还需要彻底调查核实。其所涉及的知识毕竟是浩如烟海、丰富多彩!不过,本书第七、八章会阐明这样一个命题,即西方文化与知识都是"近现代的现象",而不可能存在于历史上的。这里略提四点理由:

第一,历史事实。近代以前的西方,无论是基督教欧洲,还是"古典时代"都是原始蛮荒和文化沙漠,因而是不存在产生文化与知识的土壤的。

第二,生态环境。在1492年之前,即在地球生物圈的资源开始向西方倾注之前,由于欧洲的地表生物量相对很小,那儿不可能有高于原始水平的人类生活的,何况一直是零发展。所以,哪里会承载知识和学术群体呢?

第三,智慧缺陷。西学的特点是与自然做斗争,属于人作为智能生物的反克自然的本能。然而在近代以前,即在人们能够利用全球性生态作为其平衡条件与牺牲代价之前,此种知识只会存在于与自然和解、和合的中国文化之下,而不可能独立存在于西方的。这是因为古人囿于"本土生态",人与自然的关系是直接的生命攸关——由人智、人为所引起的自然的反弹或报复,都会直接否定其本身的存在。

第四,举例说明。在得力于四大发明之后,基督教获得了蓬勃发展,而又伴随着剧烈冲突;光是欧洲人前前后后就死了五千万,除此之外,它还透过美洲殖民而"消灭异端"上亿。如此巨大劫祸,基督教自身却安然无恙,这为什么呢?因为它可以向外宣泄矛盾!这就决定了在1492年之前,即在"囿于本土"的情况下,基督教及其信徒必须是非文化的、禁锢性的存在,否则便是自体毁灭。

本书陆续将会阐明,中古后期和近代早期的西方深陷危机,但也幸遇契机;后者是指"中国因素"和与此相关的西方的海洋扩张,使欧洲人在文化上可以进行历史学的抉择——从神话史转入"文明史"。尽管西方这样做会使宗教失控,而致人神火拼、血流成河;但若按照当时欧洲社会自身的运行趋势,它是通向彻底的自体消亡的。无论如何,如果不是发现和洗劫美洲,从而缓解其本土的危机,那一切免谈——西方则难免自体毁灭。再说,诸多中国技术进入欧洲,加剧震荡,那一定是灭顶之灾、万劫不复。1492年是划时代的!

现在既然已经能够走向世界,找到了生路;西方就必须援引中国文化,摆脱神权禁锢,建立现世文明。既然霸占美洲、索取全球是其唯一生路,那么,西方就必须援引中国历史,打造自身的"神圣谱系",对其从前的原始野蛮进行销赃灭迹。如果不是这样,西方岂能"有资格"理所当然地予取予求、为所欲为呢?

(三)寻踪觅迹于"知识宝库"

如果说,西方中古和上古的思想、文化和传统都是杜撰的,那么,其知识和灵感又是从哪里来的呢?让我们来做一番探索和讨论,详述如下:

(甲)"西学东源"的线索

怀海德说,西方这个千百年来默默无闻的民族,凭着控制自然的原始本能而崛起了。①

斯塔夫里阿诺斯说,欧洲从默默无闻中兴起,那是因为中国的技术和知识在西方发生了"爆炸性效应"。②

谢和耐说,意大利处于丝绸之路的终端,到中世纪末才开始接受新生活。③

霍布森说,西方兴起是基于中国的科技的,而近代以前的西方在这方面几乎为零。④

克特林·内格鲁称:"中世纪(欧洲教会)充满了伪造文本,都是源自远方世界的奇闻异事。"(The Middle Ages was full of forged texts which related about wonders and extraordinary events from distant parts of the world.)⑤我们认为,这些事应该发生在采用造纸和印刷的中世纪后期。

托马斯·华通氏(1614—1673年)说,《圣人的传奇》(The Legends of the saints)这本书充满了神话与迷信,但其中也包含着源于东方的真理;一些内容是中世纪希腊僧侣伪造的,他们很熟悉东方的故事。"……在君士坦丁堡被翻译成希腊文的文字都带有东方的想象,它们到欧洲被翻译成拉丁文的时候,就取代了这里的老

---

① A. Whitehead: *Science and the Modern World*, UK: Cambridge University Press, 2000, p.1.
② 斯塔夫里阿诺斯:《全球通史》,上册,第266、297页。
③ [法]谢和耐:《中国社会史》,黄建华、黄迅余译,人民出版社,2010年,第306页。
④ John M. Hobson: *The Eastern Origins of Western Civilisation*, Cambridge University Press, 2004, p.61.
⑤ Catalin Negru: *History of the Apocalypse*, Raleigh: Lulu.com, 2015, note 217.
⑥ Thomas Wharton: *The History of English Poetry: From the Close of the Eleventh Century* ... vol. 1, 1871, p.cxlix.

的文化原型。"⑥这句话可用这样一个公式概括之,即:东方源泉(故事)→君士坦丁堡希腊文(神话)→欧洲拉丁文(传奇)。

沃尔布里奇教授说:"……产生出模仿的东方文献是很容易的。在后古典时期,大量的著述在一个又一个'西方先哲'的名义下流传;其中如闻名的俄耳普斯作品,被称为是古希腊的智慧,但实际上,它们的大部分都是产生于一些东方圣人。(Most were fathered on some Oriental sage)。"①我们认为,这些事都应当发生在文艺复兴期间。

历史学家杰弗里·冈恩指出:"达克鲁斯(Gaspar da Cruz,1520—1570年)发表《中国志》(*Treatise on Things Chinese*,1569年)。达克鲁斯是当时极少数了解中国的欧洲学者之一,他们的相关著述形成了16世纪欧洲知识的基础(formed the basis of sixteenth-century European Knowledge)"②

罗伯特·保加尔揭露:裴瑞尔斯(*La, Peyrere*,1596—1676年)使用资料诸如荷马、赫耳墨斯·特里斯墨吉斯忒斯、波菲利(Porphyry,古希腊哲学家)、西塞罗、奥索尼乌斯(Ausonius,古罗马诗人)、梅拉(Pomponius Mela,古希腊地理学家)、克劳狄乌斯(Claudius,古罗马皇帝)、吉维尔、卢坎(Lucan,古罗马诗人)、杨布利柯(Iamblichus,古希腊哲学家)、柏拉图、贺瑞斯(Horace,古罗马诗人)、瓦罗(Varro,罗马执政官)、约瑟夫斯、狄奥多罗斯(diodorus siculus,希腊历史学家)和希罗多德等等。很难说,他(裴瑞尔斯)在引用上述古代人物的"著述"的时候,真的阅读过"原文",而不是转抄来的。他通常参考……斯卡利杰的,这是他的资料来源。"被引用的是斯卡利杰的关于中国的编年史"。③

以上引文可见,斯卡利杰和裴瑞尔斯等人很可能是使用中国资料,炮制古代希腊、埃及和罗马的文献的。德国神职学者珂雪(Athanasii Kircher,1602—1680年)利用汉学创建"埃及学",从汉字演绎出埃及象形文字,进而,他又反向制造了"西来说",那就是:鉴于同是"象形文字",再鉴于(古代)"中国与埃及的风俗及仪式皆相似","中国宗教与埃及、希腊皆相似"和"中国的多神崇拜与埃及、希腊皆相

---

① John Walbridge: *The Wisdom of the Mystic East: Suhrawardi and Platonic Orientalism*, New York, SUNY Press, 2001, p. 7.

② Geoffrey C. Gunn: *First Globalization: The Eurasian Exchange, 1500 to 1800*, Rowman & Littlefield Publishers, INC., 2003, p.200.

③ Robert Ralph Bolgar: *Classical Influences on European Culture, A.D. 1500—1700*, Cambridge, University Press, 1976, p.277 and note 2.

似",所以,中国的宗教迷信乃至整个文化均起源于埃及。然而,同时代的别的欧洲汉学家都持相反见解。①这段话让我们多少能够判断,近代早期杜撰的西方"古老文明、古典文明"及其诸神,包含不少"中国元素"。

(乙)关于犹太—基督教的知识来源

7世纪初,阿拉伯先知号召其信众"远到中国寻求知识和科学"(seek knowledge and science as far as China)。②

神秘学大师斯威登堡说:卡巴拉(犹太哲学)源于中国。③列奥斯查亚阐述:按照《卡巴拉》,智慧生于无(Nothingness),犹太哲学的最高原则是"无的统一",超越存在;这是中国的"道":无极—太极→无—有→阴—阳→万物……④

耶稣会士白晋说:"基督教的神秘已被预先包含在最古老的中国文献中。"⑤"《易经》包含了全部的基督教的理智和启示。(The I Ching contained the totality of Christian reason and revelation.)"⑥

德国的东方学权威马克斯·缪勒(1823—1900年)断言,基督教起源于佛教的影响(Christianity originated under Buddhist influence.)。⑦

詹姆斯·斯基恩(James H. Skene,1812—1886年)疑虑:在神学福音与东方哲学及迷信之间进行一个热情的、俗世的对照;那么,《萨德》《吠陀》和孔子的思想则居于优先地位。我们的救世主是模仿佛教或(印度教)克利须那神……? 婆罗门和撒旦教是罗马天主教等级的原型? 基督教总的是从亚洲抄袭来的? ⑧

英国历史学家杰夫·罗伯茨说:"佛教的影响全然地渗透于福音书,在早年基督教的诺斯底派福音书中,如此影响是确定的。杰出的佛学家林特纳博士(Christian Lindtner)坚信:……福音书乃至整个的《新约》都是来自佛学。"⑨

---

①David E. Mungello:Curious Land,p.163.
②转引自突尼斯大学教授马哈茂德·达乌迪的书。Mahmoud Dhaouadi:Cultural Sociology within Innovative Treatise,University Press of America,2013,p.161.
③Douglas Robinson:The Dao of Translation:An East-West Dialogue,Oxon:Routledge,2015,p.79.
④Leo Schaya:Universal Aspects of the Kabbalah & Judaism,orld Wisdom Inc.,2014,p.13.
⑤David E. Mungello:Curious Land,p.31.
⑥R.T. Bienvenu,M. Feingold:In the Presence of the Past,Springer,1991,p.33.
⑦J J Clarke:Oriental Enlightenment,NY:Routledge,1997,p.81.
⑧Colburn's New Monthly Magazine and Humorist,第86卷,London,1849,p.294.
⑨Geoff Roberts:Jesus 888,Matador,2012,p.132.

罗博特姆(A. H. Rowbotham)说:"(16—18世纪)中国成为神启的'逻各斯的知识库'。"(China became 'the repository of the Logos' of divine revelation.)①

简述一下前近代的宗教与学术传统被伪造的精神源泉。诸多学者共识:《圣经》是在中古后期才首次被"编纂"成文的。②其中较晚出的《约翰福音》在思想上迥异于全书,它提出了"太初有道"(太初有言),从而隐含了在"上帝主宰、神造万物"之外的自然规律;这个"道"或自然规律,就是西方哲学中的"逻各斯",它是"神本—上帝中心"到"人本—人类中心"的过渡。深入研究,不难发现,"逻各斯"(太初有道、太初有言)就是宋明儒学的"天理"(道、圣言)。③徐梵澄指出:"按照《约翰福音》第一章,'逻各斯'能被最好的理解。宋朝的新儒家无非就是'逻各斯'的知识。最高的逻各斯就是万事万物的'道'。"④

总括"道"在西方发生变异的过程,如下:

天理(太极、圣言)→逻各斯(太初有道、太初有言)→自然法(自然哲学、自然科学、自然权利)→人类中心主义(天理=人欲)。

在16—18世纪,西方的"古典文化"和"古老文明"以及许多犹太—基督教经典,都尚未被打造成型,有的刚刚开始;而唯一可信赖、可查证、可参考的古代知识,就是中国历史与文献。最古老的智慧是"元一"的(老子曰"昔之得一者"):要么是产生于"创世纪"之前,要么是亚当把"最纯的知识"经过几代,传给了一个现实中的"圣人",于是就把它扩散开来。而在16—18世纪的欧洲,许多人认为掌握最古老智慧的最早圣人,就是伏羲,之后才有其他"异教智慧"的。《道德经》曰:"有无相生";"同出而异名……玄之又玄"。

李弘祺教授写道:(17世纪)白晋(Bouvet)和富凯(Fouquet)……共识:中国远古的一定阶段并非属于其自身,而是代表早期人类的整体……"中国变成神启的逻各斯的知识库。"……洪水之后,诺亚的儿子闪保持了亚当给予的最纯的秘密知识,他到了远东。中国古籍蕴藏了前基督教的启示。《易经》的卦象的传奇发明者伏羲被确定为伊诺克/赫尔墨斯/特里斯梅奇斯图/阿努比斯/透特/琐罗亚斯德,

---

① T. H. C. Lee:*China and Europe:Images and Influences in Sixteenth to Eighteenth Centuries*,HK:the Chinese University Press,1991,p.136.
② 瑞士语言学家巴利道夫推断,《圣经》和《荷马史诗》都是产生于中世纪后期。A. Fomenko:*History,Fiction Or Science？:Chronology2*,xix.
③ Chloe Starr:*Reading Christian Scriptures in China*,NY:T&T Clark,2008,p.86—87.
④ Fancheng Xu:*Confucianism*,Personal Bookshop,Madras,1966,p.140.

亦即,他被确定为诸多圣人的原型。……如果伏羲是圣人伊诺克,因为被杜撰的《伊诺克书》部分参考弥赛亚,那么,它们的一些踪迹就应该被发现在中国。如此信念是白晋促成的……在中国,理想的人在经书里被描绘成圣人,这个形象也就被确定为弥赛亚。①

(丙)"古埃及"的中国源

意大利文艺复兴期间,伊萨克·卡索邦等人证明"古埃及"赫尔墨斯智慧是被伪造的。②

被称为古希腊、古埃及的赫尔墨斯神和赫尔墨斯智慧是怎么来的呢?学者们查来查去,发现是在中国。中世纪后期,一位西班牙的阿拉伯人在一封信中说,赫尔墨斯是生活在中国土地上的居民。③

意大利远东研究所会刊称:"如果我们对语言技巧进行图像分析,赫尔墨斯的诗歌明显有着中国起源。"④

德国东方学家哈盖尔(Joseph Hager,1757—1819年)考证,"古埃及"伊希斯女神(Isis)和奥西里斯神(Osiris)是参考中国的"阴性"和"阳性"造出的。⑤对于埃及象形文字与古代汉字相似,许多人断定汉字是"西来"的。哈盖尔则根据汉字是深具文化内涵的文字,坚信埃及象形文字是汉字派生的。(Egyptian hieroglyphics from the old Chinese characters,will undoubltedly derived.)(在我看来,第一批"埃及象形文字"是17世纪欧洲学者利用汉字"演绎"出来的,后文详述。)⑥

耶稣会士白晋推论,伏羲就是赫尔墨斯。⑦"在1700年晚些时候,耶稣会士白晋在他和莱布尼茨关于《易经》的通信中,称这部文献最惊人地保留了古代的赫尔墨斯智慧。"⑧"(易经)这部著作包含着所有科学的原则,确切地说,它是个充分发展的形而上系统。"⑨

---

①T. H. C. Lee:*China and Europe*,p.135—136.
②Florian Ebeling:*The Secret History of Hermes Trismegistus*,Cornell University Press,2007,p.95.
③Joseph Needham:*Science in Traditional China*,HK:Chiese University Press,1981,p.74.
④*East and West*,Volume 2,Istituto italiano per il Medio ed Estremo Oriente,1951,p.157.
⑤Joseph Hager:*An Explanation of the Elementary Characters of the Chinese*,London,1801,p. v.
⑥Joseph Hager:*An Explanation of the Elementary Characters of the Chinese*,London,1801,xii.
⑦*Jesuit Interpretations of the Yijing*(Classic of Changes),Smith Rice University,2001,p.33.
⑧Antoine Faivre:*Eternal Hermes:From Greek God to Alchemical Magus*,Phanes Press,1995,p.101.
⑨Kim-Anh Lim:*Practical Guide to the I Ching*,Binkey Kok Publications,1998,p.41.

白晋说:"我带来特别的知识,诸如希伯来摩西—犹太秘密哲学和柏拉图—毕达哥拉斯哲学,那就是中国象形文字智慧里的真元素。""伏羲这个人物被变成多个智者的名字,诸如埃及和希腊的赫尔墨斯·特里斯梅奇斯图斯、希伯来的以诺和波斯的琐罗亚斯德。"①

白晋还说,伏羲是"天狗",赫尔墨斯是人身狗头。莱布尼茨同意白晋所言"所有的智慧都溯源于《易经》"。白晋主张,卦象所包含的(知识基因),不仅是中国科学,而且是所有的数学。②康熙时完成的数学百科全书——《数理精蕴》,其序言称数学源于伏羲八卦(按:白晋作为数学家,参与了该书的编纂工作)。哲学家熊十力说,八卦与《九章》相表里,因而,数学起源于《易经》。③

再者,体现数字命理、神秘符号和原初智慧的幻方,应该是与数学同根而相成的,它也被通过各种形式用于诸文明的象征。人类学家米兰达认为幻方的起源被公认是《洛书》。④

实际上,近代西方的数学基本上是源于中国的;而在此之前,西方不存在数学。(详见本书第九章)

(丁)"古希腊"的中国源

圣蒂内洛写道:"希腊智慧完全来自东方。但是……它的东方起源的哲学、数学和几何学……都被说成是古希腊人创造的。伯内特(Burnet)……说,'每一个希腊理论都能够被追溯至东方源头。'"⑤

哥伦比亚大学宗教历史学家詹妮·罗斯写道:"伯里耶(Beurrier)说,古代近东哲学与中国的宗教思想是一致的。……事实上,直到18世纪,琐罗亚斯德、赫尔墨斯和以诺(Enoch)被确定为伏羲——中国古代神秘人物和《易经》的原创作者。……卜列东(Plethon)指出,'柏拉图哲学不是起源于他自己,它是通过毕达哥拉斯主义派生于琐罗亚斯德。'"⑥而毕达哥拉斯哲学则来自中国。⑦

根据上下文推论:"希腊智慧"来自东方:"希腊智慧"(哲学和其他)←近东(赫

---

① *Jesuit Interpretations of the Yijing (Classic of Changes) in Historical and Comparative Perspective.* Richard J. Smith Rice University, p.30.
② Val Dusek: *The Holistic Inspirations of Physics*, Rutgers University Press, 1999, p.198.
③ 郭齐勇编:《现代新儒学的根基》,中国广播电视出版社,1996年,第311页。
④ Miranda Bruce-Mitford: *Signs & Symbols*, Dorling Kindersley Ltd, 2008, p.62.
⑤ G. Santinello: *Models of the History of Philosophy*, Kluwer Academic Publishers, 1993, p.345.
⑥ Jenny Rose: *The Image of Zoroaster*, Bibliotheca Persica Press, 2000, p.80.
⑦ G. Hartung, V. Pluder: *From Hegel to Windelband*, Berlin: Grutter, 2015, p.141.

尔墨斯、逻各斯、琐罗亚斯德)←中国(《易经》、"道"和科技知识)。

上文提到的卜列东(Georgius Gemistos Plethon,约1355年—1452年,意大利文艺复兴人物),有学者指出,这位"柏拉图主义的倡导者"就是柏拉图著作的真正作者。并且,柏拉图的名字就是他本人的名字,其演变是:(前三者都是卜列东的名字)Plethon—Pleton—Pletho→Plato(柏拉图)。① 也就是说,卜列东是使用东方智慧杜撰出"柏拉图"的(也许开始时,他写的就是他自己的作品,但被后人——费奇诺等人——篡改为柏拉图的作品。详见本书第十章)。但两位历史学家伍德豪斯(Woodhouse)和巴图希斯(Bartusis)主张,(新柏拉图主义)卜列东的恢复"古典希腊"是他个人的伪造。②

伊凡吉留教授指出:"柏拉图和亚里士多德的希腊哲学更亲近于遥远的印度和中国,而非亲近于欧洲哲学,尽管后者被说成是'诞生于'希腊哲学。……文艺复兴时期卜列东评述亚里士多德哲学是进口的。"(卜列东也承认,柏拉图是东方的)。伊凡吉留教授的主要理由是,中国古代圣哲摆脱了神权教条,而这在欧洲是近代的事。③

在我看来,希腊哲学和欧洲哲学有两个共同点:1.非宗教或现世性;2.自然性或客观。但两者在古代只存在于中国,是与"道"一体的表象。其分裂的形式(主客两分:寻找规律、控制万物),在近代西方先后出现了两个"版本"。

Ⅰ.杜撰的"希腊版"(静态):"道的碎片"融入"神创论",形成了逻各斯(主体"置身事外");

Ⅱ.现实的"欧洲版"(动态):"道的碎片"融入"进步观",形成了辩证法(主体"随波逐流")。

值得一提的是,国内有一位学术权威,曾负责编译李约瑟的著述;但他一直以来都在贬低李约瑟的成果(说李约瑟夸大了古代中国,不属于"西方主流")。最近这位学术权威又在兜售"西来说"——宣称《周髀算经》(汉代天文历算著作)在很大程度上是"域外天学"。他提出好几个理由,其中主要两点是:1.它是"中国古代唯一的希腊式公理化体系";2.古希腊很早就有类似学说。

然而,古希腊及其成就都是杜撰出来的,该专家在文章中所提到的"地理学之

---

① A.T. Fomenko:*Empirico-Statistical Analysis of Narrative Material*,p.110.
② Savvas Kyriakidis:*Warfare in Late Byzantium*,Brill,2011,p.97,footnote 86.
③ C. C Evangeliou:*Hellenic Philosophy:Origin and Character*,Ashgate,2006,p.2,191.

父"埃拉托色尼也是被伪造的。①

不过,如此"西来说"反倒有助于我们侦探原委,即那些近代早期问世的"古代"希腊与埃及的各种科学都是寄生于包括《周髀算经》在内的诸多中国文献的(好比达·芬奇的科技成就"寄生于"《农书》);同样,"古希腊"哲学直接本于"古埃及"(逻各斯②与赫尔墨斯智慧),间接源于中国。清代思想家戴震在和耶稣会士交流的过程中"有了很清晰的证据,即西方的相关方法都是源于《周髀算经》"③。戴震发现耶稣会士在操纵"中国天学",他们谎称西方"古已有之"。④在华耶稣会士是西方造史运动的"吸吮管"。

长期以来,大家都误以为耶稣会士给中国带来了"科学与文明"。不错,耶稣会士是带来了一些源于中国发明的科技,但较之他们从中国拿走的简直就是九牛一毛——在其获取中国的科技同时,更多的是在人文方面,他们促成了西方全面"引进中国",从而塑造了欧美文明和它的"世界历史"(后文详述)。这里只谈科技。罗尔斯说:"16—17世纪的赴华耶稣会士导致中国的科学成就倾注欧洲。"⑤直到1751年,伦敦皇家科学院授予法国耶稣会士宋君荣(Antoine Gaubil)荣誉会员,表彰他所提供的有关中国科学的信息。⑥

戴震还说,勾股定理就是"毕达哥拉斯定理"。两者一模一样,又是古希腊在先?东方学家格拉迪施(August Gladisch)证明:"毕达哥拉斯的学说不是源自埃及,而是撷取于中国";⑦毕达哥拉斯还"从中国获得了轮回观念";⑧另外,希腊神话亥帕波尼亚(hyperboreans,住在北方乐土)是中国素材。⑨

---

① Serafina Cuomo: *Pappus of Alexandria and the Mathematics of Late Antiquity*, Cambridge University Press, 2000, p.140, note 38.

② 古希腊的逻各斯来自"古埃及"。Simson Najovits: *Egypt, Trunk of the Tree*, Vol. II: *A Modern Survey of and Ancient Land*, NY: Algora Publishing, 2004, p.285. 古埃及"玛特"(Maat)、古希腊的"逻各斯"(logos)和中国的"道"是元一。*Ethnography is a Heavy Rite*? bo akademi, 2000, p.185.

③ Yi Kai Ho: *Science in China, 1600—1900: Essays by Benjamin A Elman*, World Century Publishing, 2015, p.134.

④ 胡明辉著,董建中译《青年戴震:十八世纪中国士人社会的"局外人"与儒学的新动向》。

⑤ J.A. Roels: *The Origin and the Evolution of Firms*, IOS Press, 2012, p.140.

⑥ John E. Wills, Jr: *China and Maritime Europe, 1500—1800*, Cambridge University Press, 2011, p.170—171.

⑦ B. Gildersleeve: *American Journal of Philology*, Johns Hopkins University Press, 1881, p.133.

⑧ Eduard Zeller: *A history of Greek philosophy*, Vol, London, 1881, p.39, note 2.

⑨ Nietzsche, G. Whitlock: *The Pre-Platonic Philosophers*, University of Illinois, Press, 2001, p.161.

哈盖尔考证,"古代"希腊和罗马的算盘是毕达哥拉斯从中国获得的。毕达哥拉斯的理论要么直接来自中国,要么是埃及流传的中国知识。毕达哥拉斯名言"所有的性质归因于数(All the properties ascribe to number)",这句话是受中国启迪的。毕达哥拉斯的音乐理论(包括七弦琴和七音音阶)源于中国。所谓的希腊人帕拉墨得斯发明了国际象棋,那是中国的。"古代"希腊、罗马天文学黄道及星座与中国有关。普鲁塔克书中庙宇与中国相似。……哈盖尔感叹道:"太多抄袭中国的!(So many plagiarisms from China)"①

列维京博士说:英国历史学家沃尔特·雷利(Walter Raleigh,1552—1618年)所写从喜帕恰斯到托勒密之间的希腊天文学著作,"显示早年英语的相关讨论和阐述都汇入了中国证据之中";其理由是,"大量的中国知识是从远古传下来,因其没有受《圣经》巴别塔变乱语言的影响——中断和失散"。②这意味着什么?近代早期出现的"古希腊"天文学是中国的相关知识的翻版?实际上,意大利文艺复兴学者们杜撰希腊哲学与科学都是基于"中国证据"的。

更为讽刺和荒唐的是:因为嫉妒启蒙运动中的法国挟"中国热"而居于欧洲的文化中心,德国的民族主义便迁怒于中国,同时狂热地打造"古希腊",这就是1798—1830年德国浪漫主义运动的学术主旨。然而在其思想酝酿的过程中,德国浪漫主义竟是透过共济会的管道,大量汲取中国的古老智慧。③这样一来,正在形成中的"西方古典文化"和"德国古典哲学"都很自然地包含了许多"中国元素"。(详见本书第九章)

(戊)共济会等神秘组织的精神源头

据我所知,西方的三个著名的"神秘组织"——共济会、光明会和玫瑰十字会,都是从中国撷取"道的智慧",来充实其自身的神秘学和古埃及的神学,然后把它们的历史溯源于"古老文明"之中的。

"共济会和玫瑰十字会的秩序的建立者都把佛陀、孔子、摩西和耶稣四尊奉为种智大师(The Seed Master)。"④

共济会导师拉姆谢伊(Andrew Michael Ramsay,1686—1743年)把中国古代神

---

① Joseph Hager: *An Explanation of the Elementary Characters of the Chinese*, p. xiii–xvii.
② Dmitri Levitin: *Ancient Wisdom in the Age of the New Science*, Cambridge University Press, 2015, p.83 and note 249.
③ Douglas Robinson: *The Dao of Translation: An East-West Dialogue*, p.79—80.
④ Ken Nunoo: *The Seed Master*, Lulu.com, 2008, p.27.

秘观念注入了光明会的信条之中。①

在18世纪30年代,拉姆谢伊塑造了完全不同的共济会,综合赫尔墨斯神学与基督教的千禧年……1727年,他发表《居鲁士游记》……把"赫尔墨斯智慧"置于古代中国(伏羲—周易),不再谈埃及起源的问题。②

玫瑰十字会将中国的古老智慧奉为一切知识的源头。

该组织把老子的这句话作为其箴言之一,即:"古之善为道者,微妙玄通,深不可识。"③

"德国僧侣克里斯蒂安·罗森克鲁兹,在花时间学得东方神秘学之后,于1402年创建了玫瑰十字会或红十字会。这很可能是虚构的人物。"④

据说,玫瑰十字会有人在三十年战争期间逃到中国。⑤

玫瑰十字会导师麦克斯·海因德尔(1865—1919年)在其所著《罗森克鲁兹和玫瑰十字会宝训——现代外衣里的古代真理》一文中写道:

万事万物都是有规律的,我们的进化亦然。灵与肉齐头并进。太阳赐予自然光,众所周知,它从东向西带来光明与生命,从地球的这边到那边。太阳是可见光,而人则是光合所成的一小部分。

就像自然光促进生长一样,存在着不可见的精神太阳,它促进灵魂成长,从地球的一部分到另一部分。这个精神冲力的运动和太阳的从东向西是一个方向。

公元前7—公元前6世纪,一个灵性的新浪潮在太平洋西岸掀起,开始启示中华民族;在这个天国,孔子的宗教被成千上万人拥抱。我们知道,稍后这个浪潮产生了佛教,一个导师牵动了数百万印度人和中国人的心灵。这个精神继续西进……崇高的基督教由此而起。⑥

亦即,在薛福成(1838—1894年)看来,"世界的智慧发轫于东方,而中国则是

---

① Marsha Keith Schuchard: *Emanuel Swedenborg, Secret Agent on Earth and in Heaven*, Brill, 2012, p.599.

② John L. Brooke: *The Refiner's Fire, The Making of Mormon Cosmology*, Cambridge University Press, 1994, p.95.

③ Willy Schrodter: *A Rosicrucian Notebook: The Secret Sciences Used by Members of the Order*, Boston: Weiser Books, 1992, p.v.

④ Thom Burnett: *Conspiracy Encyclopedia*, Collins & Brown, 2005, p.283.

⑤ Willy Schrodter: *A Rosicrucian Notebook*, p.248.

⑥ Max Heindel: *The Rosicrucian Cosmo-conception*, The Rosicrucian Fellowship, 1911, p.515—516.

智慧之最。由此,西方的科学与体制事实上都是源于古代中国,今日西方之强大是基于它有机会、有能力发展中国的知识系统而已。"①

西方中心论者黑格尔承认:世界历史是从东方到西方;但他强调,中国是起点,代表着"幼稚",西方是终点,代表着"成熟"。②而伏尔泰的见解则与上述海因德尔一致,认为中国智慧向西传播,经过印度和中东,而激活西方——首先是基督教作为这个文化西进的结果。③

(己)孟席斯的研究可供参考

赫内基的一部历史小说中有一段对话:(一名中央王朝的官员说)"我们的皇上希望把整个世界置于儒家的和谐之中。为此,他创造了一个大舰队和一套包含所有的人类知识的百科全书,后者即将完成,那就是'大典'。舰队将携带它,传播和谐。"卜列东惊讶道:"所有的人类知识? 不仅仅是中国人的?"④

孟席斯认为,在明朝前期,中华文明掀起了知识传播的"大跃进",文艺复兴和欧洲文明则应运而生。在孟席斯看来,郑和舰队俨然是一所空前绝后的最大的"流动大学",它拥有占当时世界的一大半的知识。

孟席斯写道:郑和的舰队是多国的集合,需要费九牛二虎之力才确保各舰船的船长们能够了解全体船员以及舰队到访地区的宗教、历史、文化背景资料与风俗习惯。他们拥有这样做的理想工具——《永乐大典》。这部大部头的百科全书共计五亿多字,是朱棣留给人类的伟大遗产。全书共11095册,摆开的话,可占皇家旗舰甲板的三分之一。

郑和与他的将军们事实上是《永乐大典》里知识的核心操作人员,他们当然要把这部百科全书带上他们的舰船……

如李约瑟指出的那样,郑和航海中的发现将成为(补充)《永乐大典》的一部分……朱棣知道,获得知识的最好方法就是分享它(引者按:《道德经》曰,圣人没有私心,什么都无保留,他尽量帮助别人,自己反而很充足。原文,"圣人不积,既以为人己愈有,既以与人己愈多"。)——向蛮夷们展示中华的知识与文明是如何的博大精深。于是,郑和与他的军官们就成了传达《永乐大典》(以下简称《大典》)中

---

① Xun Zhou: *Chinese Perceptions of the 'Jews' and Judaism*, Psychology Press, 2001, p.45.
② [德]黑格尔:《历史哲学》,王造时译,世纪出版集团,2005年,第95—105页。
③ Hamish Scott: *The Oxford Handbook of Early Modern European History*, Oxford University Press, 2015, 1350-1750, p.151.
④ James Heneage: *The Lion of Mistra*, Quercus Publishing Ltd, 2015.

知识的关键人物。因此,他们需要在船上存有《大典》的抄本,还有关于内容简短的译解,这样就可以传达信息了。朱棣大大发展了中国的印刷术,这使得《大典》的一部分可以再版。甚至"帕斯卡"三角也被收入《大典》(在距帕斯卡好几个世纪之前)。

中国人总是很实际。数学被用于测量和制图。在东汉时(公元25—220年),中国测量者就使用了指南针、矩尺、铅垂线和水平仪;在3世纪他们已经使用直角的三角学;在15世纪他们使用雅各棒来测量高度和距离。1247年秦九韶在他的著作《数书九章》(被收录进《大典》)中利用中国数学知识和测量仪器计算出稻田的面积,会淹没稻田的水量以及因此需要的堤坝大小与限流量。他给出了运河建造的不同方法和必需的闸门强度。与郑和所利用的相似的军事机器在后来的几个世纪中被陆续实现。《永乐大典》里记述了如何建造迫击炮、火箭筒、大炮、火箭驱动装置、喷火器以及各种各样的火药炸弹的制作方法。这本大部头的百科全书是大量信息的一个集合,旨在把中国几千年来在各个领域里取得的知识成果汇集到一起。

郑和是何其幸运,能够带着有关人类各个领域活动的知性知识的无价之宝,扬帆起航。他指挥着一支伟大的舰队——不仅军事和海军的素质优良,而且船上所载的货物也华美之极——宝贵而复杂的智慧财富。这支舰队是具有当时世界上一半知识的宝库。他也有受过良好教育的官员,他们可以通过知晓17种外语的口译人员与外国首领交流,这些语言包括阿拉伯语、波斯语、印地语、泰米尔语、斯瓦希里语和拉丁语。他的舰队仿佛是一所海上流动大学,并且这所大学的图书馆所包含的知识和学问是当时任何一所大学所不能企及的。①

以上所介绍的"西方传统"(古典文化)与中国文化的渊源关系,只是一个尝试,只想抛砖引玉。

伏尔泰说:"如果作为一个哲学家,他希望自己了解世界所发生的事;那么,他首先是放眼东方——各种学科的摇篮,赐予西方一切。"②中国文化岂不就是"西学"的活水源头?

朱熹《观书有感》
半亩方塘一鉴开,天光云影共徘徊。

---

① [英]加文·孟席斯:《1434:一支庞大的中国舰队抵达意大利并点燃文艺复兴之火》,宋丽萍、杨立新译,人民文学出版社,2012年,第15—19页。

② Ashley E. Millar: *The Jesuits as Knowledge Brokers*, www.lse.ac.uk/economicHistory/pdf/WP105.pdf

虚构的西方文明史:古今西方"复制中国"考论

问渠哪得清如许?为有源头活水来。

三、基于中国编年的古今西方

(一)"历史创世"的始作俑者

史学知识充满大量伪造的"原始文献"。(Historiographic knowledge had been fed by the large quantity of forgeries parading as original historical documents.)——"历史怀疑主义"①

科林·基德教授站在主流西方的立场上,介绍现代西方历史学的奠基与奠基人,这么说:研究全球编年史是(西方)近代早期的最高学科之一,它带来了有关基督教认同的严峻问题,吸引着从文艺复兴到启蒙运动的睿智心灵,包括斯卡利杰、乌雪和牛顿等。天文学、文字系统和数学运算都是对"摩西编年"(圣经编年)的有力支持。然而,在全球编年史与神学种族之间的联系上,存在着几个难点。那就是,捍卫神学历史涉及与异教文明的关系,它们的民族都是诺亚的后代。随着古典知识的复兴,把犹太—基督教的历史与古代异教相妥协,这个问题变得很迫切……杰出的新教人文主义者斯卡利杰(1540—1609年)在其所著《时间校正篇》中,整合了整个编年史科学(1583年)。斯卡利杰发明了《儒略历》的时间设置,跨度为7980年;这使他有可能构建一个包括所有的历法系统的编年史……他的主要成就是……把总的历史置于"圣经编年",由此,异教历史仅是作为补充,而不是作为权威资料。……由于斯卡利杰的努力,各种异教文明的古代记录与摩西历史协调一致,从而形成有效的编年系统。②

西方历史学的奠基人是约瑟夫·斯卡利杰(Joseph Scaliger,1540—1609年)。他按照自己设计出的"神学编年"(圣经编年),设计了古代希腊、罗马、埃及、波斯、巴比伦和犹太的历史。在学术上,现行的西方的世界历史被称为"斯卡利杰历史"(Scaligerian history),其时间序列被称为"斯卡利杰编年"(Scaligerian chronology)。

凯利教授在其所著《现代历史学的基础》一书中,称:"斯卡利杰是最伟大的语

---

①Aviezer Tucker:*A Companion to the Philosophy of History and Historiography*,Wiley-Blackwell,2009,p.397.

②Colin Kidd:*British Identities before Nationalism*,Cambridge University Press,2004,p.17—18.

言学家,他的里程碑式的《编年校正篇》(*Emendations of Chronology*)是在那个世纪的历史学上的主要贡献。"①

然而实际情况又是怎样呢？牛津大学研究员诺沙夫特指出:通行的历史的时间轴,是被传奇的胡格诺派语言学家斯卡利杰伪造的……现在已发现确凿证据,说明"斯卡利杰编年史"是个偷天换日的骗局,它是基于"心想事成"的虚构。……如果查实,我们(西方)的教科书必将重写！"②

进而,历史学家米哈伊洛夫写道:(神职学者)斯卡利杰和佩塔维斯(Dionysius Petavius,1583—1652年)……创造了古代世界历史的西方中心模式(Eurocentric model),自那以来,它被所有的西方历史学家、考古学家和政治家视为"古代史研究的科学基础"。

僧侣们采集了凌乱而重复的中古纪年记事,其时间跨度只是在他们之前的四分之三世纪;精心制作了"历史理论",在用它来充当各个古代历史的原始编年,其时间跨度拉长至中世纪的四倍,并且胡乱罗列历史事件和人名……

斯卡利杰还把许多他那个时代的拉丁文作者的著述,作为古典文献的基础,这是一系列假的古代文字及其相关材料……;他企图证明,西方文明从远古就已存在,并且理所当然地征服"不文明的民族"。③

作为现代西方历史与历史学的宗本,"斯卡利杰历史"有两个主要的直接来源:一是早于他一个世纪的安尼乌斯(Annius),伪造的"泛西方"的历史资料;尽管斯卡利杰先是揭露它,但最后还是采纳之。一是关于中国历史的信息(那时尚不准确),他主要是利用中国的朝代与帝王的年表,来设计《圣经》的时间轴和"古代文明"的编年史;尽管斯卡利杰没有注明出处,但是欲盖弥彰。斯卡利杰将两者结合,"相辅而行、推陈出新"！

下面这段话所反映的是"斯卡利杰编年史"所使用的一个重要资料,它是被伪造的。根据迪斯雷利(Isaac Disraeli,1766—1848年)的说法:多明我修士安尼乌斯(Annius of Viterbo)"假装发现了古代的桑楚尼亚松、曼涅托、波洛修斯和其他人的著作。"三个传说中的人物:Ⅰ.桑楚尼亚松(Sanchuniathon)是公元前14世纪—公

---

① Donald R. Kelley: *Foundations of Modern Historical Scholarship: Language, Law, and History in the French Renaissance*, Columbia University Press, 1970, p.265.

② C. Philipp E. Nothaft: *Dating the Passion: The Life of Jesus and the Emergence of Scientific*, Leidon: Brill, 2012, p.1.

③ *Key to the Vedas*, Mikhail Mikhailov, part 1, 2005, p.80.

元前13世纪的腓尼基学者,著《腓尼基》一书;Ⅱ.曼涅托(Manetho)是公元前4世纪—公元前3世纪的埃及祭司和历史学家,用希腊文写成《埃及史》,他把埃及历史划分为30个王朝和古王国、中王国、新王国三个时期;Ⅲ.波洛修斯(Berosus)是公元前3世纪的巴比伦—希腊历史学家、占星家、哲学家,巴比伦马杜克神的祭司,用希腊文编写了《巴比伦—迦勒底史》。伪造者安尼乌斯"出版了十七部古籍。它们全无证据。尽管他本人宣称是从地下挖出的。如此馆藏式的伪造引起极大的争议(不少人信以为真)。可惜,在作者下决心供认之前,他就死了(The author died before he had made up his mind to a confession.)。"①

另一方面,斯卡利杰本人承认:"我的所有书都是外国声音。"(All my books in foreign tongues)。②斯卡利杰是个"东方学家"(他被称为"莱顿的东方学家")。③他掌握了大量的有关中国、日本和阿拉伯的资料。荷兰莱顿大学图书馆曾有近代欧洲最大的"东方学"馆藏,也是与斯卡利杰有关的。④(参见《斯卡利杰在莱顿的东方传奇:1609—2009年》)⑤

我们将在下文阐明,"斯卡利杰编年"(西方版的世界编年史)是他参照中国历史的编年系列杜撰出来的;他用"中国模型"设计出古今脉络的时空框架,其后,西方再依照它来构建了"西方中心论"的世界历史。

在1584年,利玛窦写回欧洲的信是西方人首次身临其境的实录中国,而门多萨的开创性的中国历史著述则在次年问世。⑥

葛拉芙顿(A. Grafton)称,斯卡利杰于1587年读到门多萨所写的中国历史,他利用它修订《编年校正篇》(第二版,1598年)。⑦法国《哲学手稿学刊》称,斯卡利杰

---

①Isaac Disraeli: *Curiosities of Literature: Second series*, NY: William Pearson & Co., 1835, p.37.
②*Scaliger's Oriental legacy in Leiden*, 1609—2009, Leiden University Library, 2009.
③*Electronic resources & journals*, http://www.bl.uk/eresources/apaclang/oiocorientalresources.html
④ORIENTAL COLLECTIONS AT LEIDEN UNIVERSITY, December 13, 2013, by hazi-needitor http://hazine.info/oriental-collections-at-leiden-university/
⑤*Scaliger's Oriental legacy in Leiden*, 1609—2009, Leiden University Library, 2009.
⑥Paul S. Ropp, Timothy Hugh Barrett: *Heritage of China: Contemporary Perspectives on Chinese Civilization*, p.1.
⑦Eric Jorink, Dirk van Miert: *Isaac Vossius (1618—1689) Between Science and Scholarship*, Leiden: Brill, 2012, p.44.

借鉴门多萨的中国资料是毋庸置疑的。①

斯卡利杰的遗嘱,把他的一大叠中国论文交给友人葛马如(Gomarus);这个事实起到重要作用,那就是,在1607年葛马如对照这些论文,认真修改了斯卡利杰的编年史著述。②

(二)"国际史学"的丝路传播

中国朝代的正确序列对于很好地了解大部分的世界历史的编年是至关重要的。(The Chinese dynasties in correct order is essential for proper chronological understanding of much of world history.)——《卡普兰世界历史/2016》③

现在看来,西方的"今文明、古历史"都是源于中国——"同出异名谓之玄,众妙之门已敞开"!

如果上述判断能够成立的话,那么就是基于中华文明的西方的文明与历史,双管齐下,相辅相成,实现"人性恶创造世界";④而华夏则命中注定地产下了这个"怪胎"——辩证的"统一体"自生的矛盾对立面。所以,它先得承受,然后同化之。

这里只谈西方的历史学——模仿中国史而伪造西方史与世界史。

我们不妨做这样一个推断:通行于今的西方的世界历史——包括几个"文明古国"和西方"古典文明"——是西方杜撰的。与其说是杜撰的,不如说是复制中国的,基本上是按照"中国原型"来杜撰(中国的帝王朝代谱系和编年);不仅是复制中国的,而且还要"超越"中国,似乎按照《易经》之"可大可久"的哲理,来伪造更大更久的"文明",来压倒中华文明这个唯一的母体文明。

在"东学西渐"撞击"千禧神话"的大环境下,16—17世纪之间,有一批欧洲神职学者开始编纂的"编年史"。质言之,这是把原先的神话变得"开放",从而能够包容比"旧约钦定"更广大的空间、更悠久的时间。如此革故鼎新及其成果,都是中学西被(东学西渐)的产物。

---

①The literary forms in philosophical manuscripts, paragraph 9; Section 2000, Editors: Geneviève-Leading Artigas, Antony McKenna, p.247.

②Lias Ⅱ Holland University Press, 1975, p.251.

③Patrick Whelan: Kaplan AP World History 2016, Kaplan Inc., 2015, p.120.

④恩格斯说:"在黑格尔那里,恶是历史发展的动力借以表现的形式……正是人的恶劣的情欲——贪欲和权势欲——成了历史发展的杠杆。"《希费尔巴哈和德国古典哲学的终结》,《马克思恩格斯全集》,第21卷,第233页。

中学西被的一个高峰期是蒙古征服,它所造成的"战争与和平"在各个方面都深远地冲击了亚欧大陆的中西部,而使中国科技与文化——包括历史学——发生了爆炸性效应。就拿历史学来说吧。那时,中华文明源远流长的历史及其史学传统(方法),激发了欧亚非各地的历史研究走向繁荣;①进而,这个东学西渐的强劲势头(又带着沿途各地的附加能量),致命性地冲击着欧洲的神学说教②——世界上竟然存在着超越《圣经》的文明与社会运动,其空间与时间又是那么大、那么长!中国竟然可上溯到基督教"纪元"之前,乃至大洪水之前的很久!斯卡利杰计算黄帝在位是公元前2600—公元前2550年,早于拉丁文版《圣经》的洪水时间(公元前2348年)。③

中国历史学的"传播效应"乘着"蒙古和平"(Pax Mongolica),向西运动,冲击欧洲。查尔斯·梅尔维尔(Charles Melville)教授说:蒙古阶段带来了(历史学)的空前良机,我们姑且不论帝国的编年史家的成果……波斯的历史学在可观程度上繁荣起来了……它雷同于在马穆鲁克(王朝)埃及和叙利亚的阿拉伯历史学的极盛。……中东的历史学家们都很感兴趣于蒙古帝国的历史研究。阿拉伯新编年史所包含的信息在卡尼迪王国历史的重要插曲中,投射了光亮。④

在西方,"中国质疑全部的'圣经编年'的可信性"(China, cast doubt on the reliability of the entire biblical chronology)。⑤

马里内斯库博士写道:耶稣会士开始把中国编年引进欧洲(The Jesuits began introducing Chinese chronology to Europe)……备受关注的中国的古老文明刺激欧洲,当此之时,这个历史学的"东方新知"也就挑战《圣经》的时间观念。耶稣会士博采中国文化开始于16世纪80年代,那就是范礼安(Alessandro Valignano, 1539—1606年)出使东亚,然后报告罗马;他建议耶稣会士接纳中国文化,以便天主教使团植根于中华帝国。范礼安认识到,中国人是勤劳和智慧的民族;他们款待宗教,

---

①Reuven Amitai, David Orrin Morgan: *The Mongol Empire and Its Legacy*, Leiden: BRILL, 2000, p.73.

②Joe Moshenska, Joseph Moshenska: *Feeling Pleasures: Sense of Touch in Renaissance England*, Oxford University Press, 2014, p.298.

③*The literary forms in philosophical manuscripts*, paragraph 9; Section 2000, p.247.

④Reuven Amitai, David Orrin Morgan: *The Mongol Empire and Its Legacy*, Leiden: BRILL, 2000, p.73.

⑤Jorge Cañizares-Esguerra: *How to Write the History of the New World*, Stanford University Press, 2001, p;99.

却不是彼此对抗……

他们还认识到,中国拥有高度发达的法律和行政制度,政府官员是由受过良好教育的人充任的;他们钻研中国的历史、政治和哲学,上溯到"圣经历史"之前。[1]

"根据福修斯(Vossius)的说法,中国历史可追溯到基督教思想家所认为的'创世纪'之前,很久很久,它没有中断……由此,中国历史构成了对《圣经》的深远挑战。"[2]

再加上"四大发明"为其历史学科提供了物质条件。首先是印刷术在物质条件上促成了宗教改革,从而使基督教分裂出"新教",后者涌现出东方倾向的神职学者和编年史家(近现代西方历史及历史学的缔造者)。汉娜·希金斯说:"印刷术使宗教改革成为可能,与此同时,宗教改革使印刷术成为必要。"[3]作为现代西方的编年史的奠基者,斯卡利杰是那样的得益于印刷术,他对应用这个新技术来"创造历史"兴奋不已;以致他忘乎所以地说,是自己所在的荷兰"发明了印刷术"的。(Printing was invented in Holland.)[4]

从斯卡利杰这句话,我们可以断定"古腾堡发明印刷术"(约1445年)这件事,是很迟才虚构出来的。(参见赫塞尔斯著《古腾堡虚构》,副标题是"严格审核有关古腾堡的文件,显示他不是印刷术的发明者。")[5]

研究表明,正是在这样的东西方之因缘汇聚的历史背景下,西方的神职学者们进行了"历史学的创世纪"——照搬东方、为我所用,以中国的编年史为蓝本来依法炮制、照葫画瓢,以充实《圣经》的未知领域;并且,本着可大可久的原则,来杜撰希腊、罗马、埃及和巴比伦等编年史。

刨根究底,作为现代西方历史学的开山祖师,斯卡利杰主要是根据门多萨(《中华大帝国史》的作者)所提供的不太准确的中国情况来构建西方的编年史[6]——设计出一个完整的世界古代历史的时间与空间架构。傅尔蒙指出:"斯卡利杰的(编

---

[1] Jocelyn Marinescu: *Defending Christianity in China*, Kansas State University, 2008, p.48—49.

[2] Moshenska: *Feeling Pleasures: Sense of Touch in Renaissance England*, Oxford University Press, 2014, p.298, note 42.

[3] Hannah Higginshe: *Grid Book*, the MIT Press, 2009, p.181.

[4] Theodore Low De Vinne: *The invention of printing*, 1977, p.257.

[5] Jan Hendrik Hessels: *The Gutenberg Fiction: A Critical Examination of the Documents Relating to Gutenberg*, Showing that He was Not the Inventor of Printing, A. Moring limited, 1912.

[6] Helaine Selin: *Mathematics Across Cultures: The History of Non-Western Mathematics*, Springer Science & Business Media, 2001, p.373.

年)节律的主导序列是中国帝王年表。"①

在斯卡利杰之后的两百年里,欧洲的"编年史家"不断地根据新获得的中国资料修正和细化斯卡利杰的"编年体系"。

(三)"复制中国"的历史之父

让我们援引几位学者的研究,进一步说明西方的古代历史是出自"中国模板"的。详述如下(五点):

第一,斯卡利杰生前的欧洲"东方学"的氛围。

美国历史学家唐纳德·拉赫写道:

早期的荷兰人文主义者们意识到亚洲对于欧洲文明的重要性,这可能是因为他们与其伊比利亚的同仁交往,并且去西班牙。……安德烈亚斯·肖特(Andreas Schott,1552—1629年),一个出生于安特卫普的耶稣会士语言学家,在1579—1594年间旅居西班牙……与格劳秀斯、斯卡利杰等人……以及一些耶稣会士领袖保持通信。随后七年,他回到安特卫普,翻译由日本寄回的耶稣会士的书信……法国新教徒斯卡利杰被同时代的人称为"无比的学识渊博"(bottomless pit erudition)……师从东方学家吉约姆·波斯特尔(Guillaume Postel,1510—1581年)。后来,斯卡利杰移居于低地国家(荷兰)……收集地理资料和利用各种途径学习亚洲语言……

斯卡利杰(去世时)留下一大叠中国著述(a large quire of China paper)……斯卡利杰的藏书和东方手稿,包括五部中国图书和一本来自日本的耶稣会士寄回的资料……赠给了莱顿大学图书馆。②

第二,作为现代西方历史学的奠基者斯卡利杰,他的世界历史的"标准编年"来自中国。

赫莱茵·瑟朗教授指出:"著名的新教学者约瑟夫·斯卡利杰在其所著的《编年校正篇》(De Emendatione Temporum,1583年)一书中,重复那很有影响的旅行家门多萨(Mendoza)的富有想象力的陈述(echoed the allegations……of Mendoza.)。"③

傅尔蒙说:"斯卡利杰制作的第一个编年序列是从门多萨那儿得到的中国帝

---

① Étienne Fourmont: *Réflexions critiques sur les histoires des anciens peuples*, chaldéens, Paris, 1747, p.417.
② Donald F. Lach: *Asia in the Making of Europe*, Volume II: *A Century of Wonder*. Book 2, The University of Chicago Press, 1977, p.357—358.
③ Helaine Selin: *Mathematics Across Cultures: The History of Non-Western Mathematics*, p.373.

王年表。"①葛拉芙顿教授说:斯卡利杰认真记录了门多萨所介绍的中国帝王系列。②

根据卢明君(Mingjun Lu)教授的研究,斯卡利杰称赞中国是西方的典范,认为东方帝国拥有"极好的管理"(govern its self excellently),公共秩序良好,从而赢得法国人的敬佩……中国人在正义的制度下过着太平的生活……这让基督教统治面对耻辱(they put Christianity to shame)。③卢教授还说,斯卡利杰在首版《时间校正篇》(1583年)的工作版本的边缘,用笔抄下了门多萨所记录的中国帝王系列,从黄帝到明朝隆庆皇帝,总共4282年,以及其中的人物和时间的细节。④"他使用门多萨的中国历史的资料,来构建普遍性的时间框架。"⑤

门多萨的《中华大帝国史》激起了(欧洲)编年研究的争论。斯卡利杰在其编年理论中契合门多萨所带来的信息。在金尼阁出版《利玛窦中国札记》(1615年)之前,门多萨的《中华大帝国史》在欧洲是研究中国的权威资料。中国历史的时间系列与《圣经》是冲突的。门多萨综合了各种有关中国的报告,展示了从黄帝(约公元前2717—公元前2599年)到明朝万历帝(1572—1620年),超过200个帝王的中国历史朝代。门多萨的著作并未处理中国编年史本身的问题,但它毕竟昭示了中华帝国谱系的远古脉络。

门多萨所提供的历史数据和编年是很难被《圣经》所接纳的。当东方的时间线与《圣经》愈益对抗之际,作为近代编年史的创立者,斯卡利杰坚持平等对待"俗世历史";他借助于门多萨提供的中国历史资源,来建设一个全面的历史框架。在其写作首版《编年校正篇》的时候,斯卡利杰采用门多萨的叙述方法,他思索中国编年史;然而在其第二版(1598年),他则摈弃了东方编年。⑥

我们应该指出,虽然斯卡利杰按照中国的编年史来设计西方的或神学的世界历史谱系,但完成之后他便"过河拆桥、划清界限"。但是,在其修改《年代学宝典》的第二版时,由他的朋友葛马如代劳,还是非常依赖中国材料,完全不注明出处而已。

关于这件事,荷兰学者琼格(H.J. Jonge)写道:斯卡利杰嘱咐,他的已出首版的

---

① Étienne Fourmont: *Reflexions sur l'origine, l'histoire et la sucession des anciens peuples*, Paris, 1747, p.10.

② *Early Science and Medicine*, Vol. 13, 4-6 on, EJ Brill, 2008, p.430.

③ Mingjun Lu: *The Chinese Impact upon English Renaissance Literature*, Ashgate Publishing Ltd., 2015, p.8.

④ Mingjun Lu: *The Chinese Impact upon English Renaissance Literature*, p.95.

⑤ *The Far East in Early Modern Globalization by Mingjun Lu*, p.165.

⑥ Mingjun Lu: *The Chinese Impact upon English Renaissance Literature*, p.84.

《年代学宝典》(Thesaurus temporum),由其挚友葛马如(Franciscus Gomarus, 1563—1641年)负责重印(修改后再版)。……根据斯卡利杰在1608年所立下的法文遗嘱(不久他便撒手人寰),他留给葛马如大量的中国论文;这大概是请葛马如用于修改《年代学宝典》的,尽管斯卡利杰没有说清楚。他只说:"大量的中国论文给葛马如先生和学院的神学教授及博士。"于是,葛马如用其所收到的,投身于斯卡利杰的书的新版修订。存在着两种书稿:一本放在桌子上,那上面有斯卡利杰的改错;另一本是尚未装订的,文稿很清晰。后者被葛马如用很工整的文字加以修改,然后交给印刷厂出书。①

第三,进一步阐明斯卡利杰运用中国(朝代/帝王)编年史作为蓝本,创造了西方的世界历史谱系——包括罗马和埃及的朝代—帝王系列。

斯卡利杰在其著述中"隐瞒原型、掩盖真源",在这个虚构的"泛西方"的历史架构中,不仅在史学体系上的"中国原型"被隐瞒,而且在文明体系上的"中国真源"被掩盖。斯卡利杰旨在"损东益西"——硬是要"太阳从西边出来",无中生有地在"世界的西陲"搞出更大、更久的"文明"来。

斯卡利杰说自己"获得了由埃及祭司(曼涅托)用希腊文所写的历史的(埃及编年史)残片";并且感慨道:"我们发现这些朝代……更有可信价值!(We find these dynasties more worthy of belief……)"②但不久便被揭穿。佩塔维斯(Petavius或Petau)虽是斯卡利杰的弟子,但在设计古埃及年表上,两人意见相左;佩塔维斯甚至揭发他的宗师:"佩塔维斯是耶稣会士所指定的年代学者,他谴责道:曼涅托(Manetho)及其埃及王朝是伪造和荒谬(forged and absurd),凡此,斯卡利杰愚蠢地接受之。"③

稍后,英国科学家牛顿着迷于中国的编年史。④据此,牛顿批评西方的学术造假的歪风;他发表了《古代王国的编年史》(The Chronology of Ancient Kingdoms),以期"拨乱反正"。"牛顿批评斯卡利杰和佩塔维斯。他总结说埃及王国的持续时间,并非2000—3000年,而是较晚的300—400年左右。牛顿用他的这本书来论战

---

① *Dutch review of church history*, vol. 77—78, EJ Brill, 1997, p.263.

② *Egypt and the Limits of Hellenism*, Cambridge University Press, 7 Jul 2011, p.84.

③ Paula Findlen: *Athanasius Kircher: The Last Man who Knew Everything*, Psychology Press, 2004, p.178

④ Joe Moshenska, Joseph Moshenska: *Feeling Pleasures: Sense of Touch in Renaissance England*, Oxford University Press, 2014, p.298.

(斯卡利杰)全球编年史"。①

实际上,西方神职学者在杜撰他们的世界历史谱系的过程中,包括具体设计埃及年表和"基督前史",都形影不离地对照"中国原型"。例如迈克尔·罗素承认:用什么方法可以做出埃及的各个王朝?它们肯定是比亚伯拉罕要早若干世纪吗?……最终认为考虑中国的,也就是她的最精确编年史……如果我们遵循它,我们将会把大洪水置于在计算摩西的时间之前的七八个世纪。②

第四,斯卡利杰之后的"中国编年"的冲击。

中国编年史在斯卡利杰生前死后对欧洲的影响,有这样三个"冲击波":

1.门多萨(中国编年)→斯卡利杰+乌雪的西方编年;2.卫匡国(中国历史)→福修斯+佩塔维斯的西方编年;3.利玛窦+卫匡国+杜赫德→欧洲启蒙时代的历史观。

斯卡利杰的编年论著所基于的中国历史的信息是不准确的。例如:"斯卡利杰在16世纪末说,根据旅行者的报告,自从世界开始以来,中国已有八万年了。"③所以,破绽百出的斯卡利杰模式,被卫匡国所带来的中国信息所修正(17世纪下半期)。

斯卡利杰仍旧使世界编年史接近(基督教)传统,但他让《圣经》包容现世与异教——埃及、波斯和巴比伦(编年)……这是"革命的"……卫匡国……和福修斯的著述……最深远的挑战"圣经编年"。④

约翰·克拉克教授说:"艾萨克·福修斯(Issac Vossius,1618—1689年)宣称中国文明溯源于公元前2900年,早于洪水500年,从而挑战传统的'圣经时间'。"⑤

埃里克教授强调,福修斯"基于极好的语言学知识,获得了大量海外具有爆炸性的信息,例如,被耶稣会士卫匡国(著《中国上古史》)解码的中国年表。"⑥

---

① *Time Warp Originally published in Saturday Night Magazine*. http://www.timothytaylor.ca/10/08/31/time-warp

② *Michael Russell:A Connection of Sacred and Profane History:From the Death of Joshua to the Decline of the Kingdoms of Israel and Judah.*(Intended to Complete the Works of Shuckford and Prideaux),William Tegg,1865,p.56,nate 1.

③ *Cours D'études historiques:Chronologie litigieuse*,5,Firmin Didot frères,Paris,1843,p.13.

④ D. N. Livingstone:*Adam's Ancestors*,John Hopkins University Press,2008,p.9.

⑤ John J. Clarke:*Oriental Enlightenment*,London:Routledge,1997,p.46.

⑥ Eric Jorink:*Reading the Book of Nature in the Dutch Golden Age,1575—1715*,Leidon:BRILL,2010,p.103.

伊萨克·福修斯……偶尔发现了中国编年的圆满方案,他是从赴远东的耶稣会士那里获得它的。由此,伊萨克·福修斯深深受益于卫匡国（Martino Martini,1614—1661年),后者在1653—1654年冬夏之间,逗留阿姆斯特丹,出版了他关于中国的著述和地图。

在17世纪50年代中期出版的……卫匡国的中国历史著作,再次激发了对历史编年的争论……他的书没有不良影响,因为它是基于中国本身的编年记录,而迥异于那些神话王国,它展示了最早的中国朝代,显而易见,其存在于洪水之前的证据是能够被接受的。①

下面这段话明晰地告诉我们,西边的"文明古国"都是按照中国历史（编年）被搭建起来的——直到19世纪中叶还离不开"中国模板"！1853年《英国季刊》写道:（我们）极为满意地看到,怎样中国历史的事实与统绪被用来,对在埃及、亚述和巴比伦历史或古代的方面的最近发现,加以时间协合（synchronized with);精心研究所得的年代系列,就为这些古老帝国打下了历史基础,并且近乎完美地吻合于神学历史（圣经编年）,凡是模糊不清的都被消除,编年史的困难不复存在了！②

（四）《圣经》反复"调整时间"

在斯卡利杰之后的两百年中,"圣经编年"及其所展开的"世界历史",在受到来自中国的相关资讯的冲击过程中,不断地与之妥协而被修改。

《圣经》本身是很迟被编纂的,其产生的时间地点和它的内容所覆盖的时间空间都是一笔糊涂账;何况又不止一个版本与语言,它们的时间也都不一样。在中华文明及历史的冲击下,西方的神职学者必须把《圣经》变成古今世界的"主宰",把其中的神话故事变成"真实的"各国历史,这可怎么办？那就只好照着中国的样子来改造啰！

16—17世纪之交的那一代编年史家（斯卡利杰等）参照中国历史修正了"圣经编年",但仍然存在着严重的问题（如世界开始的时间）;因而不久便接受更详细、更准确的中国信息的考验,"圣经编年"和圣经体系均深陷危机。与日俱增的欧洲学者倾向于否定《圣经》的世界历史的意义。

哲学家理查·波普金说:关于中国古代（历史）的争论加剧了宗教怀疑。福修斯

---

①Eric Jorink, Dirk van Miert: *Isaac Vossius* (1618—1689) *Between Science and Scholarship*, Leiden: Brill, p. 93 and 91.

②Henry Allen: *The British Quarterly Review*, vol. 17, 1853, p.313—314.

宣称，诺亚洪水是地方性的，裴瑞尔斯支持这个立场，他主张，中国历史证明《圣经》不是世界历史。福修斯还说，中国的文字记录比摩西更早。……斯宾诺莎在其所著《神学政治论》（1670年）中……断言：中华民族的古老超过其他任何民族……诺亚洪水只是巴勒斯坦一隅之事。①

到17—18世纪之交，不少欧洲学者（莱布尼茨等）试图做一些折中的处理，主张放弃权威的拉丁文译本《圣经》（编年）；而采用在时间上能与中国历史衔接的七十士译本，这样就使"圣经编年"逃过一劫。

两位学者高特和波普金主编《莱布尼茨：神秘与宗教》一书，这样写道：传统上讲，开始于世界被创造的"圣经编年"是普遍适用的，《圣经》所描述的事件也被认为是"世界历史事件"，它们的时间都是由严肃的学术所确定的。然而，事件的编年史又是根据不同编年史家和不同的圣经版本，表现出灵活多样性。最盛行、最权威的版本是拉丁文版本（Vulgate），它被希伯来摩西记述所支持的是公元7—10世纪犹太学者的成果。另一个版本是在公元前3世纪被七十个亚历山大学者所写的。

这两个版本的"创世纪"的时间是在公元前6000至公元前4004年之间。使"圣经历史"在时间上合并于（synchronize）中国历史，与之吻合……不能超越上述时限。按照卫匡国的计算，据说是中国第一个帝王的伏羲，登基的时间是公元前2952年，这是在被普遍接受的诺亚洪水（约公元前2349年）之前600年。伏羲的天文学知识是可以被证实的……即便是按照柏应理（Couplet）的较保守的计算，中国的真实历史开始于洪水之前的300年……

《圣经》所描述的人类历史在斯宾诺莎那里受到抨击……裴瑞尔斯（La Peyrere）的《亚当前史》提出……《圣经》只是犹太历史而已。……荷兰学者福修斯写道：为了接纳中国历史，有必要采用七十士译本，并且把洪水视为地方现象。他追溯中国历史为4500年，相信这个时间是能够被年鉴和碑文所证实的。福修斯宣称，中国编年史驳斥了"圣经编年"，后者是传统的西方的历史画面的根基。他强调，中国人的一些著述远在摩西之前……攻击《圣经》的人有增无减。西方教会使用拉丁文《圣经》已有许多世纪了，现在叫它们改用七十士译本（希腊文《圣经》），这等于向宗教怀疑的人投降，而且它们也没有七十士译本的正版。

福修斯的挑战引发了论战，也加深了捍卫传统历史画面的困境……英国建筑师约翰·韦布（1611—1672年）力证诺亚是中国的建立者（诺亚Noa＝尧Yao），以

---

① Richard H. Popkin：*The Columbia History of Western Philosophy*，Columbia University Press，1999，p.414.

否定犹太历史。1700年,巴黎的160个神学博士歪曲中国古代,来谴责在华耶稣会士李明和郭弼恩。在怀疑"圣经历史学"的欧洲学者群中,中国历史是确定的主题……

莱布尼茨乐于接受中国古代编年史。他评论……中国历史在准确性和悠久性两个方面,均超过所有其他的民族,它的可信性也是源于其治理的连续不断的。……莱布尼茨主张,鉴于中国最早的帝王诸如伏羲和黄帝,在时间上与诺亚洪水接近,所以欧洲人应该采用七十士译本(圣经)。①

拉赫教授揭示了亚洲——主要是中国——在思想、制度、艺术和技术上塑造了现代欧洲。在他看来,卫匡国的《中国上古史》为西方提供了标准的历史、制度和时间以及编年的计算方法。他写道:

卫匡国的《中国上古史》始于伏羲——第一个传奇圣王,卫匡国计算他的登基时间是公元前2952年……卫匡国的书介绍了中国上古的三皇五帝,诸如伏羲、炎帝、黄帝、少昊、颛顼、帝喾、尧和舜,以及他们在位时的事迹与成就。他还讨论了中国古代的数学和天文学,以及六十年周期的干支纪年法。

他提及在尧统治的时期发生的大洪水,他推想这就是《圣经》中的诺亚洪水。大多数欧洲的史学后辈都认同卫匡国的中国历史的开始时间……他们思考怎样才能使中国古代编年与"创世纪"妥协……由此,在华耶稣会士采用七十士版本《旧约》作为他们的编年,这样就容易与中国编年史吻合……

卫匡国介绍了夏商周三朝和它们的圣王,反映了儒家经典与历史的特征……他对周朝描绘地很翔实,超过100页;在赞扬了武王和周公的智慧和道德管理之后,历史进入了封建诸侯的阴谋、暗杀和战争,这就是战国阶段(公元前403年—公元前221年)……②

---

① A.P. Coudert, R.H. Popkin, G.M.: *Leibniz, Mysticism and Religion*, Kluwer Academic Publishers, 1998, p.138—140(Yuan-Ting Lai).

② Donald F. Lach, Edwin J. Van Kley: *Asia in the Making of Europe*, Volume III: *A Century of Advance*. The University of Chicago Press, 1993, Book 4, p.1723.

第二章　考证公元历法的"太极根"

一、西方的编年史序列的形成

(一)西方原先没有"时间概念"

中世纪的人没有时间概念。(Medieval men also had no sense of time)在当今社会,人们知道哪年哪月、某天某时,这都是很平常的;但回首中古时代,甚至没有人知道他们是在哪个世纪。①

(甲)中世纪欧洲的"时间茫然"

近代以前的西方是原始社会(本书第五章详述),这从"时间"上也可说明之。

近代以前的西方不存在统一的、客观标准的时间序列,不用,也没有年代概念。乃至中世纪的欧洲人都不知道他们自己的确切年龄。②人们只是盲目地跟随自然的节律,而无抽象的和统一的时间规律;基督教有一个笼统的、模糊的"象征时间"——在时间上和空间上无所不包的"创世→末日"模式(譬如:新生的事物就归为"神造万物",天灾人祸就归为"末日")。这很有可能是受到佛教的"成→住→坏→空"的影响。

中世纪基督教的这个"象征时间"在实践上大抵是巫术或迷信。阿拉里克·霍尔写道:在近代以前的欧洲,时间是主观的和大量的经验……而不是客观的和绝对的编年(年代:chronology)。它有一个框框,也可以被测量;但框框和测量的核

---

① https://www.coursehero.com/file/p69fufb/Medieval-men-also-had-no-sense-of-time 12 Sept. 2005.

② Shulamith Shahar, Yael Lotan: *Growing Old in the Middle Ages: Winter Clothes Us in Shadow and Pain*, London: Routledge, 2004, p.29.

心,仅是反映个人与社群的生活与经验。中世纪的人没有单独的时间概念。时间是循环、直线和象征。……大部分自然的、直接的时间概念是循环现象。日常生活被决定于一系列异样的短循环,对其预测可以提供例行和安全的感觉。理解时间的循环是基于事物重复和再现的韵律,因而是可预测的……(例如生长和谢落、升起和沉沦。——引者)。

存在着三种主要的循环:1.基于自然的重复(例如昼夜、季节);2.社群的仪式;3.事物的再现。不像前两者,第三种不是基于规律性。犹如幸运之轮,它会变化,让人知道将来不同于现在,但在时间上是不确定的。周期性的观念是基于过去几代人的经验……个人生命的确定性质(从生到死)形成了线性时间的观念,它强调清晰的开始与结束……基督教简单地把历史视为"拯救历史",通过神的代理来实施;它以"创世"为开始、以"末日审判"为终结,这两个点形成了"线性时间"……①

英国历史学家彼得·伯克指出:"整个公元 400—1400 年的千年,欧洲不存在历史感,即使受过教育的人也是如此。"(During the whole millennium 400-1400 there was no sense of history even among the educated)。什么叫"没有历史感"?那就是:A.对于时间错乱缺乏感觉;B.缺少历史证据的意识;C.不懂事物的因果关系。②

《中世纪百科全书》称:至少到 16 世纪,欧洲人尚无计算时间的实践。③

(乙)没有"零"的西方

16 世纪之前的欧洲没有"零"的概念,这也严重制约了西方人的时间、进步和发展以及"有序变化",这些关系"文明"的因素的形成。被伪造的古希腊和罗马也没有"零",④这说明最初的伪造者无此概念。没有"零"的社会实际上是很原始的。我们大家被"希腊、罗马"所误导,因而几乎都相信,存在着没有零的"文明"。通常说古代印度、巴比伦或埃及"发明"了零,这都是没有真实的史料根据的。有案可查的则是中国最早使用了零。

汉学家赖大卫(David C.Wright)说:"中国古人具有发达的数学,他们使用十进位制,可追溯到公元前 14 世纪的商朝,这是在欧洲的数学首次使用十进位制之前

---

① Alaric Hall:*Interfaces Between Language and Culture in Medieval England*,Leiden:Brill,2010,p.207.

② Peter Burke:*The Renaissance sense of the past*,Edward Arnold,1969,p.1.

③ Thomas F. Glick:*Medieval Science,Technology,and Medicine:An Encyclopedia*,NY:Routledge,2005,p.128.

④ Friedrich G. Barth:*Sensory Perception:Mind and Matter*,NY:Springer,2012,p.372.

的2300年。中国人也是世界上最早在数学运算中使用零位置的。"①

美国沙加缅度中国文化基金会称:"应该承认,在世界上是中国人在发展'零'概念上迈出了第一步……早在公元前4世纪,中国人便开始为零符号留下空白……证据显示,中国人实际使用'零'是公元686年之前。"②这也早于孤证的印度正式使用"零"的时间——公元876年。③这是在唐朝王玄策出使和征服印度之前的200多年,因而印度这个"零"是否与中国有关?

数学及零作为一种工具,服务于人的对付自然、算计自然和索取自然的本性。人在这方面禀赋潜在的"本能"(人智)。质言之,数学、逻辑和科学及科技百科等,无论怎样精深宏博,都是属于人的反克自然的本能,人作为智能生物具有无限的可供开发的知识潜力。它们都不是智慧。智慧是什么?是驾驭它们,从而调和、和合人与人、人与自然的整体关系的那种高级思维(西方没有)。

我们只讲"零"。它是如何产生的呢?只要有发展和进步,而非原始停滞,那就具备了产生"零"的可能性;但这只是"助缘",而非内因。后者指的是智慧上,"零"产生于道家的"无"和佛学的"空"。——"零的数学概念诞生于形而上学的'无'或'空'。"(The mathematical idea of zero was born out of the metaphysical concept of Emptiness or Nothingness)。④这似乎与印度有关,但它必须和经济发展相结合才能够产生"零";而在世界历史上,只有中国才谈得上是可持续性和相对稳定的发展。据此,从西方没有发明"零",而是在近代早期引进的这一情况来看,我们便可知,近代以前的西方,千百万年中不存在发展和进步及其相关的概念;因而,它是个亘古停滞的原始社会。克龙比教授断言,历史上进步或发展的观念只存在于中国,而西方则无,埃及、巴比伦和印度都是神话。⑤

照理说,在西方伪史中,最应该有"零"的是希腊,因为它的"知识"全是算计自然和与自然做斗争的;最不应该有"零"的是印度,因为南亚的生态丰饶,生活简易,生存无忧,故而缺乏进步与发展的动机,也没有必要为了物质文明而进行生存

---

① David Curtis Wright: *The History of China*, Greenwood Press, 2001, p.42.

② *World Mysteries*, October 12, 2012. http://blog.world-mysteries.com/science/ancient-chinese-inventions-and-discoveries-that-shaped-the-world/%EF%BC%8COctober%

③ *A history of Zero*, http://www-history.mcs.st-and.ac.uk/HistTopics/Zero.html

④ *The Human Being*, Aliran Kesedaran Negara, 1991, p.151.

⑤ A. C. Crombie: *Science, Optics, and Music in Medieval and Early Modern Thought*, London: the Hambledon Press, 1990, p.23.

竞争。那么,为什么西方历史学不说是希腊,而说是印度(或巴比伦)拥有这项"发明"的呢?我们认为,那是因为伪造希腊在先,直到它初具规模,神职学者尚未掌握"零";印度形成历史在后(19世纪),西方学者不说中国,而说印度"发明'零'",他们想通过它来"补阙"西方的古代史——由印度追溯至巴比伦(西方近亲)。值得一提的是,通行于今的西方版的印度历史基本上也是杜撰的。①

附录:中国是数学概念"0"的真正发源地

最早提到"0"的文献是唐代的《大唐开元占经》,中国古代天文学著作之一,作者是瞿昙悉达。成书时间约在718—726年之间,一度失传,所幸在明末又被人发现。该书共120卷,保存了唐以前大量的天文、历法资料和纬书,还介绍了16种历法有关纪年、章率等基本数据。

据英国科学史家李约瑟的考证,"0"产生于中印文化,是中国首先使用的位值制促进了零的出现。印度是在中国筹算和位值制的影响下才创造"0"的。中国远在三千多年前的殷商时期,就采用了位值制,甲骨文中有"六百又五十又九(659)"等数字,明确地使用了十进位。在《诗经》中,零的含义被解释成为"暴风雨末了的小雨滴",计数中把零作为"没有"看待。中国魏晋时期的数学家刘徽在注《九章算术》时,已明确地将"0"作为数字了,使用过程中,开始用"口"表示,后来把方块画成圆圈。到了13世纪,南宋数学家正式开始使用"0"这个符号。由此可见,中国是"0"的发源地。

据说,大约在公元前3世纪,古印度人终于完成了数字符号1到9的发明创造,但此时还没有"0"。在一千多年后的印度笈多王朝,才出现"0"。刚出现时,它还不是用圆圈,而是用点来表示。至于何时由点转为圆,具体时间已无从考证,但在公元876年,人们在印度的瓜廖尔地方发现了一块刻有"270"这个数字的石碑。这也是人们发现的有关"0"的最早的记载。后来,这套数字符号传到阿拉伯,再传至欧洲。欧洲人误认为是阿拉伯人发明的,所以称它们为阿拉伯数字。②

(丙)西方历史学"从零开始"

没有"零",这也说明近代以前的西方不可能有"编年史"。

在掌握了"0"之后,欧洲新教徒在"历史学"上干的第一件事,就是发明了以百年为单位的"编年史";它犹如一个历史的杂货铺,把神学及其事迹排成时间序列。

---

① A. Fomenko: *History: Fiction or Science? Chronology 1*, p.465—467.
② 杨大傻:《数学符号中的"0"起源于哪个国家?》,天涯问答。

这是西方人的历史与历史观的真正起步。

埃里克·库珀说：皮斯卡托《城区教会记事》(Piscator,1526年)分为连续的几个百年，这是作者获得了新的历史方法。……首次在历史著述中分为百年，即《城区教会记事》。但该书是在皮斯卡托死后三十年，被提及于新问世的《马格德堡世纪史》(Magdeburg Centuriators,1559年)；这个历史方法开始出名，以致英语中的"世纪"(century)一词的诞生，可能是直接受此影响。……中世纪后期，存在着多种尝试来实行百年的计算方法。①

我们认为，佛拉西斯(Matthias Flacius,1520—1575年)的著作《马格德堡世纪史》(教会史)是一部原始社会水平的"历史"。中国古人写编年史都分年月日，叙述详细，前后照应。而《马格德堡世纪史》则分为十三个百年，每个百年中堆积素材，各个事件都是孤立的，全无联系，也没有具体时间。以致在文艺复兴期间和稍后，即受中国影响的"历史学的创世纪"那几代西方学者，谈及这部糟糕的著述，不堪回首，因而把它当作失败的案例。

17—18世纪的西方学者是这样批评《马格德堡世纪史》的，"把教会史安排在诸多百年中，首次被《马格德堡世纪史》所采用。……这在许多方面是绝对令人厌恶的，因为它不仅剥夺了读者对历史的兴趣，而且作者未能展示时间的真实联系。它们(教会题材)潮涌而出，一个又一个堆在那儿。"②"歌德在他的《颜色论》中说：按照百年来划分的历史……很不方便。没有实际内容，人的生活和行为犹如走过场。韦尔什博士尤指责……这是最武断的和最令历史无趣的算法，使人分心和烦恼。'它犹如我们研究地质学，不是连续性地勘察自然层位，而是站在一英里的圈外去观察其空间。'"③

这说明，在佛拉西斯著《马格德堡世纪史》之前，即在16世纪中叶以前，西方人对于百年前所发生的事没有概念和记录，遑论历史和历史学。要有的话，那都是近现代伪造的。

印刷术普及之前不存在历史与历史学。亨利·珀金森教授说：(欧洲)中世纪的学者从来不用历史方法。的确，历史学家彼得·伯克(Peter Burke)甚至宣称，在中世纪，人们没有历史感。他们缺少过去和现代有什么不同的感觉。他们没有历史的

---

① Erik Kooper: *The Medieval Chronicle*, Rodopi, 1999, p.137.
② James GARDNER: *Repertory of Biblical and Theological Literature*, Johnstone & Hunter, 1855, p.285.
③ Bricker: *Reformed and Catholic*, Wipf and Stock Publishers, 1979, p.194—195.

透视和往昔的意义。当然,他们只知道过去已经过去了,是混沌的,不去注意过去时代和文化有什么不一样。……印刷术带来了历史感,它出现在15世纪的后期。历史感是基于被写的历史的可行性的。……此前,基督教尽可能使书写历史变得毫无必要。……它的教条被编成神秘文字……不仅描绘神变为人的整个故事,而且记录"神的话"。如此手稿所包含的信息不是历史,而是无限;不是时间,而是神圣。……印刷术改变了一切。带着大量副本的手稿被制造出来,散布到各地。印刷术使基督教面对抨击。……历史学破坏了经院主义。①

(丁)西方历史学的奠基者没有年代常识

即使到近代之初,像斯卡利杰那一代西方"历史学创世纪"的元勋们,也几乎没有"时间概念",而是胡乱设计编年史。例如:

拉·裴瑞尔斯(LaPeyrere,1596—1676年)宣称:"埃及王国统治了上百万年。(Egyptian Kings' had reigned for millions of years.)"②

他又说,迦勒底(巴比伦)的历史记录有47万年,而中国历史有88万年。③

斯卡利杰称,中国的宇宙观回溯到88万年以上。④

"斯卡利杰计算世界被创造,从而确定'创世纪'的时间,是在公元前3949年。"(Scaliger calculated the creation of the world and set the Creation at 3949 BC.)

"然后斯卡利杰计算埃及第一个王朝开始于公元前5282年。"⑤(早于世界被创造!)

"卫匡国……断定,地球(年龄)比斯卡利杰所计算的5500年要长得多。(The earth must be considerably older than the five and a half millennia that Scaliger had calculated.)"⑥

所以,21世纪的学者揭露:"我们现在的历史的时间序列,是被15—16世纪

---

① Henry J. Perkinson: *How Things Got Better: Speech, Writing, Printing, and Cultural Change*, Bergin & Garvey, 1995, p.92—93.

② Eric Jorink: *Reading the Book of Nature in the Dutch Golden Age*, 1575—1715, p.103.

③ Jonathan Z. Smith: *Relating Religion: Essays in the Study of Religion*, the University of Chicago Press, 2004, p.314.

④ Daniel Lord Smail: *On Deep History and the Brain*, University of California Press, 2008, p.22.

⑤ Grant Berkley, Baram Blackett, Alan Wilson, J.: *Moses in the Hieroglyphs*, Trafford Publisher, 2006, p.32.

⑥ Eric Jorink: *Reading the Book of Nature in the Dutch Golden Age, 1575—1715*, Leidon: BRILL, 2010, p.103.

的神职人员创造的假货。"(Our present historical timeline is a forgery created by 15th and 16th century clergy.)①

斯卡利杰那几代神职学者对于历史与编年都是胡编乱造,也无法成形;幸亏有了中国朝代及帝王年表作为参照,才搞出来"圣经编年"。当然,若非中华文明及历史的影响所形成的"挑战",西方的神职学者也就无此必要,而是仍旧继续那些非历史、非文明的神话了。

然而,斯卡利杰所得到的中国历史的信息尚不可靠,远非准确。所以,他设计的"圣经编年"和其他编年都很离谱,又被其追随者发挥至谬。如此情状直到他死后的半个世纪,卫匡国的著作问世才被基本扭转,而使那经过反复修改的"圣经编年"可与真实文明"吻合",从而充当西方版的世界历史的时间主轴。

立足于西方中心论的两位学者这样写道:大主教詹姆斯·乌雪(James Ussher,1581—1656年)最伟大的成就是改善了由斯卡利杰设计的编年系统。……斯卡利杰努力弥补历史记录与《旧约》之间的裂痕,由此计算出"创世纪"的那个星期天是公元前3950年10月25日。乌雪……重新验算,得出"创世纪"的时间是公元前4004年,那个星期天是10月23日,这是更精确的……(荒唐可笑,"神造万物"仅在数千年之前!——引者)

乌雪和斯卡利杰的体系具有美妙的准确性,它有可能让基督教世界"同化"异教民族,全都纳入"圣经规划"之中;它提供了一个适合的框架,来包容所有的历史事实。乌雪设定的,不仅是"创世纪"的时间(公元前4004年),而且还有洪水(公元前2349年)和"出埃及记"(公元前1492年)。②

关于荒谬绝伦的斯卡利杰—乌雪的"圣经编年"受挫于卫匡国的中国编年史,戈尔迪和罗伯特两位教授写道:大主教乌雪……设定世界被创造发生在公元前4004年……波舒哀(Bossuet)在其所著《全球历史》(1681年)中维护斯卡利杰—乌雪的时间系统,却遭遇挫折;因为他不知道这样的事,即……卫匡国的书介绍了中国最早的帝王,明显与乌雪的"全球历史"的编年框架相冲突。中国的编年史是清晰地和连续不断地开始于公元前2952年,在洪水(乌雪设定为公元前2349)灭除地球生命之前的604年,或者在创世纪之后的1656年。如果中国的编年是真的,

---

① *Is a Chunk of History Missing*? https://www.uwgb.edu/dutchs/PSEUDOSC/Phantom%20Time.HTM

② Richard Henry Popkin, Arie Johan Vanderjagt: *Cepticism and Irreligion in the Seventeenth and Eighteenth Centuries*, Leiden: Brill, 1993, p.151.

那么,《圣经》的洪水不是普遍现象,而且《圣经》也被证明是错的。①

从西方历史学之父没有时间概念与年代常识这一点,也能证明近代以前的西方没有历法、科学、历史和文明。

(二)现行历法是"时间错乱"?

第一,根据迪亚库等学者的研究:②一些我们在学校所学的古代和中世纪的历史年代,已经植根于我们的心中,例如公元前1193年(特洛伊陷落)、公元前753年(罗马建立)、公元1年(耶稣诞生)和公元1066年(威廉征服不列颠)……我们绝大多数人都认可这些日期,而不是求证和修改它们。现代的全球编年史是基于希腊—罗马的年代(17世纪设定),这个(历史学)的大厦看来已是摇摇欲坠(the foundation of its edifice appears to be shaky)。

第二,根据科罗夫斯基威茨等学者的研究:③创建全球历史的思想涌现于文艺复兴的后期。通行于今的官方的历史编年,起源于神职学者斯卡利杰(1540—1609年)。他设定了最重要的历史事件的确切日期,诸如伯罗奔尼撒战争、特洛伊战争和罗马的建立,等等;但所有的历史日期都没有被证明,都是将错就错。后来的编年史家均为萧规曹随、以讹传讹,以致斯卡利杰的门徒佩塔维斯(1583—1652年)把如此编年史定型,并且被现代官方所接受。奇怪的是,尽管科学昌明,罕有历史学家来修正那些被斯卡利杰和佩塔维斯所设定的假的历史日期。

总而言之,按照斯卡利杰和佩塔维斯及其追随者的说法,世界古代史发生于公元前3500年到公元5世纪之间(包括埃及、两河、希腊和罗马等)。但这样的结论,明显存在着年代可信度的问题,却并没有被任何独立的学术研究确认过。

第三,根据加里·汤普森所著《"时间错乱"的欺骗和它的主要倡导者简史》:④相对最近才通用的编年史是一个混乱的系统,它的计算方法也是错误的。

法国—荷兰语言学家和历史学家(编年史家)斯卡利杰被公认是他的时代最博学的人。作为"后文艺复兴时代"的天才,他是现代历史学的主要开拓者之一;他

---

① Mark Goldie, Robert Wokler: *The Cambridge History of Eighteenth-Century Political Thought*, Cambridge University Press, 2006, p.223.

② Florin Diacu *Mathematical Methods in the Study of Historical Chronology*, http://www.chronologia.org/en/2013_florin_diacu.html

③ *Investigation of the Correctness of the Historical Dating by Wieslaw Z. Krawcewicz, Gleb V. Nosovskij and Petr P. Zabreiko*, http://www.world-mysteries.com/sci_16.htm

④ 186 *A Brief History of the "Phantom Time" Delusion and its Main Advocates by Gary D. Thompson*, http://members.westnet.com.au/gary-david-thompson/page9bb.html

把编年史置于坚实的科学基础之上,这也是第一次。当然,斯卡利杰确是伪造世界编年的先行者。

"时间错乱"缘起于17世纪。公元纪元(the Anno Domini)是伪造的。伪造者称是中世纪发明的。古典(希腊、罗马)的历史和中世纪早期(查理曼大帝)的历史,都是中世纪后期的基督教(本笃会)和耶稣会士的"发明"。

第一个揭露者是17世纪的耶稣会士学者让·哈尔端。另一个揭露者是19世纪的英国古典学家爱德华·约翰逊。还有一个19世纪的揭露者是英国的福斯特·亚毕诺(Forster Arbuthnot)。最近的主要揭露者是德国历史学家黑里贝特·伊利格(Heribert Illig)。

他们的揭露归纳为:1.杜撰古代;2.错乱时间;3.丢失世纪;4.发明年代;5.虚构日期;6.伪造编年……

让·哈尔端(1646—1729年)是法国耶稣会士和古典学者,一个纯文学和修辞学的教授,一个图书馆员。他写了一部论伪造历史的专著。他相信,所有的证明古希腊和罗马的文献,都是被本笃会教士伪造的,所有的希腊—罗马的文物都是假的。他还认为所有现存的古希腊和古罗马硬币是伪造的。

哈尔端坚信,绝大部分的希腊文和拉丁文的古代著作,都是被中古后期的僧侣在密谋中伪造出来的。他的结论是,所谓"古代"文献和文物,以及铭文与钱币,都是在13世纪以西弗勒斯(Severus Archontius)为首的一群(本笃会)僧侣精心伪造出来的。他们密谋的目的是"通过把基督教的全部事实'异教化',建立无神论的人间"(establish Atheism amongst men, by paganising all the facts of Christianity)。

埃德温·约翰逊激烈地宣称,700—1400年间的"黑暗时代"(中世纪欧洲)的历史全不存在,其人物和事件都是基督教的作家发明的。(The whole of the so-called Dark Ages between 700 and 1400 CE had never occurred, but had been invented by Christian writers who created imaginary characters and events.)

黑里贝特·伊利格指出,查理曼不是一个真人,而是大规模伪造历史的产物。他的结论是"奥托三世"(被后来称为"神圣罗马帝国"的皇帝)与教皇西尔维斯特二世(Sylvester II)把时间向前推,因而发明了查理曼和加洛林王朝。他认为现行的"公元纪元"(基督纪元)是"时间错乱"。例如,2010年这一年应该是"1713年"。查理曼大帝和阿尔弗雷德大帝(Alfred the Great)是虚构的历史人物。维京海盗袭击从未发生过(He Viking raids never happened)。

伊利格还说,《格里高利历》和《儒略历》互相矛盾。他批评历史学家轻信文献。

(三)公元纪年来历另有隐情

通行的解释是,公元(公元纪元,英语:Common Era),以耶稣出生为纪年的开始,因而原称"基督纪元"(Anno Domini)。它形成于公元525年,其设定者是神学家狄奥尼修斯·伊希格斯(Dionysius Exiguus,约470—544年,绰号Dennis the Little)。

美国学者约瑟夫·惠利斯指出,"基督纪元"和狄奥尼修斯·伊希格斯以及耶稣诞生的时间都是伪造的。①桑德坎也说:"狄奥尼修斯·伊希格斯的著作明显是假的。如果按照该书的算法,整个现代历史编年的大厦就会倒塌。因为伪造者尚未掌握高斯的复活节计算表册,所以才错误百出的。"②

罗纳德·克兰西站在正统西方的立场上论公元纪年和现行历法的产生,他提到两位同名的编年史家。他说:在公元6世纪,狄奥尼修斯·伊希格斯(Dionysius Exiguus,"the Little"),在调查了耶稣诞生日之后,创造了神学编年和基督历法。到1627年,法国神职学者狄奥尼修斯·佩塔维斯(拉丁文姓名:Dionysius Petavius,法语姓名:Denis Petau,1583—1652年)发明了耶稣诞辰前的事件编年序列,即"公元前"(B.C.=before Christ)。由此,今人通用的历法及其所体现的时间系统,是被两位相隔千年的编年史家狄奥尼修斯·伊希格斯和狄奥尼修斯·佩塔维斯所共同发展起来的。③

但实际上,这两位编年史家是一个人:"狄奥尼修斯·伊希格斯与狄奥尼修斯·佩塔维斯是同一个人!"(Denys Petau would actually be the same person as Dionysius Exiguus)④亦即,所谓的6世纪的"编年史家"(狄奥尼修斯·伊希格斯)就是17世纪的狄奥尼修斯·佩塔维斯(Dionysius Petavius,1583—1652年)。

根据几位国外学者的考证,17世纪的编年史家狄奥尼修斯·佩塔维斯被"分身"。⑤再说公元6世纪,西方全无文字和文献,也没有耶稣。诺萨夫特说,耶稣基督生于公元1152年,被钉十字架是1182年(Jesus Christ was born in AD 1152 and

---

① Joseph Wheless: *Forgery in Christianity*, Pomeroy: *Health Research* Books, 1996, p.71.
② NEW RADICAL CHRONOLOGY:THE ULTIMATE PROOF, www.theflatearthsociety.org/forum/index.php? topic=30499.msg1638504#msg1638504
③ Ronald M. Clancy: *Sacred Christmas Music: The Stories Behind the Most Beloved Songs of Devotion*, NY: Sterling, p.21.
④ Où est donc passéle Moyen-Âge？ L'invention de l'ère chrétienne.
⑤ A. Fomenko: *History: Fiction or Science?* Chronology 1, p.359—360.

crucified in AD 1182）。①

"斯卡利杰历史"（通行的西方历史学）有三个分别在不同世纪的编年史家，他们的名字都叫"狄奥尼修斯"（Dionysius）。

第一个编年史家叫"狄奥尼修斯"（Dionysius），据说死于公元265年。

第二个编年史家，即赫赫有名的狄奥尼修斯·伊希格斯（Dionysius Exiguus，约470—544年），他被称为公元纪元的"创立者"。

第三位编年史家"不是别人，而是著名的狄奥尼修斯·佩塔维斯（Dionysius Petavius，1583—1652年）"。"佩塔维斯首次发明了'公元前'（B.C.）这个计算时间的系统。"②

最后一位是真实存在的，前两个都是他所"投射的幽灵"（phantom reflections）。

从名字上也可看出明显的线索，(6世纪)狄奥尼修斯·伊希格斯和(17世纪)狄奥尼修斯·佩塔维斯是一个人。如下表所示：

	假编年史家：狄奥尼修斯·伊希格斯 （Dionysius Exiguus，约470—544年）	真编年史家：狄奥尼修斯·佩塔维斯 （Dionysius Petavius，1583—1652年）
名字	拉丁词源：Exiguus→Exigu＝little(小)	法语词源：Petau→petit＝little(小)
绰号	Dennis the Little(丹尼斯"小")	法语名字：Denis Petau(丹尼斯"小")

再说，狄奥尼修斯·佩塔维斯（Dionysius Petavius）是斯卡利杰的弟子，他俩都是法国人。佩塔维斯在历史学科中的地位仅次于斯卡利杰，所以他被称为"Little"（小）。它的法语发音是"petit"（小），演变为 Petavius ＝ Petau(v)＋(i)us（后缀：博学），变成拉丁语为 Exiguus（小）。由此，就出现了"古人"（狄奥尼修斯·伊希格斯（Dionysius Exiguus）。斯卡利杰—佩塔维斯及其门徒，如此伪造古代编年史家的目的之一是借"古人"之口来说明基督纪元"古已有之"。尽管如此，17世纪的著作仍然记载耶稣诞生于11—12世纪。③

耶稣诞生？"原本说是在狄奥尼修斯·佩塔维斯（Dionysius Petavius，1583—1652年）之前的500年，即公元12世纪。现在就变成了狄奥尼修斯·伊希格斯（Dionysius Exiguus，约470—544年）之前的500年，即公元元年左右。"④

---

① C. Philipp E. Nothaft：*Dating the Passion*，Brill，2012，p.1.
② Jonathan Hill：*Faith in the Age of Reason*，A. Lion Book，2004，p.118.
③ A. Fomenko：*History Fiction or Science？Chronology 1*，p.360.
④ A. Fomenko：*History Fiction or Science？Chronology 2*，p.229.

表解　伪造历史人物:通过名字(西文)的微妙变异,一个人变三个人

	真人	假的历史人物	假的历史人物
16世纪伪造	卜列东,1355—1452 Plethon, Pleton, Pletho	柏拉图,古希腊哲学家 Plato	普罗提诺,古罗马哲学家 Plotinus
	意大利文艺复兴学者利用东方和中国资料伪造了古代"智慧"、希腊哲学、罗马哲学。		
17世纪伪造	狄奥尼修斯·佩塔维斯 1583—1652,Dionysius	狄奥尼修斯·伊希格斯 470—544,Dionysius	狄奥尼修斯,死于256年 Dionysius
	"后文艺复兴"时期的欧洲学者利用中国的历法、计算方法和历史年表伪造了编年史家。		

二、如何把历史荒漠包装起来

(一)谁能证明公元前后发生的事?

如前所述,学者们考证《圣经》和耶稣都是中世纪的。《圣经》形成于中世纪后期;耶稣生于1152年,被钉十字架于1185年(17世纪的著作仍然记载耶稣诞生于11—12世纪)。果真如此,那么,"基督纪元"则是毫无意义的。

唯一能够证明《圣经》和耶稣是"确实存在"和"古已有之"的是犹太学者(弗拉维奥·约瑟夫斯(Flavius Josephus,公元37—100年)和他的著述。然而,诸多学者揭露这个"伪证"。首先是让·哈尔端,斥责约瑟夫斯是一个愚蠢、杜撰和欺诈的作者。(a foolish, forged and fraudulent author)①哈尔端指出,作者从未见过耶路撒冷,因为他把耶路撒冷的该撒利亚放置于腓尼基。②

很有可能都是利用错觉(phantom),为了证明《圣经》和耶稣的存在与时间,由约瑟夫(斯卡利杰)"衍变"为约瑟夫斯。(法语 Joseph→拉丁语 Josephus)同样,为了证明"公元纪元"的可靠性,由狄奥尼修斯·佩塔维斯"衍变"为狄奥尼修斯·伊希格斯(都叫"小狄奥尼修斯"或"小丹尼斯",法语与拉丁文的写法差异而已)。显然,斯卡利杰署上自己名字的著述(古犹太、古罗马和基督教三者互证)和佩塔维斯署上自己名字的著述(论公元纪元)都被他们的门徒放置到了1000多年以前。

有一件事非常奇怪,接受斯卡利杰遗赠(中国资料)的葛马如,在斯卡利杰的

---

①The New Complete Works of Josephus, Grand Rapids: Kregal Publications, 1999, p.1077.
②The Works of Flavius Josephus by William Whiston, Grand Rapids: Kregal Publications, 1993, p.1006.

书斋发现了约瑟夫斯的希腊文手稿。①这或许就是斯卡利杰自己的署名作品(斯卡利杰的全名包含"约瑟夫",它用拉丁文写,即"约瑟夫斯")。斯卡利杰是个语言学家,希腊文极好。再者,任何一部 1600 年前的"手稿"都不可能传下来,况且那时也没有纸张与印刷,而且也不可能有文字与历史。

斯卡利杰高度赞扬"约瑟夫斯"是"所有历史学家中最伟大的热爱真理者。"(greatest lover of truth of all historians)②"他(约瑟夫斯)比所有的希腊和罗马的作家加起来,都更值得相信。"(he deserves more credit than all the Greek and Roman writers put together.)③说这样的话,是不是"做假心虚"?

根据美国学者奥尤梅斯的研究④,约瑟夫斯及其著述是 16 世纪后期约瑟夫·斯卡利杰等人,对《圣经》和耶稣所编写的"补证",并且将其置于 1000 多年以前。他说:约瑟夫斯(弗拉维奥·约瑟夫斯)被罗纳德·里根称为"半神"。按照西方主流文化,约瑟夫斯是《新约》之外的仅有史料,可以证明耶稣的历史存在(见"弗拉维奥证词")。然而,一些学者对此质疑,他们揭示约瑟夫斯及其著述均为基督教神职学者所杜撰。首先应该指出的是,在公元 1 世纪时,不可能有约瑟夫斯的传世著述,那时根本不存在写历史这件事的。(说他著《犹太古史》和《犹太战史》,这都是伪造的)历史这个学科形成于 16 世纪,是被斯卡利杰和耶稣会士首创的。(在此之前的"历史",或是后世伪造,或是简单记事)这是很可能的,约瑟夫斯就是生活于 16 世纪的约瑟夫·斯卡利杰本人。

基督教和耶稣会士的神职学者(历史学家和翻译家)通常把同样的历史事件和人物置于不同时间和地点,进行不同的叙述,从而举一反三、扩充历史,圆融谎言。这就是说,约瑟夫斯(包括著述)是被制造的约瑟夫·斯卡利杰的"错觉副本"(phantom copy),就像卜列东衍生"柏拉图"一样。⑤古希腊"梭伦"(Solon)的名字及其事迹双重冒取了《圣经》中的所罗门(Solomon),同样,英格兰(拉丁名:Anglia)的名字与部分历史也是双重冒取了拜占庭安琪儿王朝 (Dynasty of Angels, 1185—

---

① *How did Gomarus acquire the copy of Flavius Josephus in Greek from Scaliger's library?* Dutch Review of Church History Vol. 77, No. 2(1997), p. 258—266.

② *The New Complete Works of Josephus*, p.1077.

③ *W. White's catalogue*, London: 1844, p.142.

④ A. Fomenko, Gleb V.Nosovskiy. "*History: Fiction or Science?*". Chronology 4. – Delamere Publishing, Paris, London, New York, 2007, p.580.

⑤ A. Fomenko: *History Fiction Or Science*. Chronology 2, p.272.

1204年)。

使用公元与公元前(A.D/B.C)的俗世和神学编年史,在很大程度上是斯卡利杰和他的门徒佩塔维斯伪造出来的(按:"公元前"是17世纪才出现的)。它包揽"人类历史",肆意配置事件与人物、时间与空间。没有一个文献存在于11世纪之前。所谓的古代希腊、罗马和埃及的"历史"都是被文艺复兴时期的人文主义者和教士(都是神职学者)杜撰出来的,都是基于他们自己的伪造文献。所谓的希伯来历史和苏美尔历史,都是用被伪造的古代埃及作为模板所产生的"错觉副本"。希伯来和苏美尔的考古证据至今毫无所获。①

阿查里亚和D.M.默多克著《伪造的耶稣:约瑟夫斯解密》写道:每当问及耶稣的神秘性质的时候,一个问题被反复提出,那就是耶稣存在的证据,有著名的犹太历史学家弗拉维奥·约瑟夫斯(约公元37—100年)的"弗拉维奥证词"(Testimonium Flavianum),"就在这时,有一个名叫耶稣的智者,如我们说他是人不会对他冒犯的话,因为他做过很多奇妙的事,对他表示认同的人乐于奉他为师。他吸引了不少犹太人和希利尼人,并被尊为基督。当彼拉多……把他判处十字架之刑,当初爱他的人并未有离弃他,因为他在受刑后的第三日复活,并在众人面前出现,就如神圣的先知最初所预言的,以及那与他相关的万千奇事。而基督徒一族,就是那些称他为基督的人,到现在还没有消失。"

这个令人惊讶和简单的叙述,竟构成了耶稣存在的"最好的证据"。然而,非基督教的图书馆藏书对此只字未提……这已经被彻底和广泛地揭穿,以致从19—20世纪之交以来极少学者引用它。《弗拉维奥证词》几乎不被提及,除非说明它是被杜撰的。超过200部各类书籍认同这是个假的证词。②

近代早期的神职历史学家通过伪造弗拉维奥·约瑟夫斯,不仅证明《圣经》和耶稣"古已有之"(这也是西方的"世界编年"和"公元纪元"的基点),而且证明古罗马和古犹太的"历史",由此也能表示西方在中世纪以前存在着"文明"。

(二)错觉时间设定的"历史意义"

综合美国作家布莱恩·邓宁和其他几位学者的探索:③ "错觉时间设定"(the

---

① *Flavius Josephus as a created interpolation on Joseph Scaliger*, http://ajendu.blogspot.co.uk/2015_06_01_archive.html
② *The Jesus Forgery:Josephus Untangled* by Acharya S/D.M. Murdock.
③ *The Phantom Time Hypothesis*, by the Church. by Brian Dunning, October 16, 2012. https://skeptoid.com/episodes/4332

phantom time hypothesis)是德国历史学家伊利格(Heribert Illig)提出的,关于研究"历史阴谋论"的理论,它揭露公元纪元(Anno Domini)的时间序列是伪造的。神圣罗马帝国皇帝奥托三世,西尔维斯特二世,可能还有拜占庭皇帝君士坦丁七世,通过向前拉长时间的方式,伪造了公元纪元。他们主观地设定了一个特定的时间基点——公元 1000 年(AD 1000),以此来杜撰历史,发明了英雄人物查理曼。①

今天的西方人怎样回顾历史?所有的"寻根之路"都是死胡同。……历史上的篇章却从未发生过。

"错觉时间设定"意味着,过去几千年的编年史是最近(中古后期)的事件或神话的幻影与变异。整个的诸世纪的假历史,都是被统治阶级与主流学者在事后镶嵌于日历(时间序列)之中的。

"黑暗时代"(欧洲中世纪的前期和中期)的历史更是子虚乌有,全是被捏造的。他们人为地把中古与近代之交的神话,通过幻觉投射到了过去,从而把历史拉长了 2000 多年,以致我们今天误认为,存在着"公元元年"前后的文明篇章。

首次揭秘西方历史的"错觉设定"的,是 17 世纪左右的法国文献学家让·哈尔端。他确信,绝大部分的有关古代希腊和罗马的文献、文物,都是 13 世纪欧洲的一批神职学者系统地伪造出来的。进而,一些现代学者借助于时间统计与天文观察,断定哈尔端所揭秘的只是冰山一角。神职学者变本加厉地杜撰了所有的古代希腊、罗马、埃及、苏美尔、巴比伦、亚述、波斯和犹太史,以及中古的欧洲史与"翻译运动"(再现古典)等,并且将它们镶嵌于数千年的"时间序列"之中,从而变成系统的"世界历史"。耶稣并非在世于"公元元年"左右,而是中世纪的人物。假如我们穿越"时光隧道",只需 900 年的时光,我们就可以见到他了!

关于中世纪欧洲,缺少文献和考古的证据。实际上,历史上所说的事件与人物根本不存在,作为"中心人物"之一的查理曼大帝是编造出来的。

西方并不存在能够定位历史编年的哈雷彗星的真实资料。特别令人感兴趣的是中国的记录,它使用与《儒略历》和《格里高利历》迥然不同的日期,我们也能够用中国的天文学资料校准西方的历法。②

没有独立的证据显示欧洲人观察和记载哈雷彗星的资料,诸如公元 760 年、837 年、912 年、989 年、1066 年和 1115 年,而实际上它们都是通过"错觉设定",把后面的事往前推,而复制更多、更久的。

---

①Phantom time hypothesis From Wikipedia, the free encyclopedia.
②https://skeptoid.com/episodes/433

《格里高利历》颁布于1582年这件事应该受到质疑,因为当时整个西方——包括知识精英(神职学者)——尚无时间概念,不知道"公元"与"公元前",不知道圣经神话形成或发生于哪年哪月,也不知道"创世"是在何时,更没有一个旧历法和编年史。凡此,都是在17世纪,他们依靠中国资讯和方法逐步加以解决的(包括设计"圣经编年"和"古代编年"以及《儒略历》与其他"古历法")。

三、耶稣纪年来源于华夏授时

(一)"中国标准"的西方时间

斯卡利杰"以重建众多的历法而著名"。其中还包括他根据被伪造的曼涅托"埃及史"的线索,"恢复了"《古埃及历法》。①

试问斯卡利杰哪来这么大的能耐?亨利·哈勒姆说:"在其所有的书中,斯卡利杰的书是非常清楚的、简洁的和恰到好处的。他似乎大量阐明天文学知识,尽管他不是一个好的数学家。"②为什么数学不太好的斯卡利杰会如此轻松自如、胸有成竹呢?答案是他掌握了中国的天文和历法的现成模式,只要"因地制宜、按需分配"就可以了。

根据拉赫教授的研究,斯卡利杰掌握大量的、多种语言的中国书籍和资料,其数量之大,在他那个时代的欧洲是惊人的。仅在他死后不久被卖掉的中国书籍和资料,就有1382项,还包括地图和海图。③并且,斯卡利杰已经掌握了中国天干地支的计算方法。④

汉学家韩大伟(David B. Honey)耐人寻味地说:斯卡利杰参照中国历史的时间序列(4282年),写他的世界历法的著作,"斯卡利杰关于中国的黄道十二宫的知识,是有把握的'宽松错置'。"⑤

黄道及其十二宫、十二星座都是中国对全人类的赠礼,现在都成了西方的知识产权。

---

①Philip Coppens: *Preparing for the New Age of Egypt*.
②Henry Hallam: *Introduction to the Literature of Europe*, Vol. 2, London, 1860, p.77.
③Donald F. Lach: *Asia in the Making of Europe*, Volume II: *A Century of Wonder*. Book 3, the University of Chicago Press, 1977, p.64.
④Donald F. Lach: *Asia in the Making of Europe*, Volume II: *A Century of Wonder*. Book 3, p.414.
⑤David B. Honey: *Incense at the Altar*, American Oriental Society, 2001, p.4.

第一编 西方中心历史的"中国模板"

夏尔马教授说:"(古代)中国人在科学上的进步是惊人的……在历法上,像埃及人一样,中国人同样发明了太阳历……他们知道一年包括 365 天……中国人在科学和数学上的发现已经被证明是至关重要的。"①

研究表明,古埃及的太阳历是基督教神职学者杜撰出来的。②还有它的曼涅托及其编年史、托勒密及其天文学与地理学、赫尔墨斯智慧,等等,统统都是不真实的。就像中国最早使用"零"而被西方学者剥夺了发明权一样,中国最早使用的阳历和《授时历》,也被西方张冠李戴、据为己有。后文将会阐明,"埃及文明"及历史基本上都是中国翻版。

我们在此指出,斯卡利杰—佩塔维斯主要是依据中国的资料和方法,不仅设计出西方的世界历史的编年系统,而且还设计了公元纪年和历法。

莫申斯卡夫妇说:斯卡利杰在其著述里"契合"中国资料(engagement with Chiese material)。③

斯卡利杰编辑了中国天文学,被认为是该领域的权威。④"斯卡利杰也直观地应用同余(≡)和中国剩余定理,确定《儒略历》年代的基准时间——公元前 4713 年 1 月 1 日,这成了他所有计算的一个方便的参考点。"⑤

耶稣会士佩塔维斯写了一本讨论中国历史长度的专著,书名叫《神圣与世俗世界历史的简明编年》(*The Abrege chronologique de l'histoire universelle sacree et profane*)。⑥顾名思义,也就是参照中国历史编年而修订神学编年。

学者指出:"圣经洪水"被中国的六十年循环(天干地支)和与《易经》相关的古图书所证明,这些时间吻合于佩塔维斯(Petavius/ Petau)所计算的拉丁文《圣经》。①

---

① Ram Nath Sharma, Rajendra K. Sharma: *Anthropology*, Delhi: APD Computer Grahpics, 1997, p.199.

② James Hastings: *A Dictionary of the Bible: Volume I* (Part II: D—Feasts), University Press of the Pacific, 2004, p.657.

③ Joe Moshenska, Joseph Moshenska: *Feeling Pleasures: Sense of Touch in Renaissance England*, p.298, note 42.

④ The Skeptical Inquirer, Committee for the Scientific Investigation of Claims of the Paranormal, p.285.

⑤ R. L. Reese, S. M. Everett, and E. D. Craun, The origin of the Julian Period, Amer. J. Phys. 49 (1981), 658—661.

⑥ Christopher Kelly: *Rousseau as Author: Consecrating One's Life to the Truth*, the University of Chicago Press, 2003, p.144—145.

欧洲的神职学者根据早先并不清晰的中国资讯，所设计的"圣经编年"和泛西方的历史都存在着严重的问题，所以不得不依照卫匡国的书和中国历法所确定的"中国标准"再作修正，从而"自圆其说"。

约翰·杰克逊（John Jackson，1686—1763年）在其所著《古代史编年》一书中，写道：所有这些周期和闰年都是从使用太阴年而来的……罗马人没有设置闰年……希腊人也没有……古埃及和迦勒底，他们使用太阳年，亦无闰年，只有五个闰日，置于年尾。……直到凭借太阴年来修正它们，从而才有了民用年与合法化。伟大的编年史家诸如斯卡利杰、佩塔维斯和乌雪（Ussher），乃至多德韦尔（Dodwell）……在处理古代循环和闰年时，都没有正确地考虑到。有关古希腊和罗马周期的全部的"知性书"包含了许多错误。

然而，以其极为精确的天文观察最早的古代，中国的编年史提供了卓越的范例（Chinese Annals afford a remarkable Example）。

最著名的中国帝王——尧，奠基于第一个天干地支周期的第41年，即基督前2338年，他在位时间是70年，即基督前2269年，他实行历法改革，修正太阴年（历），用适宜的闰期来吻合太阳年（历）。尧曾命两名天文学家叫羲氏、和氏（《书经·尧典》："乃命羲和，钦若昊天，历象日月星辰，敬授人时。"）。一年分为12个阴历月，先算出每个月是30天，然后计算出交替性的30天与29天，19年中有7个闰月；调整太阴年与太阳年为365天。

在如此早的时代，在天文学上算得如此准确，这是令人惊讶的……如果不了解它的历史背景，上述中国的情况是不可思议的。中国最早的帝王都是鼓励研究天文学的，上述记载出自最古老、最真实的《书经》……这段历史被记载于基督前2188年，是在亚伯拉罕诞生之前。②

16—18世纪中国正在促成西方"文明化"——摆脱"神权禁锢"，建立"俗世文明"。这个过程也包括从无到有的形成西方编年史、"基督纪元"及其历法（现代世界的时间序列），它们虽在表象上和形式上仍是宗教的——博采神话而凸显西方，但在实质上和内容上却是中国的——笃信人本而扩展现世。中国传统的编年史对西方起到了决定性与革命性的作用。

梁凤（Cécile Leung）教授写道：编年史是世纪性的问题……傅尔蒙（1683—

---

① Florence C. Hsia：*French Jesuits and the Mission to China*，University of Chicago，Department of History，1999，p.214.

② John Jackson：*Chronological Antiquities*，Vol. II，London，1752，p.65—66.

1745年)的著作是对欧洲编年史家的最好的总结。他综述了许多学者关于编年史的理论与成就,诸如斯卡利杰、佩塔维斯、牛顿……

傅尔蒙极为信赖中国历史记录的精确性,由此,他大胆地提出,最终要参照中国古代史来建立《圣经》的编年系统这一问题。中国古代史连续数世纪地冲击西方,终至伏尔泰宣称……"人们要么放弃神学编年,要么拒绝中国编年"……(引者按:布鲁教授说,伏尔泰强调运用中国年代学的重要性,它对于确立易犯错误的"圣经编年"具有里程碑的意义)。①

只要浏览一下在傅尔蒙之前两个世纪中被耶稣会士引进的中国编年史便可见一斑。在16世纪末,西班牙的门多萨(1545—1614年)……的《中华大帝国史》于1585年在罗马出版,上溯中国文明至公元前2550—2600年。该书从1585到1600年被以7种文字刊印了76次。它被蒙田在其论文中反复引用……接着,金尼阁(Nicolas Trigault,1577—1628年)1610—1614年在中国,然后带着利玛窦的笔记回到欧洲,于1615年在奥格斯堡发表。利玛窦把中国丝绸工艺追溯到公元前2636年……他从各个方面赞扬这个高度文明。另一个葡萄牙耶稣会士曾德昭(1586—1658年)……于1642年在马德里发表《大中国志》。葡萄牙耶稣会士安文思(Magalhães,1609—1677年)在华37年,1688年完成他的著作,20年后在欧洲发表……安文思公布中国的4020年中,有22个帝氏和236个帝王,伏羲是中国的创立者……尧的统治始于公元前2357年。……然而,最为持久地冲击欧洲心灵和学者的是……卫匡国(在华时间:1643—1650年,1659—1661年)……卫匡国带回的中国历史与地理的书,成为好几代欧洲学者的参考书。②

卫匡国本人坚信,中国历史及其文献记载的准确性,构成了其他任何民族都无法相比的标准。③他要揭开"圣经编年"的遮羞布,直截了当地"把欧洲的历史学置于可信的中国史学(资料)的基础之上"。④

剑桥大学教授周绍明(McDermott)和彼得·伯克指出:透过卫匡国的《中国上古史》(1658年),清晰的中国传统编年的信息回馈到欧洲,使西方学者对中国早

---

① Timothy Brook, Gregory Blue: *China and Historical Capitalism*, 68.
② Cécile Leung: *Etienne Fourmont(1683—1745)*, Leuven University Press, 2002, p.120—123.
③ Luís Saraiva: *Europe and China: Science and Arts in the 17th and 18th Centuries*, World Scientific Publishing, Co., 2013, p.72.
④ Sarah Knight, Stefan Tilg: *The Oxford Handbook of Neo-Latin*, Oxford University Press, 2015, p.566.

期历史的编年越发关切。传统上,以帝王统治为代表的中国年代,可准确地追溯至后来欧洲算法的公元前841年。中国的记录还包含诸多代久年湮的故事,例如大禹治水。西方"圣经学者"着迷地指望使用这个清晰的时间体系来为《旧约》中有关洪水的故事和别的早期事件做时间定位。①

(二)"西方公历"与《授时历》

古诗云:"唐尧授人时,妙用均造化。"

现代世界所使用的"公历"是《格里高利历》(1582年)。它是怎么来的?说是出自古罗马的《儒略历》。这实际上是不存在的!倒是斯卡利杰根据其所掌握的中国资料,造出来一个《儒略历》,而且在此过程中,他根本没有提及在此之前有一个《格里高利历》。那么,《格里高利历》从何而来?

如果《格里高利历》真是1582年问世的话,那么在其后的百年中,从斯卡利杰开始,众多的欧洲知识精英设计、修订和批评"圣经编年"和"古代文明编年"及其相关历法,就应该:A.参照《格里高利历》,而不是依靠中国历史的时间序列。B.聚焦于《格里高利历》,念兹在兹;而不是围绕着"中国标准",亦步亦趋。C.就会在编年史上有所共识,人同此心、心同此理;而不是时间观念的混乱,莫衷一是、各执一词。(最后是用中国时间加以调和、妥协)

元朝的《授时历》的精确度与"公历"《格里高利历》基本一致,而且比后者早300年,它在很久以前已经传到欧洲。那么,《授时历》是不是《格里高利历》或《儒略历》的原版呢?

唐纳德·沙普斯说:"哪一个历法是最精确的?最精确的古代历法起源于古代中国,它是十二年一循环,每一年用不同的动物命名。早在公元前5世纪,中国人建立的太阳年为365.2444天,每月是29.53059天,非常准确……"②

关于中国天文学对欧洲的影响,李约瑟指出:中国是文艺复兴以前……最系统、最精密的观测天象的国家。今天的射电天文学家为什么要以极大的兴趣去查阅2000年前的中国天象记录呢……太史院逐代转述并大量记录下天象……天空事件被仔细地记录下来。后代的史学家按惯例将资料系统地整理出来,使现代人受其赐……在17世纪,中国观念对欧洲有巨大的影响是有证据的……人们不会认为,中国人没有对那诞生现代科学的伽利略革命做出贡献……在中世纪,他们,

---

① Joseph P. McDermott, Peter Burke: *The Book Worlds of East Asia and Europe*, HK University Press, 2015, 1450—1850: Connections and Comparisons, p.259.

② Donald K. Sharpes: *Advanced Educational Foundations for Teachers*, NY: Routledge, 2002, p.213.

而且仅仅是他们对吸引现象进行了深刻的研究,这一知识通过彼得·马里孔特(郭守敬的同代人)传回欧洲,刺激了伽利略和开普勒去比拟重力和磁力的吸引,从而促进了牛顿的伟大综合。①

加拿大华裔历史学家王鹏翔为我们提供了中国历法《授时历》西传的线索。他认为,罗马教皇获得了中国的天文学成果,这是完全可能的。因为在中国,在改朝换代或皇帝继位之后不久,新皇帝都会尽可能通知"万国",并且赠予新的中国历法。(明朝有必要向前蒙古帝国及其影响范围,宣告"改正朔")恰好是"郑和下西洋",所以这是郑和及其随员的主要使命之一,即使访问最遥远的国家,也会这样做的。在这种情况下,中国特使访问佛罗伦萨时把明朝《大统历》给了教皇。②(按:《大统历》即明朝版的《授时历》,略微改变)。

当然,西方人也可以从别的途径得到明朝赠给他国的历法。我们认为先前元广泛交往西边各国,教皇也派了多个使团到元大都(汗八里),因而取代元朝的明朝,就很有必要通告所有与元朝交往过的各方"已改正朔"。这或许就是"郑和下西洋"的真正原因。梵蒂冈的汉文藏书包括"历法格物穷理书目",有几十种图书。

孟席斯诠释和补充王鹏翔的"教皇与古代中国"的研究,如下:

郑和船队作为礼物送给外国首领的《授时历》,就是在郭守敬开创性的工作基础上制定出来的,其中包含经过上千次天文观测得到的大量天文数据。这部历法能够使人提前几年预测日月食和彗星的出现时间,以及日升日落、月出月没的时间,还包括太阳和月亮相对于恒星以及彼此间的相对位置的内容,包括行星之于恒星、太阳和月亮相对位置的内容。这些调整使得人们能够计算出地球上任何一地的日出日落和月出月没的时间……历法使人们能够用太阳时间和恒星时间之间的细小差别计算经度,也能通过月食来计算经度,还能通过月亮和指定恒星或行星之间形成的角距来计算……

王鹏翔已经发现了给郑和船队引航的具体的恒星。我们可以把这些恒星设定到"星夜"这个计算机程序中,来算出郑和的船队从印度的马拉巴海岸途经印度洋驶往开罗的日期。我们也可以拿这些恒星与现存于剑桥大学佩皮斯图书馆的郑和的航海表以及1408年历书上的恒星相对比……

因此,郑和才能够给欧洲人提供……地图、导航工具和一部天文历法。向他们提供了这些具有革新意义的知识后,这些"野蛮人"才能够带着适当的"敬顺"来到

---

① *Clerks and Craftsmen in China and the West*, Cambridge University Press, 1970, p.5.
② The Papacy and Ancient China by Tai Peng Wang.

中国。①

那么，西方这个"公历"——以教皇格里高利十三世命名的《格里高利历》（1582年）——又是怎么来的呢？

通常的说法是，《格里高利历》是文艺复兴学者对古罗马《儒略历》加以改革而形成的。《儒略历》是用罗马共和国独裁官儒略·恺撒（尤利乌斯·恺撒）来命名的。让我们来对其解构，查清真伪。

马克·萨莫斯说，斯卡利杰"《时间校正篇》（1583年）和《年代学宝典》（1606年）以重建众多的古代历法而著名……这些著作令人信服地为现代历史学方法打下了基础，因为它们提供了可靠的和启迪性的参考资料，从苏美尔和中国文献到……哥白尼的天文观察"②。这段话可以理解为，在16—17世纪之交，斯卡利杰参考包括中国文献在内的大量资料（"苏美尔"是不可能的），来重建"古代历法"，从而奠基了现代西方的历史学。

然而，斯卡利杰是怎样对待1582年问世的《格里高利历》和"古罗马"的《儒略历》的呢？从中可以看出疑点。分析如下：

第一，作为西方历法的"集大成者"，斯卡利杰为什么没有参考《格里高利历》？西方学者的理由是：因为斯卡利杰是新教徒，厌恶罗马天主教的东西。③但这是说不通的，因为斯卡利杰采用了多明我会的安尼乌斯（Viterbo）伪造的曼涅托"埃及史"和波洛修斯"巴比伦史"，而多明我会则是参与罗马教皇迫害新教的。

这就令人怀疑《格里高利历》产生的时间。难怪有不少西方学者提出质疑，诸如："调查《格里高利历》的起源"④；"1582年格里高利的历法改革这件事，是不存在的"⑤；"《格里高利历》是一个科学的骗局"⑥。

第二，蹊跷的是，斯卡利杰自己"发明"了一个"儒略历"。西方学者解释说，这是用他父亲的名字儒略·恺撒·斯卡利杰（Julius Caesar Scaliger）——与古罗马的恺撒同名。又说，斯卡利杰发明的是"儒略时间"（The Julian Period），而与古罗马《儒略历》是两回事。例如，英国学者盖许维奇说，现代编年史采用"《儒略历》计时"，是

---

① 孟席斯：《1434》，第34—35页。
② Mark Somos: *Secularisation and the Leiden Circle*, Leiden: Brill, 2011, p.49.
③ The Julian Period, www.pauahtun.org/Calendar/julian_period.html
④ THE PHANTOM TIME HYPOTHESIS, www.damninteresting.com/the-phantom-time-hypothesis/
⑤ http://www.theflatearthsociety.org/forum/index.php?topic=65798.0#.VvFUzPlmSlV
⑥ N. Eliopoulos: *Jugoslavia and World Peace*, Writers Club Press, 2002, p.151.

斯卡利杰制作的,以他的父亲儒略·恺撒·斯卡利杰命名的。①《开源数据库》称:"……中国的历法可上溯于公元前14世纪。据说黄帝于公元前2637年发明了历法……'《儒略历》日期系统'是法国学者约瑟夫·斯卡利杰发明的,大概是取名于他的父亲儒略·恺撒·斯卡利杰(Julius Caesar Scaliger,1484—1558年)。"②

然而,斯卡利杰在其所著《时间校正篇》中明明说的是《儒略历》(*The Julian Calendar*)。③而且,他就是要"重建"古罗马的《儒略历》,这与他伪造古罗马的历史是相辅而行的。例如他说:"《儒略历》……使文化领域的胜利比罗马在陆上和海上的胜利更能持续久远。"④实际上古罗马的《儒略历》是不存在的,而古罗马本身及恺撒则都是杜撰出来的。⑤这就是说,所谓的"古罗马《儒略历》"就是斯卡利杰"发明"的这个。如果还有第二个《儒略历》的话,那就是由它衍变出来的。

在1582年之前,西方根本没有历史,也不存在任何真实的历史记录,哪来《儒略历》?⑥欧洲人知道设计航海图和经度、纬度都是很晚的事,他们怎能首创这么一个"弥纶天地、知周万物"的历法呢?雷诺·莫里厄说:"直到文艺复兴时期,北欧的航海者不知道航海图……法国第一个基于经纬度的天文学观察的航海图是在1693年问世的。"⑦

表解 利用"名字错觉"衍变为"古人所做",从而证明"古代"编年和历法

真的人物和时间	假的人物和时间	支持被伪造的历史和时间
Julius Caesar Scaliger 儒略·恺撒·斯卡利杰 (1484—1558年)	→ Julius Caesar 儒略·恺撒 (100—44年/公元前) →	把近代早期伪造的《儒略历》说成是古罗马时代的"儒略·恺撒"创造的历法。
Joseph J. Scaliger 约瑟夫·J.斯卡利杰 (1540—1609年)	→ T. F. Josephus 约瑟夫斯 (37—100年) →	用伪造的"约瑟夫斯"来证明耶稣是1世纪的人,从而证明"公元元年"这一历史和时间。
Dionysius Petavius 狄奥尼修斯·佩塔维斯 (1583—1652年)	→ Dionysius Exiguus 狄奥尼修斯·伊希格斯 (470—544年) →	把17世纪伪造的"公元纪年"说成是在1000多年前由"狄奥尼修斯·伊希格斯"创造的。

---

① I. Gershevitch: *The Cambridge History of Iran*, Vol. 2, p.765, n.2.
② Postgresql Global Development Group: *PostgreSQL 9.0 Official Documentation – Volume V*. 2011, p.206.
③ The Julian Period, www.pauahtun.org/Calendar/julian_period.html
④ Sacha Stern: *Calendars in Antiquity*, Oxford University Press, p.217.
⑤ THE CHRONOLOGY ISSUE, www.bookmasters.com/marktplc/01098.htm
⑥ A. T. Fomenko: *History, Fiction Or Science?* p.xv.
⑦ Renaud Morieux: *The Channel*, Cambridge University Press, 2016, p.98.

进一步问：既然古罗马的《儒略历》不存在，那么《格里高利历》是从哪里来的呢？而《授时历》这个在世界历史上最精确的，与现代"公历"基本一致的中国历法，难道不是《格里高利历》的"原版"吗？

我们再来看《授时历》。倘若没有一个既大且久的文明和发达的科技与文化，以及雄厚的经济基础，根本不可能产生这样的历法。就像本书第四、五章所阐明的，欧洲在近代以前，不论是中古，还是上古，都基本上不用文字，经济原始，处于部落状态，真正的科技发明一个也没有，它怎么会产生一个全球通用的历法呢？

《授时历》的精准和效用皆与现代公历相同，而且早300年，这难道不是公历的原创和首创吗？《授时历》集大成于中华文明几千年的历法、天文、地理和相关科技的理论与实际，它被用于"世界联通、全球天下"则是顺理成章、相辅而行的。赠予世界，今受其赐！唐诗云："采得百花成蜜后，为谁辛苦为谁甜？"

《授时历》这个中国对世界的最大赠礼之一，到头来怎么会屈居于"从天而降"的西洋历法之下，遥望"公历"而独自愁眠呢？

我们来浏览一下《中文百科》所讲述的《授时历》是如何形成的：①

《授时历》为元朝至元十八年（1281年）实施……它运用弧矢割圆术解决黄经与赤经、赤纬的换算，运用招差法推算日、月、行星的运行度数，测算出一月为29.530593日，一年为365.2425天，和现在世界通行的公历的一周年时间相同，比现行公历的确定早300年。

《授时历》是在继承发展前人的天文历法成果的基础上，经过集体的实践编创而成的。许衡、王恂、郭守敬、杨恭懿等历经5年，遍考包括秦以前的《古六历》，西汉《太初历》（《三统历》），东汉《四分历》、《乾象历》，东晋《三纪甲子历》，南北朝《元嘉历》、《大明历》，隋《皇极历》，唐《戊寅元历》、《麟德历》、《太衍历》、《宣明历》，北宋《纪元历》，金《大明历》，南宋《统天历》在内的历书四十多部，昼夜测验，参以古制，创立新法，"所考正者凡七事"，"所创法凡五事"，始成《授时历》。除了许衡、王恂、郭守敬、杨恭懿外，尚有南北日官陈鼎臣、邓元麟、毛鹏翼、刘臣渊、王素、岳铉、高敬等参与具体工作，在行政领导上，左丞张文谦、枢密院副使张易、太史令王恂功不可没……

郭守敬（1231—1316年），中国元代的大天文学家、数学家、水利专家和仪器制造家，字若思，顺德邢台（今河北邢台）人。生于元太宗三年，卒于元仁宗延祐

---

①中文百科在线，http://m.zwbk.org/lemma/126774

三年。

郭守敬幼承祖父郭荣家学，攻研天文、算学、水利。至元十三年（1276年）元世祖忽必烈攻下南宋首都临安，在统一前夕，命令制订新历法，由张文谦等主持成立新的治历机构太史局。太史局由王恂负责，郭守敬辅助。在学术上则王恂主推算，郭主制仪和观测。

至元十五年（或十六年），太史局改称太史院，王恂任太史令，郭守敬为同知太史院事，建立天文台。当时，有杨恭懿等来参与共事。经过四年努力，终于在至元十七年编出新历，经忽必烈定名为《授时历》（取名于"敬授人时"——《书经·尧典》曰："乃命羲和，钦若昊天，历象日月星辰，敬授人时。"）。

郭守敬为修历而设计和监制的新仪器有：简仪、高表、候极仪、浑天象、玲珑仪、仰仪、立运仪、证理仪、景符、窥几、日月食仪以及星晷定时仪12种。在大都（今北京），郭守敬通过三年半约二百次的晷影测量，定出至元十四年到十七年的冬至时刻。他又结合历史上的可靠资料加以推算，得出一回归年的长度为365.2425日。这个值同现今世界上通用的公历值一样。它的精确度只比地球绕太阳公转一周的时间差了26秒，和现在通用的公历《格里高利历》一年的长度一模一样，但是它比《格里高利历》早了300年。这真是一项了不起的伟大成就。

综上所述，我们可以这样推断"公历、公元"的缘起：斯卡利杰除了掌握中国历史年表之外，还掌握了《授时历》或以它为核心的中国历法和天文知识，以及编年时序与天干地支（计算方法），由此编造出来《儒略历》（改变一下起始日期而已），它就是"古罗马《儒略历》"，或是其原型。

进而基于《儒略历》的"公历"——《格里高利历》——又是什么时候出现的呢？那应该是在斯卡利杰的门徒佩塔维斯根据中国的相关资料编造出"公元"（公元前）之后，即在17世纪中叶以后，《格里高利历》才出现（被冠名于先前的教皇"格里高利"）。欧洲各国通用它是在18世纪中叶以后。①

（三）哥白尼革命与《授时历》

鉴于托勒密《天文学大成》是伪造的，所以包括该书在内的近代早期的西方所有的相关成就，都不能不是来自中国的，都是《授时历》的"爆炸性效应"。它们包括哥白尼的日心说、《格里高利历》和斯卡利杰所设计的"古代历法"。

科学史不在其自身，它倚靠"尽精微而致广大"的道的智慧和亘古文明，若无

---

① Brian Nugent: *A Guide to the 18th Century Land Records in the Irish*, Corstown, 2013, p.31.

后两者,纵然把"科学传统"说得天花乱坠(例如古希腊),那只能是子虚乌有。在1492年之后,全球已被打通,有着极大的"生态缓冲",所以,科学能够"独当一面"。而在之前,人与自然是生命攸关,动辄自毁家园,所以科学必需"因道而生、遵道而行"。

以下是董并生所写《哥白尼"日心说"来源于中国》[①]的节录:

按照孟席斯的说法,"哥白尼革命"应该改为"郭守敬革命"。

哥白尼的理论直接来自雷乔蒙塔纳斯(Regiomontanus),而雷乔蒙塔纳斯的天文学知识则源于中国元朝郭守敬的《授时历》。

哥白尼认为,"地球每天绕自己的轴自转,每年绕静止的太阳公转",这是雷乔蒙塔纳斯书中的话。芝加哥大学教授诺埃尔·斯瓦德罗的研究论文《哥白尼行星理论初稿与起源》称……大约从1504年起,哥白尼已在波隆那获得雷乔蒙塔纳斯的《星历表》和《天文学概要》……之后,哥白尼采用雷乔蒙塔纳斯的《概要》第十一卷,其中包含导致哥白尼的革命性理论的分析。

比较郑和的《星历表》与雷乔蒙塔纳斯的《星历表》,我们可以大概了解到雷乔蒙塔纳斯透过托斯卡内利(而不是希腊天文学家),从中国人那儿继承的一部分东西。……青纳等人宣称,雷乔蒙塔纳斯的《星历表》是使用经过观测后修正的阿方索星表的结果。如果雷乔蒙塔纳斯的《星历表》根据阿方索星表,那么,它们将无法测定太阳、月球和行星的位置,也少了足够的精确度来预测日月食乃至经度。因为阿方索星表是奠基于一个完全错误的宇宙体系,它把地球当成宇宙的中心,行星绕地球转动。

雷乔蒙塔纳斯很了解,用旧的阿方索星表是无益的。他在自己的1475—1531年历书中指出,阿方索星表里的1475—1531年的56年间,有30年的复活节(在天主教教会里最重要的一天)的日期是错误的……

郑和的《星历表》则是以郭守敬为基础……在雷乔蒙塔纳斯去世后多年,哥伦布、韦斯普奇等人真的利用雷乔蒙塔纳斯的《星历表》来预测日月食、纬度和经度……雷乔蒙塔纳斯一定从托斯卡内利那儿获得他的资料……

自1474年雷乔蒙塔纳斯的《星历表》出版后,欧洲人首次可以计算纬度和经度,知道他们在海上的位置,到达新世界,精确地将它标示在图上,并且安全地返回家园——这是一场海洋探险的革命。

---

① 该文是董并生的读书笔记,载于董并生新浪博客。

中国的天文学才是欧洲近代天文学的基础。欧洲近代天文学的来源既不是古希腊,也不是托勒密。

正如在1434年之后,亚里士多德—托勒密的宇宙规范被束之高阁。郭守敬的赤基黄道仪——欧洲现代仪器如天文罗盘的先驱——至今尚存于世。从那时开始,欧洲天文学家就仿效中国的方法。

1434年《授时历》传入欧洲,经过百余年的发酵,到1543年由哥白尼"发扬光大"于《天体运行论》,对欧洲的神学体系产生了巨大冲击。

从文艺复兴之"人文主义"开始,欧洲人的世界观和方法论,无不打上中国烙印。达·芬奇绘制的大量"机械制图"和提出的"机械原理",都是源于中国元代的《农书》,后者在天文、物理、光学、数学、医学、建筑、军事、水利、地质学、生物学等领域,对近代科学的形成产生重大影响。哥白尼的"日心说"源于中国元朝的《授时历》,对于西方宇宙观的影响既深且久。

第三章 查究无中生有的"辨神论"

一、中国历史学变成"敲门砖"

(一)两百年"临摹"中国通史

如果没有绵延终古的中华文明及其"周期律",哪来历史和历史学!按照科学史家克龙比的研究,在近代以前的数千年里,只是中国具有时间概念和发展观念,因而具有历史感和历史记录。在埃及、巴比伦、印度和中世纪欧洲,它们的知识则都是神话或"启示",因而不包含理性的进步观念。①

如前所述,今日西方的世界历史,都是在近代早期模仿华夏的基础上发展出来的。这好比与此同时的欧美政治之模仿华夏,其他方面亦复如是。从慕华的魁奈到仇华的黑格尔,均认同中国传统政治是西方建国立宪的模范。②

在东西方之"因缘汇聚"的历史背景下,西方的神职学者们就把中国的编年史作为蓝本,从事"历史学的创世纪",充实《圣经》的未知领域,并且开发出希腊、罗马、埃及、巴比伦和波斯等"编年史"。

历史学家伍尔夫指出:利玛窦……获得了明朝的标准历史,被铭记为跨越中国与西方文化之鸿沟……在历史学上是双重绑定(double bind)……中国(历史)记录被语言学家——诸如斯卡利杰,不仅用来协调《圣经》,而且用来协调那些古代王国的新编年史。(Reconciling chinese records not only with the bible, but also with the new chronology by philologists such as Scaliger.)

……卫匡国于 1658 年发表的《中国上古史》,(它使欧洲学者能够)用中国远

---

① A. C. Crombie: *Science, Optics, and Music in Medieval and Early Modern Thought*, p.23.
② Thomas H. C. Lee: *China and Europe: Images and Influences*, Chinese Uuiversity Press, 1991, p.75. / 黑格尔:《历史哲学》,第 117 页。

古帝王伏羲来定位欧洲编年,那是公元前3000年的早期。别的可做定位的中国帝王,分别对应于亚当、诺亚和其他的洪水前的人物……尧被定位于诺亚洪水。①

这段引文中所说的"古代王国的新编年史",是指古代埃及、美索不达米亚、波斯、希腊和罗马等。这就是说,作为西方版世界历史雏形的"斯卡利杰编年",是以中国历史及其朝代帝王年表为其"脚本"的。

历史学在往昔中国是古今纪实,殷鉴将来,而它传到西方则变质了——服务于塑造谱系和宰制世界!

斯卡利杰是"创造历史"的集大成者。他不仅汇总了杜撰的神学故事,用其充实历史,而且还把他那个时代所发生的事,写成是古代的。②

在斯卡利杰之后,欧洲学术界有着长时间的"编年史热"(The fever of chronology)。耶稣会士尤为积极,其中有法国人佩塔维斯和意大利天文学家里奇奥利(Giovanni Battista Riccioli,1598—1671年)。在新教中有……英国作家约翰·玛夏姆(John Marsham,1602—1685年)和荷兰人文主义者老福修斯(Gerardus Joannes Vossius,1577—1649年),他们的事业被……中国编年文献所支持。③

从斯卡利杰开始,16世纪末至18世纪末的200年中,好几代西方的"编年史家",坚持不懈地参照中国历史及其朝代帝王的时间序列,设计、修正和调整他们基于《圣经》的历史学——西方版的世界历史。有关中国的资料主要来自门多萨、利玛窦、卫匡国和杜赫德等人的著述,从相对粗糙到比较精确,随之而来的是,西方的"历史学的创世纪"由草创而臻于"完备"。

荷兰莱顿的东方学家写道:1659年,艾萨克·福修斯(Isaac Vossius,1618—1689年)使他自己成为风暴的中心,这个风暴是因编年史而起的。……裴瑞尔斯(LaPeyrere,1596—1676年)著书《亚当之前的人类》……称,迦勒底(两河)和埃及文明是最早的……福修斯说,真正的历史已从上帝洪水和上帝化身之间解脱出来……迦勒底人与埃及人是在沙滩上被制作成为"伟大的古代"。

人们应在神学框架中发现"余地",从而最兴奋地增加……真实历史,那就是耶稣会士卫匡国(1614—1661年)所发表的中国帝王的编年史。

(被折服的)裴瑞尔斯及其追随者引用这个"极为精确的"的中国王朝编年,作为他们观点的证据(支撑古埃及和两河史)。然而,自从门多萨于1586年发表《中

---

① Daniel Woolf: *A Global History of History*, Cambridge University Press, 2011, p.206—207.
② A. Fomenko: *History: Fiction or Science? Chronology 1*, Mithec, 2006, p.1 and 112.
③ Pascal Richet: *A Natural History of Time*, University of Chicago Press, 2007, p.47.

华大帝国史》,他们所了解的中国记录已经是第三波了。新的(卫匡国版)中国编年史更为悠久,福修斯坚持它是信史,这是世界上有记载的最老的文明,它有一个持续的文字记载的传统,记录了4500年的历史,比摩西更早!①

直到18世纪早期,法国科学院仍在争论"新发现的中国历史怎样与《旧约》的时间框架变通"。1744年,神父芬特努(Fontenu)确信,摩西在编年史上与中国资料完美吻合。法国的这场经年累月的争论的结果是"……'创世纪'和巴别塔的时间在18世纪末被放弃,但大洪水的'精确年代'则在19世纪被确定"。②

如果说16世纪末至17世纪中叶,斯卡利杰·佩塔维斯利用中国朝代年表来重建"圣经编年"和设计西方历史及"公元纪元"。那么,17世纪下半期至18世纪下半期,欧洲学者在反宗教和俗世化的同时,越过神学直接参照中国的时间轴线和历史坐标。

美国汉学家卫思韩(John E. Wills Jr)写道:法国耶稣会士宋君荣(Gaubil, Antoine, 1689—1759年)于1723年4月到达北京……(这位)18世纪最伟大的欧洲汉语言学家……被路易十五任命为皇家数学家……1751年,伦敦皇家科学院授予他荣誉会员,表彰他提供有关中国科学的信息。他比较"圣经编年"与中国历史,详细分析天文学资料,扩大了法国学者在此方面的辩论领域。这部著作为欧洲全面接受中国编年(标准)奠定了基础。③

在宋君荣之前,法国质疑宗教和历史的气氛中,尼古拉·弗雷烈(Nicolas Freret, 1688—1749年)首先"接受中国历史和编年作为可信的历史资料"。④

(二)都是重复中华文明的历史

历史成为传奇,传奇成为神话。2500年来这样循环承袭所有的知识。(History became legend. Legend became myth. And for two and a half thousand years, the ring? passed out of all knowledge.)——托尔金(J.R.R. Tolkien, 英国作家)

通行于今的世界历史,是以西方的宗教神话为纲目而编织起来的。它以"创世

---

① Eric Jorink, Dirk van Miert: *Isaac Vossius (1618—1689) Between Science and Scholarship*, p.43—45.
② Peter G. Bietenholz: *Historia and Fabula*, Brill, 1994, p.243—244.
③ John E. Wills, Jr: *China and Maritime Europe, 1500—1800*, p.170—171.
④ Basil Guy: *The French image of China before and after Voltaire Institut et Musée Voltaire*, 1963, p.68

纪"的时间概念为"纲",以神话的事件及其发生日期为"目"。

重申一下,在西方历史学草创阶段的16—17世纪,"神职学者是基于《圣经》历史学来构建他们的世界编年史的。"①确切地说,西方的世界历史的框架是在"圣经编年"与中国历史年表、神学与科学的双重磨合中成型的,而与各民族、各地区的真实的过去都是毫无关系的。斯卡利杰也是西方的"科学的历史学"的奠基人。什么是"科学的历史学"?是学者们运用"科学的"计算方法和天文学资料来逻辑推断和主观设定编年史,这与各民族的真实的过往(人物、时间、空间)并无有机联系。《剑桥中东和北非百科全书》就是一个例子"——威廉·波尔克揭露——"……八十二个学者参与撰写,而当地居民诸如黎巴嫩人、叙利亚人、以色列人、亚述人和埃及人则连根切断……他们自己的历史被抑制,其文物也被系统地摧毁。"②

一言以蔽之,近代西方的"编年史家"把脱离实际的"历史"玩于股掌之中!就像两位学者卡普和萨克利夫介绍牛顿的"史学创新"时,所披露的情况:

牛顿也接受"圣经编年"的主导地位,从未想过诋毁它,在这方面,他是一个宗教传统主义者。牛顿和他同时代的人争论如何进行年代学和天文学的计算,都是为了佐证"圣经编年"。他颇有成效地使用天文学计算来证明和建立时间体系,他并非第一个这样做的。(例如斯卡利杰和别的前辈)通过天文学的计算,牛顿尽力铲除所有的(胡编乱造的)"异教编年史"(pagan chronologies),包括有争议的古希腊的。③

牛顿以"圣经编年"为轴线,逐个对照同期每个编年史(时间),也包括中国的,它被耶稣会士展示给欧洲。牛顿……力图把"圣经编年"的主导地位置于历史的可信性之上。他指责有关埃及、巴比伦、希腊和别的编年史家,企图以伪造历史来证明它们的古代(文明)。④

"圣经编年"是在牛顿之前的一个世纪里被斯卡利杰等人模仿中国年表而炮制出来的。直到牛顿之后有两个世纪"圣经编年"都在参照中国历史,作修改并彼此磨合。

"'圣经编年'备受质疑只是在下一代人,随着自然神的降临……"⑤即到18世

---

① Jonathan Karp, Adam Sutcliff: *Philosemitism in History*, 1, p.57.
② Falsification and Distortion of History by POLK, William R., 1991
③ Jonathan Karp, Adam Sutcliff: *Philosemitism in History*, 1, p.58.
④ Jonathan Karp, Adam Sutcliff: *Philosemitism in History*, 1, p.58.
⑤ Jonathan Karp, Adam Sutcliff: *Philosemitism in History*, 1, p.58.

纪,欧洲启蒙思想家们援引中国文化与历史否定基督教及其编年。"在孔子和儒家那里,伏尔泰看到了理想的自然神和自然神主义。"①

虽然在儒家的影响下,欧洲的神权禁锢被打碎,基督教也退出了西方的政治舞台,但"圣经编年"不仅有惊无险,而且到19世纪更荣升为"西方中心论的世界编年"——神职学者斯卡利杰被奉为"现代历史学之父"。

然而不管怎么说,就像学者们所批评的,"创世纪"乃至《旧约》和《新约》,以及耶稣诞辰,都是被中世纪的教士们所编纂出来的。虽然它们本身极具启示价值,但其"历史"却被极少数神职学者极尽夸张之能事:其时间被提前了千百年,其覆盖的空间被扩大了千万里!美国圣母大学教授埃尔南德斯在其所著《最伟大的伪造:基督教神话……》一书中,写道:

"摩西,谣传的所有的人与事的发明者和导师,使希腊变成了伟大的文明。他犹如(幽灵),不可见、不可听地穿过历史的年轮。总之,从历史上看,这个偶像被合理地置于现实世界之中……

"(中世纪)基督教学者不希望看到这些神话仅是虚构故事,他们要把虚构故事变成真正的历史,把"耶稣传闻"变成真正的历史。"②

如前所述,西方神职学者于16—18世纪,模仿中国历史而设计出来历史时间之"纲目"(圣经编年),然后再衍变为泛世界与国别性的诸多编年序列。它发轫于为数不多的中古"识字精英",然后主要是神职学者在文艺复兴期间和其后,拥抱来自东方的"知识爆炸"。由此,重写、改写"神话",并且延伸到"未知领域"与"异教文明",尽量包揽最大最久的时空,以确保西方宗教或俗世的中心地位。如此"历史纲目"齐备之后,再以"卷帙浩繁、浩如烟海"加以充实,以"科学方法、科学考古"加以证明。

这位"现代历史学之父"——16—17世纪之交的神职学者斯卡利杰,开创性地用《圣经》来包容新发现的基督教之外的时间与空间!

编年史是被斯卡利杰制造出来的(The chronology was largely manufactured by J. J. Scaliger),没有任何合理性。③

---

①Dongshin Chang: *Epresenting China on the Historical London Stage*, NY: Routledge, 2015, p.75.

②David Hernandez: *The Greatest Story Ever Forged: Curse of the Christ Myth*, Red Lead Press, 2009, p.31 and p.320.

③https://en.wikipedia.org/wiki/New_Chronology_(Fomenko)

斯卡利杰最早设定埃及王朝的编年,在今天它的大部分被公认是"正确"的,但在他自己的那个时代却几乎不被学者所接受。①

英国数学家与编年史家查尔斯·海耶斯(Charles Hayes,1678—1760年)对于中国与西方的时间线,以及"圣经编年"与"异教编年"进行了全面的"综合平衡",仿佛是要大功告成于西方的"历史学的创世纪"——"神话变为历史"!对此,约翰·艾金(John Aikin,1747—1822年)写道:1741年,海耶斯发表关于"七十士版本的编年史"的专论,阐明"迄今为止,迦勒底(巴比伦)和埃及的古代被认为是美妙的(寓言般的)(Chaldean and Egyptian Antiquities esteemed fabulous),它们与最古老的圣经版本的计算是完全一致的。"在这篇文章中,他充分考虑了主教的纪年和希伯来、约瑟夫斯与七十士版本的变通……1747年,海耶斯为其专论增加了补充材料,包含了完整的系列。从(希腊神话)伊那库斯(Inachus)到阿尔戈斯和雅典的王国,从中国的伏羲到耶稣诞生……所有这些民族的编年史与七十士版本《圣经》完全一致。②

16—18世纪,在西方编年史的草创阶段,大体上是"中国中心"。它是西方学者复制西方史及国别史的蓝本与标准,虽然是倾向于"反客为主、离奇夸张",但那时则是"邪不压正、隐恶扬善"!例如,斯卡利杰伪造"埃及文明",并说它是最古老的,这很难被其同仁所接受,故而难免被"群起而攻之"。直到19世纪中叶,即西方中心论与帝国主义横行之际,历史学才"翻了天"——中国文明及历史的"开辟与中心的地位"才逐渐被否定。

近现代西方的历史及历史学兴起的背景是中国文化与科技的传播和中国人的"地理大发现"③,从而令中华文明激活了遥远的"边缘"。《中庸》云:"今天下,书同文、车同轨、行同伦。"——历史暂时走向了反面,世界已联通,"化外之邦"都按照东方文明的模样,来书写争奇斗艳的新篇章。唐诗云:"草树知春不久归,百般红紫斗芳菲。"

西方援引中华文明来实践它自己的"创世纪"——创造新文明与古历史!

---

① Rens Bod: *A New History of the Humanities*, Oxford University Press, 2013, p.170.
② *General biography; or, Lives, critical and historical*, Vol. 5, London: 1804, p.84.
③ 英国电讯报的文章称:"二十三个国家可能需要重写它们的历史书,因为根据新发现的证据,到15世纪的中期为止,中国人已经发现大部分的世界(早于哥伦布发现美洲七十二年)。"Explorer from China who 'beat Columbus to America', By Elizabeth Grice, Sunday 27 December 2015, The Telegraph. 另见,科学网:《李兆良先生的"明代地理大发现"》。

在斯卡利杰死后的两百多年中,他所设计的"世界历史"的体系,很难被大多数西方学者所认同,甚至沦为口诛笔伐的对象。只是到 19 世纪,即在西方中心论与帝国主义列强猖獗的时代,"斯卡利杰历史学"才被迎接到主流西方的殿堂上。

关于 17—18 世纪西方学者批评斯卡利杰之流虚构历史的情况,保罗·罗西教授总结道:普里厄(Le Prieur)说:"我们编年史和事件顺序……所有发生的都是混沌的和隐秘的。"瓦罗(varro)说……在那个不确定的时代,不存在历史事实,而只是童话和寓言——人变成英雄和巨灵,是用神秘和神话的形式来描绘的。……乌昔努斯(Johannes Heinrich Ursinus,1608—1667 年)……指责赫尔墨斯智慧是假的。他说:"任何人被告知透特神(Thoth)是真的,那就等于让他相信关于(古埃及)国王、神和半神,统治埃及的时间是无限长,相信这类废话都是真的。不仅希腊人,诸如雅典人和阿尔戈斯人,被争辩说成是很古老的;而且野蛮人,诸如弗里吉亚人、埃塞俄比亚人人、西徐亚人,也是如此。希腊的雅典人不仅光耀本土,而且也照亮意大利的阿波里吉尼、西班牙的图特塔诺和高卢的勃艮第。"

这些民族的"极为古老"都是基于虚构的、不可信的资料。在《圣经》所讲述的历史之前,这些民族竟有千万年不包含真实事件的历史,简直就是浮夸……(西方)艺术、发明和科学都不是遥远的起源,而是最近的获得。(Art, inventions and sciences were not of remote origin, but were recent acquisitions.)古埃及……在其被幻想的"智慧"的背后,是粗糙和原始的民族,所谓的"古老文明"是被美化的。普里厄(Le Prieur)在 1665 年说……"丧失判断力,斯卡利杰……把埃及和亚述置于诺亚洪水之前!"

伊萨克·福修斯……区分真正的历史与想象的历史。在 1659 年的专论中,他指出迦勒底(巴比伦、苏美尔)在年代上是被夸大了,埃及……的年代序列被填满各种神魔。福修斯又说,曼涅托是基于凭空想象来构建古埃及——邪恶的念头拓展其无穷的古代。另一方面,他介绍中国古代,说它的历史对神话已有正确考虑(超越)……

(然而)拉·裴瑞尔斯宁愿相信埃及、迦勒底和希腊的虚构的传统……是要按照《创世纪》的前十一章来虚构(历史)……

伯内特(Thomas Burnet)……显示埃及、腓尼基、迦勒底、希腊和罗马等的虚构的起源……

莱德克(Melchior Lydekker)写了上百篇文章,证明最早的古代全是虚构的……"虽然斯卡利杰明知许多古埃及王朝是被发明的,他却致力于消化曼涅托的神话。"

马尔蒂亚奈（Jam Martianay）在 1693 年宣称，古埃及历史是虚构的……

牛顿试图修正错误的古代王国的编年史……（他说）迦勒底、亚述和希腊等都被置于比真实情况更古的时间……埃及王朝被增加了几千年。"古代历史是不准确的，通常是想象出来的，充满了诗意般的虚构。"

曼努埃尔（Frank Manuel）也说……"埃及和迦勒底的'古代'被提早了几千年……亚述王朝较之其真实历史被前推了 1400 年，希腊人和拉丁人（历史）……也超过其实际情况。"

批评基于曼涅托的埃及编年史和波洛修斯的迦勒底—巴比伦的编年史，是屡见不鲜的，在许多著作中都能发现……戈盖（Antoine Yves Goguet）说……"埃及，美妙的古代制造者（杰作）……只是现代时间提供了最高卓、最健全的'古代'，以展示古埃及和巴比伦往昔的千年。"

在 1775 年《百科全书》的"历史"条目中，伏尔泰参考了这些民族荒谬的起源和腓尼基与埃及编年史的"奇迹"；他指出，它们那都是在重申绵延不绝的中华民族的历史，她才是全人类最古老的、存活至今的民族！（Reaffirming the continuity of the history of the Chinese nation, the most ancient of all the peoples who remain until today.）①

（三）西方历史学的"中国传统"

卫匡国的《中国历史十卷》（*Sinicae historiae decas prima*, 1658）是作为首次尝试，把欧洲历史学置于可靠的中国史料的基础之上，是作为证据表明中国历史的最早记录比"圣经编年"更为悠久。②

伏尔泰断言，世界历史不是开始于"创世纪"，而是开始于中国的编年史；是在远东，而非其他地方，首先有了历史。文化从中国向西运动，穿过印度和中东，最后到达希伯来，从而出现了基督教。③

关于中国历史对西方历史学的决定性的影响，布鲁教授写道："创世纪"对人类起源的解释……在遭遇《圣经》之外的民族的编年史时，受到了质疑。（拉赫教授说："欧洲的编年史之父约瑟夫·斯卡利杰即受到亚洲历史和语言研究的启发，而他的著述强烈地影响了后代史家……"）正如克利（Edwin Van Kley, 1931—2002 年）

---

① Paolo Rossi: *The Dark Abyss of Time: The History of the Earth and the History of Nations*, p. 159—164.
② Sarah Knight, Stefan Tilg: *The Oxford Handbook of Neo-Latin*, p.566.
③ Hamish Scott: *The Oxford Handbook of Early Modern European History*, p.151.

断言:"……对宗教历史模式构成严峻挑战,因而促成其改变的,是中国古代历史的发现。"1659 年,荷兰史家福修斯援引一年前问世的卫匡国《中国上古史》,论证中国的历史编年确实比《圣经》的优越,诺亚洪水并非普世现象。……中国编年是相对可信的,它所基于的日期是被天文观察的数据所支持的。①

斯卡利杰在设计古代罗马、埃及和别的编年系列的过程中,无不效仿"中国原型"——不仅应用中国历法②,而且效仿中国历史。美国人类学家詹姆斯·伯克斯说:在斯卡利杰构思罗马、希腊和埃及等时间线的过程中,"中国的通史编年被认为是相对可信。因为迄今为止,它的基于六十年的甲子循环仍在使用,而且与该国高度的历史学传统相得益彰,事事有案可稽。"③

凯文·基林等教授也说:"英国神职学者罗伯特·加里(Robert Cary,1615—1688 年),在 17 世纪 50 年代的主要发现之一是显而易见的中国古代朝代和帝王(系列),他用它来修正《圣经》编年(使之与中国编年保持一致)。

"许多资料和技巧对于解析过去是必要的,但该时代的发现(中国资讯)确实发展和精炼了它(编年史)。罗伯特·加里一直在模拟这个学科的开创者、莱顿学者斯卡利杰(1540—1609 年),他……广泛地、决定性地提供了神学与世俗历史的事件及时间系列,均已被校对。有关他们的文献的再现,也有助于在古代史中去伪存真,即便如此,也难免错误。虽然罗伯特·加里赞扬斯卡利杰,但也不是全信他……尽管如此,加里和他的几个同仁感觉斯卡利杰的著作是"为我们和后世的破冰"(broke the Ice for us and late times)。"④

到 17—18 世纪之交,距离欧洲神职学者开始模仿中国历史而设计"圣经编年"及"古典文明"和"古老文明"已有百余年了,但西方人还是不相信他们,倒是比以往更加依赖中国历史,参照它来建设西方历史及历史学。例如莱布尼茨和法国历史评论家贝勒(Pierre Bayle,1647—1706 年),都强调:"调查中国,旨在获得一部'人类历史'(in order to achieve a history of mankind)。"⑤

---

① Timothy Brook, Gregory Blue: *China and Historical Capitalism: Genealogies of Sinological Knowledge*, Cambridge University Press, 1999, 62—63.

② R. L. Reese, S. M. Everett, and E. D. Craun: *The origin of the Julian Period: An application of congruences and the Chinese Remainder Theorem*, Amer. J. Phys. 49(1981), 658—661.

③ H. James Birx: *Encyclopedia of Time: Science, Philosophy, Theology, & Culture*, Volume 1, SAGE, Publication, Inc., 2009, p.186.

④ Kevin Killeen: *The Oxford Handbook of the Bible in England*, C. 1530—1700, p.177.

⑤ Thomas J. Schlerth: *The Cosmopolitan Ideal in Enlightenment Thought*, U.P., 1977, p.69.

17世纪中叶至18世纪末,西方学术倾向的天平越来越从基督教的传统倒向中国传统,这也是始于对"圣经编年"的质疑。

伊斯雷尔教授写道:在17世纪后期的欧洲,源于中国古典思想的启蒙运动的激情,在极少数,但极重要的被称作"自然神—新伊壁鸠鲁"的学者中间掀起。在西方知识界的论战中,第一个凭借中国文化作为宗教怀疑主义的颠覆策略的,显而易见的是伊萨克·福修斯(1618—1689年);他在17世纪50年代末,使用中国古代历史和哲学的证据,来摧毁"圣经编年"的信望,动摇"古代神学"(prisca theologia)的观念和"启示的核心"(The centrality of revelation)。福修斯信赖那非凡的中华文明的古代历史,提出诺亚洪水所淹没的仅是世界的局部,那只限于犹太人自己的土地上……福修斯赞美中国思想、道德和文化以及中国的成就与它的崇高价值。他认为……中国文明不仅是最古老的,而且在和平、稳定、科学和艺术修养上也都是最令人敬佩的;……中国更接近柏拉图的《理想国》。①

18世纪的欧洲,《圣经》和"圣经编年"简直就是暴露在"天下文明"的光天化日之下,备受启蒙思想家们的鞭挞;尽管"圣经编年"是人文主义和新教学者按照中国历史年表设计出来,并且已是"自成体系、形成规模",但在那个"中国热"的激进时代却也是很难过关的。当然,教会保守派"绝地反击、急中生智"——他们编造谎言说,中华文明是古埃及的"殖民地"和"文明的晚辈"。这是后来西方中心论导演的恶作剧——"中华文明晚出"和"中华民族西来说"——的序幕。

中国古代历史对于伏尔泰来说是很重要的……他用它来反对希伯来传统(圣经传统)。中华文明达到高度繁荣的阶段,希伯来尚处于婴儿状态……依照中国古代历史来辨析"旧约编年"和质疑《圣经》的权威,这尤其伤害基督教的传统。七十士版本(圣经)宣称,世界在公元前4000年被创造,洪水淹没地球是在公元前2300年,然而,可信的4000年的中国编年史意味着中国文明在那之前好几个世纪就已存在了。如此的编年史并未提及如《创世纪》所言的普世洪水,后者是神话,而非历史。进而,伏尔泰指出,中国编年史没有包含自相矛盾的内容,而基督教文献则充满问题,诸如拉丁文版本、七十士版本和撒玛利亚版本,令人吃惊地带着多种纪年。伏尔泰恰当地引用康熙皇帝对法国传教士所讲的话,即:"使你们有信仰的这本书,很可能使你们互相战斗。"……莱布尼茨在1899年提出,如果中国编年史被接受的话,世界开始的时间应该被提前……维护七十士版本"圣经编年"的神

---

① Jonathan I. Israel: *Enlightenment Contested*, OUP Oxford, 2006, p.640—641.

学家的伎俩之一是提出中国人并不是那样古老,实际上,他们在种族上是埃及人的后代,埃及人在中国建立了殖民地。这个假设最先是……(耶稣会士)珂雪(Kircher)在其所著《中国志》(China Monumentis,1657年)中所提出的。①

二、主流学术界施展"诡辩论"

(一)揭穿西方伪造,揭示东方真源

美国普林斯顿大学的西方古典研究权威安东尼·葛拉芙顿教授(Anthony Grafton),针对越来越多的欧美学人"质疑问难、刨根究底",干脆来个"一不做二不休"——他竟说,伪造古典不失为增进文化,此乃"西方传统"之一,2500年来都是如此。他试图通过这种说法来混淆视听,从而掩盖"西方古典"(古典文化与古典文明)乃向壁虚构、子虚乌有这一真相。葛拉芙顿冠冕堂皇地辩解道:需要"以贼捉贼"(takes a thief to catch a thief),伪造者的存在大大有助于寻求历史真相。自古希腊迄今,伪造和求真之间乃"道高一尺,魔高一丈",两者相反相成;在此过程中,学术重熙累洽,辉煌胜利,这就构成了西方的知识传统。"伪造大师也是博学,不亚于其所欺骗的对象。"②葛拉芙顿在其所著《伪造者与批评者》一书中进一步解释:伪造的历史伴随着西方文明开始到现在,两千五百多年间,伪造……促进着学术及其技巧方式的不断创新。

伪造者已经产生了成千上万的文献,欺骗那些"愿者上钩"的读者。伪造者在宗教、政治和文化的历史中起着关键作用。伪造者从两个方面形成刺激,而使真实过去变得更有意义,即:伪造者本身创造让人相信的文献和批评者想方设法地揭露他们。长期以来,伪造者与批评者就像"拉奥孔和他的蛇"一样绞起来了,他们不断斗争,从而构成了历史学和语言学的中心课题。

乍看起来,我们所继承的有关伪造和学术的西方传统,似乎是"信史绝望"。但我希望不至于如此。我们尽可能做好批评者的责任,为西方传统增添妙趣,而不是

---

① A. Owen Aldridge: *The Reemergence of World Literature: A Study of Asia and the West*, Newark: University of Delaware Press, 1986, p.148—149.

② Princeton University Press, *Forgers and Critics: Creativity and Duplicity in Western Scholarship* Anthony Grafton, 11/11/2014.

找它麻烦。①

哈维尔·马丁内斯教授批评葛拉芙顿，说他很清楚，古典文献多为"弄假成真"，却又袒护之。——"葛拉芙顿发表的《论伪造》一文，让我们能够相对可靠和清醒地考虑这个问题，有待揭露那些代表古典语言的'黄金时代'多为假货和伪品。但又令人丧气的是，他……从不正视如此罪行。"②

另外，匈牙利中欧大学编著《为了现在塑造过去》一书，对19世纪西方中心论的历史学进行评判，其中写道："伪造文献……是19世纪的典型，那时，伪史资料和文学碑文大量涌现。在这个阶段，西方人对过去的历史和文字的兴趣是如此强烈，以致专业的历史研究尚未达到充分水准。……我们所看到的这些假的，却被当作对国家历史资料不足的有用的补充。"③

欧美文明的真源头是中华文明。但西方硬是要塑造它自身的"源头"，那只能是"古代幻境"——被神职学者和西方中心论所伪造的、盛行于今的西方版的世界历史，只是"历史学家的历史"，它与人类过往无关。

两位法国历史学家乔瑟特·埃莱伊和让·萨平指出：现代西方的集体记忆的中枢，是19世纪发展起来的历史编纂学，它捕捉和操纵过去的各种片段。该计划是在"基督教的起源"的名义下展开的。就像古罗马"两面神"雅努斯（Janus）那样，它有两个方面：在耶稣基督以前，即基督教的前身——在亚历山大大帝征服以前很久的希腊犹太主义及其宗教；在耶稣基督以后，希腊主义和犹太主义彼此冲突，演变成古代教会与异教的冲突，与"假的"希腊—罗马文化及其哲学和宗教合一的冲突。教会伤痕累累地战胜对手，从而导致古代文明的沉沦。（指虚构的"中世纪"——引者）

上述框架一直构成欧美深度分享的记忆幻觉的主要成分，它被置于通行的西方文明的源头……

近几十年来考古学已可观地积累了关于古代地中海和近东的资料。但与此同时，此种"历史学家的历史"（the historians' history）却很慢地赢得独立价值……历

---

① Anthony Grafton: *Forgers and Critics: Creativity and Duplicity in Western Scholarship*, Princeton University Press, 1990, p.5, 6 and p.127.
② Javier Martínez: *Fakes and forgers of classical literature*, Madrid, Ediciones Clásicas, 2011, p.18.
③ János M. Bak: *Manufacturing a Past for the Present*, BRILL, 2014, p.143.

史编纂学已经肢解了事实的脉络,只是为了镶嵌那些毫无关联的陈旧论题。①

近代西方的兴起或欧美文明的诞生,主要是中华文明传播的结果;它与西方伪造的"历史"或"传统"是风马牛不相及的,与所谓的古代的希腊、罗马、埃及和巴比伦等"虚拟历史"是南辕北辙。——"像所有的'虚拟历史'(virtual history)一样,《圣经》倾向于把漫长的历史进程压缩成单一的线性记事。"②

在中古后期至文艺复兴时期伪造的"希腊思想",在17—19世纪的科学—工业革命的过程中,不仅毫无贡献,而且全是阻碍。(详见本书第9章)一旦撇开西方中心论的迷障,欧美文明就会自然而然地被溯源于东方。(主要是中国)

两位美国学者马克·唐纳利和克莱尔·诺顿介绍:西方中心论的历史版本和欧洲优越性的信念,受到"非西方中心论"的历史学家们——霍布森(Hobson)、布劳特(Blaut)、古蒂(Goody)和佛兰克(Frank)等人——的挑战;他们认为,西方中心论的历史学家所描绘的亚非文明的画面,是自相矛盾和违背史实的。

非西方中心论的历史学家们主张:

Ⅰ.西方的兴起,西方之塑造近代世界;并非西方自身的几千年"历史演进"的结果,而是几百年来在文化、经济和政治等方面东西方交汇的产物。

Ⅱ.东方人并非被动地观望西方的近代化,作为牺牲者和臣服者接受西方的主宰;相反,他们是积极地参与现代转型和在许多方面抵抗和挑战西方霸权。

众多的被宣称为"西方的独特发明"都是东方"古已有之"。例如,从霍布森所讨论的11世纪中国的"产业奇迹"(Industrial miracle),它的各行各业的发展都与18世纪的英国工业革命密切相关;诸如钢铁的大量生产、铸铁农具的普及、活塞和鼓风炉熔化、焦炭取代木炭、水利纺纱机和运河闸等。再是古蒂所讨论的,在东学西渐之前,西南亚和中国的银行和财会的发展,例如两联单、汇票和合股公司的形成。

进而言之,西方中心论的历史观是透过"线性思维"来描绘欧洲的进步与主宰。如果我们用整体观念来考察政治—经济的历史状况,在250—300年前来介绍世界发展,那么情形则是完全不同的,人们会聚焦于解释中国、奥斯曼和印度的主导……

---

① Josette Elayi, Jean Sapin: *Beyond the River: New Perspectives on Transeuphratene*, London: A&C Black, 1998, p.9.

② Wendy Berg, Mike Harris: *Polarity Magic: The Secret History of Western Religion*, Llewellyn Publications, 2003, p.64.

非西方中心论的历史学家们恢复非西方文化的价值。例如,霍布森在讨论中国和伊斯兰的技术和航海时,挑战欧洲人垄断远航、探险、科学好奇和经济进步这一观念。古蒂展示了许多典型的"西方发明"的东方起源,诸如银行、各种商业要素、理性思维系统和家庭结构。

佛兰克透视近代早期的全球经济,驳斥关于西方进步、发展和主宰的线性描述,使用"相对全球人类中心模式"(more humanocentric global pradigm)代替"西方中心模式"(Eurocentric paradigm);进而,他提出西方的线性史观应该让位于基于世界交流的周期摆动,经济与文化盛极而衰,然后发展重心转入另一个地区……①

(二)信神"能造万物",信史"无信不立"

基于诚信的中国编年史是必须被接受的,没有丝毫的理由非难它。……中国的历史学家没有神学动机,从而不公平地缩减历史或是荒谬地延长它。(That of China must be accepted upon the faith which there is not the slightest reason to impugn. …… Chinese historians……having no theological motives for unfair curtailment or for preposterous extension)。——塞缪尔·莫顿等(《人的种类》,1854年)②

不可否认,各民族——也包括中国在内——都存在着虚构各自过往的文字。但中国的伪书是寄生于其真实的历史,而不可能全面地"以假乱真";相比之下,西方则主要是把中华文明及历史作为"铸模",用它把神话素材和虚构文字制作出了整个的"世界历史"。

近东研究专家,克里斯托弗·罗尔斯顿(Christopher A. Rollston)写道:"应该说明的是,从古代到现代,伪造有着一个很长的历史。……在过去的许多世纪中,伪造已经骗到了不少的顶级学者;因而……杜撰的资料已经构成各个阶段的历史记录的相当部分,例如:玛尼什图苏十字碑(Cruciform Monument of Manishtushu)成为新巴比伦阶段的历史部分,饥荒碑(Famine Stela)成为托勒密阶段的历史部分,《君士坦丁赠礼》(Donation of Constantine)成为中世纪的历史部分。同样,我认为19世纪、20世纪和21世纪的伪造也都变成了历史记录的部分……"③

---

① Mark Donnelly, Claire Norton: *Doing History*, London: Routledge, 2011, p.139—140.
② Josiah Clark Nott: *Types of Mankind: Or, Ethnological Researches*, Philadelphia: Lippincott CO., 1854, p.667.
③ Matthew T. Rutz, Morag Kersel: *Archaeologies of Text: Archaeology, Technology, and Ethics*, Oxford: Oxbow Books, 2014, p.193.

针对西方古代史研究缺乏实证资料,研究历史理论的克劳斯和马里奥特指出:历史学家和哲学家 R.G. 柯林武德（1889—1943年）在其所著《历史思想》（1994年）一书中指出:历史应成为科学——它不再是叙述众人皆知的事件,而是使用知识探索的工具,进行基于原始材料的研究。历史是人文的,以人为本;合理审视证据,由此导出结论。……根据这个标准,我们凭什么来确信第一个以"历史"命名的古希腊的希罗多德所写的事件是真实可靠的呢?希腊历史是西方价值和架构的根基,是西方文明发展的要素。当然我们也应该关注被称为"历史之父"的希罗多德的著作,其中的大部分被认为是不可信和牵强附会的。①

伏尔泰抱怨道:"1700年以来,我们的历史中有多少骗人的东西、错误的记载和令人呕心的蠢话!"②他又说:"历史从来也不曾像在今天这样需要可靠的证据了,因为现在有这么多的人在厚颜无耻地贩卖谎言。"③

伏尔泰还认为,中国历史最为可信,而欧洲则完全相反。他说:"中国这个民族,有它真实可靠的历史,它所经历的、根据推算相继出现过36次日食这样漫长的岁月,其根源可以上溯到我们通常认为发生过普世洪水的时代以前。"④他还赞扬了中国历史修订之严谨:"中国人的历史书中没有任何虚构,没有任何奇迹,没有任何得到神启的自称半神的人物。这个民族从一开始写历史,便写得合情合理。""他们与其他民族特别不同之处就在于,他们的史书从未提到某个宗教团体曾经左右他们……他们的史书仅仅是有史时期的历史。"⑤

中国历史学是唯一可信的,而且潜移默化地成为西方的学术标准。谢和耐指出:唯有中国文化才给我们（西方）留下丰富的有准确日期的文献——其中如实地逐步记录了它的进程……它无疑最好地向我们揭示了我们固有传统的部分性质。莱布尼茨最早认识到这一点。他在1705年的一篇通讯中写道:"我看到足以表示你们大部分传教士轻视中国知识的话,然而,他们的语言和（书面）文字,他们生活的方式、工艺和生产……与我们虽有不同,好像他们是另一个星球的人;但即使他们对自己的实践做出朴素的记录,仍不是不可能给我们极大的启示。据我看,比拥

---

① Peter Claus, John Marriott: *History: An Introduction to Theory, Method, and Practice*, Pearson Education, 2012, p.114 and p.129.
② 伏尔泰:《风俗论》上册,第292页。
③ [苏]阿尔塔蒙诺夫著,马雍译:《伏尔泰评传》,北京:作家出版社,1958年版,第80页。
④ [法]伏尔泰著,吴模信等译:《路易十四时代》,北京:商务印书馆1997年版,第597页。
⑤ [法]伏尔泰著,梁守锵等译:《风俗论》上册,北京:商务印书馆1996年版,第74页。

有众多学者的希腊和罗马的风俗遗产更有用。"……这个重视自然之理并且首先发现磁极、磁感应、磁余、磁角等现象的文化,难道不是给我们上了一堂相对论的课吗?①

卡彭博士(J.V. Capone)抨击西方历史学的造假,他在其所著《解构西方传统》一文中写道:这已经成为一个可以接受的"问题",即:从"古典时代"下来的(西方)历史缺少第一手资料,而许多人仍在引用那些被从事古代研究的历史学家所杜撰的文字……古典文化代表人物之一的希罗多德是很成问题的……被称为历史上的最大说谎者的洛伦佐·瓦拉(Lorenzo Valla,1407—1457年)或许就是该问题的肇事者之一。被充实起来的希罗多德的著作是15世纪意大利的伪造品,它就是文艺复兴时期的"人文主义者"、臭名昭著的伪造者洛伦佐·瓦拉的杰作。他是皮科洛米尼家族的御用历史学家,被要求按照想象来写出希罗多德的完整著作……素材的大部分源于现在的土耳其中部,其余的来自埃及。

在19世纪,英国皇家业余协会的各色成员都旅行来到土耳其,"发现"许许多多的古董,说是"古代希腊文明"的证据……英国剥夺了喜克索、安娜托利亚的遗产,赋予它们半神秘性,置其于公元前15世纪到公元前4世纪之间……②

戴维·博特教授指出:"……文艺复兴学者们如洛伦佐·瓦拉,分别以篡改、添加和滥用署名,来'恢复'古代文献。"③

(三)伪造的"传统",即是文化"传统"

我们的知识是败坏的,对伪造的、虚假的过去想象,看得如此轻微。(Our knowledge is corrupted, for the forgery falsifies our image of the past ever so slightly.)

——普林斯顿大学期刊④

安尼乌斯(Joannes Annius de Viterbo,1432—1502)是一位修士,他假装发现了"失传已久"的波洛修斯(Berosus,公元前3世纪)和曼涅托(Manetho,公元前3世纪)两人的著作,以及各种"古代名人"著作的残片;他还在大理石上伪造古代

---

① [法]谢和耐:《中国人的智慧》,何高济译,上海古籍出版社,2003年,第145页。
② *Deconstructing The Western Tradition*, Part I Posted on July 22, 2013. http://syncreticstudies.com/2013/07/22/deconstructing-history-part-i/
③ Jay David Bolter: *Writing Space: Computers, Hypertext, and the Remediation of Print*, London: Routledge, 2001, p.163.
④ University: *OF Princeton Magazine*, the first period 36-48, 1968, clxxix

铭文。①

如前所述,斯卡利杰参照中国历史年表设计出"古埃及编年史",他却说这是基于古埃及人曼涅托的著作的残片;但他的弟子佩塔维斯则揭发曼涅托其人和斯卡利杰的埃及编年史全都是伪造的。

学者们揭发,近代以前的西方唯一掌握文字的基督教在黑暗中伪造历史。美国基督教新约历史学者巴特·叶尔曼教授指出:

"按理说,早期基督教文献的最大特色是,它们在很大程度上是被伪造的……在第一世纪幸存下来的文献里,仅两位作者是正确的名字,别的基督教文献要么是匿名、假的冠名,要么是被伪造的……此种历史怪相值得充分地研究,这不仅关乎神学,伪造的文字最终都被当成是经文;而且它们广泛地参与到古代文化的主流实践之中……如果我们不把它们置于欺骗的境地,殃及希腊—罗马,包括犹太教染指的部分;那么,我们就不能理解近年来的伪造争论。"②

研究表明,在仅有少数基督徒垄断文字且社会基本上是口语交流的蒙昧时代(欧洲中世纪),很多传说中的名人轶事,都被教会按不同教宗的意旨和不同时期的要求作言造语;稍后的学者们凭借纸张与印刷,把泛世界的新资料整理,而充实其中。

迈克尔·科斯比教授说:"伪造者杜撰名人手稿……在保罗时代,编造名人所著的文献有各种原因。有些人是为钱。有些人要促进某种思想,他们将书籍冠以响名来吸引读者……如果是无名之辈写一本哲学书和宗教书,就会无人问津;但若宣称是柏拉图或西塞罗所著,则必是洛阳纸贵……"③

美国学者约瑟夫·惠利斯在其所著《基督教伪造历史》一书中揭秘:"它的权柄和辖区被牢靠地建立在伪造的基础上,以编制教旨来伸张其精神权力,杜撰圣人和殉道者的生事……建立如此宗教,一种新型的异教,叫作基督教;以欺诈和伪造古籍经文来树立起优越性与主宰权……1500年中,几乎每一个它宣称的主要文

---

① Richard Robert Madden: *Ancient Literary Frauds and Forgeries in Spain and Italy*, 1863 - Literary forgeries and mystifications, p.3.

② Bart D. Ehrman: *Forgery and Counterforgery: The Use of Literary Deceit in Early Christian Polemics*, Oxford University Press, 2012, p.1—3..

③ Michael R. Cosby: *Apostle on the Edge: An Inductive Approach to Paul Front Cover Louisville*, Westminster John Knox Press, 2009, p.268.

件都是伪造的……伪造圣者、文物、殉道者和各种奇迹。"①

惠利斯进一步说,西方古代史主要是基于对黑暗时代的荒诞记载,再加以发明和杜撰而逐渐充实起来的;即:我们可以……捕捉一种价值观,它帮助我们了解古代作家的精神过程;其所描述的事件,真的或荒诞的,都作为"历史"的记录。那些历史文学的拓荒者生活在淳朴、诚信的草昧时代,然而简直是不可信、不可能发生的事,统统构成了完美的历史,竟被无评判地接受。传奇的话题,相传和迷信的故事、神话、民俗和寓言……"一句话,每一件事似乎都印证过去。"它们构成了早年历史学家的原始材料。

《圣经百科全书》对于原始的历史学——希伯来的和民族类的——作了这样的描绘:"像希腊纪事作家的资料……诸如诗歌、家谱、有代表性的氏族社群、部落和各种地方传统,为《士师纪》提供了大部分的内容……外国神话、民族起源、民俗技艺和寓言……一句话,每一件事都似乎印证过去。对我们来说,这些材料的大部分都不是真正意义上的历史的……

"现在不用说《旧约》和《新约》,究竟是圣典还是被杜撰的文学。无数的以想象方式形成的古代作者的历史文献,全都是我们所熟悉的"古典",诸如希罗多德、修昔底德、色诺芬、约瑟夫斯(《犹太史》)和李维(《罗马史》)等人的著作都应该尽早作废。想象的古老历史的最根深蒂固的形式之一……是犹如今天的文学作家那样发明讲话和整篇演讲,真像古人亲口吐出,他们如实记录一样。

"如此演讲,像我们在修昔底德的书中读到的,我们肯定地断言,这些都不是真实的记载……李维所产生的从古罗马国王、执政官和将军的口中说出的话……仿佛他是现场听众之一。"②

伪造是西方"传统"的主要内涵。它开风气于中古基督教,浸淫于意大利文艺复兴,而登峰造极于 19 世纪的欧洲中心论;由此形成了垂数千年而洋洋大观、赫赫高卓的西方历史。例如,关于文艺复兴时期的伪造,法国哲学家果鲁特(Gueroult)认为,人文主义者们努力把哲学从教会经院学术的垄断中解放出来,"但这并非真是一件好事,因为它导致假柏拉图、假亚里士多德和假伊壁鸠鲁如春花怒放"。(the flowering of the false Plato, false Aristotle, false Epicurus)。③在文艺复兴期

---

①Joseph Wheless: *Forgery in Christianity*, Pomeroy: Health Research Books, 1996, p.264.

②Joseph Wheless: *Forgery in Christianity*, Pomeroy, p.80—81.

③Jay David Bolter: *Writing Space: Computers, Hypertext, and the Remediation of Print*, London: Routledge, 2001, xvi.

间,很多人都知道亚里士多德是被伪造的。(everything in Aristotle was forged.)①

澳大利亚莫纳什大学教授哈罗德·勒沃也说:18 世纪的不列颠经历了另一个伪造文献的"大时代"。(Eighteen-century was another great age of literary forgery.)麦克弗森杜撰了奥西恩(传说中 3 世纪爱尔兰英雄和吟游诗人),查特顿编造了诗歌《罗利》和爱尔兰的伪莎士比亚作品《沃蒂根》……查理斯·伯特伦(1723—1765 年)伪造了中世纪版本的"罗马不列颠"的记述和一本"后古典时代"的旅行日记,竟然蒙骗住了吉本(《罗马帝国衰亡史》的作者)。②

关于自文艺复兴以来的伪造情况,美国布朗大学教授约翰·包迪尔说:比古代欺骗更令现代历史学家关心的是大量的假铭文,主要是拉丁文的,甚至从文艺复兴往后,带着各种动机的人都参与伪造。20 世纪初有一个统计,确定超过 10500 篇铭文不是真的……16—19 世纪,一些道德败坏的古文物专家变本加厉地伪造艺术品。③

三、杜撰的古典岂能"垂青史"

(一)"古典文献"虚幻无实

如果说,基督教的早期和中世纪,充斥着虔诚的欺诈与伪造福音、信件和教令;那么,就像一位牛津学者所说,当他得知希腊文圣约书的"手稿"的时候,文艺复兴的骗子们,感到这东西真的很重要,便从事于模仿"古典"。——安德鲁·朗格(Andrew Lang,1844—1912 年)④

美国罗格斯大学语言学教授杰克·林奇在"普林斯顿大学 18 世纪论坛(2000 年)"上作了"伪造古典"的专题报告。他说:免于被造假所欺骗的唯一方法是不相信一切。这是让·哈尔端(Jean Hardouin)的处世哲学。他于 1697 年揭露,几乎所有的西方古典作品都是中世纪伪造的;只有极少数是来自古典文集的……绝大部分

---

① E. R. Holloway:*Andrew Melville and Humanism*,Brill,2011,p.76,footnote 77.
② Harold Love:*Attributing Authorship:An Introduction*,Cambridge University Press,2002,p.180.
③ John P. Bodel:*Epigraphic Evidence:Ancient History from Inscriptions*,Hove:Psychology Press,2001,p.48.
④ *Littell Living Age*,Volume 160,E. Littell & Company,1884,p.100.

都是13世纪的僧侣在西弗勒斯(Severus Archontius)指导下杜撰的……即使(为伪造辩护的)安东尼·葛拉芙顿也承认,出于教士之手的所有的1100年之前的历史文献,有三分之二是假的。①

就以上引文说明三点:Ⅰ.中世纪教会垄断和总揽一切文化,故而它是"纯粹西方"的唯一来源;Ⅱ.安东尼·葛拉芙顿所说三分之二的历史资料是假的,而我们认为,其余部分或许是真的,但几乎全来自东方,它是中古欧洲的唯一"新知";Ⅲ.按照让·哈尔端的评断,"西方古典"——尤其是古希腊的哲学与科学以及绝大部分文学与史学——都是假的。

进一步跟踪让·哈尔端的线索:帕尔默教授叙述了让·哈尔端(1646—1729年)摈弃"希腊和希伯来文献和大宗的古典文学,以及圣奥古斯丁的著作,还有天父对早年基督教的记载、圣托马斯的书和大部分的经院学者的著述……巨量的伪造文本渗透于14世纪(欧洲)……"②

让·马比雍(Jean Mabillon,1632—1700年)修士被称为西方古文献学和古文字学的创始人,实际上是个伪造大侠;他的名著《古文献学》(1681年)被认为"提出了辨伪的方法",但极为讽刺的是,该书则是西方伪造文献的里程碑。马比雍在书中嵌入他伪造的古代神学雕刻临摹文件从达格贝尔特一世到路易九世的法国王室带着印章与签字的文件,以及从古罗马到15世纪的文件。③

艾尔弗雷德·希亚特说:"中世纪的文献,真的和假的,无例外地都被复活或恢复,被翻译和改善,统统融入了近代阶段。"④圣蒂内洛和博迪说:"中世纪学者不仅败坏宗教,而且'亚里士多德哲学'本身也是通过伪造来形成其历史真理的。"⑤

克里斯托弗·罗尔斯顿教授写道:普林斯顿大学教授布鲁斯·曼宁·梅茨格(Bruce Manning Metzger)揭露,许多世纪以来存在着大量的被伪造的希腊文和拉

---

①John T. Lynch:*Deception and Detection in Eighteenth-century Britain*,Ashgate Publishing Limited,2008,p.182.

②Bertram Eugene Schwarzbach:*Voltaire's Old Testament Criticism*,Genève:Librairie Droz,1971,p.32.

③Alfred Hiatt:*The Making of Medieval Forgeries:False Documents in Fifteenth-century England*,University of Toronto Press,2004,p.1.

④Alfred Hiatt:*The Making of Medieval Forgeries*,p.181.

⑤Giovanni Santinello,Francesco Bottin:*Models of the History of Philosophy:Volume I:From Its Origins in the Renaissance to the `Historia Philosophica´*,Berlin:Springer Science & Business Media,1993,p.377.

丁文的文献。他宣称，大部分在文艺复兴后期的伪造品似乎都是米开朗琪罗的继承者皮罗·利戈里奥所为。（按：皮罗·利戈里奥，Pirro Ligorio，1510—1583年；画家、建筑师、园艺师、考古学家）。梅茨格教授指出，利戈里奥在其所著《拉丁铭文集》（*Corpus Inscriptionum Latinarum*）一书里附有3645件铭文，他杜撰了其中的2995件。利戈里奥（像米开朗琪罗"发现"拉奥孔一样）假装从花园发现石刻铭文、从私人图书馆发现手稿……一些伪造品是专门为其资助人红衣主教卡普里（the cardinal of Carpi）而制作的。

问题是这些杜撰已经散布于全世界的相关学者的著述中，而其"原版"则很难被发现。梅茨格教授还说，在19世纪一名叫康斯坦丁·西门尼底（Constantine Simonides）的希腊人设计古代希腊文献的手稿，包括史前韵律的《荷马史诗》和《马太福音》的希腊文本……由于博物馆和收藏者愿出高价购买它们，康斯坦丁·西门尼底为其"发现手稿"而获得很高的报酬。20世纪最诡秘的伪造之一是古典学家保尔·科尔曼-诺顿（Paul r. Coleman-Norton）……声称发现古希腊文献。①

哪里有真的"古希腊文献"？西班牙奥维耶多大学拉丁文专家哈维尔·马丁内斯主编有《伪造和假的古典文学》。现将该书部分内容摘录如下：

"自从一开始，西方古典文学已是问题缠身，手稿和复制的真实性都很可疑，乃至伪造和杜撰。"②

"费罗努斯（Amoldus Ferronus）把罗马时代的希腊作家普鲁塔克的部分文字，从希腊原版翻译成拉丁文。他似是而非地创造希腊文原版著作。"③（引者按：哈佛大学古典图书馆1936年出版《普鲁塔克道德论集》时考虑到这是后人伪造之作，所以介绍称："大多数人会认为，古代事件的故事是发明和神秘的，包含着难以置信的成分。④"）

"尼罗斯（Nilus of Ancyra 拜占庭主教），这位不确定的历史和文学人物已经被

---

① Matthew T. Rutz, Morag Kersel: *Archaeologies of Text: Archaeology, Technology, and Ethics*, Oxford: Oxbow Books, 2014, p.186—189.
② Javier Martínez: *Fakes and forgers of classical literature*, p.270.
③ Javier Martínez: *Fakes and forgers of classical literature*, p.7, 35 and p.44.
④ Parallela Graeca et Romana purported to be by Plutarch as published in Vol. IV of the Loeb Classical Library edition, 1936, http://penelope.uchicago.edu/Thayer/E/Roman/Texts/Plutarch/Moralia/Parallela_Minora*.html

大量欺诈性地伪造成古典著作"①

"《奥古斯都史》(The Historia Augusta)是一部造假的杰作。"②

"安东尼奥·格瓦拉(Fray Antonio guevara)出版《马可·奥勒留》(Marco Aurelio,中文《沉思录》)。他声称亲自从佛罗伦萨图书馆里发现原版,并且翻译出来。这本'黄金宝书'畅销于16世纪的欧洲,但实际上是他根据自己的想象伪造的,几乎全无原始文献支持。"③

"许多基督教原著,包括神谕问答都是……填补和杜撰的。"④

"《毕达哥拉斯文集》应该受到质疑……他可疑的信件显示了伪毕达哥拉斯理论的问题所在……毕达哥拉斯教条和他本人作为神秘人物在伪造文字的镜子中暴露真相。"⑤

"有些缺乏真实性的文字被人汇编成为古希腊埃斯库罗斯(悲剧诗人)和狄摩西尼(政治家、演说家)文集。"⑥"欧里庇得斯的悲剧《瑞索斯》(Rhesus)的真实性的问题已经暴露出来。"⑦"希罗多德在著述中许多……段落中的文字技巧,相对于当时流行的希腊韵律,这位历史学家模仿的模仿似乎有些愚蠢。"⑧

"从全球和理论透视来看。拉丁文历史传记的真实性值得研究……拉丁文本的作者署名和编写日期都成问题,很难作为文学史的篇章。"⑨

"奥奈西克里图斯(Onomacritus 古希腊诗人、神谕学家)是第一个被造假的人物。"⑩"为了宣传意图,在早期基督教父……模仿和伪造阿波罗预言。"⑪

"分析从公元2至4世纪的对异教思想的抄袭,这个过程被编撰技巧和个人注释所融合。"⑫我们都知道,"荷马"实际上是不存在的,尽管我们一直在争辩他或

---

① Javier Martínez: *Fakes and forgers of classical literature*, p.7.
② Javier Martínez: *Fakes and forgers of classical literature*, p.8.
③ Javier Martínez: *Fakes and forgers of classical literature*, p.8.
④ Javier Martínez: *Fakes and forgers of classical literature*, p.8.
⑤ Javier Martínez: *Fakes and forgers of classical literature*, p.9.
⑥ Javier Martínez: *Fakes and forgers of classical literature*, p.9.
⑦ Javier Martínez: *Fakes and forgers of classical literature*, p.10.
⑧ Javier Martínez: *Fakes and forgers of classical literature*, p.11,221,217—222.
⑨ Javier Martínez: *Fakes and forgers of classical literature*, p.11.
⑩ Javier Martínez: *Fakes and forgers of classical literature*, p.11.
⑪ Javier Martínez: *Fakes and forgers of classical literature*, p.12.
⑫ Javier Martínez: *Fakes and forgers of classical literature*, p.12.

她(……也有前卫的学者解释《荷马史诗》是19世纪促成,并且企图科学地证明荷马是个女人)。①

普菲力欧斯在3世纪断言赫尔墨斯·特利斯美吉斯忒斯埃及智慧(hermetic trismegistus)是假的。②西班牙里韦罗等教授揭露,《罗马皇帝传》(Scriptores Historiae Augustae)是被杜撰的。③葛拉芙顿等教授揭露,"西塞罗演讲"和"塔西佗历史"皆是伪造的,"阿忒密多鲁纸莎草"亦然。④

德国数学家和翻译家尤金·盖保维奇(Eugen Gabowitsch)说:⑤巴尔道夫(Robert Baldauf)是瑞士语言学家。他认为,"古代手稿"都是近期伪造的。巴利道夫发现《旧约》的"历史"和中世纪的"浪漫类型"的作品以及荷马的《伊里亚特》在言语架构上是平行的,因而语言学家断定《圣经》和《伊里亚特》同出于中古—近代之交。巴利道夫还核对一些作者不同、内容相似的"编年史",认定这些著作都是出于同一作者之手。一些表达罗马语言特征的手稿,一看就是后世之作,其中还有描写公共浴池的故事情节,这是"后光复时代"之事(指西班牙恢复被穆斯林所占的国土之后,即1492年之后)。巴利道夫相信,所谓的"古罗马文学家"贺拉斯(《诗艺》等)是中世纪的,因为他拉丁文的作品带有德语和意大利语的痕迹。奥维德的《变形记》也是中世纪后期的作品。

在巴利道夫之前,巴博(Borber)于1847年发现德鲁伊(Druids)酷似恺撒《高卢战记》中所提到的埃及祭司;因而推断恺撒其人其书都是伪造的,而且这两部"历史文献"是同一个作者。由此,巴利道夫结合自己的研究,便得出结论:"我们的罗马人和希腊人都是意大利人文主义者"(Our Romans and Greeks have been Italian humanists.)他们的作家——荷马、索福克勒斯、亚里士多德和其他众多的"古代作家",都是处于同一个世纪的。他们的家不是在古代的罗马和希腊,而是在14—15世纪的意大利。全部的古希腊和古罗马的历史,还有《圣经》的历史,在很大程度上是相互关联的,都是意大利人文主义者(神职学者)构思和写成的,是人文主义把

---

①Javier Martínez: *Fakes and forgers of classical literature*, p.17—18.

②Javier Martínez: *Fakes and forgers of classical literature*, p.19.

③Horacio Chiong Rivero, Bp. Antonio de Guevara: *The Rise of Pseudo-historical Fiction: Fray Antonio de Guevara's Novelizations*, Bern: Peter Lang, 2004, p.129.

④Anthony Grafton, Glenn W Most, *Salvatore Settis: The Classical Tradition*, Harvard University Press, 2010, p.364.

⑤*Chronological Revolution*, Part 3, By Eugen Gabowitsch, 21. June, 2009.

我们带入了古代和《圣经》的幻景之中,我们以为这是真正的历史。巴利道夫认为,中世纪的历史也是人文主义者的发明。上述虚构的历史最初被起草在羊皮纸上,一些被刻在石头上或铸在金属上;它们植根于我们的意识中,以致没有正面的批评家能够使人们怀疑其真实性。就像卡梅尔所说的,德国史乃至整个西方历史都是虚构的,其全部的文献材料也都是同期伪造的。

(二)伪造艺术品之彰明较著

没有一个雕塑是古希腊原作。(Not a single sculture was a Greek original.)——乔纳森·济慈(美国艺术家兼哲学家)①

"文艺复兴"是事后冠名——19 世纪的"欧洲中心主义"学者对此加以美化。② 而实际上,在十字军、蒙古征服和东西贯通的历史背景下,作为丝绸之路终端和欧洲门户的意大利,在潮水般的物质、非物质的交流中变得空前繁荣;得力于信息爆炸、商贸暴发户和印刷术之"批量化",所谓的"人文主义者"(多为宗教人士)几乎全都投身于"炒作"文化艺术的运动之中——这就是意大利文艺复兴!格伦德勒说:"文艺复兴是一个透过各种媒介的'伪造者的复兴'。"(the Renaissance was a forger's renaissance across every medium.)③

以色列学者米里亚姆·费尔顿所著《文艺复兴的身份欺骗与查证》一书称:"近代早期的欧洲是个'冒名顶替'的时代(Age of Impostors),到处都是骗子,改名换姓的司空见惯,为了名利'窃取身份'(Identity theft)的很多……"④

斯卡利杰家族就是一个显例。理查德·舍克说:"我们现在知道,斯卡利杰伪造了他的出身。他宣称其家谱属于斯卡拉家族(La Scala family,意大利贵族),这完全是编造的。"⑤费尔顿又说:"固然,欧洲已有很长的伪造历史,然而从中世纪到文艺复兴竟有如此巨量的假的艺术品、艺术著作、钱币、文献、信件和所有种类的文

---

① Jonathon Keats: Forged: *Why Fakes are the Great Art of Our Age*, Oxford University Press, 2013, p.7.

② Jerry Brotton: *The Renaissance Bazaar*, p.25.

③ Paul F. Grendler: *Encyclopedia of the Renaissance*: Class-Furió Ceriol, 1999, p.403.

④ Miriam Eliav-Feldon: *Renaissance Impostors and Proofs of Identity*, Basingstoke: Palgrave Macmillan, 2012, Introduction.

⑤ Richard J. Schoeck: *Erasmus of Europe: The Making of a Humanist, 1467—1500*, Volume 1, Edinburgh University Press, 1990, p.40.

件,这不能不引起震惊!"①

美国艺术史家巴罗尔斯基说:

掩饰、谎言、欺骗、作假、舞弊和包装是意大利文艺复兴的生活方式……杜撰文献,制作假的"古典铭文"和伪造古代艺术与文学,复制和行骗,所有这些都是发生在教堂、宫廷和社区里;从但丁到瓦萨里,文艺的欺骗是尔虞我诈、坑蒙拐骗的现实世界的一面镜子。

在所有的文艺复兴的艺术家或欺骗者当中,米开朗琪罗是如此两面性的一个缩影。他伪造丘比特来谋财……他把艺术品埋在地下来冒充古董……米开朗琪罗是艺术欺骗的真行家。(Michelangelo is a very connoisseur of the art of deception.)②

1506年出土的"拉奥孔"被称为历史上保存最完整的古希腊雕塑。哥伦比亚大学教授莱恩·卡特森2005年(当时她是讲师)揭露:"拉奥孔"是假古典,伪造它的人正是米开朗琪罗!③

在支持卡特森的人当中,赛勒斯·撒拉德在其所著《梵蒂冈的秘密》一书中指出:……梵蒂冈有史以来就与伪造卷在一起,通常被质疑的是那些宗教古董的真实性;也有些涉及传统的艺术品,像近期臭名远扬的"拉奥孔"雕塑就是证明。该雕塑所描绘的是古希腊神秘人物,很久以来它被认为要么是希腊原创,要么是罗马复制。但最近,艺术历史学家莱恩·卡特森举证显示,实际上它是16世纪被米开朗琪罗本人伪造的。④

"拉奥孔丑闻"仅是冰山一角。从文艺复兴到18世纪,许许多多的代表古希腊和罗马的"古代艺术"被伪造出来。⑤

研究艺术理论的比利时布鲁塞尔自由大学教授蒂埃里·勒南在其所著《艺术伪造——近代历史的困扰》一书中,这样指出:意大利文艺复兴时期,伪造艺术蔚

---

① Miriam Eliav-Feldon: *Renaissance Impostors and Proofs of Identity*, Basingstoke: Palgrave Macmillan, 2012, p.215.

② Paul Barolsky: *The Faun in the Garden*, Pennsylvania, State University Press, 1994, p.111.

③ WORLD SCIENCE Scholar: Michelangelo faked dazzling archaeological find, August 03, 2010, http://www.world-science.net/exclusives/050330_laocoonfrm.htm.

④ Cyrus Shahrad W.: *Secrets of the Vatican*, Marlow Foulsham Company Ltd, 2007, "Forgeries in the Vatican".

⑤ Early Art Forgeries: *Fron the Renaissance to the Ejghteenth Century*, Journal of the Royal Society the Arts(Jenuary 1973), p.74—91

然成风,在很大程度上,是通过这种方式来复活西方的"古典文化"的。①

中世纪(教会)制作副本的方式实际上是伪造,在文艺复兴阶段被发扬光大了。②著名的文艺复兴艺术大师米开朗琪罗乃伪造艺术品的高手。③

……像闻名于世的库罗斯和路德维希宝座雕塑,分别被说成是公元前6世纪和早期古典希腊的纪念物,但一些人已考证它们一个是近代,一个是其他地区的古董。④

最近发现的最惊人的一幕是(比利时画家)杰夫·范德维科依靠国家资金赞助来伪造《圣母子和四天使》那幅画……⑤

欧美各国的博物馆中具有代表性的文物,真品凤毛麟角。艺术史家肯尼斯·拉帕廷揭露,展示在纽约大都市博物馆表现了公元前12世纪至公元前1世纪意大利"伊特鲁里亚文明"的武士文物,被查明是假的;洛杉矶保罗·盖蒂博物馆的公元前6世纪的希腊男子雕像和许多其他古代文物也都是伪造的。该馆所收藏的艺术品,总的来说是令人失望的。⑥保罗·盖蒂博物馆馆长表示,库罗斯(假的希腊艺术品)反映了整个古代艺术领域的问题。("The kouros represent a problem for the whole field of ancient art.")⑦

艺术史家保罗·克拉多克概述道:

在西方艺术中,复制雕塑已有很长的历史。我们所知的最伟大的希腊雕塑家的作品,大多数只是罗马时期的复制品。(应该是文艺复兴时期的"创作"。)至于这些假冒达到何等程度,尚未确定。霍温(Hoving,曾是纽约大都市博物馆馆长。)断言:"大多数的所谓古代文物都是处心积虑的伪品。"……在文艺复兴阶段,"古典雕塑"被追求、被收集,也就自然被假冒、被伪造。而后的数世纪……在意大利形成

---

① Thierry Lenain:*Art Forgery*:*The History of a Modern Obsession*,London:Reaktionbooks,2012,p.8,20,45,73,and p.179.

② Thierry Lenain:*Art Forgery*,p.140.

③ Thierry Lenain:*Art Forgery*,p.13—14..

④ Thierry Lenain:*Art Forgery*,p.16.

⑤ Thierry Lenain:*Art Forgery*,p.17.

⑥ Umberto Eco Random House:*Faith in Fakes*:*Travels in Hyperreality*,New York:Random House,1995,p.35.

⑦ PROOF?:THE CASE OF THE GETTY KOUROS Kenneth D. S. Lapatin Source:*Notes in the History of Art Vol. 20,No. 1*,Special Issue on Forgeries of Ancient Art(Fall 2000),p. 43—53 Published by:Ars Brevis Foundation,Inc.

雕塑家的车间批量生产、恢复和杜撰古代艺术,以迎合愈益扩张的市场,例如欧洲贵族去意大利旅游的主要目的是寻求古董。进而到19世纪,世界各地博物馆拓展公共收集,渴望获得古代雕塑;意大利自然成为主要来源,真的、假的、拼凑的和伪造的。那儿似乎有无数的建模与工匠,皆浸淫着"艺术古风"……多方配合生产出极难识破的假货或伪品。18—19世纪,所有的雕刻和绘画以及装饰艺术几近惟妙惟肖、美轮美奂。诸如梅耶尔(Meyer)所说:"毋庸置疑,意大利已成为首屈一指的伪造艺术的'世界工厂'"(Italy, without question has been the world's premier fake factory.),例如雕塑家多塞纳(Alceo Dossena)欺骗了一些世界顶级的博物馆。①

(三)伪造古希腊之真相大白

自从15世纪以来,我们近现代西方人不断地创新"发现古希腊",常年地虚构,却一直在投射我们自己的形象,我们的政治和社会幻想。——菲利普·加基②

除了西方已有大量揭秘"伪造希腊"之外,最近中国学者也有这方面的专著。③我在此略作补充。

希腊地区直到公元15—16世纪才出现城市,比意大利的罗马还要迟。④希腊(Graeco/ Hellenic)这个名称首次出现是在16—17世纪,而被用于"古代"是在17—18世纪。⑤现代人从希腊城市所获得的古代"希腊世界"的印象,都是反映杜撰的历史,而非真实的过去。⑥

伪造古希腊,始于中世纪基督教用羊皮纸和拉丁文草创"神圣希腊",⑦盛行于意大利文艺复兴之运用东方的技术手段与文化内涵,制作假的古典作品(文献和艺术),①而泛滥于"后启蒙"(即"中国热"冷却之际)的19世纪。

---

① Paul T. Craddock: *Scientific Investigation of Copies, Fakes and Forgeries*, Oxford: Elsevier / Butterworth-Heinemann, 2009, p.424.
② Philippe Jockey: *La Grèce antique*, Le Cavalier Bleu, 2005, p.10.
③ 发轫于何新《希腊伪史考》(同心出版社),系统详述的是董并生《虚构的古希腊文明:欧洲"古典历史"辨伪》(山西人民出版社)。
④ A. Fomenko: *History: Fiction or Science? Chronology 1*, p.415
⑤ A. Fomenko: *History: Fiction or Science? Chronology 1*, p.420
⑥ *l'Étranger dans la Grèce antique*, Société d'Édition "Les Belles lettres", 1984, p.357.
⑦ S. r. Llewelyn, G. H. R. Horsley: *New Documents Illustrating Early Christianity*, Grand Rapids: Wm. B. Eerdmans Publishing, 2001, p.74.

历史学家查卡拉巴提(Dipesh Chakraberty)一针见血地指出:"欧洲的知识传统溯源于古希腊这件事,是相对最近的欧洲学术界的杜撰。"②

前文已详述伪造古典文献的情况,这里切合"伪造古希腊"的主题,进一步说明之。

澳大利亚莫纳什大学教授哈罗德·勒沃揭示:被充当特洛伊战争的第一手资料……《神谕预言》和赫尔墨斯智慧文集都是在"后古典时期"被伪造的。③冠名这些"古典作家"的著作都是伪造的:荷马、伊索、提奥克里图斯、柏拉图、亚里士多德、普鲁塔克、卢西恩、法拉里斯、普劳图斯、西塞罗、维吉尔、昆体良、塞内卡和波爱修……④

哈佛大学教授劳拉·纳斯鲁拉说:学者们使用"希腊—罗马"这个术语,是对编年、文化和政权欠缺考虑……许多第二世纪的文本,像奥林匹亚城,都体现了该术语……奥林匹亚之所以重要,因为这个城使基督教护教派所处理的关键问题被赋予实义……权力与威望促使各个团体都伪造希腊遗产,美化和利用古代希腊的历史,叠合其文化、政治与宗教,凸出雕刻艺术。后者即菲迪亚斯的代表作宙斯……⑤

关于奥林匹亚,英国历史学家康诺朴·塞沃尔(1797—1875)说:"虽然这个传奇是被伪造的,或是被伊利安人所采用,并且夸大古代和荣耀竞技,这些都未引起注意;但是,毋庸置疑,从很早以前,奥林匹亚是一个宗教祭祀的地方。"⑥

关于"古典希腊",卡尔·霍埃尔(karl joel,德国哲学家)在1921年阐明:"整个的被设想的柏拉图的'苏格拉底阶段'是一个武断的伪造,没有任何古代证据支持它。"⑦

为了探讨一下伪造"西方古典"的原委,让我们来综述几位外国学者的研究,

---

① Christer Bruun, Jonathan Edmondson: *The Oxford Handbook of Roman Epigraphy*, Oxford University Press, 2014, p.42.

② Astrid Van Weyenberg: *The Politics of Adaptation: Contemporary African Drama and Greek Tragedy*, Amsterdam: Rodopi, 2013, xviii.

③ Harold Love: *Attributing Authorship: An Introduction*, p.180.

④ Harold Love: *Attributing Authorship: An Introduction*, p.19.

⑤ Laura Salah Nasrallah: *Christian Responses to Roman Art and Architecture: The Second-Century Church Amid the Spaces of Empire*, Cambridge University Press, 2010, 30—31.

⑥ Connop Thirlwall: *The History of Greece*, Volume I, London: Longman, 1845, p.439.

⑦ W. K. C. Guthrie, William Keith Chambers Guthrie: *A History of Greek Philosophy: Volume 4, Plato: The Man and His Dialogues: Earlier Period*, Cambridge University Press, 1986, p.68.

如下①:斯卡利杰模仿中国历史而设计出"圣经编年"(世界历史的时间主轴),后来变成了代表主流西方历史学的"斯卡利杰编年"(Scaligerian chronology)。它把中世纪发生的诸多事件夸大、并且向古代推了1800年,就变成了"古希腊"了。但那是11—16世纪的希腊和意大利所发生的事,所引起的"巨大幻觉",(gigantic phantom),变成了所谓的"古典希腊"的历史。这个幻觉比真实的情景要美好得多。历史学家谢尔盖耶夫(V. S. Sergeyev)说:"(古希腊)城邦在更小规模上反映中世纪的意大利城邦。"古希腊的杜撰者就是取材于中世纪后期的意大利城市国家的。

被纳入"斯卡利杰式的历史模式"中的古希腊神话与历史,总是成功地刺激现代读者的情绪反应。另一方面,很少人听说,中世纪欧洲的十字军是发生在"泛希腊"的领土上,这正是"古典世界"的原型!通行的说法是,公元前8—6世纪"泛希腊"的殖民扩张是"希腊历史"中很重要的一段,但这实际上是12—13世纪欧洲十字军远征的幻觉与夸大。

再者,把被夸张的10—13世纪的"神圣罗马帝国"和13—17世纪的哈布斯堡王朝所发生的事,"改写"到了1800年之前,那就是所谓的"古代以色列—犹太王国"(再伪造一个"约瑟夫斯"作证明)。11—15世纪的拜占庭和意大利所发生的大小事件,也有不少置于"古罗马"的历史。总而言之,10—15世纪的中世纪欧洲所发生的事竟然成为"古代的起源"。

通常把希罗多德的《历史》当作古希腊历史的最重要的资料。但这部著作是近代的伪造。希罗多德所参照的资料,都是11—16世纪欧洲—地中海沿岸所发生的事。他本人是15—16世纪的人,(很有可能是意大利人文主义者洛伦佐·瓦拉的"主人翁"),编年史家却荒谬地把其人其书置于许多世纪之前!

所谓的古希腊的特洛伊战争实际上是欧洲中世纪的哥特战争。确切地说,特洛伊战争即哥特人战争,被置于"斯卡利杰版本"的公元前8—前7世纪的"希腊历史"之中。希罗多德之希腊史和李维之罗马史,都是开始于"特洛伊战争",(李维书称"塔奎尼亚战争": Tarquinian war)这两者都是中世纪的哥特人战争,而且这两部伪史都是为了女人。在"古希腊"是海伦(Helen)被劫持,在"古罗马"是卢克蕾提亚(lucretia)被强奸,她们是同一原型,那就是中世纪的东哥特部落"公主"阿玛拉逊莎(Amalasuntha)被杀害。

---

① *History, Fiction Or Science? : Chronology By A. Fomenko*, Chapter 3, Delamere, Publishing, 2005, p.231—241.

应该指出,所有的"古代历史"的中世纪原型也都是杜撰的。在东方的"四大发明"之交流工具和"终古文明"之高雅形象西传之后,欧洲人也就把他们的神话和传说都提升为美好的"历史"。

中世纪南意大利的名字就叫"大希腊"(Magna Graecia)。①而希腊本土在近代以前不叫这个名字。

"古希腊历史能被证明是12—15世纪的意大利和拜占庭这两个中世纪编年的副本。"②

古希腊的"梭伦"(Solon)是复制《圣经》中的神话人物所罗门(Solomon)的,不仅名字,而且立法皆如此。(当然,《圣经》及所罗门王都是中世纪伪造的)梭伦或所罗门最早生活于11—13世纪,而《圣经》中的犹太—以色列王国的原型,则是10—13世纪被夸大的"神圣罗马帝国"和稍后的哈布斯堡王朝。

我们再来看希腊语的真实情况。

希腊语是犹太—基督教徒曾用过的言语③,与希腊人没有关系。希腊语是在19世纪中叶被欧洲列强和西方中心论者强加于希腊,但到了20世纪70年代,它终于退出"官方语言"。"(现在)希腊人会猜想其古代的'希腊语',是在希腊之外。"④

古希腊是个不用文字的口语方言的原始社会。(详见本书第5章)

古典研究的"硕果"摇摇欲坠!——从文艺复兴至20世纪的几百年里,由"古典文献"翻译成现代语言的鸿篇巨制汗牛充栋,突然有权威人士出来宣称:古希腊是个"口语社会",其著述基本上都是基于口语,这岂不是釜底抽薪吗?"口语社会"哪有学术和文明呢?牛津大学教授罗莎琳德·托马斯提出希腊是"口语社会",但她又"留余地"——硬说古希腊也有书面文字。⑤现代希腊的哲学家伊恩·兹拉古米斯(Ion Dragoumis,1878—1920)明言:"这个古代文字根本不存在。"⑥

然而不管怎么说,罗莎琳德·托马斯强调古希腊的许多"著作"都是基于口语的。她写道:古典研究学者越来越注意到希腊社会的特质是依赖口头交流,而非书

---

① Albrecht Classen: *Handbook of Medieval Studies*, 1, De Gruyter, 2010, p.175.
② A. Fomenko: *History, Fiction Or Science?* : *Chronology*, 2, p.238.
③ Craig A. Evans, James A. Sanders: *The Function of Scripture in Early Jewish and Christian Tradition*, Sheffield Academic Press, 1998, p.289.
④ John Chadwick: *The Mycenaean World*, Cambridge University Press, 1976, p.1.
⑤ Rosalind Thomas: *Oral Tradition and Written Record in Classical Athens*, p.2.
⑥ Anastasios-Phoivos Christidēs, Maria Arapopoulou, Maria Chritē: *A History of Ancient Greek: From the Beginnings to Late Antiquity*, Cambridge University Press, 2007, p.1285.

面语。20世纪30年代的米尔曼·佩里论口语诗的文章起到了最重要的影响,把人们引向希腊文化的非书写文字的视角。虽然他是研究当代南斯拉夫口语诗,但他导出一个惊人的、却被广泛接受的理论,即:我们最早的希腊文献——《伊里亚特》和《奥德赛》,在事实上基本是口语诗……同样认识到多少其他的希腊文学是被听的,而非是被读的。荷马口语诗的观念对希腊书面文字的冲击是不可挽回的……越来越多的人认同,希腊历史学家,特别是希罗多德和修昔底德,主要使用口语材料和口语传统。口语传统的性质是研究希腊历史和社会的迫切问题。①

在普林斯顿大学教授尼诺·卢拉吉主编的《希罗多德时代的历史技巧》一书中,也提到荷马、希罗多德和修昔底德等历史著作都是"口语标准"的②;但他又提出怀疑,即:"除非在远古后期与古典早期的文化和社会这个架构中找到历史文献,有关希腊史学的起源与发展不能被正确理解。"③

通常认为,古希腊人从腓尼基人那里学到字母文字,而将其发展成"希腊语"。这是经不起推敲的。希腊的地理崎岖,仅是当中的大小"碎片"可供农牧,而且是部落族群彼此排斥、冲突。如此情势怎么能形成统一的语言和文字?况且他们实际上都是使用口语(各地方言)。也就是说,在所谓的"希腊文明"的时代,当地族群所用的语言是众多非文字的方言。"从来不存在单一的、被希腊人所操的'希腊语'。"④

没有希腊语,而且是不使用文字的"希腊文明",岂不就是西方中心论的"空中楼阁"吗?再按照西方历史,在后希腊时代,即亚历山大之"希腊化"的时代,存在着一种"希腊共通语",(koine,基于阿提咯方言而形成的)据说,"在西元1世纪,犹太人的主体说希腊语,这是整个地中海地区通用的语言。如此语言转变是亚历山大大帝在公元前333—323年从希腊到印度征服的结果。"⑤这里又存在着三个疑点:1.关于上述"犹太人的希腊语",有学者考证它是近代伪造的。⑥2.亚历山大大帝

---

① Rosalind Thomas: *Oral Tradition and Written Record in Classical Athens*, p.2—4.
② Nino Luraghi: *The Historian's Craft in the Age of Herodotus*, Oxford University Press, 2001, p.1, 34, 106 and p.281.
③ Nino Luraghi: *The Historian's Craft in the Age of Herodotus*, Synopsis.
④ Jonathan M. Hall: *A History of the Archaic Greek World, ca. 1200—1479 BC*, Hoboken: John Wiley & Sons, 8 Jul 2013, p.298.
⑤ Michael R. Cosby: *Apostle on the Edge: An Inductive Approach to Paul*, p.6.
⑥ S. r. Llewelyn, G. H. R. Horsley: *New Documents Illustrating Early Christianity*, p.5—6.

及其征服缺少第一手资料,无据可查。①3.在奥托一世和历史学家德罗伊森于19世纪30年代为希腊人创造这个语言(koine)之前,"希腊语"从未通行于希腊地区的居民。

进一步揭露古代的"希腊共通语"(koine)。有些学者认为,它曾是西亚某地的语言,被张冠李戴于希腊。语言学家布兰克(Blanc)称它是"以色列共通语"(Israeli Koine),是由多种方言、基质和传统发音造出来的。查尔斯·弗格森(Charles Ferguson)主张,它是现代阿拉伯语的古代阶段(the Koine Stage),是通过对各种阿拉伯方言采风而形成,并且掺杂其他语言,诸如阿美尼亚语、科普特语和柏柏尔语。②

"希腊语"是近代西方强加于希腊人的。根据《马其顿评论》的揭露,"'希腊化'(Hellenistic)一词,最早是由德国历史学家德罗伊森于1840年左右在柏林大学构思出来的。这是一个比较近代的概念。他把许多分散和不一致材料融为一体,进行编造和杜撰……"③进而,马其顿国家新闻社网站发文《约翰·古斯塔夫·德罗伊森:希腊假史的创造者》④,其中称:希腊语(Greek)和"希腊文化"(Hellenism)概念,都是在19世纪三四十年代虚构出来的。德罗伊森是"希腊化时代"概念的创立者,正是这位德国历史学家,于19世纪30年代在奥拓王子的请求下,大胆虚构出了"古希腊"的概念。

近代之初的希腊人对其"辉煌之往昔"毫不知情。近代"欧洲中心论"的学者们抱怨、辱骂同时代的希腊人,说他们是"无知的奴隶",对其伟大的遗产一无所知、一窍不通。(The Greek……were widely regarded as ignorant slaves, who knew nothing of their great heritage and were careless of its remains.)⑤于是,伪造者就来开导他们。例如:安尼乌斯(Annius)把其伪造的文献冠名于阿尔基罗库斯(Archilochus,古希腊最早的抒情诗人),加上他自己的评论。安尼乌斯写道:"当我向希腊人传授……的时候,他们非常糊涂。"……如此荒谬的是,他伪造希腊文文献,用来开化那些

---

① Ian Worthington: *Alexander the Great: Man and God*, Upper Saddle River: Pearson Education, 2004, p.324.

② Anastasios-Phoivos Christidēs, Maria Arapopoulou, Maria Chritē: *A History of Ancient Greek: From the Beginnings to Late Antiquity*, p.342.

③ *Macedonian Review*, No. 23—24, Kulturen Zhivot, 1993, p.9.

④ [2008年9月24日], Marina Sazdovska, http://macedoniaonline.eu/content/view/3659/49/, Johann Gustav Droysen, creator of Greece's Fake History 18-04-201

⑤ Lucy Pollard: *The Quest for Classical Greece: Early Modern Travel to the Greek World*, London: I.B.Tauris & Co Ltd, p.113.

不懂得他们过去的希腊人。①

英国社会学家杰勒德·德兰迪教授说:今天我们认为这是天经地义的,即"希腊是欧洲的发祥地"——科学和理性思维在那儿形成,经过"中世纪"黑暗时代的插曲又日月重光,启明于意大利文艺复兴。然而,希腊概念是一个伪造,它是被欧洲思想家最迟在18世纪末塑建起来的;在此之前,主流西方并未融摄纯粹的欧式希腊,而古代希腊则也没有分享这种"文化"。②

---

① *Henricus Glareanus's*（1488—1563）*Chronologia of the Ancient World*, Introduction and Transcription by Anthony T. Grafton and Urs B. Leu, Leiden: BRILL, 2014, p.45.

② Gerard Delanty: *Europe and Asia beyond East and West*, London: Routledge, 2006, p.109—110.

第四章　探源古代亚非的"泛西方"

一、神职学者哪来"造史灵感"

(一)近代早期的伪造埃及

关于古埃及的朝代帝王的列表,是斯卡利杰根据安尼乌斯伪造的古埃及曼涅托的著述,参照中国历史及其时间序列炮制出来的。

埃里克教授说:"拉·裴瑞尔斯(La Peyrere)和他的追随者引用极为精确的'中央王国'的编年史,证明他们的观点(他们相信,迦勒底和埃及是'最古老的文明')。"[1]此需解释,维护《圣经》权威的神父否认"异教文明"有更悠久的历史,而伪造古埃及和迦勒底(巴比伦)的裴瑞尔斯及其追随者,则只好使用真实的中国资料予以反驳神父。

埃里克教授又说:斯卡利杰收集和评估古埃及学者曼涅托和迦勒底祭司波洛修斯的残片。他发挥其圣经学和语言学的天赋验证它们。杰出的多明我修士,安尼乌斯(Annius,1432—1502)伪造了古代世界的历史,其著作发表于1498年,销量超过希罗多德和狄奥多。安尼乌斯的伪史包括假的波洛修斯和曼涅托的著述。虽然斯卡利杰先是轻蔑地拒绝安尼乌斯的伪造,并且说谁要是认为两者(曼涅托和波洛修斯)是最好的编年史家,那他就是愚蠢的。但是,斯卡利杰自己最后还是证明这类新出现的文献,不是被伪造的。他设法修编它们,把"历史残片"融为一体。如此"成就"令其同仁兴奋不已,却招致那个时代几乎整个欧洲学者们的批评。[2]

---

[1] Eric Jorink, Dirk van Miert: *Isaac Vossius (1618—1689) Between Science and Scholarship*, p.43—44.

[2] Eric Jorink, Dirk van Miert: *Isaac Vossius (1618—1689) Between Science and Scholarship*, p.47.

格兰特·伯克利等教授批评道:"每一位相关的学者都千篇一律地使用那包含着三十二个法老王朝的埃及编年。据说,这个'历史'上溯到公元前3000年。它是基于公元前230年左右的曼涅托(Manetho)所编纂的'历史',后者却哪里存在呢？"①

斯卡利杰的门徒佩塔维斯,批评斯卡利杰所设计的埃及朝代及其所基于的曼涅托(编年史),都是伪造和荒谬的。②

福修斯讽刺:迦勒底人与埃及人是在沙滩上被制作成为伟大的古代。(the Chaldeans and Egyptians made to great antiquity rested on sand.)③

斯卡利杰用中国历史为其"模板",而制成了"古埃及编年史",他却谎称找到了古埃及人曼涅托(Manetho)的残片,从而能够再现这个"古老文明"。结果,他弄巧成拙,自相矛盾,以致备受责难。

对此,美国学者詹姆斯·乔丹写道:

斯卡利杰陷入难题它复原公元前2世纪埃及的希腊学者曼涅托的"拜占庭残片",计算出从最早国王开始的、共30个埃及朝代的长度;斯卡利杰定位第一王朝是公元前5285年,但是非常沮丧,因为比"创世纪"的公元前3949年多出1300多年。(其后)许多学者设想有不少王朝是同时并存的(从而减掉2000多年),于是,就使曼涅托朝代年表与圣经编年相妥协。随着《圣经》的威信扫地,世俗学者越来越依靠曼涅托编年史,反而让圣经编年削足适履……但"曼涅托编年史"也是错误百出,它制造了公元前1100年至公元前800年的环地中海的"黑暗时代"……④

虽然西方历史的缔造者(斯卡利杰等)把中国历史作为"蓝本",但他们只是把它当作工具——作为伪造西方版的世界历史的时间参照;这从他们对待中国编年与"圣经编年"及"古代埃及"的关系上可见一斑。迈克尔·罗素说:"用什么方法可以做出埃及的各个王朝……最终认为考虑中国的,也就是她的最精确的编年史。(what lastly, is to be thought concerning the Chinese, whose most accurate chronology)"⑤

---

①Grant Berkley, Baram Blackett, Alan Wilson, J.: *Moses in the Hieroglyphs*, Trafford Publishing, 2006, p.495.

②Paula Findlen: *Athanasius Kircher*, p.178.

③Eric Jorink, Dirk van Miert: *Isaac Vossius(1618—1689)Between Science and Scholarship*, p.43.

④James B. Jordan: *BIBLICAL CHRONOLOGY*, Vol. 10, No. 9, September, 1998.

⑤Michael Russell: *A Connection of Sacred and Profane History: From the Death of Joshua to the Decline of the Kingdoms of Israel and Judah.*(Intended to Complete the Works of Shuckford and Prideaux), William Tegg, 1865, p.56, nate 1.

18世纪的神职学者约翰·杰克逊在其所著《古代编年史》一书中写道,早期编年史家计算古埃及国王的统治时间是按"中国编年的方法"(all that Year was reckoned to his Reign, which was the Method of the Chinese Annals.)①他又说:显而易见,如前所述的所有的最古老的编年史,唯有中国的……被一致认同,尽管它与摩西的希伯来文本版《圣经》大相径庭。这个差别不被我们伟大的编年史家所考虑,他们是斯卡利杰、佩塔维斯……他们认为摩西—希伯来编年是天经地义的,所以拒绝考虑。迦勒底、亚述和埃及等编年史都是虚拟的、寓言式的。……他们只是以希伯来编年史为标准,来削减其他编年的时间。②

荷兰历史学家索赛(Chantepie de la Saussaye, 1848—1920)于19世纪末写道:"埃及学,似乎给永恒黑暗的古代埃及撒了一些光辉;但它是八十年前才问世的,开始仅是极少数人的特权领地,他们的'研究成果'却被普及开来……其内容错误百出。"③

极为讽刺的是,这里说的"埃及学"——西方中心论的一个重要支柱——缘起于"汉学"。(后文详述)

莫洛佐夫(N. A. Morozov)指出:"斯卡利杰式的古代埃及历史教科书……是根据13—17世纪的埃及和14—17世纪的泛蒙古帝国(包括奥斯曼等)的记事编纂出来的。"再者,"《圣经》中的'埃及'和现代埃及这片土地毫无关系。"④

美国佐治亚南方大学教授特罗伊·艾伦指出:"埃及学作为一个学科,诞生于伪科学和心理萎靡的气候下,(Egyptology emerged as a discipline in this climate of pseudo-science and psychological malaise)带来了很多问题,从而几乎不可能使欧洲学者了解古代埃及……"⑤

托夫勒迈博士严厉批评现在通行的"埃及标准编年史"。他说:比契克(R. Beechick)发现《乌雪圣经年表》的不可信,它把历史延伸到公元前10000年。比契克注意到曼涅托的埃及王朝系列是被吹捧起来的,而不是基于原始文献。公元前的"黑暗时代"也是夸张的。詹姆斯(Peter James,英国历史学家)在其论早期历史的学术著作中,同样断言埃及王朝系列与"黑暗时代"都是夸张……不存在原始的

---

①John Jackson: *chronological Antiquities*, vol. 1, London, 1752, p.435.
②John Jackson: *chronological Antiquities*, vol. 1, p.xxviii
③A. Fomenko: *History: Fiction or Science? Chronology 1*, Mithec, 2006, p. 24.
④A. Fomenko: *History: Fiction or Science? Chronology 1*, Mithec, 2006, p. 465.
⑤Troy D. Allen: *The Ancient Egyptian Family: Kinship and Social Structure*, NY: Routledge, p.8.

"埃及编年史"……标准的埃及编年史是在20世纪初被发展起来的,它是基于这样的假设,即:没有同时并存的两个埃及王朝。(这明显是不真实的)关于埃及王朝系列的计算和推演是基于所谓的天狼星周期(这是个没有实证材料所支持的假设)对照这个……被发明的、基于错误推测和假设历法,因而是很有问题的埃及编年史……一些"创造论"考古学家〔例如中东历史学家维利科夫斯基,(Velikovsky)〕断言,标准的埃及编年史是错误的。①

(二)斯卡利杰伪造古代近东的"原史灵感"

作为那个时代"最伟大的学者之一"的斯卡利杰本想"出淤泥而不染";但却陷得更深,而成为杜撰历史的"集大成者"。他在一封信中写道,"对于现在的寻找古代和历史的知识倾向,(我)发誓彻底鄙视之";他宁愿冒险犯错,也不想收集那些无根据的古代废物,来填满脑袋。然而,他和他的同仁都只能是倾向于"人文主义处方"(the Humanist prescriptions),去不厌其烦地模仿历史。②这特别是指,斯卡利杰最先揭露安尼乌斯(Annius)伪造古埃及和巴比伦,但到最后却又采用之。

启迪斯卡利杰发生思想转变的"灵感"(从而接纳假的古埃及和巴比伦),是文明与历史的"虚幻源头"。对此,属于主流西方的葛拉芙顿教授写道:斯卡利杰没有设法拒绝"真的"波洛修斯(Berosus,公元前3世纪,著《巴比伦—迦勒底史》),他以前视之为假的。没有(莱顿大学)学者指导他,怎么从其大部分内容都是伪造的文献里,找到可信的文字,是什么启迪他的呢?

答案是清楚的和肯定的:16世纪的早期,在荷兰的弗里斯兰附近,一些学者设想了一个"原史模式"(Model Urgeschichte);他们宣称:有三个印度绅士,弗里索(Friso)、萨克索(Saxo)和布鲁诺(Bruno),在公元前4世纪离开故国,师从柏拉图,并与马其顿的菲力浦和亚历山大战斗;然后定居在弗里斯兰。他们驱除土著巨人,建立了格罗宁根(荷兰地名)……在1600年左右,上述荒诞的故事惹火了被斯卡利杰所崇拜的人文主义批评家埃梅厄斯(Ubbo Emmius,1547—1625年),他批评道:弗里索和他的朋友仅是寓言,是源于杜撰的资料。然而,佩特里(Suffridus Petri,1527—1597年)捍卫如此弗里斯兰神话,把它翻译成拉丁文传播;他宣称,古代文献现已丧失,但是大众民歌一如早年罗马和日耳曼的《布兰诗歌》(Carmina Burana),久闻于李维和塔西佗的作品中,即便是正规的历史学家都不具有之(引

---

① Dr. T. J. Tofflemire: *Evidences for God and His Creations*, Bloomington: Author House, 2011, p.77—78.

② John Burrow: *A history of Histories*, Penguin Books, 2009, p.310.

者按:诸如此类的传说被构想为西方文明的"源头")。

佩特里主张,即使包含寓言的大众传闻,也不可被牺牲掉;"一个好的历史学家不应该因为是寓言,就简单地弃绝古代,而是通过净化寓言来认识古代。"一句话,口语传统需要批判性地吸收。斯卡利杰了解这番辩论,它试图提炼荷兰的原初神秘,就像斯卡利杰自己试图提炼埃及和巴比伦一样。重要的是,斯卡利杰本人的反应:他赞扬埃梅厄斯(摈弃传闻),却模仿佩特里(发掘传闻)。以宽容与折中的态度对后者,于是,佩特里推荐弗里索(印度绅士)预示着斯卡利杰接受了公元前4—公元前3世纪的"传奇人物"波洛修斯("巴比伦史学家")和曼涅托("古埃及史学家")。

斯卡利杰(按照弗里斯兰"原史模式")发表了"巴比伦原史"(Babylonian Urgeschichte),当此之时,他捍卫它,鼓吹其创作至少就像李维所展示的古代故事那样值得尊重。……这是由神话变形为真事。他使用伪造的和幻想的工具,制作出"真实的"古代近东,将其融入西方传统之中。(Scaliger……used a forger's and fantast's tool to integrate the real ancient Near East into the Western tradition.)

即使这回的伪造者是佩特里,而不是安尼乌斯(Annius:伪造了古埃及史家曼涅托和巴比伦史家波洛修斯的残片),那么,他(斯卡利杰)也是一个伪造者,并且从语言学的知识世界提供了征服性的利器。①

(三)斯卡利杰伪造古代近东的"神卜先知"

在哥伦布和达伽马越洋冒险,放眼偌大的世界之际,安尼乌斯(Annius)应和新形势,而伪造了一系列西方的"世界历史"。他首先把西班牙、意大利、法国和德国等民族历史与诺亚(圣经)衔接起来,说它们起源于无比优越的亚当的进化线。②(而当时的欧洲基本上是"文化荒漠")。安尼乌斯进一步的"历史拓荒",是把欧洲的"历史"与《圣经》中"近东"联系起来,溯源比"希腊、罗马"更为深远的"西方源头"。③

16—17世纪之交,欧洲存在着两种历史潮流:一是安尼乌斯的假历史(包括欧洲史、古埃及和巴比伦等)。一是中国的真历史(genuine Chinese histories)。④然而,斯卡利杰对如此"真历史、假历史"兼收并蓄,而熔为一炉。

---

①Anthony Grafton, Ann Blair: *The Transmission of Culture in Early Modern Europe*, Philadelphia: University of Pennsylvania Press, 1990, p.31—32.

②Urs App: *The Birth of Orientalism*, Philadelphia: University of Pennsylvania Press, 2010, p.6.

③Anthony Grafton, Ann Blair: *The Transmission of Culture in Early Modern Europe*, p.16.

④Anthony Grafton: *What was History?* Cambridge University Press, 2007, p.198.

进而言之,斯卡利杰在安尼乌斯伪造(埃及、两河)的基础上,还罗列各种各样的传说,拼凑起来,纳入"中国—圣经编年"的时间序列之中,而形成"古代近东"。到19世纪,西方中心论按照"斯卡利杰模式",进行"科学考古"(定向复原),终于再现西边的"古老文明"。

葛拉芙顿教授写道:斯卡利杰生前遇到两个"精灵"……(其中之一)是个怪兽,名叫欧恩斯(Aannes),鱼身人声……"鱼"给予吾人"文明",它始于巴比伦的神秘和波洛修斯所写的历史……斯卡利杰对此反应则最为重要。作为一个好的新教加尔文主义者,他起初想到巴比伦神很可怖,巴比伦的古代被夸大到虚幻的程度。……在斯卡利杰之前的一个世纪,有一部伪史,作者就叫"波洛修斯"(Berosus),是一个迦勒底祭司;该书畅销于16世纪,腐蚀了早年的欧洲各国的历史。斯卡利杰曾是"伪波洛修斯"的最尖锐批判者之一,如此情景使他有各种理由抛弃狂妄之伪造……

(然而)到1606年,他编纂其最后一部著作——关于世界历史的《年代学宝典》,当此之时,他竟填入他能发现的所有的关于波洛修斯的文字,精确设定其资料的日期;甚至用收集到的前所未闻的资料,来夸张其内容,也不加注解……斯卡利杰捍卫波洛修斯的著述,就像对待曼涅托(埃及史)的一样;他把两者"复原",并且出版,犹如真正的近东历史……这些明显是神话般的异教历史,裹着神秘款式的史实(the apparent fabulous histories of the pagans clothed real events in mythical form)。

由此,斯卡利杰保存、保卫了我们现在知道是"第一真实的、大规模的古代近东原史",从那儿,现代西方一路走来。斯卡利杰的创作是如此的离奇于西方传统,以致其他欧洲学者们都很难被说通;直到两百多年后,发现和破译与他的记录相吻合的楔形文字,才豁然开朗。

我们怎样才能弄明白斯卡利杰的占卜神算(divinatory prowess),从而突破他那个时代的偏见,看中和利用他所得到的近东残片呢?[1]

这就是说,斯卡利杰把他所收集到的大量神话和伪造的材料,充当"正史";竟然在两百多年之后被"科学考古"都证明都是"真的"。这怎么回事?难道斯卡利杰是"先知先觉"?

斯卡利杰"弄假成真"的成功原因是19世纪,西方中心论、帝国主义列强和共

---

[1] Anthony Grafton, Ann Blair: *The Transmission of Culture in Early Modern Europe*, p.8—9.

济会三者合流,对近东地区展开了"考古学的十字军"运动,掀起了用科学手段伪造"西方的古老文明"的新高潮。

换言之,迦勒底—美索不达米亚(苏美尔、阿卡德、巴比伦、亚述和赫梯等)成为"人类文明的摇篮",这是如何缘起的呢?西方的历史学之父斯卡利杰综合之前的《圣经》内外的杜撰,再承上启下于现代的伪造者——西方中心论和共济会,从而塑造了这个世界文明的历史源头!

共济会刊物上这样写道:"巴比伦是第一个城邦国家和城市(文明)中心。在此之前,绝大部分的人类处于氏族部落的原始阶段。苏美尔人奠基了政治与社会架构,但大范围的帝国管理是从巴比伦开始的。巴比伦文明首次凝合大群心灵,实现'集中管理',从而使大型农业和水利工程成为可能性,这是它的最伟大的成就……"①本书后文将会阐明,这个旨在用秘密手段主宰世界的共济会(和与之相关的光明会),亦是使用"中国模板"——不仅吸取中国智慧来形成其自身的精神源流,而且也用它来参与伪造西方的"古老文明、古典文明"。

"巴别塔"(Babel)→"巴比伦"(Babylon),这是《旧约》中的神话,而今则变成了"古老文明"。批判者指出:"著名的创世纪故事和它的神秘定义服务于奠基古今传统和现行社会制度,它的部分内容被伪造成'古代'的美索不达米亚祭司的泥版铭文(楔形文字),凭借它来宣传'巴比伦范式'(Babylonian paradigm)。"②

两位学者朱迪思·瑞安和阿尔弗雷德·托马斯说:纽约大都市博物馆馆长穆斯卡勒拉(Oscar White Muscarella)最近著书《谎言变得伟大:古代近东文明的伪造》(the Lie Became: the Forgery of Ancient Near Eastern Culture, 2000),宣称:"伪造的文化"是现阶段(文化)的标识……我们生活在"伪造的文化"之中,所以,这是真实的,即我们的文化是伪造的!③

(四)"埃及学"衍生于汉学

作为西方中心论的支柱之一的"埃及学"(Egyptology)是怎么来的?它不是从古埃及及其"学术"本身产生的,而是照搬中国模式而来的。被一些历史学家称为"埃及学之父"的阿塔纳斯·珂雪(Athanasii Kircher, 1602—1680年,德国耶稣会

---

① Tag Archives: *Freemasonry*, 15 Mar. 1015.
② *Ancient Anunnaki Sparked Illuminati World Order says Cuneiform Tablets*, March 8, 2015, http://mardukite.com/tag/cuneiform-tablets/.
③ Judith Ryan, Alfred Thomas: *Cultures of Forgery: Making Nations*, NY: Routledge, 2003, Making Selves, p.ix.

士),在其所掌握的汉学与汉字的基础上,兼取别的耶稣会士的研究成果,①首创"埃及研究"——用汉字附会象形文字,用中国历史启迪埃及想象。他在搭建"古代埃及国王系列"时,参照中国编年史和早期的汉字。②法国学者大卫·马德琳(Madeleine David)说,珂雪的《中国图志》(China illustrata)是他的"埃及著作"的初版。③

略谈珂雪创建这个"新学科"的历史背景,如下:

如前所述,斯卡利杰凭借远非准确的中国资料,设计出"圣经编年"和包括埃及在内的"古代世界编年"不久,大主教乌雪把"斯卡利杰编年"发挥至极,以致使它的谬误暴露于卫匡国的"中国上古史"面前,而沦为众矢之,简直无地自容。在此情况下,捍卫"圣经编年"的神职学者灵机一动、想出妙计。那就是:"乌雪危机"幸有"珂雪拯救"。

珂雪为了拯救"斯卡利杰—乌雪体系(圣经编年)",暂时撇开这个众矢之的,而采取了"围魏救赵"的策略;即:珂雪在其"先师"的基础上,变本加厉地利用中国历史资料来伪造埃及历史(包括通过汉字来"破译"埃及的象形文字)——他论证"埃及文明"居先,然后,埃及人到中国"殖民",因而产生了中华文明。这也就是五四以来的一些中国文化人跟着洋人鼓吹"西来说"的原委。

珂雪按照《圣经》的神话,编造了一个"埃及文明"缘起的神话。博南诺写道:

珂雪相信,埃及文化直接源自亚当,他,作为开天辟地之后的第一个男人,保持了上帝给他的智慧,通过他的儿子塞特传承下去,直到哈诺客;根据传统,他以各种神秘的方式再往下传。哈诺客生了玛士撒拉,后者生了拉麦,这就是诺亚的父亲。他们的家族从洪水中幸存下来,并且把从祖先继承下来的知识传给子孙。其中之一叫含(Cham)曾到达埃及,把神圣的知识授予摩西和祭司,他们便知道了"自然的秘密"。根据《马太福音》,"创世以来所隐秘的事"必须被发明出来,而象形文字则用来给那些"智慧的人"传播真理的。按照珂雪的讲法,掌握这种文字的关键是表达概念,而不仅是字的本身。④

---

①John Edward Fletcher:*A Study of the Life and Works of Athanasius Kircher*,Brill,1978,12,p.87 and n98.

②David E. Mungello:*Curious Land*,p.150.

③David E. Mungello:*Curious Land*,p.153.

④Roberto Buonanno:*The Stars of Galileo Galilei and the Universal Knowledge of Athanasius Kircher*,Springer,2014,p.3—4.

珂雪起初是着迷于中国文化的。1629年他就对他的神学教师说,他想成为去中国的传教士。他的著作《中国图志》在当时的欧洲堪称中国的百科全书,其中包括神话元素如"龙",他强调这是中国历史中的基督教元素。他在书中提到景教曾传播到中国,还描写了1625年在西安府发现的《大秦景教流行中国碑》;他认为这块碑说明基督教在一千年前(即约公元600年)就已经传播到中国了。他还写道中国人是含的后代,汉字是"圣书体"传到亚洲后的变异。他援引《圣经》编造了一个诺亚家族世界殖民的新神话。他认为,在大洪水之后,诺亚的儿子含来到波斯,在那里建立了一个殖民地。他认为含就是查拉图斯特拉,他的国土一直延展到印度和蒙古。其邻国中国则是含最后殖民的国家。珂雪还说,第一位中国帝王伏羲从含那里接受了"圣书体",并将它发展为汉字。按照他的计算,这件事发生在大洪水后300年的时间。他将汉字列在圣书体之下,因为他认为,每个汉字代表一个特殊的意思,而圣书体的符号则代表神秘的复杂的思想。

无独有偶,稍后又有柏应理(Philippe Couplet,1623—1693年)宣称:"中国编年史显示,中国古人起源于美索不达米亚;在那儿,在诺亚洪水之后不久,他们受到神的启示。由于迁徙到像中国那样的封闭的地域,他们能够长达两千年保持纯正智慧,而避免迷信,直到佛教传入为止。"①

运用《圣经》的神话谱系,增添了中国式的历史内容,来打造西方的"古老文明"——把它树立为与《圣经》相关的"异教文明"的总代表,以压倒真正的"唯一文明"——中国。一旦古埃及等"文明"被打造成功,其他的泛西方的"异教文明"都能站住脚了,从而巩固西方的强势地位。

正如萨义德所说:埃及的角色就是在舞台上不断成为各种具世界史意义的"行动"的对象。一个起源自现代欧洲的世界新霸权,只要攻下埃及,就很自然地可借此向世界展示力量,合法化他们的侵略行为,写下殖民的历史。一旦攻下埃及,这个非洲国家的命运就和整个欧洲结合在一起。此外,一旦进入埃及,昔日欧洲最远古的祖先不过是荷马、亚历山大大帝、恺撒、柏拉图、毕达哥拉斯,现在则可追溯到更古老的东方先贤。简言之,东方存在的价值,不在和现代欧洲现实世界接轨,而在与欧洲遥远的过去相连接的价值。这就是我所提到过的,一个纯粹的例子:西方看东方世界的那种"文本式"、"宏观系谱式"(schematic)的态度。②

---

① Thierry Meynard: *The Jesuit Reading of Confucius*, Leiden: Brill, 2015, p.63.
② [美]爱德华·萨依德:《东方主义》,中译本,台北:立绪文化事业有限公司,2011年,第120—121页。

珂雪的论调就是西方中心论攻下埃及的先声。芬德伦教授写道：

> 珂雪在《中国图志》(China illustrata)……描述中国的植物、动物、人民、政治制度和建筑，最后一章是写中国文学。在此，珂雪寻求"中央王国"的信仰与实践的起源；但显而易见，他最感兴趣的是，在语言学上，从汉字追溯埃及的"源头"。珂雪并非简单地发表来自他的北京同事(耶稣会士)的"发现中国"，而是组织材料，加上评论，来把其读者导向埃及；这反映了珂雪的想法——把埃及看成是知识与异教的"源头"。亦即，对于珂雪来说，埃及是亚洲的万事万物的摇篮。他要使中国的语言和文化与埃及的达成"和谐"……像珂雪所告诉的，中国只是埃及的影子(shadow of Egypt)。①

同样都是模仿中国历史，乌雪的"圣经编年"却节节败退，在启蒙运动中被打入冷宫；珂雪的"埃及谱系"则步步高升，在启蒙运动中仅次于中国。但到后启蒙时代(19世纪)，竟是阳春白雪、胜利会师——乌雪与珂雪的论调皆融入西方中心论，晋升为主流文化。

无论真假和对错，珂雪是在斯卡利杰设计编年史的基础上的"埃及学"的拓荒者。汤普森教授揭秘，珂雪创造"埃及学"的灵感来自一段弄假成真的传奇经历，即：

> 文艺复兴的高峰和近代早期的埃及学，两者的事实与荒谬，皆体现于德国耶稣会士珂雪身上……他是从三十年战争的地狱中涌现出来的……有一次，他假装上当受骗，收到别人给他一部伪造的古埃及手稿，他毫不犹豫地假装翻译它；珂雪运用他的智慧和洞察力，深入思考，启迪了一系列的相关研究，持续了多年，得出了广泛而多方面的结论……
>
> 他变成了解密埃及象形文字之谬误与缜密的象征，结果它被标签为"高级骗子"。然而，尽管珂雪有诸多欺诈动向和公然错误，但在19世纪以前，他的古埃及语言的水平则是无与匹敌的……珂雪相信，至少他自己相信，他已经解密了象形文字，而且也确实翻译了不少；但实际上，他几乎连一个字都看不懂。②

尽管珂雪所"翻译"的"象形文字"都是伪造的('translate' fake 'hieroglyphics')，③但他的"埃及学"——特别是他的象形文字的"研究"，却融入了共济会的"历史学"

---

① Paula Findlen: *Athanasius Kircher*, p.178.
② Jason Thompson: *Wonderful Things: A History of Egyptology 1: From Antiquity to 1881*, Vol. 1, the American University in Cairo Press, 2015, p.72—73.
③ *Beiträge zur Geschichte der Sprachwissenschaft*, vol. 10, Nodus, 2000, p.94.

之中,①而且也为商博良的工作铺平了道路(商博良在破译古埃及语的过程中使用了珂雪的成果)。②商博良属于法国共济会(以秘密手段主宰世界的组织)。③所以,他所破译的象形文字,乃至全部的埃及象形文字,难说不是伪造的。已有学者指出"罗塞塔石的象形文字的破译是个阴谋"(Rosetta Stone Unlocked Hieroglyphics Conspiracy)。④

关于古代埃及文明是伪造的,我们只要从近期出版的、代表主流西方的《世界历史简明百科》(2007年),便会端倪可察;它的相关介绍,似乎欲盖弥彰,却很容易被揭穿。

请读其中的一段:把埃及的统治者列表和置于各个朝代的历史学家,是约公元前300年的托勒密埃及的曼涅托(Manetho),他与美索不达米亚编年史家波洛修斯(Berossus)差不多是同时代的人。曼涅托的原始文献已佚失,但其部分文字出现在别的作者的书中,他所列的王朝序列依然可用……在编纂曼涅托的埃及王朝年表时,没有采用中国标准(Chinese standard)……尽管中国的编年史通常被认为比其他王国的更真实。⑤

"没有采用中国标准"这句话岂不"此地无银三百两"？既然是公认的标准,那为什么不采用？事实上,在19世纪中叶以前的两三百年中,没有一个有关埃及编年史的"研究"不参照中国标准。上文提到两位古人——曼涅托和波洛修斯,分别是古埃及史和美索不达米亚历史的首创者。他俩及其著述在17—18世纪的欧洲,是千夫所指的假货——这个"古埃及史"和"美索不达米亚历史"(迦勒底—巴比伦历史),是臭名昭著的安尼乌斯伪造的十七部"古代历史"中的两部！

前文已经说到,英国在19世纪中期(1853年)出版的编年史研究刊物还称,新发现的有关古埃及、巴比伦和亚述等资料都需要用"中国时间"来定位它们的年代,直到如此"新史"、"中国标准"和"圣经编年"三方,和谐一致、皆大欢喜。然而,到1884年出版的相关刊物,则有很大的变化:虽然还有西方学者坚持中国历史最为悠久,远比埃及古老,但已没有人再心甘情愿地接受"中国标准"了。

---

① A.P. Coudert, R.H. Popkin, G.M. Weiner: *Leibniz, Mysticism and Religion*, Kluwer Academic Publishers, 1998, p.90.

② John Edward Fletcher: *A Study of the Life and Works of Athanasius Kircher*, Brill, 2011, p.86.

③ Christopher Hodapp: *Solomon's Builders*, Part 3, Ulysses Press, 2007, p.192.

④ RTF Rosetta Stone Unlocked Hieroglyphics Conspiracy.

⑤ Carlos Ramirez-Faria: *Concise Encyclopeida Of World History*, Atlantic Publishers, 2007, p.187.

该刊物说:最近发现的有关古埃及和西亚编年史的资料大量涌现,非常混乱。但学者们已没有多少兴趣,把它们去对照几年前还被接受的以伏羲开头的编年史;它派生于令人印象深刻的伟大的中国古代。根据这个(中国标准)的编年史,中国第一个帝王的登基是在诺亚洪水之前的303年,在诺亚死后的第47年和在第一个埃及王朝之前的137年。①

尽管在上面的引文中,"埃及第一王朝"晚于中国历史的开端(伏羲)166年,但是,这段话已喻示不久之后发生的"史学变革",即:西方学者打造的西边的"古老文明",已可以自立山头、自成体系了,进而更上一层楼——在时间上、空间上皆反超中华文明与中国历史!

二、古老文明何缘"神话成真"

(一)西方中心论的历史主义

按照德国历史学家格力高维优斯(Ferdinand Gregorovius,1821—1891年)的说法,"那是一个把传说和传奇变为事实的时代"(That was the time when tale and legends became reality.)。很多中世纪的奇闻异事被夸大成了"古代历史",例如"古希腊"的辉煌就是这样形成的。②

萨米尔·阿明(埃及经济学家)说:"揭穿西方中心论和西方中心的历史,揭穿它的始于伪造的古希腊的假的西方谱系。"③

如前所述,关于西方伪造历史与文化,是在东学西渐、中学西被的大环境下,中古后期的基督教是开风气之先;文艺复兴时期的意大利城邦,借助于中国造纸与印刷技术而使之蔚然成风;到18—19世纪,即在启蒙运动与"中国热"之后,"欧洲中心主义"学者们在这方面则疯狂至极——乘着帝国主义侵略及其宰制世界,指鹿为马,盖棺定论。他们尽力把"西方优越"打造得"天衣无缝、天上人间",它的确是在现代东方产生了"殖民文化"效应,以致"众煦飘山、聚蚊成雷"!

让我们再回过头来看看,意大利文艺复兴和在这期间伪造"古典"这两件事的共同的知识基础,那就是:意大利作为丝绸之路的欧洲门户,首先受惠于从西元1至14世纪中国科技和文化信息像流水一样、源源不断地浇灌西方(李约瑟语)。美

---

① *The Spirit of Missions*, Vol. 49. Cover J. L. Powell,1884,p.392.
② A. Fomenko: *History:Fiction or Science? Chronology 1*,p.422.
③ *South Asia Bulletin*,Vol. 11—12,University of California,Los Angeles,1991,p.69.

国历史学家林恩·怀特由此推断:中国的重大发明为欧洲的"古典复兴"和"人文主义"奠定了基础,所以说,"真正启迪文艺复兴的,应该是北京,至少它和罗马……一样重要。"①正是在这样的历史背景下,美第奇家族和宗教团体以及大群神职学者(人文主义),才把欧洲内外的诸多传说和奇闻,变成"文献"或"文化",赋予它们以本土的历史生命。这一过程也相辅相成于达·芬奇及其前后的欧洲人抄袭中国成果。不久,中西会聚之中心转到了荷兰和法国,而"古典造假运动"却在被启蒙学者们所请来的"真神"——中国文化(自然神)——的面前,变得黯然失色,故而藏身于暗室;"……18世纪初,对远东越来越高涨的热情已经开始把古希腊重新置于黑暗的一角。"②马丁·布纳尔说道,希腊在欧洲启蒙运动中是被冷落的,即:

1714年,达茜尔夫人……抨击近代派,如泰拉松,后者批评荷马与希腊人,说他们相对于近代法国和古代埃及,是原始的和野蛮的。……然而,达茜尔夫人企图在启蒙运动的中心——法国推崇希腊,但没有成功。就像伏尔泰在该世纪中叶所说:"似乎对外来说,希腊已不合潮流,在达茜尔夫妇的年代就是如此。"……18世纪80年代,托马斯·布莱克威尔……说,荷马是原始时代的诗人,希腊是欧洲的孩童。……柏拉图曾讲述,一个年迈的埃及祭司告诉梭伦:"你们希腊人是孩童……你们丝毫不具有像古人那样的信念。"对古代、中世纪和文艺复兴的学者来说,如此评价完全是诅咒。即使是在18世纪,近代派也会诟病希腊人为幼稚和无价值。……启蒙运动的思想家们……青睐像中国、埃及和罗马这些长期持续的大国。那时的古典学者,他们大部分是读拉丁文著述,很少或没有读希腊文。③

直到18世纪后期"中国热"冷却之后,"西方古典"方能在西方中心论之下借尸还魂、粉墨登场,成为西方人认祖归宗的"神脉"。④

18世纪末和19世纪初,即康德与黑格尔的时代,"欧洲中心论"是威宠炽灼;于是,学者们按照"无比优越的文化源泉"的标准去认祖归宗,从而在文艺复兴的伪造的基础上重塑希腊。即如海拉·哈尔门所说:"在19世纪早期,作为浪漫主义的代表作,希腊奇迹的景观被创造出来。逻各斯战胜神秘精神。希腊文化的理论建

---

① Lynn Townsend White: *Medieval Religion and Technology: Collected Essays*, p.43 and xiii.
② 艾田蒲:《中国之欧洲》,上卷,第229页。
③ Martin Bernal: *Black Athena: The Afroasiatic Roots of Classical Civilization*, Volume 1, New York: Random House, 1991, p. 208—209.
④ Robert Marks: *The Origins of the Modern World: A Global and Ecological Narrative from the Fifteenth to the Twenty-first Century*, p.3.

设纯粹是按照欧洲理想来铸型。如此欧洲中心论主宰着希腊哲学与文学的研究,登峰造极至20世纪。"①

伊恩·莫里斯指出:家喻户晓的版本是,欧洲人在文化上拥有无与伦比的优越性。自从罗马帝国日薄西山,大多数欧洲人首先把自己界定为基督徒,寻根溯源至《新约》。但在解释西方缘何主宰的问题上……18世纪的知识分子则另辟蹊径,重新为自己找到了一个源头。他们认为,2500年以前,古希腊人创造了一种以理性、创新和自由为特征的独特文化;可东方传统是无序、保守和等级森严的,无法与西方思想匹敌。由此,许多欧洲人得出结论,他们攻城略地,包举宇内,是因为他们有优越的文化。②

(二)谁是最古老的文明

中国……是地球表面最古老的王国。(China……the most ancient kingdom on the face of the earth.)③——查尔斯·卢卡斯(Charles Lucas,1769—1854年)

中国历史之准确与悠久皆超过其他任何民族。(Chinese history surpasses the histiories of all other peoples in terms of exactness and antiquity.)④——莱布尼茨

在16—18世纪的西方,中华文明最为古老和真实,是世界历史的主流和人类智慧的源泉,都是天经地义的;其他的"古代文明"都是倚靠它存在,而无出其右。

保罗·罗西教授说:维科看得很清楚,埃及和迦勒底的大时代的问题成了不可解的死结。在17世纪中期以后……中国古代对《圣经》的权威和普世洪水构成了威胁。接受历史的真实——中国编年史,它蕴含着最古老的智慧……正如耶稣会士卫匡国在其所著《中国上古史》中所称,中国历史可上溯洪水之前六百年。⑤

早在16—17世纪,当中国历史的信息传到西方之后,便引发了"世界观的革命"——在《圣经》之外存在着空间更大、时间更久的文明,而令基督教相形见绌!于是开始了"历史学的创世纪":以神职为主的西方学者要求"宗教开放、包容无

---

①Harald Haarmann:*Roots of Ancient Greek Civilization:The Influence of Old Europe*,Jefferson:McFarland,2014,p.19.

②[美]伊恩·莫里斯:《西方将主宰多久——东方为什么会落后?西方为什么会崛起》,钱峰译,中信出版社,2014年,前言。

③Charles Lucas:*The Infernal Quixote:A Tale of the Day*,3,Broadview Editions,2004,p.182.

④A.P. Coudert,R.H. Popkin,G.M. Weiner:*Leibniz,Mysticism and Religion*,p.140.

⑤Paolo Rossi:*The Dark Abyss of Time:The History of the Earth and the History of Nations*,p.140.

疆",经过西方本身的教俗妥协、基督时间观与中国编年史的妥协,终于形成了仍由《圣经》"经纬时空、囊括异教"的全球历史。科学家牛顿虽在历史时间的长短上与斯卡利杰相左,但在"历史学的创世纪"上则如出一辙。从下面引文中的牛顿的例子可见一斑,西方历史学的草创就是"预先设定、再来充实",并且越是科学,越是脱离真相。而如此"草创"竟成为通行于今的世界历史的基本结构。

对牛顿来说,有效地使用他的方法论,参照一个历史时间线来建立另一个;由此,希腊是他的(世界)编年系统的核心。因为希腊被埃及和腓尼基两者殖民化、文明化……所以,编纂确切的希腊编年史有助于确定埃及的编年史(forging an exact chronology for Greece would help determine the chronology of Egypt.)。牛顿说:"让我们通过比较埃及与其同时代的希腊和希伯来,来试着改正埃及编年史。"然而,如果不认真考虑据说已经发生的事件,是否吻合于合理的时间段,那是不充分的。牛顿花了大量时间和精力去确定同时发生的神秘,以表明他与斯卡利杰的信念一致……即:《旧约》本身对于建立古代世界的确切编年,是不充分的。像斯卡利杰一样,牛顿所关注的是"俗世编年"(secular chronology)和异教民族的年志,尽管它们是被镶嵌于摩西时间的框架之中。①

那么,姑且不论真假,究竟哪一个是最古老的文明?在19世纪的西方中心论与帝国主义列强的甚嚣尘上之前,欧洲学术界共识于"中国是最古老的文明"。

伊萨克·福修斯认为:"比埃及谱系更老的,那就是中国编年史。"(Even older than the Egyptian lists: Chinese chronology。)②

斯宾诺莎说:"中华民族的古老超过其他任何民族。"(Chinese surpass all other nations in antiquity.)③

英国皇家科学院称:哪个最为古老,这是很难证明的。埃及木乃伊和方尖碑上古代象形文字?但是,中国编年史(如果可信)超过被臆想很古老的埃及……中国人发明的书面文字(方块字),似乎是最古老的一种;伏羲氏的著述,据说是最古老的书。④

---

① Jed Z. Buchwald, Mordechai Feingold: *Newton and the Origin of Civilization*, Princeton University Press, 2013, p.426.

② Eric Jorink, Dirk van Miert: *Isaac Vossius (1618—1689) Between Science and Scholarship*, p.7.

③ Richard H. Popkin: *The Columbia History of Western Philosophy*, p.414.

④ Royal Society (Great Britain), John Lowthorp, Henry Jones, John Eames, John Martyn: *The Philosophical Transactions and Collections, to the End of the Year 1700*, p.380.

约翰·杰克逊称:"中国的编年史是最古老、最真实。"(The most ancient and authentic of the Chinese annals.)①他写道:众所周知,中国人和他们的帝国是世界上最古老的。中国的纪年也是最古老的,是被最认真和准确的记载下来的,包含着帝王系列的原始资料;每一位统治者都安排贤哲来写他们的前任(前代),那是从文明之初延续下来的、不间断的整体历史,全是公正的、没有偏见的如实记述。②

伏尔泰主张,文明的历史发端于中国;"世界历史并非开始于'圣经编年',而是开始于中国时间。"③布鲁教授解释其时代背景:布兰威尔(Boullainvilliers,1658—1722年),17—18世纪之交的法国改革派的重要代言人……以中国冠于其世界史的著作。此后,布雷多(Pretot)、哈斯(Hase)、夏克福德(Shuckford)等人的具有影响力的世界史著作(分别出版于法、德、英等国),都以中国、而不是以亚述或埃及为开头。1754年,伏尔泰……将中国视为人类历史的起源……④

哈佛大学教授丹尼尔·斯迈尔说:16世纪,让·博丹(Jean Bodin,1530—1596年)和斯卡利杰把各种编年柔和成一个普世性的时间系统……斯卡利杰指出,中国的宇宙观回溯到88万年以上。1658年,耶稣会士神父卫匡国揭示,中国的编年超越基督教的时空,可信的历史事件的记录超过洪水之前的六百年。伟大的苏美尔、迦勒底和埃及文明都是有问题的。论埃及编年的著作都显示埃及文明溯源于洪水时代的左右,甚至在之前。如此复杂的文明是怎样在短期内兴起的?让·博丹被这些问题所困惑。他和别人的答案是,非摩西编年(non-Mosaic chronologies,指埃及、两河等"古代王国的新编年"。——引者)或是伪造的,或是精神嫉妒。⑤

直到1861年,英国的教会学刊还称中国是最古老、最真实的文明,摘录如下:

对于那些对远古时代感兴趣的人来说,对于那些喜欢了解洪水之后的最早的民族状况的人来说,如果探索持续进步和发展的民族,那么,没有哪个领域会比中国更令人神往的了。在他们的古代历史记录中,许多是他们的亲身经历的证据……存在着丰富的史料可供调查……中国的最早时代的实录,与"摩西记载"形成令人

---

① John Williams, F. S. A.: *The Shoo King, or the historical classic*, London: 1871, p.406.
② John Jackson: *Chronological Antiquities*, Vol. II, p.403.
③ Paul S. Ropp, Timothy Hugh Barrett: *Heritage of China: Contemporary Perspectives on Chinese Civilization*, p.4.
④ Timothy Brook, Gregory Blue: *China and Historical Capitalism: Genealogies of Sinological Knowledge*, p.68.
⑤ Daniel Lord Smail: *On Deep History and the Brain*, University of California Press, 2008, p.22.

惊叹的对照。越是彻底的调查,就出现越多的真迹与灵感。(像中国古代的学者所做的那样)把神秘传奇拒于历史之门外,他们不相信文字发明和系统记录之前的传说故事。我们(西方)热衷于歪曲的和幻想的"创世神话"和洪水故事。但在中国……所有的可信的事实与神圣的篇章是和谐的。中国人所具有的最早的文献是《书经》,它后来被公元前549年出生的孔子所修编;该书包含从公元前2356年的尧到公元前721年的平王。虽然尚未证明中国人在尧的时代便掌握了书写文字,但即使没有,那是其后不久的事,也是完全可能的。公元前1150年,文王写《易经》,那是一个使用文字的王朝;毋庸置疑,它是所有语言中的最早的书。……铭文记载,中国最早的帝王之一的禹(他于公元前2200年即位),在其前任舜帝临朝时,主要在黄河流域疏河排涝……如果尧(Yao)和诺亚(Noa)是一个人……那么,《书经》记载的是我们洪水之前的八年。①

伊恩·莫里斯教在其所著《为什么西方主宰至今?》一书中,按照西方中心论的套路,变本加厉地援引被伪造的古埃及和巴比伦等来增援"西方文明",说它比中华文明更大更久。他在书中承认,西方在18世纪(中国文化"启蒙欧洲"的时代)还在四处寻找自己的"文明源头",终于在19世纪初决定重塑"古希腊"(即"18世纪……另辟蹊径,重新为自己找到了一个源头……古希腊")。莫里斯教授说这样的话,似乎他已预感"古希腊"终将弃守。所以,他竭力巩固"古埃及",来确保泛西方的"文明谱系"。就像萨义德所指出,当初"西方中心论"(之东方主义)攻下埃及,整个的"西方文明"就自圆其说、理直气壮了。

其实,现代西方人的祖先曾是中亚漠北的游牧部落,在一千多年前进入欧洲,直到近代;在这当中,他们从未经历,也没有接触过文明,基本上保持着原始状态。只不过是因为"天时地利、因缘汇聚",西方人搭上了中国的"进步列车",并且转入"快车道"(世界联通、海洋文明)。再因中华民族几千年的卓有成效的努力,改变了人与自然的主从关系,而使人能够"顶天立地、巧夺天工"(《书经》),乃至能够"戡天役物、人定胜天"(荀子);从而使近现代的"文明"与"人为"均变得很容易了,西方人这才有可能、有机会唱主角!(莫里斯教授承认,西方之所以会取代中国的主角,主要是因为在1500—2000年这个"技术时段",西方的"海洋地缘"比中国优越)。

没有任何的可靠证据说明在"我们这个历史时期",存在过西边的"古老文明"

---

① China by J. H. Taylor, *The baptist Magazine*, Volume LⅢ. (series Ⅴ.—Vol. Ⅴ), London, 1861, p.345—346.

和西方的"古典文明",更无证据显示西方人曾与它们有着"源流关系"。然而,莫里斯教授在书中,指责考古学家为此烦恼;他把怀疑"古埃及"的人,说成是患了"埃及嫉妒征"(Egypt envy)。莫里斯教授诚惶诚恐地生怕中国人有此想法,所以他故作沉稳地讽刺道:

1995年,一位中国的学术代表团访问埃及时,被介绍了古代埃及的历史年表,这是"始于公元前3100年的埃及王朝的详细编年记录";看完后,该团负责人表示对中国历史年表很不满意:它不仅开始时间比埃及晚了一千年,而且也没有埃及历史精确。代表团回国后不久,中国学术机构开搞了一个"人文工程",花了两百万美元,其结论不得不承认:中国没有埃及那么古老。①

按照中国的历史年表伪造出来的东西,当然是"青胜于蓝"了!古诗云:"假金方用真金镀,若是真金不镀金。"

不过,莫里斯教授别笑得太早,中国人是"知己知彼":既然要"决一高低",先得"自知者明",再是"知人者智"——查明真相的明智之举是等待时机(老子曰:"动善时";《易经》云:亨行时中)。

(三)两河与埃及历史的质疑

直到18世纪后期,几乎没有人知道埃及和近东文明。(In the late eighteenth century almost nothing was known about the ancient civilization of Egypt and the Near East.)②

实际上,所谓的"泛西方"的文明与历史(包括古老文明、古典文明),在受到中国影响之前,根本不存在。即使有金字塔或发掘出别的古迹,那也不知道属于哪个"纪世";没有证据显示那儿有"活的文明",而与"我们的历史"有任何关系,也没有证据显示它们与"西方"有任何关系。

今天的教科书都把除了中国之外的"古老文明"上溯到公元前3000年之前。而牛顿的研究结论则是:古埃及最早是公元前946年(古埃及的时间跨度:"斯卡利杰编年"是三千年,牛顿认为是三百多年)。③

1876年的英国哲学协会会刊主张:

所有的真实的历史,无论是埃及、亚述、巴比伦,还是中国,都不会延伸到公元

---

① Ian Morris: *Why The West Rules - For Now*, Profile Book Ltd, 2010, p.201.
② Okasha El Daly: *Egyptology: The Missing Millennium: Ancient Egypt in Medieval Arabic Writings*, London: UCL, 2005, Preface.
③ A. Fomenko: *History: Fiction or Science? Chronology 1*, p.12.

埃及与中国历史年表对照

说明：基于中国历史的"古埃及"。西方于 16—17 世纪"发现"中国历史年表，用它来设计以《圣经》为经纬的西方版"世界历史"；设计和完成古代埃及历史年表是在 17—19 世纪，这期间一直是参照中国的。

埃及历史年表		中国历史年表
	前王朝时期（公元前 32000 年以前）	新石器时代 （80—21 世纪 / 公元前）
早王朝时期	第一王朝公元前（3100—2890 年 / 公元前）	
	第二王朝（2890—2686 年 / 公元前）	
古王国时期	第三王朝（2686—2613 年 / 公元前）	
	第四王朝（2613—2498 年 / 公元前）	
	第五王朝（2498—2345 年 / 公元前）	
	第六王朝（2345—2181 年 / 公元前）	
第一中间期	第七、八王朝（2181—2125 年 / 公元前）	
	第九、十王朝（赫拉克利奥波利斯王朝） （2160—2130 年 / 公元前）、（2125—2040 年 / 公元前）	
中王国时期	第十一王朝（2133—1991 年 / 公元前）	夏（21—17 世纪初 / 公元前）
	第十二王朝（1991—1786 年公元前）	
第二中间期	第十三王朝（1786—1650 年 / 公元前）	商 （17 世纪初—11 世纪 / 公元前）
	第十四王朝（1750—1650 年 / 公元前）	
	第十五王朝（喜克索斯王朝）（1650—1550 年 / 公元前）	
	第十六王朝（1650—1550 年 / 公元前）	
	第十七王朝（底比斯）（1650—1570 年 / 公元前）	
新王国时期	第十八王朝（1570—1295 年 / 公元前）	
	第十九王朝（1320—1200 年 / 公元前）	
	第二十王朝（1200—1085 年 / 公元前）	
后王朝时期	第二十一王朝（塔尼斯王朝）（1069—945 年 / 公元前）	
	第二十二王朝（利比亚王朝）（945—715 年 / 公元前）	西周（770—476 年 / 公元前）
	第二十三王朝（727—715 年 / 公元前）	春秋（770—476 年 / 公元前）
	第二十四王朝（727—715 年 / 公元前）	
	第二十五王朝（努比亚或库施王朝） （747—656 年 / 公元前）	
	第二十六王朝（664—525 年 / 公元前）	
	第二十七王朝（波斯王朝）（525—404 年 / 公元前）	
	第二十八王朝（404—399 年 / 公元前）	战国（475—221 年 / 公元前）
	第二十九王朝（399—380 年 / 公元前）	
	第三十王朝（380—343 年 / 公元前）	
	第三十一王朝（第二次波斯统治） （343—332 年 / 公元前）	
希腊罗马时期	马其顿时期（332—305 年 / 公元前）	
	托勒密王朝（305—30 年 / 公元前）	秦（221—206 年 / 公元前）
	罗马帝国（公元前 30—公元 395 年）	西汉（公元前 206—公元 25 年）
		东晋（公元 317—420 年）
		三国（公元 220—280 年）
	东罗马帝国（拜占庭帝国）（公元 395—642 年）	西晋（公元 265—316 年）
		东晋（公元 317—420 年）
		南北朝（公元 420—589 年）
		隋（公元 581—618 年）
中世纪	阿拉伯人征服埃及（公元 642 年）	唐（公元 618—907 年）

前 2300 年之前。所有超过这个年限的,都是虚构的、传说的和不真实的。(All authentic history, whether Egyptian, Assyrian, Babylonian, or Chinese, does not extend to an earlier date than 2300 B.C. All beyond that date is fabulous, legendary, and untrue.)。①

16—18 世纪的两百年中,极少数的西方人——主要是神职学者——按照中国历史设计西边的"古老文明",只限于闭门造车、纸上谈兵。但到 19 世纪初,随着西方中心论登上历史舞台,斯卡利杰的"编年史"开始被付诸实践——重建"泛西方"的上古史。

为了彻底囊括从尼罗河到印度河之间的"文明",从而在古今世界充当自始至终的核心地位,西方中心论就把它的"历史源流"延伸到了"肥沃的新月带"——美索不达米亚。只因为《圣经》中有一些地名,被近代的西方人武断地定为"近东地区";所以,西方导演了文化上与考古上的"十字军"。如下列文字所表述的:

西方文明现在是 10 000—12 000 年岁。它开始它的雏形于石器时代的末期,即新石器阶段;发展农业和家畜,成为人类生产方式的主要模式,从而奠基文明。西方文明在地理上的根是美索不达米亚;虽然该地区现在与西方冲突,但没有人愚蠢地怀疑,这儿是西方文明的摇篮……因此,如果这是一个可靠的事实,即"肥沃的新月带"是第一个文明的家,它诞生于新石器革命的苏醒期,从而告别采集—狩猎社会;那么,词语"想象"(imagination)就会令人豁然开朗,那就是:大地的这个部分诞生了一个超级先知——摩西,他给这个西方世界带来了……神、书(《圣经》)和宗教(基督教)。②

正因为如此,西方人对"近东文明"(包括两河文明)的考古探索是很成问题的。例如纽约大学教授 D.T.波茨指出:在 19 世纪末和 20 世纪初,学术方面开始注意到古代近东文物的伪造问题,但很快不了了之。最早讨论……涉及希伯来和基督教文献……现在,相对很少的考古学出版物提及造假的事,通常是忽略的;因为一些学者为了维护自身和同行,故意压制讨论……伪造的近东古文物成千上万地涌现出来了……③

---

①*Faith and Thought*, *Volume 9*, London, Victoria Institute., 1876, p.77.

②Damien François, Ed McGaa: *The Self-destruction of the West: Critical Cultural Anthropology*, p.9—10.

③D. T. Potts: *A Companion to the Archaeology of the Ancient Near East*, Hoboken: John Wiley & Sons, 2012, p.119—120.

缺少原始资料、甚至在伪造证据的前提下，①欧美学者不仅夸大、夸张其历史，旨在巩固"西方中心"；而且提高、提前"近东文明"与"埃及文明"，而抑低"远东文明"。——他们以此来抹杀世界历史的真正的、几乎是唯一的"伟大母体"。

英国"跨学科研究协会"《古代历史的修正前瞻》专栏写道：②今天所教的世界古代史是一个重灾区，其体系不能令人信服；从最早的时代起，艺术、文化和技术的发展皆表现得极不协调。艺术史学家和考古学家相冲突……公元前第一、第二个千年皆是错误百出……

最先把古埃及带给公众的是公元前450年的希罗多德……他记载的埃及历史非常夸张……追溯到他之前的11 000年……他提到特洛伊的海伦和特洛伊的战斗是埃及普罗透斯王的统治时期……

牛顿爵士（1643—1727年）……认为，古代历史已被向前推了许多个世纪……他还证明，埃及和亚述的文物严重不实……

至于希腊先前还存在过"千年黑暗"？没有合理的解释：为什么希腊人消失于黑暗时代，他们去了哪里？为什么他们又出现了？希腊人是如何恢复他们的艺术和文化，持续发展长达半个千年而不曾间断……

已消亡的伟大帝国诸如苏美尔、阿卡德和巴比伦，都是学者们在19世纪末和20世纪初发明的，用来填补历史空隙。古希腊与罗马的历史学家们都不知道这些古老的民族。

法国学者让·菲克特指出：在大部分的难以置信的假的埃及艺术奥秘的背后，讲述一个鲜活、悬疑和良好文档的道理。埃及学与造假者之间的势均力敌的战争已进行了一个多世纪后了……在19世纪和20世纪初，假货聚集，滋蔓难图……（一些）进入罗浮宫、（纽约）大都会博物馆和大英博物馆……③

历史书上所说的，（美索不达米亚—新巴比伦阶段）阿卡德王国的第三位国王，玛尼什图苏（Manishtushu，2306—2292年/公元前），萨尔贡之子，里姆什长兄。玛尼什图苏所依据的史实，来自记载他的功绩的十字碑（Cruciform Monument of Manishtushu），但它是被伪造的。另外，埃及托勒密时期的一块石碑，这块石碑叫作

---

①Quinton Crawford：*The Global Situation*，Raleigh：Lulu.com，2011，p.282.

②*The Society for Interdisciplinary Studies The Revision of Ancient History – A Perspective*（2014/11/25），http：//www.sis-group.org.uk/ancient.htm.

③Jean-Jacques Fiechter：*Egyptian Fakes：Masterpieces that Duped the Art World and the Experts who Uncovered Them*，Synopsis.

饥荒碑(Famine Stela),描述古埃及第三王朝(2686—2613年/公元前)、国王左塞尔(King Djoser)时一场为时七年的大饥荒,这也是伪造的。①

欧美及中东的各大博物馆中的古代文物(艺术品)全都受到了质疑(有专家说,不存在真的),例如这三项假文物:1.黎塞留的维纳斯(THE RICHELIEU VENUS,罗浮宫);2.十字碑(Cruciform Monument of Manishtushu,大英博物馆);3.阿伽门农(THE SCEPTER OF AGAMEMNON,意大利塔兰托国家考古博物馆)。②

"古老文明"沦为西方史学界的"猎物"。葛拉芙顿等教授写道:1855年的春夏之交,牛津大学首次印刷希腊文版,引起学术界的广泛关注。这是一部由历史学家乌朗勒斯(Uranios)所著的《埃及王国的历史》,它被一名拜占庭人威廉·丁道夫发现其手稿,并以很大的代价重写在羊皮纸上;他提供了这个版本,还亲自撰写了拉丁文前言。古埃及很吸引读者,他们刚被《拿破仑埃及记事》……和商博良解密象形文字所惊叹。然而……却是一本假书,由一名希腊人叫康斯坦丁·西蒙尼斯所编造。③

在16世纪60年代,博杜安和让·博丹……深度讨论历史伪造问题……建议谨慎的近代读者,只能相信"官方介绍"的历史书籍,而摈弃个人著述;后者诸如贝罗索斯所写的古代亚述和巴比伦,和曼涅托所写的埃及史……(这是官方的"斯卡利杰编年史"的主要史料。——引者)。安尼乌斯(Annius)……申明他为自己编辑的24位古代作者的著作,写了长篇评论;该书出版于1498年,其中的大多数古代作者——包括贝罗索斯和曼涅托——都是他自己的杜撰。为了取信读者,(安尼乌斯)在贝罗索斯(亚述、巴比伦史)和曼涅托(埃及史)中,像《圣经》一样地安排了翔实的渊源;比虚假的希腊作者们如希罗多德和修昔底德,更为可信。这是一个精妙的古文献,安尼乌斯又伪造了石头和铭文来支持他的这个古版历史巨著……有些读者很快发现安尼乌斯的伪造,但更多的人——犹太《圣经》专家和新教历史学家如让·博丹——都不知道……安尼乌斯成功地破译伊特鲁里亚铭文,就像他的继承者(curzio inghirami)……设计假的伊特鲁里亚铭文和文物,在1634年宣称是他

---

①Matthew T. Rutz, Morag Kersel: *Archaeologies of Text: Archaeology, Technology, and Ethics*, Oxford: Oxbow Books, 2014, p.177—180.

②*Antique Forgeries Made in Antiquity?* http://mentalfloss.com/article/73837/7-antique-forgeries-made-antiquity

③Anthony Grafton, Glenn W Most, Salvatore Settis: *The Classical Tradition*, Harvard University Press, 2010, p.361—362.

的发现……①

三、史前幽灵怎会"起死回生"

(一)招魂扬幡,贬低中华

这岂不就是把不存在的"文明"或已消亡的"史前文化",加以"复活",来作为由西方所代表的人类社会的"活水源头"?

换言之,就"我们的历史"而言,中华文明之外的其他几大"文明古国"的存在,都应该受到质疑。它们有的充其量是属于史前的"死文明"——死无对证!它们之中,西方伪造了希腊和罗马,消灭了美洲诸文化,半发掘、半伪造两个最古老的"近东文明"(埃及和美索不达米亚)——它所发掘的,或是"史前文明"的残迹,或是丝绸之路的遗物,都被拿来佐证"古老文明"。

例如:考古学家伍利(L.Wooley)披露,我们所见的大量的被归于古代王朝系列的文物,是和考古实情相矛盾的。让我们举一个具有代表性的例子来说明。人们被告知,一个最古老的苏美尔皇家墓群被发掘,其建造时间是,大约在公元前3000年。但伍利教授,从陪葬品中的黄金香水器皿断定,它是阿拉伯起源,属于第13世纪早期的文物……②

伍利还是说,埃及王朝序列是武断的被设置出来的(dynastical sequences have been set arbitrarily.)③

至于印度,存在着争论不休的"三个文明":A.被发掘的印度河文明;B.被伪造的雅利安印度;C. 根据中国文献所考证的佛教文明。印度民族主义模仿西方,来"激活"印度河文明——2009年宣称已破解其"文字";以证明"印度文明"(Hindu Civilization)之源远流长,借此整合原本是杂乱无章、支离破碎的南亚历史。但西方学术界对它"一瓢冷水、当头一棒"——不承认"雅利安印度",就别想拿走这个"源头"!④

在19世纪前期,亲华的"启蒙欧洲"被仇华的"欧洲中心"所取代,以配合帝国主义列强的征服东方。然而直到那时,西方学术界仍以中国为历史最久、最为可信

---

①Anthony Grafton, Glenn W Most, Salvatore Settis: *The Classical Tradition*, p.363—364.
②A. Fomenko: History: *Fiction or Science? Chronology 1*, Mithec, 2006, p. 25.
③A. Fomenko: History: *Fiction or Science? Chronology 1*, Mithec, 2006, p. 24.
④Indus Valley code is cracked — maybe By Raja Murthy.

的文明。例如西方中心论的代表人物之一的黑格尔,这样写道:

> 中国的历史学家是层出不穷、继续不断,这实在是其他民族所不能比的。虽然别的亚洲民族也有远古的传说,但没有真正的"历史"。印度的《四吠陀经》并非历史。阿拉伯的传说固然极古,却没有它的国家和发展的记录。如此国家只有中国才是……中国的传说可以上溯到基督降生前三千年。中国的典籍《书经》,叙事是从唐尧的时代开始的,它的时代在基督前2357年……亚洲的其他王国也很古老。据一位英国作家的推算……埃及历史,可以上溯到基督前2207年,亚述历史为2221年,印度历史为2204年,东方主要各国的传说一般大约都可以上溯到基督出世前2300年。假如我们拿这些年代来比较《旧约全书》所记载的,在诺亚洪水和基督教纪元之间,一般认为有2400年的间隙。但是约翰·米勒……确定洪水在基督前3470年……①

值得注意的是,黑格尔还承认中国历史上始于公元前2300年;冠于世界历史,但迟于诺亚洪水。而在此之前,自从16世纪"发现中国",西方公认其历史要早于"神话"。约翰·米勒又把诺亚洪水提前了一千多年。

到了19世纪下半期,西方学者再把中国历史减掉一千余年,而将其伪造的埃及、美索不达米亚等多次"提前",以致早于中国好几千年。

请大家注意一个荒唐的逻辑:此前,欧洲神职学者使用伏羲、皇帝和唐尧作为支柱(时间基点),搭建了西方的编年史框架,它包括"圣经编年、古老文明、古典文明";但在完工之后,欧美历史学家便宣布,伏羲、皇帝和唐尧,乃至商汤等,都不能算作"历史"——即使有文献记载,但没有像埃及、两河的"考古证据",就不能算历史!然而,近年来的中国考古已经展示了山西临汾的尧都陶寺遗址,凡是"文明的标准",应有尽有,一应俱全。但较之西方的"古老文明",它还是"晚出"。

对于古埃及和美索不达米亚,西方是"借尸还魂"——借用金字塔和别的遗迹、更是借用被伪造的"文物",来"复活文明",以致把两者打造成为"泛西方"的,乃至整个的人类社会的"活水源头"。

在主流西方开始亵渎中华文明与历史之前,继珂雪之后的另一名在历史学上"反客为主、盗憎主人"的德国传教士汉学家,是郭士立(亦译郭实腊,Gtzlafft,1803—1851年)。从他来华当间谍、贩鸦片和参与鸦片战争这一可耻生涯来看,郭

---

① Hegel: *The Philosophy of History Georg Wilhelm Friedrich Hegel*, Batoche Books, 2002, p. 133.

士立仇华和贬低中国历史是可想而知的。

郭士立在其所著《质疑中国历史:古代与现代》一书中写道:圣经历史是所有民族的编年史的试金石。每一个民族都有其传说时代,唯有《圣经》维持着真实历史的准绳,而让各民族的传说在它的时间框架中定位,来妥协诸多矛盾。

虽然所有的论及中国的作家都承认中国是一个真正的古代民族,但是,中华帝国上溯到洪水之前、甚至上溯到我们所设定的"创世纪"之前,那是夸大的,一如没有根据的印度和希腊的神话故事。我们相信中国人具有像迦勒底和古埃及那样的天文学知识,我们也相信他们有大量的日食计算;但是,我们仍然很怀疑,中国的编年史精确到我们认同其帝国存在于诺亚洪水之前。不仅其传说部分的历史是不确定的,甚至它的最早的两个朝代——夏朝和商朝——都是成问题的……事实上,我们必须计算真实的中国历史开始于孔子——公元前550年。[①]

(二)史学阴谋,端倪可见

严格来说,"埃及学"有两个源头:一是珂雪从古代汉字演绎"象形文字";一是与他相关的共济会,参与拿破仑远征埃及,发现罗塞塔石,再由商博良"破译"铭文。那么,"古埃及的象形文字"是否确有其事呢?

古埃及和"两河文明"是怎样被"复活"的?这两个"死文明"并未参与"我们的"历史运动,却在19世纪"姗姗来迟,冉冉升起"!

美国亚述学家利奥·奥本海姆在其所著《古代美索不达米亚:死文明的肖像》一书中写道:自从西欧学者成功地破解两个消失很久的近东文明的文字,已有百余年的光景了。它们分别是埃及建筑和文物上的象形文字,和在今天伊拉克附件被发现的泥块和石头上的楔形文字。

古埃及一直是陌生的和神秘的国度,而引起邻邦的好奇心。在其泯灭的两千年后,尼罗河废墟……的墙壁上的铭文,让专家们激活了埃及文明给予后辈的部分记忆。

西方人曾是通过《旧约》和古希腊作者的意味深长的故事,以及亚洲人的离奇怪异的传说,接触它的。当拿破仑远征埃及和随后的商博良的令人惊叹地破译罗塞塔石碑文,一个崭新的文明景观在《旧约》和古典文献的架构中,破壳而出、死而

---

① Karl Friedrich August Gützlaff:*A Sketch of Chinese History:Ancient and Modern*,Vol. 1, New York,1834,p.55.

复活。①

如前所述,与这两个"文明"相关的历史文献都是中世纪后期伪造的,诸如《旧约》、希罗多德《历史》、②古埃及历史年表、赫尔墨斯智慧、③曼涅托及其《埃及史》④和托勒密及其《天文学大成》等。

伪造古埃及王朝编年的始作俑者,是文艺复兴时期的安尼乌斯和斯卡利杰之流。在其"学术成果"受宠于西方中心论之前,斯卡利杰的"古埃及编年史"被束之高阁两百多年,而且他本人在生前死后也备受抨击。斯卡利杰模仿中国历史年表,采用杜撰出来的曼涅托的史料,设计出埃及和别的"文明"的编年史。科学家牛顿和耶稣会士都曾同样是依据中国历史年表,批评斯卡利杰搞得太离谱了。

例如当代历史学家波拉——芬德伦写道:1606 年,斯卡利杰所著的《年代学宝典》问世,他的关于埃及的悠久时间的证据,招致了有识之士的强烈反感。许多专家坚定地拒绝曼涅托和斯卡利杰所处理的埃及王朝系列。斯卡利杰的挚友卡索帮(Isaac Casaubon)说:"我不明白,为什么(他)要使用愚蠢的人的杜撰,来冒充真实历史。"(指安尼乌斯杜撰曼涅托及其埃及历史。——引者)。耶稣会士已把斯卡利杰视为公敌(public enemy),对他口诛笔伐。佩塔维斯(Petau)是耶稣会士所指定的年代学者,他谴责道,曼涅托(Manetho)及其埃及王朝是伪造和荒谬(forged and absurd),凡此,斯卡利杰却是愚蠢地采纳之。⑤

斯卡利杰的著作在很大程度上帮助了共济会,⑥后者自 18 世纪以来便致力于"统治世界的秘密计划";共济会的历史学家发扬斯卡利杰的"历史学创世纪",⑦变本加厉地"发明"世界古代历史,⑧积极重建"苏美尔文明"。⑨共济会声称,该组织渊源于古埃及和巴比伦,而它们也是最古老、最高级的文明。

---

①A. Leo Oppenheim:*Ancient Mesopotamia:Portrait of a Dead Civilization*,Oppenheim University of Chicago Press,1964,p.7.

②*Deconstructing The Western Tradition*,Part I Posted on July 22,2013.

③Javier Martínez:*Fakes and forgers of classical literature*,Madrid,Ediciones Clásicas,2011,p.19.

④Paula Findlen:*Athanasius Kircher*,p.178.

⑤Paula Findlen:*Athanasius Kircher*,p.178.

⑥J. J. MOODY:*The Origin of Free-Masonry*,London,1852,p.14.

⑦Albert Gallatin Mackey:*The History of Freemasonry*,Vol. 2,Masonic history Company,1906,p.394.

⑧"Freemasonry invented an ancient history",Ancient Origins and Secrets

⑨Sanford E. Marovitz:*Melville "Among the Nations"*,Kent University Press,2001,p.74.

建筑历史学家柯尔指出:"共济会在恢复埃及历史中所起的作用是很大的。(在它看来)埃及思想——蕴藏于赫尔墨斯神秘中的智慧和建筑知识源泉——是强有力的。"①

共济会与拿破仑密切交往,他的许多高级军官都是共济会员;该组织参与了18世纪末的拿破仑远征埃及,旨在"探源"西方式的"神秘文化"。这次埃及行动,他们除了"发现"对西方有着重大意义的罗塞塔石之外,还肆意摧毁那里的与非洲文化有关联的遗迹。②

下面是大卫·艾克网站揭露共济会和光明会操纵考古的文章(片断):

多年来,我一直在研究象形文字,曾参与挖掘和私人考察,五次去现场。越是研究,越是发觉象形文字的破解方法有问题。所谓的"古埃及语言"在许多方面都是不成立的……以往那些破译文字的学者都是按其自身的文化信念和文字结构,牵强附会地强加于那些古代符号的;实际上是那些西方主流的历史学家与考古学家,违心地按照他们的需要来创造这个"语言文字"。

我已通读大卫的著作的大部分内容,毋庸置疑,他揭示了大量的阴谋……其中有趣的一段如下:

众所周知,拿破仑军队远征埃及时发现了罗塞塔石——唯一的多种语言的石碑,稍后被商博良破译了。然而最近,当我读到光明会阴谋时,我的思想受到震动。

罗塞塔石是不是假的呢?我知道拿破仑,乃至商博良,都与共济会有着某种联系。我也知道,这些家伙喜欢操纵历史,使其适合他们的需要。我认为,该石碑实际上是拿破仑时期造的,而不是在埃及被发现的;因此,整个象形文字的破解过程都是基于这块假文物的……

当法国宣布发现罗塞塔石时,外界——特别是英国——的第一反应是说它是假的……他们说,还有同样的两三块石头藏在博物馆里。整个属于主流的埃及学都哑了,埃及人被伪造的假语言、假文物的"有力证明",也给镇哑了。③(按:罗塞塔石被发现后不久,落入英军之手;从那以后,它就成为大英博物馆的镇馆之宝。——引者)。

---

① James Stevens Curl: *The Egyptian Revival*, Oxon: Routledge, 2005, p.230.
② Keith Moore: *Freemasonry, Greek Philosophy, the Prince Hall Fraternity*, Authorhouse, 2008, p.211—212.
③ Hieroglyph scam http://forum.davidicke.com/showthread.php? t=151166

(三)鱼目混珠,伪科学史

本书第 7 章将会阐明这样一个命题,即现代科学源于中国、而非西方。先在此略为表述:

科技或科学并不是智慧,它是人作为智能生物的反克自然的本能(天性),人在这方面有着无限潜力,关键是如何开发,如何处理它的后果。科技或科学是"双刃剑":对于人及社会的正面与负面、对于其内部与外部,皆为利器。怎样消弭或分离它的"负能量"?历史上是依靠"道的智慧",确保自然与社会的生态平衡;近现代是依靠"海洋地缘",牺牲外部世界与地球生态。如此"古今之变"是因果关系和"中西因缘"。

无疑,现代西方的知识系统仅限于"智能生物的反克自然的本能"。如果我们相信:因为"西方文化是科学的",所以,现代科学产生于西方;那就大错特错了,这好比歌德名言"真理属于人类,谬误属于时代"的后半句。

近代以前,在"道的智慧"(和谐文化、和合智慧)之外,不可能开发科技,也不可能出现纯粹的科学的;换句话说,西方式或希腊式的科学是不可能存在于 1492 年之前的任何时间和空间中的。这是因为,往昔的人们受制于地理环境,"人欲、人智、人为"没有回旋余地和外部缓冲(这与近现代——世界联通、全球循环——迥然不同),故而,它们(人欲人智人为)所导致的自然的反弹或报复,都会发生在他们的生活或生存的"核心领域";在此情况下,若非"道的智慧"的驾驭和保护,人们在科技和发展上稍作"有为",则是自毁家园、自取灭亡。正因为如此,近代以前,在没有"道的智慧"的西方,基督教只能是通过"禁锢"人欲、人智和人为,来确保该社会的生存不灭;这样一来,就不可能有发展、科技和文明了。因此,现在的西方版的科学史都是不符合实际的。

关于西方的"医学传统",意大利文艺复兴时期的神职学者伪造了盖伦(Calen,129—199 年,古罗马医学家),并且借"盖伦"之口(手稿)又伪造出"古希腊医学之父"希波克拉底(Hippocrates,460—370 年/公元前)。[1]实际上希波克拉底、柏拉图、亚里士多德和盖伦所言的体液循环,都是文艺复兴学者参照《黄帝内经》而炮制出来的(详见本书第 10 章)。

西方百科全书介绍克罗狄斯·托勒密道:克罗狄斯·托勒密(Claudius Ptole-

---

[1] Nancy G. Siraisi: *The Clock and the Mirror: Girolamo Cardano and Renaissance Medicine*, Princeton University Press, 1997, p.138, 257, 287 and 294.

maeus,约90—168年)是希腊裔罗马公民,生活于埃及,用希腊语写作。他是一名数学家、天文学家、地理学家、占星家。他的一首讽刺诗被收录在《希腊诗选》里。托勒密写下一系列科学著作,至少其中的三部对伊斯兰世界和欧洲的科学发展有着颇大的影响。一是《天文学大成》;二是《地理学指南》(是一部全面探讨希腊罗马地区地理知识的典籍);三是有关占星学的《占星四书》(书中尝试改进占星术中绘制星图的方法,以便融入当时亚里士多德的自然哲学)。

其中,《天文学大成》十三卷,确定了一年的持续时间,编制了星表,说明旋进、折射,给出日月食的计算方法等,称为托勒密地心体系。这本巨著是天文学的百科全书,直到开普勒的时代,都是天文学家的必读书籍。《地理学指南》八卷,是他所绘的世界地图的说明书,其中也讨论到天文学原则。他还著有《光学》五卷,其中第一卷讲述眼与光的关系,第二卷说明可见条件、双眼效应,第三卷讲平面镜与曲面镜的反射及太阳中午与早晚的视径大小问题,第五卷试图找出折射定律,并描述了他的实验,讨论了大气折射现象。此外,托勒密还写了年代学和占星学方面的著作等。

印度数学家拉朱讽刺:"所谓的'托勒密'不是剽窃吗?因为他著书(《天文学大成》)不是通过夜间观察星空,而是在图书馆里拷贝手稿。"我们认为,近代以前的西方不存在实验科学与实验条件(因为原始落后),因而西方人都是通过伪造的"手稿"来证明古已有之。①

《天文学大成》实际上是中古—近代之交的作品。②根据天文学历史的专家的研究,托勒密这个人——正如其著述——在历史中是"陌生"的,他的同时代的人没有留下任何关于其人其事的历史记录。③按照(正统的)"斯卡利杰编年史",《天文学大成》成书于罗马皇帝安东尼·庇护的之下(公元138—161年)。我们想阐明的是:真正的书写文字时代,是文艺复兴阶段,而非古代。④

外国学者批评道:"正统学术界把克劳狄乌斯·托勒密《天文学大成》说成是公元150年左右的著作,被当成'古典历史学'的基石;但实际上,它是在16—17世

---

①C. K. Raju:*Cultural Foundations of Mathematics*,Peason,2007,p.51.

②THE NEW CHRONOLOGY,http://ajendu.blogspot.co.uk/2014/10/the-new-chronology_30.html

③Barbara J. Parker:*The Perfect Fake*,Dutton,2007,p.23.

④http://chronologia.org/en/seven/chronology3.html

纪被编纂的。"①

意大利学者乔治·斯特拉诺指出:托勒密《天文学大成》完全是假造的!②

另外,托勒密的地心说在学术界受到质疑。③关于托勒密世界地图,许多专家指其来源是假的。④另外,香港学者李兆良说:"欧洲'地理学之父'托勒密的世界地图(1482年出版),只有180经度,即半个地球。哥伦布以此西航,表明欧洲人当时对地球是360度的观念模糊。"⑤

两位意大利教授贝雷塔和孔福尔蒂质疑西方科学史:关于近代早期的科学(著述)的杜撰,迄今为止,尚未展开充分讨论。但无论如何,(文艺复兴和其后的一段时间)是伪造和欺骗的"黄金时代",那个时代是普遍的学术杜撰之甚嚣尘上;唯有法国的有识之士让·哈尔端,于17世纪晚期惊世骇俗地宣称:所有的古代文献和遗物,都是一伙神秘教士于中世纪晚期伪造或拼凑出来的!

历史学和考古学(领域)已沦为伪造的方便的平台。(对于绝大多数人来说)过去是未知王国,因而充满着欺诈的陷阱……伪造(历史)可以被政治、宗教和思想所利用,来宣扬国家的、种族的和传统的骄傲;所以,广泛地伪造历史和文献已是不言而喻的。

在近代早期,伪造的古代文物,诸如古代宝石、雕塑和瓷器,是司空见惯的;意大利并不缺少专门的工匠,来满足新兴的欧洲社会的"认祖归宗"的需要。

(科学史)的骗局屡见不鲜,尤其是发生在动物学、植物学、地球科学、解剖学、炼金术和化学等学科中;如前所述,它们广泛地或松散地被联系到"古典"。假的文物和图画已被买、被收集和被展览,它们皆归属为"传奇"和"神秘"。⑥

西加格尔和特磊两位教授指出:"从第一世纪下来,假的著述的归属都被当成真的,包括诸多伪亚里士多德和伪毕达哥拉斯的著述……在中世纪,缺少历史感

---

①http://self.gutenberg.org/articles/new_chronology_(fomenko)

②giorgio striano, Marco Beretta, Maria Conforti: *Fakes!? : Hoaxes, Counterfeits, and Deception in Early Modern Science*, Volume 978, Issues 0—88499, Massachusetts: Watson Publishing International, LLC, 2014 -Alchemy, p.16—34.

③*Quest for the past*, Reader's Digest Association Reader's Digest Association, 1984, p.181.

④Anita Ganeri: *The Story of Maps and Navigation*, Oxford University Press, 1997, p.15.

⑤李兆良新浪博客。

⑥Marco Beretta, Maria Conforti: *Fakes!? : Hoaxes, Counterfeits, and Deception in Early Modern Science*, Volume 978, Issues 0—88499, Massachusetts: Watson Publishing International, LLC, 2014 -Alchemy, Introduction.

和编造成风的问题愈益严重。"①

奥地利格拉茨大学教授碧姬·迈尔说:"伪造的德谟克利特可以在普林尼的著述中被发现……在普林尼书中的奇妙公式说是源自希腊;然而,大部分能被追溯到古典时期的资料,却基本上是杜撰出来的。"②

列维京博士说:"(一些)化学理论家企图把该学科与前苏格拉底哲学连成一气,其中原子论自然主义者德谟克利特则是最重要的人物;但他并非来源于'传统资料',而是产生于与古代不相干的伪书……包括被杜撰的希波克拉底(医学之父)的书中。"③

研究表明,通常把欧几里得、阿基米德和阿波罗尼奥斯等古希腊科学家,说成是在中世纪欧洲被"重新发现",因而被作为"古典文明"的复兴的一部分。但实际上,他们都是中世纪的人。④所有的与"古代学者"相关的著作,都是中古—近代之交写的或根据东方知识杜撰出来的。文艺复兴时期的西方学者,兼取基督教与东方的资料,借助于纸与印刷以及别的中国发明,疯狂伪造,以讹传讹。

总而言之,被称为西方传统的知识系统,都是在中国和阿拉伯开始影响欧洲——包括东方知识与东方发明(纸、印刷术等)西传——之后,才被草创的。科学史专家维果斯基(M Y Vygotsky)指出:(欧几里得)"《几何原本》问世于1457年(并非像通常所说的公元前300年)。该书配有'罗马全景的'插图,被说成是'古罗马',但实际上则是中世纪罗马——请注意欧几里得《几何原本》1457年首版插图,那教堂是哥特式的!"⑤亦即,该图所画并非古代希腊、罗马或亚历山大城,而是中世纪的罗马城和哥特式教堂。⑥

根据韦谢洛夫斯基(I. N. Veselovsky),所有的现代版的阿基米德的著作都是

---

① Krijna Nelly Ciggaar, Herman G. B. Teule: *East and West in the Crusader States: Context, Contacts, Confrontations: Acta of the Congress Held at Hernen Castle in September 2000*, Leuven: Peeters Publishers, 2003, p.79—80.

② Brigitte Maire: *'Greek' and 'Roman' in Latin Medical Texts: Studies in Cultural Change and Exchange in Ancient Medicine*, Leiden: Brill, 2014, p.212.

③ Dmitri Levitin: *Ancient Wisdom in the Age of the New Science*, Cambridge University Press, 2015, p.83 and note 249.

④ A. Fomenko: *History: Fiction or Science? Chronology 1*, p.28.

⑤ A. Fomenko: *History: Fiction or Science? Chronology 1*, p.28.

⑥ 图片来源:http://www.allempires.com/forum/forum_posts.asp? TID=34162&OB=DESC&PN=3

基于"已丢失"的 15 世纪的手稿。阿波罗尼奥斯(古希腊数学家)的著作最早于 1537 年问世。①

第一编的结束语

最古老的活的文明……中国历史可以被用做锐利的光束,探明全人类的幽暗的过往。(the oldest living civilization……Chinese history can be made to throw sharp lights and revealing shadows on the story of all mankind.)②——美国历史协会

由"东学西渐、中西因缘"促成的西方版的世界历史,可大致分为如下五个成长阶段:

第一,"墙外开花"。中古后期至近代早期,在来自东方的信息的刺激下,基督教内部的"叛逆者"越来越厌恶原始性的"神秘神话、禁锢禁欲";他们致力于破坏或改良基督教,因而在基督—犹太教之外出现了"百花齐放"。由此,沿袭教会的"杜撰之传统",杜撰了异教历史与文明。其主要有:1.中古后期的本笃会伪造了"古典文化"(古希腊、罗马的文集的雏形);2.文艺复兴时期的安尼乌斯伪造了古埃及和巴比伦等著述。

第二,"借花献佛"。在 16—17 世纪之交,斯卡利杰着手整合那些他以前极为厌恶的、像垃圾堆起一般的假文献;但这回,他不是把它们当作毒草加以铲除,而是把它们变为"鲜花"献给上帝。斯卡利杰参照有关"中国朝代及帝王年表"的信息,设计出"圣经编年",并且举一反三地造出它的诸多"子系统"("古典文明、古老文明"的编年史);从而对原先在神学上"不成体统"、在时间上"杂乱无章"的伪造品,来个"入吾彀中、整齐划一"!

第三,"邪不压正"。17 世纪中叶,由耶稣会士所带来的更详细、最真实的中国历史及编年,使正统教会的"圣经神话"和斯卡利杰的"圣经编年"统统被置于"照妖镜"之下;再加上,斯卡利杰用假货充当"正史",因而它们备受抨击。"圣经编年"得以幸存的原因有二:1.把中华文明融于《圣经》,说中国历史体现了"创世纪";2.用中国历史佐证、充实和抬高古埃及,来平息保守派对中国的嫉恨。然而在 17—18

---

①A. Fomenko: *History: Fiction or Science? Chronology 1*, p.29.
②*American Historical Association: Our Chinese ally*, USAFI, 1944, p.14.

世纪,那毕竟是"中国启蒙欧洲"的时代,中国编年史代表着西方主流;而《圣经》则是反面角色,所有的被伪造的"异教历史"也都是配角。

第四,"金蝉出壳"。经过启蒙运动、美国独立和法国革命,基督教从前台退至幕后,但斯卡利杰设计的"圣经编年"和"古典文明、古老文明"的历史,则脱颖而出、荣登殿堂——"斯卡利杰编年史"以非宗教的"俗世身份"晋升于西方主流文化,它是西方版的世界历史的蓝本。在19世纪的大部分时间里,中国饱受列强侵略。当此之际,虽然中华文明及历史不再被高捧,而是被贬责;但仍不失为"中为洋用"的源泉,那就是:西方各国正在引进和采用中国的文官考试制度,在历史学上,中国依然被视为"最古老",依然被视为"时间标准"。

第五,"八仙过海"。19世纪后期和20世纪,基于"斯卡利杰历史学"的西方版的世界历史,臻于完美——拔山盖世,气势磅礴。西方的"古老文明、古典文明",包括古代的希腊、罗马、埃及、苏美尔、巴比伦、亚述、赫梯和犹太—基督前史等,皆赫然在列,在空间上和时间上多是远超中华文明;它们首次在海洋时代"各显神通",以显示西方原本就有现代性的"基因"与"原型"。因而,近现代的"科技文明"或"海洋文明"的到来,都无关乎中国,后者与其他的非西方一样,只是接受"西方文明"。

欧美及现代文明,产生于"中西汇通",它导致了"文明中心"与"文明边缘"的易位。至于西方的"文化谱系",那是事后打造的。美国《南亚杂志》介绍法国学者萨米尔·阿明(Samir Amin)的《西方中心论》一书,这样写道:

这本书致力于揭穿西方中心论及其历史学,特别是揭穿它所杜撰的、始于"伪造的古希腊"的西方谱系。

阿明揭示了这个谱系是怎样的根源于种族主义和西方优越感……他旨在扫除这个谬误——"西方文明"或欧洲文明"可以追溯到"古典希腊"。[1]

法国哲学家米歇尔·福柯(Michel Foucault)相信:"作为一个历史实体,'西方'差不多都是伪造的。"(As an entity with a history, 'the West' was little more than a fabricated.)[2]

恰克拉巴蒂教授指出:"延伸到古希腊的'欧洲知识传统',是相对最近的欧洲历史学的伪造。"(The European intellectual tradition stretching back to the ancient

---

[1] South Asia Bulletin, Volumes 11–12 Front Cover University of California, Los Angeles, 1991, p.69.

[2] John E. O'Brien: Critical Practice from Voltaire to Foucault, Eagleton and Beyond, Leiden: BRILL, 2013, p.203.

Greeks is a fabrication of relatively recent history.)①

按照语言史家戴希斯教授的表述,被想象的"西方过往",包含:A.有关查理曼大帝的"法国素材"(Matter of France)、有关阿瑟王的"英国素材"(Matter of Britain)和有关古典文明的"罗马素材"(Matter of Rome the Great)。后者被详述如下:

"罗马素材"囊括特洛伊围城和其他的古代世界的故事,诸如底比斯、亚历山大大帝和恺撒等。有关希腊、罗马文明的中古视野,凸显于"罗马素材"的浪漫之中。古代的希腊,与其说是一个历史阶段,不如说是传奇组合……许多西欧国家都追远其祖先于特洛伊……在那时,罗马的语言是"国际性"的,罗马的组织有助于基督教统摄欧洲……凡此,皆不存在真正的历史知识和历史透视。②

表解:西方人在精神形态上"中国化"的过程

	神的社会(近代以前的西方)——中国化——人的社会(近现代西方及世界)		
阶段	文艺复兴:间接吸收中学*,动摇神本。	宗教改革	启蒙运动:直接吸收中学,确立人本。
宗教	与神妥协,由上帝启示变成自我神性。		与神决裂,神权禁锢变成自我理性。
学术内容	由儒释道伪造赫尔墨斯、琐罗亚斯德、奥古斯丁,再伪造柏拉图等希腊哲学。	中式历史*	儒家衍生人权观念、自由经济和人类中心主义的哲学,抛弃"和谐之道"。
历史背景	自然地理上,古代中国是唯一的"适度挑战",契合天道而形成"人的文明",其余世界都是神约或神昧的原始社会。生态贫瘠的欧洲在丝路贯通和地理发现后,人神冲突。		
备注	* 中学即中国文化(儒释道)。* 中式历史指:西方版的"世界历史"是复制中国历史。		

如果我们开动脑筋、深入思考,便不难对西方的"历史观"和"世界史"洞见症结。

难道"征服自然、改造自然"的西方文明或与之同构的"文明",能够存在于1492年之前——"世界联通、海洋时代"之前吗?难道人对自然的"战而胜之"(人定胜天),不是通过与自然和合、顺势而为、迂回就虚(顺天应人、正合奇胜),而是通过与自然斗争、正面冲突、控制宰割(你死我活、零和博弈)吗?后一种"游戏规则"在近现代是大有用武之地,那是因为:地球的表面已被打通,人们可以利用整个的生物圈;因而,强烈的人类活动(包括人欲、人口、人智和人为、及其"善与恶")所引起的自然的"反弹",暂时不会发生在大部分人类的生存和生活的核心区。但

---

① Dipesh Chakrabarty: *Provincializing Europe: Postcolonial Thought and Historical Difference*, Princeton University Press, 2000, p.5.

② David Daiches: *A Critical History of English Literature: from the beginnings to the sixteenth century*, *Volume 1*, New Delhi: Allied Publishers, 1979, p.53.

在近代以前则是截然不同的。那时,自然占绝对优势,人受制于地理环境,囿于"国土生态、乡土环境";在此情况下,如果采用西方的"游戏规则",那必是径直地自毁家园、自取灭亡。因此,西方模式与思维在近代以前是寸步难行。那时,唯有中华文明能够在自然中"游刃有余、玩转阴阳"。因此,"天下是谁打下的"? 西方在往古是否有文明与历史? 这些都是可想而知的。

第二编

科学与文明的创造者与受益者

第五章 古典文明：穷山沟的理想国

一、希腊原始部落之考述

（一）从"西化辨古"到"西方辨伪"

在伊萨克·福修斯看来……中国编年史是世界历史的可靠的中心线。——埃里克教授[1]

中国人代表了几千年的世界历史的年岁。另一方面，我们也被告知，迦勒底的天文学记录，把其文明溯源至极为远古，在 473 000 年以上……这个记录太离谱，缺少证据，因而我们毫不犹豫地拒绝它。——英国《佩泰斯百科全书》（1816 年）[2]

19—20 世纪初的中国，列强交侵而无力抵抗，危在旦夕而文人绝望。当此之际，受进化论（物竞天择、优胜劣败、适者生存、弱肉强食）影响的中国"新朝派、新文化"，邯郸学步于西方中心论，以它为标准，全盘西化；削足适履于中国古代史，弃之如敝屣，数典忘祖。诗云："清空国故华适胡，脱胎换骨士嗅毒"——胡适、陈独秀等人的偏激做法，以及疑古派、古史辨的不良影响，正如《剑桥中国史》所评论："新文化的领袖们一直是关注中国国内的弊病。他们思想中的社会达尔文主义，使他们基本上对帝国主义的行为不做道德评价，也不把中国的种种弊病主要归因于外国。"[3]

---

[1] Eric Jorink, Dirk van Miert: *Isaac Vossius (1618—1689) Between Science and Scholarship*, p.74.
[2] *Encyclopaedia Perthensis*, Vol.6, Edinburgh, 1816, p.552.
[3] J. K. Fairbank, D. C. Twitchett, A. Feuerwerker: *Republican China, 1912—1949*, Cambridge University Press, 1986, p.348.

第二编　科学与文明的创造者与受益者

"辨古须疑西"。英国跨学科研究协会宣称："今天所教的古代史是一个重灾区,丝毫不能自圆其说,而令人信服。"①

"变夏何用夷"?英国哲学家罗素指出:中华文明在相当程度上是更优越的。如果现代中国为了其民族幸存,被迫(变革、转型)降低到西方的水平;那对她自身、对西方,皆不是一件好事。②

胡适把尼采的一句名言奉为座右铭,即"重新固定一切价值"。我们不妨按照它来辨析西方古史。

史蒂芬·丹佛说:"作为独特文化的古典希腊文明的图像,是一个 19 世纪的伪造。"③

卡罗尔·托马斯说:"事实上,是 1870—1905 年那一代的探索者们积极努力、从而把总的希腊文明的新编年史建立起来了。"④

莫伊拉·弗拉丁格博士揭露:在我看来,文艺复兴之后,尤其是 1789 年(法国革命)以来,这个"西方传统"就是构建其谱系:尽可能地发掘它所需要的古希腊民主,以作为现代西方政治自信的基石……政治源头的古希腊民主是根据西方的虚构,而跃然纸上的。我强烈地认同这一看法,即:古希腊被伪造作为西方的源头,旨在服务于西方的政治与经济利益。我并不想讨论是否民主始于希腊或是否西方来自希腊,而是指出,西方使用虚构的政治谱系是它的"生存法则"……⑤

第一个较系统的"古希腊编年史"是被斯卡利杰编造出来的(那个时代的欧洲学者几乎全都知道这是假的,所以两百多年中无人问津)。斯卡利杰是基于乔治·辛斯勒(George Syncellus,公元 800 年)的抄本,"重建"希腊编年史的,该抄本中也包含了古埃及祭司曼涅托的关于埃及王朝的列表。⑥然而,辛斯勒和曼涅托及其"古埃及"都是文艺复兴时期的安尼乌斯伪造的。⑦再者,"曼涅托版"的埃及第一王

---

① The Society for Interdisciplinary Studies The Revision of Ancient History –A Perspective (*2014/11/25*),http://www.sis-group.org.uk/ancient.htm.

② Bertrand Russell:*The Problem of China*,Nottingham:spokesman,1993,p.241.

③ Steven L. Danver:*Native Peoples of the World*,Routledge,2015,p.318.

④ Carol G. Thomas:*Paths from Ancient Greece*,Leiden:BRILL,1988,p.175.

⑤ Moira Fradinger:*inding Violence:Literary Visions of Political Origins*,Stanford University Press,2010,p.6—7.

⑥ Dmitri Levitin:*Ancient Wisdom in the Age of the New Science*,2015,p.157.

⑦ *The London encyclopaedia*,*Universalis Dictionary*,Vol. 3,1829,p.347.

朝是在世界创世之前，①如果按照它，斯卡利杰就会陷于"时间混乱"；所以，全靠他所掌握的中国的天文历法和朝代帝王年表来"统筹安排"。

寻踪觅迹，昭然若揭。在受到华夏影响之前的"西方"，中古及上古，始终是史前状态和原始性质的，哪有"文明"可言？

被"欧洲中心论"充当奥援和根脉的其他几大文明古国（埃及、两河），都是在其塑造希腊文明的高峰的 19 世纪（资本—帝国主义猖獗期），被发掘出来的。然而，不管这些"古老文明"存在与否或属于哪个"纪世"，都没有可靠证据说明它们与西方的渊源关系；因为在中国文化与科技沿着丝绸之路向西传播的千年里，"东学西渐、中学西被"所到之处，都是"文化荒漠"②。犹太—基督教只是部落宗教③——"中世纪的教会和神话造成了巫术与迷信的弥漫现象"。④基督教随着"四大发明"而壮大起来、并且发生分裂（新教）的。

从丝绸之路向西，第一个在中国文化的影响下而变成"有文字的文明"的，是阿拉伯。⑤这不仅因为造纸和商贸以及透过"战争与和平"的文化交流，中国西传的众多的科技都以此为中介；而且因为丝路的起点俨然为世界历史的知识总源——阿拉伯先知号召远到中国寻求知识（Seek knowledge, even as far as China）。⑥在阿拉伯人广泛使用书写文字的 12 世纪，欧洲几乎全然为方言口语。⑦

姑且不论上古的希腊、罗马和波斯⑧是真是假，这里只谈中古。没有丝绸之路就没有西方文明与现代世界。"丝绸之路，把文明从亚洲带到欧洲！"（Bridging Civilizations From Asia to Europe: The Silk Road）。⑨从张骞通西域，到那里兴起文明

---

① Paula Findlen: *Athanasius Kircher: The Last Man who Knew Everything*, p.178.

② 梅纳赫姆·布拉耶尔指出："中世纪欧洲是个广阔的文化荒原，不用文字是正常现象。" Menachem M. Brayer: *The Jewish Woman in Rabbinic Literature: A psychohistorical perspective*, Jersey City: KTAV Publishing House, Inc, Inc., 1986, p.97.

③ James R. Lewis: *Magical Religion and Modern Witchcraft*, New York: SUNY Press, 19 Apr 1996, p.43.

④ Jeffrey Burton Russell: *Witchcraft in the Middle Ages*, Cornell University Press, 1972, p.266.

⑤ MindSparks: *Industrial Innovation in China*, P.8.

⑥ Slimane Zeghidour: *I Want to Talk to God*, Creative Education, 1997, p.38.

⑦ Mahmoud Omidsalar: *Poetics and Politics of Iran's National Epic*, the Shahnameh, Basingstoke: Palgrave Macmillan, 2011, p.20.

⑧ A. Fomenko: *History: Fiction or Science? Chronology 1*, Mithec, 2006, p.465—467.

⑨ Sadik Ridvan Karluk, Suleyman Cem Karaman. http://www.davidpublisher.org/Public/uploads/Contribute/55346f0d88c7a.pdf

花了八百年左右,再过八百年左右才轮到了"泰西"——在两个东方文明的双重泽被下,西方有幸拥抱文明。

14—16世纪所发生的所谓的"文艺复兴",只是作为丝绸之路西端的意大利,表现为欧洲的"向化东方"的前奏(一位神职学者说,中国文化是"万邦向化"的楷模)①;因被东方文明所滋润,意大利的地中海沿岸,诞生了几个小小的"绿洲"(城邦)。法国汉学家谢和耐说:"西方这种落后不足为奇:意大利各城邦处于亚洲贸易的终点,到中世纪末,才接受新生活。"②

透过被打通的陆上与海上丝绸之路(尤其是蒙古征服和郑和远航),也透过亚非各民族的能动性、创造性的传递作用,中国知识浇灌了意大利这个欧洲的东方门户。

孟席斯说:发生在中国和欧洲之间的极其广泛的文化知识的交流……起源于一个民族,这个民族经历了几千年在亚洲创造出一个先进的文明;这些知识……注入了欧洲。

传统上把文艺复兴描绘成古代希腊、罗马古典文明的一次复兴。在我看来,到了该重新评价欧洲中心论史观的时候了。……中国知识资本传入欧洲是点燃文艺复兴之火的导火线。③

"文艺复兴"(Renaissance)这个桂冠是事后造作的。当时所发生的,只是意大利城邦贩卖、复制和改造东方文化而已;并且正是在这个过程中,"真西方、伪历史"孪生萌芽——中国促成了"西方认同"(西方成为一个文化实体,而在此之前则是原始蛮荒),④也促成了"西方历史"(西方虚构一个优异传统,而在此之前则是神话迷信)。

在这几个城邦开始"东方化"⑤之前,整个意大利也像其余欧洲一样,全是"黑暗与原始"(社会),而无"优雅与精炼"(艺术)。⑥在意大利文艺复兴的同时,欧洲的

---

① 徐松石:《基督教与中国文化》,浸信会出版部,1991年,第7—8页。
② 谢和耐:《中国社会史》,第306页。
③ 孟席斯:《1434》,第7页。
④ David Emil Mungello: *The Great Encounter of China and the West*, 1500—1800, p.103.
⑤ Oleg Grabar: *Islamic Visual Culture*, 1100—1800, Volume 2, Ashgate Publishing Ltd., 2006, p.381.
⑥ Medieval Italian Artists. http://www.historyofpainters.com/italian.htm。/Medieval Music. http://www.medieval-life-and-times.info/medieval-music/medieval-music.htm

其他地区都是荒凉的:法国是"文化荒野";①在18世纪中期以前,大部分德国都是"文化沙漠"。②

意大利文艺复兴期间,通过一场文化造假运动,以教会神话为线索,虚构出了"古典文明"(希腊、罗马)。不久,欧洲的文化中心就远离了"造假中心",先后转移到了与中国有着较为直接交流的荷兰和法国;意大利便是"人去楼空",但它也保住了一分"遗产",后来则大发横财——意大利成为伪造文物的"世界工厂",③与西欧的海盗乃"共生互哺、福慧双修"!"文明的暴发户"就此起家。④

美国弗吉利亚大学教授保罗·巴罗尔斯基说:掩饰、撒谎、欺骗、欺诈、愚弄和伪装,都是意大利文艺复兴时期的生活方式……伪造文献,伪造古典碑刻,伪造古代文学和艺术。各种欺诈和造假都发生在教堂、豪门和社交圈里。如此偷天换日、坑蒙拐骗的行径,体现于从但丁到瓦萨里的时代的著述里,它们是现实世界的文艺欺骗的镜子。⑤

米开朗琪罗是伪造艺术品的高手,⑥而达·芬奇则是系统地抄袭中国机械与军工图纸;所谓的但丁创作《神曲》,也是假的——它是一位宗教改革者拼凑出来的作品。⑦

凯琳道夫教授说:"文艺复兴的起源不是没有争论的,经院思想反对它是'古典复活'这一见解并未简单地消失,尤其是在北欧。……文艺复兴的伪造已达到如此程度,以致'过去'真正的复活了!假的雕塑和历史看来远没有离开现实生活。"⑧

从文艺复兴到启蒙运动这三百多年,欧洲的新文化是跟随中国而成长起来

---

① Tom Conner, Ikuko Torimoto: *Globalization Redux: New Name, Same Game*, Maryland: University Press of America, 2004, p.150.

② David Gress: *From Plato to NATO: The Idea of the West and Its Opponents*, Simon and Schuste, 1998, p.60.

③ Paul T. Craddock: *Scientific Investigation of Copies, Fakes and Forgeries*, Oxford: Elsevier / Butterworth-Heinemann, 2009, p.424.

④ Jonathan Daly: *Historians Debate the Rise of the West*, London: Routledge, 2015, p.48.

⑤ Paul Barolsky: *The Faun in the Garden: Michelangelo and the Poetic Origins of Italian Renaissance Art*, Pennsylvania State University Press, 1994, p.111.

⑥ Thierry Lenain: *Art Forgery: The History of a Modern Obsession*, London, Reaktionbooks, 2012, p.13—14.

⑦ Harold Love: *Attributing Authorship: An Introduction*, Cambridge University Press, 2002, p.186.

⑧ Craig Kallendorf: *A Companion to the Classical Tradition*, Wiley-Blackwell, 2010, p.31—33.

的，其文化中心从意大利，经西班牙，而转到荷兰和法国，实际上都是"中国中心"；整个欧洲——包括那些远离文化中心的邦国——的主流倾向，不在希腊和罗马，而在中国。下面这段引文可见一斑：

  作为17世纪的欧洲消化中国资讯的一部分，德国寻求"中国言法"（Clavis Sinica）反映了中国观念已经激活了欧洲的知识死水（the intellectual backwaters）。不像罗马和莱顿，乃至维也纳，它们那儿经常有耶稣会士去中国；在勃兰登堡—柏林，几乎看不到一个掌握第一手关于中国文化和语言的教士。如此孤立又被另一个事实所强化，那就是柏林是新教徒的王室，而赴华传教的都是罗马天主教；这种孤立是欧洲小国的普遍现象，不论它们是新教，还是天主教。唯一使勃兰登堡—柏林这个区域有清新意识的，是弗里德里希·威廉大选帝侯（1640—1688年）所做的努力；他通过马勒（Muller）和门泽尔（Mentzel）获得和消化关于中国语言、地理、植物、药学、历史和文学的信息，凡此，皆体现于柏林的中国藏书（大选帝侯和他的继承人的中国图书馆……）。①

  弗里德里希·威廉还是欧洲引进中国的文官制度的第一人。②一百多年后，黑格尔承认，欧洲各地，包括德意志—日耳曼在内，都是以中国为其建国的范本的。③在这期间，德国的周边还有别的显例，诸如法国、奥地利和瑞士分别在进行中国式的经济改革、教育改革和商业改革。④所以，欧洲从文艺复兴到启蒙运动，那真是"言必称中国"，⑤"中国的月儿更亮"！——西方人借用被伪造的4世纪希腊历史学家阿米阿努斯·马尔切利努斯（ammianus marcellinus）⑥的文字（旅行家的"中国印象"），表达道：

  中国是个幅员辽阔的国家……物产丰富……中国人鲜知战争和武器，他们宁愿把时间花在修养和静思上，从而他们生活在彼此及内外都是和谐之中，他们生

---

① David E. Mungello: *Curious Land: Jesuit Accommodation and the Origins of Sinology*, University of Hawaii Press, 1985, p.244.

② Roger Morgan: *Partners and rivals in Western Europe*, Gower, 1986, p.103.

③ Timothy Brook: *Praying for Power*, Harvard-Yenching, 1993, p.8.

④ Gerlach, Christian (2005) *Wu-Wei in Europe*. http://eprints.lse.ac.uk/22479/

⑤ "China as a prevalent Enlightenment ideal." Susanna Soojung Lim: *China and Japan in the Russian Imagination*, London: Routledge, 2013, 1685—1922, p.46.

⑥ HOW IT WAS IN REALITY, www.chronologia.org/en/how_it_was/preface.html

活在蓝天之下,月亮是光明的,气候温和,柔风而不冷。①

中世纪的欧洲人对"西方古典"一无所知。他们当中的极少数人了解到一些"东方新知"("翻译西方古典"这件事,也是杜撰的),②结合此前的教会伪造,③而杜撰了"古希腊、古罗马"。意大利文艺复兴时期的"人文主义",不过是基督神本主义的内部、受东方影响的"新潮派"而已。西方真正的"人文主义",始于由"中国热、儒教化"所推启的17—18世纪的欧洲启蒙运动。④在中国技术奠基欧洲科学—工业革命、中国文化奠基欧洲现世—理性的过程中,被杜撰的"亚里士多德主义"(与基督教经院学派同流合污),或是进步阻力,⑤或是无人问津。⑥直到启蒙运动发生"质变"(法国革命和拿破仑战争),和工业革命驱动资本—帝国主义胜利进军之际,"希腊元素"才有机会发酵、膨胀开来。

(二)古希腊族群是野蛮部落

所谓西方文明的"源头"(古希腊)和"前辈"(中世纪基督教欧洲)基本上是原始、粗糙的:口语方言、部落族群。古希腊社会处于部落与聚落(部落联合)之间,虽说已定居或正在定居,但仍旧带有部落的组织、习俗和意识。

第一,社会形态。

所谓"希腊城邦"(Polis)实际上都是部落组织。哥本哈根大学教授M·汉森,在深入研究位于伯罗奔尼撒半岛的阿卡迪亚地区的古代"希腊城邦"后,写道:

> 阿卡迪亚的部落国家……包括城邦的组织……部落城邦……在阿卡迪亚,存在着许多的所谓部落国家,直到村社村镇联合的'大城邦'。部落族群组成国家……从公元前5世纪,它们(部落族群)被联合,我们称为部落国家,被细分为城邦。讨论部落国家是否由以前的城邦联合所形成,还是老的部落国家被再分为城邦;我们最近的调查重点是,古典阶段乃部落组织与城邦共存。关于部落的体制,尚无证

---

① *Europe's 500-Year Chinese Dream*, http://english.cntv.cn/special/newleadership/chinese-dream03.html

② 董并生的新浪博客:《西方虚构的阿拉伯—希腊翻译运动》。

③ Robert Browning: *Medieval and Modern Greek*, Cambridge University Press, 1983, p.49.

④ olkhard Krech, Marion Steinicke: *Dynamics in the History of Religions Between Asia and Europe: Encounters, Notions, and Comparative Perspectives*, Leiden: BRILL, 2011, p.67.

⑤ Melville Y. Stewart *Science and Religion in Dialogue*, Two Volume Set, Hoboken: Blackwell Publishing Ltd, p.57.

⑥ Martin Bernal: *Black Athena: The Afroasiatic Roots of Classical Civilization*, Volume 1, New York: Random House, 1991, p.208—209.

据……在公元前4世纪……有些官员被部落当局任命。大城邦……有两个到十个殖民村（刚定居）。进而，我们参考别的资料：在部落的基础上形成更大的部落联盟……这是基于关于公元前5世纪的军事同盟的信息……大约421名帕拉西亚人加盟于曼提尼亚人……斯巴达把帕拉西亚人从曼提尼亚人的统治下解放出来；从中有两种解释：一是部落自治，再是单一的城邦部落……其结论是……部落城邦具有自治的性质，但它同时又是部落（国家）的成员。①

《古代法》的作者梅茵，根据对古典希腊和罗马的研究，断言它们是原始社会，其理由为："由家庭构成氏族的聚合，由氏族构成部落的聚合，由部落构成共同体的聚合……政治思想的开始，在事实上，设定氏族血缘是唯一可能的社群政治功能的基础。"②

值得注意的是，梅茵所论希腊、罗马属于原始类型，是对照于近现代西方的、基于分裂个体的"契约社会"（个人主义的公民社会）的。这两种社会的共同点是：它们都极具排他性与对抗性。中国传统社会也很重视家庭与家族，但它是"开放亲缘"，从而适合于越来越大的和谐（天下太平、世界大同）。

第二，部落意识。

"古希腊人是好战的人群"（The ancient Greeks were a warlike people）。③他们被称为"狭隘的、自我毁灭的地方主义"。(narrow and self-destructive localism)。④比尔泰克教授写道："从古代到近代，希腊人都处于无休止的冲突之中，这是形成民族共同体的阻碍因素，是最难克服的。"⑤

古希腊是野蛮部落的仇杀风俗的弥漫。德国学者莫伦·库施说：像尼采所认识到的，前荷马时代的原生激动构成了希腊社会生活的文化密码定式。希腊的战争表现出"非友即敌"的零和逻辑——你是为我的，否则就是反对我的（排中律）……希腊生活方式意味着极好战的"生物政治"模式。根植于原生激动的"战斗与残忍"

---

①Mogens Herman Hansen：*More Studies in the Ancient Greek "polis"*，Stuttgart：Franz Steiner Verlag，1996，p.100—101.

②H. Maine：*Ancient law：its connection with the early history of society，and its relation to modern ideas*，London：J. Murray，1861，p.128—129.

③Edwin Fenton：*Holt Social Studies Curriculum：The humanities in three cities*，Rinehart and Winston，1967，p.114.

④Western Civilization：*To 1715*，Boston：Houghton Mifflin，2002，p.112.

⑤Thalia Dragonas，Faruk Birtek：*Citizenship and the Nation-state in Greece and Turkey*，Hove：Psychology Press，2005，p.183.

的文化,是……希腊人的标识。公元前5世纪雅典的意识形态……是:"我们是自由的,其余的人都是奴隶。"……后希腊文化是由早先的部落冲突风尚的进化的结果……①

第三,发展水平。

西方学者揭示"在古希腊是原始性质的物质生活"(the primitive nature of material life in ancient Greece)。②

人类学先驱摩尔根(1818—1881年)认为,古希腊与现存的原始社会很相似;但他"留有余地"——他解释:古希腊的极为落后仅限于生活、物质和技术的方面……③但在另一篇文章中,摩尔根从他所建立的研究模型推断,"古希腊文化被视为原始文化,它与过去和现代的易洛魁和祖鲁人等量齐观"④。

美国弗吉尼亚大学教授J.伦登说:"真实的希腊历史是,贫穷窒息了创新,原始的交通阻碍着出口。"⑤俄罗斯历史学家狄雅可诺夫揭示:"古希腊始终是很差的农业技术,是原始的耕作方式。"⑥沃尔特·莱西(Walter K. Lacey)从家庭史论证:"希腊村落时代(10—7世纪/公元前)和古典时代(510—323年/公元前)的雅典人,都是'原始社会'。"⑦

人类学家S.汉弗莱斯论证了古希腊的航海技术:

古典研究者们都倾向于主张希腊神话为新石器时代的版本……没有文字记录……古典阶段保留了"不合理"的成分……极其粗糙的原始方式,毫无技术创新、毫无宗教怀疑、毫无政治改进的社会……希腊的技术问题,如商船设计和航海技术……没有龙骨的船在80°风中很难安全航行。这几乎是长期静态的。自从远古,爱琴海的航海状况极小变化……渔民和木舟没有海图和罗盘,年龄大的人就

---

① Maren Kusch: *The Sociology of Philosophical Knowledge*, Berlin: Springer Science & Business Media, 2000, p.99.

② Mohammad R. Nafissi: *On the Foundations of Athenian Democracy: Marx's Paradox and Weber's Solution*, [MWS 1 (2000)56-83].

③ Ian C Jarvie, Jesus Zamora-Bonilla: *The SAGE Handbook of the Philosophy of Social Sciences*, SAGE Publications Ltd, 2011, p.64.

④ Johannes Siapkas: *Classical Others*, *Anthropologies of antiquity*, p.185.http://www.vethist.idehist.uu.se/lychnos/articles/2012-2164.pdf

⑤ J. E. Lendon: *Soldiers and Ghosts: A History of Battle in Classical Antiquity*, Yale University Press, 2006, p.157.

⑥ I. M. Diakonoff: *Early Antiquity*, University of Chicago Press, 1991, p.354.

⑦ Cynthia B. Patterson: *The Family in Greek History*, Harvard University Press, 1998, p.38.

记不住航行时间……我亲身体验爱琴海的航行,了解古希腊商人的航海难题;很快就变得清晰:希腊商船的历史几乎是毫无造船与航海的技术进步可言……自从卡尔·布克(Karl Bucher)于1890年代捍卫他的古希腊经济是"原始的"这一见解以来……考古学的证据……已经在历史研究中激起争论。①

由此可见,西方原先的造船和航海技术是多么原始落后,这也可以让我们理解如此情况,即:若非得力于中国,西方人只能是望洋兴叹,而不敢向大西洋"越雷池一步"!亦即亚当·斯密所言:"那时,由于不知道指南针,人们害怕看不到海岸,又由于造船技术的不完善,人们不敢置身于大洋的惊涛骇浪之中。"②

二、古希腊使用方言口语

(一)古希腊是"口语社会"

在"字母社会",民族国家、通用文字和传播工具(造纸和印刷),这三者相辅而成,缺一不可;只有这样,社会才能超越地形阻碍、部落林立和方言口语。据此,在17世纪以前的欧洲——特别是古代希腊——都属于"未超越"的阶段,因而是原始社会。希腊地区进化是最晚的——19世纪才形成民族国家和通用文字!

牛津大学教授R.托马斯说:古代雅典是个"口语社会"(Oral Society)。③但她又为之辩护,说古希腊如何"特殊"——"普遍的口语交流通常被认为是原始特质之一,但古希腊却挑战我们的判断。"④那就是像法国历史学家库朗日所称,古希腊是"原始社会的理想类型"。⑤

无论如何,按照曾任美国语言协会主席的沃尔特·翁的说法,近代以前的西方社会属于"从未接触文字和印刷的'原初口语'(primary orality)"⑥"沃尔特·翁提出了'原初口语'这个术语……是指没有接触过文字形式的'口语文化'。一代人到下

---

① S. C. Humphreys:*Anthropology and the Greeks*,Hove:Psychology Press,2004,p.4—6.
② [英]亚当·斯密:《国富论》,唐日松等译,华夏出版社,2006年,第17页。
③ Rosalind Thomas:*Oral Tradition and Written Record in Classical Athens*,Cambridge University Press,1992,p.2.
④ Rosalind Thomas:*Literacy and Orality in Ancient Greece*,Cambridge University Press,1992,p.i.
⑤ Robert Sallares:*The Ecology of the Ancient Greek World*,New York:Cornell University Press,1991,p.197.
⑥ Walter J. Ong:*Orality and Literacy:The Technologizing of the Word*,Longdon:Routledge,2012,p.10,17,and p.92.

一代人口头传授知识……柏拉图以前的希腊、非文字文化的中世纪和现代非洲的与世隔绝的部落,都是原初口语的例子……文字逐渐取代口语,从手写阶段进入由印刷发明所带来的打印阶段。"①

在西方的历史书中,柏拉图是处于"希腊文明"(古典时代)的后期。这就是说,该"文明"几乎是没有文字的。可笑的是"苏格拉底是文盲,他用口语产生哲学"。②纳丹·黑尔反问道:在古希腊,这个西方知识的摇篮和自由的诞生地,荷马、品达和柏拉图所使用的交流工具,竟然还是方言土语;这让我们感觉是违背常理,它与国家政治是不相称的,简直是人性的耻辱,就连那全然为暴君和奴隶的鞑靼蛮族……也不会容忍这种情形的!③

西方中心论学者硬是把子虚乌有的古希腊编造成一个畸形社会:"在古代希腊,所有知识皆凝聚于口语……古希腊人不是文盲(illiterate),而是'前文字'(pre-literate)或'非文字'(nonliterate)。"④

总之,古希腊没有文字(甚至到19世纪初,希腊地区的居民都是使用口语)。⑤

语言学家斯蒂芬·科尔文指出:"从引进(腓尼基)字母到'共通语'(Koine)之间的希腊语的历史,是方言的历史。"⑥这句话是说,亚历山大征服之前的"希腊文明"——也就是整个"古典时期"——所用的,始终都是方言。这意味着:1.不存在书写文字;2.不存在希腊地区的通用口语;3.所有的哲学、科学和文艺作品的载体,都是原始性质的"方言口语"。荒唐可笑!

科尔文进一步解释古希腊仅用方言:在古代和古典时代的希腊语言是一个抽象概念,它不是标准的语言,而是方言的集合……不应该夸大这个阶段的希腊语的"抽象"。一个包含多种方言的标准语言的概念,是后来的想法;它体现着语言学和语言社会学的历史,诸如英语、法语和西班牙语。仅是由于集中的政治权力、印

---

① Ralf Hertel: *Making Sense: Sense Perception in the British Novel of the 1980s and 1990s*, Amsterdam: Rodopi, 2005, p.85.
② Debra Nails Springer: *gora, Academy, and the Conduct of Philosophy*, Berlin: Science & Business Media, 1995, p.140.
③ N. Hale: *The History of Modern Greece*, Boston, 1833, p.12.
④ Khosrow Jahandarie: *Spoken and Written Discourse: A Multi-disciplinary Perspective*, Santa Barbara: Greenwood Publishing Group, 1999, p.21.
⑤ Mark Dubin, Frank Kydoniefs: *Buying a Property: Greece*, Cape Town: New Holland Publishers, 2005, p.191.
⑥ Egbert J. Bakker: *Ancient Greek Language*, Hoboken: John Wiley & Sons, 2010, p.200.

刷术和古典拉丁语的影响,才形成标准的概念……这个思想,大抵迥异于……关于"共通语"(Koine)之前的希腊语的想法……①

其后的亚历山大—罗马时期的"希腊共通语"(Koine)也是似是而非。②所谓的亚历山大远征,只是中世纪亚洲地区的一种传奇,缺少实证。③

(二)"希腊语"不属于希腊

先谈一谈希腊语"移植希腊"的历史背景。

18世纪欧洲启蒙运动,是以"中国热"为内容的——用中国的非宗教或俗世性(人文民本)"启蒙欧洲"。亦即,两位加拿大学者称:"儒家传统'启蒙'许多启蒙思想家。"(Confucian tradition was enlightening to many Enlightenment thinkers.)④

那时,巴黎是欧洲的中国文化的中心。为了抵牾法国的中心地位,德国思想家一反莱布尼茨以来的亲华慕华的传统,挖掘西方自身的"文化源流",树立希腊。随着法国因"革命与战争"而陷入低潮(特别是拿破仑战争的失败),尤其是随着英国及欧洲的工业革命和西方帝国主义的全球进军(包括鸦片战争),欧洲"希腊主义"(古典主义)完全取代了"中国热",泛西方的"欧洲中心论"应时而生。

19世纪30年代,在欧洲列强的安排下,德国的(巴伐利亚)奥托王子"入主"希腊,开始了"欧洲中心论"的重大实践。当时的雅典是个仅有1万人口的贫民窟("定都"是纳夫普利翁,四年后迁到雅典)。西方人知道这些希腊人并非"原种",但是,他们决心用"古典文化"来激活这个贫穷落后的国度。德国学者弗勒马瑞耶(J. P. Fallmerayer,1790—1861年)说:"现在的希腊人不是古希腊人的后代,而是在中世纪移民而来的斯拉夫人和阿尔巴尼亚人。"⑤

实际上,古希腊人、中世纪的斯拉夫人与日耳曼人,都很原始,谁也不嫌弃谁。

---

① Egbert J. Bakker: *Ancient Greek Language*, 2010, p.200.

② Anastasios-Phoivos Christidēs, Maria Arapopoulou, Maria Chritē: *A History of Ancient Greek: From the Beginnings to Late Antiquity*, p.342.

③ Alicia Walker: *The Emperor and the World: Exotic Elements and the Imaging of Middle Byzantine Imperial Power, Ninth to Thirteenth Centuries C.E.*, Cambridge University Press, 2012, p. 94—96.

④ Zaheer Baber, Joseph M. Bryan: *Society, History, and the Global Human Condition*, Lexington, Book, 2010, p.185.

⑤ Florin Curta: *The Edinburgh History of the Greeks, C. 500 to 1050: The Early Middle Ages*, Edinburgh University Press, 2011, p.1.

中世纪的日耳曼人和斯拉夫人也是无文字的部落社会。①

奥托统治希腊的最大功绩，就是推行了希腊语（Katharevousa），它是基于古代的"共通语"（Koine）。据说，它是古代亚历山大大帝时期的"泛希腊语"。但实际上，它是犹太—基督教徒使用的语言，②与希腊地区的族群几乎毫无关系。（新约圣经原文不是希伯来文，是希腊文）。《圣经·新约》是中世纪伪造的，③犹太—基督教曾使用"希腊文"（在拉丁文之前）。按照前文的相关讨论，我们认为，就字母语言的书写形式而言，如果说现代欧洲的各国语言诞生于16世纪，那么，作为犹太—基督教的语言——希腊语和拉丁语——的形成也是很迟的：应该是在中世纪后期，而不会是在古代（在中古后期以前它们都是宗教口语）。

在奥托一世推行希腊语（1830年代）之前，希腊人使用各种方言（号称"民间通俗语"Demotic，实际上是各地方言，不能联通）。他们绝大多数是文盲，没有共同的语言，也从来不使用书面文字。

希腊地区直到公元15—16世纪才出现城市，比意大利的罗马还要晚。④希腊（Greece/ Hellenic）这个名称首次出现是在16—17世纪，而被用于"古代"是在17—18世纪。⑤

希腊语（Greek / Katharevousa）和"希腊文化"（Hellenism）概念，都是在19世纪30—40年代虚构出来的。德罗伊森是"希腊化时代"概念的创立者。

"希腊化"（Hellenistic）一词，最早是由德国历史学家德罗伊森于1840年左右在柏林大学构思出来的。这是一个比较近代的概念。他把许多分散和不一致材料融为一体，进行编造和杜撰……⑥

正是这位德国历史学家，于19世纪30年代、在奥拓王子的请求下，大胆虚构出了"古希腊"的概念。

首先，让我们来看看1833年发生了什么？雅典及其周围地区在法国和英国的帮助下成功地脱离了奥斯曼帝国。确切地说……希腊独立乃欧洲列强之"赠予"，

---

① Haim Hillel Ben-Sasson: *A History of the Jewish People*, Harvard University Press, 1976, p. 388.

② Michael R. Cosby: *Apostle on the Edge: An Inductive Approach to Paul*, p.6.

③ Joseph Wheless: *Forgery in Christianity*, Pomeroy, Ohio: Health Research Books, 1996, p.49 and p.201.

④ Anatoly Fomenko: *History: Fiction or Science? Chronology 1*, p.415

⑤ Anatoly Fomenko: *History: Fiction or Science? Chronology 1*, p.420

⑥ *Macedonian Review*, No. 23—24, Kulturen Zhivot, 1993, p.9.

这仅是因为它们需要这样的战略位置,来打通被土耳其人控制的地中海。众所周知,别人给你独立,别人就可以统治你。于是……这个新独立的国家迎来了一位日耳曼统治者,奥托王子成为希腊国王(奥托一世)。

奥托热爱这项工作。他关注如何治理这个多民族的国家,称其为"民族汤"(ethnic soup);他的工作重心放在雅典,该城以阿尔巴尼亚人和土耳其人为主。奥托邀请……27岁的约翰·古斯塔夫·德罗伊森。后者先由学生转为编外历史教员,又被奥托任命为不拿工资的教授……他被请来为雅典和希腊各族创造"新的历史"。

奥托让德罗伊森在语言方面给他一些思路,如何使各民族免于彼此火拼。德罗伊森起初建议可以用当时大多数雅典人所操的阿尔巴尼亚语,作为希腊的核心语言……奥托不同意……德罗伊森发挥其聪明才智,提出以久已失传的阿提喀方言(koine。实际上是犹太—基督教曾使用的语言——引者)为主的希腊共通语。……奥托欣然接受德罗伊森的这个创意……这个"共通语"第一次被作为知识语言推广开来,学校被要求采用,尽管老人不接受它……奥托王子就称其为"希腊语"(Greek/Katharevousa)……

德罗伊森进一步帮助奥托来调和希腊的"民族汤",而使"希腊文化"(希腊古典文化,Hellenism)这个词语诞生出来……也就是说,是在1836年,Hellenism(希腊文化。音译:"海伦主义")这个词被杜撰出来……就这样,这个多民族的国家从一个失败的历史学家那儿,获得了她的名称"希腊"(Hellas),进而"希腊共和国"(Hellenic Republic)……①

在希腊地区,基于"古典"的希腊语(Katharevusa)是在19世纪30年代被创造和普及的。直到20世纪70年代,新语言的支持者(Katharevusa)和原生方言的支持者(Demotic,民间方言,已经文字化、民族化)进行了激烈的斗争,后者取胜。②

1976年,以民间通俗语(Demotic)为基础的希腊语(属于中世纪部落方言),正式确立为希腊的官方语言。这就是说,19世纪的西方中心论的"包装希腊"——其主要内容之一是,把一种被称为(古典)"希腊语"强加于希腊人,以失败告终。

---

①Marina Sazdovska:*Johann Gustav Droysen, creator of Greece's Fake History*,2008年9月24日,,http://macedoniaonline.eu/content/view/3659/49/

②Heikki E. S. Mattila:*Comparative Legal Linguistics*,Farnham:Ashgate Publishing,Ltd.,2006,p.61.

按照最近国外的相关研究,①我们来总结一下:代表"古典文化"的希腊语的书写形式,形成于中古—近代之交,它是基于犹太—基督徒曾使用过的中东希腊语和拜占庭希腊语(方言口语);这个借助于纸和印刷术而发展成一种便于书写的"新语言",自文艺复兴开始至 19 世纪,逐渐被用于承载大量被伪造的"古典文献"(很多拉丁文的伪造品被译成希腊文)。也就是说,所有的"古典希腊"的文学都是在文艺复兴期间和之前被伪造的,继而在 16—19 世纪又被编纂、并且翻译成了新生的"古典希腊语"。后者在 1840 代,被"西方中心论"(欧洲学者和列强)推行于先前被它命名的"希腊"(地区),直到 1970 年代为止。

三、地理否定"希腊文明"

(一)客观条件不支持"希腊文明"

进入"古典时代"的克里斯提尼改革,仍是部落社会。"公元前 508 年……将原来阿提卡岛上的四个部落解散,分成了 10 个新的部落区。"②改来改去,还是部落社会,却被冠以"古典的雅典部落制度"。③它是"克里斯提尼的'发明'……只是一种原始的划分"。④大家很容易被其"改革"之类的词汇所蒙骗(包括梭伦改革),而无视其危害性(排他性与冲突性),它直接导致希腊不能形成民族国家和语言文字(直到 19 世纪才基本改观)。

换句话说,古代希腊是一个彼此对立的"同质部落"(homogeneous tribes)的集合,但远不是真正集合。"它们从未被凝成单一的政治实体,而是热衷于分裂性的各自为政。"⑤

希腊"土地从不让人容易生活,肥沃的平原几乎没有,土壤很薄和贫瘠……"⑥"雅典处于荒凉的阿提卡半岛……土地贫瘠,几乎全是岩石……极难生产必需品

---

① HOW IT WAS IN REALITY, http://chronologia.org/en/how_it_was/preface.html
② Jane Browne: *Early civilization*, New York: Chartwell Books, 1977, p.58.
③ Catherine Morgan: *Greek States outside Polis*, London: Routledge, 8 Dec 2003, p.14.
④ George Grote: *History of Greece*, London: Routledge, 1897, p.113.
⑤ Frederick Carl Eiselen: *Sidon: A Study in Oriental History*, Piscataway, New Jersey: Gorgias Press LLC, p.33.
⑥ Paul L. MacKendrick, Herbert M. Howe: *Classics in Translation*, Volume I: *Greek Literature*, Univ of Wisconsin Press, 1959, p.3.

来维持简单生活。"①此种状况就连维持原始生活都很难,还必须通过部落仇杀来减少人口——古代希腊及地中海地区是进化层次最低的"马尔萨斯陷阱"(原始性质的战争最为频繁的地区),哪来"文明"与创造!

古希腊处于一个很小范围内的许多地理碎片之中,不同族群以邻为壑、彼此倾轧,同时又在环地中海的战乱祸水的漩涡之中。无休止的暴力冲突、内争外斗,注定了古希腊不可能成为创造科学与文明的土壤,更不可能成为人类艺术的圣地。

20世纪初,美籍希腊学者托马斯·拉西从地理环境方面论证古希腊的社会形态:它的众多的部落种群及其仇外心理,数千年来一直阻碍着其民族国家的形成。②

古希腊没有被提升到有效社会的规模,是深层原因。从它的地理可见一斑……霍加斯认为,地理环境在希腊人生活倾向中起着决定因素。其地理与地形培植了希腊精神中的小群分立与强烈的地方父权主义……狭窄谷地之间缺少交流使得文化单位极小……崎岖的山地阻碍着交流,族群生活在与世隔绝的状态中;每一个族群都进化出独特的方式,而与别的族群格格不入……

希腊没有提供理想成分的实践空间……

外敌入侵使他们暂时忘却地方歧见,但不能团结合作尤为可怕……

希腊在经济上的统一亦不可能,其地理空间……不能承受社会发展的波动……不存在可以发展与持续的邦际贸易,以形成合作的习惯与多样性、长期性的交往。

它的社会意识没有超越部落阶段。族群沟通的自然障碍不能被克服……假如希腊的自然地理允许它发展较大规模的本土贸易,我想希腊历史走势则是不同的。

我们应用基于社会学的诠释原理,那就是:社会化过程依靠合作习惯来形成其规模,而使便利的、持久的交往交流成为可能。希腊的整合的潜力受阻于缺少密切的经济产业关系,后者可以带来民族凝成的动机和开放领域……

现代希腊已完成政治统一,这在古代是闻所未闻的……但即使在革故鼎新的今之希腊,地域封闭的旧习犹存,这在那些与外界的生活潮流隔绝的内地乡镇尤为明显。旅行者可注意到那儿的狭隘的部落观念依旧顽强,它正如前文所说的,植

---

① R. Winfield Smith: *The Rise and Fall of Public Education in America: The Interdependence of Public Education and Society*, Bloomington, Indiana: AuthorHouse, 2006, p.19.

② Thomas James Lacey: *A Study of Social Heredity as Illustrated in the Greek People*, E. S. Gorham, 1916, p.10.

根于其独特的地形。罗德(Rodd)说:"停滞的特征和分离的现象从一个河谷、山地到另一个,被该国的自然地理所强化,交通困难……我们听到,居住在斯巴达的居民鄙视其近邻……"从古到今的希腊都存在着地方利益高于国家利益的倾向。①

对照一下古代中国:超越地理障碍与地域心理,把越来越大的地方和越来越大的人口纳入"共同体"(大家庭)之内。这是因为中国具有"道的智慧"(和谐文化、和合智慧)。胡朴安说:

> 语曰:千里不同风,百里不同俗。中国幅员辽阔,为千里者以十计,为百里者以千计。各自为风,各自为俗。风俗之不同,未有如中国之甚者也。以中国不同之风俗,数千年来,在统一国家之下,卒能相维相持于不敝者,其道安在?闲尝求之而得其故,盖以学术统一而已矣。自汉武表彰六经,儒术遂尊,佛虽成于晋唐之际,出世而非入世,不能与儒家争政治之权,所以自汉以后,迄于清季,为儒术统一国家之时期,虽其间乱亡相继,而其由乱而治、由亡而存者,无不揭橥儒术,以为收拾人心之具,所以不同之风俗而卒能统一者此也。②

俗话说,"穷山恶水出刁民",这是最适合古代希腊的。如果不是近代欧洲被卷入"中西会通、近代转型"的大潮之中,希腊永远不会有民族国家,遑论文明!若非中国智慧及其成果对世界发生作用,欧洲不可能凭借己力克服"画地为牢、神权禁锢"的窘况。地理学家麦金德说:"中世纪的基督教世界被圈在一个狭窄的地区内。"③

到了1840年代左右,希腊终于有了"文明国家"和统一语言文字。

(二)古代希腊是"社会进化"的反例

环境历史学家休斯指出:"环境破坏的证据足以解释整个地中海盆地与近东的古文明的毁灭。这个结论似乎是说,自然环境与文明进程的关联是不可逃脱的。"④

我们认为,不和谐的古代希腊只能是人与人、人与自然双重冲突的牺牲品,因而不可能产生任何科技、思想和文明的。

---

①Thomas James Lacey:*A Study of Social Heredity as Illustrated in the Greek People*, E. S., p. 21—25.

②胡朴安著《中国风俗》,九州出版社,2007年,"自序"。

③H. J. Mackinder:*The Geographical Pivot of History*, Royal geographical Society, 1904, p.421.

④Johnson Donald Hughes:*Ecology in ancient civilizations*, Albuquerque:University of New Mexico Press, 1975, p.2.

奇怪的是，多数环境历史学家都把现代世界的生态危机的根源追溯到"希腊思想"，①并且认为，古希腊和罗马是人与自然冲突的悲剧的"杰作"。②这难道不是悖论？

西方的"与自然做斗争"知识系统（反自然、害生态、非生命，包括基督教的相关思想），③只能是在近现代的"世界联通、全球循环"的情况下才有"用武之地"的，它不可能存在于先前的、"人与自然是直接的生命攸关"的地区环境之中。中世纪基督教以"神权禁锢、窒息人智"来确保族群幸存。《新约》言："我要灭绝人的智慧，废弃聪明人的聪明。"也就是说，所谓的"希腊智慧、古典文明"是不可能存在于历史时空之中的。

天人及族群皆严峻对抗，其所致的"负能量"极大，它使古希腊陷溺于部落冲突的"自然状态"；"战争总是在城邦之间进行，从不和解"④；"在古希腊世界，战争构成日常生活中不可或缺的一部分。"⑤长期的灾祸只会破坏一切——尤其是在自然环境不支持社会发展的情况下，唯见文化沙漠！这难道还存在着一个稳定生活环境，来培育"与自然做斗争"的知识系统吗？何等荒谬！

关于古希腊社会的内部外部冲突及其对于文明、文化的否定，乔治·詹姆斯一针见血地指出：

所谓的"希腊哲学"，是和希腊人及其生活状况冰炭不容的。"希腊哲学"的时期恰是内外战争，从而不适合产生他们的哲学家。按照主流西方的历史，从所谓的泰勒斯到亚里士多德这段时期，希腊人是其内部分裂的牺牲品，同时，他们又生活在外部入侵的恐惧之中……他们不是互相厮杀，就是与波斯人战争……我们认为这是一个众所周知的道理，即：哲学思想的产生必需一个免于动荡与战乱的环境。通常所说的希腊哲学繁荣的阶段（从泰勒斯到亚里士多德）全无和平与安宁，哪来

---

① T. M. Robinson, Laura Westra: *Thinking about the Environment: Our Debt to the Classical and Medieval Past*, Lanham: Lexington Books, 2002, p.33.

② Robert L. Grant: *A Case Study in Thomistic Environmental Ethics: The Ecological Crisis in the Loess Hills of Iowa*, New York: Edwin Mellen Press, 2007, p.84.

③ Richard Bauckham: *God and the Crisis of Freedom: Biblical and Contemporary Perspectives*, Louisville: Westminster John Knox Press, 2002, p.129.

④ Mogens Herman Hansen: *A Comparative Study of Thirty City-state Cultures: An Investigation*, 21, Kgl. Danske Videnskabernes Selskab, 2000, p.153.

⑤ Art of War: *The ancient Greek phalanx as a bloc*, http://rioters.espivblogs.net/2010/06/20/art-of-war-the-ancient-greek-phalanx-as-a-bloc/

产生学术的条件！否定希腊哲学的缘起和发展的,不仅是频繁内战和持续外患,而且最坏的,是雅典暴民政治的灭绝人性。……正如这段希腊引文所写:"虽然自然灾害困扰人类,但外患与内讧则加剧我们自身的厄运;有些人冤死在他们的城邦,另一些人携其妻儿流亡,现在这些人则因饥饿而自相残杀……"①

一位神学家质疑意大利画家拉斐尔(1483—1520年)杰作——"雅典学院",它具有现代含义("雅典学院"这个题目很可能是后人伪造的);即:这些人物是"希腊哲学家"吗?在中世纪的基督教的环境中(画中场景是大教堂)怎么会绽放"异教思想"呢?他写道:"柏拉图和亚里士多德的思想被镶嵌于我们的教会文化之中(引者按:中世纪基督教不可能接纳'异教文化'或'现世文化')。我们第一次尝试书写此类故事和诗歌,拟人描绘与编制比喻(按:中世纪是神本主义)。我们必须去理解这些,否则便是格格不入。我们需要像柏拉图和亚里士多德所描绘的'真正的'神学吗? 反正,整个西方历史的大部分也是基督徒编纂出来的。"②

(三)结论:真实的"古希腊"

真正的古希腊是半原始、无文字、极贫困、频战乱的氏族部落社会,始终滞留于史前状态。近现代西方成了"文明的暴发户",就来认祖归宗,编造谱系。

古希腊由于山多地狭,部落林立,方言闭塞,战斗与破坏皆为常情。一个面积不大的地方,因其可耕地极少而贫瘠,只能够承载微小的人口规模。又由于地形崎岖,而形成数百个"以邻为壑"的族群,每个族群仅5000人左右。③人口稍有增加,就会出现生存危机,促使内外战争频繁。这种情况,冲突压倒一切,怎能不是在(前文明的)"自然状态"④中恶性循环呢?!

以下七点是西方学者对古希腊的定性:

第一,原始社会。法国历史学家库朗日称:"古希腊是……原始社会的理想类型(the ideal-type of primitive society)。"⑤

---

① George G. M. James: *Stolen Legacy: Greek Philosophy is Stolen Egyptian Philosophy*, The Journal of Pan African Studies 2009 eBook, p.19—23.

② A Theological and Philosophical Journey Through the American Christian LandscapeToggle Sidebar Raphael_School_of_Athens January 22, 2014 THEOLOGICAL FOUNDATIONS

③ Jacob Howland: *The Republic: The Odyssey of Philosophy*, Philadelphia: Paul Dry Books, 2004, p.5.

④ "自然状态",语出霍布斯,指人群相争相害、生生灭灭,毫无文明、文化可言。

⑤ Robert Sallares: *The Ecology of the Ancient Greek World*, New York: Cornell University Press, 1991, p.197.

第二，"前文明、前国家"的部落社会。人类学家尼尔森教授把希腊城邦定性为"非国家的部落社会"(stateless society with the tribe)。①美国学者沃格林说："希腊城邦是牢固地基于部落氏族(The Greek polis was firmly based on tribal clans)。"②

第三，原始经济。两位历史学家沙伊德尔(美国斯坦福大学)和雷敦(德国弗莱堡大学)指出："古希腊的经济真的是相当原始（ancient Greek economy were really rather primitive）。"③两位丹麦学者、经济史家伊萨格和斯伽兹戈尔德说："希腊农业在城邦国家阶段是相当原始的。"④

第四，部落混战时代。法国历史学家查尔斯·罗林说："希腊人——尤其是斯巴达人和雅典人——始终是好战的。"(People of Greece in all times very warlike, especially the Lacedaemonians and Athenians)。⑤

第五，无文字时代。古典学家乔治·亚历山大·肯尼迪认为："古希腊依靠口语表达……口语交流实际上贯穿着整个古典阶段。"⑥

第六，反智时代。阿仁斯道夫教授说："古希腊城邦——特别是雅典——普遍而长期地迫害学者。"⑦

第七，古希腊不可能有"智慧"(科学与哲学)。历史学家乔治·詹姆斯说：古希腊的好战、频繁人祸、极度贫困和群氓迫害的情势，根本否定了产生任何学术的可能性。⑧

---

①Thomas Heine Nielsen: *Even More Studies in the Ancient Greek Polis*, Stuttgart: Franz Steiner Verlag, 2002, p.42.

②Eric Voegelin: *The Collected Works of Eric Voegelin*, Volume 5, University of Missouri Press, 2000, p.44.

③Walter Scheidel, Sitta von Reden: *The Ancient Economy*, London: Routledge, 2012, p.15.

④ Signe Isager, Jens Erik Skydsgaard: *Ancient Greek Agriculture: An Introduction*, London: Routledge, 2013, synopsis.

⑤Charles Rollin: *The Ancient History of the Egyptians, Carthaginians, Assyrians, Babylonians, Medes & Persians, Macedonians, and Grecians*, Vol. IV., the Sixth Edition, NY. Public Library, 1921, p.87.

⑥Ian Worthington: *Persuasion: Greek Rhetoric in Action*, London: Routledge, 2002, p.4.

⑦Peter J. Ahrensdorf: *The Death of Socrates and the Life of Philosophy: An Interpretation of Plato's Phaedo*, SUNY Press, 1995, p. 10.

⑧George G. M. James: *Stolen Legacy: Greek Philosophy is Stolen Egyptian Philosophy*, p.19—23.

毋庸置疑，西方文明的"希腊源头"和有关它的文献与文物，都是被伪造的；[①]柏拉图和亚里士多德等人，都是被杜撰出来的。[②]16世纪法国人文主义哲学家彼得吕斯·拉米斯(Petrus Ramus, 1515—1572年)宣称："亚里士多德所说的全是被伪造的。"(all that Aristotle had said is forged)。[③]

质言之，所谓的"希腊科学、希腊哲学"都是"近代现象"，属于近现代西方的知识系统，它们都是"人类中心主义"和"反自然、害生态、非生命"的。在中华(文化与科技)透过西洋"联通世界"(1492年)之后，欧洲社会才"以空间换时间"驰骋于偌大的生物圈之中，在"繁荣→毁灭"(基督教"创世→末日")的前一段发挥，在西方内部发挥"正能量"。[④]但是，无论如何，希腊—西方知识系统是不能单独存在于1492年之前的"国土生态、乡土环境"之中的。

[①] Pyrrhonism and Paranoia: *Recognizing a Fake When You See One Jack Lynch Delivered 18 March 2000 at the Princeton Eighteenth-Century Conference*. http://andromeda.rutgers.edu/~jlynch/Papers/pyrrho.html

[②] Kembrew McLeod: *Pranksters: Making Mischief in the Modern World*, New York University Press, 2014, p.26.

[③] Walter J. Ong: *Ramus, Method, and the Decay of Dialogue: From the Art of Discourse to the Art of Reason*, University of Chicago Press, 2005, p.45.

[④] Mark Chandos: *Chandos Ring Book Two: I Hear Strange Cries at Jupiter*, Bloomington IN: Xlibris Corporation, 2010, Chapter Eight.

第六章　中古欧洲："末日般的千禧年"

一、中国启动西方的前后

德国经济学家卡尔·布克（Karl Bucher）说，古代西方（希腊、罗马）的经济是原始的。①那么，中世纪欧洲是不是有所进步呢？回答是否定的。

按照英国经济学家，欧洲中世纪的千年（500—1500年）是零增长，也就是说，没有任何进步与发展；他们称之为"马尔萨斯停滞"（Malthusian stagnation），顾名思义，人口稍有增加就会发生天灾人祸，这是自然的强制平衡，称之为"自我均衡机制"（self-equilibrating pattern）。②虽然历史上的中国也受制于这个"自我均衡机制"，但不同的是：历史上的中国是在发展起来之后、在文明到高峰期，由于人口与生态的严重失衡，才遭遇这个厄运的；坠入低谷，再恢复与发展，虽是周期波动，却使自然与社会越来越大地承载人口与丰富多彩的文明。英国经济学家安格斯·麦迪森指出："宋代是一个发展的高峰，人均产值增长了1/3……一般认为宋朝是一个向纵深发展的时期，而在宋以后的五百年里，主要特征是横向发展。"③相比之下，近代以前的西方，始终是处于原始层次上的"马尔萨斯停滞"。

布鲁诺·罗伊指出："中世纪社会是由盲信、原始和前科技的人群所构成。"④阿尔及尔·多恩博士说："中世纪欧洲……每一个人的母语与文字无关……非文字的

---

①Johannes Siapkas: *Classical Others*, Anthropologies of antiquity, p.187.

②B. Chiarini, G. Piga, P. Malanima: *From Malthus' Stagnation to Sustained Growth*, Palgrave Macmillan, 2012, p.1.

③国外汉学家眼中伟大宋朝：繁荣和创新的黄金时代来源：凤凰网历史作者：李蓉蓉2013年02月22日 09:45

④Bruno Roy: "Medieval Society composed of credulous, primitive and pre-scientific people." Josie P. Campbell: *Popular Culture in the Middle Ages*, Popular Press, 1986, p.29.

状况压倒一切,口语是中世纪欧洲的基本特点……在中世纪欧洲,文字对在任何时间、空间的任何人,都是行不通的(除了极少数修道院)。"①

质言之,中世纪的基督教欧洲,在本于西方中心论的现代定义中,是"封建社会";但在特性上或在原生态上,它则为原始部落社会。

学者们还指出,中世纪欧洲乃原始文化(primitive culture)②。马霍韦茨教授说:"中世纪欧洲……酷似今天的原始文化。"(Medieval Europe……can be likened to today's primitive cultures.)③

苏珊·沙夫纳说:"中世纪欧洲是这样一个阶段,即它是窒息思想,充满迷信和原始状态。"(Medieval Europe was a period of stifled ideas and filled with superstitions and primitive conditions.)④

"许多历史学家和科学家共识:(中世纪)西欧……是科学史的荒野(barren wilderness)……黑暗的中世纪欧洲这个词所唤起的画面是,肮脏、文盲的统治阶级与农夫,文化苍白与迷信。"⑤

这就是说,西方几乎是"从零开始"(不具有任何"现世文化"的成分),百分之百在东方(主要是中华文明)的影响下,而进入近代阶段的。亦即,欧美文明是中华文明的派生和突变。正如两位教授卜正民和格力高利·布鲁所言:中华文明的知识进入欧洲,让它吸取文化元素,它决定着西方的思想与物质文明的重塑(the re-molding of patterns of thought and material culture)。⑥

中古欧洲"受变于"华夏的前后、直到"近代转型",分为四个阶段:

第一,长夜蛰眠(华夏影响欧洲之前):前文明、前国家、前文字和前历史的原始生活方式。另一方面,"神权禁锢"窒息着人欲人智人为,以免族群吞噬,恶性循环,走向毁灭。

第二,人神火拼:中国技术(马镫、纸、印刷和火药等)西传,造成了"神权失

---

①Alger Nicolaus Doane: *Vox Intexta: Orality and Textuality in the Middle Ages*, Univ. of Wisconsin Press, 1991, p.67—68.

②Mahmoud Omidsalar: *Poetics and Politics of Iran's National Epic*, the Shahnameh, p.20.

③F. Machovec: *Perfect Competition and the Transformation of Economics*, Routledge, 1995, p.114.

④Susan Schaffner: *A Journey in Kind: Viking Blood*, AuthorHouse, 2014, Chapter 3.

⑤*Middle-Ages Science*, https://explorable.com/middle-ages-science

⑥Timothy Brook, Gregory Blue: *China and Historical Capitalism*, Cambridge University Press, 2002, p.69.

控",引起部落战争和宗教战争;社会趋于毁灭,也幸亏中国技术(指南针、造船术和航海图等)扭转乾坤——洗劫和霸占美洲,从而纾解其内部矛盾,带来了"适度竞争、创新佳境"。

第三,否极泰来(中国技术不再加剧欧洲毁灭,而是变成了"正能量"):美洲殖民不仅是嫁祸于人,而且使得世界的财富与资源皆倾注于欧洲;在此条件下,诸多的中国技术奠基了近代的科学革命、工业革命与资本主义(后者得力于中国的纸币、金融模式和贸易体系)。

第四,启蒙欧洲(中国文化与文明模式改造西方):建立了非宗教、俗世性的"人文民本、利用厚生"的儒式文明——近现代文明。A.自由经济:儒教道家思想→重农学派→亚当·斯密;B.民主政治:选贤举能、天下为公→启蒙与革命→引进文官考试制度;C.民族国家:四大发明→普及文字和大型组织→模仿华夏而形成"战国式"的帝国主义列强。①

紧接着,让我们来阐明"阶段 1"(其余三点稍后展开)——基督教中古欧洲是原始性质(其中的很多方面一直延续的近代早期)。

二、中古欧洲是原始社会

关于近代以前的欧洲的真实状况,我们从四个方面来详述:

(一)原始社会的性质

经济史家们根据有限的资料推断,在近代以前的一千年中,欧洲的经济毫无发展,原始农业一成不变;人的生活挣扎于生存线上,其寿命很短;前几百年牺牲"俗世人生",后几百年降临"末日灾祸"(直到近代早期)。

在霍布斯(1588—1679 年)那里,"一个'史前社会'呼之欲出,这与他所生活的 17 世纪的欧洲是很相似的。"②霍布斯解释道:"处于'自然状态',没有艺术,没有文字,没有社会;万恶充斥人间,持续的恐惧与死于非命的危险;人的生命是短暂的、孤独的、恶劣的和残暴的。"③霍布斯在自传中称:"恐惧伴随着我的出生。"在

---

①西方学者说:"在春秋战国时期,诸夏多国林立持续了五百多年;用它来比较近代早期的欧洲列强,这不是不确切的。"David Miller, Sohail H. Hashmi: *Boundaries and Justice: Diverse Ethical Perspectives*, Princeton University Press, 2001, p.99.

②C. Ryan, C. Jetha: *Sex at Dawns*, HarperCollins, 2011, p.32.

③J. Schulman, B. Linaweaver: *Nasty, Brutish and Short Stories*, Pulpless.Com, 1 Jul 1999, p.15.

他成年时,"大部分的欧洲陷于战乱"。直到17世纪中期,"宗教冲突震撼着欧洲"。①

中世纪欧洲被称作"原始村落的进化幸存"。②亚利桑那大学教授克拉森指出:

最重要的是,"黑暗时代"的神秘应该被打消……毋庸置疑,中世纪欧洲在许多方面,都不得不被确定为野蛮、原始和简陋,以及缺乏文化和卫生等。③

从军事及其技术与组织来看,受到中国影响之前的欧洲,其"社会进化"的程度很低,与"春秋战国"不是一个档次。中世纪欧洲的战争是部落式的。人类学家L. H.基利认为:

中世纪族群和中古后期的民族缺乏军事组织和技术,这些早期的战争遭遇是小规模的集团卷入,冲突在很少的伤亡之后便停止,(非洲部落式的)突袭和伏击是通常的,这就算较大消耗的暴力方式。④

狄更斯所描述的古代的不列颠岛民的原始性,我们认为整个中古和上古的欧洲都是如此,狄更斯说:"起初那些岛民都是些可怜的野蛮人,他们要么一丝不挂,要么仅以粗糙的兽皮蔽体,还用有色的泥土和植物汁液在身上染色——就像其他野蛮人常做的那样。"⑤(再联系下文考证,中世纪的欧洲人从不洗澡)。

(二)尚未产生民族国家

人类学家格吕克曼说:"中世纪欧洲具有一些与部落社会共同的特点。"(Tribal societies had some characteristics in common with medieval Europe.)⑥

罗什瓦尔德教授指出:

(近代以前的欧洲)没有……法律、秩序与平安。匪徒横行,个人生命毫无保障。经济状况是原始的……在这社会动乱和文化沙漠之中,教堂与其说是文明的守候者,不如说是实际的代理。⑦

---

①Glen Newey:*Hobbes and Leviathan*,London:Routledge,2008,p.1—2.

②Christopher Dyer:*Everyday Life in Medieval England*,Edinburgh:A&C Black,2001,p.74.

③Albrecht Classen:*Handbook of Medieval Studies:Terms –Methods –Trends*,Berlin:Walter de Gruyter,2010,xlix.

④Edward M. Spiers,Jeremy A. Crang,Matthew Strickland:*A Military History of Scotland*,Edinburgh University Press,2012,p.43.

⑤《狄更斯讲英国史》,苏旻婕等译,北京时代华文书局,2014年,第1页。

⑥Max Gluckman:*Politics,Law and Ritual in Tribal Society*,Transaction Publisher,2012,p.xxiii.

⑦Mordecai Roshwald:*Dreams and Nightmares:Science and Technology in Myth and Fiction*,McFarland & Company,Publishers,2008,p.191.

鲁思·约翰斯顿说：在中世纪初期，作为日耳曼部落的分支，"哥特人在意大利，盎格鲁—撒克逊人在英格兰，法兰克人在法国和德国，西哥特人在西班牙，他们都是相对原始的和没有文明的……欧洲中世纪是日耳曼部落成长的时代，发展了政府、文化和技术……"①应该指出，后三者（政府、文化和技术）都是近代之事，而且都是"中国赐予"。

关于中欧的东部——包括希腊所在的巴尔干地区——社会政治状况，匹兹堡大学教授塞德拉说：

农村居民通常很少与外界联系……中世纪农民不是以民族、而是以家庭、宗教和地方来参照其身份。在几乎全是文盲的中世纪社会……大多数人不可能把他们的语言和风俗与异地通融……中世纪时代的政治忠诚大部分是向着个人权威，而非在情感上系于文化和语言的共同体。政府归依王室或贵族，而不是民族感情的产物。②

至于中世纪欧洲的政治，罗姆·布劳恩说：

即使是统治阶级的人也大多数都是文盲……直到十字军的时代，欧洲的国政依旧属于原始群落文化。③

（三）不用文字的社会

塞德拉教授说："稳妥地说，中世纪的人几乎全都生活在村社之内，不了解外部世界；几乎全部的人都是文盲；农业所使用的工具和技术也是原始的，所生产的谷物只够糊口，没有剩余。"④

在中国的造纸术与印刷术的西传、并且被普遍使用之前，欧洲基本上是个"口语社会"。⑤除了少数神职人员之外，绝大多数人——也包括许多贵族（部落头目）——都是依靠口语交流，而且根本不会使用文字；"文化的细小的尖顶处在广

---

① Ruth A Johnston: *All Things Medieval: An Encyclopedia of the Medieval World*, Vol. 1, Santa Barbara: ABC-CLIO, 2011, xiii.

② Jean W Sedlar: *East Central Europe in the Middle Ages, 1000—1500*, University of Washington Press, 2011, p.402.

③ Jerome Braun: *Democratic Culture and Moral Character: A Study in Culture and Personality*, Berlin: Springer Science & Business Media, 2013, p.134.

④ Jean W Sedlar: *East Central Europe in the Middle Ages, 1000—1500*, p.84.

⑤ Maria Elizabeth Grabe, Erik Page Bucy: *Image Bite Politics: News and the Visual Framing of Elections*, Oxford University Press, 2009, p.28.

大的文盲的海洋之上"(tiny literate reef on top of vast illiterate ocean)。①

鲍德温博士说:

在中世纪,这都是司空见惯的,即:贵族和国王都是文盲,(如果需要的话)他们指望教会文士为其读和写。与此同时,随着罗马天主教的建立,神父和教士学习读和写,而教友们则没有机会。②

中世纪的国王也通常是文盲,(他们)"不能签名,只是画一个标记……没有任何证据表明,王室成员能写他或她的名字。在理查一世(1157—1199年)时期,偶尔有国王在文件上画个十字(cruciform)……"③

再来按照时间的顺序说明之:

第一,关于中世纪早期,巴德斯利说:

……几乎没有学校,乃至大部分贵族都是文盲;知识仅局限于修道院里……抄写手稿,而非传播思想。④

第二,关于中世纪中期,诺曼·罗斯教授说:

大部分基督徒,甚至包括贵族,都是文盲……地方牧师通常也和庶众一样,都是文盲……资料表明……在中世纪的中期,很难想象有受过教育的贵族……农民和个人阶层就更不用说了。⑤

欧米沙拉博士说:

一个可论证的事实是,12世纪以前的欧洲几乎是非文字的和极大地依赖"口语传统",与此同时的伊斯兰世界则享有很高的文化,广泛凭借书面语和档案与文献资源。……中世纪欧洲的特点是原始文化(primitive culture)。⑥

第三,关于中世纪后期,唐普勒弗也说:"中世纪欧洲的社会成员的主体是文

---

①Ramona Fernandez: *Imagining Literacy: Rhizomes of Knowledge in American Culture and Literature*, University of Texas Press, 2010, p.40.

②Christina Baldwin: *Storycatcher: Making Sense of Our Lives through the Power and Practice of Story*, Novato, California: New World Library, 2010, p.38—39.

③*The Leisure Hour Monthly Library*, Vol. 38, W. Stevens, printer, 1889, p.9.

④Sandy Bardsley: *Women's Roles in the Middle Ages*, Santa Barbara: Greenwood Publishing Group, 2007, p.18.

⑤Norman Roth: *Medieval Jewish Civilization: An Encyclopedia*, Abingdon: Taylor & Francis, 2003, p.151.

⑥Mahmoud Omidsalar: *Poetics and Politics of Iran's National Epic*, the Shahnameh, Basingstoke: Palgrave Macmillan, 2011, p20.

盲。""在中世纪后期,百分之九十以上的人口都是文盲。"①

尽管今之学者用好听的话来说:"中世纪是个文盲的俗众与有文化的牧师之共生社会。"②但研究中古欧洲的权威埃里克·库珀则指出:

在中世纪,在印刷被发明和推广之前,信息资源基本上是个人性质的,口头传递是最通常的渠道,书写文是极个别的……在中世纪社会,口语交流是普遍的,文字表达是例外的。③

诺明顿教授说:"中世纪世界……不仅罗马天主教的英格兰,而且中世纪后期的诸多社会都是非文字的;人们的交流和理解都是口语和视觉表达。"④

按照保拉·库伊教授,得力于印刷术,欧洲在16世纪——近代之初——开始普及书写文字;那就是把各地的方言(vernacular tongues)变成了书写语言(法语、英语、德语、意大利语和西班牙语……),尤其是《圣经》被翻译成各地语言便促进了这个过程。⑤

(四)全无文明的迹象

第一,关于中世纪欧洲的经济,大卫·尼古拉断言:"日耳曼部落的农业是原始的。"⑥林奇和阿达莫说:

在西元700年,莱茵河地区是原始、无文字和充满暴力的世界的部分……人们生活在动乱的村落,住的是木棚,学着保持他们的原始农业和牧业。⑦

卡尔·佩尔松说:"经济生活当然是比较简单、原始的……中世纪的村民依靠原始农业维持生计。"⑧

---

①Don LePan: *The Cognitive Revolution in Western Culture*, Part One, Peterborough: Broadview Press, 1996, p.21 and p.317.

②Dennis Howard Green: *Medieval Listening and Reading: The Primary Reception of German Literature 800—1300*, Cambridge University Press, 1994, p.23.

③Erik Kooper: *The Medieval Chronicle VI*, Amsterdam: Rodopi, 2009, p.18.

④Katie Normington: *Modern Mysteries: Contemporary Productions of Medieval English Cycle Dramas*, D. S. Brewer, Cambridge, 2007, p.4.

⑤Paula M. Cooey: *Willing the Good: Jesus, Dissent, and Desire*, Fortress Press, 2006, p.89.

⑥David M Nicholas: *The Evolution of the Medieval World: Society, Government & Thought in Europe 312—1500*, London: Routledge, 2014, p.154.

⑦Joseph H. Lynch, Phillip C. Adamo: *The Medieval Church: A Brief History*, 2ed: A Brief History, London: Routledge, 2004, p.73.

⑧Karl Gunnar Persson: *An Economic History of Europe: Knowledge, Institutions and Growth, 600 to the Present*, Cambridge University Press, 2010, p.20.

英国历史学家柯尼斯伯格在其所著《中世纪欧洲(400—1500年)》一书中,指出:"由于缺少铁制农具……(欧洲)农业一直保持在绝望的原始状态……谷物的种子和收获的比率几乎是2∶1。"①如此比率可能要低于大部分的原始社会。中国古代农业的种子和收成的比率是(10—15)∶1,而欧洲到近代之初,即引进中国的相关技术和方法而进行"农业革命"之后,其比率才达到为4∶1。②

欧洲农业的原始性一直持续至近代之初。罗伯特·坦普尔指出:在诸多的中国农业技术西传之前,亦即在18世纪之前,欧洲的农业是很原始、绝望的。③《牛津经济史百科全书》称:"从罗马时代的早期到1800年,欧洲农业技术的基础成分基本未变。"④

中世纪后期,欧洲许多地方的交通都很原始,运输工具没有轮子是司空见惯的。⑤沃德·霍尔德称,文艺复兴时代欧洲的交通条件是原始的。⑥

第二,关于中世纪欧洲的生活质量,历史学家这样写道:中世纪欧洲的农村很原始,缺衣少食,住房简陋,卫生极差,人似动物,而且纷争不休。⑦

中世纪是欧洲最长的历史阶段……生活很原始,比罗马帝国更粗糙。蛮族成分的社会是单一的和好战的,被主宰于排他性的宗教,它防止社群世俗化。⑧

在中世纪,人们委身于教堂与上帝,求得个人拯救。生活……是原始的。……通常,一般人一年才吃一两次肉,十年沐浴一次。身上有香味就被怀疑是巫术……而被烧死……大多数农民只活到35岁……死于各种病疫。⑨

---

① H G Koenigsberger:*Medieval Europe 400—1500*,London:Routledge,2014,p.72.
② 康拉特·赛茨著《中国一个世界强国的复兴》,搜狐读书。
③ Robert Temple,Joseph Needham:*The genius of China:3000 years of science,discovery,and invention*,Prion,1998,p20 and 27.
④ Joel Mokyr:*The Oxford Encyclopedia of Economic History*,1,Oxford University Press,2003,p.72.
⑤ Daniel Waley,Peter Denley:*Later Medieval Europe:1250—1520*,London:Routledge,2013,p.298.
⑥ R. Ward Holder:*Crisis and Renewal:The Era of the Reformations*,Louisville:Westminster John Knox Press,2009,p.18.
⑦ Frances Gies,Joseph Gies:*Life in a Medieval Village*,New York:HarperCollins,2010,p. 206.
⑧ Christina Strawser:"Medieval Europe's Life",COURSE HERO,12/08/2008. https://www.coursehero.com/file/5462902/Medieval/
⑨ *The Effect of Black Death on Art and Artists in the Medieval Period*,11/29/2014. www.historyofpainters.com/black_death.htm

美国历史学家大卫·赫利希指出:

对人的平均寿命的大致估算,在1427年意大利皮斯托亚地区,女性是29.8岁,男性是28.4岁。①

至于居住条件,克里斯托弗·戴尔说:

不少历史学家评估道……比简陋棚好不了多少……房子是原始的……人像动物一样。这种印象源自考古学家……一个村庄的遗址显示,建筑是单薄,木料很差。②

帕特里夏·贾瑟克说:"在中世纪的'城镇',房子都是使用原始工具和粗糙材料修建的。"③

第三,在精神生活方面,尤其能够说明欧洲的"千年黑暗"——全然是未开化状态。拉里·米尔纳说:

在中世纪,是迷信、而非科学,主宰着世界观。中世纪的精神,即使是宗教的或"科学的",都是相信神秘和魔术……基督教时代充满着迷信,盛行于凯尔特、日耳曼和斯拉夫族群。④

至于艺术,唐纳德·马修说:"中世纪欧洲的艺术……被唾弃为粗糙与原始,它不存在透视法与古典风格……被标签为'哥特式'的中世纪建筑昭示着其北方蛮族的起源。"⑤

第四,关于中世纪欧洲的卫生状况。医学史家说:"在中世纪,医学被迷信和知识停滞所阻碍;西方医学在这个阶段是原始的,被教士所主导的。"⑥

弗兰克·埃德加说:在中世纪欧洲,"人们没有医疗知识,而是依靠迷信救人"。(People had no knowledge of medicine and relied on superstition to save……)⑦

---

①David Herlihy: *Women, Family and Society in Medieval Europe: Historical Essays, 1978—1991*, New York: Berghahn Books, 1995, p.61.

②Christopher Dyer: *Everyday Life in Medieval England*, Edinburgh: A&C Black, 2001, p.133.

③Patricia May Gathercole: *The Depiction of Architecture and Furniture in Medieval French Manuscript Illumination*, New York: Edwin Mellen Press, 2006, p.22.

④Larry Stephen Milner: *Hardness of Heart/hardness of Life: The Stain of Human Infanticide*, Lanham: University Press of America, 1998, p.519.

⑤Donald Matthew: *Medieval Europe*, London: Stonehenge Press, 1992, p.11.

⑥Anders Holtz, Richard Levi: *Spinal Cord Injury*, Oxford University Press, 2010, p.5.

⑦Frank Edgar, George R. Lee: *Medieval Times (325—1453 A.D.)*, Mark Twain Media, 1994, p.106.

"十年沐浴一次"是非常委婉的说法,实际的情况是"农民可能终生都不会洗一次澡,甚至贵族也从不洗澡"①。

许多欧美学者形容中世纪"一千年没洗一次澡",这似乎太夸张了。但医学史权威奥斯勒爵士断定,中世纪的卫生状况比这还要可怕得多:

> 骇人听闻的卫生条件:中世纪是一千年没洗一次澡。如果对中世纪的医疗有任何兴趣的话,那是绝望地去面对麻风病和瘟疫。即使第一次病疫的历史可追溯千年,第二次更普遍流行于从文艺复兴到近代早期。麻风病和瘟疫变成了"中世纪病症"。如果中世纪社会没有"发明"这些病毒的话,那么,它的愚蠢和肮脏实际上也是罪有应得。②

何止"一千年没洗一次澡",到近代之初依旧如此!1906年《教士工作学会杂志》写道:

> 在玛丽女王、伊丽莎白女王和詹姆斯一世的统治时期(英格兰:16—17世纪),我们的艰辛祖先从来不洗脸、洗手和洗衣服,洗澡是闻所未闻的。仅詹姆斯国王局限于其个人,沐浴和用湿布檫手。历史学者们实际都知道中世纪是这么恐怖,几乎是不可思议的肮脏!③

再看一下中古欧洲的饮食卫生与疾病,琳内·埃利奥特医学博士揭露:

> 农民和城镇人……都穿粗糙绒衣,其生活虱子跳蚤臭虫相伴。……很多地方都没有流动活水……很差的饮食和食物,缺少新鲜水果和蔬菜及其所提供的维生素……中世纪的人……因细菌滋生的肮脏的水和食物,几乎都有肠胃病……乃至痢疾伤寒霍乱。病毒传染,四处扩散,因为中世纪没有医药和育苗来阻止瘟疫。④

有些西方学者把黑死病归因于"中国病源"——由蒙古征服所带进欧洲的,岂有此理,毫无根据!

---

① Tao Wang:*A Brief History of the World*,Bloomington:iUniverse,2002,p.119—120.
② Faith Wallis:*Medieval Medicine:A Reader*,Toronto:University of Toronto Press,2010,xviii.
③ Society of Estate Clerks of Works:*The Journal of the Society of Estate Clerks of Works*,London 1906,p.67.
④ Lynne Elliott:*Medieval Medicine and the Plague*,st. catharines:crabtree publishing company,2006,p.6—7.

附录　中国古代的环境卫生①

鉴于环境卫生与人类健康关系至密,中国古代从很早就开始重视环境卫生的治理,主要做法有五:

一是保持房屋内环境的清洁。古人在很早的时候,便注意经常打扫住室。扫地时,恐灰尘扬起,必先洒水。"洒扫"二字,因此成为固定的联绵字。当时不容许随地便溺,连痰液鼻涕,也不许任意吐唾。《礼记·内则》规定:"在父母舅姑之所……不敢唾洟。"不随地吐痰成为一种好的习惯,甚至带有礼节的意味。古人对于除鼠非常重视。远在几千年前,《诗·豳风·七月》里,已有"穹窒熏鼠"的话,是说发现房子里有窟窿,就用土把它塞住;如果有鼠藏匿在内,就用火把它熏出。蚊、蝇、虱子,也是传染病的媒介,对人类健康有害。先民在很早的时候,就设法加以驱避和消灭。北宋刘延世所著《孙公谈圃》记载:"泰州西溪多蚊,使者行按左右,以艾熏之。"证明在公元10世纪时,已经发明了用焚烧药物来驱蚊的方法,这些对预防传染病流行,保护环境免受污染有积极意义。

二是讲究厕所的清洁卫生。古人很重视厕所的清洁,有的古书中直接称"厕"为"清"或作"圂"字。《说文》:"厕,清也。"《释名》:"厕或曰圂,言至秽之处宜常修治使洁清也。"大约就其必须清洁言,便叫作"圂";就其必须加以屏障掩蔽言,又叫作"屏"或"医"(亦作"偃")。《庄子·庚桑楚》:"观室者周于寝庙,又适其偃焉。"注云:"偃谓屏厕。"可知古人参观人家的房屋,还会去厕所里看看。值得一提的是,当时已经有了公共厕所。《墨子·旗帜》云:"于道之外为屏。三十步而为之圂,高丈。为民圂,垣高十二尺以上。"厕所用高高的墙砌起来,保障个人便溺行为的私密性。到了秦汉时期,厕所有"厕""溷""圂""清""轩"等多种名称,说明日常生活中厕所得到了普遍使用。

三是重视住宅内外水沟的修浚。如果水沟积污太多,容易引起疾病,所以《周礼·官人》说:"为其井匽,除其不蠲(清洁之意),去其恶臭。"古代建造房屋,有天井,有水沟,即《周礼》所讲的井匽。这种水沟,修建在地下的叫阴沟,即今日所称下水道;修筑于地面的水沟叫阳沟。古人很注意保持水沟清洁,其他绕屋沟渠,也经常加以修浚。汉代王褒《僮约》中规定家仆的日常劳动中,便有"浚渠缚落""浚渠",即是修治水沟的工作。

四是关注饮用水的卫生。古人很早就发明了凿井以汲洁净水的技术。考古学

---

① 原文系庄华峰、张华:《中国古代环境卫生的治理及其特点》,《光明日报》,2010年12月14日。

家在河姆渡遗址发现的一口古井距今已5600余年,井口为方形,水井外围有一圈呈圆形分布的栅栏桩,并有顶棚覆盖,这说明当时很注意对饮用水的保护。据乾隆二年(1737年)颁布的《苏州府永禁虎丘开设染坊污染河道碑》载,当时虎丘山前染坊遍布,污水注入河中,致"满河青红黑紫","各图居民,无不抱愤兴嗟",于是官府颁布禁令"勒石永禁虎丘开设染坊",所有"染作器物,迁移他处开张","如敢故违,定行提究"。这块碑文可说是我国第一件河流水质保护法令。

五是注意维护和治理定居生活区环境的清洁卫生。这主要表现在以下几个方面:1.是将居地与公共墓地分隔开,这几乎成为古代社会人们普遍采用的做法。2.是实行人畜隔离。3.是禁止在街道上倾倒生活垃圾。《韩非子·内储说上》载:"殷之法,弃灰于公道者断其手",堪称世界上最早的环境卫生法。到了汉代更进一步规定路旁居民要以水洒道,以防止灰尘的扬起。由于管理比较严格,随意丢弃垃圾的情形得到有效制止,有效地维护了公共卫生。……光绪二十三年(1897年)正月,规定由清道局专门负责垃圾清除。光绪二十九年(1903年)这一工作改由警察局管理。在常州,光绪三十一年(1906年)由商会率先创办负责清道的组织,每天安排清道夫打扫主要街道。

……注重用科技手段推动环境治理。如远在先秦时期就发明了用于排除污水的下水管道,又据《后汉书·张让传》载:"作翻车渴乌施于桥西,用洒南北郊路,以省百姓洒道之费。"洒道的翻车渴乌是汉代掖庭令毕岚制作成功的,它是世界上最早的洒水车,堪称一项杰出的发明创造。古人的这些发明,具有重要的科学价值和实用性,对于推动古代环境卫生的治理,具有十分重要的意义。

三、欧洲不存在封建制度

(一)中古—近代之交的厄运

中世纪的西方人是挣扎于原始性的毁灭之边缘的。到了中古后期至近代早期,如此"末日厄运"十分显著;却又突然被"力挽狂澜、扭转乾坤",这是什么原因呢?历史的玄机究竟如何?

关于中世纪欧洲的末日厄运的"前世因缘",英国艺术家刊物这样写道:

欧洲中世纪阶段(从6世纪到文艺复兴发生的15世纪),人民偎依教堂,祈求上帝和永生。中世纪意大利的生活是原始的……(日耳曼)蛮族横行霸道,经常焚烧村落,幸存者被抓为奴。基督教提供道德关怀,但缺少先前文化(指后人所想象的"古典文化"——引者)。社会几乎全然无文字,持续地发生灾祸……乃至正在遭受饥馑……研究中世纪的历史学家亨德里克·房龙(Hendrik van Loon)讲述农民的一般状况:"他们是生活在光荣废墟上的野人,丝毫没有分享文明;因为他们的父辈、祖辈已经摧毁了它。他们什么也不知道,他们对每一件事的无知的程度不超过今天的12岁小孩的理解力……"生活是残酷的和肮脏的……①

西方在中古后期至近代早期的三百多年中,陷入了愈益深重的人祸天灾;它是趋于毁灭的,并非走向文明;人们普遍绝望,而在"末日"中呻吟。

中世纪后期的欧洲,危机的趋势压倒一切。每一次被外部因素点燃"进步的火花",就很快被暴力所浇灭了,看不到一点"近代化"的迹象。"不是重生,而是挣扎;不是迈向美好的未来,而是丧失黑暗的宁静。"②

根据一些西方学者的反思(例如弗洛伊德式的法国哲学家克莉斯蒂娃),③古今西方始终禀赋"人类负面、死亡本能"——人与人、人与自然之双重冲突,而趋于自我毁灭。如此"原罪",在近代以后是转嫁于外部世界,而西方自身则暂时闪烁着"文明光环";但在近代以前则是祸害欧洲内部:先是宗教禁锢、生不如死,再是人神火拼、刹那生灭。

说起来,欧洲这场危机的缘起也与中国有关;那就是中国文化与中国科技的西传造成了它的宗教失控:1.中国文化的冲击是:以人为本→自然哲学→宗教改革(战争);2.中国科技的冲击是:马镫、造纸、印刷和火药等→思想与组织的爆发力→人神及族群全面冲突。

西方因其没有"和谐文化、和合智慧"来驾驭、调和之,故而在近代以前,它既不能创造科技,也不能承受外来科技——科技在那儿全是"负能量"(破坏性),而非"正能量"(建设性)。正如汤因比所说:"人类在为对付自然而利用机械一事上、包含着各种风险……他们求助机械来处理……自己与同伴的关系……技术……可能导致人类的毁灭。"④《庄子·天地篇》论:机械→机事→机心(视人为物、无情无义)。

中古后期至近代早期的欧洲的宗教战争,连续数百年,死人几千万;这场末日

---

① *The History of Art And The Curious Lives of Famous Painters*. Medieval Italian Artists. 4/23/2011 http://www.historyofpainters.com/italian.htm。
② Johan Huizinga:*The Autumn of the Middle Ages*,University of Chicago Press,1996. p2.
③ Inna Semetsky:*The Edusemiotics of Images*,Sense Publishers,2012,p.187.
④ 汤因比:《历史研究》,第120页。

般的人祸,在技术上是由中国的四大发明的西传引起的。① 根据美国北卡罗来纳大学教授普莱斯特德的推算,西方人死于宗教迫害和宗教战争约为五千万;死于三十年战争(1618—1648年)的人数约为 700 万至 1200 万之间,其中在波西米亚是 78 万至 400 万之间,在德国是 700 万至 2000 万之间。②

不可思议的是,这场势必导致西方毁灭的危机,竟然被几项特殊的中国发明——指南针、造船术和航海图——所逆转,它们被用于"发现新大陆"(1492年);这件事对欧洲的"纾解功能"直到两百多年之后(1750年左右),才显著"见效"——欧洲人使火药(枪炮)从摧毁欧洲内部,变为摧毁外部世界,(即伊恩·莫里斯教授说:欧洲人"拥有能横渡大洋的船只和射杀大洋彼岸人们的大炮".)③ 从而西方自身的致命性的祸因乱源,被宣泄出去了;并且还"换来"财源资源滚滚而来,长时间的倾注于己方。就这样,西方第一次有了"文明"!

所以有学者说,是成功地进行海外扩张与殖民掠夺这样一种"生态帝国主义",④ 使西方转危为安、否极泰来的! 实质上,西方是异常亢奋地"以空间换时间",而把它自己的"末日"强加给了全人类与生物圈(此乃后话,兹不赘述)。

关于中古—近代之交的三百多年的西方"末日厄运",剑桥大学教授坎宁安和克雷尔在其所著《末日四骑士:宗教改革时代的欧洲战乱、饥馑和死亡》书中,专门介绍近代早期(1490—1648年)的情况;该书以《圣经·启示录》中的"四骑士"为纲目而展开,分别是:1.白马:宗教末日;2.红马:战争杀戮;3.黑马:灾害饥馑;4.灰马:瘟疫流行。摘录其片断如下:

16 世纪和 17 世纪早期……该时代的人犹如活在最后的天……世界末日和时间尽头。……根源于宗教、社会、政治、经济和人口的全面危机……

历史学家们已经共识:从 1490 年到 1648 年是欧洲危机的阶段。农民暴乱,在德国始于 1520 年代,斯堪的纳维亚始于 1530 年代,英格兰于 1536 年,法国于 16 世纪末。……危机在政治领域:……战争随着新王朝和邦国迭起而流行于欧洲。危

---

① MunPhilip M. Taylor: *Munitions of the Mind: A History of Propaganda*, Third Edition, Manchester University Press, 2003, Chapter 11 the Reformation and the War of Religious Ideas.

② David A. Plaisted: ESTIMATES OF THE NUMBER KILLED BY THE PAPACY IN THE MIDDLE AGES AND LATER, 2006, P.3—5.

③ 伊恩·莫里斯:《纬度决定历史:从地缘学角度解读……》,朱宁雁译,原载《东方历史评论》,2014-08-29.

④ Alfred W. Crosby: *Ecological Imperialism: The Biological Expansion of Europe*, 900—1900, Cambridge University Press, 2004, p.XVIII.

机在经济方面:……通货膨胀……该时代人遭受无告的艰辛和饥饿……危机在人口方面:1348年之前到15世纪末是黑死病,而后欧洲人口首次猛增……

大规模冲突发生在许多地区:……1540年施马尔卡尔登战争,1560—1590年代法国宗教战争,西班牙和联合省的八十年战争,欧洲各国多卷入的三十年战争……

人口增长……使状况恶化……灾荒和饥馑之严重,前所未有。歉收连续发生于1490—1494年、1490—1494年和1515—1519年。在德国引起可怕饥馑和1520年代的农民战争。据估计,法国所经历的特大饥馑,15世纪是7次,16世纪13次,17世纪11次。

农业经济的危机归因于脆弱的耕作体系、恶劣天气和人群冲突……农业生产在极大风险中惨淡经营。①

(二)套用中国的封建与爵位制度

(甲)近代西方借用中国制度

近代以前,确切地说,在其海外扩张、并且通过它疏解内乱之前,西方社会中的"负能量"(破坏性)压倒"正能量"(建设性)。再追溯到更早的时期,那是"原始静态"或"宗教窒息"。所以近代以前——尤其是在1500年之前,西方不存在现世制度和文明内涵及其相关传统;要有,都是后来加上去的。正如阿尔弗雷德·希亚特所批评:"欧洲历史是通过伪造而建设的。"(Forgeries played in the construction of a history of learning in Europe)②

文化人类学家们研究中世纪欧洲的政治文化、动乱和仪式,通常称之为"原始政治"(primitive politics)。③

近代和近代之前,欧洲的社会制度都是"复制中国"的。诺思艾奇教授说:中华文明是"现代制度的祖先"。④三位英国教授在其书中写道:"在近代欧洲的国际体系的思想与机构中,是古代中国的国家制度及其运作特质,在发挥基本的作用的。"⑤

---

① Andrew Cunningham and Ole Peter Grell: *the Four Horsemen of the Apocalypse*, Cambridge University, 2000. p.1—2, 14—16.

② Alfred Hiatt: *The Making of Medieval Forgeries: False Documents in Fifteenth-century England*, University of Toronto Press, 2004, p.70.

③ M. Sizer: *Making Revolution Medieval*, Volume 1, UMI Microform, 2008, p.49.

④ F. S. Northedge: *The International Political System*, London: Faber, 1976, p.34—52.

⑤ Michael Cox, Tim Dunne, Ken Booth: *Empires, Systems and States: Great Transformations in International Politics*, Cambridge University Press, 2001, p.45.

谷川宽三说："中国的高级官僚制度（文官管理）曾是欧洲国家的模范。"①

近代以前的西方是原始性和宗教性的，因而不存在俗世或现世的制度；近代西方及现代世界的社会制度基本上都是源于中国的，西方所"补阙"的历史与制度，也是源于中国的。沃勒斯坦教授在其书中写道：

1990年代开始，涌现出一组杰出的和不同寻常的学者；他们表示，中国对于现代世界的形成的作用，已被严重忽略，这是世界观的扭曲。有些人强调，"中国天下"（Sinic world）在15世纪至今依然存在……

佛兰克（A. G. Frank）走得更远……他曾写书，断言现代世界的制度起源于16世纪；然而到1990年代，他有了思想转变。在他和吉尔斯（Barry Gills）合著的新书中，提出四点推断，证明世界制度起源于五千年前……（自那以后）中国总是（几乎总是）这个奇特复杂的世界制度的中心轮轴（central hub）。佛兰克认为，欧洲的崛起（赶超中国）只是19世纪和以后的事，它使"中国中心体系"（China-central system）突然中断。佛兰克批评道，如此说教，即现代的世界体系起源于16世纪或更早的欧洲，是西方中心论的作祟。②

17—18世纪的欧洲，在中国文化的影响下而兴起各个民族国家（黑格尔承认，中国政治曾是欧洲建国的模范）；乃至到18世纪末，欧洲各国的组织机构与功能都远不如古代中国。对此，法国汉学家谢和耐说：

中国最出色的成就之一是在漫长的演变过程中，发展了复杂的政治组织形式，成为人类社会史上最完善者。一种统一的行政制度能够在如此早期便延伸到如欧洲幅员的广阔地域，而其居民的多样性亦堪与欧洲相比，这确实令人惊讶，值得一书！请想一下米拉波就1789年之前的法国国情发表的言辞，他将其视作是："一群分裂的缺乏组织的人民！"中国……系统安排自己的空间：道路、驿站、粮仓、城池、御敌围墙、河水调节、水库、运河等。中国政治功能发达……③

（乙）真实复制与虚拟复制

近代西方的社会制度是对中国历史的"真实复制"，而中世纪欧洲的"社会制度"则是源于中国历史的是"虚拟复制"。

---

① Michio Tanigawa: *Medieval Chinese Society and the Local "community"*, UC Press, 1985, p.39.

② Immanuel Wallerstein: *The Modern World-System I*, UC Press, 2011, p.xxix.

③ Jacques Gernet: *A History of Chinese Civilization*, p.28. 参考中文版：谢和耐著，黄建华、黄迅余译：《中国社会史》。

第一,近代西方对中国历史的"真实复制",形成了近似于"战国七雄"的、排他性和应战型的民族国家。①应该指出,现代欧美政治(民族观及国家利益),实际上比中国传统政治(天下观及世界和平)落后了两千年。②至于今人称道的西方"民主与法治",既是取法华夏政治,又是它的退化。后者是指,欧美政治属于儒家所云"王道—天下观"以下的政治,缺少道德与和平的内涵;因为它以外部世界与地球生态作为其摧残和索取的对象,亦即,西方是通过对外制造"非理性"来保持其内部的"理性"的。

第二,中世纪欧洲的"社会制度"源于对中国历史的"虚拟复制"。这是指:欧洲社会在近代以前是原始落后、频繁祸乱,而趋于毁灭的;但在它凭借中国的成果而进行殖民扩张、因而"起死回生、否极泰来"之后,西方就把以前的"黑暗厄运"装扮成"进步前奏"。近代早起的西方学者透过耶稣会士的中国著述,撷取了西周的封建制与贵族制,而用它们修饰中世纪的欧洲。③

另一方面,也有西方学者论证在近代以前也是"真实复制",即中世纪欧洲在很大程度上从中国引进了"封建制度"。④

关于中世纪欧洲引进了中国上古的"封建",在哈特韦尔(R. M. Hartwell)教授看来,那也是"真实复制"——中世纪欧洲在很大程度上是从中国引进了"封建制度"。他把鲁杰罗二世(Roger II,1095—1154 年。西西里国王)的财政制度作了"比较研究",结果证明"中国的影响是清晰的、详细的和令人信服的"。鲁杰罗二世的实践一定会影响他的孙子神圣罗马帝国皇帝腓特烈二世和法国国王菲利普六世,很可能也影响了英国国王亨利二世。⑤

上文关于(西西里国王)鲁杰罗二世及其所影响的欧洲诸王的事,应该是17—18 世纪——中国文化强烈影响西方的时代——的常情。⑥然而,"16 世纪开始

---

① James E. McClellan III, Harold Dorn: *Science and Technology in World History: An Introduction*, JHU Press, 2006, p197.

②《梁漱溟全集》,第三卷,济南:山东人民出版社,1980 年,第 26—28 页。

③ Arif Dirlik: *Revolution and History: The Origins of Marxist Historiography in China*, U C Press, 1978, p.148.

④ Herrlee Glessner Creel: *What Is Taoism: And Other Studies in Chinese Cultural History*, the University of Chicago Press, p.132.

⑤ Herrlee G. Creel: *What Is Taoism: And Other Studies in Chinese Cultural History*, the University of Chicago Press, p.132.

⑥ G. A. Loud: *The Latin Church in Norman Italy*, Cambridge University Press, 2007, p.312.

之前,西西里不存在历史"。①伯顿·费雪指出:"(直到19世纪中期)从那不勒斯到西西里,真正是中世纪的:在原始性质的封建体制之下,文盲的农业社会被贫困折磨着;缺乏法律与秩序的基础。"②

(丙)封建词义与原始内涵

伯蒂格说:"欧洲封建制度是从部落形态(tribal forms)逐渐发展起来的。"③

马克思主义者里希特海姆也说:(欧洲)"封建制度是由原始部落发展而来的。"(Development of feudalism out of primitive tribalism)④

实际上,整个欧洲中世纪都是如此,直到近代之初才发生变化。而欧洲的"封建"的本义就是原始部落社会。

斯塔布菲尔德说:"中世纪的西班牙也像其余欧洲一样,是原始的。"(Medieval Spain was as primitive as the rest of Europe)。⑤勒帕热教授指出:"贵族通常是残暴的和不识字的。"(Lord was frequently a brutal and illiterate)。⑥

在中世纪的欧洲,实际上是不存在现代意义或类似于周朝那种"贵族"的;要有的话,那都是部落首领,若是按照一些历史学家的说法,他们都是土匪或强盗。⑦

我们通常从教科书上得到一种印象,即中古欧洲的封建贵族(包括骑士)体现为制度化、正规化和法律化。但实际的情况则是相反的——如此"贵族"或"封建"代表着无政府(feual anarchy)。⑧奥地利历史学家奥托·布伦纳(Otto Brunner)称:"中世纪后期的封建简直就是匪徒的代名词。"⑨

下面两位教授把近代之初的"封建"——具有秩序与法律的含义——放到了

---

① *The British and Foreign Review:Or,European Quarterly Journal*,vol. 15,p.317.
② Burton D. Fisher: *A History of Opera:Milestones and Metamorphoses*,Opera Journeys Pub.,2005,p.300.
③ Louis Angelo Boettiger: *Fundamentals of Sociology*,Ronald Press,1938,p.71.
④ George Lichtheim: *Marxism (RLE Marxism):An Historical and Critical Study*,Routledge,2015,p.142.
⑤ Anna Stubblefield: *Ethics Along the Color Line*,Cornall University Press,2005,p.24.
⑥ Jean-Denis G.G. Lepage: *Castles and Fortified Cities of Medieval Europe:An Illustrated History*,McFarland & Company,Inc.,2011,p.55.
⑦ Dmitry Shlapentokh: *Societal Breakdown and the Rise of the Early Modern State in Europe*,Palgrave Macmillan,2008,p.47.
⑧ J.Q.C. Mackrell: *The Attack on Feudalism in Eighteenth-Century France*,London:Routledge,2007,p.30.
⑨ Hillay Zmora: *The Feud in Early Modern Germany*,Cambridge University Press,2011,p.4.

中世纪,并且把它与实情相对。即:迪莫伦和赫利希在其所著《中古西欧一千年》书中写道:

原始文化和极微弱的经济不可能维持一个集中管理的政府。故而,以发展封建制度(feudalism)来提供最低程度的法律与秩序……他们(社会成员)都是文盲,不需要写字;他们的生活方式是被固定在习俗上,交易的活动既很狭窄、又不复杂。①

欧洲的"封建制度"只是近代之初的事。它是怎样演变的呢?

在近代以前的欧洲,"封建"是和原始部落属于同一层次的;只是到近代早期(1648年),随着民族国家开始形成,"封建"一词的内涵也发生变化。阿迪巴久教授说:

(中世纪)大部分的西欧变成了部落的和封建的(tribal and feudal),但在1648年威斯特伐利亚和约以后,西欧变得比较民族化和"后部落"(post-tribal),除了一些地区——像苏格兰——氏族忠诚依然如故,颇有权威。②

(丁)周朝封建与欧洲封建

封建及封建制度(Feud→Feudalism)原本就是指原始部落及其相互仇杀;但在近代之初,在耶稣会士的中国著述的影响下,西方引进周朝的封建制与贵族制以及秦汉的郡县制,对西欧各国社会进行"重塑";然后再把新内容延伸到中世纪,同时又把"封建"一词换上了"制度化、文明化"的内涵。但实际上,"中世纪欧洲没有任何法定制度。"(Medieval Europe did not have a single legal system.)③

汉学家杜希德(Denis Twitchett,1925—2006年)说:"欧洲的封建制度充分接近、并且有理由使用公元前4—5世纪的周朝的术语。"④密歇根大学教授查尔斯·哈克也说:

尽管中世纪欧洲的封建制度有很多变化,而与周朝的社会与政治秩序不那么确切吻合;但是,周朝的几个特质则盛行于"封建欧洲",诸如武士贵族的等级制

---

① Richard L. DeMolen, David Herlihy: *One thousand years: Western Europe in the Middle Ages*, Houghton Mifflin, 1974, p.109.

② A. Adebajo: *The EU and Africa: From Eurafrique to Afro-Europa*, London: Hurst & Company, 2012, p.421.

③ Linda E. Mitchell: *Women in Medieval Western European Culture*, Routledge, 2011, p.114.

④ Denis Twitchett, John King Fairbank, Michael Loewe: *The Cambridge History of China: Volume 1*, Cambridge University Press, 1986, p.22.

度、国王与地方贵族分享权力、地方贵族效忠国王和各种相关的仪式。(我们)在参考中国封建阶段的周朝的时候,它与(中古欧洲)是那样的一致;(我们)如此理解,就不是不恰当的。①

杜希德和哈克教授所说的酷似周朝的"欧洲封建",都是用近代早期的情况反推中古的。

欧洲的"封建"(foe→fede→Feud)这个词根,原本是(中世纪)原始部落仇杀的意思;②而在17—19世纪演成"封建政治"(feodal/feud government),19世纪上半期再变为"封建制度"(Feudalism);一步步赋予它"制度化、文明性"的内涵。③

进而言之,西方既从中国获得了"真实文明"——近现代的欧美文明及其制度与思想,又皆用中国历史来自我"虚构历史"——西方中心的欧洲史与世界史;不仅如此,西方还在模仿中国的基础上,把其原本的原始部落的社会性质进行"偷换概念"——于是,中世纪欧洲就成了类似于中国先秦的封建制与贵族制。后者即:王、公、侯、伯、子、男(爵位)、士(骑士)。

进而言之,"封建"这个欧洲语系的词根(Feud→Feudal)原本就是指:前文明、前国家的原始部落社会,这也就是中世纪欧洲的真实情况。对此,(丹麦)奥胡斯大学两位教授内特斯特伦和波尔森指出:

世仇暴力(feud violence)不是无政府的结果,而是这样一个社会构架,即它的秩序原则是 "非国家的部落社会"(stateless tribal society)……原始的部落争斗(primitive tribal feuds)适用于中世纪的盎格鲁·撒克逊人的亲缘争斗(kindred feuds)。④

虽然西周和中世纪欧洲都被称之为"封建",两者却有天壤之别——中世纪及近代早期(18世纪以前)的欧洲在国家制度上是原始的!两位英国教授凯利和里德说:

和古代中国相对照,近代以前的欧洲的最重要的方面是政治落后,甚至它在18世纪之前还谈不上有国家……在国家结构上是原始的,它保留了古代部落社会(tribal societies)的特点……西汉帝国有庞大的官僚体系和军事力量,而与此同

---

①Charles O. Hucker:*China to 1850:A Short History*,Stanford University Press,1978,p.34—35.
②http://www.etymonline.com/index.php?allowed_in_frame=0&search=Feud&searchmode=none
③*Saylor.org's Ancient Civilizations of the World/Feudalism.*
④Jeppe Büchert Netterstrm,Bjrn Poulsen:*Feud in Medieval and Early Modern Europe*,Aarhus University Press,2007,p.10.

时,在欧亚大陆的另一端的罗马则是原始和陈旧的……汉朝的文官制度是巨大的、全方位的和组织良好的,它使18世纪以前的欧洲相形见绌……是否西欧中世纪的英—法语言中的"封建"(feudal),在起源上参考了体现周朝政治秩序的"封建"(fengjian)……按照中国的标准,在普鲁士兴起之前的欧洲国家是原始的(European states before the rise of Prussia were primitive.)。[1]

表解　中世纪欧洲的社会性质被篡改。"偷换概念":〔封建=原始〕→〔封建=文明〕

"Feudal"(封建):原来含义	"中国元素"注入其中	"Feudal"(封建):现代含义
原始、部落、仇杀和野蛮,不存在国家、制度、法律和发展。这是中世纪欧洲的本来面目。	模仿周朝的封建制与贵族制(参照门多萨及耶稣会士的中国论述)。	制度、贵族、等级和法律,有了"文明"与"进步"的内涵。掩盖和美化中古欧洲的实情。

晚于周朝两千年左右的中古至近代早期的欧洲,在政治上落后于周朝两千年左右;那么,在中华文明的影响下发生"飞跃"之后,西方的国家政治达到什么程度呢?是不是就像今人所理解的,登上了政治文明之巅呢?其实不是的。19世纪至今的西方政治,尽管引进了历史上中国的行政管理、民主选举、自由经济和全民教育以及监察、审核、统计和普查等,但相对于华夏的"天下太平"的政治来说,却是一个大倒退——只达到中华文明的"前传统"的战国七雄的水平:排他性与应战型的民族国家!不过,由于此种民族国家极具组织力与动员力,在对外竞争、战争上则是非常有效的,亨廷顿称为(使西方赢得世界的)"有组织的暴力"的优势;所以,现代中国为了幸存于西方式的"世界战国",不得不进行转型,实质上是"中国文化的战略退却"——从天下观之世界主义退却到国家观之民族主义。

四、中国使西方加入文明

(一)古代发明,近代发展

神学导师 J. G. 沃斯主张,历史上的犹太–基督教无缘于科技发明,后者发生于"普遍的上帝的赐予",它体现于中国。沃斯写道:

关于发明和发现,它们不是基督教的产品,而是上帝的普遍恩典的赠礼……我们的现代科技的基础不是源自基督教的领域。在整个的《旧约》的阶段,犹太民

---

[1] David Kelly, Anthony Reid: *Asian Freedoms: The Idea of Freedom in East and Southeast Asia*, Cambridge University Press, 1998, p.73—75.

族不存在任何一个可信的发明或发现,那儿的人们只知道拜神……在世界的另一边,中国毋庸置疑地发明了航海罗盘、造纸术和印刷术,以及众多的行之有效的设置和方法。直到五百余年之前,科学和艺术进步的前锋,才开始转到基督教的欧洲国家。(而后转到美国……)我们应该明白,宣称发明和发现及人类的进步都是基督教的产品,是何等的无知和愚蠢!①

根据多伦多大学卢明君教授,在近代早期的全球化的过程中,中国是自由世界主义的楷模(China in Early Modern Globalization: A Liberal Cosmopolitan Model)。中国学者往往忽略东西方交流对于近代西方的重大意义,忽略中国文化启迪欧洲文艺复兴和启蒙运动的关键事实。约翰·霍布森确认了"西方文明的东方起源"(500—1800年)。埃里克·沃尔夫说,西方宣传它自己的历史脉络是从古希腊、罗马到文艺复兴的欧洲,最终到了美国;但西方中心论的这个说教,却被中华文明影响近代西方的真相所挑战。②

在1500年之后的数百年里,中国逐渐从科技与经济发展的"前锋"变为"后卫",由此承受着西方的"负面"(原罪),这是有史以来的最大忧患;她饱尝了19—20世纪的列强与霸权的轮番侵凌,遭罹了两次世界大战和同样源于西方的"暴力之最"——斗争与浩劫,从而支撑着西方的"文明极致",也支撑着我们这颗大不幸的星球家园。当然,中国与西方的如此"谁主沉浮"及其巨大影响,在客观上决定于地理环境与科技发展之间"互动";即:在中华文明的"阴阳运动"的这个时段(1500—2000年),西方极具"海洋地缘"(地缘政治)的战略优势,它最初是被中国技术的传播所提升起来的。质言之,西方的兴盛和它的所有的"优越性"都是基于这个地理优势的。相比之下,在这个时段(科技发展的阶段),中国的"地缘政治"则是相对被动:她的海洋易被扼制,并且会成为列强入侵中国的"捷径"。然而,成也萧何,败也萧何——随着21世纪开始的世界"地缘政治"的战略优势发生转移——"陆海有机"正在反制"海洋霸权",后者不久的将来就会被淘汰;届时,西方文明就好像历史长河中的军事帝国那样"昙花一现、转瞬即逝"(汤因比语)。

1620年,培根列举了最具重要性与奇迹性的"三大发明",但他没有说到它们的来源。到1930年,中国历史学家向达依据国外的资料得出结论:"在中世纪,中国的四大发明——造纸、印刷、火药和指南针——传入欧洲,开启了近代欧洲文

---

① J. G. Vos: *Genesis*, Crown & Covenant Publ., 2006, p.104.
② Mingjun Lu: *The Chinese Impact upon English Renaissance Literature*, p.1—2.

明。"①现在所知,最早提出"三大发明"或四大发明是中国原创的西方学者,是杰罗姆·卡丹(Jerome Candano,1501—1576 年)和让·博丹。约翰内斯·施特拉丹乌斯(Johannes Stradanus)于 16—17 世纪之交出版的《新著》一书,排列了九项重大的发现和发明,即:美洲大陆的发现、磁罗盘、火器、印刷机、机械钟、愈疮木、蒸馏技术、丝和马镫……②这九项全是中国"原创",其中有争论的两项是"发现美洲"和机械钟。

目前,国内外已有不少学者断言,中国人在哥伦布之前就已发现美洲;其中有的论证是在郑和时代,③有的论证是在三千多年前。④

共济会月刊写道:"发现美洲这件事是最应该归功于中国的。据说,佛教和尚曾远航到达墨西哥的西海岸,姑且不论这个。不难显示哥伦布'发现新大陆'是直接受到中国影响,其航行的动机和使之成行的工具都是中国提供的;中国的财富像磁石一样地吸引着他,起源于中国人的磁针是他历险的向导。"⑤

关于机械钟,《互动百科》的解释如下:

历史中国有留下记载的四代计时器分别为:日晷、沙漏、机械钟、石英钟。

最早发明机械钟的,是名叫一行(唐代僧人、俗名张遂)的杰出天文学家,他生活于公元 8 世纪。他与另外一位中国发明家梁令瓒一起设计了"擒纵器"装置,即所有机械钟的中心部位的齿轮嵌齿结构。

机械钟在中世纪传到欧洲。到 14 世纪时,欧洲建造了既大又不灵巧的家庭机械钟。它们用钟锤驱动,其精确度每天大约误差在 1 小时以内。这样的钟在人们眼中通常没什么信任度。它连着一个报时的铃。但既然它这样不精确,在机械装置中也就谈不上显示分与秒了! 15 世纪时德国锁匠亨莱恩开发了由弹簧驱动的钟,接着惠更斯在 1656 年制造出了带有钟摆的更精确的钟,1859 年他在威斯敏斯特教堂安装了大本钟,该钟成为所有钟楼的标准。

"四大发明"所发挥的历史性的效用,应该是世界变革之最。

今天的中国人几乎都会把其祖先的"四大发明",与近现代的科技成果相提并

---

① Jing Tsu, Benjamin A. Ellman: *Science and Technology in Modern China*, 1880s—1940s, Brill, 2014, p.48.

② 华觉明:《"四大"发明远远不是全部》,科技日报,2015 年 12 月 26 日。

③ Charlotte Harris Rees: *Chinese Sailed to America Before Columbus*, Authorhouse, 2011, p.124.

④ dailymail, *Did China discover AMERICA Ancient Chinese script carved into rocks may prove Asians lived in New World 3300 years ago*. 23/ 02/ 2016.

⑤ *Freemason's Monthly*, vol. 4, 1873, p.546.

论、视同一律,甚至认为是经验偶成、等而下之(较之牛顿、爱迪生和爱因斯坦等)。但许多欧美学者——例如培根——则主张,它们对于西方乃至世界,都具有划时代的意义。

首先,纸与印刷术使西方乃至整个"字母世界",开始通用书写文字,从而开始有了"有文字的文明"——实际上是开始有了"文明";因为在此之前,"字母世界"就是"口语社会",而且是处于"前文明"状态的。

然而对西方人来说,这仅仅是其"走向文明"的可能性:如果没有指南针与火药让他们联通世界、征服世界,那么,陷于数百年危机的中世纪欧洲,就会因纸和印刷的"传播效应",变本加厉地破坏宗教秩序与社会秩序,再加上火药的威力,难免走向消亡、灰飞烟灭。

在没有纸的时代,(中世纪)基督教欧洲像纸一般的脆弱;缺少四大发明中的任何一项,它都不仅不会有"文明",而且势必毁灭——若非纸或印刷,就无法凝成民族国家,也就无法对抗异教徒;若非指南针,就不能疏解矛盾、嫁祸海外;若非火药,就会像十字军一样无功而返、祸水倒流。

价廉物美的纸张……取代了僧侣们借以垄断学问的羊皮纸;印刷术早就等待着廉价的媒介,突然大显身手,像触发的炸药,到处扩散它既破坏又澄清的力量。英勇的航海家们握着指南针,冒险闯入汪洋大海,克服了人们对地球的无知;耐心的观察家们拿着望远镜,冒险越过教条的限界;克服了人们对天空的无知。……如今再也没有鸿沟来阻碍人的作为了。

"小小的帆船,像天上的星星,也能环绕地球航行,真是我们时代的幸运。古人曾用'莫再向前'之处,恰是我们用'再向前去'的地方。"这是一个充满成功、希望和活力的时代。①

在我看来,人们借助于指南针而完成的"地理突破"是至关重要的,它决定性地和致命性地使人对自然"先赢一局"。——赞扬"三大发明"胜过一切的培根宣称:"我拿一切做赌注,担保比赛中人工胜过自然。"②

中国对西方的贡献,远不止四大发明,也远不止科技方面。现在倒好,地球村与生物圈在西方科学面前都成了"纸老虎"了!人类进步的福与祸,中国发明的功与过,以及华夏在世界历史上的主导科技却又驾驭之、限制之,是智是愚?这些难道不值得我们深思反省吗?

---

① [美]维尔·杜兰特著、孙绍武主编《哲学的故事》,远方出版社,2011年,第75—76页。
② 杜兰特:《哲学的故事》,第90页。

(二)形成文字,杜撰文献

西方文明发轫于"四大发明"之西传。进而,不仅在"物质文化"(科技与经贸等)上,①而在"非物质文化"(思想与制度等)上,②中国全面地造就了西方。这里只讲物质文化。它主要是:中国技术连通世界地理和奠基科学-工业革命。在此前后,纸与印刷术催生了欧洲的书写文字,促成了它的社会变革:血缘部落转向地缘国族;火药和指南针导致其内部与外部的征战,从而形成了民族国家所必需的组织力与动员力,这又反过来强化了书写文字。

尼尔·鲍得教授说:没有纸就没有西方文明。③人类学家张伯伦认为,西方文明是从纸开始的,而古希腊的历史是不真实的(尽管他站在西方中心的立场上,武断地把造纸的"专利"归于西方)。④英国古文字学家大卫·迪林格说:"……在纸的引进和印刷术的发明与传播的帮助下,字母写法已经普遍解决了文字语言的难题。"⑤

所以,德国思想家斯宾格勒坚持用"书写文字"的标准,来否定西方"历史谱系"。详情如下:

斯宾格勒拒绝那始于歌德和温克尔曼、被尼采发扬的希腊崇拜。对于斯宾格勒来说,希腊和罗马不是西方,而是有其自身的循环规律的不同文化……至于为什么希腊人不是我们(西方人)的祖先,斯宾格勒从书写文字这件事来阐明的。他说,书写文字是西方文明的基础;西元10世纪的时候,西方完全没有文字,因而那以前不可能有历史。书写文字,对于信件,对于发明记录、诗集、传记、报告、宪法和政府文件,乃至西方的基本文献——《圣经》,都是必不可少的。对于西方来说,没有书面文字,其文化是不可想象的。

被说成是我们(西方人)的祖先的希腊人,在其历史的大部分时间里,都是非文字的;字母文字,在希腊文化开始后的许多世纪才出现。被当作西方文学的基本史诗的《伊里亚特》和《奥德赛》,是口语集成的……由此,斯宾格勒质疑:难道一个基于书写文字的文化,竟是如此的非文字文化的直系或学生,即:它的最重要的文献产生于口语……希腊的历史学(即使存在),也是最原始的记时记事的意识。

---

①Derk Bodde: *China's gifts to the West*, American council on education, 1942, p.1—40.
②Derk Bodde: *Chinese ideas in the West*, American Council on Education, 1948, p.1—42.
③Niir Board: *The Complete Book on Printing Technology*, p.348.
④H. S. Chamberlain: *Foundations of the Nineteenth Century*, Volume Ⅱ, New York: H. Fertig, 1968, p.3 and p.337.
⑤David Diringer: *The Book Before Printing: Ancient, Medieval and Oriental*, N. Chelmsford: Courier Corporation, 2013, p.78.

斯宾格勒批评希腊是西方源头这一说教,是他的历史哲学的一部分。该历史哲学具有多文化交流的建设性意义,它否定单纯西方的历史模式和这样的"三段论":古典→中古→近现代。①

进而,斯宾格勒严厉批评西方中心论的篡改和伪造历史,它旨在扼杀"高级人类"的历史作用,而把西方自己置于太阳般的中心地位,向那些属于"异文化"的群星投射"文明之光"。斯宾格勒写道:

那么,世界历史是什么……没有一个人严肃地深思过它,更少有人对自己的知识有过怀疑……事实上,世界历史的编排是一种没有得到证实的、主观的……想法,因此迫切地需要一点点怀疑精神……

由于把历史再细分为"古代史"、"中古史"和"近代史"——这是一种令人难以置信的、空洞的和没有意义的框架,然而它……主宰了我们的历史思维……使得我们已无法认识高级人类在通史中的真正地位,无法认识……在西欧土壤中生长出来的小小局部世界的真正地位……未来(复兴)的诸文化肯定难以相信这样一种框架的有效性,因为它持有一种简单的直线发展观,它的分配比例是毫无意义的,而且会随着每一世纪的推移而变得越来越不合理;还因为它无法把不断进入我们的知识之光的新的历史领域包括进去。可尽管如此,这种框架的有效性从未被人全力攻击过。一直以来,历史研究者针对这一框架的批评方式是毫无意义的;他们只是取消了某一现行的方案,却没有提出其他的任何替代方案。玩弄"希腊中古时代"或"日耳曼古代"这样的用语,丝毫也不能帮助我们去形成一幅清晰的、具有内在说服力的图像,以使中国……(等)帝国各就其位。至于把(世界)"近代史"的起点从十字军移到文艺复兴,或从文艺复兴移到19世纪初这种变通的做法,不过是想要说明这一框架本身应被看作是不可动摇的和完满的。

问题不仅在于这一框架限制了历史的领域。更糟的是,它左右了历史舞台。西欧的领地被当作坚实的一极,当作地球上独一无二的选定地区——不为别的,只因为我们生长在这里;而那些千百年来绵延不绝的伟大历史和悠久的强大文化都只能谦卑地绕着这个极在旋转。这简直就是一个太阳与行星的怪想体系!我们选定一小块领地作为历史体系的自然中心,并将其当作中心的太阳。所有的历史事件皆从它那里获得其真实的光,其重要性也依据它的角度而获得判定。但是,这一"世界历史"之幻景的上演,只是我们西欧人的自欺欺人,只要稍加怀疑,它就会烟

---

① David Gress: *From Plato to NATO: The Idea of the West and Its Opponents*, New York: Simon and Schuste, 1998, p.74—75.

消云散。

我们得感谢那一欺骗提供给我们的大量视觉幻觉(日久天长便习惯成自然),借助它们,那几千年的遥远历史,例如中国……便被缩小为纯粹的插曲……我们的位置,自路德尤其是自拿破仑以后的几十年历史,则如巨型怪影般(Brocken-spectres)傲然耸立……

不言而喻,对于西方诸文化而言,雅典、佛罗伦萨或巴黎的存在,远比洛阳或华氏城(Pataliputra)重要。但是,依据这样的一种评估来建立世界历史的框架行得通吗?如果可以的话,则中国的历史学家大可建立另一个世界历史框架,在那里,十字军、文艺复兴、恺撒、腓特烈大帝等都无足轻重,只要一笔带过……把短短几个世纪、且又完全局限在西欧的"近代"历史,同上下数千年的(东方)"古代"历史对立起来,并且还把大堆的前希腊文化全都偶然地堆积在那一"古代史"中,不加审查……这样做不是极其荒诞可笑吗……我们不是装出一副无可奈何的神情把印度和中国文化那深广而复杂的内容,都贬抑为脚注了吗……

对于这一流行的西欧历史框架——它使那些伟大的文化全都绕着以我们为所有世界事变的假想中心的轨道运行——最恰当的称名莫过于历史的托勒密体系(Ptolemaic system of history)。在本书中,我将提出一个替代的体系,我认为可以称之为是历史领域的哥白尼发现,因为它不认为古典文化或西方文化具有比……中国文化……等更优越的地位……从分量来看,它们在历史的一般图像中的地位并不亚于古典文化,而从精神之伟大和力量之上升方面来看,它们常常超过古典文化。①

表解　中国科技在西方的"爆炸性效应"②〔中国西传的科技发明有一百多项,③其中至关重要的是"越洋技术"(指南针、造船术和航海图等);它决定西方的存亡续绝和文明与否〕

	越洋技术在西方发挥效用之前/17世纪前	越洋技术在西方发挥效用之后/17世纪后
命运	传入欧洲的众多中国发明,对西方自身发挥负能量、破坏性,以致西方趋于毁灭。	传入欧洲的众多中国发明,对西方自身发挥正能量、建设性,以致西方走向文明。
祸福变化	马镫造成"骑士"和骑士战争,四大发明导致宗教失控,人神火拼,族群吞噬;百年战争、三十年战争(战争区域死亡60%的人口),14—17世纪的无休止的战乱。	火药从摧毁自身变为征服美洲;造纸和印刷术促进了民族文字和民族国家的形成;中国的多项科技奠基了农业革命、军事革命、商业革命、科学革命、工业革命。

① [德]斯宾格勒:《西方的没落》,吴琼译,上海三联书店,2006年,第二卷,第15—16页。
② 斯塔夫里阿诺斯:《全球通史》,上册,第266页。
③ Joseph Needham: *The Grand Titration: Science and Society in East and West*, Routlegde, 2005, p.ii.

(三)中西汇合,善恶汇流

在近代以前的千百万年里,西方是在原始落后的低谷中进行着"生灭轮回"("自然状态":生存困厄、野蛮和短命)①,而基督教则通过使"众生蛰眠"来拉长这个轮回的周期。西方自1492年开始"时来运转、起死回生",却使它的怪圈上升到了"文明"的高度,被纳入中国的"咸与维新、盛德富业"的轨道。《易经·系辞上》曰:"富有之谓大业,日新之谓盛德。"

在近现代,这个西体中用、互为表里的"周期律"——体现着"日新又新、进步进化"的人类社会的动的旋律。然而,它却"包藏祸心"——以牺牲异域异端来成全"上帝的选民",以耗丧生物圈为代价来建造"科学天堂",并且使"生命的周期律"步入怪圈——"大频率、大发展"的怪圈(创世→末日)!即汤因比所言:"工业革命爆发以来,近代人比他们的任何先辈都更加着魔地追求《创世纪》第1章向他们提出的目标";"这可能使生物圈遭到毁坏,将包括人类在内的一切生命加以消灭"。②

对于如此"包藏祸心"——"上帝的阴谋",西方中心论者黑格尔正言不讳地供认:"世界历史……不但不是'没有上帝',却根本是上帝自己的杰作"。③这不能不说包括基督教在内的主流西方是"负面轴心",增加人类自毁的概率。

《道德经》曰:"以道莅天下,其鬼不神。"今喻:"鬼"即弃神从魔的浮士德(出自歌德剧本),指近现代的西方人(自我中心、功利主义、物欲横流);虽然他们走上了儒家式的"俗世现世、人本人文、发展发明"的道路,但在精神上,他们依然被"神"(基督教)所引导(创世→末日)——以摧残万物众生来建立"上帝的选民"的伊甸园,以破坏生物圈来修建他们自己的"天堂"。科学天堂=上帝天堂=星球移民。后者如霍金所言,即:在人为造成"地球劫坏"之前——两百年之内,必须选择这条路。唯有"上帝的选民"才有资格"逃离地狱,往生极乐"。犹如《太平经》所云:天地崩裂、物人皆溃,"种民"幸免。如果我们要想拯救这唯一的星球家园的话,就必须返回"和谐之道",首先是设法使西方人及现代人摆脱那"反自然、害生态、非生命"的犹太—基督一神教的影响(汤因比语)。故曰:"以道莅天下,其鬼不神。"

可悲的是,现代人只热衷于前者(西方式的发展模式:创造奇迹),而茫然于后

---

① Arvind Subramanian: *Eclipse: Living in the Shadow of China's Economic Dominance*, Washington: Peterson Institute, 2011, p.70.
② [英]阿诺德·汤因比:《历史研究》,刘北成、郭小凌译,上海人民出版社,2000年,第17页。
③ Hegel: *The Philosophy of History Georg Wilhelm Friedrich Hegel*, Batoche Books, 2002, p. 477.

果(人与生物圈同归于尽:终极忧患)。

但无论如何,近现代西方是中华文明的"平天下"的文化失控,虽是暂时的,却是致命的。欧美文明是华夏的"阴阳运动的周期律"的一段极危险的"阳亢"。

然而,长期以来,我们都是把东方和西方看成是在"两股道"上——西方是进步快车,东方是停滞不前。但我们几乎都不知道,中华文明是古今世界的发展与文明的总驱动力,而西方在近代以前的千百万年里则一直是"零发展、零增长"(原始状态)。

再者,我们几乎都不知道,我们今天所享有的科技文明与物质文明的来龙去脉:东方与西方在近代之初是"元一",在不久将来是"归一"。罗素和汤因比等人希望将来是"归一":回归于中华文明的"道";还有一些学者(诸如佛兰克和霍布森)看到了先前是"元一":科学与文明皆源于中国。其公式是:

正(传统/中国)→反(现代/西方)→合(将来/中国)

20世纪末,在主流西方中,也有不少的学者认识到,东方与西方的对立、科学与传统的分裂,都是不正常的。心理学家葛罗夫说:

近世以来,科学技术已经成为世界的主导力量,在科技发展中,西方文明发挥了先锋作用,象征着进步与启蒙,这些都是有目共睹的。由此,出现了崇尚进步、进化的强烈倾向,而鄙视"未成年"的过往;并且,反复强调东方与西方的文化及思想是绝对不同,是不可逾越的。对此最简洁的表达是吉卜林的名句:"东方是东方,西方是西方,两者永不相同。"目前召开一个大型国际会议,它的主题是古代与现代的合流,东方与西方的融和。①

很少人懂得这一点,即在"科学与文明"的缘起上东方与西方是"元一",而欧美及现代世界则是基于中华文明的。理论物理学家尼古列斯库就是其中之一。但他主张,两者将来是"趋同"的:

科学与文化的分裂增大了东方与西方分裂的神秘,即:东方是作为智慧与人文知识的宝库,西方是科学与自然知识的宝库……东方智慧及其实践与西方科学及其实践已是潜在的"趋同"……今天,人们必须合二为一,融合西方科学与东方智慧;只因为我们需要建立一个新型文明,来迎接21世纪的挑战。②

我们认为,西方科学与东方智慧是"对立统一"的——西方科学源于东方智

---

① EAST AND WEST:ANCIENT WISDOM AND MODERN SCIENCE* Stanislav Grof Big Sur,California,*The Journal of Transpersonal Psychology*,1983,Vol.15,No.1.
② Basarab Nicolescu:*From Modernity to Cosmodernity*,Suny Press,2014,p.11.

慧、却又发生了分裂和"质变":1.在"与自然做斗争"这一点上,西方科学大大地超越了东方智慧,以致后者简直是"无地自容";2.在"与自然和解"这一点上,西方科学则是东方智慧的严重蜕变,以致万物众生将会面临着"无家可归"!

包括四大发明在内的全部的中国传统科技,都是在保持人与人、人与自然的双重和谐的前提之下,产生和被利用的;因而,它们都是"整体有机、动态平衡"智慧的结晶。而近现代西方的科技及其相关思想,原本只是从东方智慧分裂出来的"碎片",而后在新形势、新条件下,则被疯狂开发和无情滥用;然而无论如何,全部的"西学",特别是西方科学,都是东方智慧的退化,都是赤裸裸地表现了人的"反克自然、征服自然"的天性(人作为"智能生物"的一种本能)。

正因为传统智慧及其成果已为世界近代化打下了基础,并且也打通了"全球天下",从而使人与自然的关系变得不再是"直接的生命攸关"(不再会受到直接报复);这样一来,发明创造就容易得多了——简直就是"得心应手、径情直遂",以致我们现代人就会误认为西方科学家(例如牛顿)是如何聪明,而中国古人则又是那样愚蠢!殊不知,无须考虑生态后果的近现代的发明创造,在1492年之前是行不通的;尽管西方杜撰出它的无比优越的"科学传统",并且已把它变成一种常识了。

在此,让我来说清楚本书反复出现的一个判断,即:近代以前,人与自然是"直接的生命攸关",因而它不支持、不兼容西方式或希腊式的宰割自然的"知识"。举例来说,前文提到的往昔在丝织中心苏州,有多家染坊污染江河湖汊,危及鱼米之乡。这在今天,虽然难免会引起利益纠纷,但也谈不上生命攸关;因为交通发达、远近相连,人们都是"寄生于"更大的生态环境之中,国内外贸易可以提供生活资料。但在往古,如此污染会直接否定有关居民的生存;所以官府出面,赔偿并迁厂,恢复绿水青山。这说明,古人举事都要从长计议、整体考量,确保"众生共命、万物一体",维护人与人、人与自然的全面和谐。《中庸》曰:"道并行而不悖,万物并育而不害。"古人思维属于整体有机的"大圆融智",而"创业智商、发展意识"则是依附之、遵循之。

欧美文明的"基因"是,人作为智能生物的反克自然的本能(康德、黑格尔称"第二天性",是相对于人的动物本能——"第一天性"而言的),这是人所共有的"高级本能"。由于它(智能基因)是双刃剑,极具副作用,故而,除非被东方智慧所监护、所驾驭,它不能自育自生;而在其长成起来以后,除非被东方智慧所制导,它必将毁人毁己。

在1492年之前,即在人受制于地理环境和自然占绝对优势的历史时期,西方式或希腊式的"文明"与"知性"(其基本特征是"与自然做斗争"),是不可能存在的。那时,人们囿于地区性生态(而非像今天的"世界联通、全球循环");动辄自毁家园、自毁族群。那时,若无"与自然和解、和合"的智慧(天道、中庸、阴阳等),则不能享有文明!

  由此可见,在近代以前,上述"智能基因",也就是西方式或希腊式的"文化基因",不能单独存在:它要么在西方被"神权禁锢"(智乃巨蠹),要么在中国被"开发有度"(开物成务)。后者联通世界地理,奠基科学革命,再加上中国文化的"启蒙欧洲";于是,才形成了"俗世现世、民本民主、发明发展"的西方文明及当今世界的!

第七章 科技原创:"与道的智慧结缘"

一、科学传统在中不在西

(一)中国开启科技近代化

为了确定谁是"第一个近代国家",西方历史学家长期争论不休——英格兰、法国、西班牙或荷兰,甚至立陶宛? 然而,中国已展示近代化的关键要素有许多世纪了! ——英国历史学家阿梅斯托①

曾担任美国"亚洲研究协会"主席的罗兹·墨菲感叹:"在许多方面,宋朝……都是个最令人激动的时代,它统辖着一个前所未见的发展、创新和文化繁盛期……从很多方面来看,宋朝算得上一个政治清明、繁荣和创新的黄金时代……宋确实是一个充满自信和创造力的时代。"②

以下是哥伦比亚大学《世界历史·亚洲热点·中国与欧洲》讨论中国的发明与中西两边的近代化(王斌和彭慕兰两位教授主讲),其部分内容如下:③

在 1000—1500 年,中国主导着世界的经济发展,中国与欧洲的贸易自1550年开始拓展;各种指标显示,中国比欧洲更有活力。比较 1500—1800 年间中国与欧洲的主要经济区域——江南和英格兰,我们发现颇为相似,两地的人口数也差

---

① Felipe Fernández-Armesto: *1492: The Year Our World Began*, London: Bloomsbury Publishing Plc, 2009, p.212—213.
② 国外汉学家眼中伟大宋朝:繁荣和创新的黄金时代来源:凤凰网历史作者:李蓉蓉 2013 年 02 月 22 日.
③ *China and Europe, 1500—2000 and Beyond: What is Modern 2014*, http://afe.easia.columbia.edu/chinawh/web/help/readings.html

不多。

直到二十年以前(即 1984 年以前),世界不同地区的历史学家基本上都是分散研究;它让我们都会相信,近现代世界的形成主要是欧洲人的故事……我们都会这样理解,即:现代世界的建设与运动都是欧洲人的动机、努力和意图的产物。过去二十年,学者们研究世界的其他部分,而东亚则是关键区域;他们开始认识到东亚所发生的经济发展的动量,与先前的欧洲很相似。从最近十年的综合透视中,专家们越发感到欧洲的历史仅仅是世界历史的一部分。

以下是《远东经济评论》的片断:

林达·沙佛尔(Lynda Shaffer):《中国:技术和变化》(摘录):

弗朗西斯·培根(1561—1626 年)……把近代西欧的起飞特别归因于印刷术、指南针和火药。培根并不知道它们的来源。……由于李约瑟的著作,西方知道了:在欧洲兴起之前,中国在技术发展方面是无与匹敌的世界领导……她的发明和发现,对欧洲的冲击是显而易见的。

印刷术不仅大为减少因手工而造成的复制错误,而且还促进了旧书刊印和新书出版。由于书写材料变得便宜和容易,知识迅猛增加。至少是部分原因,印刷术最终导致古典人文主义和别的文艺复兴的思想的扩展,进而还激发了宗教改革……欧洲引进火药使城堡和别的中古要塞都成了废物,它有助于把西欧从封建贵族的权力下解放出来。有了指南针,葡萄牙和西班牙资助的航海成为可行,它导致了大西洋欧洲单独占有西半球。葡萄牙水手还环绕非洲,开辟了从西欧到东非和亚洲的航海路线。

……而中国的这些发明,先前已经基本上改变了中国本身……人们能注意到,中国是在唐朝后期开始具有上述三项发明的,也就是它们在欧洲出现之前的四百到六百年。……到了宋朝(960—1279 年),中国发生了全面而根本的变化。实际上,历史学家开始使用"革命"来定性在宋朝达到高潮的技术与商业的进步;亦即,18 世纪的英格兰所发生的变化被定性为"工业革命",这种方法同样适合于宋代中国在别的方面所发生的诸多变化。

例如,唐朝的政治精英是贵族(世家大族),而宋朝则迥异(平民选士)。没有人曾经考虑过火药的发明导致中国的世家大族的灭亡,它发生在该项技术问世不久的 750—960 年之间(引者按:有证可查的首次火药使用是在五代十国。敦煌莫高窟的绢画《降魔变》是中国最早的火药火枪使用艺术描绘,于五代十国时期绘成。五代十国时,战争频繁,暴力手段升级,彻底倾覆了传统秩序与特权)。

……火药摧毁城墙的作用凸显。由于中国人没有垄断这种可怕的新武器,北方草原的游牧部落不久就学会使用它,而令"忧患"变得更加严重;宋朝最终亡于蒙古,后者是从欧亚草原升起的世界历史的暴力之最。因此,火药对中国自身的影响是深远的,它使统一、太平的王朝暴露于灾难性的"草原暴力"之下。而火药对西欧的效果则是相反的(引者按:应该具体分析:在其掌握指南针而从事海洋扩张、并且成功的劫掠世界之前,火药对于欧洲是毁灭性的:宗教失控,人神火拼,连续战乱数百年;而在之后则相反——西方在其用火药摧毁异域中成为"文明的暴发户")。

印刷术对中国本身的冲击与后来它在欧洲发生的相似。例如,印刷术贡献于古典儒家的重生(公元3世纪),从而使已衰微数世纪的原旨的人文主义世界观复活了。在汉朝灭亡之后……儒家逐渐丧失了其在学术界的中心地位。来自印度的佛教取而代之。佛教徒认为,人间的痛苦和混乱的根源在于人追求虚妄之感觉,在于人们的虚假的雄心。觉悟和拯救的途径是从现实世界中解脱出来……到9世纪,古典儒家的重整旗鼓,使社会再现较为乐观的文字表达,肯定了"有为"的现实世界。儒家在学术界的复振有很多原因,但印刷术无疑是最重要的因素之一……(引者按:印刷术改变宋朝在中国历史中所起的作用,与文艺复兴在西方历史中所起的作用,不仅可被等量齐观,而且同源于中国发明。汉学家谢和耐感慨:"正是有了宋版书,当时的绝大部分著作以及到宋代尚流传的更早著作得以保留至今。这些印刷与宋代的文本向我们提供了一个令人吃惊的材料,证明极度的学习热情恰是12—13世纪中国人的特点。在中国历史上,这个时期所占据的重要性,绝不下于文艺复兴时期之于西方的历史。")①

在10世纪中叶,有大量的儒家经典被印刷和传播。学者返回古典是分享人文主义的运动的一部分,如同后来的西欧文艺复兴。西欧的宗教改革在某种程度上是新儒家哲学出现和胜出的"异地重光"……印刷术可能是中国政治制度最强烈的冲击。文官考试制度(科举制度)溯源于汉朝,但在宋朝,该制度成为中国的最重要的政治权利的途径。在将近一千年里(除了蒙古统治的早期),中国政治被"简易出仕"的士人管理,他们在新儒家的考试中出类拔萃。成千上万的人学习应考,需要成千上万的书籍;倘若没有印刷术,这是不可能的……由于政权对98%的全国男性开放,故而,在18—19世纪西欧发展代议制民主和普选权之前,科举制度是

---

①国外汉学家眼中伟大宋朝:繁荣和创新的黄金时代来源:凤凰网历史作者:李蓉蓉2013年02月22日。

世界上最民主的制度。

最后我们来谈指南针……在宋朝,中国拥有当时世界上最大和最高技术的海洋商船与海军。到15世纪,中国人的船穿梭于北太平洋和非洲东海岸之间。他们能够艰辛地绕过非洲之角到达葡萄牙港口,但他们没有必要舍近求远去从事高成本的交易……

显然,火药、印刷术和指南针这三项发明改变了欧洲,也改变了中国……尽管发生在8—10世纪中国的变化,不同于发生在13—15世纪的欧洲。责怪欧洲的技术来得太迟,这是不公平的和非历史的;同样,责怪中国人没有率先闯入西半球……这也是不公平的和非历史的。

马克·埃尔文(Mark Elvin):《工业革命的种子在中国:1000—1200年》(摘录):

早在11世纪,中国政府的武器库每年制造了1,600万个铁箭头。11世纪的华北,有水轮传输带驱动的机器,将亚麻纤维捻成纱线;这个机器有32个纺纱头在同时转动,这已很接近现代的环锭纺纱。类似的装置被用于加倍丝绸缫丝。机器生产,在这个意义上,人手的动作被木材和金属工具所复制,排列成单元被无生命的力量做功……早在这个千年的早期(1000—1200年),中国已经开发出被认为是工业革命的两个关键要素:批量生产和机械化……很晚之后,到19世纪中期,中国不得不从西方进口机械工程,却能够轻而易举地操作它们,甚至及时改良之;上海的中国企业在通商口岸的时代,竟能够直接参加国际机器展览会,这是需要很好的天赋。时隔许多世纪,中国人的技术能力很难说已经衰微。为什么第一次工业革命没有发生在中国?它本应该发生在中国的?

苏珊·劳伦斯(Susan V. Lawrence):《植株的奇迹》(摘录):

1492年10月12日晚,哥伦布定神看到圣萨尔瓦多月光下的山丘,他似乎猜到自己在走了半个世界的捷径之后,终于发现了中国……

在随后的几十年里,西班牙贸易商从美洲把当地的高产植物带到了菲律宾,这个西班牙在亚洲的立足点。在16世纪晚期,这些植物(物种),包括玉米、红薯、白薯和花生等,都进入了中国。于是,从17世纪下半叶开始,中国经历了人口爆炸……历史见证了从18世纪早期的1.5亿到19世纪中期的4.5亿!

附表 中国的科技发明对西方的贡献(部分):

项目	发明时间	传入欧洲时间
丝绸	公元前 1300 年	公元 582 年
折叠雨伞	公元前 300 年	
手推车	公元前 231 年	公元 1200 年
铸铁	公元前 2 世纪	
天然磁石	公元前 240	
皮影	公元前 100 年	
漆	公元 20 年	
纸	105 年	1150 年
水动力工厂	100 年	
茶	264—273 年	
轿子	300 年	
风筝	549 年	1589 年
扑克、多米诺牌	700 年	
火药	800 年	
瓷	851 年	1709 年
印刷书	868 年	古腾堡圣经 1456 年
活字印刷	(土)1045;(木)1314	
指南针	1050 年	1190 年
炸药	1151 年	16 世纪
曲柄驱动发动机	1310 年	1757 年
造船	3 世纪	9 世纪
水密舱室	5 世纪	1790 年
船后舵	8 世纪	1180 年

现在,让我们来回答由上面的讨论所引发的问题,即:既然是中国的科技发明启动了世界——开始是中国,然后主要是西方;那么:为什么工业革命没有首先发生在中国?为什么西方赶超,而中国"落伍"?回答五点:

第一,"发展危巅"。传统中国在维持人与人、人与自然的整体和谐的前提下,使其经济与科技的发展达到了空前绝后的高水平(不伤害外部世界与地球生态,近现代西方是找不到的);以其"正能量"促进普天之下的福祉与和平,自我化解一切"负能量、负面性",这样的文明岂不是"奇迹之最"!然而,就传统中国本身来说,她已达到高度繁荣的极点了——处于"危巅";再发展下去就会走向和谐的反面,有两种可能性：Ⅰ.冲击外部世界,并且"向大自然宣战",从而使其自身拥抱"科学—工业革命"和"市场—资本主义"。姑且不论中国文化不会选择这条通向人类自毁的道路,而客观的地理环境也不允许传统中国这么走、这么做。因而只能是：Ⅱ.中国陷于国土生态的进退维谷(无法"外向发展"——利用全球生态)：如果不发展,则无以缓解人满为患与外患;但若继续发展,则是"负能量"压倒"正能量",化作天灾人祸及内忧外患(更大的人满为患及外患)。于是,中华文明的"内在张力",通过"战争与和平"(例如蒙古征服、郑和远航等),沿着海陆丝绸之路,而向西宣泄与传播;终于在地球生物圈的"薄弱环节"——西洋,获得了突破。这就是西方兴起的基本原因。

第二,"解放本能"。传统中国的科技与发展是中国古人运用"道的智慧"与自然和解的结果。相比之下,近代西方和现代世界的规模空前的科技与发展则是"吃生态"的(变乱自然秩序)：对于西方来说,有多大的"海外生态"供其耗丧,它就能"创造"多大的物质文明(科技文明)的奇迹。但在1492年之前,西方圈于本土环境(欧洲),而无"海外生态";所以近代以前,西方在"文明"方面(科技、发展、人文等)几乎为零。不仅如此,由于西方没有"道的智慧"(和谐文化、和合智慧),在近代以前,即在它能够利用"全球性生态"以前,西方向着"文明"方面的任何努力,都是负能量大于正能量,都意味着自体毁灭;由此,近代以前的西方必需"神权禁锢"来窒息人欲人智人为,以确保其最基本的、因而是原始性的存在。近代西方是千载难逢地赶上了由华夏所带来的"历史机遇"：在被中国人所打通的"全球天下"之中,在中华文明所开发的物质-科技文明的基础上,把人的"反克自然的本能"(征服自然的智能)最大化地发挥了出来,折腾数百年而已。是中国把西方人从"画地为牢"和"神权禁锢"下解放了出来。

第三,"海洋捷径"。科学—工业革命、市场—资本主义等,乃至全部的近现代文明,是利用"全球性生态"的产物。倘若局限于"国土生态、乡土环境",那么,西方向此方面的任何"有为",都会使其家园变废墟的。(所以,在近代之初,浮士德把《圣经》之"太初有道"改为"太初有为")。对于中华圈来说,要想利用超越国土的"全球性生态",首先就得"直通"西半球;这不仅必须把全球连为一体,而且必须设法使本国的生产方式延伸到大洋彼岸(特别是大规模的移民、殖民)。虽然传统中国在造船与航海等方面皆领先于世界历史,而且在陆路连接亚欧两边上和在海洋的"地理大发现"上,中国人均起了主要的作用;但是,在当时的科技条件下从"旧大陆"航行至"新大陆",东亚的难度最大,而西欧则是捷径。在其获得了中国技术之际,西欧就变成了天时地利、近水楼台、捷足先登、得天独厚。这样一来,原先"旧大陆"的传统文明的边缘——欧洲("化外之邦"),便幸运地摇身一变,成为全球一体的新文明的前沿;而文明中心则也发生中西换位,不仅如此,打下"全球天下"的中国,而今在文明地位上沦为殿后,在海洋时代的地缘政治上沦为猎物。

第四,"生态范围"。在近代以前,世界各地的人群,除了少数和短暂的投身于战争者之外,全都是依靠各自的区域环境来生存的。在此情况下,中国是相对最佳,欧洲则相对最差。中国处于"季风亚洲"的东部,地表生物量丰饶,加上"雨热同季",其农业的单位面积产量是世界最高。再者,中国文化促成了"大一统、同心圆",从而造成了极大的相对稳定的生态空间与统一市场;尤其是中国古人运用"道的智慧"来调和人心、社会及天人关系,从而保持整体的动态平衡,它意味着经济发展的坚挺度与持续性都会是很大的。诸位须知这样一个"古今不同":近现代的发展与否或快慢,取决于政治与经济向外"拓展"(参与世界市场);历史上的发展与否或快慢,取决于文化与智慧向内"和同"(形成统一市场)。为什么说,在近代以前,欧洲在生存与发展上是相对最差的呢?由于客观条件的制约,欧洲的地表生物量很小,加上雨水多在非生长期(冬季),所以它的农牧业产量都很小。另一方面,欧洲没有"道的智慧"(和谐文化、和合智慧)来把其"人与人、人与自然的愈益冲突"转化为正能量,它只能是把正负能量、从而发展的潜力,一并"禁锢"起来,所以就不可能有所发展。但到了近现代,一切都被颠倒了——西方是寄生于"全球性生态",因而它能够最大幅度和奇迹般的发展;而中国仍是基本上囿于本土生态(由于"地缘政治"的相对被动,19—20世纪的中国不仅很难拓展国际空间,而且还承受致命外患);这样一来,中国在发展方面较之西方就是"小巫见大巫"了!

第五,"进步悖论"。因为1492年之后的西方是寄生于"全球性生态",所以它的生存和发展的问题能够得到很好的解决:发展得越快,则生存也越稳当(但若达到生态极限,则不可自救——例如世界大战,此乃后话)。相比之下,在能够利用"全球性生态"以前的中国,即在1978年之前的中国,尤其是在历史时期,其生存与发展是矛盾的:注重生存就会妨害发展,反之,强调发展则必危及生存。为何如此?生存需要仁静,发展需要"智动"(孔子曰:"仁者静,知者动")。智动大则竞争激烈,即人与人、人与自然愈益冲突,这就无法生存了;反之,仁静大则发展被窒息,从而民生凋敝亦会造成冲突与危机。解决的办法就是中庸之道(发而中节),也就是调控竞争;但这样做,就会使发展的速率减半(与近现代文明比较)。其次,加上四围——主要是北方草原和后来的海上祸患——也向中原宣泄矛盾,历史上的中国不得不承受之和用力防范它,因而外部冲击与内部反弹,两者均会增加"紧张内压";所以传统中国还得进一步限制竞争,从而发展的速率又得减半。其三,再考虑到西方是对外部世界的大肆掠夺和受害国异乎寻常地承受外患这两个因素,那么,按照"欧洲奇迹"的标准,传统中国的发展概率也就微乎其微了!这样我们就不难理解为何历史上的中国是"停滞不前"、而近代又"落伍"这个问题了!

用"停滞不前"加罪于历史中国,这是片面的。相对于近现代西方和发展中国家似乎如此,但在世界历史上则是相反:中国是独一无二的持续发展,而且是她牵引人类社会进入近现代的。所以李约瑟说,应该用"稳健发展"来取代"停滞不前"。另外,按照英国经济学家安格斯·麦迪森的估计,西方在1500年之前毫无经济增长,1500—1820年之间的增长率是0.17%,而在1820—1900年间是300%,美国更高。[1]这就是说,1820年之后的西方的发展速率可能高于同期中国的16倍(至少在第一次世界大战前如此),但在1820年之前的整个"近代阶段"(三百多年),西方的发展还是很慢的。

表解 分析"欧洲奇迹"与"中国停滞"的原因(近代西方的发展是历史中国的16倍!)

		传统中国("−":发展的制约因素)	近代西方("+":发展的有利因素)
1 竞争		矛盾向内,文化中和,限制竞争 −	外向平衡,宣泄矛盾,最大竞争 +
2 外患		承受外患,殃祸华夏,影响发展 −	劫掠异域,控制原料,扩大市场 +
3 生态		人口压力,生态紧张,天灾人祸 −	殖民扩张,资源输入,生态缓解 +
4 权力		治水防夷,中央集权,加重内压 −	内部宽和,公民有序,政治促商 +
合计		发展速率为"近代标准"的1/16	发展速率为"传统标准"的16倍
非物质性进步	政治	因于紧张内压而自我调节,政治极难,形成非权力性的德礼之治:人民自治。	以牺牲异域与生物圈来造成经济奇迹与文明极致,后者即民主、自由、法制。
	人生	礼乐人生的升华:以最小消耗自然,从和谐与性灵中获得最大的人生幸福。	物质人生的膨胀:以消耗自然来满足人欲、壮大征服实力,幸福感没有提升。
	世界	向外传播文化与科技,推广和谐文化的模式,"天下"在扩大,世界有和平。	征服自然征服世界,把此种冲突的模式带到全球各地,置全人类于危险之中。
文明后果总体评论		西方的物质文明的代价是,牺牲几大洲与诸文明,它使生物圈的寿命,从而人类和其他物种在地球上的生存期,均减少了99%!此种文明实不可取。但西方的强势之下,全球各国如不加入"地球破坏者的行列"则不可幸存。但愿东方民族的工业化与现代化只是权宜之计,而非长久之策,早日恢复世界和平与天人和谐。	

---

[1] David Boaz: Toward Liberty: *The Idea That Is Changing the World*, Washington: Cato Institute, 2002, p.6—7.

(二)现代科学是中国智慧的硕果

今人多称赞牛顿、伽利略和开普勒等人奠定了现代科学的基础,却几乎都不知道这个"基础"之下还有一个更深厚的根基——华夏为现代的科学与文明所打下的根基。

天道化生万物众生是和谐有序的,中国古人把握这个规律而"顺天应人、变易取材","人文化成、开物成务";近现代西方以"征服自然"来发展科学与文明,那只不过是中国文化的"化生与创造机制"启动世界、牵引发展的一个"惯性"而已。

质言之,科学及其相关知识(逻辑、数学和科技百科等)都是属于人的"本领"或"本能"(第二本能:人的"反克自然"的本能)。开发和利用它们,说难也不难;只要具备条件,人们就能"事在人为、天遂人愿"。人作为"智能生物",在这方面具有无限的潜力;例如康德说:"给我物质,我就用它造出一个宇宙来!"阿基米德说:"给我一个支点,我就可以托撬起整个地球。"(按:阿基米德是近代早期的伪造)①。这都反映了西方人"头脑简单、不知天高地厚"。

难就难在如何"具备条件"。科学(科技)都是"有条件"的,而非其本身所能提供的。科技是双刃剑,极具负面性;在其被开发被利用的过程中,正能量与负能量是齐头并进、同步攀升。这意味着得不偿失、结果为零,甚至是自毁家园、自掘坟墓。另一方面,客观环境的承受更是有限的。人似能突破极限,但又遇到新的极限,而且每一个极限都是致命的。再说,科技的发展,在其能够突破"极限"之前,就已造成环境紧张,于是,正能量(建设性)转为负能量(冲突性),由此,人与社会皆面对厄运。因此,怎样化解"双刃剑、负面性"、从而为科技发展创造条件,这比科技(科学)本身不知道要难多少倍,以致后者根本谈不上什么"智慧"!

我们今天并没有感到科技的"双刃剑、负面性"有什么直接的、致命的危害,也没有感到为科技发展"具备条件"有多么难?这是因为今人比古人聪明吗?恰恰相反!中国古人已为近现代打下了基础,西方人及现代人只要"本能行事"就可以了——西方及现代的一切都是属于"智能生物"的本能(第二本能)这个层次的,谈不上"智慧"!中国古人已把科学的航道开凿疏通,后人只是顺水行舟、顺风扯旗的事。反之,如果把现代知识、把西方有史以来的"绝顶聪明"之士(科学家、哲学家)放在古代,不仅无能为力,反而添乱致祸;这是因为历史上的发展需有"道的智慧",西方人没有,近现代似乎也用不着它。近现代是以"全球性生态"作为平衡条

---

① A. Fomenko: *History: Fiction or Science Chronology 1*, p.29.

件与牺牲代价,所以在生物圈的"大限到来"之前的数百年里,发展科技是不成问题的。

在近代以前,人受制于地理环境,自然占绝对优势,天人相与是直接的生命攸关。那时,"双刃剑、负面性"之所向,是"有为者"的生存、生活的"核心领域",而近现代则不是。所以,古人需有一种保持和恢复"人与人、人与自然之和谐"的智慧,才有可能发展科技与经济,否则就滞留于原始状态。如此智慧即是"道的智慧"(和谐文化、和合智慧)——天道与易道、太极与太平、中庸与中和……只有这样,方能在持续发展与"动态平衡"的条件下"安身立命、安居乐业",从而,人参天地,站立起来,从"自然王国"走向"自由王国"。中华民族在几千年前就进入了这般境界,并以积累起来的精神财富和物质成就,到1500年左右开始系统地影响西方:中国文化及科技先后促成文艺复兴、宗教改革和启蒙运动,而为西方开启了非宗教的俗世或现世社会,开启了奠基科学—工业革命、货殖—资本主义。

鉴于一大批中国青年被胡适等新朝派和疑古派所毒害——都是崇洋媚外,整天说"中国百不如人";孙中山耳闻目睹,"是可忍孰不可忍",他告诫世人:西方科学基本上是源于中国的!他说:

现在中国人看见了外国的机器发达,科学昌明……但是在几千年前,中国人的能力是怎么样呢?从前中国人的能力,还要比外国人大得多。外国现在最重要的东西,都是中国从前发明的。比如指南针在今日航业最发达的世界,几乎一时一刻都不能不用它。推究这种指南针的来源,还是中国人在几千年以前所发明的。……可见中国人固有的能力,还是高过外国人。其次在人类文明中最重要的东西,便是印刷术,现在外国改良的印刷机,每点钟可以印几万张报纸,推究它的来源,也是中国发明的。再其次在人类中日用的瓷器,更是中国发明的,是中国的特产,至今外国人竭力仿效,犹远不及中国瓷器的精美。近来世界战争用到无烟火药,推究无烟火药的来源,是由有烟黑药改良而成的,那种有烟黑药也是中国人发明的,中国发明了指南针、印刷术和火药,这些重要的东西,外国今日知道利用发展之,所以它们能够有今日的强盛。

至于人类所享衣食住行的种种设备,也是我们从前发明的。譬如就饮料一项说,中国人发明茶叶,至今为世界之一大需要,文明各国皆争用之……讲到衣一层,外国人视为最贵重的是丝织品。现在世界上穿丝的人,一天多过一天,推究用蚕所吐的丝而为人做衣服,也是中国几千年前所发明的。讲到住一层,现在外国人建造的房屋,自然是很完全,但是造房屋的原理,和房屋中各重要部分,都是中国人发明的,譬如拱门就是以中国的发明为最早。至于走路,外国人现在所用的吊桥,便以为是极新的工程,很大的本领;但是外国人到中国内地来,走到川边西藏,看见中国人经过大山、横过大河,多有用吊桥的。他们从前没有看见中国的吊桥,以为这是外国先发明的;及看见了中国的吊桥,便把这种发明归功到中国。由此可见中国古时不是没有能力的……现在要恢复固有的地位,便先要把我们固有的能力一齐都恢复起来。(《民族主义·第六讲》)

(三)科学传统的中西之辩

重申一下:科学(包括今人所崇尚的逻辑和数学,及科技百科与知识爆炸等)都是植根于第二本能——人作为智能生物的反克自然的本能,因而是双刃剑、是"发展悖论"。在近代以前(不能以"全球性生态"为其平衡条件和牺牲代价),如果没有"和谐文化、和合智慧"来化解双刃剑与"发展悖论",那么,一切为零。果真如此,除非以宗教禁锢"本能"(人欲、人口、人为、人智),否则是径直的自我否定、自体毁灭。鉴于这番道理,近代以前的西方是根本不可能创造或拥有科学的。

现代科学是从哪里来的?它是中华民族连续亘古"开物成务、利用厚生",而又在向外辐射和传播的过程中所发生的,从"量变"到"质变"的产物。科学技术的数千年的"量变"发生于中国,数百年的"质变"发生于近现代——从西方到东方。近现代的"质变"有两层意思:

第一,科技发生了"裂变、聚变"——其本身开始爆炸性的发展。由于有了"全球性生态"为其平衡条件和牺牲代价,科技获得了无限制的、大幅度的发展。

第二,科技发生了"突变、蜕变"——它开始"爆炸"世界及生物圈。科技从原先的"顺天应人、巧夺天工",变为现在的"戡天役物、屈天伸民"[①];即天人关系原先是和解、和合,现在是对立、对抗。

先是中国向西洋赠予传统科技(原动科技),而后,现代中国被迫接受西式科学。在20世纪的中国思想界,只有熊十力等极少数人别具慧眼,而绝大多数的学者都不懂这个辩证关系。有些著名学者竟武断地宣称,中国没有科学传统,甚至说中国文化中没有科学,也"开不出"民主与科学。这就像李约瑟所批评的那样:

根据通常的说法,中国从来就没有什么科学和技术……人们竟然一直相信这一点,这似乎是很奇怪的。然而,当我开始研究这些问题时,我的汉学家长辈们就有这种印象……(他们对中国文献一无所知)往往人云亦云,因此中国人最后自己

---

① "戡天役物"和"屈天伸民",分别借喻于荀子《天论》和董仲舒《春秋繁露》。

也相信了这点。中国的大哲学家冯友兰……写的一篇论文用了这样的题目:"为什么中国没有科学?"……他在文中说:

"我要斗胆地下个结论:中国不曾有过科学,因为根据中国人的价值标准,中国不需要科学。——中国的哲学家不需要科学的精确性,因为他们想知道的只是自己;同样的,中国哲学家不需要科学的力量,因为他们想征服的只是自己。对他们而言,智慧的内容并不是知识,而智慧的功能也不在增加身外之物。"

这段话当然有一点道理,但只是有一点而已……汤恩比之(西方)乐观主义云:"不管是否可能在西方历史的源流上,找到西方人机械的源泉,我不怀疑'机械癖'是西方文明特有的,就像爱美是希腊文明特有的,宗教癖是印度文明特有的。"

……中国人并非像冯友兰所说的,对于外界自然不感兴趣;而欧洲人也不像汤恩比所吹嘘的,那么富有发明天才。[①]

从上面这段引文,我们引申两点:

第一,冯友兰说中国文化不含有、也不需要科学,牟宗三也是在这个思路上考虑、并且加以发挥的;后者称中国文化"开不出"科学传统,他还解释"中国所以不出现逻辑、数学、科学之故"。[②]这两位具有代表性的中国现代哲学家,都是陷溺于歌德所言的"时代的谬误"[③],执着于西方的"线性思维",而进行概念推理(而非整体、圆融、有机、和合)。他们违背了熊十力所证的中国智慧之"体用不二"[④]"性智与

[①] 潘吉星、陈养正编译《李约瑟文集》,辽宁科学技术出版社,1986,第 263 页。
[②] 牟宗三、罗义俊:《中国哲学的特质》,第 158—164 页。
[③] 歌德说:"真理属于人类,谬误属于时代"(truth belongs to the human, the fallacy belongs to the era.)。
[④] 参见郭齐勇编《现代新儒学的根基》。郭教授在"编序"中这样诠释熊十力的"体用不二"的,即:"熊氏之'即用显体''体用不二'之论……克服了西洋、印度哲学视本体超脱于现象界之上或隐于现象界的背后的迷谬,纠正了多重本体或体用割裂的毛病。熊十力以《易》《庸》形上学的模型……""本体……就在生生化化的事物之中。""熊先生之'本体'的最基本含义是'肇万化而成万事'。也就是说,本体之所以能成为宇宙本体,首先在于它是一个'创生实体'……具有'刚健''生化'孕育并鼓动万物的特性。本体就在一切物之中,一切物都是本体的体现。本体显为无穷无尽的大用……""在熊氏看来,自然物质本体论或绝对精神本体论及其对宇宙……的解释,都不过是'戏论'而已。"

量智合一"①,因而不懂得:西方没有"体"(道)、没有"性智"(真知),②是不可能创造科学的;至于西方的"用"(科技)和"量智"(知识),那都是中华文明奠基近代科学和凿通世界地理之后的现象——以"全球性生态"作为平衡条件和牺牲代价,由此,科学"脱中入西",而凸显神效。

今人所看重的"逻辑、数学、科学"等,都是"智慧工具"(工具理性),而非智慧本身;说到底,它们都是人的"反克自然"的本能(天性),都是"双刃剑"和"悖论"(体现着人的"自我否定")。因此,在近代以前,除了中国文化能够涵融之、处理之,它们不能单独存在于任何空间与时间之中的(那时,人与自然是直接的生命攸关,而截然不同于1492年之后)。

第二,智者千虑,必有一失。虽然伟大的英国历史学家汤因比洞见:中西及世界之未来,若是免于人类自毁的话,必将是"九九归一"——回归于中国的"道";但是,他未能知道在"文明"的层面上,世界历史是"五教同源"——中华是现代文明的真正源流,而西方则不能创造科学与文明,欧美文明是源于中国的。

上面那段引文中的汤因比所言"不管是否可能在西方历史的源流上,找到西方人机械的源泉,我不怀疑'机械癖'是西方文明特有的……"我们认为,除了杜撰之外,西方自身找不到"机械的源泉"。汤因比(1989—1975年)忽略了其同时代的英国剑桥大学教授约翰·贝尔纳(1901—1971年)所写:中国几乎是世界历史上的最发达的技术中心。③遗憾的是,汤因比也为李约瑟的巨著《中国科学与文明》写了评语,却没有参考该书所论中国的机械成果及其对西方的贡献。最近,另一位英国学者霍布森明确指出,在近代以前的数千年里,欧洲几乎没有自己的发明与发现,而近代西方的科技及机械的源泉是在中国。④霍布森写道:

我们重审欧洲中心论的核心命题之一,即只有西欧发展了"机械观念"。雷德里克·莱恩称:"毋庸置疑,当远东的艺术家画花、鱼和马的时候,达·芬奇和弗朗西

---

① 参见郭齐勇:《现代新儒学的根基》,第3页。熊十力在《新唯识论》"明宗章"中写道:"……性智与量智?性智者,即是真的自己觉悟……即谓本体……量智,是思量和推度,或明辨事物之理则,及于所行所历,简择得失等等……亦名理智。此智,原是性智的发用……以追逐境物,极虚妄分别之能事,外驰而不反,是则谓之量智。"笔者的理解是:性智的功能是总体把握与平衡,它既是量智的元基与温床,又对其驾驭和监护。量智是性智之"用"(科技、知识),它具有分离、膨胀和滥用的倾向;然而,量智与性智过度分裂,那就是福兮祸伏,非常危险。

② 郭齐勇:《现代新儒学的根基》,第292页。

③ John Desmond Bernal: *The social function of science*, London: George Routledge, 1944, p.209.

④ John M. Hobson: *The Eastern Origins of Western Civilisation*, p.60—61.

斯科·马蒂尼着迷于机械。欧洲哲学界把宇宙看成发条装置,把人体看成机器……"

鉴于(历史上)中国的非凡的发明,上述观点不能成立……欧洲自身的发明是少之又少的……尽管……欧洲人展现出吸收中国诸多技术发明的杰出能力,但这种吸收倾向与"创造性"的机械时代前景,并非一回事;如果说有人展示了这样一种前景,那一定是中国人,而非欧洲人!①

这里提到的"达·芬奇和弗朗西斯科·马蒂尼着迷于机械",应该说明的是,他俩都是"借用"中国的机械蓝本(不只是加文·孟席斯这样说)。②

就在西方已经开始掌握中国的众多的机械发明之后,门多萨这样赞叹中国人——"他们是伟大的发明家,勤劳而工巧";"中国人是心智最高的人种"。③利玛窦也亲眼证实:

根据我们自己的经验,大家都知道中国人是最勤劳的人民,而且从以上几章可以很合逻辑地得出结论说,他们中间大部分人机械工艺能力都很强。他们有各种各样的原料,他们又天赋有经商的才能,这两者都是形成机械工艺高度发展的有利因素。④

这岂不是否定了"机械癖是西方……特有的"吗!我们从汤因比的这句话的本身,就能够判断出,近代以前的西方没有"机械",没有"逻辑、数学、科学"。为什么?因为它们都属于"人的反克自然的本能",就像伏尔泰所说"人有一种运用机械力学的本能"⑤;故而,它们必须被超越它们的智慧来保护、驾驭、开发和应用;而这种智慧只有中华才有。因此,由于它没有"和谐文化、和合智慧",西方说自己在历史上有"机械癖、爱知识、科学缘",那就等于它原是子虚乌有!

说深一步,鉴于机械或技术具有极大的负面性——变乱自然和人心(后者指,它使人从"亲和性"变为"斗争性"。参见《庄子·天地篇》论机械与机心),所以在1492年之前,人们很难掌握机械或技术(若无和谐文化与智慧,则根本不可能获得它);其难,不在于机械或技术之本身,而在于它的负面性。那时,人们囿于国土环境、乡土生态,它需要一种整体平衡的智慧来化解"人为、人智"的负面性;否则,追求机

---

① John M. Hobson: *The Eastern Origins of Western Civilisation*, p.60—61.
② Dr.Rohan H. Wickramasinghe: *China and the European Renaissance March 25*, 2014, http://www.island.lk/index.phppage_cat=article-details&page=article-details&code_title=100446
③ Alfred O. Aldridge: *The Dragon and the Eagle*, Wayne State University Press, 1993, p.82.
④《利玛窦中国札记》,何高济等译,广西师范大学出版社,2001年,第15页。
⑤ 伏尔泰:《风俗论》第1卷,商务印书馆,1995年,第35页。

械或技术,则不仅得不到它,反而是社群自杀。汤因比在这方面却看得很透彻:

如果说,人类在为对付自然而利用机械一事上、包含着各种风险的话;那么,当他们求助机械来处理自身关系,及自己与同伴的关系的时候,就一定会招致巨大的麻烦。

新技术的掌握和文明之间没有必然的联系。……技术虽能使人类征服和控制外部环境,但如果人类证明他自己不能对冲撞其心灵的挑战、战而胜之的话,技术就常常可能导致人类的毁灭。①

正因为西方没有"和谐文化、和合智慧"(天人和解、和合),所以近代以前的西方,不仅不能创造机械和技术,而且也不能承受它。当众多的中国发明传入欧洲的时候,导致了一连串的"地震"②——实际上是灭顶之灾:宗教失控,人神火拼,族群吞噬;生态环境也全面退化,生存危机愈演愈烈,祸乱数百年而趋于毁灭。环境历史学家唐纳德·休斯,注意到中古后期的欧洲深陷祸乱,而生态危机则也在并发之中;假如不是1492年之后的扩张与殖民,从而缓解其内在矛盾,那么,基督教西方则会遭到万劫不复的。③

抄袭中国机械的达·芬奇,竟把它献予权贵,用于战争;立马意大利就陷于了内战,外族入侵接踵而至。达·芬奇本人四处躲避战祸,客死异邦。这就叫"绝顶聪明"吗?

幸亏西方人赶上了中国人的"地理大发现",又得到了指南针、造船术和航海图;因而把原先具有自杀性的火药,转向了去摧毁和劫掠外部世界,因祸得福,且成暴富。这被今天的西方学者称为"生态帝国主义"④——既缓解了欧洲本土的生态,又使全球财源资源汇集于西方。

我们现代人很难摆脱西方的机械、线性的僵化思维的影响,学者更容易执着于此。因而,人们也很难理解这样一个道理,即:正因为中华民族具有处理"人为"的智慧,在"和谐文化、和合智慧"的监控下,有限开放科技与生产力,故而是合理地、持续地"谋取"自然;只有这样,历史中国才能够拥有科技及其成果,而确保它们不被滥用于自毁家园、自我毁灭。

---

①汤因比:《历史研究》,第120页。

②Joseph Needham: *Science and Civilisation in China*: Volume 7, The Social Background, Part 2, General Conclusions and Reflections, p.20.

③Donald Hughes: *The Face of the Earth: Environment and World History*, M.E. Sharpe, 2000, p.6.

④Alfred W. Crosby: *Ecological Imperialism: The Biological Expansion of Europe*, 900—1900, Cambridge University Press, 2004, p.XVIII.

请允许我们不厌其烦地重申一遍:在1492年之前,西方的"机械癖、爱知识、科学缘"是不可能存在的;因为往昔的"自成系统、自我循环"的地区生态——人与自然乃直接的生命攸关——根本"不兼容"如此双刃剑(佛教云"国土危脆")。

正所谓"前人栽树,后人乘凉。"——在中国的几千年成果的基础上,1492年之后,西方以"全球性生态"为其平衡条件和牺牲代价,实现了科学技术"裂变聚变"(科技革命)。但是,科技有多高,其可能造成的危险就有多大。

总之,西方科学纵然再高再大,也是中国科学的"从量变到质变";同时,也是中国科学因其"文化失控"、而发生的灾难性的"蜕变"——西方科学脱离了"智慧",属于人的"固有愚蠢、死亡本能"!

泰戈尔说:"中国的科学是对宇宙万物旋律的掌握。"法国思想家瓦莱里称:中国人在科技上早已"掌握了无限扰乱地球的方法"①(只是"不敢为天下先")。熊十力断言,科技在中国很早就已发达和齐备。

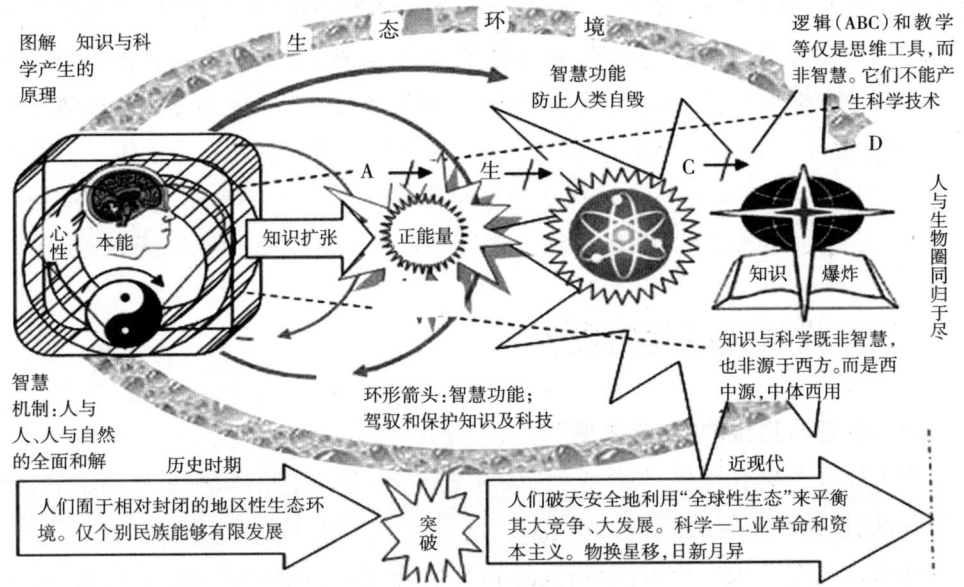

圣智(智慧)与人智(知识、科技、逻辑):辩证关系、对立统一

现代科学及知识系统并非产生于其本身,并非产生于某种方法(如逻辑)和"传统"(科学传统或知性传统);它们产生于那与自然和解的"智慧机制",在近现代的条件下得以"绽放"而已。人皆有知识的潜能(第二本能),但它是双刃剑,会造成人与人、人与自然的多重冲突。在近代以前,即在世界联通、人可以利用"全球性生态"之前,单纯的知识是寸步难行,动辄玉石俱焚,结果为零;确保知识的应用和积累的是中国智慧(智慧机制),它负责调和人与人、人与自然的关系。知识具有脱离智慧、无限扩张的倾向,却是危险或毁灭性的;这个危险或毁灭,在今天是迟缓的和彻底的,在古代是直接的和局部的。所以,西学原于华夏,非而源于西方的"爱知传统"。西方式和希腊式的知识传统不存在于近代以前。

---

① 何兆武、柳卸林:《中国印象》上册,第85页。

深度思考:知识与科学产生的原理

《易经》云:形而上者谓之道,形而下者谓之器,在这里,"道"是智慧,"器"指器官、大脑。后者是智能生物(人)的独特本能(第二本能)的载体,人智。知识和科学等皆植根于它。脑的产品是双刃剑,有破坏性。反克自然亦是人的自我否下。因而必需"道的智慧"来驾驭、监护和平衡之。由于第二本能(人智、知识等)倾向于脱离本体和自我膨胀,故而"道的智慧"就应该是开放包容和起伏精进(化解知识与科技的后果)。如果"道的智慧"追不上"大脑智能",人类的局部乃至全体就会毁灭。

心灵产生智慧,旨在保护大脑的成果,消除其副作用,以免天人冲,玉石俱焚。原本心脑合一,人类安和;而后心脑分裂,天人相胜。传统是恢复和谐,动态平衡。现代是执着于脱离智慧的"大脑创造"(智能、科学)。

抱着"线性思维"的人总认为,与自然做斗争的思想(知识)本身包含着"智慧",因而它能一步步走向胜利(人定胜天),即通过逻辑、知识、科学来达成的现代的成就。凡此,都是"一厢情愿、一曲之士"。就拿图中 ABC 来说,它们在本质上并无内在联系。如果仅是它们自己(逻辑系统、反克自然),而无"道的智慧"参与;那么,ABC 它们各自向前一步,就是物极必反,趋于毁灭。这就是说,近代科学及其相关知识,是不可能发端于没有"道的智慧"与中和思想的西方或希腊的。而在历史上,中华文明几乎是唯一的地理之适度挑战和文化之动态平衡,因而最适合发展科技与经济。因此,硬说希腊或西方逻辑与知性能够带来科学,这是很愚蠢的。

二、古代科技缘起的奥秘

(一)智慧与思维的"古今之变"

古人比今人更有智慧,为什么?因为在思维上,古人是整体、有机和圆融的,今人是线性、机械和割裂的。

如果古人像今天一样崇尚科技(逻辑和数理化),那是径直地民族自杀;这是因为:由于古代的相对封闭的"国土生态、乡土环境"不能向外疏解矛盾,故而任何带有"双刃剑"的知识系统都不被兼容。古今中西的科学是一元:往昔和合于中学(中国文化),而今分裂于西学(现代显学)。现代知识不能单独存在于"世界联通、全球循环"之前的时空之中。

不同于近现代,在历史上,如果没有"和谐文化、和合智慧"(道),那就不可能拥有科学与文明。所谓的"爱知传统"是杜撰的。

西学(科技百科及逻辑、数学)不是智慧,也不是源于西方。它们只是人的"反克自然"的本能(第二本能),先在东方初具规模,再被西方以破坏地球生态为代价,使之"喷薄绽放"。

从探讨"古代科技缘起的奥秘"这一问题,本书这个部分将会阐明,在世界历史上,唯有中华民族能够系统地和稳健地开发科技。

(二)机械的"负面"在古代是致命的

管子云:"国有沃野之饶而民不足于食者,机械不备也。"(《盐铁论·本议》)

制造简单的机械(例如杠杆、轮轴、滑轮、斜面、楔、螺旋),在今天是轻而易举、不在话下;但在1500年之前,即在"中西汇通"和"地理大发现"之前,则绝非易事,以致绝大多数的民族——特别是欧洲——都无缘于此。你信不信?

例如,陶考奇教授说:"在500—1500年间,欧洲人所使用的工具都是原始的,锹和铲都是木制的。"①再如,像前文所说的,中世纪欧洲的运输工具都没有轮子。《扶轮社杂志》称:中世纪欧洲是"原始工具、极不卫生和普遍的文盲"(primitive tools, minimum hygiene and widespread illiteracy)。②

在近代之前,人们制造机械之难,不在其本身之"构造复杂"(我们往往过于轻视祖先,其实古人比今人要聪明得多);而是在于要想方设法处理"机械的负面"。这最应该是"厚古薄今"了,也是考验我们现代人的智商!

如何处理机械的负面?这个负面首先是因为机械会变乱环境、损害生态家园。例如开矿会引起水土流失和天灾人祸。正如《太平经》云(白话翻译):

上天赐养物类的性命,大地滋育生灵的形体。而世人却不知反哺报恩,反而暗害衣食父母,真是罪大恶极!他们大兴土木,开矿打井,凿地破壳,深掘至黄泉。地母备受折磨,极度忧伤,痛恨其子,无法言语。而世人却认为大地无知,并不收敛,反要弑母。可大地的悲情却上感天父,而降灾人间,地母也无力再养万物了——四海困窘,天禄永终!

在近现代,人们可以驰骋于偌大的地球生物圈之中;由此,文明——首先是西方——肆意吞食地球精华和排泄污毒,不必考虑其负面。但在往古,由于环境相对封闭,人与自然是直接的生命攸关,先民必须"就地解决"各种矛盾,以减少"自我否定、自取灭亡"的概率。古人若像近现代这样的"改造自然",那便是径直地自毁

---

① S. Takacs: *The Modern World: Civilizations of Africa, Civilizations of Europe*, Routledge, 2015, p.278.

② The Rotarian-9, 1992-Page 9

家园；因为今天是"世界联通、全球循环"，古代却没有"生态缓冲、回旋余地"（自然的"反弹"是直接否定生存）。唐诗云：

> 造化安能保，山川凿欲翻。
> 精华销地底，珠玉聚侯门。
> 始作骄奢本，终为祸乱根。
> 亡家与亡国，云此更何言。
> 　　　　　　　　（齐己：寓言）

那么，除了环境问题，古人利用机械还有什么负面呢？我们知道，机械或科技的发明与发展，会自然而然地带来武器与战争的升级——加剧人与人的冲突。在此情况下，除非像近现代西方那样总是对外征服、对外称霸，否则势必直接祸害自身。尤其是，在地理上基于江河平原的农耕华夏，她所面对的，是极多动荡的荒漠与瀚海——遍天下的祸因乱源倾泻而来！在此情况下，如果过于依赖技术与兵器升级来克服外患，即使成功，那也是凶多吉少——除非中国征服全球，否则外部世界的任何矛盾与武器（中国技术的传播使它们不断升级或改进），都会顺着"地势内倾"与"生态落差"（中土物产丰富），而向心聚爆于中原；武器与战争越是升级，就也是祸害自身。《易经》云："伤于外者必反于家。"《道德经》云："不以兵强天下，其事好还（反受其害）。"

> 孟郊《吊国殇》
> 徒言人最灵，白骨乱纵横。
> 如何当春死，不及群草生。
> 尧舜宰乾坤，器农不器兵。
> 秦汉盗山岳，铸杀不铸耕。
> 天地莫生金，生金人竞争。

"金属革命"和铁器普及的"负面"都是极危险的：对内加剧了诸侯混战和历朝动乱，对外在"物器"的方面奠基了征服世界的"草原暴力"和"海洋暴力"。——中华文明每前进一步，其面对的忧患都会倍增；因为文明启动了世界，却又不能很快地把所有的"社会妄动"都纳入和谐与太平的轨道。

在历史上，善于发明创造的中华民族陷于"进步的进退维谷"。它必须承受发明创造所致的"贻害无穷"，必须尽量提前消除机械与科技的负面（双刃剑），以免天人冲突、社会失序、而整体走向反面。正如尼采所说：

> 凡人类所能享有的尽善尽美之物，必通过一种亵渎而后才能到手，并且从此

一再要自食其果,受冒犯的上天必降下的苦难和忧患的洪水,侵袭高贵的努力向上的人类世代。①

(三)机械心理引起社会蜕变

不仅如此,古人利用机械的负面的要害是,人心的变化。

《淮南子》也云:"机械之心藏于胸中,则纯白不粹,神德不全。"所以"机械之巧弗藏于心";"神明定于天下而心反其初,心反其初而民性善"。

亦即《庄子·天地篇》所讲:机械→机事→机心。社会从相安无事转为争权夺利,从"仁者静"变成"知者动",变成"妄动"。《道德经》曰:"不知常,妄作凶。"机械会影响人心,从而使社会"蜕变"于生存竞争的状态(相争相害的"霍布斯邦")。后者在今天是"很正常的",因为有"全球性生态"作为平衡条件和牺牲代价;但在囿于国土生态的往古,社会是很难承受的。佛经云:"国土危脆……生灭变异……心是恶源。"而且,人心一旦变坏:人性善→人性恶,则人欲横流,人群倾轧;那么,就会招来"严刑峻法、苛政猛虎",而置众生万民于水火之中(除非向外侵略、建立霸权,使其内部变得宽松,还可以得到"民主")。

《庄子·天地篇》论机械的原话(白话文)是:

子贡到南边的楚国游历,返回晋国,沿着汉水的南走,看见一位老人正在菜园里整地开畦……抱着水瓮浇灌,吃力地来来往往,用力甚多而功效甚少。子贡告诉他:"如今有一种机械,每天可以浇灌上百个菜畦,用力很少而功效颇大。老先生你不想试试吗?"种菜的老人抬起头来,看着子贡问:"应该怎么做呢?"子贡回答"用木料加工成机械,后面重而前面轻,提水就像从井中抽水似的,快速犹如沸腾的水外溢一样,它的名字就叫作桔槔。"种菜的老人变了脸色,讥笑地说:"我从我的老师那里听到这样的话:有了机械之类的东西,必定会出现机巧之类的事;有了机巧之类的事,必定会出现机变之类的心思。机变的心思存留在胸中,那么不曾受到世俗沾染的纯洁空明的心境,就会丧失;纯洁空明的心境不完备,那么精神就不会专一安定;精神不能专一安定的人,大道也就不会充实他的心田。我不是不知道你所说的方法,只不过感到耻辱而不愿那样做呀!"子贡满面羞愧,低下头去不能作答。

普及机械所致的全社会的"机械心理、机械思维"(机心:人心物化),是人与人、人与自然之双重冲突(天灾人祸)的精神根源。这就是汤因比所说,机械及机械

---

① [德]尼采:《悲剧的诞生》,周国平译,北岳文艺出版社,2004年,第28节。

心理会导致人类族群乃至人类全体的自我毁灭。

那么,古人究竟是怎样处理机械的"善与恶"的呢?他们是:整体兼顾,近忧远虑,圆融化解,协和内外。

技兼于事,事兼于义,义兼于德,德兼于道,道兼于天。(《庄子·天地篇》)

正德,利用,厚生,惟和。(《书经·大禹谟》)

开物成务,人文化成;变易致用,顺天应人。(《易经》)

朴散则为器,圣人用之,则为官长,故大制不割。(纯朴失散,而产生器技;唯有圣智调控,方能和谐有序。人与人、人与自然的有机整体,是不可被割裂的)。(《道德经》)

(四)和谐文化与科技产生的辩证关系

质言之,在1500年之前,如果没有一种"和谐文化、和合智慧"处理机械与科技之负面,处理竞争与发展的后果;那么,人们不仅无法享有它们的"正能量",倒是动辄危机、走向毁灭。所以,主要是中国拥有可持续性的发明、发展,尽管其速度与规模,皆与近现代不能同日而语;而在没有"和谐文化"(缺乏与自然和解的智慧)的欧洲,则非依靠"神权禁锢"而不能免于族群互相消灭,遑论科技与文明!

霍布森指出:

中国不仅开拓了欧洲中世纪的技术前景,而且她的许多工艺支撑了欧洲的文艺复兴、海洋扩张和军事革命,乃至支撑了英国工业革命……这些被中国人发明和传播的技术,大部分都是源于宋代的……一个接一个的欧洲划时代的变革——印刷革命、发现美洲、环球航行、伽利略革命和启蒙运动等——都是基于从东方借来的发明,再来做充分的发展。[①]

大家都诟责汉武帝"罢黜百家,独尊儒术",阻碍了中国科技的发展。我们认为这是极大的误解或无知。在古代,强调科技会是适得其反、事与愿违,乃至不是中国自我消亡,便是世界提前进入"总危机"、而趋于毁灭。我们姑且不论这些。单讲由铁器革命所造成的从"战国"到秦汉之际,社会对抗与天人关系都愈益尖锐;不用儒家思想则不能化解,这系关中华文明的存亡绝续。说起来是秦始皇结束了战国,后者却又以"暴民暴政之恶性循环"的形式延续着。所以汤因比说,是刘邦正式告别战国的,而其余世界——主要是华夏以西以北——则始终陷于"战国现象"。[②]

但实际上,刘邦只是不自觉地用儒家的"天下观"(汤因比称之为"世界主义"),

[①] Ricardo Duchesne: *The Uniqueness of Western Civilization*, Leiden: Brill, 2012, p.179.
[②] 《展望二十一世纪——汤因比与池田大作对话录》,第288—295页。

代替了诸侯邦国的"民族主义";唯有"独尊儒术"才使天下收敛了"阳亢妄动"。

倘若在1500年之前,人们也像今天这样的崇尚科技与机械,或者把科学奉为文化至尊;那么,人们不仅不会得到科学技术,反倒是径直地民族自杀。现代人很难理解这个问题。如果想通了它,大家就会明白所谓的"希腊智慧"乃捕风捉影、荒诞不经。

(五)普天之下的和谐被颠覆

历史上的文明面对着"发展悖论",这是文明本身所不堪承受的。

就拿机械及科技来说吧。它们的"负面"(打破和谐的一面,后患无穷),不仅转化为文明内部的天灾人祸——社会失衡(引起周期性的动乱),而且还转化为其外部的天灾人祸——草原暴力("反克文明"的好战部落,例如蒙古征服)。汤因比说:如果不是文明中心的技术外传,就不会有如此的摧毁文明、征服欧亚的大型战争。[1]就像下面这段引文所写的:

打到中原腹地的蒙古军,突然敢于攻城,善于攻城。因为他们拥有了云梯、强弩、火炮。这让金宋两国的守军都吃不消。他们惊讶地发现:蒙古兵除了骑马野战之外,又获得了摧坚拔城的武器和技能。一个草原部落,突然拥有了攻城的云梯、火炮。军事科技水平突飞猛进,如此神奇的力量来自何方呢……主要来自中原内部,即汉人的技术援助……由于女真族的金国占据中国的北方地区——华夏族的文明中心,残酷压迫汉民族,所以金国治下的汉人迫切希望能够打击金国,许多汉人工匠将制造云梯、强弩、火炮的技术,带到了蒙古军营。令这支骑兵在具备野地作战的"武功"同时,又具备了拿下世界所有城池的"神器"。

……而南宋在军事上尚能领先塞外四国的,就是武器和技术……宋朝由于拥有巨额军费和强大的科研实力,在军事科学技术上是当时领先的,宋军当时的装备也是最先进的,它是世界上第一个大量装备火器的军队,曾公亮就在1044年编著了《武经总要》,其中记录了三种火药配方,还有为数甚多、种类齐全的火药武器,从"步枪"到"地雷"都有,甚至还有"枪榴弹"以及"火焰喷射器"。宋军与蒙古军合灭金国时,蒙古军的火器,完全由宋军提供。[2]

进而言之,中华文明的发展与创新的负面,及其机械与科技的负面,不仅会转化为本土环境的天灾人祸,乃至转化为反克文明、征服世界的"草原暴力";而且还会转化为遥远的西方的社会危机(中国技术的西传导致了欧洲的人神火拼、族群

---

[1] 汤因比:《历史研究》,第326页。
[2] 程万军新浪博客:《蒙古帝国崛起的"神秘外因"》。

吞噬),乃至转化为战伐全球、无限升级的"海洋暴力"。

此需解释,作为世界性的战争源,草原暴力和海洋暴力是怎样兴起的?简述四点如下:

第一,在近代以前,那里的自然环境不能支持人群的稳定生存,一般都是高纬度、阳光稀、地表贫的地区(主要是欧亚大草原和欧洲陆地和岛屿);因而人与人、人与自然的关系皆是异常紧张,根本谈不上发展和进步。

第二,如果没有中华文明的技术、智能和管理方法的传入,那里的冲突只是原始性与内向型的。然而,技术——尤其是战争技术——的传播是很快的。历史上,文明的每一次技术创新,都会普遍地提升内部和外部的暴力手段。汤因比说:"大一统国家要想遏制住边境上的蛮族,就免不了打仗;但是,打仗反而用自己先进的战争技术训练了蛮族。战争技术比其他领域的技术传播得更快、更深入;在各种输出品中,武器比其他工具传播得更早、更远;另外,由于本地蛮族市场的需求,蛮族工匠的技术不断提高,逐渐能够复制从邻近文明社会输入的武器。欧亚大陆的游牧蛮族如果没有输入的武器,根本不可能武装起来发动大规模的进攻……"[①]

第三,为什么掌握技术和创新主动权的文明(中国),却不能有效地应对野蛮暴力?其根本原因是,文明的技术传播不仅仅是装备了野蛮暴力,更重要、更致命的是,它使对方在地理上具有了绝对的战略优势(地缘政治)。由于气候苦寒、荒漠绝粮或海浪凶险,文明无法靖平野蛮暴力;后者一旦获得技术,则如虎添翼。它打你顺风顺水,你打它难上加难!李华《吊古战场》云:"北风振漠,胡兵伺便……当此苦寒,天假强胡,凭陵杀气,以相剪屠。"又云:"齐魏徭戍,荆韩招募;万里奔走,连年暴露;沙草晨牧,河冰夜渡;地阔天长,不知归路。……秦汉而还,多事四夷,中州耗敦,无世无之。"

第四,地理上的战略优势是至关重要的。在"全球化、一体化"之前,如果一个国家不具有地理上的战略优势,尤其是它的海洋不利于"外向发展"(距离彼岸太远);这就意味着其诸多矛盾不能疏解出去,人口与生态的压力很大,内忧外患则向心聚爆;此种"国情",需要"和谐文化"来凝合社会及天下,若是选择相反的体制——适合于战争的最大组织力与动员力的政治和适合于科技革命的竞争性的模式,那就无异于选择民族自杀。但对于那些具有地理上的战略优势的族群来说,它们也就可能具有其他各种战略上的优势。草原暴力和海洋暴力都具备了"有组

[①] 汤因比:《历史研究》,第36页。

织的暴力的优势",这对和平或和谐的人群来说犹如天敌。除此之外,草原暴力是一次性的发作,而适合人居的海盗王国则能够进行"暴力再生产"。后者在征服世界、征服自然的过程中,使其社会经济从"零发展"变为大发展。

由此可见,伴随着文明而来的问题和忧患是何等的巨大、何等的危险!

连续千年的中国科技之西传,不仅"点燃了文艺复兴之火",①也点燃了在整个欧洲的普罗米修斯之火,从而造成了欧洲宗教的失控(造纸术、印刷术和火药等),以致人神火拼,族群吞噬,而趋于灭顶之灾。幸亏中国的越洋技术(造船术、指南针和航海图,加上火药)让欧洲人占领了美洲,从而嫁祸于人,纾解其内部,否极泰来,化腐臭为神奇。但这对于全人类来说,则是机械与科技、武器与战争的无限升级,由此通向万劫不复!即汤因比所说:"西方和西方化的国家在这条充满灾难、通向毁灭的道路上,你追我赶,走火入魔……"②

汤因比又说:"欧洲有意识地树立起对科学进步的信仰,可以认为是从一六六一年英国设立研究院开始的。"③颇为讽刺的是,当时的英国乃至整个西方都基本上没有自己的技术发明,主要是撷取中国科技。如前所述,1700 年左右西方所列的九项重大发现和发明,都是源于中国。再如 1751 年,伦敦皇家科学院授予法国耶稣会士宋君荣"荣誉会员",表彰他在华期间向英国提供有关中国科学的信息。④

另一方面,今人多会赞叹,英国于 1661 年设立研究院这件事是开启了"科学昌明"的时代,却蒙昧于这件事的深层忧患。它说明近代西方对于它直接和间接从东方嫁接来的"器用知识",进行单独开发和无情滥用。这在往古是"双刃剑"对内,会引起民族自杀;而在 1492 年之后,西方由于怀抱全球,向外宣泄,科学对其自身乃"利而不害",对异域则"战无不胜"。英国哲学家罗素说:"从科学那里……我们(西方人)汲取权力和权力感,以及这样一种信念,既我们也和神一样,可以成为不科学民族的生死的主宰者。"⑤但无论如何,全人类从此开始了死亡之旅。

今中国也有科学院与科技大学,此乃针对国际竞争而起,服务于民族自强;若非如此,则难免亡国灭种;但这样做,无疑也会加剧人类的负面性。然而,当务之急是民族幸存与国家崛起;而与此同时,我们也应该找回已丢失的真正的智慧——

---

① 加文·孟席斯的书名"1434:……中国点燃意大利文艺复兴之火?"
② 汤因比:《历史研究》,第 394 页。
③《展望二十一世纪——汤因比与池田大作对话录》,第 327 页。
④ John E. Wills, Jr: *China and Maritime Europe, 1500—1800*, p.170—171.
⑤ Bertrand Russell: *The Problem of China*, p.186.

"道"。

（六）科技的道义与西方的"反其道而行之"

若非中国科技及其西传,则无西方的征服世界的"军事革命"与"海洋地缘"。

不被"道的智慧"驾驭的科技与武器,乃与"厚生之道"相违背。人类在此方面越是进步,虽会使物质生活愈益丰厚,但其社会安全与生态基础均变得越来越脆弱和单薄。钱穆说:"中国古人言:'正德,利用,厚生。'在内正德,始能在外有利用,而仍必以厚生为归。西方科学则仅求利用,不求正德……""生命即是一大自然,科学违反了自然。往日以石器杀人,今日以电器杀人。科学日益发明,天下其乌能不乱?人种其乌能不绝?""……中国科学乃会通和合于中国文化大传统之全体,而始见其(科学)意义与价值。"①

所以,历史中国的军事科技的开发,力求稳健,而防止以暴易暴之恶性循环;这样做,虽是阻碍了华夏的科学革命,却也防止了全人类的战争升级。例如墨翟与公输般的故事所昭示:即使是在"无义战"的春秋时期,人文的道义感亦能压倒科技的征服性。这是中西文明的迥然不同之处。在传统中国,凡是物质创新或发明,若非由"人文化成"而来,便不能"开物成务",而成为新产业。按照墨子的说法,发明创造须有利于民生,否则再精巧,也是愚蠢的("故所为巧:利于人,谓之巧;不利于人,谓之拙")。在中国历史上,战争技术总是被视为有悖于人文与厚生,所以它才会每每失传。历史学家钱穆说:

先秦诸子早期有墨翟。公输般为攻城之器九,而墨翟九破之。墨翟又能为木鸢飞空……墨翟乃中国当时一大科学家。墨经中所传有关科学之义理,颇有与近代西方科学相似处。然攻城灭国,非中国人文大道之所重,后世遂少公输般、墨翟其人。三国时诸葛亮凿修剑门栈道,又为木牛流马,以利运输。道路交通,古今所重,剑门栈道今犹存在,木牛流马则终废弃。可见中国科学上之发明,有递相传袭,续有进步者;有弃置不理,终成绝响者。此见科学亦必融入人文大道中,不能独立见重。②

对于战争技术的发明、发展,中国古人抱着消极的心态。这似乎是极为愚蠢的。按照西方人的观点,古希腊哲学家的名言"战争是万物之父",是最适合于科学革命的,因为战争最能刺激科学。这就是说,中国抑制战争技术的做法,乃使自己在很大程度上丧失了科学革命的机缘。但中国古人则不以为然。科技用于军事之无限,而使战争不断升级,其受害者为谁?肇事者是否一定获益?倘若战争不断升

---

① 钱穆:《现代中国学术论衡》,台湾东大图书,1991年,第63页。
② 钱穆:《现代中国学术论衡》,第46页。

级而破坏他们的内环境,以致毁灭自身文明,那又怎么办?

假如地理环境允许海外扩张,从而古代中国能够像近现代西方那样的"输毒于外、嫁祸于人",即把内在矛盾、祸因乱源统统都推向外部世界,而使自己的社会环境变为最佳状态——"竞而不争、争而不乱";那么,或许早在春秋战国时期(天下太平、世界大同的"和谐文化"尚未成熟),中国人便对他们所发明的技术和"技术的爆炸性效应"(极具负面性),都采取积极乐观、而不加限制的态度,这样一来,就会涌现出许许多多个科学家(但没有像惠施、墨翟、公输般那样的道义)。于是,产业之"开物成务",社会之"唯变所适",均无需经过"人文化成、正德惟和",这难道不能直通资本主义与科学革命吗?然而,如前所述,历史中国的地理与生态特征(矛盾总是"向心聚爆",而非"输毒于外")决定了她不能走西方式的道路。即便是中国成功地打出去,她也无法具备适合于资本主义与科学革命的必要条件;因为从外缘向着文明中心,地形愈低和生物量递减这两点,决定了内外矛盾(内忧外患)是向心聚爆。唐诗云:"征战穷外域,杀伤被中原。"

表解　地理环境的战略意义决定科学革命与否

	地理环境不具有战略优势(历史中国)	地理环境具有战略优势(近代西方)
社会	矛盾汇聚内部,人口与生态压力,承受内忧外患;倚靠和谐文化,但也制约竞争与发展。	矛盾向外疏解,没有人口与生态压力及内忧外患,可以承受大竞争、大发展。
影响科技	中国是原创科技,却须限制它;因为矛盾无法疏解于外,都是聚爆于内,不堪承受太大的生存竞争与生态冲击。若是追求科学革命和工业革命及资本主义,那无异于民族自杀。	欧洲和日本是中华文明的受益者,特别是在此过程中,它们的地理环境的战略意义被提升起来,可以有恃无恐地向外侵略和掠夺,亦可以无限制地发展科技。
其他战略	组织力与动员力的最大化极有利于战争,但它是双刃剑;若是地缘劣势,矛盾不能疏解于外,那么,采取此种体制无异于民族自杀。"现代转型"之前的中国是多重的战略劣势。	由于中国技术与文化的传播,西方和日本形成民族国家,极具组织力与动员力,基本上是复制战国七雄的排他性与应战型的体制,适合生存竞争与倾力战争。

中国古人对于战争技术乃至科学革命,抱着"不敢为天下先"的态度。而近代西方人则截然相反:他们只想眼前突破,不计将来后果;一味物质进取,不负和谐责任;唯在自己获利,哪管他人受害!

意大利文艺复兴代表人物达·芬奇曾给米兰公爵的一封求职自荐信,自我介绍有10个方面的才能,其中9个方面都是涉及军事机械和武器。达·芬奇以其才智贡献战争的热情,酷似公输般(当然,他不会像公输般那样,米兰公爵也不会像中国楚王那样,皆能被墨翟用道义折服)。达·芬奇写道:

最杰出的先生,我已经看过,而且研究了所有自称为军器发明技术大师们的试验,而且发现他们的设备与普通使用的并没有什么重大差别。我特向阁下报告我自己的某些秘密发明。兹将其一一简述如下：

（1）我有一套建造轻便桥梁的方法。这种桥梁便于运输，可用于追击或击溃敌军；还有建造其他比较坚固的桥梁的方法。这种桥梁不怕火烧刀砍，易于升降。我也有办法烧毁敌人的桥梁。

（2）在攻城时，我知道怎样排去护城河的水流和怎样建造云梯之类的设备。

（3）如果由于敌方阵地居高临下，十分坚固，无法加以炮击，只要敌垒的基础不是岩石构成的，我自有办法埋设地雷炸毁敌垒。

（4）我还知道怎样制造轻型大炮。这种大炮易于搬运，可以射出燃烧物，燃烧物发出的烟雾可以使敌军丧胆，造成破坏并引起纷乱。

（5）我可以悄悄地挖掘狭窄而弯曲的地道，通往无法到达的地方，甚至可以通往河底。

（6）我知道怎样建造坚固的带盖的车辆，把大炮运进敌军阵线、不论敌军如何密集都无法加以拦阻，步兵可以安全地跟随前进。

（7）我能够制造大炮、臼炮和投火瓶等等，其外形既实用又美观，与目前使用的都有所不同。

（8）在无法使用大炮的情况下，我可以改用石弩和目前还没有人知道的其他巧妙的投射武器；总之，凡是遇到这种情况，我都能不断想出攻击的办法。

（9）如果进行海战，我也有无数用于攻守的最厉害的武器；有防弹防火的船只；还有火药和易燃物。

（10）我自信在和平时期，在建筑方面、在建造公私纪念碑方面、在开凿运河方面，我比得上任何人；我会雕塑大理石像、铜像和泥像；我在绘画上也不比任何人差。我尤其愿意负责雕刻永远纪念你的父亲和十分杰出的斯福萨家族的铜马。要是你认为上述事项中有哪一些办不到或者不切实际的话。

此须说明三点：第一，在近代以前，没有实验科学传统的欧洲，怎会有一大堆实用技术"从天而降"？事实证明，达·芬奇等人是撷取中国的。这不仅是加文·孟席斯的孤证己见，许多科技史家都有如此共识。①

第二，上文显示，达·芬奇是缺少道义、献媚权贵之人。意大利文艺复兴时的邪恶风气，可见一斑：不仅全面杜撰"古典文明"，②而且几个弹丸城邦都是热衷于战

---

① *China*, Keith M. Buchanan, Charles Patrick Fitzgerald, Colin A. Ronan Crown Publishers, 1981, p.482.

② Paul Barolsky: *The Faun in the Garden*, Pennsylvania State University Press, 1994, p.111.

争,而陷意大利于内战分裂、异族占领,长达数百年。

第三,追昔抚今:如果说,对于"西洋文明"打破天地和谐,其历史功过尚难判断;那么,它在武器上之无限突破,而置现代人于总体毁灭的威胁之下,我们不应该深刻反思吗?

三、现代科技总源于中国

中国不仅是一个文化、历史和艺术都极为丰富的美丽国度,而且是一个发明与创新的国度;如果没有她,世界历史就会是面目全非。中国已经贡献了创新思想,帮助形成全球科技。——《构建世界的古代中国的发明创造》(Ancient Chinese Inventions and Discoveries that Shaped the World)[①]

西方的近代科学对它自身来说,大抵是从零开始、百分之百吸收东方——主要是中国的。我们从英国哲学家怀海德(1861—1947年)的见解,来切入这个命题:

怀海德似乎知道前一点(西方从零开始),而不知道后一点(百分之百撷取东方)。在他那个时代(西方中心—帝国主义的时代),西方学者尚未开始全面反省科学的善与恶、古与今;到了20世纪后期就大不相同了——现代科技源于中国越来越成为西方学术界的共识,例如美国历史学家说:"……西欧从贫穷落后和默默无闻中崛起……拿来了中国的发明竭尽全力发展它们。"[②]

在怀海德看来,科学好像是"从天而降",结束了人类社会的洪荒迤逦。(但他不知道,这是一种不正常的"突变",而进入人类史与生命史的最后阶段)。进而,怀海德把科学的缘起,归因于人具有控制自然的本能(酷似本书所云:人作为智能生物的反克自然的本能——第二本能),这是他的独到之处;但他不知道,本能在什么条件下会产生科学,他尤其不知道,本能在西方不能原创科学,而在中国则能够首先开发和利用它。如前所述,原创科学必需"和谐文化、和合智慧"来化解本能的负面及其所决定的"发展悖论"。

另外,怀海德似有所悟:中国有如此智慧,具有平衡功能,它创造了最伟大的文明,却不包含科学。他茫然于"传统科学",更不懂得它与近代科学,既是因果关系,又是"对立统一":近代科学是"唯我独尊",而传统科学则是依靠"惟道是从"。

[①] *World Mysteries*, October 12, 2012.
[②] 斯塔夫里阿诺斯:《全球通史》,上册,第297页。

传统科学是近代科学的基础,后者是前者的"质变"。

怀海德的原话是(笔者插入点评):

如果我们宏观透视那几万年的全部的人类历史,新时代的出现往往是相当突然的。默默无闻的民族有时突然在事物的主流中出现;技术上的发现可以改变人类生活的境遇;原始的艺术可以很快地开出花朵。〔引者按:怀海德宁愿把"突然降临"的科学,归功于原始工艺,而忽略了东方文明〕。

……我们如果没有一种本能的信念,相信事物之中存在着一定的秩序,尤其是相信自然界中存在着秩序;那么,现代科学就不会存在。我用本能这个字眼是很审慎的。〔引者按:怀海德察觉到,科学源于人的控制自然的本能——第二本能;但他不知道科学的产生是有条件、有代价的,因而需要驾驭它的智慧——道的智慧——来首先开发之〕。

在某些伟大的文明中,科学事业所需要的奇特的心理均衡只是偶尔出现,而且产生的效果极微。例如,我们对中国的艺术、文学和人生哲学知道得愈多,就会愈加羡慕这个文化所达到的高度〔引者按:怀海德不知道,产生古代科技的必要条件,由驾驭它的智慧来保持各种"均衡"。怀海德犯了西方人的通病——把科学与文化及智慧割裂开来。这虽是近现代的事实,但在古代,科技产生于文化及智慧之中〕。

几千年来,中国不断出现聪明好学的人,毕生献身于学术研究。从文明的历史和影响的广泛看来,中国的文明是世界上自古以来最伟大的文明。中国人就个人的情况来说,从事研究的禀赋是无可置疑的,然而中国的科学毕竟是微不足道的〔引者按:这个"微不足道"恰是汇成近代科学的源泉,只有几千年的"量变"才有近现代的"质变"〕。①

尼尔·弗格森似乎能够回答,为什么会在西方这个世界的角落,诞生一个有史以来最强大的文明? 即:

为什么从1500年左右开始,欧亚大陆西端的一些很小的政治单位,竟会主宰其余世界,包括精微复杂的东亚文明(中华圈)? 由于某些原因,西欧在15世纪末开始发迹,那就是:它的语言是杂用拉丁(和很少的希腊语),它的宗教乃本于拿撒勒的犹太教义,它的知识是撷取东方的数学、天文学和技术。由此,诞生出一个"文明",它不仅征服广大的东方帝国和臣服非洲、美洲和澳大利亚,而且把整个世界都置于西方的生活方式之中……②

---

①Alfred North Whitehead:*Science and the Modern World*,p.1—6.
②Niall Ferguson:*Civilization:The West and the Rest*,Penguin UK,2011,xv and p.4—5.

这段引文提出了西方兴起的"三因素":拉丁—希腊语、犹太—基督教、东方知识—技术。第三点是真实不虚,而前两点(语言和宗教)则都是随它而起的;因为在四大发明西传之前,西方的宗教、语言和社会都是原始性质的,其社会主体不用文字,都是文盲,操方言口语。

那么,为什么西方掌握了东方知识(科技)却变得无比强大呢?这应当归因于客观的地理环境。西方所掌握、而后所擅长的知识—技术("西学")都是双刃剑,极具负面性(属于人作为"智能生物"的反克自然的本能);因而,对其开发和应用都是有条件、有代价的。在15世纪被打通的"全球天下"之中,西方人所处的地理位置使得他们能够独一无二地利用"全球性生态"作为其平衡条件与牺牲代价;而别的"历史时空"——包括同时代的中国和中世纪的欧洲——都因为是囿于其内部的生态环境,所以不得不限制科技、甚或窒息之,以免自体毁灭。这就是说,在1492年之后的数百年中,唯有西方能够疯狂地开发科技,并用它来征服自然、征服世界。(到全球化到达一定高度的时候,其他民族也可以这样做,但又被西方所扼制或阻挠)。

总而言之,世界性的科学不论其善与恶,其源流在中国早已形成,近代西方只是顺水推舟、顺流而下。

在一代宗师熊十力看来,中国这般高卓文化岂能不孕育科技,岂能不涵容"创新机制"!古代中国打下了深厚的科学传统,从而打下了人类社会的科技根基。鉴于许多全盘西化的中国人都是妄自菲薄、数典忘祖,宁愿相信西洋文化先进,其科学源于希腊;熊十力顶着时代的狂潮,这样写道:

(常言)中国人只于精神界有……伟大成绩,却不务发展理智与知识;即:于大自然无有"知明处当"之要求,此则谬妄已甚……《大易》早有"智周万物、制器尚象、开物成务"之明训。指南针创于周公。远古之世,便有此伟大发明。墨子造木鸢。公输子以机械发明之巧,见称载籍。张平子(张衡)精天文、历算,尝造候风地动仪,可验地震。即震在远处,亦可测知其所在。……史称平子著有《灵宪算罔论》。盖网络天地而算之……惜后失传。然古代历算之精,平子凭藉者厚,亦于此可见……

今云科学,如天文、算术、音律、药物、医术(以上诸学,五帝之世已盛发明)、物理(周初制指南针……)、工程(秦时李冰之水利工程,至今称奇……)、机械(墨子制木鸢,为飞机之始。孟子称公输子之巧,惜其创作失传)、地理(邹衍之学,犹可略考)等等,皆百家之业也。今人皆谓:中国自古无科学知识,尊西人之先进,此亦自薄太过。

古代百家之科学思想虽已失传,而天文、数学之造诣不浅。指南针……非明于电磁者不能为……舟舵发明,当亦甚古……《易·系传》言"裁成万物",又曰"开物成务""备物致用""立成器以为天下利",此皆科学精神之表现……荀卿本之作《天论》(官天地,役万物)。

魏晋间文学披靡之余……名、数、礼典、音律、医术,精擅者亦众。工艺复极其巧。马钧造木人,能令跳丸、掷剑、缘絙倒立、出入自在。尝试作指南车,又造发石机,飞击敌城……又作翻车灌水……

清季迄民国……议国学之根本缺点:……曰无科学思想;西洋科学,源出希腊。及余年四十以后,始自悔其浅妄……数学为各科基本,伏羲画八卦,在鸿古时代。而汉人言,八卦与九章相表里……夫九章算术,造诣已深。而见于鸿古期。岂不奇哉……中国无科学思想之说,纯是妄自菲薄、毫无事实根据。尤奇者,《尚书·尧典》称帝尧之言曰:天工,人其代之(初民皆惊叹上天有创造万物之神功,不可思议。帝尧却谓吾人当发挥自己力量,来代上天……)此等高明圣智、伟大气魄,不谓为科学思想之导源,何可乎?①

我们再从世界历史的整体来看中国的科技成就及其深远影响。德国学者康拉特·赛茨写道:

在这四大发明的基础上,宋代的中国还为世界带来了一系列其他的重要技术发明,它们比欧洲的经济和技术发展至少早几百年。

其中成就中最大、持续最长的当属农业技术。早在公元前600年,中国人在播种时就实施特殊的沟种,它确实有助于农作物的生长。公元前400年,中国人就已经使用简单的播种机。在此基础上,中国人在公元前200年研发出了多管播种机。中国人在此方面的最大成就之一还有,铁犁以及精制的结构特殊的犁片(大约公元前600年,至少在公元前200年就有)。基于这些,以及其他方面的技术,中国的农业生产能力远远超过欧洲。

直到进入新时代时,欧洲农作物的收成与种子的比例还保持在4∶1时,而中国人早已经达到了10∶1。当欧洲人在十七八世纪学习了中国的农业技术后,欧洲农业才发生了巨大的飞跃。

中国人还培育出了不同种类的早熟农作物。公元11世纪初,宋朝的真宗皇帝赵恒从越南南部引进了早熟稻种,使得插秧到收获的时间从原来的150天缩短到

---

① 郭齐勇:《现代新儒学的根基》,第310—311、339、353、382和387页。

100天,从而使稻子一年两熟成为可能。到15世纪时,中国人已经把稻子成熟的时间减少到60天;到19世纪初叶,这个时间近乎又缩短了一半……中国在12世纪时的水平,欧洲人在20世纪才达到。

中国在冶炼技术方面走得更快。早在公元前400年,中国人就能控制高炉中的所需温度,以便浇铸所需要的铁器。他们发明了一种控制铸铁易脆性的方法,用这种铸铁浇铸了数百万个犁头。而直到13世纪末,欧洲才出现值得一提的铸铁生产,落后中国近两千年。公元5世纪,中国人研发出炼钢技术,其内容在某种程度上与1864年西门子—马丁技术相当。宋代时的中国在1078年就已经生产出11.4万吨的生铁,这样的生产能力对于英国来说,最早也只是到了工业革命开始时,即18世纪末才达到。

在造船和定向仪方面,中国人显示出他们巨大的先进性。从宋代初期到明朝宣德皇帝在位的最后一次远洋航行(公元1433年),在这近500年中,中国一直是世界上最大的海上霸主。这位霸主并非很少把自己所拥有的优势用之于军事技术,并非像我们中有些人所断言的那样,中国人只是用火药造爆竹。其实不然,他们用火药造了一连串的火器,如能够用投石器抛向敌方的火药包、火弹,还有地雷、水雷、火箭、炮弹和火炮等。新型武器上常常还刻写着显示其奇妙功能的名字,譬如"穿心箭""魔力溅毒火雷""活霹雳""水火龙"(一种二节式对付船只的火箭)。第一架真正的火药炮应该是在公元1250年投入使用的。炮弹里充填着石子和铁丸,当然是由"震天雷"发出,在落地爆炸时散射出置人于死地的碎铁片。相对于火药来说,欧洲人在接受大炮方面,花费的时间很短,可以说第一张有关火炮的设计图早在1327年就出现了。可是,不同于中国人的是,欧洲人马上投入全力去发展它。

欧洲把……优越感建立在自我感觉的基础上,觉得是它的发明才有了今日的现代世界。甚至在今天西方出版的一些著作中,许多作者仍然不知道,那些他们标榜为西方发明的许多东西,事实上是由中国人发明的。欧洲把它们拿了过来,而且恰恰是通过这种接受,才使得欧洲第一次真正获得动力,有可能从中世纪跃入新时代。今天,把这种相互关联的认知传播开来,当属英国生物化学家……李约瑟先生的功绩。[①]

[①] 康拉特·赛茨:《中国:一个世界强国的复兴》,搜狐读书。

第八章 文明诞生:"适度挑战的环境"

一、现代世界是中华文明的历史展开

> 外国现在最重要的东西,都是中国从前发明的……我们中国四万万人不但是很和平的民族,并且是很文明的民族。近来欧洲盛行的新文化……都是我们中国几千年以前的旧东西。……我们中国的新青年,未曾过细考究中国的旧学说,便以为这些(西方)学说就是世界上顶新的了。殊不知道在欧洲是最新的,在中国就有了几千年了。——孙中山

人类历史的古今对照似乎是:"万古不变"与"万象更新"。今人的生活(吃穿住行)可谓非常方便,物质更是极大丰富;发展乃日新月异,进步乃物换星移;人口爆炸、知识爆炸、信息爆炸,以及高技术与高消费;个人主义与权利伸张,民主与法治的"普世化"等等!试问:生物圈怎么一下子就能承受如此强烈的"人欲人智人为"及其善与恶?这种"文明极致"是怎样形成的呢?一般人都会从"正面意义"上,把它归因于主导当世的西方和它的文化传统。但这都是人云亦云,岂能合情合理?

我们应该质疑问难,查清始末缘由。古诗云:"不畏浮云遮望眼,只缘身在最高层。"

驰骋于"整个的生物圈"之中的现代科学及其思维方式,是不能通行于相对隔阂、人与自然乃生命攸关的古代环境的。近现代的一切——包括科技与工业——都是中华文明之"因顺天道、开物成务"的结果,只不过是在其科技向西传递、接力的过程中,在海洋性较强的欧洲发生了"突破";由此,西方人捷足先登、得天独厚,以"全球性生态"最为平衡条件和牺牲代价,来无限开发人与技术的潜能,仅此而已!

近现代的"发展发明、进步进化"这样一种社会运动,不是本于"西方传统",而是来自历史中国。

科学史家克龙比指出,在近代以前,进步或发展的观念只存在于具有历史感和历史记录的民族之中,这就是中国;相比之下,埃及、巴比伦和印度等都主要是神话(mythopoeic),西方更是如此。由于西方没有历史记录,或者都是没有时间意义的神话(timeless);所以,近代以前的西方不存在进步的意识。①

近代以前的西方,也不存在进步或发展的事实,就像英国经济学家安格斯·麦迪森所说,到1500年为止的千年里,欧洲毫无发展可言。②

进步与发展的概念,诸如产业货殖、物器创新和非宗教的"人的管理"等,凡此,都是中国缘起(如下面《易经》中的话);它们在近代以前,不存在于中华圈以外的社会。在中世纪的基督教看来,人自己的社会就是通向"末日审判、洪水灭除",人的普遍联通、语言同文,那就意味着"无恶不作、难以遏止"(巴别塔)。

所以,佛兰克等人说,现代世界的复杂奇异的制度起源于五千年前,而中国一直是其主轴。格林伯格称:"关于中国的技术……许多历史学家追溯到公元前6000年(石器时代的末期)。"③

《易经·系辞下》所反映的文明发展的源头(非宗教的"人的社会"):

〔狩猎捕鱼〕作结绳而为网罟,以佃以渔……

〔制造农具〕斲木为耜,揉木为耒,耒耨之利,以教天下……

〔商业贸易〕日中为市,致天下之民,聚天下之货,交易而退,各得其所……

〔进步观念〕神农氏没,黄帝尧舜氏作,通其变,使民不倦,神而化之,使民宜之。易,穷则变,变则通,通则久,是以自天佑之,吉,无不利。

〔文治无为〕黄帝尧舜,垂衣裳而天下治……

〔水陆交通〕刳木为舟,剡木为楫,舟楫之利,以济不通,致远以利天下……服牛乘马,引重致远,以利天下……

〔治安防盗〕重门击柝,以待暴客……

〔民生日用〕断木为杵,掘地为臼,臼杵之利,万民以济……

〔兵器军事〕弦木为弧,剡木为矢,弧矢之利,以威天下……

---

① A. C. Crombie: *Science, Optics, and Music in Medieval and Early Modern Thought*, p.23.
② B. Chiarini, G. Piga, P. Malanima: *From Malthus´ Stagnation to Sustained Growth*, p.1.
③ Robert Greenberger: *The Technology of Ancient China*, NY: the Roen Publishing Group, 2006, p.5.

〔住宅建筑〕上古穴居而野处,后世圣人易之以宫室。上栋下宇,以待风雨……

〔行政管理、使用文字〕后世圣人易之以书契,百官以治,万民以察……

文明的运动是,打破平衡与和谐,再恢复之;在此过程中,通过"适度竞争"实现创新和发展。如果仅是后一半(创新、发展),而无"恢复平衡与和谐"(相对于自然而言);那是近现代的事,而古代则必需"双管齐下、两全其美"。

所以《道德经》曰:"朴散则为器,圣人用之,则为官长,故大制不割。"(纯朴失散,而后产生器技;圣人掌管,确保秩序井然;故而,人与人、人与自然的"大我和谐",不能被割裂)。只有这样,才能使文明可持续性、长生久视、终古绵延。再如《易经》曰:各正性命,保合大和;首出庶物,万国咸宁。——中国文化必须对万物众生予以保护,不可使用"人造物器"(科技)来破坏世间的和平与安宁。

在世界历史上,中国拥有《易经》式的"动的旋律"(泰戈尔说:"中国的科学是对宇宙万物旋律的掌握")[①];那就是,跟"人与人、人与自然之和谐"相一致的、高度契合"天道"的有序运动(无排他性,有容乃大,化解忧患)。相比之下,其余世界的社会运动多谈不上真正的"有序运动",甚至是"妄动"(老子曰:"不知常,妄作凶")。有些(神与人、教与俗)是以对外制造不和谐,来达成其内部的"和谐";它们的强烈的排他性,迟早都会招致同等的反作用力,从而抵消其运动本身。因此,在近代以前,除了中国之外,基本上不存在可持续性的运动、进步、发展或文明。像西方式或希腊式的这种"智慧",若在古代要不了一个周期就玉石俱焚、荡然无存了。

二、《易经》之有序运动的古今文明

这是世界上一种没有竞争对手的、却持续发展了几千年的高度文明,一直延续到 17 世纪初叶欧洲的快速发展时期。[②]——康拉特·赛茨

质言之,近现代的世界文明(人文民本、进步发展),是《易经》的"有序之动"(周期波动、动态平衡)的旋律的展开,它体现着:

1.现世人本:发展发明——备物致用,容民畜众;"文明以健……唯君子为能通天下之志……同人,君子以类族辨物。"

---

① 《泰戈尔访华讲演录》。

② 康拉特·赛茨:《中国一个世界强国的复兴》,搜狐读书连载。

2.向前运动：进步进化——与时偕行，唯变所适；"言天下之至赜而不可恶也，言天下之至动而不可乱也。"

让我们从九个方面来详述，如下：

(一)"久于其道"

作为最悠久的文明，有着最长的传统和有文字记录的历史，也是迄今为止最复杂精妙的文化之一；中国，她兑现了现代生活的主要期望(China really does deliver on that oft-made promise of modern life)，其中有些东西是裨益每一个人的。①
——罗普和巴雷特两位教授

《管子·侈靡》云："万世之国，必有万世之实(宝)。"

《易经·恒卦彖》云："天地之道恒久而不已也……日月得天而能久照，四时变化而能久成，圣人久于其道而天下化成，观其所'恒'，而天地万物之情可见矣。"

历史长河应该是可持续性的，从而发展经济与科技，积累文明的成果；与此同时，人类才有可能立于天地间，而利用自然。否则，人类社会永远徘徊于石器时代：族群乃生生灭灭，滞沦蛮荒，而不可自拔。

众所周知，最大最久和影响最广的可持续性的社会，就是中华文明；它发生于环境适度挑战、文化中庸调节的绝佳地带——季风亚洲东部。中华文明确保了大生命之共存永绵和遍天下之安和相与。《易经·乾卦彖》曰："大哉乾元，万物资始……云行雨施，品物流形……各正性命，保合太和……首出庶物，万国咸宁。"

美国历史学家论中国持久性与稳定性的根源。

……外国观察家们都被中华文明的久远性与稳定性所深深震撼。19世纪中期在中国任职的英国领事官员 T. T. Meadows，根据他所获得的第一手观察资料，对这些特性做出了以下解释：

中华民族作为一个统一的民族，其历史的悠久无与伦比，人口也持续稳定增长……其真正原因可归结为三个原则和一种制度……这三个原则是：

1.以德治国优于凭武力治国。
2.选拔最贤能的人为国家效力，这是实现国家的政治清明必不可少的条件。
3.如果君主道德败坏、醉生梦死，并由此导致高压的暴政，那么人民有权力处

---

① P. Ropp, T. Barrett: *Heritage of China: Contemporary Perspectives on Chinese Civilization*, University of California Press, 1990, x.

置这样的君主。

一种机制是：

公开选拔文官的科举考试制度……

长期以来存在的一直十分严格且竞争激烈的科举制，是中华民族绵延不绝的原因：正是这种科举制保存了其他各项事业，并使其得以有效运转。这种考试引导着……父母们直接向他们的儿子灌输经典著作的文学知识，其中就有上述三个原则，和许多其他有利于培养较高精神境界的知识。这种考试为政府招募所有贤能的人，以使政府保持清廉。这种考试十分公正，因此即使是国家中最贫穷的人也只能说，如果他命运不济也是"天意如此"，他的同胞并未设置不公平的障碍来阻挠他提升自身的地位……

在正常情况下中国政府实际上是在依靠道德力量进行统治，而不是暴政。军队和警察的数量只够镇压小规模的起义，如果要镇压令人讨厌的愤怒的人民，那么他们无论从数量上还是性质上都是绝对不够的……①

(二)"汇通洲洋"

邹衍九州与儒家三世是融通的。因此，"天下"最初的范围虽小，但它是一个开放的观念；亦即，"中华天下"是不断扩大的：从河洛中原到九州华夏，再到四海神州，乃至于"亚洲的中国"（梁启超语）和"全世界的中华王国"（汤因比语）。故曰：天下一家，四海兄弟。《易经·咸卦》云："圣人感人心而天下和平。"

现代文明的各个方面都是发生于"世界联通"和"全球循环"之中的，若非如此，近现代的"日新月异、物换星移"就不存在。近现代的竞争与发展，是依靠"全球性生态"——整个生物圈——来为之平衡、为之牺牲的（古代并非如此）。仅从其"正面意义"来看，如此"天下通途"之形成，归因于中国的科技发明及其西传（特别是指南针和造船术等），尤其应该归因于中国的陆海丝路和中国人的"地理大发现"（然后才有欧洲人的海洋扩张）。②

亚当·斯密和黑格尔等在他们的著作中都说道，指南针等航海技术对于世界联通和西方兴起，都是起着至关重要的作用的。基督教之《创世纪》反对天下联通（巴别塔的故事），十字军向外扩张的努力则也无功而返；至于世俗西方——从上古到整个中世纪——均未能发明、发现任何的越洋科技。亦即，自从被杜撰的希腊

---

① 斯塔夫里阿诺斯：《全球通史》，上卷，第265页。
② 《李兆良答中国社会科学院记者问》，李兆良新浪博客。

人从埃及—腓尼基那里学会造船,到基督教欧洲掌握来自中国的相关技术,这千百年里,西方未能正式通航于大西洋;而且在有了磁罗盘之后又拖了近二百年,直到掌握了中国轴舵,才如愿以偿。①

《易经·系辞下》曰:"舟楫之利,以济不通,致远以利天下。"

(三)"物器维新"

中国……数千年来给我们星球上的文化与科学做出了最大贡献的民族之一。②——艾田蒲

《尚书·盘庚上》云:"人惟求旧,器非求旧,惟新。"

现代的"科技文明"发端于17—19世纪欧洲的科学—工业革命,它们主要是基于中国的成就的。换言之,近代欧洲的科学—工业革命的基础科技,绝大多数都来自中国。英国经济史家埃里克 L·琼斯指出,早在10世纪的宋朝就揭开了世界性的工业革命的序幕。进而,通过"战争与和平"(丝绸之路、蒙古征服、郑和远航)的技术传播,它就为欧亚大陆两边(特别是英国和日本)向此方面的变化,准备了前提条件。③

另一位经济史家斯蒂芬·戴伟思说:在人类历史的各个文明中,中国拥有最多的基础性的科技发明;"中国在1260年所达到的技术与经济的水平,欧洲在18—19世纪之交才超过它"④。

相比之下,欧洲本身和"希腊因素"在科学—工业革命的方面所做的贡献,则是微乎其微的。⑤在中古、近代之交,教会和被其伪造而形成学派的亚里士多德主义,实际上是进步的障碍。科学史家格兰特指出,欧洲科学革命那一代学者皆否认中世纪与古希腊有任何积极意义。他说:

---

① Jackson J. Spielvogel: *Cengage Advantage Books: Western Civilization*, Stamford: Cengage Learning, 2011, pp. 462.
② 艾田蒲:《中国之欧洲》,下卷,第286页。
③ Eric Jones: *Growth Recurring: Economic Change in World History*, University of Michigan Press, 1988, introduction to second edition and introdunction, p. 8, 48—77, 142—161.
④ *China's Forgotten Industrial Revolution*, JUNE 01, 2003 by STEPHEN DAVIES, www.fee.org/the_freeman/detail/chinas-forgotten-industrial-revolution#axzz2jXdt3esS
⑤ David C. Lindberg: *Science in the Middle Ages*, University of Chicago Press, 1978, pp. 2 and 33. // Lynn White: *Medieval Religion and Technology: Collected Essays*, Berkeley: University of California Press, 1978, pp. 44.

17世纪出现的科学革命,极少、甚至绝非归功于中世纪。对于近代早期的科学来临,中世纪的自然哲学不仅没有起到任何积极作用,而且……简直就是阻碍……伽利略无情抨击亚里士多德主义的自然哲学……刻板、呆滞、缺乏创意的学究风气。在伽利略的心目中,学究式的自然哲学是他及其同仁所致力于的新科学的大敌。

中世纪的物理学与宇宙学是基于亚里士多德派的自然哲学,它们与17世纪出现的新科学水火不容;的确,亚里士多德派的自然哲学被视为新科学诞生的主要障碍,不加以清除,就不会有科学革命的成功。①

再者,近代以前的欧洲——包括"古典时代"——几乎没有自己的发明,其所掌握的科技,绝大多数都是中国的。②

《易经·系辞上》曰:"备物致用,立成器以为天下利,莫大乎圣人探赜索隐,钩深致远。"

(四)"以人为本"

天赋人权的雏形主要是源于儒家,最终来到西方支撑其"人"的定义。(Natural Rights in their earliest form were derived from a primarily Confucian……and eventually came to rest on the Western definition of Man)。③

《列子·天瑞》云:"天生万物,唯人为贵。"《大方广佛华严经》:"王以人为本,亿兆同一身。"

中国文化所论"以人为本",有两个方面:1."形而上"(道)——人是万物之灵,即他以其心性感通天地万物;2."形而下"(器)——民本主义,这是社会的根基,但也有其相对性,即:要有仁德,而非陷溺于欲利。在人与自然的关系上更是如此,所以老子曰,人是"四大"之一,人法天地,道法自然。

近代以前,中华文明及"儒家文化圈"是"以人为本",而其余的定居人类则几乎全是"以神为本";显而易见,"以人为本"的现代世界是中国文化的展开。这就是

---

① Edward Grant: *The Foundations of Modern Science in the Middle Ages: Their Religious, Institutional and Intellectual Contexts*, p.168 and xii.

② John M. Hobson: *The Eastern Origins of Western Civilisation*, Cambridge University Press, 2004. pp. 61.

③ *Journal of Asian Affairs*, Vol. 1—3, Center for Asian Studies, State University of New York, 1976, p.31.

说,儒家不仅使中国、也使全人类摆脱了神权束缚。

按其性质来说,以人为本还可以分为两种:1.灵性人本,为仁由己(自力拯救);2.欲性人本,自我中心(放弃拯救)。《道德经》曰:"……圣人常善救人,故无弃人;常善救物,故无弃物。"西方的宗教神本是"弃人、弃物"——轻蔑现世,牺牲自然;西方的世俗理性是"不救人、不救物"——放纵人性,耗丧生态。

由此,现代世界的以人为本是传统中国的退化。罗素说,西方是摆脱宗教亦摆脱道德,而传统中国则没有发生这样的事。[1]

西方"摆脱宗教"的过程是:神的中心主义→人类中心主义→个人主义(自我中心、物质主义)。这是通过"理性"(自然神和自然主义)及其宗教改革和启蒙运动来实现的。不论其"善与恶",它们全都是源于儒家。[2]几位17世纪的欧洲自然神的倡导者,都是透过耶稣会士,而被儒家"自然主义"所启迪。被誉为"自然神论之父"的爱德华·赫尔伯特(Edward Herbert,1583—1648年),则援引中国文化来佐证其理论。[3]另一方面,儒家也促成了基督教的革新,使之与古今的非宗教的文化接轨;例如,17—18世纪之交的欧洲的"符象主义"(Figurism),是由赴华耶稣会士所掀起的,他们认为,"中国宗教(文化)承载着基督教智慧的重要成分"。[4]

西方走向"人本人文"的关键是:在17—18世纪的欧洲启蒙运动中,中国因素战胜神权禁锢。[5]在启蒙运动期间,"中国思想是至关重要的,诸如提升宗教怀疑,反击教条主义(指经院哲学和亚里士多德主义),促进道德世俗化,加强社会、政治和宗教上的自然主义。"[6]凯兰克说:"欧洲启蒙运动……极其强烈地亲和于(affinity to)儒教中国。它是基于耶稣会士对儒教文明的深刻感触。"[7]

20世纪初,罗素来华讲学时,提出中华文明有三大特点:A.非宗教控制的人

---

[1] Bertrand Russell: *The Problem of China*, p.44.

[2] Kenneth M. Stokes: *Man and the Biosphere*, M. E. Sharpe, 1994, p.16.

[3] N. Standaert: *Handbook of Christianity in China*, Part 1, Brill, 2001, p.883.

[4] Gilles Emery, Matthew Levering: *The Oxford Handbook of the Trinity*, Oxford Universty Press, 2011, p.242.

[5] Matthew Smith Anderson: *Europe in the eighteenth century, 1713—1783*, Harlow: Longman, 1987, p373–375.

[6] *The Columbia History of Western Philosophy*. edited by Richard Henry Popkin, Stephen F. Brown, David Carr, New York: Columbia University Press, 1999, pp. 413.

[7] Volkhard Krech, Marion Steinicke: *Dynamics in the History of Religions Between Asia and Europe*, BRILL, 2011, p.67.

文社会；B.非字母拼音的汉字语言；C.非贵族世袭的选士政治。[①]这三点的普世性的意义分别是：1.现世务实社会；2.使用文字交流；3.文官考试制度。它们加上第四点——中国传统科技，是支撑欧美文明及现代世界的四根支柱。

《易经·贲卦象》曰："文明以止，人文也……观乎人文，以化成天下。"

(五)"稳定机制"

《管子·牧民》曰："国有四维：一维绝则倾，二维绝则危，三维绝则覆，四维绝则灭……何谓四维。一曰礼，二曰义，三曰廉，四曰耻……"

中古与近代之交的欧洲教会宣称，人不可能自我稳定；如果离开上帝，人们则不可能建立相安无事的社会。它却被启蒙思想家援引中华文明的实例，加以戳穿。

然而，非宗教的人的社会的稳定有两种：一是通过和谐文化促成人民尚德，礼让为国，此乃历史中国及传统东方；一是设法把生存竞争的重心转到外面，而使其社会变为适度竞争，这就有了理性，此乃欧美文明及现代社会。不管怎么说，西方摆脱神权禁锢，而建立俗世文明，是儒家的功劳。

人类社会及各民族的经济发展都需要有序、稳定、自由、创新，这四者是因果关系。

如前所述，人是智能生物，具有反克自然的本能(第二本能)；所以，人也是自我否定、自我破坏的动物(不断打破生态平衡)。由此，除非有"和谐文化、和合智慧"，人类社群无法保持自我稳定。即使满足特定条件而达成社会稳定(如近现代西方)，那它也伴随着内外冲突，并且又很容易达到地理或生态的极限。

古今之世界，唯有中华文明是理想的自我稳定——在维护人与人、人与自然的前提下，为人智、人为发挥正能量，提供了颇大的空间，从使发展和创新成为可能。实际上，历史中国在承受极多忧患和"遍天下之祸因乱源"的情况下，保持最大最久的自我稳定、动态平衡，而其中所涵容的竞争、发展、经济与科技亦是历史之最，但她从不伤害外部世界与地球生态；这是举世仅见的，且当为人类社会中的人文奇观！

相比之下，近代以前，中华圈以外的世界，要么是贴近自然，"静态性稳定"(没有自由)；要么是宗教神约，"窒息性稳定"(放弃现世)；两者——或是它们的混合形态——皆无发展空间，几乎都处于原始部落的状态。

西方不能自我稳定——它直接体现着人的自我否定、自我破坏的本能(死亡

[①]《梁漱溟全集》，第三卷，第16页注。

本能)①。近代以前的西方,囿于本土,动辄毁灭,因而必需神权禁锢,也就无缘于发展;近现代的西方则是以倾轧、摧残外部世界及地球生态,来保持其内部稳定,并且拥抱极大的发展空间。西方何故有此"古今之变"?这主要是因为,在中华文明打通"全球天下"的过程中,西方暂得"天时地利"——"海洋地缘"(联通和攫取世界的捷径)最为关键。②

今之世界各国的稳定和发展(有序之动),都是基于对地球村与生物圈的倾轧的(无序之动);这种情况难以为继,不可长久,人类必须全面地学会"自我稳定、动态平衡"。

《易经·系辞上》曰:"圣人有以见天下之动,而观其会通,以行其典礼……言天下之至动而不可乱也……拟议以成其变化。"

(六)"文明母子"

《道德经》云:"天下有始,以为天下母。既得其母,以知其子;复守其母,没身不殆。"

鉴于西方文化是基于"人的反克自然的本能"(第二本能),是双刃剑,是"悖论",它倾向于自我否定、自我破坏;因而,第二本能仅在两种情况下能够形成科学与文明、形成近现代的西方:

1.它受到和谐文化、和合智慧的驾驭与调控(化解双刃剑或悖论,承受与吸收伴随文明而起的内忧外患),这就是历史上的中华文明;

2.它以"全球性生态"作为其平衡条件与牺牲代价("以空间换时间"走向全人类的自我否定、自我毁灭),这就是近现代的西方文明。

上面第二种文明是不可能存在于1492年之前,即它不可能存在于人们能够利用整个的地球生物圈之前,任何时间、空间之中;它只能是第一种文明的派生或突变,至于"西方谱系"与"希腊源头",那都是近世以来打造的。

印度裔美国哲学家拉贾尼·甘特说:

……分别在1492年和1480年,(阿拉伯)摩尔人从伊比利亚半岛和蒙古人俄罗斯皆被驱出;在此之前的三个世纪,西欧处在伊斯兰文明和中国文化的交光叠影之下……在许多方面,欧洲文艺复兴是伊斯兰和中国的综合作用的产物……甚至文艺复兴的主要人物,如达·芬奇的透视画和机械技术,都反映了伊斯兰与中国

---

① Marvin Goldwert: *The Suicide and Rebirth of Western Civilization*, University Press of America, 1981, p.3—4, 63.

② Ian Morris: *Why The West Rules-For Now*, Profile Books, 2010, p.427.

的双重影响。我们得出结论……伊斯兰和中国文明的传播,把中世纪欧洲塑造成近代欧洲。①

我们就拉贾尼·甘特这段话,从两个方面略加引申:第一,略微增添一些佐证:1.保罗·肯尼迪说,近代西方的兴起:直接归因于伊斯兰,而间接撷取于中国。② 2.李约瑟说,在文艺复兴之前的十几个世纪,中国科技连续西传。③ 3.林恩·怀特云:中国启迪意大利文艺复兴的意义不亚于欧洲自身。④ 4.加文·孟席斯揭露,达·芬奇的机械与艺术的成果皆是窃取中国的。⑤ 5.艾田蒲说,中国艺术对意大利文艺复兴有很大影响。⑥格力高利·布鲁在其文章中写了这样三点:A.(文艺复兴时代的学者)巴洛斯(1496—1570年)颂赞中国科技,称中国文明比古希腊、罗马更优秀。B.中国文明的知识的西传,使欧洲的思维模式与物质文化得以"重塑"。C.培根似乎觉察到,使近代欧洲比古代更有知识的那些发明与发现,皆源于中国。⑦

莱布尼茨赞扬中国是"艺术与科学之母"。他把"中国与欧洲科学的起源联系起来";"这是一种光的交流:她(中国)可以把几千年的成就在极短的时间内传递给我们"⑧。

《易经》曰:"有龙在天,天下文明"(乾卦);"蒙以养正,圣功也"(蒙卦)。

(七)"知者乐水"

《论语·雍也》云:"知者乐水,仁者乐山;知者动,仁者静;知者乐,仁者寿。"借喻于世界历史,似乎为:西方是"知者乐水、知者动、知者乐",中国是"仁者乐山、仁

---

① Rajani Kannepalli Kanth: *The Challenge of Eurocentrism: Global Perspectives, Policy, and Prospects*, Basingstoke: Palgrave Macmillan, 2009, p.21.

② Paul M. Kennedy: *The Rise and Fall of the Great Powers: Economic Change and Military Conflict from 1500 to 2000*, New York: Random House, 1987, p.4.

③ Joseph Needham: *Science and Civilisation in China: Volume 1*, Introductory Orientations, Cambridge University Press, 1954, p.18—19.

④ Lynn Townsend White: *Medieval Religion and Technology*, Collected Essays University of California Press, 1978, p.43 and xiii.

⑤ 孟席斯:《1434》,第317页。艾田蒲:《中国之欧洲》,下卷,广西师范大学出版社,2008年,第209—221页。

⑥ 艾田蒲:《中国之欧洲》,下卷,第40页。

⑦ [加]卜正民、格力高利·布鲁主编《中国与历史资本主义——汉学知识的系谱学》,台湾"国立"编译馆古伟瀛等译,新星出版社,2005年,第73—86页。

⑧ Franklin Perkins: *Leibniz and China: A Commerce of Light*, Cambridge University Press, 2004, p112—113.

者静、仁者寿"。但实际上是,中华文明兼有这两个方面,因而是"动态平衡"。

西方只是中国所开启的"海洋时代"的暴发户。

13—15世纪以前,即在中国的相关科技传播和中国人的地理大发现之前,除了极少数的岛民与海盗之外,全人类都是"陆地倾向"的;日本和不列颠的族群更是如此:两者受害于或恐惧于海洋。①那时,海洋对人类所构成的艰难险阻和不测畏惧,远大于大陆;唯有中国能以海陆丝路穿越自然障碍,让不同空间的人类进行贸易和非物质文化的交流。

然而,正反两面如影随形。历史中国的科技的扩散也引起了人的"爆发性、破坏性的运动",主要是游牧部落的征服战争(匈奴及蒙古征服、胡骑及草原暴力)②,它与文明传播乃相反相成,使创造性的"活水源流"灌注西方,从而激活了全球性的"海洋暴力"(它披着"文明"的外衣)。

只因为在中国传统科技的条件下,西洋是联通和攫取世界的捷径;由此,以全球为猎物而掀起了科学—工业革命,打造了整个西方文明基于其上的海洋地缘与海洋霸权。

海洋,是地球生物圈对于"智能生物"(人)的最后屏障:若它不被突破,则人与生命星球尚能继续存在几十亿年;反之,它被突破,人便逞性妄为、无所不能,于是人自己和生物圈都就会面临终极挑战。西方原是被"画地为牢、神权禁锢"的,倘若没有东学西渐、中学西被,它则长此以往,生灭内耗,趋于自体消亡。现在倒好——释放"洪水猛兽",引爆"原罪性恶"!

欧洲的海洋性原先限于地区性的,是中国的科技发明使之过渡到世界性的。中国技术亦使它们开始在战略上立于不败之地,进而随着科学革命(包括火药—热兵器)而变成了"海洋暴力"(近现代战争源)。

基于"海洋地缘"的西方强势差不多就是五百年光景。就像地缘政治学家麦金德所预言,随着大陆愈益加强其机动、捷便、动员和投射等能力,海权与陆权的优劣就会发生逆转。进入21世纪,以中国为首的"海陆有机、亚欧整合、丝路共赢"蒸蒸日上,这就注定了海洋霸权之日落西山(尽管仍在回光返照,给南海投下阴影)。

《易经·系辞上》云:"小人而乘君子之器,盗思夺之矣……盗思伐之矣。"

---

① 15世纪以前,不列颠岛是海盗的受害者。关于历史上的日本人畏惧大海,见:[日]牧口常三郎著《人生地理学》,陈莉、易凌峰译,复旦大学出版社,2004年,第86页。

② 汤因比:《历史研究》,第326页。

(八)"品物咸亨"

《易经·坤卦象》曰:"万物资生,乃顺承天。坤厚载物,德合无疆。含弘光大,品物咸亨……安贞之吉,应地无疆。"

如果不是中国的科技发明,也就不会有"哥伦布交流"(Columbian Exchange)①——以"发现美洲"为开端,人为地改变生物圈的自然分布和重新配置地球物种;若非如此,不仅没有欧美文明,而且世界也无以容纳人口爆炸。当然,这样做隐患极大,将来凶多吉少。我们暂且只谈这件事的正面意义。

"哥伦布交流"的生物学的前提是,就像英国航海史家孟席斯所说,"欧洲人发现的不仅是富裕的(美洲)新土地,而且也包括中国人所创造的先进的种植技术和生物工程的成果"②。中国,这样一个多样气候、广土众民、农业发达和文化广被的国度,连续几千年的卓有成效的努力,而让世界分享其成果。

中国幅员辽阔,气候和地形皆复杂,拥有最丰富的植物群落,占世界植物物种10%;其中有 31,500 个本土物种,占世界总数的 8%,是北美(美国、加拿大)的1.5倍。其中有 15,750(50%)是普及的。③中国野生植物占世界总数的八分之一。④

中国的物种、园艺和农业技术从中世纪到近现代,传播至欧洲和北美;中国本土也广泛移植了来自美洲的农作物,于是,中国与世界都发生了"人口爆炸"。

中国的经济作物对世界农业和园林的发展,做出了历史性的贡献。在世界最重要的 666 个栽培植物中,有 136 个起源于中国。许多来自中国的经济作物,诸如黄豆、茶叶、柑橘和板栗等,已成为许多别的国家的基础产业的部分,并且具有世界意义。⑤

(九)"日中则昃"

《易·丰卦》云:"日中则昃,月盈则食,天地盈虚,与时消息,而况乎人乎!"

鉴于中华文明是一个契合"天道"、而进行"阴阳运动"的包容性的文明,⑥并且

---

①见同名书:Alfred W. Crosby:*The Columbian Exchange:Biological and Cultural Consequences of 1492*,Greenwood Publishing Group,2003.
②孟席斯:《1434》,第 317 页。
③De-Yuan Hong,Stephen Blackmore:*The Plants of China*,Cambridge University Press,2015,p.2.
④*A Relationship Restored*,Washington National Academy Press,p.162.
⑤De-Yuan Hong,Stephen Blackmore:*The Plants of China*,p.281.
⑥汤因比认为,中国历史是一个具有世界意义的阴阳运动。请见:汤因比:《历史研究》,第 42、62、85 和 287—288 页。

她一直在泽福广大人类;① 所以从上述八点,我们便可推断:欧美文明及现代世界(包括现代中国),是她的"阳面"的延伸;若从传统视角来看,它们则是《易经》的阴阳运动的"脱轨之惯性"或"危险之阳亢"。如果人类社会还能继续存在下去的话,它就必须被纳入华夏的"正反合"(阴阳律)的轨道。《易经·系辞上》曰:"一阴一阳之谓道,继之者善也,成之者性也。"汤因比指出:"回归……是治疗我们这个病态世界的……唯一有效的方法……从不和谐返回到和谐……从阳回到阴。""中国……是否能够成功地把传统的'正题'与现代西方的'反题'结合起来,创造出一个能够使人类免于自我毁灭的'综合题'?②"

《系辞上》又曰:"乾坤成列,而易立乎其中矣……易不可见,则乾坤或几乎息矣。"

三、诊断西方的"先天愚型"(概述)

一般人都会相信这样一种西方说教,并且它已经成为一种"常识"、而铭刻在现代人的集体记忆之中了;那就是:近现代的欧美文明有其一脉相传的"历史传统"和"文明谱系",它迥然相对于中华文明、更在时间上和空间上皆超越之。——欧美文明的"历史长河"不仅可以通过"中世纪"而逆溯至古希腊、古罗马,而且还能够溯源于更大更早的埃及与美索不达米亚。再者,我们也会相信,西方的知识体系——"西学"——是其独特的、并且是真正有效的关于文明的"智慧"。

我们认为,欧美文明和"西学"都仅仅是近现代的暂时现象:它们不能独立存在于未来的愈益饱和的地球村之中,也不能独立存在于往昔的封闭隔阂的空间与时间之中;它们不外乎是那具有和合智慧的中华文明的"子文明"与"阳亢期",也就是打通"全球天下"这几百年所发生的事——这之前和之后都是西方文化及"智慧"所不能胜任的。

就像亚当·斯密所说:美洲的发现,以及经好望角到东印度的通路的发现,是人类历史上最伟大、最重要的事件。其影响十分巨大,但它的全部影响,不可能在这两大发现之后短短的两三百年间展现出来。这些重大事件此后为人类带来的是利益、还是不幸,是人类智慧所不能预见的。③

---

① J. Gernet: *A History of Chinese Civilization*, Cambridge, p. 1.
② 汤因比:《历史研究》,第 438 和 394 页。
③ 亚当·斯密:《国富论》,第 445 页。

为什么说欧美文明与西学只是近现代的暂时现象呢？因为：近现代的西方是在人与人、人与自然的愈益冲突中，最大化地发展"物质—科技文明"，而西方的特质则是"人与自然做斗争"（有效地利用和改造自然）；凡此都是"双刃剑"，极具"副作用"——正能量与负能量同步攀升，人们必须转嫁负能量；因而此种文明与知识的成功，都是有条件、有代价的，这就归结到在 1492 年之后，西方人依靠其相对优越的海洋地缘，而抢先利用"全球性生态"，来作为其平衡条件与牺牲代价。

西方之所以能够在近现代兴盛与主导世界，这与它的所谓的传统、文化、思想、制度、人才和智慧等，都没有本质关系；凡此因素都是事后的"顺理成章、能动配合"，如果把它们无条件地放在近代以前，那对其自身则是 有害无利，所以基督教将其窒息于萌芽状态。西方的一切根本谈不上智慧，而都属于智能生物的反克自然的本能；这在近代以前，唯有中国在"道的智慧"下能够开发、利用之，而在西方则是被万古封存于"潘多拉盒子"之中；只是在进入近现代之后，它被敞开，对西方自身乃有利无害（这是由于被中国发明提升起来的最佳的"海洋地缘"的缘故）。

使西方人的知识潜能得以绽放的，是被中国发明打通的世界地理，而非"科学"。培根倒果为因地说：

正像指南针的用法如果不先知道，西印度群岛的广博地域就永远不会被发现；当未知的技术被科学发现时，也就无怪乎技术和发现和进展不曾取得（如今）更大的进步了。当物质的地球……在我们这个时代已大敞开、并充分展现出来时，我们的"智力的地球"若还封闭在往昔……的狭窄界限之内，那么实在是很不光彩。①

也就是说，决定西方兴盛和主导世界的关键与基本因素，是它的地理环境（海洋地缘），而所有别的西方优势或优越性则都是基于其上的。确切地说，在技术影响地理因素、从而两者与人互动的这个时间段（1500—2000 年），客观条件对西方特别有利（天时地利、得天独厚）。正因为如此，伊恩·莫里斯教授专论"从地缘学角度解读历史"，其中有两个小标题分别是"地缘，地缘，地缘"和"地理位置与力量"。他在文章中写道：

西方……蒙幸运之神垂青：英格兰到美洲的新英格兰的距离，仅是中国到加州距离的一半。几千年来，由于缺乏渡洋的船只，这个地理位置显得无足轻重；然

---

① 杜兰特：《哲学的故事》，第 92—93 页。

而,在公元1600年前,这一下子就成了具有决定性意义的地理优势。至此,地理位置的意义已经发生了变化。 这仅仅是开始。

17世纪,以北大西洋为中心,一种新型的经济开始出现;它通过挖掘利用西北欧各处海岸的地缘差异获得巨额利润,并推动了工资的上涨。在这一过程中,一部分人获得的报酬急剧增加……不出所料的是,欧洲人开始以新的眼光观察世界并积极思考,这带动了一场科学革命。这之后,他们又将这场革命拓展到他们生活的社会,我们现在称之为"启蒙运动"……

在1800年之前,科学和大西洋经济的结合,为商人们提供了进行机械化生产和利用矿物燃料的动力和机遇。这些都发端于大不列颠,那是由于其地缘位置有助于这些新事物顺利产生。矿物燃料提供的巨大能源迅速引发了人口爆炸、生活水平的提升和军事力量的强大。所有的障碍都消除了……西方统治的时代开始了。①

在从中国传统科技到21世纪以前的西方科技的条件下,西方成为联通世界的海洋捷径和掠夺世界的战略捷径;于是,西方从历史上的"文明边缘"变成"文明中心"(中国却变得相反)。

然而,进入21世纪,世界性的"地缘政治"的战略优势正在从西方转到中国;"陆权"和"陆海有机"的地缘政治,越来越反制、反克单纯的海洋霸权。就拿21世纪初的"军备竞赛"来说吧,由于"地缘政治"的优势在此不在彼,同等程度的武器升级,中国所得实效要大于霸权联盟(尤其是日本,这与甲午海战时完全相反)。从近年来美国下赌注于南海可见,西方文明的存亡续绝系于地缘政治,而它平日里所张扬的种种"优越性"全是不可靠的。

言归正传。进一步论证,鉴于西方文明及其知识体系会造成人与人、人与自然的冲突,所以它是不可能存在于世界联通之前的历史时期的。再者,越来越多的西方学者认识到,西方文化及思想与从今往后的人类的生存环境,两者是不相容的。我们由此"反推过去"——近代以前,人与自然是直接的生命攸关,这怎么能承受西方这种"反自然、害生态、非生命"的生产方式呢?

另外,有一些西方的环境历史学家,在肯定西方"古典文明"(古希腊、古罗马)存在的前提下,批评它们与自然环境是势如水火、冰炭不容。这就让我们更容易洞见症结了! 在古代,远非大联通、大交通,不存在像近现代这般相对稳定、持续扩大的全球性的生态缓冲,那么,自然环境怎么能支持一个与近现代世界同构

---

① 伊恩·莫里斯:《纬度决定历史:从地缘学角度解读历史》。

的文明呢？

介绍几位学者的文化批判如下：

马里兰大学教授奥尔罕指出："……古希腊哲学是与现代环境思想格格不入的。亚里士多德在很大程度上是应该被否定的，在当代所论环境的文章里，他被批评……西方盛行的理论缺乏对环境困境的总的关怀……在环境哲学方面，希腊思想主要是作为应该被克服的障碍，而非建设性的理论源泉。"①

环境历史学家休斯在其所著《我们的生态危机的古代之根》一文中这样写道：

万物有灵论（引者按：自然万物的"保护神"）……曾长期流行于古代的地中海世界。然而在以色列，超越的一神教代替了万物有灵论的宇宙之神，自然被视为是次级存在……大概，古希腊哲学家做了更重要的一步，而使人对自然的态度告别"万物有灵"。他们弃绝了之前的神秘性与宗教性的自然观，而是主张：人有能力通过使用理性来发现关于自然的"真理"……环境也就沦为他们的思想和逻辑的分析对象，自然崇拜让位于哲学诠释。自从毕达哥拉斯说"人是万物的尺度"，万物对人的"有用"是其存在的理由。自古迄今，这个观念多方面地影响着西方思想……

希腊的哲学观念变成了罗马的实践……罗马人滥用自然的态度与现代人的表现与作为，是很相似的。罗马人对待自然就像对待被其征服的"罗马外省"一样……我们西方的自然观，在很大程度上可以直接追溯到世俗的和务实的古罗马。今人之宰制地球，或可归因于遵循《圣经》的创世之十字军，但凸显于追求利益的物质进取；后者使我们（现代人）更相近于罗马人……在此方面，我们继承了他们的遗产……一个结论似乎是很清楚的，即：现代的生态危机植根于古代世界，特别是希腊—罗马。②

既然同样是反自然的、因而被历史学家指责为"现代生态危机的精神根源"的基督教，③是确确实实存在于近代以前的；那么，为什么"古希腊、古罗马"不可能存在于历史上呢？只要我们弄明白那时的基督教是怎样"存在"的，答案便迎刃而解了。

近代以前，基督教根本不是自然的对手；为了确保最基本的、哪怕是原始性的

---

①Ozguc Orhan: *For the End is a Limit: The Question Concerning the Environment*, Ann Arbor: ProQuest, 2007, p.100.

②Hughes, J. Donald: *The ancient roots of our ecological crisis. In Environmental ethics: Divergence and convergence*. 2nd ed. Edited by Richard Botzler and Susan Armstrong. Boston. 1998.

③Lynn Townsend White: *The Historical Roots of Our Ecologic Crisis Science*, Volume 155, Number 3767, 10 March 1967.

"存在",基督教强迫自己和其所影响的社群放弃了对现世、对发展、对文明的任何追求,它以禁锢人欲、人智、人为和人性,来把人与自然的对抗降低到"免受天惩"的程度。《新约》言:"你们中间若有人在这世界自以为有智慧,倒不如变作愚拙……因这世界的智慧,在神看是愚拙……主叫有智慧的,中了自己的诡计……主知道智慧人的意念是虚妄的。"这就喻示在历史上,"西方文化"是不可能"成气候、有作为"的,更不可能存在着任何现世或俗世——与自然公然对抗的——"文明"的。但近现代则截然不同:由于是"世界联通、全球循环",西方文化可以通过以空间换时间,而暂时存在。

基督教不能带来文明。历史学家、普林斯顿大学教授肯尼斯·阿波尔德断言:

基督教……广布于日耳曼诸部落,它们之前是与文化隔绝的……欧洲的基督教化,并非是(如我们想象的)它把知识和高档文化带给这些原始群落:首先,绝大多数的欧洲人是文盲,基督教没有改变这种状况。在(文艺复兴之后)的宗教改革时代(16—17世纪),95%的西欧人仍是文盲,而这些地方经历基督教化则已超过一千年了(实际上在中国的造纸和印刷实行之前,欧洲基本上无缘于文字——引者)。①

基督教是一个很失败的宗教,它保持了中世纪欧洲的"文化荒漠"(cultural wasteland)②;倘若不是"中国拯救",则基督教欧洲不仅一无所有,而且趋于万劫不复!③

四、诊断西方的"先天愚型"(九论)

所谓的"古老文明"(两河、埃及)和"古典文明"(希腊、罗马)不过是西方的"四大皆空、一场春梦",而真实的西方的上古和中古则都是地瘠民贫、草昧蛮荒。

现在,让我们进一步从道理上讲清楚,为什么近代以前的西方不存在、也不可能产生"科学与文明"?

---

①Kenneth G. Appold:*The Reformation:A Brief History*,Hoboken,New Jersey:John Wiley & Sons,2011,p.3.

②Laine E. Doggett:*Love Cures:Healing and Love Magic in Old French Romance*,University Park,Pennsylvania:Penn State Press,2009,p.9.

③Andrew Cunningham,Ole Peter Grell:*The Four Horsemen of the Apocalypse:Religion,War,Famine and Death in Reformation Europe*,Cambridge University Press,2000,p.1.

这可以归纳为两点：1.西方没有与自然和解的智慧；2.西方的本土环境不能支持文明。大家听了一定觉得很纳闷、很费解。西方不是"爱智慧"吗？西方不是很擅长发展科技和生产力吗？其实完全不是这么回事。我们就来展开说明，阐述九大理由如下：

（一）西方没有真实历史

关于这个命题前文已经充分证明，现在就让我们对此高度概括三点：

第一，近代以前，即在中华文明"重塑西方"[1]之前，欧洲的大致情况是：非文字，原始性，极贫困，频祸乱。阿加瓦尔教授指出："（中世纪）欧洲深深地陷于文盲、悲惨、饥饿、瘟疫、肮脏、迷信、魔幻、冲动……拜神是唯一的希望和逃避。"[2]如果不是凭借中国的技术发明跨越洲洋，而纾解危机；那么，基督教欧洲必会是自体破坏，走向消亡。詹姆斯·佩顿教授说，中古后期的欧洲，笼罩着"末日感"，实际情形则印证《圣经·启示录》中的"四个牧马人"——战争、瘟疫、饥荒和死亡。[3]结果，西方人"巧遇"中国人的地理大发现，并且凭借中国技术及其所造成的欧洲的"海洋捷径"，走上了"生态帝国主义"（吞噬美洲）的道路，从而使西方起死回生、否极泰来。[4]

第二，那些支持西方"历史"与"传统"的文献、文物，都是自中古后期以来被伪造出来的。[5]韦伯斯特博士说："欧洲中心论主导下的学术研究，带来了白种人化的……伪历史。"[6]法国历史学家贝桑松说："无限数量的极好的假文物，在西方的博物馆里或被个人收藏的，都是工厂生产出来的赝品。"[7]而真实的古希腊则也是非文字、原始性的[8]和"非国家的部落社会"。[9]古典学家乔治·肯尼迪说："古希腊依靠口语表达……口语交流实际上贯穿着整个古典阶段。"[10]通行于今的西方版的世

---

[1] T. Brook, G. Blue: *China and Historical Capitalism*, p.69.

[2] M. Agarwal: *The Vedic Core of Human History*, iUniverse, 2013, p.306.

[3] J. Payton: *Getting the Reformation Wrong*, Illinois: InterVarsity Press, 2010, p.29.

[4] P. Burroughs, A. Stockwell: *Managing the Business of Empire*, Frank Class Publisher, 1998, p.96.

[5] Centrum: *Working Papers of the Minnesota Center for Advanced Studies in Language*, Vol.4, Section 1, The Center, 1977, p.45.

[6] Y. Webster: *Against the Multicultural Agenda*, Greenwood Publishing Group, 1997, p.32.

[7] A. Besancon: *The Forbidden Image*, University of Chicago Press, 2000, p.142.

[8] W. Scheidel, S. Reden: *The Ancient Economy*, Routledge, 2012, p.15.

[9] T. Nielsen: *Even More Studies in the Ancient Greek Polis*, Franz Steiner Verlag, 2002, p.42.

[10] I. Worthington: *Persuasion: Greek Rhetoric in Action*, Routledge, 2002, p.4.

界历史,包括"文明古国"(两河、埃及)和"古典文明"(希腊、罗马)成型于"中国模板"——发端于在文艺复兴时期的西方神职学者仿照中国历史,设计"圣经编年"及其子系统。

第三,在文艺复兴、启蒙运动和科学-工业革命这三场推动欧洲"近代化"的运动中,中国因素起着决定性的作用,而"古希腊"实际上则是"缺席"的。①14—16世纪,发生于意大利的、事后被美化为"文艺复兴"的那场运动,实际上是东方的物质文化和非物质文化首次汇集于当时的丝绸之路的终端,②却在欧洲这个"文化荒漠"③中掀起了轩然大波。它"一分为二":模仿东方和伪造古典。不久则分道扬镳:意大利保住了一分遗产,而成为伪造文物的"世界工厂"④;而欧洲的文化中心则追随中西交流(17—18世纪),转移到了荷兰和法国。欧洲"文艺复兴"的顶级学者之一、西方伪史的始作俑者——斯卡利杰,移居荷兰,就近收集中国资料,构思西方版的"全球编年系列"。⑤

"Ajendu 历史和哲学"网站称:

> 古代罗马、希腊和埃及王朝的历史,是在文艺复兴时期被人文主义和神职学者精心杜撰出来的,其所基于的文献差不多都是他们自己伪造的。
>
> 通行的或神学的"公元纪年"(B.C./A.D.),在很大程度上是被约瑟夫·斯卡利杰……制造出来的,它显示了繁多的日期安排,却没有任何正当的理由。⑥

上述引言所讲的世界历史和公元纪年的原型都是中国历史及编年史,即它们是被西方历史学之父斯卡利杰吸取和参照中国帝王朝代年表,而创造出来的。斯卡利杰通过门多萨获得了中国资料。⑦在16—19世纪,中国的"时间线"是唯一可信的。根据《时间百科全书》:

---

①S. Sanderson:*Social Transformations:A General Theory of Historical Development*,Rowman & Littlefield Pulisher,Inc.,1999,p.327.

②Jerry Brotton:*The Renaissance Bazaar*,Oxford University Press,2002,synopsis.

③那时,除了意大利的几个"向化东方"的文化绿洲之外,包括意大利在内的整个欧洲都是文化荒漠。M. Brayer:*The Jewish Woman in Rabbinic Literature*,KTAV Publishing House,Inc,Inc.,1986,p.97.

④Paul T. Craddock:*Scientific Investigation of Copies,Fakes and Forgeries*,Oxford:Elsevier / Butterworth-Heinemann,2009,p.424.

⑤D. Lach:*Asia in the Making of Europe*,Volume II,The University of Chicago Press,1977,p.64.

⑥*Flavius Josephus as a created interpolation on Joseph Scaliger History,philosophy,metaphysics,and uncommon knowledge.* http://ajendu.blogspot.co.uk/2015_06_01_archive.html

⑦Helaine Selin:*Mathematics Across Cultures:The History of Non-Western Mathematics*,p.373.

在文艺复兴时期,基于宗教纪年的历史事件被发展成近代编年系统,这个基础是由约瑟夫·斯卡利杰构建的;他想方设法把所有的日期纳入单一的时间系统之中……参考天文学事件来重新生产历史进程……迄今为止,中国通用编年被认为更可信,因为它是基于固定的六十年循环;而且在历史上,中国的时间线是被高度发达的史学传统和翔实纪年所支撑的。①

(二)西方没有整体思维

我们应当认清社会发展的整体的因果律。

由于西方缺少整体有机、动态平衡的智慧(缺少调节科技与天人关系的智慧),②这就注定了在近代以前,西方不可能拥有科技、文明和历史。为什么呢?

在社会发展的过程中起决定作用的,不是科学及其相关思想和知识,而是对于由竞争、技术和发展所造成的波动与变乱的平衡能力与智慧;③如果无法平衡,则一切免谈。英国历史学家汤因比说,技术与文明之间没有必然联系:如果处理不好技术的负面性,人类社群就会走向毁灭,遑论文明。④

那么,如何平衡呢?这在中国的科技发明从"西洋"连通世界地理(1492年)的前后,是完全不同的:竞争、技术和发展三者的副作用,在先前是直接的危在旦夕(双刃剑对内),而后则是间接的后患无穷(双刃剑对外)。这就是说,近代以前,对于竞争、技术和发展来说,处理双刃剑的平衡智慧(和谐文化)是必不可少的。鉴于如此智慧只有传统中国才有(太极太平、天道易道、中庸中和、阴阳阴静等),而古今西方则无;所以,近代以前的西方不可能拥有技术与发展,其竞争难免是自体毁灭(故而需要"神权禁锢"——放弃所有的现实人生与现实努力)。

人类社会的"古今之变"是:在历史上需要向内用力(涵养德性),内外协调,而赞化互动各方的持续平衡(与生态平衡一致),并且仅是小竞争、小发展;在近现代都是向外用力(全球循环),索取外物,都是靠全球性生态来平衡的(与生态平衡相反),并且能够大竞争、大发展。因此,西方文化或"希腊智慧"在1492年

---

① H. James Birx: *Encyclopedia of Time: Science, Philosophy, Theology, & Culture*, 1, SAGE Publications, Inc., 2009, p.186.

② M. Chandos: *Chandos Ring Book Two: I Hear Strange Cries at Jupiter*, Xlibris Corporation, 2010, Chapter Eight.

③ 就技术而言,它存在着极危险的"负面"。《庄子·天地篇》云:机械→机心→机事(人与人、人与自然之双重矛盾)。

④ 汤因比:《历史研究》,第139和120页。

之前是行不通的;近现代,它仅是东方"道器、体用"的暂时的分裂形式(器、用),仅此而已。

西方文化的特质是需要"向外平衡"(耗丧生态)。正如玛丽·哈丁教授所说:"东方是反求诸己,致力于统摄内在领域;西方人向外驰骛……控制外部世界。"[①]因此,西方文化在"天下联通"之前、即在发展是基于天人互动、有机均衡的古代,没有价值或意义。所以说,近代以前的欧洲人是不可能创造科技与文明的。

奠基欧洲近代化的基础科技都是来自东方,主要是中国。塞林和安布罗西奥两位学者指出:

在1500年之前的长期的'文化平衡'是,许多重要的科技发明与创新都是从其他文明倾注于西方,以中国的居多……其中最重要的技术礼赠是起源于中国的火药、磁罗盘、印刷术和造纸术……和大量的别的科技创新,都是显示从中国传播到西方;越来越清楚地表明,近代以前的总的科技流向是从东方到西方。[②]

换句话说,人与自然的关系应该是"既分且合",这才是可持续性的和有生命的。原始人都懂得如此"整体思维",只不过是太简单、太静态,所以不可发展而已。但是,西方思维与文化则只是分裂、纷争,而无和谐、和合。虽然黑格尔从中国哲学中撷取了"合",他却是本能地合于上帝,机械地分裂现世。西方思维与文化只是"人类中心主义",而不考虑人与自然的有机关联,所以它是不可持续的和非生命性的。鉴于此,西方思维与文化不能单独存在于近代以前;如果单独存在,那就等于自体毁灭(除非"神权禁锢")。它只是千年一遇地用东方文明及其成果,使西方"适逢其会、青云直上";它却穷尽"只分不合、一往无前"——爆炸式发展、毁灭性结局而已。

斯托特教授是这样比较东西方思维与文化的:

被基督教所构建的、基于古希腊的"西方传统",是反常的人类中心主义;认为自然全无神圣,不可为之沉思;它仅是造福人类的资源而已,或者在宗教上乃衬托神的光荣。不用怀疑,如此态度使西方倾向于牺牲环境,这是现在诸多问题的根源。完全相反的是,东方思想——尤其是孔子——强调和谐;它凸显于那奠基古典中国知识探寻的阴阳观念,视宇宙为二元合一:万物皆对立统一,并非冲突,而是

[①] M. Harding: *Psychic Energy: Its Source and Its Transformation*, Princeton University Press, 1963, p.226—227.

[②] H. Selin, U. Ambrosio: *Mathematics Across Cultures*, Springer Science & Business Media, 2001, p.26.

补充与和谐。这个和合概念是东方思想的根基,也是印度教与佛教的源泉。①

(三)西方文化只是"本能"

人有两种本能,即:

第一本能——人的动物本能:饮食男女、生息繁衍、趋利避害、亲疏有别;

第二本能——人的潜在智能:反克自然、解放意欲、剖析大千、索取万物。

第二本能也就是:人作为智能生物的反克自然的本能(可以无限开发的潜在智能)。康德和黑格尔称为"第二天性"(the second nature)。②概言之,西方及现代知识体系,包括科学、数学、逻辑和科技百科等,都是根植于它。怀海德认为,科学产生于人探索自然奥秘的"本能的信念"。③伏尔泰也说:"人有一种运用机械力学的本能。"④

人的第二本能(人智)及其知识系统是利器——既是生存和发展所必需,又是灾祸和毁灭之缘由。所以,这个双刃剑必须被平衡智慧(和谐文化)所驾驭。

从理论上讲,人的第二本能可以无限开发——心想事成,无事不能,但这是有条件和代价的;那就是,鉴于它是双刃剑、极具负面性,因而需要"平衡"与"和合"(和谐):

近代以前,由于人受制于地理环境,因而只能是文化调节、向内平衡(与生态平衡一致);此非中华而莫为,故而只有她能够开发第二本能(知识、科技和经济等)。尽管较之近现代,历史中国是小发展、小规模。

近代以来,由于人已突破了地理环境,因而能够向外平衡、改变环境(与生态平衡相反)。在此方面,西方凭借其海洋地缘的客观优势,捷足先登、得天独厚,并以耗丧生态带来大发展、大规模。所以西方人狂妄地通过绽放第二本能,用它来向自然宣战,并且模仿神造万物。

杜兰特说:培根……是所有那些把欧洲从一片原始森林变成科学宝地的开拓者的代言人。培根说:"人类不是直立的兽类,而是不朽的神灵。""造物主已恩赐给了我们一个抵得上整个世界的灵魂,而整个世界甚至还抵不上哩!"任何事情对人类来说都是可能的……只要给我们几个世纪,我们将驾驭和重塑万物……必须向

---

① P. A. Stott:*Nature and Man in South East Asia*,School of Oriental and African Studies,University of London,1978,p.29.

② A. Monteiro:*Ethics of Human Rights*,Springer International Publishing,2014,p.317.

③ A. Whitehead:*Science and the Modern World*,p.3—4.

④ [法]伏尔泰著;梁守锵等译:《风俗论》上册,北京:商务印书馆,1994年,第40页。

大自然……开战……如果一个人试图在宇宙中建立并扩张人类本身的权力和疆土,那么,他的这种野心……更为健全和高贵。①

西方文明的特点是依赖与耗丧海外生态:在近代以前没有海外生态的情况下,西方不存在发展与文明;而后,因其拥抱全球性生态,所以它就创造奇迹。英国经济学家安格斯·麦迪森估计,西方在1500年之前毫无经济增长,1500—1820年之间的增长率是0.17%,而在1820—1900年间是300%,美国更高。②(按:1500年之前,西方没有"海外生态",也就没有发展;1500—1820年间的增长率很低,主要是因为中国仍是世界的发展中心或重心)。这样,我们就很容易认清,西方文明是一种智能生物的本能的文明:它不可能通过智慧与自然和解,来获得文明;而是通过摧残智慧和自然,来获得"文明"。

西方的一切不外乎是第二本能(智能、人智)。但在1492年之前,它等于零——稍有开发,则是双刃剑伤害自身(故需"神权禁锢")。而近现代的"西学"则是基于中华文明的成果的,也可以说是"西学中源、西体中用"。

表解　智能生物三层次:原先三位一体,和谐精进;现在本末倒置,本能绽放

	功能作用	价值层次	时空分布	思想、学术、科目、主义	备注
高级思维 真正智慧 儒释道等 天道中庸	调节中和 动态平衡 有机整全 共生长存	1 正反合/阴阳和之全过程,重心在"合/和"。2"形而上者谓之道,形而下者谓之器"之两全其美,但重心在"道"。	近代以前的东方文明,主要是中国。	天人合一、依正不二、三才两仪、四维五常、六艺群经;诸子百家:兵法、中医、琴棋书画、诗词等。	西方大体是第二本能,罕有升华。今中国尚存传统智慧如国策外交;民间兼有正面与俗套;学术更比西方陷溺于第二本能。
第二本能 智能生物 高级动物 人的天性	解放本能 反克自然 剖析大千 索取万物	1 仅是正反合(阴阳和)之第二阶段"反/阳"。2 仅是"器":是大脑知识,而非心灵觉悟。中国首先开发之。	西方及现代世界,今中国尤拜此本能。	科学及科技百科:数学、社科、西医、电脑、管理。西方哲学与思潮、犹太-基督一神教等。	
第一本能	人的生物本能:生息繁衍,饮食男女,趋利避害,人欲横流,卫生健康。				

西方文化及其各个方面,包括"俗世理性"和"基督神性",都不外乎是第二本能,都是致力于天人冲突;因此,它们是不可能站立于人与自然是直接的生命攸关的往古的;那时,只能是神权禁锢。按照汤因比,犹太—基督"一神教"产生于人为创造的幻想(反克自然的天性),而又剥夺自然的神圣性。

他说:开始有意识……全面侵害"依正不二"(佛语,指人与环境和合),是犹太一神教这个革命性的理念。我称之为"在宇宙中及其背后的精神存在"的这种东

---

① 杜兰特:《哲学的故事》,第100页。
② David Boaz: *Toward Liberty: The Idea That Is Changing the World*, p.6—7.

西,在犹太教中是以人的面目出现,凝缩为一个超然的神,而被众人信奉的。在这个信念中包含着另一个信念,即认为宇宙中除了这个神以外,再没有其他有神性的东西……认为,人和人类以外的自然界全是由这个假想的神创造的。这种假想是从人制造工具、艺术品,创建制度等类推出来的。这个创世主被看成是有力量、有权力自由处置自己创造的万物的神。据创世纪第一章第二十六至第三十节记载,神允许人类自由处置他所创造的万物,允许人类按其愿望去利用它们。

这个革命性的教义结果破坏了"正报"(主体)和"依报"(环境)的"不二"性。人类被从自然环境中剥离开来,自然环境过去的神圣不可侵犯性也丧失了。而人类当然也就可以随心所欲地利用不再是神圣不可侵犯的环境了。人类本来是怀着敬畏之心看待自己的环境的,应该说这才是健全的精神状态。但是这种敬畏之心不仅被……犹太一神教创始者们所破坏,而且也遭到了基督教和其他宗教……的彻底遗弃。①

从思维结构上讲,传统文明是智慧的(道的智慧),而欧美文明则是"智能生物"的潜能(人智、第二本能)。后者为何行得通?为什么会发生"古今之变"?主要是因为:传统文明的数千年的努力精进,终于导致了"量变→质变",从而人类首次能以"全球性生态"作为其平衡条件与牺牲代价。所以,现代人无须"道的智慧",也可以、并且是空前无比地享有发展与繁荣,直到耗丧整个生物圈为止。那么,在近现代,为什么西方(西方联盟)比其余世界更"文明"呢?这无关乎文化、智慧、制度和传统:一是原先西方在这些方面皆为零,一是近现代都是"智能生物的文明",各民族的智力不相上下。那么,为什么西方比其余世界具有更多的"正能量"?这应当归因于"客观机遇、天时地利"——五百年前,由于中国科技的传播,西方获得了海洋地缘(它的地理优势被提升起来);自那以来,西方能够比其余世界更容易、更彻底地绽放潜能,它可持续五百年左右。西方的全部优势和优越性都是依靠它的海洋地缘(地缘政治),其功效有三:第一,西方能够向外疏解、宣泄矛盾与负能量,让全人类和生物圈承受之,而西方自身也就有了"理性"和"创新佳境"。第二,西方能够顺水推舟般地发挥有组织的暴力的优势,从而让全球资源财源滚滚而来。而其他国家在地缘、组织和自卫上,难度皆大。第三,西方能够把传统文明的物质与文化的成就都发挥至极,反其道而行之。而传统文明本身却遭遇地理瓶颈和内忧外患。

---

① 《展望二十一世纪——汤因比与池田大作对话录》,荀春生、朱继征、陈国梁译,北京:国际文化出版公司,1985年,第32页。

第二编　科学与文明的创造者与受益者

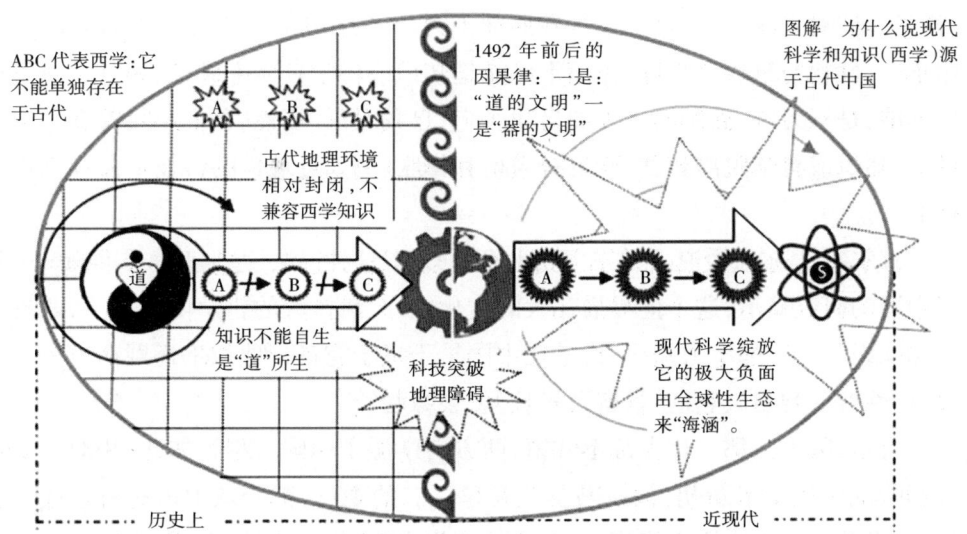

图解　为什么说现代科学和知识(西学)源于古代中国

"西学"(科学、数学、逻辑和科技百科)不是智慧,它属于人作为"智能生物"的反克自然的本能(第二本能:剖析大千,索取万物)。人在此方面具有无限潜力,但开发它是有条件、有代价的。这在近现代似乎不成问题,因为有"全球性生态作为其平衡条件与牺牲代价",而在以前是截然不同的。在1492年之前,西学不能单独存在,动辄灰飞烟灭(图中ABC爆炸状);这是因为:第二本能(知识、科技)是双刃剑,极具负面性,另一方面,古人的生存环境是相对封闭的,不能向外疏解矛盾(图中的网状)。在近代以前,第二本能与西学只能是在中国智慧之下,被开发(开物成务、利用厚生)。在古代,西学或科学不能自我生成,它们是"道"的产物。道调和人与自然的关系,驾驭和保持知识与科技。道的智慧"隐退"。

(四)西方文化缺少智慧

西方文明不是智慧文化(Western civilization is not a wisdom culture.)。我们(西方)文明的主旨不是获得智慧。我们是一场恣意冒险的竞赛。[①]——美国哲学家马克·钱多斯

荀子曰:"知有所合,谓之智。"知识能够"和合",才算是智慧。西方知识——包括它的科学和哲学——都是针对客观或外在的万事万物,所以不是智慧,而是属于"人作为智能生物的本能"(第二本能)。

国外学者提出"东方智慧与西方知识"或"东方智慧和西方科学"。[②]净空法师亦复如是。[③]但他们都只说了一半,剩下来的让我们自己体悟。其实,智慧与知识

[①]Mark Chandos:*I Hear Strange Cries at Jupiter*,Xlibris.com,2010,Chapter Eight.
[②]S. Nasr:*Knowledge and the Sacred*,SUNY,p.214,notes 2.
[③]净空法师说:东方跟西方教学的理念不相同:西方人是教你广学多闻,那是知识;东方是教你觉悟,那是智慧。

(科学)是"对立统一、一合一分"。按照熊十力,一切知识都是产生于"道器元一、体用不二、性智与量智之辩证",①而不可能是知识或科学自体生成;因为它是属于第二本能,是双刃剑,而倾向于人的自我否定、自我毁灭。当然,我们不排除在一定条件下,知识或科学脱离智慧,而自身繁衍和膨胀(例如近现代的科技革命和知识爆炸)。

查尔斯·摩尔教授说:"'东方智慧和西方知识'这种说法,远非正确或准确……从对中国的研究显示,这个世界最伟大的文化之一、最伟大的哲学传统之一,兼备智慧和知识……"②熊十力指出,科学在中国早于臻于完备;③他似乎怀疑西方——它没有"性智"(智慧),它的"量智"(科技)怎会缘起?④

可惜,熊十力那一代人都不知道,西方科学源于中国。尽管如此,相对于受西方影响的中国学术新朝,包括冯友兰和牟宗三的观点,都否认中国有科学或科技传统;唯独熊十力则深表异议,在西方学者提出"古代中国是'发明的国度'"⑤之前的许多年,他就有先见之明。

近代以前,科学与文明是"天人合一"的文化(智慧)的产物,而西方在这方面则应该是一无所有。

进而言之,西方及现代的以科学为主的知识系统,其特点是与自然做斗争——控制、利用和改造自然(乃至宰制一切"非我")。但它不能通行于或单独存在于近代以前的任何时空之中。换言之,西方科学仅是近现代的现象。乔哈里教授在其书中写道:

这就是说,科学是一个新现象……完全不同于所有的先前传统……在17世纪以前的历史阶段,不存在如此科学……另一方面,虽然近代西方的科学传统是一个新现象,在历史透视的意义上,没有人否定那些古代科学系统,乃至神秘、传奇、部落宗教和习俗,是许多近代科学理论的前奏。古代……中国等文明具有这种科学思想系统。⑥

---

① 郭齐勇编:《现代新儒学的根基》。
② C. Moore: *The Chinese Mind: Essentials of Chinese Philosophy and Culture*, University of Hawaii Press, 1968, p.4.
③ 郭齐勇:《现代新儒学的根基》,第 310 页。
④ 郭齐勇编《现代新儒学的根基》,第 292 页。
⑤ R. Temple: *China: Land of Discovery and Invention*, Patrick Stephens Limited, 1986.
⑥ M. Chaudhury: *Bounds of Freedom: Popper, Liberty and Ecological Rationality*, Rodopi, 2004, p.70—71.

应该说，历史中国的实用科技既不同于古代的神秘与习俗，又不同于近现代的"天人对立"的科学观。后者即西方科学，它只是近现代的现象。这是因为，古代的天人关系是直接的、生命攸关的，那时的相对封闭的各地环境是不兼容任何双刃剑的知识的。

换言之，西方及其所称道的"希腊智慧"是与生态环境和生命进化水火不容的。在近现代，人与自然的关系是间接的，它们可以驰骋于偌大的生物圈之中，在数百年内还能以耗丧生态来创造"奇迹"；但其趋势是，导致星球的劫坏。在近代以前，人与自然的关系是直接的，如此智慧尚未展开，则必玉石俱焚、自毁家园。所以说，西方或希腊的知识系统不可能存在于古代的时空之中的。

对付自然的"希腊爱知"是与古代环境冰炭不容的，①因而它只能存在于"人对自然占优势"的近现代，而不能存在于与之相反的前近代。

恩斯特·麦尔教授并不否认希腊哲学的实际存在，但他断言它与生态与生物系统不相容。他不知道如此"不相容"在古代，实际上是否定了主体的存在。恩斯特·麦尔说：

由于巴门尼德和毕达哥拉斯……的影响，希腊哲学思想越来越抽象化于形而上学，同时，数学——尤其是几何学——在其中所起的作用不断增加。它开启了在生物史上数学和物理学伤害生物进化的无数插曲。几何学旨在寻求不变实体——"理想的造型"……换言之，它带来要素论的发展。当然，此种哲学是和生物进化思想完全不相容的。②

表解　缺少"道的智慧"，1492年之前的西方不存在科学与文明

	1492年之前：科学与文明产生于"道"	→	1492年之后：科技与物质文明爆炸性发展
原因	人们囿于"本土环境"，人与自然是直接的生命攸关，人智、人为是径直自毁。"道"来调和人与人、人与自然的双重关系，才有可能产生科学与文明。	中国奠基现代世界	人们破天荒地拥抱和利用"全球性生态"，依靠它作为平衡条件与牺牲代价，来疯狂地开发人智与科技。无须"道"，反而是只凭"本能"（第二本能），更快更大的发展。
西方	因无"和谐之道"，人智＝自毁，必须"禁锢"；所以毫无发展、科技和文明。		西方凭其地理环境（海洋地缘）的战略与经济的优势，率先"暴富"，扼制其余人类。
中国	在"道"的驾驭和监护下，发展经济、创新科技，动态平衡，周期起伏博大。		中国在地缘政治上相对被动，不能抢先发展，而且备受侵略，1978年以来获大机遇。
备注	科技并非智慧，而是"人的反克自然的本能"，是双刃剑：吉凶并存，福兮祸伏。在此方面"趋利避害"：古人是和谐文化调节，共生长存；今人是向外牺牲自然，挑战极限。		

---

①Ozguc Orhan: *For the End is a Limit: The Question Concerning the Environment*, p.100.

②Ernst Mayr: *The Growth of Biological Thought: Diversity, Evolution, and Inheritance*, Harvard University Press, 1982, p.304.

仅从"柏拉图学院：不懂几何学的人不得入内"和古希腊的数学家都重视数学与逻辑这种情况，我们便可判断出，希腊哲学是被伪造的。因为数学、几何和逻辑等只是在近现代能够成为"显学"——由于它们改造自然的生态后果，被偌大的生物圈所承受、所平衡，在地球劫坏之前，人们可以享有其正能量（所以也就非常看重它们）。而古人则是囿于国土生态、乡土环境，没有回旋余地与矛盾缓冲，在此情况下，如果强调数学、几何和逻辑等此类属于双刃剑的知性系统，那就等于是族群自杀。在近代以前，知性系统只能是在中国的"道的智慧"之下，被开发、被利用的，它不能存在于其他任何时空之中（除非由中国科技的传播引起的蒙古征服和欧洲数百年宗教战争）。

知性或"西学"都是起源于古代中国，却不是"显学"。正因为不是"显学"，大家便会误认为中国缺乏之。

德国哲学家保罗指出："中国、中国文化和中国思想被标签为（相对的）非逻辑的（illogical）……然而，所谓的'欧洲的'或'西方的'逻辑，亦即，亚里士多德三段论；'中国的'逻辑基本上是同样的，大部分的基础逻辑，诸如'无矛盾律'，是普遍有效的规则……压倒性的实用证据显示（在中国）普遍的逻辑是存在的……数学的发展产生了中国的'毕达哥拉斯定理'……"①

莱布尼茨赞同法国数学家白晋的这一见解，即科学、数学和数理逻辑都是起源于《易经》。②

（五）谁能化解"人的悖论"

人本身具有负面性。弗洛伊德等心理—哲学家认为，人（人群）会"有意识地"利用技术、组织和宗教狂热进行侵略，但从总体来看，这意味着人的自我否定、自我毁灭。③如果没有东方文化来驯服这种人的"负面性"，那么，人一定会如此；而且越是"文明"，则越是变本加厉。以致汤因比谴责西方民主是"部落意识、穷兵黩武"。④

人本身是个"悖论"：一方面人始终是自然的一部分，依靠它而存在，另一方面，他又是一种不断地打破生态平衡与自然法则的"理性动物"；这个矛盾决定了

---

① Hans Lenk, Gregor Paul: *Epistemological Issues in Classical Chinese Philosophy*, SUNY Press, 1993, p.119—120.

② James Bowen, Margarita Bowen: *The Great Barrier Reef: History, Science, Heritage*, Cambridge University Press, 2003, p.16.

③ Joseph P. Merlino: *Freud at One Hundred Fifty*, A Jason Aronson Book, 2008, p.60.

④ 汤因比：《历史研究》，第8页。

人始终禀赋自我否定、自我毁灭的"死亡驱力"(death drive)。①凡是人的自然属性——人欲、人口、人为、人智——都是"悖论":它们既是人的"存在要素",又是人的"死亡驱力"。

大体上讲,人欲与人口属于第一本能(一般生物本能),人为与人智属于第二本能(智能生物本能);它们都需要用"道的智慧"("和谐文化、和合智慧")来加以处理,才能够成为正能量(建设性)。如果在近代以前,没有"道的智慧",那只能总是在原始层面生生灭灭,而不可能出现"文明"。

鉴于除了中华民族之外,别的民族都不具有"道的智慧"(和谐文化、和合智慧),所以我们认为:仅就东半球而言,那些"有古无今"的文明几乎全是后来被杜撰出来的,那些"有今无古"的文明几乎都是被中华文明所派生的。近现代的西方文明是基于中华的"尽精微而致广大"的成就,驰骋于偌大的生物圈之中,"以空间换时间",而暂时不用考虑、不用处理"人的悖论",后者却正在积累"人类终劫"。

"人的悖论"与他自己相始终,与文明进步共攀升。中华文明一直在为它自身、更为全人类处理如此"悖论"——它表现为两个主要的"文明悖论":1."科技与经济发展之悖论";2."组织与国家制度之悖论"。

第一,"科技与经济发展之悖论"。人们通过科技与经济发展来缓解人口与生态的紧张,缓解人满为患与外患,但与此同时,却又在积累更深更大的忧患。发展与创新很快就会使国土生态超限,在此情况下,如果受制于"地理瓶颈"、而不能全民性的海外殖民扩张;那么,发展的"正能量"就会被"负能量"所压倒,它转化为天灾人祸、内忧外患。另一方面,科技的传播也会使外部世界的矛盾升级,以致出现大型的部落战争,反过来摧毁文明。

第二,"组织与国家制度之悖论"。若无组织与国家制度,则社会柔弱,而易被其内部与外部的暴力所吞噬;如果有之,则很有可能令社会与人民不堪重负。特别是,为了应对内忧外患和大型战争,需要"极具组织力与动员力的政治机制",但这又是很致命的双刃剑;就拿对外战争来说吧,如此体制很容易克服外患,然后呢?若无优越的地缘政治、从而能够因利乘便地征服世界;那么,难免是矛盾返内,以致这个"极具组织力与动员力的政治机制"则开始凸显其负面性:要么集权膨胀而压垮社会,要么军阀割据而战乱不已。

因此,真正的文明需要运用"道的智慧"来化解"人的悖论",保持中庸均衡。

---

①Salman Akhtar:*On Freud's "Beyond the Pleasure Principle"*,Karnac,Book,2011,p.185.

虚构的西方文明史:古今西方"复制中国"考论

现代文明似乎可以免受"人的悖论"的困扰,这是因为两点:一是"前人栽树,后人乘凉",一是"全球性生态为其平衡条件与牺牲代价"。后者贻害无穷,那也是将来的事。这反过来又说明,现代文明及其各方面都是"悖论",原因很简单:"全球性生态"眼看就要超限了。难道现代的科学、民主、法治和生活方式等等不是"悖论"吗?它们都是有条件的,而这个"条件"则又是近现代的暂时现象,是会发生"不以人的意志为转移"的。就说一个国家,如果它是分享优越的"地缘政治"(海洋地缘、海洋霸权或霸权联盟),那么,"正能量"大于"负能量",则应有尽有;反之,"地缘政治"较差的国家,就会沦为受害者,因而"文明意义"不显。

(六)天道观决定历史

虽然在文明的方面,中外迥异,其文化(宗教)尤为截然不同;但是,文明的首创则是"元一"(老子曰"昔之得一");即:文明需要"东方圣智"(天人和解、和合),来与自然"默契互动"(天人感应、感通)。

如果文化(宗教)不是"元一",甚至是相反,而与自然对立(如犹太—基督教"一神教"和近现代西方及"古希腊");那么,它们即使有文明,也是次生、它生,而非始生、自生,或是被杜撰的。

相对于中华文明之始生自生与可大可久,那些因缘际会的次生文明(文化、宗教),既是寄生或衍生于真文明,又是背"道"而驰。后者指其脱离历史的周期律(人与自然契合的有序运动)、因而是反自然、害生态和非生命的。①这类次生"文明"虽是喧宾夺主,终将物极必反:要么返回"前生命的状态"——人类自毁、地球劫坏;要么返回"历史的周期律"——剥极必复,贞下起元。

人和他的成果无不是基于那慷慨而又脆弱的"自然赐予"。据此,由于西方没有与自然"和解、和合"的智慧,没有"天人合一、天道化生"的思想;所以在近代以前,西方人根本不能"安身立命、安居乐业"于天地间,相反,他们总是处于充满人祸或宗教窒息的状态中,哪里还谈得上创造科学与文明!

在 16 世纪之前,确切地说,在全球财源资源开始于倾注于西方之前;欧洲,由于其地表的生物量(净初级生产力)相对贫瘠,因而天人、人我关系皆是高度紧张;所以,缺少"天人合一"思想的西方人,不能"立于天地间"。相反,近代以前的西方人实际上是在宗教窒息或人神火拼的状况中,过着很原始、极悲惨的生活的。②

---

① Gary J. Dorrien: *The Making of American Liberal Theology:Crisis ,Irony ,and Postmodernity 1950—2005*, Louisville, Kentucky: Presbyterian Publishing Corp, 2006, p.223.

② Jim Whiting: *The Miserable Life of Medieval Peasants*, Chatsworth: Capstone, 2009.

《道德经》曰："道生之，德畜之，物形之，势成之。"天之道，化生万物而健行不息；人之道，顺势变易而利用厚生。西方并无此"道"（整体有机的生命智慧）——文明的"创生机制"，那它怎么能"开物成务"呢？

西方文化旨在宰割万物：或是算计自然，妄加剥夺；或是求神拜鬼，另外创世。在历史时期或史前，人与自然的关系是直接的，此乃生命攸关（人类不能像今天这样的利用那超越本土的"全球性生态"）；在此情况下，如果人们不学会与自然和解，而是依靠西方式或希腊式的"与自然做斗争"的知识系统；那么，最多是一种原始性的生生灭灭。从这个意义上说，在华夏奠基科学和连通世界之前，西方文化或希腊文明皆是不可能存在的。近代欧美幸运地作为东方的"道器合一的文明"之分裂部分，然后就像暴发户认祖归宗那样地追本溯源，树碑立传，[①]旨在名正言顺地剥夺自然与世界。

（七）西方没有"独特优势"

从佛学的"法眼"来透视。

一切由心造。就精神而言，近代西方及欧美文明不是由人的"深层慧心"——天人合一、圆融有机——的智慧，所变现出来的；而是在东西方"因缘际会"的情况下，由他们的"妄动欲心"——主客对立、割裂自然——的妄心，所变现出来的。

既然如此，那它属于"五蕴六识"这个浅层次；由此，它就是"缘起性空"。这里，"缘起"可理解为东西方的"因缘聚合"，而"性空"则为：在本质上西方不存在其"自性"，也就是"三无"：

Ⅰ.无单独性：在人们能够利用偌大的地球生物圈之前，任何不具有"和合文化、和谐智慧"的族群，都不能单独"缘起"（从而产生科技与文明）；动辄自体毁灭，唯靠宗教窒息。

Ⅱ.无不变性：西方或欧美文明仅是在一定条件下的暂时现象，即它是整体的"阴阳运动"中的一个"阳亢"而已；很快就会发生变化——回归东方，否则必将是

[①] 印度学者查克拉巴蒂(dipesh chakrabary)指出："……追溯到古希腊的'欧洲知识传统'是相对最近的历史伪造。"("the European intellectual tradition"stretching back to the ancient Greeks is a fabrication of relatively recent European history.)Page DuBois：Out of Athens：The New Ancient Greeks，Harvard University Press，2010，p.5. 艾杰兹·阿赫麦德指出："雅典至阿尔比恩欧洲（历史）是最近的伪造。"(Athens-to-Albion Europe is itself a recent fabrication.) "贝纳尔令人信服地揭露，把古希腊伪造成一个原生的和独特的文化形式……充当西方历史的基础……这是18世纪末以后的产物。"Aijaz Ahmad：*In Theory：Classes，Nations，Literatures*，London：verso，1994，p.183 and p.336，Nate 28.

"地球劫坏"。

Ⅲ.无实体性:所谓"西方传统"与"普世价值"都是虚妄的,其所标榜的个人价值与民主自由等,皆倚靠"可遇不可求"的客观条件;一旦"因缘离散",则是"梦幻泡影"。查理斯·摩尔说:"西方文明的精神困境是由它太依赖人为的环境所引起的……人生幸福非倚靠外界条件而难以稳定。"①

净空法师说,西方没有智慧,西学仅是"知识"。②我们认为,西学和其他所有的"西方价值"有两个特点:Ⅰ.它们都是属于人的反克自然的本能(第二本能)——剖析大千、索取万物,因而需要条件,它是不以人的意志为转移的。Ⅱ.它们都是基于中国的历史成就和现代忧患——"西学中源、西体中用",因而主动权在中国这边——"中华不西化,西方死于霸"!

西方文明所赖以存在的"理性",是依靠对外制造"非理性"。后者在19—20世纪主要是由欧亚大陆的东部来说承受的。进入21世纪,随着中国与俄罗斯的"复振",西方只好把"非理性"宣泄于中东,企图从那里穿透"多极世界";但由于"地球村"之紧密相连,如此"非理性"很快就(化作恐怖主义)波及西方自身。另一方面,随着各种优势从西方转回中国,西方必将重返"霍布斯邦"(非理性对内,自体破坏)。

西方没有自己的独特优势来创造和保持文明。其所谓的制度、文化和宗教优势都是基于这样的"空中楼阁",即"有组织的暴力"的优势。这也就是以叫嚣"文明的冲突"而著称的美国政治学家亨廷顿,在数十年前供认:西方赢得世界并非依靠文化、宗教和制度等"优越性",而是凭借"有组织的暴力的优势"。③后者即:组织力与动员力之最大化、个性化和宗教般的国族激情,三者的巧妙结合。它不仅在早先对那些相对和静的传统社会乃绝对有效,可谓"克星";而且在20世纪,对那些在此方面"向西方学恶",因而也掌握了"有组织的暴力"的东方国家,虽是遭遇"天敌",却也能够显示"西方优越性"的价值强势(因为处劣势、占下风的"有组织的暴力"会是窒息个性)。然而不管怎么说,今天西方的依靠"暴力手段升级"的这项优势,很容易被它所引发的军备竞赛所抵消。

---

① C. Moore: *The Japanese Mind: Essentials of Japanese Philosophy and Culture*, University of Hawaii Press, 1967, p.59.

② 净空法师:《净土大经解演义》。

③ S. Huntington: *The Clash of Civilizations*, Penguin Books India, 1997, p.51.

进而,西方的"有组织的暴力的优势"和其他一切优势,又都是基于另一个"海市蜃楼"——海洋地缘。如此地缘政治的优势能够决定性地支持西方文明,但也不过是五百年左右。不久将来,这个最基本的"西方优势"就会被中国的"陆海有机之地缘政治"所淘汰了!①

因此,尽管近代西方初兴时,号称"太初有为";②但它终究如佛经所云:"一切有为法,如梦幻泡影,如露亦如电,应作如是观。"

(八)客观条件制约西方

近代以前的欧洲被称为"原始性的贫穷"(primitive poverty)。③这应当归因于它的"自然的赐予"——地理环境。

近代以后,西方变得极为富强的基本原因是:生物圈的天然分布被人为改变了,从而使全球资源财源向西方倾注(这样做,对于我们这颗生命星球来说无疑是致命性的)。④

欧洲地处高纬度,阳光稀少,地表贫瘠,加上非时雨(雨季与植物的生长期相反)⑤;因而它的土地的生物量("净初级生产力")相对很小,这在近代以前,是不可能支持一个稳定的社会的(基本上不能支持定居人群)。希腊地区更糟糕:多为不毛之地,岂能诞生"文明"!

历史学家斯塔夫里阿诺斯比较古代的中国与欧洲的自然环境及生产力,这样写道:

西欧并不像中国那么富饶。适应农作物生长的夏季几个月里,季风给东亚大部分地区带来了充足的雨水;而在欧洲,雨水多半集中在草木不生的冬季几个月里。由于这一原因,加上纬度较低的地区能获得较多的太阳热,因此,东亚具有较长较集中的耕作期,许多地方一年二熟。而且,东亚的主要农作物稻米,比起西方种植的小麦、黑麦和其他粮食作物,每英亩产量要高得多。据估计,单位面积里生产的稻米所含的热值,是小麦所含热值的五倍。结果,中国的生产率大大高于西

---

①西方战略家估计,美国的无以匹敌的海洋霸权只能保持到 2025 年。Air & Space Power Journal sum 03, DIANE Publishing, p.50.

②在歌德《浮士德》剧本中,"太初有道"(In the beginning was the Word)被改为"太初有为"(In the Beginning was the Deed)。

③Graeme Snooks: *Was the Industrial Revolution Necessary*, Routledge, 2002, p.45.

④A. Crosby: *The Columbian Exchange*, Greenwood Publishing Group, 2003, p.219.

⑤斯塔夫里阿诺斯:《全球通史》上册,第 188—189 页。

方,中国的人口,自农业出现至今,也相应地比西方稠密。生产率及人口上的优势,转而又使能中国更好地维持帝国的官僚机构和军事机构,更有力地抗击蛮族侵略者,必要时,还能同化他们。①

近代以前的中西之"贫富悬殊",就像经济史家查理斯·曼所说:"中国是地球上最富裕、最强大的国家……其人均收入、军事力量、平均寿命、农业生产、烹饪、艺术和技术的复杂性,皆不亚于或超过其余世界……而欧洲则是太贫穷、太落后,中国人对之毫无商业兴趣。"②

不向外侵略扩张、而仅囿于本土的欧洲,是不可能拥有科学与文明的。中世纪欧洲一千年毫无发展,农业始终是原始的,种子与收获的比率是1:2左右(近代之初达到1:4。古代中国是大于1:10)。在近代早期,在西方引进了中国的农业技术、从而进行了农业革命之后,③英国及西欧的土地的单位产量,也不到中国北方的二分之一、中国南方的五分之一;④在其从中国和美洲移植了几千个植物物种之后,⑤欧洲的土地也不能供养"适度人口"⑥(即使它的人口数量并不大,而且其殖民扩张已"分流"了大量人口)。直到19世纪初以后,西方的这种状况才开始彻底改观。

表解　地理环境和生物圈对文明的影响,它决定中国与西方的升沉

	1492年之前:各民族囿于"地方性生态"		1492年之后:各民族利用"全球性生态"
欧洲	自然的挑战太大:高纬度,阳光稀,非时雨,地表生态贫瘠,社会停滞和原始,冲突极大。宗教禁锢"人为"。	中国开创全球天下	西方 地缘政治(海洋地缘)优越,使之寄生于"全球性生态",财源资源滚滚倾注。大竞争、大发展很容易向外平衡。
中国	"季风亚洲"的东部,自然的适度挑战,雨热同季,地表生态丰饶,农业高产,社会发展、富裕与相对和谐。		中国 地缘政治相对较差,其海洋成为列强与霸权祸华之"捷径"。1978年外交突破,参与世界市场,开始和平崛起。
	中国一直是文明中心,欧洲是最远之边缘		西方宰制世界,中国深受其害,然后扭转

---

①斯塔夫里阿诺斯:《全球通史》上册,第188—189页。

②Charles C. Mann: *1493: How Europe´s Discovery of the Americas Revolutionized Trade, Ecology and Life on Earth*, Granta Books, 2011, p.23.

③J. Needham: *Science and Civilization in China: Volume 6, Biology and Biological Technology*, Part 6, p.556.

④J. Mokyr: *The Oxford Encyclopedia of Economic History*, Volume 2, Oxford University Press, 2003, p.93.

⑤J. McNeely: *The Great Reshuffling: Human Dimensions of Invasive Alien Species*, IUCN, 2001, p.162.

⑥J. Spielvogel: *Western Civilization: Volume A: To 1500*, Wadsworth, 2002, p.191.

这就决定了,在16世纪之前,即在其开始海外扩张和劫掠美洲之前,西方人始终挣扎于生存困厄之中,人与人、人与自然皆尖锐对立;倘若没有"神权禁锢",则族群必是互相屠戮不止,趋于彻底毁灭。进而决定了,近代以前的西方不可能有任何发展与创造,这样也不可能凭借自己力量突破地理屏障、向外侵略,以此来摆脱其内在的、原始性的"自然状态"(万人战争、大群杀戮——霍布斯)。因为在此情况下,"人欲、人为、人智"(本能或天性)——若不被基督教窒息的话——都是造成自我破坏、自我毁灭的"负能量"。

近代以前的西方不仅不能创造科学与文明,而且也几乎不能承受外来科技(因为它没有"和谐文化"来处理之);众多的中国发明传入欧洲,却引发了一连串的"社会地震"——宗教失控、人神火拼、族群吞噬,战祸延续三四百年,令基督教欧洲趋于毁灭。幸亏在西传的中国发明之中有指南针、造船术和航海图,而让欧洲人把火药从摧毁内部,变为摧毁外部。

不依靠海外生态接济的欧洲的内环境,远非科学与文明的温床,反倒是在"末日的边缘"(the brink of apocalypse)。①尽管欧洲的海洋性相对很好,但只有在获得外来的相关科技之后,西方人方有可能改变一切。所以,作为中国文化与科技打通"地球脉络"之后的异常景观,西方及现代文明驰骋于偌大的生物圈中,因而出现了大发展、大繁荣。

(九)文明产生的概率是极小的

(甲)演化规律

今人受西方的"进化—进步史观"的误导,从而相信:文明是多元,西方文明是古已有之,中华文明是几大"文明古国"的晚出者……

像下面这四种"突变"的概率都是极小的,即:

Ⅰ.银河系产生"生物圈"(地球);

Ⅱ.生物圈中出现"智能生物"(人类,等于是生物圈开始溃烂);

Ⅲ.智能生物拥有"文明"(等于是"肿瘤",但在大部分时间里,它被"道的智慧"保持在良性状态);

Ⅳ.文明蜕变为"征服自然、吞食生态"的西方类型(癌化扩散。这是生命史与人类史的最后阶段)。

倘若西方及现代"智慧"能够创造文明,那么,智能生物伊始则就是径直毁灭。

---

① *Book Review Digest*, *Vol. 98*, HW Wilson Company, 2002, p.4.

但实际上,在1500年之前,生物圈的"自卫系统"对智能生物——人欲人为人智人口——的遏止,还是相当有效的:稍有出格,便被扼杀。生物圈的局部或零星的损坏,尚能修复,也无伤大雅、无关宏旨。

然而,智能生物竟是见缝插针、乘虚而入——撕开了生物圈的防线!首先是,季风亚洲的东部(中国)是自然的适度挑战;在这儿,人的大有作为在其劳有所获的同时或稍后,还能够恢复生态平衡,从而保持文明本身的可持续性,保持技术创新和积累。然后是,在技术与文化的"接力、传递"的条件下,人类对自然的冲撞终于在生物圈的薄弱环节获得突破;那就是,中国科技使亚欧大陆的西端成为人们联通东半球与西半球、从而成为占领生物圈的腹心的"海洋捷径"。

生物圈与文明史的关系是,文明赖以存在的根本条件是"净初级生产力"(地表生物量)。在1492年之前,人们囿于"国土生态、乡土环境";近现代是,各个国家对"全球性生态"的占有(市场、资源等的人均占有率)。后者是与地缘政治与海洋霸权有关的,表现为制度和文化而已。

历史上的"文明"的充分条件是:

A.国土生物量(净初级生产力)+B.适居环境(气候适宜)+C.人与自然"和解、和合"的文化(天道、中庸、阴阳、平衡等智慧)。

这三点,中国是满分,其他民族欠缺或相反。欧洲的地表生物量较小,又没有和谐智慧,所以不可能产生文明。再从美国科学家算出的"净初级生产力"全球分布(生物圈中的生物量的分布),埃及和美索不达米亚地区的生物量都极小,怎么能支持文明呢?或许是"文明"已经侵蚀了生态基础?[①]

(乙)自然条件

自然对人的"适度挑战"产生文明。

在史前的可供人居的地球环境中,热带的生物量较大,因而"适度挑战"太小:人贴近自然,生存简易,无须文明;在其他的大部分地区——尤其是纬度较高的欧洲,由于生物量太小,因而"适度挑战"太大:人与人、人与自然皆是严重对抗,负能量压倒正能量,无缘文明;只有中国才算是"适度挑战":纬度适中,雨热同季,最大的海陆水循环(季风),生物量丰饶,而且具有极大的开发潜力。

杜佑《通典》曰:覆载之内,日月所临;中国居土中,生物受气正。其人性和而才惠,其地产厚而类繁,所以诞生圣贤,继施法教,随时拯弊,因物利用。

---

① http://jrscience.wcp.muohio.edu/climate_projects_05/productivity/ProductivityBasics.html

生物圈赋予中国"唯一文明"。《易经》云："日月丽乎天,百谷草木丽乎土,重明以丽乎正,乃化成天下。"这儿诞生了和保持着无与伦比的文明——实际上是唯一文明。对此,一部18世纪西方的历史书这样写道:

在中国,什么都不缺。似乎完全可以满足人们的生活需要,使过上富足的生活,甚至可以满足人的享受。她的气候宜人,土地肥沃,不仅盛产稻米、小麦和各种谷物,而且盛产蔬菜、水果、草药和有用的乔木及灌木。大自然好像对哪个民族,也没有像对中国人这么偏爱……这个世界上最富饶、最肥沃的地区……耕作技术尽管精湛……(但)无论这个帝国幅员多么辽阔,对于居住在那里的人民来说还是太狭小了……原因在于人口的过度繁殖。①

在历史上,包括中国在内的"季风亚洲"(圈)的人口数,大于其余世界的总和即"生活在圈内的人口数大于圈外"。②

在世界联通、因而资源倾注西方之前,生物圈不支持它的文明,也不支持西边的文明古国。

(丙)文明真义

我们首先应该理解,文明、发展和科技等都具有"悖论"的性质。

文明,为了缓解天人矛盾而缘起,启动了经济发展;但与此同时,因它用技术手段来改变环境(使它能够承载更多的人口),文明又更深、更大地积累着矛盾,终至天灾人祸。另一方面,技术的发明与传播也使越来越大的"天下"都动荡起来了;在文明能够"整合"之前,都是"妄动"(老子曰:"不知常,妄作凶"),以致变成内忧外患。所以,文明必需一种有机整体、动态平衡的智慧。

文明是正面与负面、主体的良性循环与客体的恶性循环,如影随形,彼此竞赛,此非"易经式的周期律"而莫为。

文明会沦为"众矢之的"——沦为野蛮人的猎物。借用泰戈尔的诗句,文明是一个生命的光明岛,它被死亡之海包围着,很有可能被恶狼吞没。所以,文明必须是极具生命力。

文明会导致、招致遍天下的祸因乱源的"向心聚爆"(汤因比说,若非文明中心的技术传播,就不会有草原部落的大型战争),所以文明必须经得住致命打击。

文明所承受的忧患比它所收获的"正果"要大得多。因此,除了禀赋圣智的中

---

①艾田蒲:《中国之欧洲》,下卷,第270页。

②http://wordlesstech.com/most-of-the-people-live-in-a-small-circle-on-earth/

华民族,没有哪一个人类族群能够担当起文明。像西方及希腊"智慧"若真是在古代,要不了半个回合就灰飞烟灭了,哪里还谈得上"文明"?

表解　文明的"古今之变"

	历史上的文明:概率极小		近现代的文明:十分容易
地理环境	主要决定于内在环境:1.适度挑战:不南不北,季风风雨,地表丰饶;2.大河流域+依山水网;3.潜在发展空间+战略安全屏障。只有中国具备这些条件。	中国发展量变到质变	主要决定于向外环境:地缘政治,利用和控制"全球性生态"。各国皆可拥抱文明,但海洋地缘较佳的国家优先,其他的有可能沦为受害者。直到耗丧地球生物圈为止。
思维结构	文明必需"道的智慧",维护与恢复人与人、人与自然之全面和解(和合)。唯在"道"之下,才能发展,才能产生和利用各种知识(科技、数学、逻辑)。		无须"道的智慧"。作为"智能生物"的无限潜能的"人智"(第二本能)——科学、数学、逻辑和科技百科等,皆可绽放,犹如打开了潘多拉盒子,直到地球劫坏。
生物圈的突变诞生人类,再突变产生了"顺天应人"的文明,再突变产生了牺牲自然的文明。			

第三编

中华母体派生欧美及现代文明

第九章 欧美文明主要来自中国

一、中华传统与现代科学

(一)"西方传统"阻碍近代科学

(甲)传统科技产生于"道"

今人时常错怪祖先,说中国古代轻视科学、数学和逻辑(例如说科举考试缺少这方面的内容),这都是由于我们的思维局限、因而不懂得"古今之变"的缘故。首先,在历史上的中国,这些知识都是融于生产实践之中的,它只是工具;而且,中国古人总是将它们置于整体性的"道的智慧"之下,让其发挥"正能量",而尽量化解其危害性。其次,假如中国古人也像今人一样的崇尚科学,那么,他们不仅得不到科学,而且会自取灭亡。这是为什么?因为近现代是依靠"全球性生态"作为"人智"的平衡条件与牺牲代价,这在往昔是不可能的。历史上的社会或文明必须"自我消化"科技和相关知识的负面影响,其难度不知道要比发展科技本身大多少倍!

例如,把火药用于国防无疑是很有效的,但从长远来看,一旦传播开来,战争和武器就会在越来越大的范围内不断升级;而且不管波及多远,它们都会以递增的破坏力,顺着地形倾势与生态落差,汇聚到相对富裕的河谷平原,而摧毁文明本身。所以,一定要把科技发明融入"整体关怀、有机关联"的智慧之中;这样一来,科学、数学和逻辑以及科技百科(百工),就不会成为显学(而是"道的智慧"的附庸)。

传统中国在战争中也曾大量发明和使用热兵器,它应该是近代西方的军事革命的源头。然而历史上的中国,不得不在这方面有所限制,而不让其国家或文明迈向"战国式"的军国主义。关于宋明时期的"火器革命",德国学者康拉特·赛茨说:"并非像我们中有些人所断言的那样,中国人只是用火药造爆竹。其实不然,他们用火药造了一连串的火器,如能够用投石器抛向敌方的火药包、火弹,还有地雷、水雷、火箭、炮弹和火炮等。……第一架真正的火药炮应该是在公元1250年投入使用的。"①

在近代以前,如果没有驾驭和保护科技的智慧("道的智慧"),那就不可能拥有科学与文明。因此,即使把西方式或希腊式的思维方式放在古代,它也毫无用途,反倒是祸害。

(乙)"古希腊"无助于科学革命

值得注意的是,在肯定"希腊源头"的西方主流学界,很多学者也都承认,古希腊对于近代科学及工业革命没有做出贡献。例如英国哲学家与科学史家威廉·惠威尔(1794—1866)在高估"希腊科学"的同时,断言近代科学的源头既不是古希腊,也不是中世纪。他说:

"我们现在特别考虑,古希腊的科学活动和欧洲近代科学之间是被断开的,那是一个长期的荒芜期(barren period)……中世纪……是在这方面昏睡的。②

"虽然欧洲思想不断活跃……需要逐渐驱散中世纪的知识阴霾。到15世纪,植物学还没有接近科学形式,大部分的主题文学都是希伯来(神学)的。"③

惠威尔所提的"荒芜期",在当代科学史家沃伯特那里,得到了解释,即:在希腊科学被建立和它的繁荣之间存在着一个长期的断裂,其首次繁荣是在文艺复兴时期。从阿基米德到伽利略之间的中断期是几乎1800年。阿基米德和欧几里得活跃于罗马兴盛之际,罗马人受希腊文化影响,但他们对希腊的科学成就并不太感兴趣。科学和哲学被置于很低的地位。④

那么,近代科学到底是不是"希腊科学"的复活呢?汤因比说:物理学的先驱们否认他们是在"古典"的影子下开拓这项科学的。⑤实际上,近代早期杜撰的"古希腊"不仅毫无益处,反倒是科学进步的绊脚石;只不过是在后来,它被精心包装为"西方优越性"的一个招牌而已。

---

① 康拉特·赛茨:《中国,一个世界强国的复兴》,搜狐读书。

② William Whewell: *History of Inductive Sciences*, *Volume I*, New York: D. Appleton and Company, 1858, p.50, p.185.

③ William Whewell: *History of Inductive Sciences*, *Volume VIII*. Acoustics. Appleton and Co., 1859, p.367.

④ Lewis Wolpert: *The Unnatural Nature of Science*, p.48.

⑤ 汤因比:《历史研究》,第12页,注7。

在近代欧洲,中国文化是科学革命的正流,而经院哲学和前不久被造出的希腊思想则都是逆流。

迪谢克教授指出:文艺复兴的哲学家布鲁诺拒绝亚里士多德的模式……中国有机关联的宇宙观和西方文艺复兴时期的赫尔墨斯哲学很接近(后者实际上也是源于中国。——引者)……16—17世纪的自然哲学家,诸如布鲁诺和弗拉德,犹如我们自己一样,并未觉得中国宇宙观是异端的思想……中国有机关联的宇宙观和文艺复兴的赫尔墨斯宇宙观肯定性地贡献了真正的科学技术。开普勒将其理论化,从而认为是磁力,而非我们所称的重力把太阳与行星维系一体。上述文艺复兴时期的神秘主义同样引导了牛顿的万有引力理论的发展……①

(丙)逻辑也会成为谬误

杨振宁提出,《易经》和《中庸》阻碍了中国科学(因为它们都是"非逻辑"的)。在我看来,这种执着于"死的方法"(线性、机械思维),并且还蔑视"活的方法"(有机、整体思维),是西方文化的一大弊端。正因为如此,西方不可能自己创造科学与文明,而只是千载难逢地遇到中国所赐的"天时地利",折腾数百年而已。这也就是法国汉学家谢和耐所指出的"希腊思维"的缺陷。(他尚不知道"希腊哲学"是近代早期杜撰出来的,如此思维或哲学只有宣传意义,而无实际用途)。

谢和耐写道:按(照)希腊人……不管这些变化的事,因为变化的东西难以把握;而唯一不变的东西,是运用理性即逻各斯(logos)所达到的真理,也就是运用一种推理所达到的真理。其结果出现二律背反,把……不确定的、变化的、常常模糊的可感知世界的东西,与可认识的存在、理性、不变的真理,因而是永恒的、可论证的东西相对立……这个观念是中国思想所没有的。但相反的,在西方却具有特殊的地位,几乎所有哲学思想都在寻求现象后面的绝对存在,及利用理性可以论证的真理……我们(西方人)继承了亚里士多德……天体不动的机械论,我们把这个观念一直保持到现代……②

所谓希腊式的"逻各斯",在17—19世纪的科学—工业革命的过程中,与实验科学格格不入,因而被作为教条主义加以批判和清除。③

大家都很看重逻辑,有不少西方和中国的学者都认为,它是17世纪欧洲科学

---

① Val Dusek: *The Holistic Inspirations of Physics*, p.53—54.
② (法)谢和耐:《中国人的智慧》,第176—177页。
③ William J. Bouwsma: *The Waning of the Renaissance: 1550—1640*, Best-set Typesetter Ltd, 2000, p.98—100.

革命的关键。其实恰恰相反,在中古与近代之交,那被伪造的"希腊思想"和亚里士多德主义及其逻辑系统,很快就滋蔓难图、误入歧途,以致不加以清除,则不可能出现近代科学。对此,美国历史协会主席威廉·鲍斯玛写道:培根批评逻辑无法细微地接近自然,而且是劳而无功的企图;它所做的是建立和保持谬误,而非通向真理之路……

蒙田特别厌恶依赖逻辑的烦琐哲学,认为此乃无用的迂腐。他主张,知识应该服务于实际生活。培根认同(逻辑)对事物讲原则是第一,对自然则是最高的泛泛而谈,无关乎人类福祉……蒙田痛惜这些无用的知识……他注意到"古典智慧"全然不能造福今人。

对烦琐哲学的鞭挞,主要集中于(对教会)奴颜婢膝的亚里士多德学派。(文艺复兴时期)意大利林琴科学院(Accademia dei Lincei)以仇视它而著称,其建立者费德里科·切西亲王(Prince Federico Cesi)誓言:"与亚里士多德主义战斗到底(Fight Aristotelianism all the way)。""亚里士多德主义者们已闭上眼睛,把自己埋没于古代作家的黑森林里,而不是使用他们的感觉器官去寻求真理。"

伽利略指责亚里士多德的信徒意淫哲学、心悖真理。他说:关键的是"我们都企图从亚里士多德那里学到他永不知道、也不能发现的真理"……帕多瓦大学是反亚里士多德的堡垒,虽然这里也有其信徒。法国……蒙田说他(亚里士多德)是"教条主义之王"。①

逻辑仅在如此的情况下很有效,即:对于已被控制的物体("死物")进行有效处置;或者对有把握的事设置某种程序守株待兔(已知对象一定如此,例如针对现代犯罪的城市监控系统)。逻辑对于创造性,或者对于"活物"(战场、情场、赌场等)几乎没有什么用。所以爱因斯坦中肯地说:"创新不是由逻辑思维带来的,尽管最后的产物有赖于一个符合逻辑的结构。"他又风趣地说:"万有引力可无法对坠入爱河的人负责。"

《易经》是处理"活物"的高级思维(确保万物众生之共存永续),它不拘泥于"定式"。《朱子全书·易》:"要在看得活络,无所拘泥,则无不通耳。"那就是《易经》所云:"……变动不居,周流六虚,上下无常,刚柔相易,不可为典要,唯变所适。"其中"不可为典要",即不拘泥于僵死的公式(逻辑)。反之,在对待"活的事物"或在进

---

① William J. Bouwsma: *The Waning of the Renaissance: 1550—1640*, Best-set Typesetter Ltd, 2000. p18, p.42—43, p.190.

行创造之时,拘泥于公式或逻辑,那真的就是守株待兔、刻舟求剑了——俗话说"闭塞眼睛捉麻雀"!

逻辑和数学等都只是智慧的工具,如果把它们当作智慧本身,那很是愚蠢的。美国数学教授约翰·保罗说:数学的抽象性是许多聪明人的一大障碍(The abstractness of mathematics is a great obstacle for many intelligent people),因为这样的人擅长分析细节,却强烈地抵制总体考虑。①一个过于强调逻辑与数学的文化显然缺少智慧之根,也不可能有其自身的知识传统。虽然逻辑、数学和科学等在今天是自成体系,但追本溯源,它们在历史上只能诞生于"元一的道"之中。白晋和莱布尼茨讨论,毕达哥拉斯和柏拉图的逻辑系统都是源于伏羲的《易经》架构。②

(丁)基督教的"巫术科学"

那么,近代西方的科学技术究竟是从哪里来的?是从天上掉下来的吗?在之前的百余年里,西方思想界对此争论不休,莫衷一是。既然如此,那只能说是"从天而降"——就像怀海德所称,近代科学来自上帝所赋予的人的"天性"(第二本能),进而寻根于基督教。

于是,西方学者便从欧洲中世纪的基督教传统里,挖掘"科学源泉"。例如沃克·柏西这样说:像怀海德所指出的那样,科学兴起绝非巧合;它不是来自爱奥尼亚形而上学,不是来自东方的婆罗门、佛教或道教,不是来自南方的埃及或玛雅,而是来自西方基督教的心灵。虽然伽利略与教会冲突,但如果不是他身体中的信念事先附在现实与价值以及万物的秩序上,那他岂会含辛茹苦地研究木星和自由落体运动!③

基督教与科学究竟是什么关系?显然,在科学—工业革命之后,基督教是科学转向"性恶"、从而破坏生物圈的"原罪",这正如林恩·怀特所论"基督教是我们的生态危机的历史根源"。④但在之前,基督教都是反科学的。例如"在西方基督教千年里……知识不见踪影……第一所大学被建于1211年,其旨趣和圣职审判相一致,专门对付异端与革新"⑤。

---

① S. Green, Ira K. Wolf: *Barron's PSAT/NMSQT*, Barron, 2006, p.102.

② David Emil Mungello: *Leibniz and Confucianism: Failure and Future in Ecumenism*, University of California, Berkeley, 1973, p.56.

③ Walker Percy: *Lost in the Cosmos: The Last Self-Help*, Book Picador, 2000, p.201.

④ Lynn White: *10 March 1967, Science, Volume 155, Number 3767. The Historical Roots of Our Ecologic Crisis*.

⑤ Joseph Wheless: *Forgery in Christianity*, p.366.

在中古与近代之交,基督教和它所伪造的并与之同流合污的"希腊思想"(亚里士多德主义),则都是进步的障碍;以致"当粉碎了……基督教神学与亚里士多德'科学'的综合(桎梏)的时候,近代科学才通过哥白尼的观念、开普勒的运算、伽利略的观察和牛顿的洞见,脱颖而出"①。

更有甚者,曾有人钻牛角尖,硬是要在中世纪欧洲这个"科学荒漠"(scientific wasteland)②中,挖出西方的"科学源泉"。他们提出了"巫术→宗教→科学"的进化模式。

卡伦·乔利等批评道:从巫术通过宗教而到达科学这一"理性的进化模式"出现于19—20世纪之交。就某个方面而言,"巫术→宗教→科学"的观点是早期欧洲的知识历史的产物……到现代阶段,它受到伪达尔文主义的社会进化理论的影响。

然而,原始性的巫术的思想又是欧洲人通过殖民者与传教士与土著接触的产物。殖民者与传教士基于欧洲的标准来评判发展阶段,他们把那些非城市、非文字的社会视为"幼稚"和"原始";断定那些非基督教的信仰和实践都是巫术,而非宗教,这就令人联想到欧洲的"黑暗时代"……非西方的土著文化与近代以前的欧洲的一致性反过来证明中世纪欧洲是"原始的",(因而不可能产生科学)……③

实质上,"巫术→宗教→科学"与寻找近代科学的"希腊源泉"一样,都是思维的陷阱——侥幸成功之后的暴发户之想当然!西方之所以能够在近现代拥抱"科学与文明",是由于其客观的"海洋性"的地理环境的缘故,幸运地被纳入中华文明的"运动轨道",而且恰好进入了"快车道"(海洋时代、世界联通)。

现代西方的文明主体及其各个方面,包括自由经济和哲学,特别是那最能代表西方优越性的民主与科学,都是华夏赐予。

附文:《中国对西方的礼赠——物质文化》(美国教师读物)片断:④

中国的东面临海,西部及西北有荒漠,西部及西南是高山和丛林。她看似与世隔绝。但很久以前,中国人就已突破地理屏障,开辟通往外部世界的商道……交流物质、技术和思想。整个中世纪,中国与欧洲之间保持着联系……中国从未像我们

---

① William Austin Stahl: *Webs of Reality*, Rutgers University Press, 2002, p.44.
② The Dark Age Myth: *An Atheist Reviews "God's Philosophers"*.
③ Karen Jolly, Catharina Raudvere, Edward Peters: *Witchcraft and Magic in Europe*, Volume 3: *The Middle Ages*, the Athlone Press, 2002, p.9.
④ Derk Bodde: *China's gifts to the West*, American council on education, 1942.

所想象的封闭……在两千多年中,物质与思想在中国与西方之间交流……这里所讲的是在物质上的中国对西方的礼赠,此种贡献对西方文明的发展有着极大的影响……对于历史学家来说,探索思想的异域交流是很难的;探索文明中心与外界的物质交流,则相对容易。中国给予其余世界很多思想与理想,同样给予其物质成果和科技发明(发现),诸如丝绸、瓷器、茶叶、造纸、印刷、火药、罗盘、漆器、机械、植物、风筝、棋牌等,此所涉及甚少……

假如没有如上所述的中国贡献,我们西方不知道有多么穷困!

就像玩牌,它给我们带来无尽的乐趣。别的,如瓷器,给予我们以有效的服务与艺术鉴赏。当然,很多其他的中国贡献,彻底改变了我们的生活方式,乃至奠基我们的文明。例如,倘若没有纸与印刷,西方人依旧生活在中世纪。倘若没有火药,世界虽然免受其害,但欧洲的盔甲骑士仍是盘踞城堡,因而我们依旧生活在"黑暗时代"。(如果没有历史中国的大型公共工程的启迪),不可能有巴拿马运河和胡佛水坝。最后,若非指南针,欧洲人"发现美洲"这件事可能至今未发生;这件事提升了欧洲的物质与知识生活,开拓未知领域,也包括我们美国。

(二)为什么中国会成为世界科技的源泉

我们不能切断我们过去的整个历史……中国对科学技术的贡献显示,西方对中华文明欠下了沉重的债务。(We must not cut off our whole historical past. …… Chinese contributions to science and technology reveals the heavy debt the West owes China.)——美国《中国通讯》(1975年)[①]

科学并非智慧,而是属于人作为智能生物的本能(第二本能)——人的"反克自然"的本能。鉴于科学或科技及其相关知识都是双刃剑,极具副作用,因而它兼有发展与悖论的双重性。所以至少是在开始阶段,科技不能自我产生。兰登·温纳教授说:"马克思……绝对不相信,技术的演进是一个自我生成的过程。"[②]

近代以前,"天人相与"(人与自然的和谐)是直接的生命攸关,由此,国土生态及乡土环境都根本不兼容任何双刃剑。科技最初只能是在和谐文化、和合智慧的驾驭和保护下,被开发、利用的。在达到一定规模之后,人们再用它来突破自然屏障,联通世界地理。科技本身在新的情况下,完成"量变→质变",从而获得"爆炸性发展"。当然,那是以"全球性生态"作为其平衡条件与牺牲代价的。

[①]*China Notes*, East Asia Office, NCC/USA, 1975.
[②]Langdon Winner: *Autonomous Technology*, the MIT Press, 1978, p.57.

历史上的"小科技"是在文化调节、动态平衡中产生,近现代的"大科技"是在改造自然、耗丧生态中绽放。这一前一后是截然不同的,我们不能只看"大小"。今天的方法不适用于古代,否则,不仅连"小科技"都得不到,而且简直是自毁家园。我们应该认识到,近现代的"大科技"是源于历史上的"小科技"的;后者也不是它本身的产物,而是"道的智慧"(和谐文化、和合智慧)的结晶。这就是说,历史上的中国科技与近现代的西方科技是因果关系。

世界科技的总源在古代中国。所以西方科技史家称,"中国是科技发明的国度。"(China: Land of Discovery and Invention.)①"中国是许多伟大的技术发明的源泉"(China was the source of many of the world's great technological inventions)。②

说得通俗点,古与今既是"因果关系",又有条件不同。后者指两点:1.近现代是"科学产生科学"——只要重视科技,不难心想事成、如愿以偿。2.历史上是"文化产生科技"——凡事不可违背和谐,故曰"正德惟和、利用厚生"。历史上的中国科技与"和谐文化"辩证互动,如此"道器合一、体用不二"是发明创造机制的保障。

近代以前的西方,在技术和经济上都是一贫如洗。例如历史学家说:伊丽莎白时代(16世纪)的经济……是原始经济、缓慢的技术进步、不充分不熟练的工人和有限的市场;不是发展,而是停滞。如此糟糕的经济,很难催生那追求文化、金钱、趣味和贪婪的中产阶级。③

(英国历史学家)"霍布森坚信,中国不仅开拓了欧洲中世纪的技术,而且她的许多工艺支撑了欧洲的文艺复兴、海洋扩张和军事革命,乃至支撑了英国工业革命……这些被中国人发明和传播的技术,大部分都是源于宋代的。……霍布森使其读者相信,欧洲一个接一个的划时代的变革——印刷革命、发现美洲、环球航行、伽利略革命和启蒙运动等——都是基于从东方借来的发明,再做更大的发展。……主要是中国提供了中世纪欧洲和文艺复兴所使用的技术。"④

再来看人性与科技的关系。西方是"原罪、性恶"——具有斗争性与冲突性。它在近现代,在造成人与人、人与自然的愈益冲突中,以摧残生物圈为代价,确实能够在地

---

① Robert K. G. Temple: *China: Land of Discovery [and Invention]*, Patrick Stephens Limited, 1986.
② William J. Duiker: *World History*: To 1500, Thomson Wadsworth, 1997, p.358.
③ Laura Caroline Stevenson: *Praise and Paradox: Merchants and Craftsmen in Elizabethan Popular Literature*, Cambridge University Press, 2002, p.22.
④ Ricardo Duchesne Brill: *The Uniqueness of Western Civilization*, Leiden: Brill, 2012, p.179.

缘政治上占上风,这是其长足发展的动因。但是,如果不是先前,中华文明的成就为其提升"海洋地缘",奠基科学—工业革命,并且为它打开了"全球天下",从而平衡它的大竞争、大发展。那么,西方的如此人性(原罪与性恶、斗争性与冲突性),必是向内聚爆和族群自杀。所以,中世纪欧洲须用神权禁锢,来扼制人性。

唯有中庸调节、向内平衡的传统中国,拥有最高水平的传统科技。然而,由于受到文化、人性、生态和地理等多因素的综合制约,历史上的中国自身不能在科学革命方面越雷池一步,否则,她便面临灭顶之灾,而丧失整个文明。《道德经》曰:"不敢为天下先","勇于敢则杀,勇于不敢则活"。另一方面,尽管西方借助于中国的传统科技,才得以勇往直前,但若不及时回归于中国的"道",其终点则是全人类与生物圈之同归于尽!《道德经》曰:"万物无以生将恐灭。"

存在着这样一个显而易见却又鲜为人知的规律,即:进入或分享"全球性生态"(全球循环、平衡竞争),是西方的科学革命、工业革命和资本主义的先决条件。这对于后起的东方民族的工业化与现代化,更是如此。不过,各民族进入或分享"全球性生态",都需要克服两个障碍——自然地理障碍和国际政治障碍。利用大西洋所需要的技术量,要比太平洋低得多。中英两国在此方面的成功分别是:1.英国凭借中国传统科技可以克服大西洋的自然障碍(1492年后),而它克服国际政治障碍则是开始于1588年(击溃西班牙"无敌舰队"),到17—18世纪分别打败荷兰和法国。2.中国凭借近现代的西方科技和工业成果才可以克服太平洋的自然障碍(非指一般航行,而是整个民族的外向发展——生存方式延伸到"全球性生态"之中),而她克服国际政治障碍则开始于1978年("中美蜜月"对抗苏联,从此西方联盟对中国"门户开放",让其参与世界市场)。

附录:中国古代100项发明和发现

坦普尔教授在李约瑟的研究成果中,总结出中国古代100项发明,分为11大类。这100项发明、发现,都是中国领先于世界各国的,有的早3200年,最短的也有50年。

农业:行耕与耘锄,领先世界2200年;铁犁,领先世界2200年;高效马具,领先世界2000年;旋转簸扬,领先世界1800年;播种打眼器,领先世界1800年。

天文舆地:太阳黑子,领先世界2000年;定量舆图,领先世界1300年;太阳风,领先世界1400年;麦卡托投影法,领先世界600年。

工程:驻波,领先世界1700年;铸铁,领先世界1900年;风箱,领先世界1900年;铸铁炼钢,领先世界2000年;深钻开采天然气,领先世界1900年;传动带,领先世界 1400 年;悬索桥梁,领先世界 1800 年;蒸汽机的核心技术,领先世界 1200 年;西门子炼钢法,领先世界 1300 年;弧拱桥,领先世界 500 年;传动链,领先世界 800 年。

工艺:漆器,世界上最早的塑胶,领先世界 3200 年;烈性啤酒,至今领先世界;石油和天然气燃料,领先世界 2300 年;纸,领先世界 1400 年;独轮车、幻灯、马镫、瓷器、除虫、雨伞、火柴、白兰地、机械时钟、印刷、纸牌、纸币和长明灯(皆领先世界,下同)。

医疗卫生:血液循环、内分泌学、糖尿病和免疫学。

数学:十进位制、零位、数、开高次方和解高次方程、十进位分数、几何学的代数化、多位圆周率和贾宪三角形。

磁学:罗盘、仪表盘与仪表指针、地磁倾角、剩磁与磁感应、生物地球勘探、雪花六角形结构、地震仪、地质学和夜光漆。

交通运输:风筝、载人风筝、运河、降落伞、孔明灯、小型热气球、船舵、桅杆和风帆、船只隔水舱、转轮船、陆地行舟和运河水闸。

声学与音乐:十二平均律。

兵器:弓弩、火药、火焰喷射器、烟火、焰火、炸弹、手榴弹、地雷、水雷、火箭、多级火箭、火枪、大炮、白炮、来复枪。化学战:毒气、烟幕弹、催泪弹。

(三)西方科学:中国科技及其理论

在西方兴起之前,中国在科学技术方面是无与伦比的。如果人们探源欧洲科学革命的种子……很容易地想到中国的那些发明。①——史蒂文·丹瑟

重申一下,科技与发展都是"悖论"。在近现代是"间接悖论":人们拥抱"全球性生态",在一个相当长的时间内,有着颇大的自由空间和发展空间,即使强烈的人类活动造成了生态环境的局部损坏,一般也不会危及人们的生存;而在近代以前则是"直接悖论",因为人为所导致的自然的反弹或报复,都会径直地否定生存(自然本身是"局部损坏,总体修复")。所以,现代科学或西方思想若是被放到古代,则是有百害而无一利,事实上也是不可能存在的。

在近代以前,唯有那禀赋"道的智慧"的中国了解自然的脾性,与之和解、和合,从而"顺势而为、顺天应人"。所以,唯有中国才能做到,可持续性地发展经济与

---

① Steven L. Danver: *Popular Controversies in World History*, ABC, LLC, 2011, p.105.

科技,贯通古今、联通世界。

李约瑟说:"在公元最初的14个世纪里,中国向欧洲传播了许多发现和发明。"①谢和耐阐述近代西方引进中国物质文化:17—18世纪自中国引进不少在欧洲尚不为人知的植物……西方采用活动簧片乃G.J.沃格雷之功(簧片成为簧风琴、口琴、手风琴的基本装置)。他曾有机会去圣彼得堡考查中国的笙,还借鉴过其他事物,如……簸扬机、船上采用的密封舱装置、丝蚕养殖、瓷器制造工艺……1675年,一个俄国使团要求中国派工程人员至俄国修建桥梁。②

……铁索桥大体起源于四川与汉藏交界地区,自600年起便在中国使用。但欧洲于1741年才建成第一道铁索桥,由奥地利建筑师F.埃尔拉克(1656—1723)提议建造,埃尔拉克公开声言,曾受中国式样的启发……关于磁的研究与学术纯粹由中国人所创。中国了解极性、感应、顽磁性、磁偏角比欧洲要早得多……18世纪欧洲极可能已受其影响。③

莱布尼茨,这位亲华人士已走到科学思想最新发展的前沿……值得注意的是,自16世纪发展起来的实验科学,就其现代面貌方面与中国概念相符(磁学、力场观念、微粒旋风思想、波传播观念、组合逻辑、有机整体与机体自我调节观念等等),这些皆为西方传统所无。④

在科学上,希腊思想是一种被伪造的"近代理论",它是在中国改变欧洲(启蒙运动)之后才被奉为至宝的。在科学—工业革命之际和之前,被伪造的"希腊科学"是成事不足、败事有余。而在其后,西方中心论就把"科学革命和塑造希腊联系起来了,并宣称近代科学完全起源于欧洲自身"⑤。亦即,凯瑟琳·米尔恩所说:特别是在19—20世纪,当历史学家们开始梳理西方中心论的科学史的时候,他们典型地提升了古希腊思想家的作用,诸如毕达哥拉斯、苏格拉底、柏拉图、希波克拉底和德谟克利特,当然还有亚里士多德。⑥

---

① Luigi Zoja: *Growth and Guilt: Psychology and the Limits of Development*, Hove, East Sussex: Psychology Press, 1995, p.196, notes12.

② 谢和耐:《中国社会史》,第459—460页。

③ 谢和耐:《中国社会史》,第402—403页。

④ 谢和耐:《中国社会史》,第462页。

⑤ Ziauddin Sardar: *Postmodernism and The Other: New Imperialism of Western Culture*, London: Pluto Press, 1998, p.206.

⑥ Catherine Milne: *The Invention of Science: Why History of Science Matters for the Classroom*, Rotterdam: Sense Publishers, 2011, p.21.

但近年来，诸多的西方科学史家有这样的共识：中古与近代之间，欧洲的实用技术主要是中国的，科学理论主要是阿拉伯的，两者的结合构成了科学革命的内容；而后，中国的"有机自然"的科技思想，又进一步启迪西方科学界，从而对科学—工业革命，及其两个中国来源（实践与理论），进行了"新的综合"，这才会有西方现代科学的。这就是说，中华文明的物质与思想的成果，不仅奠基近代科学与文明，而且启迪了现代与后现代。

对此克拉克教授写道：根据李约瑟的研究，许多被认为是欧洲科学革命时期的技术成就，实际上是先前的中国影响所致，它们构成了始于文艺复兴阶段的近代科学的重要方面……至于科学思想，中国是超前的……李约瑟强调这一点，即中国自然哲学与（西方）后古典物理学的相关性。现在和将来形式的科学，都是建立在有机哲学之上的，后者源于注重内在关联的中国哲学。玻尔和卢瑟福等人超越牛顿所达到的造诣，中国古人早就"有的放矢"于此。李约瑟的颠覆性的目标，是利用中国科学史来批判伽利略—牛顿模式，并且借助于新儒家（宋明理学）来构造超越西方机械论的有机综合体。

自那以后，物理学摇摆于原子机械模式和有机整体之间，因为许多有影响的思想家已经发现，中国和印度的自然哲学是明显超前的。[②]

换言之，基于中国技术的近代科学（以牛顿力学或机械论为代表）是最典型的"人的反克自然的本能"，它造成了严重的后果。作为修正，20世纪出现了"有机自然"的科学观，这是受到中国思想引导的。

关于中国思想对西方科学的影响，谢和耐说：中国的启迪……极有可能推动现代科学思想的形成……中国思想的另一个基本特色是普遍自发秩序的概念，凌驾于直接机械行动概念之上。莱布尼茨热心研读来自中国的耶稣会士的报告，并与闵明我神甫通信。他把世界视为由无数小机体构成的大机体，并以此思想代替那将世界看作是一部机器的思想。这种"单子论"的终极观念，远离西方原先的传统，就其单子的等级与预定和谐，令人不禁想起新儒家关于"理"（普遍秩序的内在因素）……"理"表现为宇宙万物的所有层次上，使得在大统一中，每个人都拥有自己的一部分"理"，没有既定方向也无须机械推动，便自然而然参与宇宙的秩序。神学唯心论与原子唯物论之间的尖锐对立，一直支配着整个西方思想。莱布尼茨得

---

① John James Clarke: Oriental Enlightenment: The Encounter Between Asian and Western Thought, Routledge, 1997, p.167—169.

以成功地解决这一对立,其凭借的观念恰与华夏世界普遍接受的观念相通。西方世界必须放弃追求事物之外的现实,舍弃在其思想文化传统中根深蒂固的观念,即认为自然与生物由一个机械及其操纵者,即由躯体与灵魂构成。西方还必须接纳中国人的观念,即认定事物本身已包含全部现实及其微妙奥秘。只有这样,科学思想才能发展起来。①

表解　近现代的科学:源流与形成、问题与修正

近代科学的形成和源流→			近代科学的出现严重后果→	现代与后现代有机自然的科学	
中国的科技发明(促进)→	近代科学		机械论宰制自然走进死胡同	中国文化→	现代科学与东方智慧的结合
阿拉伯科学理论(促进)→				其他东方智慧→	
伪造的希腊思想(阻碍)¤		希腊→			
基督教神权禁锢(阻碍)¤		基督教→			

现代科学纵然是古今中西之融会的产物,其建设性和生活面是属于中国文化的,而它的客观性、割裂性、非我性和非生命性则属于"希腊文化"(近代西方);至于西方科学的爆炸性和破坏性以及无所制约性,应该是伪亚里士多德主义与基督教的谋和之作。所以法国学者瓦莱里也说:中国古人"已经掌握了足以无限扰乱地球安宁的方法",尽管他们"不敢为天下先"②。

难怪科学革命与工业革命未能发生于历史中国!华夏圣贤确实担忧人类自毁。他们如此保守和迂腐,与其说是杞人忧天,不如说是悲天悯人;与其说是悲天悯人,不如说是唯恐天诛地灭;一句话,在打破世界与自然之和谐方面,传统中国不敢越雷池一步!——《道德经》曰:"不敢为天下先……舍后且先,死矣!"又曰:"勇于敢则杀,勇于不敢则活,此两者或利或害。天之所恶,孰知其故?"

试想,假如中国古人采取西方模式,那世界大战岂不会提前千百年!人类还能存活至今?华夏圣贤把发展与科技皆融于和谐大道,进行中庸调控,对其"发而中节",使之"利而不害"。儒经云:"正德,利用,厚生,惟和",旨在"为生民立命""为万世开太平"。

尽管中国的物质文明冠于世界历史,但华夏圣贤对待"硬实力"却很谨慎,发而中节或备而不用、厚积薄发或后发制人,他们总是顾及全人类的长远利益。例如

---

① 谢和耐:《中国社会史》,第461—462页。
② 《中国印象》,上册,第85页。

《易经》曰:"各正性命,保合大和……首出庶物,万国咸宁。"——后一句喻,中华不可用其诸多发明去征服世界;前一句喻,中华要为全人类及生物圈进行"文化保险"。控制技术滥用和"科学的爆炸性",是文明母亲的天职!今人能理解古圣贤的一片苦心吗?

二、儒家民治与西方民主

(一)中国文化对欧洲"政治启蒙"

汉唐时代……民主精神的文治政府,经济平等的自由社会,次第实现。①——钱穆

儒家,贡献于结束先秦的封建主义,并在秦汉之际促成了废除等级制度和贵族特权,从而使那免于阶级差别的大众教育扎下了根,社会正义由此开始。自从那时(汉朝),中国就是民主的。②——《世界宗教读本》(伊恩·马卡姆 主编)

近代以前的欧洲,不存在产生民主的土壤,那是个相争相害、时生时灭的"霍布斯邦",若非"神权禁锢",则必屠戮殆尽。既没有生命权,也没有追求"现世生活"的权利。

在中古与近代之交,西方需要建立世俗制度和人本政治(民族国家的体制),它的第一步是由"神权"转向"人权",这一过程的物质前提是四大发明,再加上西方人依靠中国技术霸占美洲、劫掠世界,从而使欧洲内部变得宽松。它的精神条件是儒家"启蒙欧洲"——非宗教的西方"人权"是源于无神论和自然法的儒家(宋明理学)。欧洲的"自然神论之父"爱德华·赫尔伯特援引儒家思想佐证他的理论。近代西方政治形成的关键是:中古西方"神本"→自然法(儒家"自然哲学")→近代西方"人本"。

"天赋人权"的思想来自儒家。③成中英和尼古拉斯·布宁推测,儒家通过洛克启迪了欧洲天赋人权的启蒙思想。④再者,鲁德尔曼教授写道:就像多兹利(Dodsley)一样,伏尔泰说出了他理想的宗教观,是以……东方圣人为奥援的。伏尔泰和

---

① 钱穆:《中国文化史导论》,第203页。
② Ian S. Markham: *A World Religions Reader*, Oxford: Blackwell Publishing Ltd, 2009, p.123—125.
③ *Special Studies Series*, Council on International Studies, SUNY at Buffalo, 1978, p.31.
④ Chung-Ying Cheng, Nicholas Bunnin: *Contemporary Chinese Philosophy*, p.404.

其他哲学家一道,在中国的宋明理学中发现了伦理自然神的理想原型,它是一个非教派的自然神之信仰,即主宰万物的自然规律。伏尔泰特别着迷于中国在开明和稳定政府之下、在学士和宗教宽容之中的理性制度,它重视伦理(为仁由己、自我拯救),而独立于人神的信仰,伏尔泰希望用它们来取代基督教欧洲的神权制度。①

中华文明是当今世界的科技、文化、政治、经济和教育及其相关制度的原创者或发明者。近代以前的西方,它的"俗世文明"和制度的内容几乎为零。诺思艾奇说,历史中国是"现代制度的祖先"(ancestors of the modern system)。② 18世纪的一位欧洲学者宣称:(作为)一切立法、政治、经济及社会活动之准则的自然秩序的概念,若不是从孔夫子那里拿来的,又是从哪里来的呢?③

在世界历史上,中国是最久、最大的政治中心。中国历朝每每带来逾百年和泛世界的"天下太平",其宏观管理的有效性都远远超越它们自己的空间,如此的体制示范及影响都远远超越它们自己的时间。

在谢和耐看来,中国传统政治及其管理功能,简直就是人类社会中无与伦比的奇迹。他写道:中国最出色的成就之一是在漫长的演变过程中发展了复杂的政治组织形式,成为人类社会史上最完善者。一种统一的行政制度能够在如此早期便延伸到如欧洲幅员的广阔地域,而其居民的多样性亦堪与欧洲相比,这确实令人惊讶,值得一书!

请想一下米拉波就1789年之前的法国发表的言辞,他将其视作"一群分裂的缺乏组织的人民!"而中国则是这样的国度:它最留意系统安排自己的空间,如道路、驿站、粮仓、城池、御敌围墙、河水调节、水库、运河等。中国政治功能发达,而且大大高于其他功能(军事、宗教、经济等功能)。这是中国最显著的特点之一……

从来没有任何僧侣、任何军事集团、任何商业阶层能够在中国僭取政权……在中国我们见不到人的秩序服从于神的秩序……它表达了一种极为卓越的政治行为方式,这种方式一直延续至今。因此,有人以为早已揭开了纯粹独裁政权的假

---

① David B. Ruderman: *Jewish Enlightenment in an English Key*, Princeton University Press, 2000, p.103.
② F. S. Northedge: *The International Political System*, London: Faber, 1976, p.34—52
③ 艾田蒲:《中国之欧洲》,下卷,第245页。

面具,其实不过是自己的误解而已。①

中古欧洲教俗对抗、四分五裂、内争外斗,而广土众民的中国则大体上是政通人和、整齐划一、选贤举能、推广和平、"中天下而立"。所以,17—18 世纪的欧洲人把传统中国的政治体制视为楷模和标准,并且按照它来建立他们各自国家的制度。我们再摘录西方文献如下:他(利玛窦)在中国发现这个比欧洲还大的国家被全部组织于统一的权力之下……中国可以向欧洲人提供某种与理想国家相似的内容。17 世纪,欧洲出现了一种迷恋中国的形式。②

中国吸引了那些反对英国政治中的唯金钱论者。因为他们把中国视为一种理想国,即经过有关伦理知识的严格考核之后,根据每个人的品德而选择官员来行使政府职权。为什么英国不能这样做呢?③

在 18 世纪时,越是接近……法国危机的爆发,兴趣的中心越是向政治转移……中华帝国以其前所未闻的财富与法兰西的贫穷相对立。这种运用中国楷模的做法……也不是法国所独有的。荷兰使节纽霍夫……赞叹不已:"啊,王公们!我可以保证,如果按中国人的模式行事,那么你们甚至会从最低层找到某些人,以向他们传授美文学。你们会从他们之中选拔大臣……"

人们取得了一致或基本一致的看法,即中国政府形成了一种可以衡量欧洲社会弊端的标准。人们特别赞扬其政府选拔官吏的制度——科举和会考制。这一制度首先被英国运用于其文职机构中,后来在整个欧洲都取得了成功。④

在欧洲启蒙时代,中国成为"民主、理性、平等、人权和无神论"等理念的故乡。美国汉学家顾立雅指出,中国文化在 17—18 世纪的法国导致了"精神的革命","使得整个西方世界逐渐地再次朝向了东方,走向了民主"。他还说,"孔子哲学"对"美国民主思想之发展"产生了重大作用。"杰斐逊的治国思想受到了中国科举制度的影响",西方普遍实行的"公务员考试录用制度""根据人的才能而非名望来挑选官员"等,皆源于儒学。⑤

伏尔泰对中华文明全面赞美:"只有中国是世界上最公正、最仁爱的民族",

---

① 谢和耐:《中国社会史》,第 29—31 页。
② 《明清间入华耶稣会士与中西文化交流》,第 323 页。
③ 《明清间入华耶稣会士与中西文化交流》,第 389 页。
④ 《明清间入华耶稣会士与中西文化交流》,第 24 页。
⑤ Nicolas Berggruen, Nathan Gardels: *Intelligent Governance for the 21st Century: A Middle Way between West and East*, p.48—50

"人类智能不能想出比中国政治还要优良的政治组织来"……叹息"我们不能像中国人一样,真是大不幸"。①

不少西方学者把法国大革命"视为一场受中国观念激励的运动"。②戴密微说:在18世纪时,由于孟德斯鸠、伏尔泰和那些被称为"哲学家"的学者们的活动,使欧洲感兴趣的已不再是真正的中国哲学了,而是中国的政治和经济理论……但欧洲的思想阵地最终还是以最为激烈的方式感到了中国的影响。那些认为中国曾为法国大革命做了思想准备的"启蒙哲学"……实在不乏其人。③

(二)中国文化促成西方民主的过程

近代早期,"去基督教化"的西方各国均在草创制度,其思想之源泉和设计之灵感主要是中国文化。总结欧美学者论述,大致有五点:

1. 17—18世纪欧洲启蒙运动是"中国热",启蒙学者们利用儒学来打破神权;

2. "康乾盛世"是非宗教国家的楷模,以此证明非基督教的、世俗政治的可行性;

3. 中华文明的悠久博大,特别是其亘古绵长的历史与历史学都揭穿了《圣经》神话;

4. 科举制度是世界最伟大发明之一,它是近现代欧美的文官制度的蓝本;

5. 近代西方的民主政治与人权之理念,直接或间接撷取于儒家思想。

法国汉学家艾田蒲说:那些哲学家,如培尔、马勒伯朗士、莱布尼茨等一致认为中国思想的发现给欧洲,尤其是给法国的那些梦想使自己的国家摆脱暴政和僧侣统治的人提供了证据。世界上确实存在着一种最为丰富多彩、繁荣且雅致的文明,在这种文明社会之中,一个通过一系列考试、竞争而被接纳的哲人阶级构成了政界的主要官员。④

进一步阐述,中国派生西方政治,使欧洲从原始状态——毫无"俗世文明"(制度、管理等),变为近代国家,包括五个环节:

第一,文字与国家。四大发明推启了欧洲社会,造纸术和印刷术使之由原始状态(口语—血缘—部落社会)进化到人文状态(文字—地缘—契约社会);火药与指南针使西方在内外征战中形成了组织力与动员力。从而使得统一民族国家与通用

---

① 朱谦之、黄夏年:《朱谦之文集》,福建教育出版社,2002,第196页。
② 《明清间入华耶稣会士与中西文化交流》,第476页。
③ 《明清间入华耶稣会士与中西文化交流》,第223—224页。
④ 艾田蒲:《中国之欧洲》,下卷,前言。

语言文字相辅相成。

第二,模仿与引进。火药与征战带来了军事革命,在此过程中,效法中国的国家机制——包括模仿大型公共工程的管理(如水利)。①还有许多具体的行政管理.制度,诸如新闻、人口、教育和经济体制。

第三,人文与启蒙。由儒学所引导的欧洲启蒙,旨在建立俗世文明,它包括导致18世纪末至19世纪上半期一系列欧洲革命的"三个否定":A.否定宗教神权→为仁由己、自然天赋;B.否定贵族特权→有教无类,选贤与能;C.否定君权神授→贤能治理,民本诛暴。

第四,革命与宪政。18世纪后期,美国革命、《独立宣言》及宪法和法国革命、《人权宣言》及宪法都不仅涵摄儒家思想,而且其整个的精神——特别是"自然法—天赋人权"——都浸透着中国哲学。②天赋人权,三权分立和主权在民,其实都是源于儒家。虽然孟德斯鸠——就像谢和耐所反驳的——武断指责中国传统政治是"专制主义",③但是"在孟德斯鸠的三权分立思想的形成过程中,也受到中国政府体制的影响"。④

第五,科举与选举。虽然英国的议会制度是在启蒙运动以前就已形成,但在其于19世纪中后期引进中国的文官考试制度之前,英国的政治都是贵族性、世袭化、反民主的。当时的英国学者卡莱尔说,即使议会普及至乡村,立法条文像黑莓一样繁多;若不采用中国科举,那也等于零。⑤不久,其他西方国家都纷纷步英国之后尘,复制中国科举这个最古老的、久经考验的文官制度。

(三)政治文明在西方发生了倒退

"天下为公、选贤与能"的理想,主导了启蒙运动的政治方向,影响了美国革命及《独立宣言》、法国革命及《人权宣言》。历史最久、最为公平合理的科举制度,在19世纪被引进于欧美诸国。然而,在法国,一方面,孟子思想和民本主义,被偏激化地用于血腥的暴力革命——反宗教、反暴政(18世纪末法国革命,对特权家族

---

① James E. McClellan III, Harold Dorn: *Science and Technology in World History: An Introduction*, JHU Press, 2006, p197.
②Ian S. Markham: *A World Religions Reader*, p.123—125.
③谢和耐:《中国人的智慧》,第13页。
④耿昇著《中法文化交流史》,云南人民出版社,2013年,第263页。/ Jim Jose, Rob Imre: *Not So Strange Bedfellows*, Cambridge Scholars Publishing, p.51.
⑤Thomas Carlyle: *Heroes and Hero-worship*, London: Chapman and Hall, 1869, p.200.

进行肉体消灭);另一方面,忽略其保障民生的部分(为民制产、予人恒产,即社会保障)。法国为此付出了惨重代价,在革命之后仍连续动乱八十年之久。

对待西方民主,决不可轻信其"善"。从文化理念上讲,它背离了"母亲文明"的原旨。中国文化是行王道,而非霸道;是天下观,而非国族观;是君子尚德,而非利益取向。从历史实践看,1945年以前,西方各国都是不断地发动战争与扩张,殖民掠夺,灭绝土著;都是通过牺牲外部世界,来实现其内部民主的。第二次世界大战后,霸主(美国)整合西方(西方阵营),而以欧亚大陆的东部承受"西方原罪"为其存在条件,再以深度挖掘地球生物圈的"高消费、高技术"作为西方文明与民主继续存在的代价。

概言之,欧美文明及政治是中华母体的派生与退化。

西方政治及民主,是人类政治文明的大倒退。略论两点如下:

第一,从时间上讲,欧美政治及民主是和两千多年前中国先秦的国家政治属于同一档次的,都是"战国式"和排他性的民族国家,而低于后世的中国传统政治——和合性与包容性的、并且带来"天下太平"。①

比较近代早期的西方与中国古代的国家政治,美国诺特丹大学教授许田波写道:不仅在国家关系方面,而且在国家—社会关系方面,古代中国和近代早期的欧洲是相似的。古代中国发展了主权领土国家、官僚化管理的中央集权、行政统一和国税制度。官僚集权管理是近代或西方的一种设定。顾立雅(Herrlee Creel,曾是美国东方学会会长)强调:"把两千年前就已存在的中国政体,与高度集中管理的现代国家相对照,就会出现最令人惊讶的,或许是最显著的相似性。"区别国家与君主,把公共管理与世袭爵位分开,基于客观的功德标准选拔和晋升官员,普遍的和公正的公开法规,人口注册与统计,税收和开支的中央预算,大量统计和报告,直接统辖的能力和其他的管理机制;凡此,在中国都已完备,领先于欧洲两千年……社会—国家的必要条件是法权、开明思想和福利政策,它们在欧洲的土壤开花之前很久,在中国的田园就已成熟。一言以蔽之,古代中国在许多关键方面惊人地相似于近代早期欧洲。②

实际上,近代西方的国家政治是模仿中国建立起来的。许田波教授又说:普鲁士……集权官僚制起源于别处……普鲁士实行文官考试制度、统一税收和阶段性

---

①《梁漱溟全集》,第三卷,第26—28页。

②Victoria Tin-bor Hui: *War and State Formation in Ancient China and Early Modern Europe*, Cambridge University Press, 2005, p.6—7.

的人口普查,这在欧洲是罕见的,而在中国是常情。在欧洲人航行到亚洲之后,耶稣会士刻苦地了解中华文明,他们对中国的行政管理印象深刻……耶稣会士来华使团的先驱者利玛窦的著作,到1648年为止已被翻译成五种欧洲文字。有关中国的新知识到来之际,恰值欧洲的改革者面对其政治难题。欧洲的启蒙思想家吃惊地感到,在两千多年前,中国思想家已有同样的困心衡虑、已有同样的革故鼎新。(两千多年后)中国对普鲁士的影响尤为强烈。腓特烈·威廉爱读有关中国的书籍,他资助对中国的研究……欧洲第一次书面的文官考试发生在1693年,顾立雅相信:"这个灵感来自中国。"顾立雅说,在中国,以客观标准来选拔官员始于公元前4世纪末(战国时代),而书面的文官考试始于公元前165年(西汉)。如果普鲁士模式至少是部分模仿中国,大多数和古代中国相似的(欧洲制度)就不那么奇怪了。①

第二,从性质上讲,欧美文明及其民主政治都是悖论,因为若非冲击和牺牲外部世界及地球生态,它们则是不可存在的。

许多受西方思潮影响的中国人都把《人权宣言》和欧美宪政敬若神明、奉为圭臬、却鲜知其弊,且罔闻史实。凡是违反"修己安人、内圣外王"的原则,讲人权,讲普世价值,必然造成人祸(转化为西方的受害国的内忧外患)——人性解放亦导致"原罪爆炸",从而殃满世界,物种渐灭。

西方的任何理想(从基督教到现代文明)一经落实,无不损人利己,哪来正面意义!例如美国《独立宣言》怎样带来"天赋人权、主权在民"呢?是以灭土著、拓西部为其实现的条件!法国《人权宣言》紧跟着长期动乱,全靠殖民扩张为之缓和(包括多次对华战争);20世纪中期以前的两百年间,它是发动战争最多的国家之一(仅次于英国)。所以罗素说:"所有现代白人国家都在理论上有一套高尚道德,但在现实中却是另一回事;这种情况从不发生于传统中国。"②汤因比也说:人道兼爱与四海兄弟这些宗教美德,在西方民主的实践中却表现为"部落意识和穷兵黩武"。③

西方政治在精神上是基于人性的堕落(原罪、性恶)——儒家的"人禽之辨"以下(人退化为"近似于禽兽的野蛮人")。它不要求个人修身和社会从善如流,而是

---

① Victoria Tin-bor Hui: *War and State Formation in Ancient China and Early Modern Europe*, p.148.
② *The Basic Writings of Bertrand Russel, 1903—1959*, Routledge, 1992, p. 557—558.
③ 汤因比:《历史研究》,第8页。

放纵原罪,让社会从恶如崩(矛盾及祸因乱源转嫁于外,剩下来的就是理性)。就像休谟所论证的,现代西方政治在精神上是基于"原罪"的。人蜕变为"禽兽人"(哥特–日耳曼式的原始野蛮性),并且传染给了整个人类,[1]而使五千年来的文明开化、修身教养毁于一旦。如此蜕变,使人成为有条件的理性动物、无条件的非理性动物。所谓有条件的理性动物,就是当外部世界可被它宣泄矛盾和劫掠财富之时,该社会内部就会自然而然的理性化(美好的制度应劫而生)。否则,社会内部——主要是西方的受害者——就成为非理性的禽兽之域。

上述"禽兽人"的内部佳境或"民主政治"的必要条件是,凭借地缘政治的客观优势嫁祸于外、损人利己。由此战争与霸权乃必不可少。

三、经世济民与自由经济

（一）"华夏张力"的西洋绽放

如前所述,近现代是以全球性生态为其平衡条件与牺牲代价,从而科技与经济均能够长足发展、突飞猛进。我们现代人难免会站在今天的物质文明的高度来藐视历史,这样一来,我们就会误认为古人不懂得发展？甚至,对于近代以前唯一的可持续性发展的中国,对于这个"连续发展了好几千年的高度文明",[2]许多学者都按照近现代的标准来苛求历史,而蔑视之为"停滞不前"。他们总以为历史上的封建专制阻碍了中国的进步,却不知道：1.在发展上,古人极为困难,今人十分容易；2.近现代西方和西方化国家的"大发展"是源于、基于传统中国的"小发展"；3.在世界历史上,中国是发展与创新之最,而西方则几乎为零。

古人的生态环境没有回旋余地和外部缓冲,在此情况下,由人欲、人口、人智、人为所导致的自然的反弹,都不可能疏解出去,甚至会直接倾覆家园。所以,古人总是把他们的行为和活动,统统降低到"免受天惩"的程度(一般都是宗教神约),如此一来,就几乎不存在发展和进步了。

唯有中国是例外的。中国先民与圣贤顺天应人,"遥契天道"(牟宗三语),因而得以发展与创造；并且发挥此种"和合智慧、和谐文化",在政治上建立"大一统",在人群中推广"同心圆",从而形成了越来越大的经济与市场空间；其规模程度与

---

[1] David Punter, Glennis Byron: the Gothic, Blackwell Publishing Ltd, 2004, p.39—40.
[2] 康拉特·赛茨:《中国一个世界强国的复兴》,搜狐读书。

周期频率、经济活动与科技成果也都是越来越大,终于打通全球、启动世界。

另一方面,正因为近代以前的各地人群皆囿于本土的生态环境,所以除了某些热带地区,都难免遭遇"马尔萨斯危机"(人口与生态的严重失衡)。尽管如此,比较起来,唯有中国是高度文明与发展的迤逦起伏,而其余世界——特别是欧洲——则都是在原始层面上重复着生灭轮回,而无发展与和平。

近代以前的欧洲经济史,就像克拉克(G.Clark)教授所说:"经历了第一个和最长的'马尔萨斯停滞'(Malthusian stagnation),是从公元前13000年到公元1000年,人们徘徊和动荡于生存线的上下;用霍布斯的话说是'贫穷、厌恶、野蛮和短命'……决定性的突破开始于中世纪后期……"[1]

欧洲及世界的近代化主要是在中国被提前准备和充分酝酿的。英国历史学家阿梅斯托指出:为了确定谁是第一个近代国家,西方历史学家长期争论不休——英国、法国、西班牙或荷兰,甚至立陶宛?然而,中国已展示近代化的关键要素,有许多世纪了!——国家主权,中央政府,集中任命的管理层,一致性的行政制度,统一的法律、货币、度量衡,便捷的内部交通和由选贤任能所构成的文官政体,它使贵族专权和封建割据成为不可能。省级长官代表皇帝来伸张正义,行使法律,收集赋税和监督治安;他们被甄选于科举考试,其内容是儒家经典和策论时政,德行与能力尤其作为升迁的标准。

归根结底,促成人类社会发生近代转型的首创因素,大部分都是中国的。加速和扩大交流的纸与印刷皆是中国的发明。火药亦然,若非如此,就不会有军事革命;后者形成基于热兵器的武装力量,一改游民部落渔猎定居文明的老皇历……若非如此,也就不会有近代民族国家,后者即诞生于军事革命……工业化必须使用鼓风炉和煤,两者都源于中国。近代资本主义不能没有纸币,这又是西方借鉴于中国的。征服海洋所依靠的是中国的导航仪和造船术,这个西方人庆贺他们所具有的冲击世界的伟大思想,在中国尤为久远。像科学一样,金融、商业、交通和战争——它们构成了塑造现代社会的革命因素——都应当归功于中国的技术和思想。西方全球霸权的兴起是中华文明及其发明的长期积累的结果。[2]

我们现在来阐述西方经济学的中国源泉。

---

[1] Arvind Subramanian: *Eclipse: Living in the Shadow of China's Economic Dominance*, Washington: Peterson Institute, 2011, p.70.

[2] Felipe Fernández-Armesto: *1492: The Year Our World Began*, London: Bloomsbury Publishing Plc, 2009, p.212—213.

阿瑟·赖特教授引用张之洞所言"现代经济理论早在《礼记》和《大学》中就已出现"。①当然，西方近代经济学在中国既有经学源泉，又有子学源泉，后者包括管子、老子和司马迁等。

根据诸多经济学家（杨瑞辉、侯家驹、桑田幸三）的研究，亚当·斯密大体上是"祖述"司马迁的思想而成就其学说的。②

当你对照亚当·斯密的《国富论》，来阅读司马迁的经济专论，就知道亚当·斯密的理论体系基本上不是原创的。司马迁写《货殖列传》冠以老子之言。老子尤论"自由竞争"和"自然均衡"，例如："我无为……而民自富"；"民莫之令而自均"；"天地不仁，以万物为刍狗，圣人不仁，以百姓为刍狗"。1974年诺贝尔经济学奖得主哈耶克引用《道德经·第五十七章》："……我无为而民自化，我好静而民自正，我无事而民自富……"

研读《史记》的相关文字便可发现，在这里，西方古典经济学已是一应俱全、炉火纯青，其不外乎如下10点（请注意引号中司马迁的话）：

1. 重商主义："……求富，农不如工，工不如商。"

2. 私利动机："天下熙熙，皆为利来；天下攘攘，皆为利往。"

3. 拜金主义："凡编户之民，富相什则卑下之，伯则畏惮之，千则役，万则仆，物之理也。"

4. 追求利润："与时俯仰，获其赢利，以末致财，用本守之。"

5. 发财致富："工虞商贾，为权利以成富，大者倾郡，中者倾县，下者倾乡……"

6. 自由竞争："贫富之道，莫之夺予，而巧者有余，拙者不足。""富无经业，则货无常主，能者辐辏，不肖者瓦解。"

7. 经济周期："……物盛则衰，时极而转，一质一文，始终之变。"

8. 价值规律（价格波动）："……物贱之征贵，贵之征贱。""……贵上极则反贱，贱下极则反贵。"

9. 放任政策（无形之手）："农而食之，虞而出之，工而成之，商而通之。此宁有政教……人各任其能，竭其力，以得所欲……各劝其业，乐其事，若水之趋下，日夜无休时，不召而自来，不求而民出之……自然之验……"

10. 体制优劣："善者因之，其次利道之，其次教诲之，其次整齐之，最下者与之

---

① Arthur F. Wright: *The Confucian Persuasion*, Stanford University Press, 1960, p.289.
② 侯家驹：《先秦儒家的自由主义经济思想》，载香港《中国社会科学季刊》1993年第3期。

争。"〔分别是:自由放任(因之)、政策奖励(利导之)、宣传教育(教诲之)、计划经济(整齐之)、国家统制(与民争利)〕。

关于亚当·斯密与司马迁有无直接思想渊源,学术界颇有争论,莫衷一是。香港杨瑞辉教授认为,亚当·斯密"无形之手"的著名信条,贯穿于其《国富论》(1776)之中;而早在汉朝,司马迁在《史记》已首创相关理论。司马迁在价格机制中阐明"无形之手"尤为深刻。两人的分析有共同的哲学基础,即典型的中国的自然秩序。他们应用相似的概念得出相似的结论:政府干预应该适度。更耐人寻味的是,亚当·斯密可能通过杜尔哥和两位访问巴黎的中国人,获取中国的相关知识。①

反驳的学者们提出,亚当·斯密的价格机制形成于1764年他去欧洲之前。②

我们认为:

第一,在欧洲启蒙时代,巴黎是文化中心,也是东西方汇聚之地,在那里产生了受中国文化影响的欧洲第一个经济学派——重农学派(其领袖魁奈号称"欧洲孔夫子")。亚当·斯密在学习和研究时,不能不吸取这方面的信息。

第二,亚当·斯密的苏格兰同乡和挚友大卫·休谟,是撷取中国文化的枢纽性人物,在哲学方面上承莱布尼茨,下启诸多欧洲后生;在经济学方面,令亚当·斯密受益匪浅。③

第三,亚当·斯密于1764年去法国,面见重农学派人物,不能不增进其经济学和《国富论》。

按照雅各布森(Nolan Pliny Jacobson)教授的观点,在17—18世纪,欧洲各国的重要学者都在促进"东方影响西方思想";而在苏格兰则是休谟和亚当·斯密,后者的"无形之手"和同情心理,酷似道家所论——合理调节社会中的人际关系。休谟的人性论源自《孟子》,而亚当·斯密则推崇休谟的这个思想。马弗里克(Maverick)说,孟子的博爱思想影响了亚当·斯密的《道德情操论》和魁奈的著述。魁奈通过在华耶稣会士吸取中国哲学,而形成了重农学派的理论。休谟与魁奈有许多次

---

① *Pacific Economic Review*, September 1996, Volume 1, Issue 2, *THE TAO OF MARKETS: SIMA QIAN AND THE INVISIBLE HAND*, Leslie Young.

② McCormic, Ken, SimaQian and Adam SmithAuthor: *McCormic, KenSource: Pacific Economic Review*, Volume 4, Number 1, February 1999. / Adam Smith versus SimaQian: *Comment on the Tao of marketsAuthors: Chiu, Y. Stephen; Yeh, Ryh-Song Source: Pacific Economic Review*, Volume 4, Number 1, February 1999.

③ *Eastern influences on Western philosophy: A reader*, Edited by A. L. Macfie, Ediburgh University Press, 2003, p.3. and 119—121.

深谈,在这期间,休谟的密友亚当·斯密正在构思《国富论》。魁奈逝世后,他的理论成为欧洲启蒙运动在政治经济学方面的核心。苏格兰学派的另一个法国同仁杜尔哥,同样是基于中国哲学而著书立说的。①

所以,历史学家派格登说:"在 19 世纪,彰明昭著的自由放任经济学(laisse faire economics)……这个概念通过亚当·斯密和重农学派追溯到中国。毋庸置疑,中国是魁奈的楷模。"②

(二)"无为经济"的南橘北枳

中国的"无为"被法国重农学派翻译成"Laissez Faire"(自由放任),再随着整套思想传给了亚当·斯密。从那以后,这个法语词汇就"国际化"了。③此须说明,这里所言"无为",主要是儒家的,例如孔子曰:"无为而治者,其舜也与。"严格地讲,近代西方从中国撷取的自由经济的理论,是经过宋明理学综合的百家思想。

近代以前的欧洲不存在发展与生产的理念,倒是执着于与此相反的"创世之原罪",即神造万物,供人耗丧——蔑视自然,牺牲万物,仇视异端(即仇视一切非我的族群与客观存在,没有平等贸易的意识)。

伦敦经济学院教授克里斯蒂安·克拉克发表专论《无为在欧洲——欧亚经济思想研究》。④该文所讲的"无为"并非单纯的道家思想,尽管司马迁综合老子和管子所论,倡导自由经济体制(《货殖列传》和《平准书》);它是宋明理学的"政治经济学",它本于孔子治道,融百家为一炉。其要旨是经济活动必须契合"天道化生",才有可能获得稳健发展,可持续性。因而,经济学是基于对自然或客观规律的尊重和遵循。

应该指出,虽然在 17—19 世纪,西方通过引进中国文化来建立它的经济学,并且千载难逢地依靠"全球性生态"为其平衡条件与牺牲代价,因而创造"文明奇迹"。但是,西方的"尊重自然规律"(经济规律)只限于它的经济活动与社会运动自身,而对于西方之外的世界与自然,却还是"原罪"作祟,变本加厉地摧残之。

---

①A. L. Macfie: *Eastern influences on Western philosophy*, p.122—123.
②Anthony Pagden: *Facing Each Other: The World's Perception of Europe and Europe's Perception of the World*, Ⅱ, Ashgate/Variorum, 1964, p.418.
③*Oriental enlightenment: the encounter between Asian and Western thought by Clarke, J. J.*, PublishedLondon: Routledge, 1997, p. 507.
④Christian Gerlach: *Wu-Wei in Europe: A Study of Eurasian Economic Thought*, London School of Economics, 2005, Abtract and p.4.

我们不应该把近几百年西方的繁荣昌盛和主导世界,归因于它的思想、文化、制度和学术(包括经济学),那是倒果为因。凡此文化现象都只是"水到渠成、能动助缘、内部配合、顺理成章"。西方成功的关键要素是它的海洋地缘——在1500—2000年间最具战略价值的地缘政治。首先是中国传统科技的传播把西欧的海洋性提升起来,使之成为联通和劫掠世界的捷径;其次是通过在此基础上形成的"有组织的暴力的优势"(亨廷顿语),垄断"全球性生态",从而使全球的资源财源向着己方滚滚倾注。

克里斯蒂安·克拉克的这篇专论,聚焦于1648—1848年间,"无为"观念(中国古代的政治经济学)弥漫欧洲。这个"东学西渐、中学西被"的过程大致分为四个阶段:

第一,在17世纪,低地国家(荷兰、比利时)引进和传播"无为"。它透过两个途径展示中国的相关知识:1.耶稣会士的文字介绍;2.瓷器贸易中显露的"民本印象"……

第二,作为欧洲首个经济学派的知识基础,重农学派直接复制了被引进的中国的"无为经济学"及其相关的农业方法。重农学派的创建者魁奈是这方面的知识表率……

第三,瑞士曾是第一个欧洲版的"无为经济"的国家,直到1848年瑞士邦联兴起而结束。中国的"农本无为"融入瑞士传统,而变成"商业无为"。

第四,亚当·斯密集大成于经魁奈改写和欧洲实践的"无为经济学",从而影响了包括李嘉图、李斯特和马克思在内的整个19世纪的西方经济学。

后来促进欧洲发展的"自由放任"(laissez-faire)是中欧混合的产物。倘若没有引进"无为经济学",欧洲自身的前商业思想不可能成熟。

下面让我们来讲,虽然西方的自由经济的理论与实践皆源于中国文化,但主流西方却把其中的"道"的内核抛弃了。

中国传统的"无为放任、藏富于民、市场起落、周期波动"的经济思想,经过耶稣会士、魁奈和亚当·斯密等欧洲学者的几经转手,并且在儒家大功告成于"全球

中国传统的"无为经济学"在欧洲开花结果					
无为经济	→	→魁奈:法国重农学派↓ 冯·哈勒(1708—1777) 瑞士重农学派 瑞士"商业无为"↓	→	亚当·斯密:《国富论》↓ 大卫·李嘉图↓ 纳骚·威·西尼尔	→	李斯特、马克思
结果		瑞士邦联形成(1848)		英国废《谷物法》,自由贸易		影响后起国家

天下、开放世界"的新形势下将其发扬光大,从而形成了西方的古典经济学。但儒家的中庸与整体的经济观——从《周礼》到董仲舒之保民安富、宏观调控、天人感应(生态),则没有被西方人所重视。正因为如此,才会出现以剥削工人阶级与弱小民族、吞噬生物圈为能事的西方资本主义及其批判者。

人类社会在近现代的特点是进入"全球性生态",并依靠它来平衡其经济活动和其他一切活动(人欲、人为、人口、人智)。在这当中,海洋几乎是唯一的捷径。黑格尔声称,通过海洋向外征服是"文明"的必由之路。①这只能说明黑格尔实在太肤浅。老子曰:"大道甚夷,而人好径。"海洋既然能成为人们索取生物圈的捷径,也就能成为人类自毁的捷径!

在近现代的世界各国中,谁控制海洋,谁就能称霸;谁能取得主动权,谁就能顺利发展。而接近对岸大陆的濒海地区(较大的岛屿和半岛),则是近水楼台、捷足先登、得天独厚。西方的一切,都是基于客观的和暂时的地理优势。西方文化都不是智慧,而是人作为智能生物反克自然的本能(天性)。它在西方原是被万古封存在潘多拉盒子里的,被中华文明的发展和传播开释于"全球天下"之中。

亚当·斯密并未领悟中国文化的真谛。传统中国的无为而治是政府不干预天地化生的规律,保持自然和社会的生态平衡。而亚当·斯密则是简单地认为,政府不干预经济活动,自由市场就能够自我达成自然均衡。亚当·斯密所倡的"无形之手、自然均衡",绝非真理;因为它需要条件——不断地向外开拓新市场,来缓解"自由经济"的内在张力,方能促进经济持续发展。如此,外交手段乃至诉诸武力,都是必不可少的。

事实上,在鸦片战争前,英国不仅实行贸易保护主义,而且惯用超经济手段,乃至暴力手段拓展贸易;相反,清朝的对外贸易则是占优势,甚至是比较开放的。例如据英国下议院东方贸易情况调查小组在1830年的调查,"绝大多数在广州住过的作证人都一致声称广州的生意几乎比世界一切其他地方都更好做"②。在其打赢鸦片战争,从而有效遏制中国这个最大的公平竞争者之后,英国便废除了代表贸易保护主义的《谷物法》(1846),而实行亚当·斯密式的自由放任政策——引进了司马迁的经济自由主义(耶稣会士和法国重农学派是中介)。同样讽刺和可悲的

---

① G. W. F. Hegel, Leo Rauch: *Introduction to The Philosophy of History: With Selections from The Philosophy of Right*, Hackett Publishing, 1988, p.91—92.
② 陈尚胜:《论清朝前期外贸政策中的内外商待遇不公平问题》,人大清史研究所网站,http://www.iqh.net.cn/info.asp column_id=740

是,英国在其打赢第二次鸦片战争和火烧圆明园之后,引进和实行了中国的文官考试制度。

(三)"阴阳周期"的现代景观

关于古今中西的经济发展,我们不妨借用数字比拟(虚拟比较帮助思考)。西方的经济发展,在近代以前的千百年里为 0(零增长或零发展,即原始社会,国外的经济史家们已经证实①),在 1500—1980 年间平均 80。对照中国:在近代以前是 10,在 1500—1980 年间平均为 30。而后,中国与西方及日本的经济发展的比拟数值则颠倒过来(80∶30),并且差距逐渐加大。

近代以前,只有中国及中华圈有经济发展(假设比拟数值为 10),其他地区几乎为零。这是为什么?

第一,往昔经济发展的难度极大,主要是由于人受制于地理环境,自然占绝对优势,人们囿于国土生态、乡土环境,天人关系是直接的生命攸关,动辄倾覆家园,人群吞噬。历史中国是依靠"道的智慧"保持和恢复人与人、人与自然之"和解、和合",所以才会有经济发展。其余人类由于没有"道的智慧",故而都是零发展。

第二,在地理环境上,在近代以前,处于季风亚洲东部的中国,几乎是唯一的自然的适度挑战:不南不北的中间地带,雨热同季,地表高产,人可有为。其余世界,要么挑战太小,生存无忧,而无发展的动因;要么挑战太大,生存困厄,而无发展的机缘。欧洲因其是高纬度、阳光稀、非时雨、地表贫,人群极难生存,冲突压倒一切;若非宗教禁锢人为、人欲和人智,则不能存在。

基于中华文明成就的西方兴盛,加上亚当·斯密的"理论与实际",谱写了近现代的世界经济史。这部由西方唱主角的历史,是以殖民潮、灭土著为先声,以每几年发动各种战争(诸如鸦片战争)来展开,以世界领土被瓜分完毕而造成市场范围固定与饱和,导致大萧条与世界大战为曲终,由此完成了一个大周期(犹如康德拉季耶夫周期)。

德国哲学家海德格尔最喜欢《道德经·第十五章》中的话,让我们用它们来解析西方从 1492 年到第二次世界大战的大周期,如下:

Ⅰ.老子曰:"孰能安以静之徐生?"借喻:是谁把安静而不发展的往昔,变得生机盎然、热火朝天?答:中国启动世界,并且牵引它来到近现代;再让西方为先导,却脱离了"道"。

---

①Bruno Chiarini:*From Malthus' Stagnation to Sustained Growth*,P.1.

Ⅱ.老子曰:"孰能浊以静之徐清?"借喻:谁能够把这个浑浊不堪、充满祸乱的世界,变得清净下来? 20世纪30—40年代,资本主义世界陷于总危机:大萧条和世界大战;随后阶级斗争与冷战,而今人类则处于核武的恐怖平衡之中。但愿中国文化将能复兴,把世界纳入"和谐之道"。

Ⅲ.老子曰:"保此道者,不欲盈……故能蔽而新成。"借喻:确保动静有序,长波平衡,周期遵道;从而革故鼎新,贞下起元。

1945年之前,西方国家的社会经济发展政策,不是对内干预以确保社会公平,而是向外进取以打造适合自身的国际环境。换句话说,当生存竞争的重心转到外部世界后,其内部就会自然而然地变得宽松、和解、理性与有序,公民之间的竞争与各组织团体的上下左右的抗争,便几乎没有伤害性。正因为如此,近代西方与欧化国家为了确保其内部的"理性"与"人人自私带来全体福祉",一方面不愿对外开放本国市场;另一方面,频繁地发动战争,不遗余力地控制"开放世界",大肆侵略或殖民,由于争夺霸权引起列强火拼,终于导致世界大战。

深究20世纪的两次世界大战的起因,特别是直接导致第二次世界大战的20世纪30年代大萧条的起因,在经济学上,应该归罪于亚当·斯密(凯恩斯学派所论)。其起因是,西方在地球表面的扩张达到尽头,市场已经固定,以致各国以邻为壑。全球性的"开放世界"首次出了问题:"开放市场"饱和了。

第二次世界大战末期,美苏英三强通过"德黑兰—雅尔塔秘密外交",把东欧与中国等置于"铁幕"(剥夺了它们参与世界市场的生存和发展的权利);冷战期间,亚欧大陆的东部被迫离开了被美国所主宰的"开放世界",这为深陷资本主义总危机的西方提供了一次喘息与复苏的机会。西方通过深掘生物圈来掀起消费革命,从而使世界市场从之前的地球表面的广度扩张,变为生态纵深的立体扩张,这就是20世纪下半期至今欧美及亚太各国——后来也包括改革开放以后的中国——获得极度繁荣的主要原因。

至于西方资本主义在其发迹不到一百年的时间里所创造的财富,超过以往人类历史的总和,对此,我们应当宏观透视,探本追源。

其一,在科技和经济等方面,量变发生于历史中国,质变发生于近现代西方和西方化的国家。中华文明准备了好几千年,才为这个"暴发户"打下了厚实的基础,而且还为之提供了一个可供平衡商业周期的"全球天下"。欧洲人不仅乘着中国人的地理大发现和凭借中国的发明去占领美洲、征服世界,而且利用了被中国所开拓的、现成的世界贸易体系。

在上述的极有利的历史机遇下,西方才有了物质——科技的"爆炸性"的发展。

其二,资本主义是吞噬地球生态的一头怪兽。在 20 世纪中期以前的百年间,它通过地理上的扩张,换来了"欧美奇迹",最终演成两次世界大战。而后,又通过深掘生物圈来支持高技术、高消费,接二连三地制造包括大萧条、世界大战和冷战与后冷战在内的巨大祸乱,全人类被置于资本的周期恐慌与核武的恐怖之中,并且在生态环境上,随时都有海涨陆沉、倾覆地球家园之危险。

目前,西方及其盟国仍在凭借霸权来营造和维持那损人利己的国际秩序,其他国家要想生存和发展,就必须突破它(霸权体系)。如此,就难免促使暴力手段与人类冲突皆不断升级。人类正面临双重厄运,不仅在生态上是如履薄冰、如临深渊,在军事上也是恐怖平衡、一毁俱毁。

"地球村"是个相对封闭的生态系统,难道人类还能在太空中找到新大陆、新边疆吗?如不能,是否会引发第三次世界大战?这是人类最大最后的劫!①

四、东方真知与西方哲学

(一)西方哲学的中国源

西方哲学是二元对立,它是本于人的反克自然的本能(第二本能)。故而,西方哲学不是智慧。正因为它是二元对立、反克自然,所以近代以前任何哲学都不能存在于和谐文化、和合智慧之外的任何时间、空间之中。事实上,近代以前的西方是原始社会,除了神话之外,它无思想、无文化。由此,近代西方在一切方面——包括哲学——都需要从东方采摘。

18 世纪的欧洲学者这样说:"我们将中国哲人奉为宗师。"②伏尔泰说:"欧洲的王族同商人在东方所有的发现,只晓得求财富,而哲学家则在那里发现了一个新的道德与物质的世界。"③谢和耐说:"中国的发现……对 18 世纪的欧洲哲学的形成有决定性的影响。"④雅克·布洛斯也说:中国……对法国哲学思想形成撞击……唯有中国……对当时正在形成的哲学思想是非常重要的,因为当时的哲学

---

①牛津大学一项研究称,人类可能下世纪遭遇万劫不复。2014-05-01,http://culture.ifeng.com/whrd/detail_2013_05/10/25148848_0.shtml

②艾田蒲:《中国之欧洲》,下卷,第 253 页。

③A. Reichwein:*China and Europe*,London:Routledge,4 Jul 2013,p.89.

④《明清间入华耶稣会士与中西文化交流》,第 113 页。

思想受到刻板严峻的社会制度的奴役。中国为17世纪的不信教者和18世纪的哲学家们提供了一个强有力的支持,甚至是提供了一种具有决定意义的证据。他们……可以证明伦理和宗教并不一定是互相联系的,或在基督默契之外还存在着一种自然宗教。所以,"中国的发现"竟然成为旧秩序卫道士和蔑视者之间斗争的赌注。这种态度从蒙田在其《散文集》的一段文字中提到中国时就出现了。当时谈论中国就已经意味着指一个更为公正的社会、一个最佳社会,但不是乌托邦,而是一个真实的社会。①

整个的近代西方哲学是"始于中国,终于中国"的,其哲学家,无论是亲华、仇华或未提及中国者,都是在中国文化的阳光雨露下成长起来的;而且越是恩将仇报、盗憎主人的,他们越是问学中国、仰取俯拾。

麦克菲教授写道:在这里,欧洲(西方)思想被确定为一系列主要的欧洲思想家和哲学家的思想,它开始于欧洲最早的思想家之一马勒伯朗士(1638—1715),他热爱东方(中国)哲学;它直到海德格尔(1889—1976),他还是热爱东方(中国)哲学。这段时间(三百年),从欧洲重要的哲学家的著作中形成了标准的哲学观念。

莱布尼茨、沃尔沃、廷达尔、伏尔泰和魁奈所诠释的中国思想,广为流传,成为一种凝固欧洲传统的信念……②

休谟(1711—1776)的时代,东方思想是如此弥漫,以致他本人和其同时代的欧洲学者根本无法置身事外。这就是说,18世纪的欧洲思想凸显亚洲的作用,它决定性地促进了不久到来的俗世运动。……休谟及其同时代的欧洲学者,都直接的或间接的是东方影响的产物。……虽然休谟在其著述中未提及东方,但欧洲被浸透在东方——主要是中国——的影响之中,从莱布尼茨研究儒释道的集大成者朱熹之前,到休谟写《人性论》时(1739—1740年)已经有两百年了。许多休谟的同时代人——包括孟德斯鸠、伏尔泰、亚当·斯密、魁奈和哈奇森——都被东方思想所推动。休谟在法国拉弗莱什的耶稣会士学院创作《人性论》,那儿的图书馆藏书4万册,很多是关于东方的……

休谟极大地影响了康德,后者则弘益其19世纪的晚辈,诸如赫尔德、费希特、黑格尔、谢林、叔本华和尼采。

莱布尼茨作为一个媒介把儒释道带入欧洲知识分子的圈子里。他的东方观从

---

① 《明清间入华耶稣会士与中西文化交流》,第22页。
② A. L. Macfie: *Eastern Influences on Western Philosophy*, p.2, 14—17.

两个途径汇合于休谟的"哲学枢纽":Ⅰ.莱布尼茨→培尔→休谟→启蒙哲学家→近代德国哲学;Ⅱ.莱布尼茨→(儒家经济观)魁奈→休谟→亚当·斯密→马克思。……在莱布尼茨之后,东方哲学是欧洲思想的主要特点(After Leibniz, Oriental philosophy was a major feature of European thought)。①

由海德格尔反观西方近代哲学,莱因哈德·梅教授写道:海德格尔深沉地敬重亚洲思想,比在德国哲学传统中所看到的更加引人注目。三百年前,毕生热爱中国的莱布尼兹,开始研究中国哲学和宗教,并对《易经》和儒家一往情深。他的合作者和主要的通讯人克里斯蒂安·沃尔夫研究中国的伦理学,尤其强调儒学。歌德也是,对中国文化兴致勃勃,在烦躁时浸入其中,作为崇高价值之娱乐。康德、利希滕贝格和赫尔德都曾论述中国思想。威廉·冯·洪堡对中国语言进行哲学透视。随着德国唯心主义哲学中的形而上学在欧洲达到高潮,随着欧洲全球地位的跃升,傲慢的黑格尔和谢林也致力于中国哲学的研究。叔本华算是最能理解亚洲哲学(主要是印度思想),留下的相关著述超其前辈……跟随导师们的脚步,尼采频繁参考印度哲学与宗教,当然他也熟悉中国和日本的文化。②

从莱布尼茨到启蒙时代的西方哲学家,几乎都是青睐和汲取中国思想的。但"后启蒙时代"的西方哲学家诸如康德、黑格尔等,几乎都是同流合污于西方中心论—帝国主义,因而仇视中国。尽管如此,他们——特别是康德、黑格尔——也都是大量吸收中国思想的。

根据《斯坦福大学哲学百科全书》的记载,康德早年的观念应该被置于欧亚思想交汇之中,而不是纯粹西方的。最新研究显示,康德的自然哲学思想源于道家和儒家;赴华耶稣会士把它们传入欧洲大陆,被莱布尼兹和沃尔夫等推崇备至。沃尔夫的学生、热爱汉学的比尔芬格(Bilfinger)进一步发扬中国思想。其中一例是,比尔芬格在中国经书里发现了辩证思想(the idea of dialectics),其研究报告被康德在俄罗斯科学院会刊上看到。康德这个重要的观念(辩证法)是根植于远东的。历史的讽刺是,摒弃非西方文化的他却一直沉迷于东方的思辨之中。③

雷因·沃斯教授指出:康德和康德哲学已从中国哲学中收获甚丰……尼采讽

---

① A. L. Macfie: *Eastern Influences on Western Philosophy*, p.121.

② Reinhard May: *Heidegger's Hidden Sources: East-Asian Influences on his WorkHeidegger's Hidden Sources: East-Asian Influences on his Work*, London: Routledge, 2005, p.vi.

③ *Kant's Philosophical Development*. First published Mon Nov 3, 2003; substantive revision. Jan 18, 2007. Stanford Encyclopedia of Philosophy. http://plato.stanford.edu/entries/kant-development/

刺他是"柯尼斯堡的中国佬"(Chinaman of Konigsberg)。康德从未去过中国,也从未离开柯尼斯堡很远。由此,他终生依赖资料……他自然会接触到其哲学前辈莱布尼茨和沃尔沃推崇中国的文字……但他毕竟属于他自己时代的人,他的时代已离开了早先对中国和中国之事的热情……他和别的学者扭转了早先哲学家——诸如莱布尼茨和沃尔沃——对中国的赞扬,采取否定的评价。这一点被普鲁士和德国哲学所传承,例如黑格尔哲学。①

庞思奋(Stephen R. Palmquist)在其所写《康德是怎样的中国人?》一文中指出,康德身上浸透着中国精神,兼具中国与西方之人格;他分享孔子思想;他犹如中国人,致力于跨文化之对话,在知行合一、权利与责任、经验与超越、东方与西方之间保持平衡。②

(二)黑格尔抄袭中国哲学

甲、黑格尔哲学批判

鼓吹西方中心论—帝国主义的哲学家黑格尔,有三种品性:

第一,眼光狭隘,颠倒黑白。作为一个种族主义者(欧洲人灭绝美洲土著,在他看来是"合乎逻辑"),③黑格尔刻意背离历史事实,将世界历史上的东方与西方的主从关系——文明中心与边缘化外的关系——颠倒了过来。他无视在此之前长达千年的时间里,中国把西方从基督教治下的原始状态,一步步改造成了"近代文明"(马镫→四大发明→奠基农工商及科技→奠基思想、国家制度、民主政治和自由经济)。美国历史学家说:"……西欧从贫穷落后和默默无闻中崛起……拿来了中国的发明竭尽全力发展它们……(成为)先锋和受惠者。"④

第二,抄袭中国,盗憎主人。黑格尔曾指控他的朋友温迪施曼(Windischmann)抄袭自己对中国哲学的诠释。⑤黑格尔在其"创建"辩证逻辑时所用的,全是中国的相关思想。他把原本的有机整体,"知行合一"于现世,庸俗化为西方的僵死线性,"借花献佛"于上帝。例如其著《小逻辑》乃因袭《道德经》,书中用了一百多个老子

---

① Stephen R. Palmquist:*Cultivating Personhood:Kant and Asian Philosophy*,Berlin:Walter de Gruyter,2010,p.764 and p.768.
② Steve Palmquist:*HOW 'CHINESE' WAS KANT*,The Philosopher,Volume LXXXIV No. 1
③ Lydia L. Moland:*egel on Political Identity:Patriotism,Nationality,Cosmopolitanism*,Northwestern University Press,2011,p.101.
④ 斯塔夫里阿诺斯:《全球通史》,上册,第 297 页。
⑤ M. J. Petry:*Hegel's Philosophy of Subjective Spirit*,Volume 2,D. Reidel Publishing Company,1978,p.575.

的概念——"有"与"无",但黑格尔却只字不提这位令他受益终生的东方宗师,仅说:"'共相'二字虽是从中国旧哲学中借用而来,并不因此就陷于'古雅''陈旧'"。①黑格尔反复贬低中国哲学,而否认自己是祖述之。

第三,思维低下,故弄玄虚。罗素在其所著《西方哲学史》中说:"(在我看来)黑格尔的学说几乎全部是错误的。""关于中国,黑格尔除了知道有它(存在)之外全然无知。"②爱德华·凯尔德教授评价道:"……狂妄地提倡那全然是胡说八道的东西,把毫无意义、夸大其词的语言串联一起,犹如迷魂阵;这原先存在于疯人院的,终于在黑格尔身上达到了登峰造极,竟成了迄今为止最厚颜无耻、全然神秘化的工具,其结果是……将保留着一座德国人愚蠢的石碑(a monument to German stupidity)。"③

乙、黑格尔与老子

黑格尔哲学与老子有着深厚的渊源关系。黑格尔是从法国汉学家雷慕沙那里接触老子思想的,他自己也注解了《道德经》中的诸概念。杜瑞乐在其所著《黑格尔与中国宗教》一文中指出……黑格尔所拥有的资料之特征……可以与一种在欧洲掌握的有关中国信息的发展相联系……黑格尔于1820年左右,突然一举掌握了有关中国的已经相对较完整的资料,既包括在北京的耶稣会士们的研究,又包括比较持批评态度的文献……唯有与雷慕沙的个人相会才能明显改变黑格尔有关中国宗教世界的立场。这次相会发生于黑格尔1826年应维克多·库散(Victor Cousin)的邀请赴巴黎的一次旅行。他当时在法国科学院出席了雷慕沙的一次报告会,并且仔细地阅读雷慕沙于1820年报告的《论老子》一文……黑格尔于其逝世前一年,准备其《逻辑学》第2版时,不可能与对中国宗教界的……诠释毫无关系……1827年重新发现了道教是由最早重新阅读其法文史料而引起的。④

颇能说明问题的是,两位跨越万千时空的哲人竟是奥旨雷同,如:"道绝对精神"、"无→有→万物"和"正→反→合"等概念。

极为讽刺的是,在其辩证法的专著《小逻辑》中,黑格尔使用了老子的"有"和"无"的概念不下百次,却不提老子本人一次。他为了暗衬是他自己"独创"了这对矛盾(有无)——其辩证法的支柱之一,他故意用佛家来遮人耳目,用"无"混"空"。

---

①[德]黑格尔:《小逻辑》,贺麟译,商务印书馆,1980年。"共相"见第 viii 页。
②Bertrand Russell:*A HISTORY OF WESTERN PHILOSOPHY*,p.730,735.
③Edward Caird:*Blackwood Philosophy Classics*,1883,p.5—8.
④《明清间入华耶稣会士与中西文化交流》,第 271—272 页。

黑格尔"借佛"的原话是:"佛教徒或西方的虚无主义者认'无'为'绝对'。""……佛教徒认作万事万物的普遍原则、究竟目的和最后归宿的'无'。"

明明说"无"的不是佛教,而是道家,黑格尔反而弄巧成拙,欲盖弥彰!

照理来说,在他的这部酷似《道德经》——实际上是其同质放大——的辩证法专著里,黑格尔应该"请出"老子,说明彼此异同,再作"超越"——通古今之变,成一家之言。况且他在其先前的论述(《哲学史讲演录》)中已提及老子的"无"。

以下略为对照一下《小逻辑》与《道德经》中的相关言论:

〔老子〕"有无相生。"≈〔黑格尔〕"是一个纯粹的无,但无中却包含有,同样……是一个纯粹的有,但有中却包含无。"

〔老子〕"有无相生。"(动态,如阴阳图,与《易经》的有关)。≈〔黑格尔〕"足以表示有无统一的最接近的例子是变易。……所以,变易就是有与无的统一。"

〔老子〕"与物反矣,然后乃至大顺。"≈〔黑格尔〕"精神总是要通过自力以返回它原来的统一。"

〔老子〕"天下万物生于有,有生于无。"≈〔黑格尔〕"'有'的对方,直接地说来,也就是无。总结起来,'有'是第一个纯思想,无论从任何别的范畴开始……都只是从一个表象的东西,而非从一个思想开始,而且这种出发点就其思想内容来看,仍然只是'有'。"

〔老子〕"吾不知谁之子,象帝之先。"≈〔黑格尔〕"上帝只是最高的本质,此外什么东西也不是。"

〔老子〕"象帝之先。""有物混成,先天地生。"≈〔黑格尔〕"绝对精神先于自然界和人类社会而存在。"

〔老子〕"反者道之动。"≈〔黑格尔〕"在辩证的阶段,这些有限的规定扬弃它们自身,并且过渡到它们的反面。……如果单就其自身的性质来看,如何立刻就会转化到它的反面。"

〔老子〕"谷神不死是谓玄牝。玄牝之门是谓天地根。绵绵若存,用之不勤。""独立而不改,周行而不殆,可以为天下母。"≈〔黑格尔〕"绝对精神不是消极被动或僵死不动的东西,而是一个具有创造性的、处于运动发展过程中的主体。"

〔老子〕"道生一,一生二,二生三,三生万物。""归根复命。"≈〔黑格尔〕"它的发展经历了三个阶段:第一阶段是逻辑阶段,绝对精神作为纯粹抽象的逻辑概念,超时空、超自然、超社会地自我发展着。第二阶段是自然阶段,绝对精神转化为自然界,表现为感性事物的形成。第三阶段是精神阶段,绝对精神又否定自然界,先后表现为主观精神(个人意识)、客观精神(法、道德、伦理等社会意识)和绝对精神,又返回到自身。"

〔老子〕"万物负阴而抱阳,冲气以为和。""复归于无极。"≈〔黑格尔〕"这就需要精神通过正-反-合的辩证法运动,从而分阶段地把种种事物实现出来。一开始,绝对精神是在纯粹的'概念'世界里面运动(正);然后从概念中把自己外化出来,形成了有具体物质内容的自然界(反);经过了一番折腾后,精神扬弃了自然界,结合了前两个阶段,重新回到精神的表现形式中(合)。"

当代德国哲学家艾尔伯菲特撰文《德国哲学对老子的接受》,其中写道:黑格尔……对于德国哲学中出现与"道"的思想的接近,是有先行指导意义的。如此,黑格尔对于老子的接受……亚洲哲学……毕竟被包含进了哲学史……欧洲中心论的哲学奠基者黑格尔,以欧洲中心论的方式,让非欧洲文化为其自己的体系服务,并使得非欧的思想传统不再有尊严。①

丙、黑格尔哲学的退化

黑格尔抄袭了中国哲学,而又使之发生退化。正如博尔纳教授所指出,老子云:"一生二,二生三,三生万物。"……起因于各种各样的矛盾,它总的被描绘为……阴和阳……这个辩证观念被黑格尔简单化,失去完美,他用于解释历史。……孔子强调,辩证关系不是从一个极端(左)到另一个极端(右)的短暂延续,而是不断的双双和解。黑格尔……提出总的过程的第一步是"正题",它表示一定的历史时间;在其被一个"反题"所对抗之后,便有一个新的发展,即"合题"。在下一个时段,合题就成了正题。在某种意义上,黑格尔窃取了阴阳和左右(两极)动量。他试图在制造概念魅力和客观范式,并且使之简单化到与有机系统无关的程度。②

黑格尔哲学与老子及中国文化的迥异之处,尤能说明中国文化传到西方之后,便发生了严重退化,如以下有两点:第一,关于"正反合"之"合于道",在中国文化是合和于自身及万有(万物一体);而黑格尔则是"合"于上帝或绝对精神(世间冲突)。

第二,用"正反合"来衡量两种文明之优劣,西方始终处于第二阶段(反),而不能和合,直到毁灭为止(牺牲生物圈与全人类)。相比之下,中华早就进达第三阶段

---

①R. 艾尔伯菲特:《德国哲学对老子的接受》,朱锦良译,《文与思》。http://www.aisixiang.com/data/41695.htm

②Borna Bebek: *The Third City: Philosophy at War with Positivism*, Routledge & K. Paul, 2014, p.22—23.

(合),且已历经许多个"正反合",不断地"平天下",来融消世间的忧患。但黑格尔看不到中国是动态平衡,还以为其静如初(正,太初和谐)。

(三)西方哲学背离"道"与智慧

重申西方哲学不是智慧。近代西方哲学体现着人的反克自然的本能(第二本能),它不是智慧,即它不是驾驭此种本能、确保万物众生之共存长续的智慧。

康德与黑格尔都在人的动物本能的基础上,发掘出来人的"第二天性"(second nature)这个概念。[1]这是什么意思呢? 对照一下便能明白:人的第一天性(动物本能/第一本能):生息繁衍,趋利避害,饮食男女,亲仇零和;人的第二天性(高级本能/第二本能):剖析大千,索取万物,反克自然,解放本能(后者指人的动物本能)。

西方文化及学术,包括现代西学——科学、逻辑和数学以及科技百科等,都是开发这个第二天性(第二本能)的结果。

第二天性(第二本能)和植根于它的西学都是双刃剑,它们原先在中国智慧的监护和驾驭下初具规模,而今则单刀直入于"全球性生态"之中,难免是"福兮祸伏、先喜后否"。

所以说,近代西方哲学并非智慧,[2]倒是相对于它的中国源头,却发生了基督教式的思维退化:神的中心主义(梦幻意淫之牺牲自然)→人类中心主义(经世致用之牺牲自然)→西方中心主义(牺牲自然与其他种族)→自我中心(物质主义和功利主义)。

黑格尔是个赤裸裸的"西方中心+种族主义"。 例如,他认为,欧洲人灭绝印第安人是理所当然,并叫嚣亚洲和中国亦将屈服于被西方主宰的命运。[3]他的前辈康德首创"科学种族论",[4]断言:亚洲人或黄种人是"标准人种"的等而下之。[5]在康德之前,休谟认为"只有白种人有能力构建真正的文明"[6]。再往前,意大利文艺复

---

[1] Patrick R. Frierson: *Freedom and Anthropology in Kant's Moral Philosophy*, Cambridge University Press, 2003, p.42. / Catherine Malabou: *The Future of Hegel: Plasticity, Temporality, and Dialectic*, Psychology Press, 2005, p.66.

[2] Paul J. Hager, John Halliday: *Recovering Informal Learning*, Springer, 2009, p.218.

[3] 黑格尔:《历史哲学》,第 75 页和第 12 页。

[4] John M. Hobson: *The Eurocentric Conception of World Politics*, Cambridge University Press, 2012, p.67.

[5] Peter Park: *Africa, Asia, and the History of Philosophy*, Suny Press, 2013, p.94.

[6] Ian Morris: *Why the West Rules*, p.474.

兴时期的思想家乔万尼·博泰罗(Giovanni Botero,1540—1617年)像井底之蛙一样不知天高地厚,他竟然宣称,鉴于只有欧洲人"发明"和应用了印刷术、指南针和火器,所以欧洲人注定要征服海洋和主宰亚非及美洲的。①

鉴于西方不具有与自然和解、和合的智慧,并用它来处理双刃剑和发展悖论;所以,西方不可能首创、原创任何一种具有正面意义的东西(包括欧美自诩的那些价值)。所谓的"西方文明",只是在中国"万事俱备"的情况下,乘着"东风"而繁盛一阵而已——但这也是人类与星球的最危险的时刻。

西方的科学与哲学,只是在中国数千年成就的基础上进行释放和滥用而已。看似深邃宏大、新奇复杂,但万变不离其宗,它是中国的"道"的衍生物。就像《黄帝内经·阴阳离合论》云:"……阴阳者,数之可十,推之可百;数之可千,推之可万;万之大,不可胜数,然其要一也。"

美国哲学家马克·钱多斯论西方文明,这样说: 西方文化不是智慧文化。我们(西方)文明的主旨不是获得智慧。我们是一场恣意冒险的竞赛(冲刺我们这颗星球的极限。——引者)。我们张扬个性,而非精神的拯救……西方文明的目标是探索人性的无限的可能性(无限开发人的反克自然的本能。——引者)。

西方……摈弃了其他文化的智慧……只在地理(外延)上扩张与进取……西方的存在就是为了征服……获得权力和空间,去传播它自己的道德与语言……西方文化是发现,发现之后又破坏。西方将会摧毁地球生命,强迫吾人去征服银河系……西方不仅要破坏地球,而且沿着这条路,它势必破坏一系列星球……

曾几何时,把西方人从非理性状态中拯救出来,是逻辑吗……逻辑和理性只是有用的工具,就像锤子或扳手一样;它们从未让我们摆脱非理性——迫使我们去开发我们的有限的个性。(打破我们应该保持中庸的那种人性。——引者)②

---

① Roy Porter: *The Cambridge History of Science: Volume 3, Early Modern Science*, Cambridge University Press, 2006, p838.
② Mark Chandos: *Chandos Ring Book Two: I Hear Strange Cries at Jupiter*, Xlibris.com, 2010, Chapter Eight.

表解　中西哲学"一元两分",决定于由中华文明所造成的人与自然关系的改变

时代背景	历史上 中国影响西方之前		中古与近代之交 中国影响:道→逻各斯		近现代 西方已被启动:道→辩证法	
	中国	西方	中国	西方	中国	西方
中国西方哲学比较	中国:道的智慧,人与人、人与自然的和谐。	西方:禁锢人智,人为人生,以免无限冲突而毁灭。	中国:天理防范人欲,有序运动,和谐变为动态平衡。	西方:天理=自然法,用规律代替上帝来控制自然。	中国:道的智慧暂时隐退。世界在冲突中进步。	西方:天理=人欲,损人利己的进化论,矛盾辩证法。
性质	圣贤智慧	第二本能	圣贤智慧	第二本能	西方及现代是本能取代智慧	
自然条件	自然占优势,人为、人智有可能是自毁家园、自取灭亡。		中华文明突破了自然的重重限制,人类迈向"自由王国"。		自然与人的主从关系被颠倒。人类控制和宰割地球生物圈。	
哲学之变异	西方哲学和文化皆体现人的反克自然、破坏自然的本能(第二本能),它们不能存在于近代以前(除非伪造),因为在1492年(世界联通)之前,人与自然的关系是直接的生命攸关。在此情况下,如此体现本能的知识(双刃剑),只能是在中国智慧的驾驭和保护下,被开发、被利用;它不能存在于西方,动辄自毁家园、自掘坟墓(故而神权禁锢)。近代西方哲学产生的"三要素":A.中国科技发明(传播工具);B.中国联通世界(西方扩张);C.中国启迪人性(宗教改革、启蒙运动)。					

第十章　智慧与知识源于"一"

一、《易经》是古今中西的源头

（一）《易经》与西方哲学

主张"西学中源"的并不只是明清之际的中国学者,更重要的是他们与一组耶稣会士的共识,其中为首的是一名法国数学家;在与后者的通信中,莱布尼茨对此高度认同。——莱布尼茨断言,人类社会的知识、数学、科学和哲学乃至"真神"的源头,是"元一";它被记载于最古老、最可信的书中,从而传世万古、演绎百科。还有哪个民族有这样的书呢？还有哪一种古老文字能够文以载道呢？

麦克菲主编的《东方哲学对西方哲学的影响》一书中写道:莱布尼茨最赞扬的,还不是孔子,而是伏羲……在这一点上,他和法国耶稣会士白晋是一致的。在一封信中,白晋称伏羲是"所有哲学家的王者"（Prince of all philosophers）……他还说,伏羲就是赫尔墨斯,就是琐罗亚斯德,就是伊诺……龙华民（Nicolas Longobardi,1559—1645）也持相同见解。①

英国哲学家马丁·科恩指出:《易经》——包括它的哲学阐述——被写于五千年前,这可能使它成为最古老的书。那时古希腊人在做什么？考古学家认为,北欧平原刚刚出现农业,人们使用嵌有燧石的木锯;尽管今天的大多数历史书称,最早的哲学家是古希腊人……

20世纪伟大的心理学家和哲学家荣格论《易经》时说:"这是一本为'爱智慧的人'所写的书。"……《易经》和《道德经》包含许多西方哲学的核心思想。（I Ching and the Tao Te Ching contain many of the key ideas of Western philosophy.）……

---

① A. L. Macfie: *Eastern influences on Western philosophy*, p.61.

欧洲人不情愿承认他们的知识是东方赐予,如同他们把科技发明的历史写成是西方起主导作用一样。①

阿南德论《易经》与西方文化的源头,说:至少自从阿莱斯特·克劳利(Aleister Crowley,1875—1947)的时代,一直就有西方神秘主义学者在做具体努力,寻找《易经》与西方符号语言的关联……了解《易经》系统的符号与西方神秘系统的吻合性……事实上,当早先的耶稣会士发现《易经》的时候,他们就在探寻基督教的神的产生是受到非基督教的启示;而在中国的耶稣会士感悟到《易经》所禀赋的数学与符号的真知就是如此证据。他们期望发现《易经》哲学及其象征主义与罗马天主教教义的形而上学之间的联系。②

(二)《易经》与基督教形成

圣人以神道设教,而天下服矣(观卦)。先王以作乐崇德,殷荐之上帝,以配祖考(豫卦)。

毋庸置疑,《圣经》中的诸多神话故事都是在近代以前的千百年中形成的。那也应该包含中国元素,因为在近代以前,遥远的旭日东升般的东方文明一直是西方神秘想象的源泉。再说,在自然环境上,伊甸园也应该是在东方(有待考证)。然而,《圣经》的神话故事是在文艺复兴期间借助于四大发明汇集出书的(瑞士语言学家巴利道夫考证,《圣经》成书于中古-近代之交)。在此过程中,它吸收了许多异教的哲学与文化——借用中国智慧伪造的古代埃及和希腊的哲学与文化。

由于近代以前的西方没有时间概念,《圣经》的年代序列是在17世纪参照中国历史而建立起来的;由于近代以前的基督教充斥着迷信,它的"真神"——具有文化意义的精神——是在华耶稣会士为其找到活水源头,而使之正本清源的(莱布尼茨曾为梵蒂冈做过这项工作)。

另外,《创世纪》中的牺牲自然的内容类似于希腊哲学之宰制自然,它们被今天的环境研究者们诟病为地球生态恶化的精神根源。这两者思想应该是"同出异名",都是近代早期的意大利人文主义的思想(基督教和古希腊的此种反自然、害生态的思想,若是在人们囿于家园的古代等于是自体毁灭)。

《圣经》中的古代神话不能算是真正的宗教,格雷厄姆说:"《圣经》(新约、旧约)经过许多世纪,其旨向、思想和故事不断变化,最后成书;而我们却轻信它是

---

①Martin Cohen: *Philosophy For Dummies*, Wiley, 2010, p.98.
②Swami Anand Nisarg: *The Magician's I Ching*, Aeon Books, 2015, p.199.

'太初有道',是上帝的话。"①

关于《圣经》的知识充实,普罗普说:"文艺复兴的圣经学术的创新通常归因于客观条件的改变,它使之成为可行;那就是印刷术……文艺复兴学者发现巨量的希伯来知识在很大程度上是依靠它迅速地传播开来……"②我们认为这个"巨量的希伯来知识"(包括犹太哲学)应该全是"东方新知"。

关于《圣经》吸收"古代"希腊、罗马的哲学,一位学者写道:"在基督教的形成过程中,它吸收了颇多后亚里士多德希腊的伦理和罗马哲学,尤其是吸收了斯多葛派的……由此,基督教至少在两种类型上吸收了古代希腊和罗马的哲学思想,一是形而上学、本体论和宇宙观,一是伦理道德的思想。"③

神职学者约瑟夫·肖指出:"自从古代,基督教人文主义就是希腊哲学与《圣经》这两种思想的合流。"④这句话似乎违背西方的"常情"——照理来说,应该是先有希腊哲学,再是基督教,最后才是人文主义。但这句话则是端倪可见、暴露马脚,那就是意大利文艺复兴时期的人文主义"塑造"了希腊哲学和《圣经》。

以下谈一谈基督教形成与《易经》的关系:海科克和斯蒂克利说:莱布尼茨的通信者(在华耶稣会士)相信:《易经》是宗教思想和普遍科学的双重源头。⑤

《易经·观卦》曰:"圣人以神道设教,而天下服矣。"今译:圣人效法自然的神妙规律来设立教化,而使天下的人服从。"神道设教"是世界宗教——特别是基督教——的源头。亦即肖伦伯格所论:莱布尼茨为梵蒂冈研究中国的神(天道)与科学,他发现中国的神与基督教原本是一样的,中国用阴阳来进行适度调节。⑥

莱布尼茨说,在4500年之前,中国人使用二进位制数学发展神学的和科学的真理。⑦

---

① David Hernandez: *The Greatest Story Ever Forged: Curse of the Christ Myth*, p.67.

② W. H. Propp: *The Hebrew Bible and Its Interpreters*, Baruch Halpern, David Noel Freedman, Eisenbrauns, 1999, p.144.

③ Kirti Bunchua: *The Bases of Values in a Time of Change*, 1999, p.196.

④ Joseph M. Shaw: *Readings in Christian humanism*, Augsburg Pub. House, 1982, p.308.

⑤ D. B. Haycock, William Stukeley: *Science, Religion, and Archaeology*, the Boydell Press, 2002, p.172.

⑥ G. D. Shollenberger: *God And His Coexistent Relations To The Universe*, Author House, 2014, p.159.

⑦ G. D. Shollenberger: *God And His Coexistent Relations To The Universe*, Author House, 2014, p.411.

在公元前 3000 年,中国是个主要文明。她有三个重大发展期:(1)圣人王国持续到公元前 19 世纪;(2)从公元前 6—公元前 3 世纪是孔子和百家学派;(3)公元 11 世纪开始的新儒家阶段……

莱布尼茨研究中国是在 17 世纪后期,他发现中国的神和宇宙观,与阿那克萨戈拉(Anaxagoras)所提出和柏拉图所确认的神和宇宙观是基本一致的;这也是耶稣最初所教的,但中国比别的民族在科学上做得更远。中国凭借阴阳原则推动其民族发展……①

莱布尼茨的《论中国人的自然神学》……讲述:中国的神是很古老的。鉴于在中国,神(昊天上帝)是"一",亚伯拉罕的一神教可能来自中国。进而中国神被带入希腊(哲学)……阿那克萨戈拉说:"神是一。"柏拉图在和巴门尼德对话中,证明神是"唯一不二"。如果神是一,神与宇宙乃无始无终。由于这个缘故,我认为所有耶稣的教义都不外乎是中国神(上帝),也就是阿那克萨戈拉的神、孔子的神、柏拉图的神和亚伯拉罕的神。②

莱布尼茨的《论中国人的自然神学》称:在公元前三千年,中华民族开始感通"神"(上帝)。那时,中国人禀赋万有在神论(Panentheism),由此,他们发展了宇宙观的认知体系,它是无始无终的。通过儒学的含弘光大,中国的神和宇宙观出现在希腊阿那克萨戈拉的著述里……柏拉图的思想是与中国神一致的……它证明:神(天道)是"健行不息、化生万物",世界形成于"一"(老子曰:"昔之得一")。

耶稣的教诲与孔子的、阿那克萨戈拉的及柏拉图的神及宇宙观是一致的……在《新约》中,耶稣讲授的是中国的宇宙观和万有在神论……17 世纪,教会领导人请求莱布尼茨研究中国的神和宇宙观。莱布尼茨回答:神(天道)和宇宙观形成了亘古持续的世界(文明与人类社会)……莱布尼茨还说:中国创造了真正的神和宇宙观。③

(三)《易经》是中西科学、音乐和数学的源头

钱德明(J. J. Amiot,1718—1793,法国耶稣会士、汉学家)说:我期望发现这个原则,它提供了整个科学理论的基础,那就是中国古代圣人所写的"普遍科学"——科学之科学。如此产生科学的"科学之科学"……(基于)发现万物的"普遍和谐"(它也是音乐的源头)……钱德明探索八卦、河图洛书和阴阳理论,它们形成了

---

① G. D. Shollenberger:*God And His Coexistent Relations To The Universe*,p.411.
② G. D. Shollenberger:*God And His Coexistent Relations To The Universe*,x.
③ G. D. Shollenberger:*God And His Coexistent Relations To The Universe*,p.409—410.

关于(天道)化生万物和数字符号的中国古代思想……①

钱德明也是第一个系统研究中国音乐的西方学者,于1780年在巴黎发表《中国古今音乐考》,宣称西方的音乐传统基本上是由中国派生的。②

钱德明神父断言中国人是一种基本音乐体系的缔造人,其他音乐体系均出于此。他认为,这种体系起源于中国君主政体初创时,也就是说至少在公元前2637年。

这位满腹经纶的传教士,由此而在其珍贵的《中国古今音乐考》中,得出结论……希腊人和埃及人从比他们更古老的中国人中汲取了科学和艺术的内容。他断言这个真理是由一系列证据向他证明的。③

如前所述,文艺复兴学者伪造的毕达哥拉斯的音乐和数学都是中国的。让我们来探源中西之数学。

"……德国数学家和哲学家莱布尼茨高度重视《易经》及其两位数计算理论,它们是数学逻辑和计算机科学的基础,两者都起源于这本书。"④

美国数学家马祖尔指出:历史学家们相信《九章算术》这本最古老的中国文本,在近代以前提供了已知的完全的数学知识,这是真正的"中国的欧几里得原本",它包含了毕达哥拉斯定理。⑤

关于西方数学基本上来自中国,三位美国数学史家指出:在划定为"前文艺复兴"(pre-Renaissance)阶段的西方,数学观念的序列和范围及其相关技巧都是源自中国的,其程度远超过同时代的别的民族。此种知识连续推进西方数学思想的发展,这是我们不应该忽略的,而且还要进一步研究它(数学史)。

过去,探索中国知识透过印度与阿拉伯向西传播已相当活跃。然而,尽管西方的数学传统基于……逻辑演绎这一事实,我们也不应该低估中国的归纳数学的功绩。演绎系统仅是在归纳法和经验实验为其打下基础之后的理论精进,它是由两者所负担的"奢侈品"(luxury)。在开始阶段,数学只是社会生存的工具;在生存无

---

① Luís Saraiva: *Europe and China: Science and Arts in the 17th and 18th Centuries*, World Scientific Publishing, 2013, p.84—85.

② S. A. M. Adshead: *China In World History*, Springer, 2016, p.43.

③《明清间入华耶稣会士与中西文化交流》,第529页。

④ P. Morasso, V. Tagliasco: *Human Movement Understanding*, Elsevier Science Publishers, 1986, p.90.

⑤ Joseph Mazur: *Enlightening Symbols*, Princeton University Press, 2014, p.29.

忧之后，该学科才越来越追求知性与审美。①

这就是说，西方那种奢侈性的逻辑演绎的数学需要双层基础：A.实践学科基础；B.物质经济基础。然而近代以前，相对于中国而言，西方不存在这两个基础。那么，西方的演绎数学的知性传统和代表它的希腊思想又是从哪里来呢？只是在1492年之后好久，由于全球财源、资源注入，西方才逐渐具备了这个双层基础，而且其中的实践学科基础（成果）主要是中国的。至于中国数学与科学为什么没有迈向"西方知性"？答：不是不能，而是不为。因为传统中国的科学与数学是"惟道是从"，而非独立自主，旨在防止天人相胜、零和决战。

近现代的西方人热衷于机械，以致今人多会觉得西方人是与生俱来的"机械癖"（极具机械传统），其实完全相反。数学与科学亦然。

近代以前的西方不可能产生科学与数学，因为它一直都是原始社会，是零发展、零增长的。再说近代以前的西方也没有"0"的概念，哪来科学与数学呢？同样，没有纸与印刷术、不用书写文字的社会（例如古希腊），怎么会有学术著作传世千古？俄罗斯科学史家维谷斯基说："欧几里得的手稿《几何原本》（从古代）幸存下来，这是一件不可能的事。"②最后，由于西方缺少"道的智慧"（人与自然和解，与万物及自身环境共存），所以，它在近代以前是不可能拥有上述知识的。

既然毕达哥拉斯和欧几里得及其著作都是近代早期伪造的，那么，古希腊文献和文集缘何而起？那就是东学西渐、中学西被！就像"徐光启把欧洲文艺复兴的数学与它的中华文明的'根'联系起来"③。数学家梅毂成（1681—1763年）断定西方的数学来自中国。他说西方人（耶稣会士）自己承认，他们的数学源于东方。甚至晚清改革派恭亲王也说（1867年）："西方科学植根于古代中国的数学，西方人认为他们的数学来自东方。"④

耶稣会士白晋（1656—1730年）是数学家，被路易十四派来中国，而且参与了康熙朝《数理精蕴》的编纂工作。他认为《易经》蕴藏了所有科学的基因，是数学的源头；《易经》也是其他智慧或哲学的总的原型，包括赫尔墨斯与逻各斯。

---

① Marlow Anderson, Victor Katz, Robin Wilson: *Sherlock Holmes in Babylon*, MAA, 2004, p.66—67.

② A.T. Fomenko: *Empirico-Statistical Analysis of Narrative Material*, p.99.

③ C. Jami, P. M. Engelfriet, G. Blue: *Statecraft and Intellectual Renewal in Late Ming China*, Leiden: rill, 2001, p.271.

④ Ronald Calinger: *Vita Mathematica*, Cambridge University Press, 1996, p.95.

表解　古今之变：为什么说近代以前的西方没有科技与数学？

	历史上："道"的文明（道器合一）		近现代："器"的文明（唯器无道）
知识	中国：唯一发展创新，拥有科技与数学。 欧洲：一切为零，亦无"0"及时间概念。	→ 儒 式 全 球 化	西方：经济与科技获得"爆炸性"发展。 中国：传统式发展延续良久，转型极难。
原因	自然占优势，人不能利用生存环境以外的生态。"道"开发科技，防止倾覆家园。		人们破天荒地利用整个生物圈作为平衡条件与牺牲代价。"道"反而是阻碍。
基础	中国：内环境适合发展，经济雄厚广大。 欧洲：内环境困厄冲突，原始经济分裂。		西方：海洋地缘，寄生于"全球性生态"。 中国：地缘政治被扼制，很晚参与世界。
备注	儒式全球化指非宗教的俗世现世、人本人文、发展发明、天下联通、用书写文字。		

熊十力说，《易经》与《九章算术》相表里，是数学的母体。康熙时完成数学百科全书——《数理精蕴》，其序言称数学源于伏羲八卦。而中国古代数学家们则共识于此。

魏晋时刘徽《九章算术注》云："观阴阳之割裂，总算术之根源。""昔在包牺氏，始画八卦，以通神明之德，以类万物之情；作九九之数，以合六爻之变。暨于黄帝，神而化之，引而伸之，于是建历纪、协律吕，用稽道原，然后两仪四象精微之气可得而效焉。"

宋代秦九韶著《数书九章》云："周教六艺，数实成之……爰自河图、洛书，闿发秘奥；八卦、九畴错综精微，极而至于大衍、皇极之用，而人事之变无不该，鬼神之情莫能隐矣。"

元代朱世杰著《四元玉鉴》称："数一而已。一者万物之所从始，故易一太极也。一而二，二而四，四而八，生生不穷者，岂非自然而然之数耶？河图洛书泄其秘，《黄帝九章》……其章有九，而其术则二百四十有六，始方田，终勾股，包括三才，旁通万有。"

民国刘师培言："《易经》为数学所从生。上古之时，数学未明，即以卦爻代数学之用。如卦有阳爻、阴爻，阳卦为奇、阴卦为偶。《易》爻之分阴、阳，犹代数之分正数、负数也。"

二、古希腊哲学是中国翻版

（一）"道"是西方哲学之母

近年来，国内外关于"虚构的古希腊"的专著、专论连续问世，逐渐趋于共识。

这里不再赘述,但强调三点:第一,经济历史学家们推断,欧洲在近代以前的千年都是"零发展",①它意味着物质文明为零。第二,近代以前的西方,特别是它的古代,不存在"0"的概念。那只能说明,西方的"知识传统"为零。"没有0的文明",是现代人的臆想。第三,中古和上古的西方是不用文字的口语方言的社会。那么,它的历史和历史上的知识是从哪里来的呢?岂不都是近现代杜撰的吗?

在中古与近代之交,中国的"道"传入西方之后则是"一分为二":1.道与神创、神谕混杂,而变为逻各斯与赫尔墨斯智慧,进而衍生出希腊哲学;2.道与进步、进化混杂,而变为辩证法与神秘主义学说,进而衍生出近代哲学。②

表解 由"元一的道"在近代产生的"希腊哲学"和西方哲学

		道的分裂与退化(中古后期至近代)		西方哲学的特点:主客两分	效用与后果
道的元一	易经道家	→埃及赫尔墨斯→神秘学→ ↗与神创论结合→逻各斯→	希腊哲学	主体"置身事外":死逻辑控制"活的自然"。	成为"神造万物"、牺牲自然"创世"的工具和代表。
	宋明理学	↘神秘主义→共济会智慧→ →与进化观结合→辩证法→	欧洲哲学	主体"随波逐流":矛盾运动的"零和规则"。	

(二)古希腊哲学是中国圣智的变种

海德格尔说:"显而易见的是,老庄的'道'是确切的形而上学,它盛行于从柏拉图到黑格尔的时代。"③

史怀哲说:"当我理解《道德经》时,我感到斯多噶派作为在本元上和老子的思想是一样的……由此,在希腊哲学和中国哲学之间存在着基本的关联。"④

美国哲学家弗卢埃林说:"色诺芬、阿那克萨戈拉、毕达哥拉斯、柏拉图和普罗提诺都强烈受到东方的影响";⑤"比较一下苏格拉底的辩证法,它应该是归于孔子,只不过更精练一些而已。"⑥

---

① "ancient Greece as a no-growth society." Alain Bresson: *The Making of the Ancient Greek Economy*, Princeton University Press, 2016, p.xxii.
② Arch. Orient, Vol. 35, *Nakl. Ceskoslovenské akademie věd.*, 1967, p.340.
③ John Sallis: *Reading Heidegger: commemorations*, Indiana University Press, 1993, p.318.
④ A. Schweitzer, A. B. Lemke: *Out of My Life and Thought: An Autobiography*, JHU Press, 1933, p.229.
⑤ *Reflections on the basic ideas of East and West*, 12, Ralph Tyler Flewelling, California College in China, 1935, p.101.
⑥ *Reflections on the basic ideas of East and West*, 12, Ralph Tyler Flewelling, p.89.

英国哲学家马丁·科恩指出：自柏拉图始，中国哲学就被融入西方哲学之中。他写道：东方哲学是整体的，东方哲学家不喜欢割裂万事万物，不同于西方的亚里士多德传统的"分析"哲学家。然而事实上，在西方哲学中存在着大量东方哲学；从柏拉图以来就是如此，他强调平衡与和谐的重要性，这两个概念是东方的。柏拉图也很重视东方的知行合一，即一方面是理论：学习和知识；一方面是实践：生活与存在。中国哲学特别考虑思想与行为一致，犹如硬币的一体两面。太极——最高的实在——包含"理"（心灵）和"气"（物质），旨在使其自身合乎"道"。①

希腊哲学的根在东方。伦巴多博士说："早年西方哲学家和科学家受到起源于埃及乃至东方的影响。'永恒的一'被包含在巴门尼德的思想中……赫拉克利特提出的流变与反向互动，很有可能是道家的阴阳。"②进而，两位哲学家赫伦斯和迈特利思详述，赫拉克利特说："人不能两次踏入同一条河流。"

《庄子·庚桑楚》论流变（犹如佛教的"缘起性空"），曰："产生没有根本，消逝没有踪迹。具有实在的形体却看不见确切的处所，有成长却见不到成长的始末，有所产生却没有产生的……实际存在着。具有实在的形体而看不见确切处所的，是因为处在四方上下没有边际的空间中。有成长却见不到成长的始末，是因为处在古往今来没有极限的时间里。存在着生，存在着死，存在着出，存在着入。"

模糊直觉是"万物皆流动"，是永恒的自我生存和变化的过程，虽然模糊，它昭示了现代西方的哲学意识。此种世界观首先是赫拉克利特提出，即"宇宙是永恒的流变"，"万物皆在斗争中暂存"……赫拉克利特启迪了巴门尼德体系，后者提升了人的能动性，因而强调存在、常恒、稳定和均衡……从而奠定了后世的形而上学的框架，诸如柏拉图的理想系统和亚里士多德的基于观察的知识系统，以及近代西方的世界观。

这个形而上学的态度主导了最近的重要思想家，诸如柏格森和怀海德，还有当代的物理学家，例如玻姆。后者认为，物质的流动是存在的最后基础。……此种扭转西方意识的从"存在"到"变成"的抽象玄学，令人吃惊地显示出与深厚的古代东方的思想传统密切相关。怀海德说："（它）似乎更接近印度或中国的思想，而非接近于西亚或欧洲的思想。"

在东方，这个永恒流动、无情变化和自我转型的思想……被表达于《易经》和

---

① Martin Cohen: *101 Philosophy Problems*, Routledge, 2007, p.211.
② Thomas Lombardo: *Wisdom, Consciousness, and the Future*, Xlibris, 2010, p.112.

老子与庄子的文字里……那就是"道"。①

(三)古希腊与源于"道"的其他智慧

意大利文艺复兴学者们杜撰"希腊哲学"的途径是:《易经》→赫尔墨斯智慧(嵌入儒释道)→希腊哲学(嵌入儒释道)

历史学家沃恩揭露:"帕特里齐(Franciscus Patricius,1529—1597年)从琐罗亚斯德和赫尔墨斯中寻找希腊哲学,编纂书籍;而实际上,它们则都是被新柏拉图主义者在希腊哲学家的名下杜撰的(手稿)。"②

巴尔克教授认为,就整体而言,只是在美第奇建立的柏拉图学院里构建古希腊的……最重要的翻译和评论柏拉图和新柏拉图主义的,就是费奇诺(Marsilio Ficino,1433—1499年)。许多现代西方学者认为,古典知识的恢复开始于费奇诺翻译《赫尔墨斯文集》……它塑造了从柏拉图到柏拉图传统的新哲学。③

美国历史学家克里斯特勒说:"(费奇诺)的资料包括……被归为赫尔墨斯、琐罗亚斯德、奥菲斯和毕达哥拉斯的著述,而现代学术界则认定它们都是'后古代'杜撰的作品;但在费奇诺及其同仁与前辈看来,它们是值得敬重的古代异教智慧和神学,而且曾经启迪了柏拉图及其门徒。"④

费奇诺企图在基督教和柏拉图哲学之间达成妥协。由此,柏拉图主义者融合所有异质的古籍和杜撰的观念,再用它来诠释古典的神秘和故事。在费奇诺看来,真正的艺术家是逻各斯,它是人(艺术成果)和自然神的创造者。⑤孟德卫写道:存在着一个知识传统,它成为……欧洲消化中国信息的桥梁,那就是赫尔墨斯主义。1460年,一个僧侣从马其顿来到佛罗伦萨,把一部希腊手稿呈递给美第奇公爵,后者请费奇诺把它翻译成拉丁文。结果是在1471年,著名的《赫尔墨斯文集》问世,别的主要的赫尔墨斯文献稍后陆续出现。《赫尔墨斯文集》捕捉了费奇诺的想

---

① Tor Hernes,Sally Maitlis:*Process,Sensemaking,and Organizing*,Oxford University Press,2010,p.118—119.

② Robert Vaughan:*Essays and remains*,ed. with a mem. by R. Vaughan,Vol.Ⅱ,London,1885,p.55.

③ Antti P. Balk:*Saints & Sinners:An Account of Western Civilization*,London:Thelenma Publications,2008,p.461.

④ P. O. Kristeller:*Eight Philosophers of the Italian Renaissance*,Stanford University Press,1964,p.38.

⑤ Edith Balas:*Michelangelo's Medici Chapel:A New Interpretation*,vol. 216,American Philosophical Society,1995,p.160.

象力,也捕捉了文艺复兴期间欧洲的想象力。因而不久之后,它被翻译成西班牙文、法文和荷兰文。

费奇诺和其他许多人都相信,他翻译的这个手稿是属于远古的,其原创者是墨丘利·特利斯墨吉斯忒斯,他是一名生活于距摩西几代之后的埃及祭司,也就是托特……柏拉图说,通常是从一组哲学家中选出一名祭司,他再被祭司推选为国王。费奇诺进而宣称,毕达哥拉斯和柏拉图都是赫尔墨斯·特利斯墨吉斯忒斯的传人。结果,费奇诺见证了新柏拉图主义哲学在文艺复兴的佛罗伦萨复活。对于文艺复兴来说,古代的真理和实在的标志就是逻辑。

赫尔墨斯主义的重要性是将异教哲学与基督教相结合。费奇诺还努力将新柏拉图主义与基督教合二为一,这使他成为文艺复兴的综合情结的象征。如此情结……相信,古人是体魄健壮,智力聪明,过着更和谐的生活……

然而在 1614 年,赫尔墨斯主义源于远古这一盲信被伊萨克·卡索邦(Isaac Casaubon,1559—1614 年)揭穿了。①

考马克教授说:"……维科(Giambattista Vico,1668—1744 年)的训诫是'文化,是面对无知的持续编造。'(culture is continuous fabrication in face of ignorance.)——杜撰和自我翻译。这对于《赫尔墨斯文集》产生的历史是奇特的适合"②。

费奇诺与其说是"翻译"赫尔墨斯智慧,不如说是伪造它,③但并非凭空伪造,而是反映《易经》(response to I Ching)。④

哲学家爱普顿说:"我注意到基督教神父优西比乌和拉克坦提乌斯、文艺复兴时期的赫尔墨斯的崇尚者费奇诺、耶稣会士珂雪和索隐派白晋,以及众多的别的古代神学家,都是面向其他宗教,来追溯他们自己宗教的古代和缘起,以及纯正的神性教诲。据说,极为古老的经文诸如赫尔墨斯文本、巴比伦神谕和中国的《易经》,在形成原初智慧(primordial wisdom)的方面起着关键的作用。"⑤

---

①David E. Mungello:*Curious Land:Jesuit Accommodation and the Origins of Sinology*,p.29—30.

②Alistair Cormack:*Yeats and Joyce:Cyclical History and the Reprobate Tradition*,Ashgate,2008,p.47.

③Dmitri Levitin:*Ancient Wisdom in the Age of the New Science*,Cambridge University Press,2015,p.9.

④Nicholas Bunnin,Eric Tsui-James:*The Blackwell Companion to Philosophy*,Blackwell Publishing,2003,p.571.

⑤Urs App:*The Birth of Orientalism*,University Pennsylvania Press,2010,p.8.

赫尔墨斯智慧和巴比伦神谕都是虚构的。神秘主义学者姆谢伊承认,赫尔墨斯智慧的起源不在埃及,而是在中国。①

白晋说:"我们不得不承认,在今天能被发现的异教文献中,中国经典是最古老的自然法……至少,《易经》是世界上已知的最古老的著作。"……伏羲不仅是中国的法律和风俗的建立者,而且也是他们的宗教、科学、古书、文字系统和语言的创造者。不仅如此,中国人伏羲就是埃及和希腊的赫尔墨斯、墨丘利(Mercury)或特利斯墨吉斯忒斯,也就是亚历山大的托特……也就是希伯来的以诺;他们是同一个人,不同民族写了不同名字而已。②

表解　"元一的道"派生世界智慧与知识

	文艺复兴时期杜撰古老智慧	文艺复兴时期杜撰哲学	文艺复兴期间完成《圣经》
道与易经	赫尔墨斯智慧和其他埃及智慧↑	古代希腊哲学、罗马哲学、埃及托勒密王朝哲学和欧洲中世纪哲学（奥古斯丁等）。	基督教思想体系(《圣经》虽是包罗古代神话,但它是在文艺复兴期间吸收其他思想而汇成书的)。
	宗教形而上学→逻各斯→逻辑↑		
	巴拉哲学和别的犹太教智慧↑		
	琐罗亚斯德书和别的近东智慧↑		
	嵌入儒释道思想↑	嵌入儒释道思想↑	嵌入儒释道思想↑
备注	世界知识是元一,三生万物。莱布尼茨认同耶稣会士的这一见解,即:所有的智慧或知识,包括数学、哲学和宗教等,都应该溯源于《易经》的模式;它是世界最古老的书。③		

(四)文艺复兴伪造柏拉图等哲学家

西班牙学者罗德里格斯解释:臭名昭著的……文艺复兴发现古代世界(希腊、罗马)……是意大利人文主义利用"希腊世界"(或总的希腊—罗马)的想象,来锻造精神武器,反对封建经院学派。(后者也有它自己的希腊—罗马世界的想象)。……人文主义者们被迫创造他们的"古典希腊"的想象,来抵消那被封建经院学派所塑造的想象……资产阶级基于从柏拉图主义派生的观念,伪造了希腊世界的想象,来反对那援引亚里士多德的封建经院学派。人文主义者们通过发明不同于经院学派的新的希腊和拉丁世界的想象,使他们站到了真理的高峰……到18世纪,不断发明"古典希腊"对于德国资产阶级具有深远意义……从歌德、温克尔曼和席勒

---

①David S. Katz: *The Occult Tradition*, Pimlico, 2007, p.74.
②Urs App: *The Birth of Orientalism*, p.282.
③Val Dusek: *The Holistic Inspirations of Physics*, Rutgers University Press, 1999, p.198.1.

……到尼采和海德格尔……①

根据费尔德曼教授,文艺复兴思想的新特点是它在很大程度上导致了古典著作的恢复,做这项事业的人,我们今天称之为"人文主义者"……到15世纪结束,一套完整的柏拉图文集被翻译成拉丁文发表了;这在中世纪几乎是闻所未闻,也是行不通的。"拉丁化"的柏拉图……是被费奇诺最后完成的。别的柏拉图主义的伟大人物,像普罗提诺也随着他的《九章集》的出版而被恢复,这也是费奇诺的工作。柏拉图思想的复活渗透到意大利,乃至整个西欧的哲学潮流之中。②

上文提到普罗提诺(Plotinus,204—270年)的《九章集》,是儒释道及《易经》的混杂思想,而且这个"九"是影响欧洲的蒙古帝国的崇敬数字。③再者,普罗提诺说:"太一是语言文字所不能名状的。"这完全是《道德经》的思想:"道"即"一",它是不可名状的。

希契科克认为大概最重要的意大利人文主义者就是费奇诺,他主持由美第奇家族赞助的佛罗伦萨学院……费奇诺把所有的柏拉图、普罗提诺和伪狄俄倪索斯翻译成拉丁文,还写了一部"柏拉图神学";后者是基于奥古斯丁的教导,即在灵魂中发现神意,这是一种在原则上可以接近每一个人的自然宗教。所有的至关重要的真理都被置于柏拉图,犹如一种神圣现实的自然启示。④

上文提到奥古斯丁的教导简直就是儒释道的,而与基督教的神本主义是截然相反的,那就是:为仁由己、人能弘道,"人皆可为尧舜";"一切众生都有佛性,人人都可以成佛"。这些都是于中古与近代之交传入西方的宋明理学所提倡的。它使文艺复兴时期的杜撰古典成为可能。⑤

在多位现代西方学者看来,以费奇诺为主的意大利人文主义者们把孔子和其他东方智者作为他们塑造柏拉图和亚里士多德的楷模。

"费奇诺和他的同事把柏拉图和亚里士多德与孔子和琐罗亚斯德相提并论,四者都是神圣的。"⑥

---

①Rodríguez Gómez Rodríguez:*Theory and History of Ideological Production*,University of Delaware Press,2002,p.114—115.

②*Philosophy in a Time of Crisis*,By Seymour Feldman,Routledge,2003,p.151.

③Tat Wei:*the I-CHING*,Dai Nippon Printing Company,1977,P.161.

④James Hitchcock:*History of the Catholic Church*,Ignatius Press,2012,p.236.

⑤Mark Vessey:*A Companion to Augustine*,Wiley Blackwell,2015,p.471.

⑥Henry E.:*The Huntington Library Quarterly*,vol. 4,1941,p.4.

"在费奇诺和他的同事看来,柏拉图和亚里士多德所说的每一句话,也就是孔子和琐罗亚斯德说的,看似神圣。"(Everything said by Plato and Aristotle, as well as by Confucius and Zoroaster, seemed sacred.)①

"费奇诺研究和吸收亚里士多德、柏拉图和新柏拉图主义,尽力发现孔子和琐罗亚斯德的每一句话。"②

上文提到的琐罗亚斯德,即祆教的创始人,但在欧洲文艺复兴期间流传的以他命名的"智慧"(Book of Zoroaster),则是伪造的。③而且,包括琐罗亚斯德在内的所有的近东宗教智慧都是中国的。④

费奇诺说,柏拉图的《理想国》的灵感来自埃及。辛赖希教授也说,在音乐方面,柏拉图的《理想国》受启迪于埃及;另一方面,柏拉图的音乐教育和孔子及儒家的理论与实践,十分相似。⑤但实际上,柏拉图和古埃及的思想——包括音乐——都是起源于中国。关于希腊哲学的中国源,斯维特尼科娃写道:作为著名的法国汉学家雷慕沙(Jean P. Rémusat,1788—1832年)的学生,德国东方学家格莱迪什(August Gladisch,1804—1879)发展了他老师的这项研究,即毕达哥拉斯主义和柏拉图主义与中国古代哲学的相似性研究。格莱迪什称毕达哥拉斯是"希腊中国人"(Hellenischen Schinesen),追溯他们的知识系统,不外乎都是古代中国……同样的数理、音乐和道德哲学……格莱迪什对西方思想的东方起源感兴趣。⑥

瑞士古典学家布尔克特揭示:联结毕达哥拉斯和柏拉图的中介是阿尔希塔斯(Archytas,公元前428—公元前347,古希腊哲学家、数学家),后者的著述残片是毋庸置疑伪造的。⑦

文艺复兴学者所杜撰的柏拉图《理想国》,受启迪于传统中国的"君子之治"(天下为公、选贤与能、有教无类、学优则仕)。

---

① Kenneth Albert Strand: *Essays on the Northern Renaissance*, Ann Arbor Publishers, 1968, p.29.
② Pasquale Villari: *Life and Times of Niccolo Machiavelli*, Haskell House Publishers, 1969, p.131.
③ Wayne R. Dynes: *Encyclopedia of Homosexuality*, Vol. 2, p 883.
④ Jenny Rose: *The Image of Zoroaster*, Bibliotheca Persica Press, 2000, p. 80.
⑤ Aram Sinnreich: *Mashed Up: Music, Technology, and the Rise of Configurable Culture*, Universiti of Massachusetts Press, 2010, p.18.
⑥ Ilona Svetlikova: *The Moscow Pythagoreans*, Springer, 2013, p.146.
⑦ Walter Burkert: *Lore and Science in Ancient Pythagoreanism*, Harvard University Press, 1972, p.222.

许多世纪以来,一直有一种说法,即:如果国王是哲学家或者王国是哲学家们治理,那么人民是幸福的;由此,我们肯定地达成共识:如果存在着哲学家们治理的国度,那就是中国。①

法国汉学家劳格文(John Lagerwey)认为:"传统中国是柏拉图《理想国》的土壤,关于中国历史与思想的每一个文字都是如此,即:中国是一个被'哲学王'统治的国度。"②

费奇诺等人在伪造柏拉图时,模仿孔子的对话体。施努尔和夏洛特指出:"通过这个被杜撰的对话(指《阿克西俄科斯》),人文主义者们'发现'柏拉图……倾注他们真诚的热情。"③

柏拉图的原型是文艺复兴前期的卜列东。费奇诺等人使用被卜列东杜撰的著述,④加上新观点、新材料,编造了柏拉图和普罗提诺的"著作"。也就是说,卜列东一个人被变成了三个人。(注意:这三人的名字大致相同,实际上是一个人,下表所示)。⑤

表解　文艺复兴时期杜撰的西方古代哲学家(卜列东→柏拉图→普罗提诺)

	柏拉图的原型	假的历史人物	假的历史人物
中文名	卜列东	柏拉图	普罗提诺
西文名	Plethon、Pleton、Pletho	Plato	Plotinus
标签	新柏拉图主义	西方最伟大的哲学家之一	古罗马最伟大的哲学家
时代	文艺复兴(东学西渐)	古希腊(原始性、非文字)	古罗马(原始性、非文字)

三、西医产生于中医的考证

近现代的西方医学和被伪造的"古希腊医学"都是产生于文艺复兴期间,而且这一真一假,均是源自中国——有两个知识宗本:《黄帝内经》和道家炼丹术。

---

① Sulaymān: *Ancient Accounts of India and China*, London, S. Harding, 1733, p.238.

② John Lagerwey: *Taoist Ritual in Chinese Society and History*, Macmillan/McGraw-Hill School Division, 1987, xi.

③ Rhoda Schnur, Jean-Louis Charlet: *Acta Conventus Neo-Latini Cantabrigiensis*, Arizona Center, 2003, p.164.

④ Savvas Kyriakidis: *Warfare in Late Byzantium*, Brill, 2011, p.97, footnote 86.

⑤ A.T. Fomenko: *Empirico-Statistical Analysis*, p.110.

虚构的西方文明史:古今西方"复制中国"考论

竟然有一些极端西化、不明事理的中国人,颠倒黑白地根据西方的"古已有之"来指责中国的经络理论是舶来品。再有一篇文章称"汉医(中医)仅仅是众多传统医学中比较落后的一种!"——中医落后于古代的希腊、罗马、埃及、印度和美索不达米亚?可惜作者不知道,所谓的西方和泛西方古典文明及其科学、医学等,都是15—19世纪间杜撰出来的。

(一)文艺复兴产生"西医传统"和"医学之父"

希波克拉底(Hippocrates,公元前460—公元前370年)被称为古希腊或西方的"医学之父",盖伦(Galen,129—199年,古罗马医学家)被称为"古代世界最伟大的医学家"。让我们揭示两者的真相。

圭多里齐(Guidorizzi)教授说:"《盖伦评述〈希波克拉底论人的体液〉》是文艺复兴的伪造。"[1]意大利文艺复兴时期的人文主义者(神职学者)伪造了盖伦,并且借盖伦之口又伪造出"古希腊医学之父"希波克拉底。[2]

极为讽刺的是,代表主流西方的普林斯顿大学历史学家格拉夫顿,为了捍卫"古罗马"和盖伦两者的真实性,面对众多学者质疑,他只好说,古罗马的盖伦的确擅长伪造(也伪造了希波克拉底的著作);但是文艺复兴期间杜撰的《盖伦评述〈希波克拉底论体液〉》,则与盖伦无关。欲盖弥彰,陷于荒唐。格拉夫顿教授的原话是:盖伦,一个伪造行家(connoisseur of forgery),他玩味琢磨(Lucian,约125—180年)在赫拉克利特名下所写的假的玄奥哲学,如法炮制希波克拉底的著述。……盖伦评述希波克拉底的著作《论体液》……勾画了(西方)伪造历史由来已久的本身问题……但无论如何,《盖伦评述〈希波克拉底论体液〉》这本书是文艺复兴的伪造(与盖伦本人无关)。[3]

其实,这四个"历史人物"——盖伦、琉善、赫拉克利特和希波克拉底——都是文艺复兴期间的人文主义学者杜撰的。

托尼·伯克在其所著《古代真理,还是近代伪造?》一书中提出:"争论的焦点是盖伦自己所写的书(指文艺复兴时期那本论希波克拉底体液学的书),还是某个作者冠以盖伦的名字……(有人)干脆说:'这不是盖伦的语言,它的题目也是假

---

[1] S. M Oberhelman: *Dreams, Healing, and Medicine in Greece*, Ashgate, 2013, Chapter 2, footnote 58.

[2] Nancy G. Siraisi: *The Clock and the Mirror: Girolamo Cardano and Renaissance Medicine*, Princeton University Press, 1997, p.138, 257, 287 and 294.

[3] Anthony Grafton: *Defenders of the Text*, Harvard University Press, 1991, p.164—165.

的。'……格拉夫顿……列举(盖伦的书)把杜撰的文字归属于希波克拉底和别的古代医生。盖伦总结的那些话,一定是出自不懂'古代风格'的最近医生之所为。"①

应该指出的是,古希腊是尚未使用文字的原始社会(所谓的希腊语是中古犹太—基督教的语言,而且是在四大发明西传之后才有书写文字的,它与近代之前的希腊地区毫无关系)。

(二)西方医学及其伪造的传统皆是源于中国

美国医学科普作家克里斯托弗·万杰克说:公元前4世纪左右,古希腊(医学之父)希波克拉底从中国和印度借取人体的四种体液观念——血液、黑胆汁、黄胆汁、黏液,从而为现代西方医学打下了基础。②

19世纪的英国学者切斯尼主张"希波克拉底的地理和医学知识都是中国的",即:希波克拉底企图证明生命是复合的结果,它由四种元素构成,即火、水、气和土,体现于四液(血液、黑胆汁、黄胆汁、黏液)之循环与平衡。毕达哥拉斯、柏拉图、希罗菲卢斯和盖伦也都是这样认为的,但中国人也是如此……毋庸置疑,希波克拉底的见解和它的医学知识是源自东方的……盖伦也承认,希波克拉底的知识在总体上是东方的……盖伦的冷暖调节机体(比如平衡心火)……我们发现中国人正是如此……③

专家指出,希波克拉底、柏拉图、亚里士多德和盖伦所言的体液循环,都应该是文艺复兴学者参照《黄帝内经》而杜撰出来的。④

大体而言,全部的"古希腊、古埃及"的科学与哲学,都是文艺复兴时期编造出来的,而且都是源自中国。这里只谈医学。

庄子曰:"道术将为天下裂。"中西医的分道扬镳可追溯于"元一的道"分裂为百家,再从老庄分裂为道家炼丹术;后者加上医家的西传,这就有了西方医学或西方医学的缘起。《黄帝内经》体现着"元一的道",而西医则是它的自我膨胀的碎片。西医具有局部疗效,但很有可能伤害整体的生命元基;后者尚未坏死,则可以康复,此乃西医见效之前提。中医通过恢复和加固生命元基,来消弭病灶,延年益寿,此乃治本之术。

---

① Tony Burke: *Ancient Gospel or Modern Forgery Cascade Books*, 2013, p.51, footnote 85.
② Christopher Wanjek: *Bad Medicine*, John Wiley & sons, Inc., 2003, p.4.
③ Francis Rawdon Chesney: *The expedition for the survey of the rivers Euphrates and Tigris*, Vol 2, London: Longman, 1850, p.532.
④ *Asian Folklore Studies*, Vol. 36, Nanzan University Institute of Anthropology, 1977, p.88.

文艺复兴时期的瑞士医学家帕拉塞尔苏斯,揭露盖伦和阿维森纳都是子虚乌有、欺骗世人,①但另一方面,帕拉塞尔苏斯本人则是受到中国的影响。阿黑德教授指出:"16世纪,(欧洲)在消化中国的炼丹术的过程中……得出这样的结论,即:帕拉塞尔苏斯(Paracelsus,1493—1541年)的著作,无论它是从何种途径派生的,思想是典型的中国式的。"②

炼丹术乃至化学、医学和它们的西方语词都是源于中国(注意以下词根):

1.炼丹术语词的起源:Kim-iya(金液,古代泉州方言。西语:K=C)→Kimia(阿拉伯发音)→Alchemy(拉丁语)。③

2.炼丹术变成医学的演变:Alchemy(炼丹术)→Chemistry(化学)→Chemist(药剂师、药店)。

纽约医学协会(1869)学刊写道:"神话的历史已记录了所罗门、毕达哥拉斯和赫尔墨斯在(炼丹术鼻祖)之列……然而在1868年10月的东方学会议上,威廉·马丁发表演讲《论中国的炼金术》。在略为探索炼丹术与化学的关系之后,他就阐述其主题,认为西方的炼丹术应该溯源于中国,他给出九个理由……"④

谢和耐讲述中国的天花接种西传的过程:自16世纪起中国通行天花接种,其办法是将微量的天花小疱接种至人的鼻孔中。也就是说,欧洲发明种痘之前……中国人早已谋求减轻病毒毒性的方法。17世纪期间,这种方法传至土耳其;18世纪初开始为欧洲所了解。1718年,英国驻康斯坦丁堡大使的夫人蒙塔古曾叫人给自己全家接种。1796年,爱德华·詹纳制定预防天花接种法。⑤

四、共济会神秘智慧中国源

(一)伪造希腊哲学的"神秘线索"

西方的神秘组织——主要是共济会——始终与中国文化有着神秘关系。据说,在其正式出现于18世纪初之前,共济会曾在中国有过筹备试验⑥(好比二战期

---

① Fiona Reynoldson:*Medicine Through Time*,Heinemann,2002,p.61.
② S. A. M. Adshead:*China In World History*,Palgrave Macmillan,1995,p.229.
③ Mircea Eliade:*The Forge and the Crucible*,University of Chicago Press,1962,p.192.
④ *Transactions*,Vol. 3,by Eclectic Medical Society of the State of New York,1869,p.90.
⑤ 谢和耐:《中国社会史》,第459—460页。
⑥ *Masonic Mysteries & Enigmas*,www.rapeutation.com/masonicmysteriesenigmas.pdf

间中情局前身OSS在华活动);由一名担任天朝官职的耶稣会士把与共济会相关的秩序、仪式和神秘主义,带进了英格兰。①也有人说,共济会的规矩图案来自中国。宣传上称,共济会的度量符号源于欧洲中世纪的石匠。我们认为,中世纪欧洲是很原始的,不可能有这些东西。除了这些度量器具,再加上共济会很重视建筑学和"81"这个数字,根据这些,它们的真实来源很可能是宋代李诫著《营造法式》,该书主要是讲工匠的建造方法,其中也引用了三本古籍。

《周官考工记》云:圆者中规,方者中矩,立者中垂,衡者中水……墨子言:天下从事者不可以无法仪,无法仪而其事能成者无有也……虽至百工从事者,亦皆有法。百工为方以矩,为圆以规,直以绳,衡以水,正以垂。无巧工不巧工皆以此五者为法……《周髀算经》云:昔者周公问于商高曰:数安从出?商高曰:数之法出于圆方,圆出于方,方出于矩,矩出于九九八十一,万物周事而圆方用焉。

如前所述,在近代早期,有一些西方学者利用中国历史打造"古埃及",然后又说后者派生了中华文明。例如法国东方学家德金(Joseph de Guignes,1721—1800)一方面使用中国编年史来"支持"埃及编年史,一方面又说古代中国是埃及的殖民地。②

在智慧方面也是如此,德金宣称,《易经》(伏羲八卦)是从古埃及借取的,同源于(古希腊)毕达哥拉斯理论。③姑且不论古埃及和古希腊都是杜撰出来的,只看金德是如何"多言数穷"的——他的话为我们寻找"埃及智慧""希腊智慧"和《易经》三者的因果关系,提供了线索。

我们首先能够查询到在智慧上是古埃及派生了古希腊(也就是说,先伪造古埃及,在此基础上再伪造古希腊)。例如共济会神秘主义哲学家曼利·霍尔说:我们现在应该知道,在所有的古代民族中,埃及人是最精通超自然的神秘学的。别的民族的最杰出的哲学家都去埃及,在底比斯、孟菲斯和赫莫坡里向祭司们求教神秘的圣智。希腊的泰勒斯、梭伦、毕达哥拉斯和柏拉图等人,到达尼罗河三角洲寻求知识。回到本土后,这些有学问的人都承认埃及人是世间最智慧的,埃及神庙都是智慧库,珍藏宝训,包括诸神的历史和人类的演化。④

---

①Kingsley Bolton,C. Hutton:*Triad Societies*,*Volume 5*,Routledge,2000,p.36.

②Antonello Gerbi:*The Dispute of the New World*,University Pittsburgh Press,2010,p.152,note 287.

③Urs App:*The Birth of Orientalism*,University of Pennsylvania Press,2010,p.213.

④Manly P. Hall:*Freemasonry of the Ancient Egyptians*,Philosophical Research Society,Incorporated,2000,Preface.

曼利·霍尔的这段话进一步给我们提供了"希腊智慧"来源的线索。那么，无论真假，古代"埃及智慧"和"希腊智慧"以及现代的共济会神秘主义的精神源头，究竟在何处？那自然是中国！几乎所有共济会的哲学家——包括曼利·霍尔在内——都是溯源于和取材于中国，然后再塑造古埃及和别的"古代西方"；只不过有的承认"埃及智慧"源于中国，而大多数都没有说出而已。曼利·霍尔就写过《中国圣人》（The Sages of China）和《中国智慧》（Wisdom of China）两本专著。

共济会哲学导师拉姆谢伊（Andrew Michael Ramsay，1686—1743年）承认，赫尔墨斯智慧的起源不在埃及，而是在中国。①

从耶稣会士白晋写给莱布尼茨的信可见，《易经》就是赫尔墨斯智慧，就是"创世纪智慧"：在17—18世纪之交，莱布尼茨（1646—1716年）致力于收集西传的道家和儒家经典，这是基于他和在华耶稣会士白晋的通信的。白晋（Joachim Bouvet，1656—1730年）是著名数学家和巴黎科学院的成员，他于1687年到达中国。（意大利文艺复兴时期）奥古斯丁·斯图科（Agostino Steuco，1497—1548年）等提出"长青哲学"（Perennial philosophy），莱布尼茨是它的倡导者。该理论认为世界上的各个宗教传统共享一个普世的真理（犹如"元一的道"），而所有宗教的知识与教义便在这样的基础上成长。……像帕金斯注意到的，白晋从中国寄给莱布尼茨的报告，浸透着古代神学和赫尔墨斯主义；它使人相信，中国思想保留了诺亚洪水之前的永恒的创世智慧。这是白晋于1700年写给莱布尼茨的《论易经》的文章，例如，他认为该书保留了许多最古老、最智慧的哲学的精确碎片，这是世界的始祖教导其子孙……莱布尼茨后来创作他的理想主义的形而上学（1714年），特别回应这个（白晋版）"长青哲学"，即：单子是永恒的、不可分的物质核心；它们每一个都体现完美和谐的宇宙……②

（二）西方神秘组织基于中国智慧

谈起共济会，许多中国人都有几分畏惧，好像它有某种神秘威力。让我们对此方面做些剖析：

第一，共济会的目标威力。据说它是要用秘密方法统治世界，乃至控制宇宙。果真如此，那则是愚蠢的。就像基督教之"神造万物"，亦如阿基米德用杠杆撬动地球或康德言"给我物质，我就能造出一个宇宙"；这都是体现着"人作为智能生物的

---

① David S. Katz：*The Occult Tradition*，p.74.
② Douglas Robinson：*The Dao of Translation：An East-West Dialogue*，Oxon：Routledge，2015，p.79.

反克自然的本能",是智慧的门外汉。《道德经》曰:"将欲取天下而为之,吾见其不得已。天下神器,不可为也,不可执也;为者败之,执者失之。是以圣人无为,故无败,故无失。"

第二,共济会的智慧威力。它在此方面有一个虚拟源泉(埃及智慧)和一个真实源泉(中国智慧),并且用后者打造前者。几个世纪以来,钻研儒释道及《孙子兵法》的西方神秘主义大师,不乏其人,但在实际上没有一个能够"炉火纯青、神通广大"的(犹如诸葛亮运用"奇门遁甲")。光是"学道",却没有得道之士。孔子曰:"人能弘道,非道弘人"。《易经》云:"不可为典要,唯变所适……既有典常,苟非其人,道不虚行。"(今译:不拘泥于典章,随机应变……即掌握规则,若是没有善于运用的人,《易经》的精微也是不可以凭空推行的)。

第三,共济会的组织威力。它能够在列国争衡中发挥整体作用,就像20世纪30年代的苏俄通过第三国际策划有利于己方的国际行动;它针对小国或已被渗透的大国固然有效,但对于组织力强的大国则不胜其任。共济会在苏联解体上起了多大作用,不得而知(有人说最后的苏联高层是其会员)。但实际情况是,美国若不联合中国在地缘政治上对苏联进行两面钳夹,它不可能赢得冷战。然而最终还是中俄换位、中国崛起,而使美国的单极世界落空。不管是不是共济会操纵了金融风暴,中国却是逆流而上。所以说,共济会并非具有多大的神秘力量。

以下介绍共济会等西方神秘组织吸收中国智慧的情况:

共济会和玫瑰十字会的秩序的建立者们都把佛陀、孔子、摩西和耶稣四尊奉为"种智大师"①(The Seed Master)。

先知约瑟,雅各的儿子,他精通埃及学问,是智慧之士的先师。因此,根据原初的承诺,没有理由怀疑他应该被奉为共济会的智者。通常怀疑伟大的中国哲学家孔子是否适合于共济会。……最令人满意的回答是:孔子应该取代约瑟,中国人应该取代埃及人的地位。孔子精通埃及那种学问,是智慧之士的先师。因此,根据原初的承诺,没有理由怀疑他应该被奉为共济会的智者。"万岁,神秘的学问,光荣的科学!"②

在第82届共济会国际大会(墨西哥城)上提交的报告之一是"建立世界政府的秘密计划",其要旨是按照《易经》的办法,使混乱不堪的世界回到"有序运动"。③

---

①Ken Nunoo:*The Seed Master*,Lulu.com,2008,p.27.

②Henry Dana Ward:*Free Masonry:Its Pretensions Exposed*,New York,1828,p.205—206.

③Ana Mendez-Ferrell:*The Dark Secret of G.A.O.T.U.*,Destiny Image Publishers,Inc. 2011,p.64.

语言学家麦肯齐(Kenneth R. H. Mackenzie,1833—1886年)提出"中国式的共济会"(Chinese Freemasonry:共济会在思想源上是属于中国的),他还说:"道家的道德准则就是现代共济会的道德准则（The morality of the Tau-ists was that of the modern Freemasonry)。"麦肯齐为共济会高级会员讲授《道德经》,其部内容如下：

《道德经》第十四章曰:"视之不见名曰夷，听之不闻名曰希，搏之不得名曰微。"……我们严肃地提醒共济会员——尤其是皇家共济会总部——记住这几句。它们明晰地显示中国古代的伟大导师的表达。

"此三者不可致诘,故混而为一。其上不皦,其下不昧。"赫尔墨斯绿宝石碑文上可见这一点。

"绳绳兮不可名,复归于无物,是谓无状之状,无物之象。是谓惚恍。迎之不见其首。"没有人能够看到神的面部……老子总结道:"执古之道,以御今之有,能知古始,是谓道纪。"

中国圣人(老子)有着明显的神性的知识:它溯源邈古,经过代代相传,老子发展了此种纯正而神圣的思想。……有充分理由说,它们属于直觉体悟出来的仁慈和高尚的思想,它们来源于神,因而才被赫尔墨斯哲学家所具有……

老子曰:"道常无名,朴;虽小,天下莫能臣。"……根据《道德经》,道是数学上的零,但与此同时,在心理学上或精神上,它是万事万物。第四十二章曰:"道生一(统一),一生二(二元),二生三,三生万物。万物负阴而抱阳,冲气以为和。"

这里存在着奇妙的一致性……即《道德经》被分为81章,这个数字对于共济会是很重要的……这是被老子的无名弟子所做的,这虽不是出自宗教意图,但也是精心设计的,绝非偶然。

我们很快就浏览了这篇古代哲学家的短文,虽然我们不能知道中国古人的原初礼仪,但以上段落内容显示:在实质上,《道德经》的道德准则就是现代共济会的道德准则。虽然它不同于中国古代的宗教,但这些道德哲学来自纯正的源泉,大概比古代西方更纯。……今天我们所掌握的真知是否超过中国古代圣人的千分之一?……我想增加一句:"中国式的共济会",并不是依赖这个在西方被采用的古老传统……而是被西方民族来实践……①

(三)吸吮东方源泉,滋养西方学术

在18—19世纪,共济会等西方神秘组织与中国文化进行"天涯神交",因而它

---

① *The Masonic magazine*, suppl. To *The Freemason'*, Vol. 9, Oct., 1881, p.133–138.

通过汲取"道"的成分,在非宗教与形而上的方面补缺那正在蓬勃兴起的西方文化。由此,共济会成为东方智慧与西方哲学之间的隐秘中介。

在西方哲学形成的过程中,它吸收中国圣贤思想是"一明一暗"。在此之前还有一段混沌期,它体现于布鲁诺——他是文艺复兴的思想家中在宇宙观、自然法和泛神论等方面,最接近中国文化的,①而且布鲁诺的理论、赫尔墨斯哲学和中国的相关思想三者,则是十分相似的。②另一方面,布鲁诺的理论又与稍后出现的共济会和玫瑰十字会都有很大关系。③这两个神秘组织在其前辈的基础上变本加厉地采摘东方的"智慧果"。

共济会等吸收中国圣贤思想的"明"的方面是,从莱布尼茨到启蒙运动(魁奈和伏尔泰等人)已是彰明昭著了。最后,"一明一暗"合流于"后启蒙时代"(康德和黑格尔等人)。

很多学者认为,黑格尔是共济会会员,而且与共济会的极端派有深交。④还有人说,黑格尔是玫瑰十字会的会员。⑤黑格尔撷取中国思想也是"一明一暗":明的渠道是从法国汉学家那儿学得老子的道,暗的渠道是从共济会导师那儿学得赫尔墨斯。⑥但是,到了黑格尔这里,这"一明一暗"都消失在他的缜密的辩证法之中——他自己便成了"首创者"!

道格拉斯·罗宾逊揭示,由于共济会及其神秘主义学者的努力,中国的古老智慧深刻而广泛地影响了新兴的欧美文化,其中也包括德国古典哲学。他写道:在18世纪后期,欧洲的神秘主义导师,像斯威登堡(Emanuel Swedenborg,1688—1772年)搜觅中国古代的哲学文献。1731年开办的瑞典东印度公司是由詹姆斯党共济会和前法国帽子党经营的,从亚洲的贸易中获取暴利。但另一方面,他们也是硕果累累,那就是该公司秘密地雇用了斯威登堡作为其文化间谍(intelligence agent)……在斯威登堡的深奥的文字中,这一点是明显的。另外,他的探索成果之一是揭示了卡巴拉(犹太哲学)是早先对"中国瑜伽"(禅宗)启示的改头换面。斯威

---

① Joseph Needham: *science and Civilisation in China: Volume 2, History of Scientific Thought*, Cambridge University Press, 1991, p.540.
② Val Dusek: *The Holistic Inspirations of Physics*, p.201.
③ https://en.wikiquote.org/wiki/Freemasonry
④ Susan Buck-Morss: *Hegel, Haiti, and Universal History*, University of Pittsburgh Press, 2009, p.62.
⑤ Carys Moseley: *Nationhood, Providence, and Witness*, Cascade Books, 2013, p.163.
⑥ G. A. Magee: *Hegel and the Hermetic Tradition*, Cornell University Press, 2001, p.53.

登堡所掌握的中国思想,大部分来自摩拉维亚弟兄会。

亨利·詹姆斯爵士(1811—1882年)是忠诚的斯威登堡主义和傅里叶主义者。所有的先验主义者无不认真阅读斯威登堡的著作,他们包括:爱默生、梭罗(Henry David Thoreau,1817—1862年,美国作家、哲学家)、奥尔柯特(Bronson Alcott,1799—1888年,美国作家和哲学家)、惠特曼和梅尔维尔(Herman Melville,1819—1891年,美国小说家);在大西洋这边,有凯瑟琳大帝、康德、歌德、拉瓦特尔(Lavater,1741—1801年,瑞士神学家、哲学家)、柯勒律治(Coleridge,1772—1834年,英国诗人、浪漫主义文学的奠基人之一)、凯雷(Thomas Carlyle,1795—1881年,苏格兰哲学家)、巴尔扎克、波德莱尔和许多别的有影响的思想家。

根据庞思奋(Stephen R.Palmquist)教授的研究,康德在其所著《批判宗教》中发展了"哥白尼假设"……这是他阅读斯威登堡著作的心得。如果庞思奋说的都是对的,那么,近两个多世纪以来,在背后推动哲学发展的有影响和最具浪漫主义的力量,则应当归因于康德对斯威登堡主义的批判性的解读,它浸透着共济会、玫瑰十字会、犹太卡巴拉和中国古代思想。

换句话说,在19世纪初,中国古代的各种思想和西方的深奥思想都是在欧洲的知识血管中进行循环的,尤其是该时代的浪漫主义和理想主义的持异议者,以及乌托邦精神更是如此。颇为讽刺的是,中国思想在很大程度上最终塑造了浪漫主义和理想主义……然而起先,德国浪漫主义和理想主义是中国哲学和文学的反动……(莱布尼茨之后的德国)民族主义拒绝启蒙运动颂扬"中国风"。(引者按:那时,具有浓厚的民族主义倾向的德国学者们嫉妒法国倚靠中国文化而成为欧洲文明的中心,所以迁怒于中国,并且加紧塑造"古希腊"。但不管怎么样,总离不开中国源头)。①

表解　18—19世纪之交德国民族主义及浪漫主义的学术与中国的不解之缘

学术旨趣	学术源泉	学术成果
仇视中国及东方,塑造希腊及古典。	1.自从莱布尼茨和歌德撷取中国文化; 2.共济会神秘主义大师提供中国圣智。	1.杜撰的西方古典文化; 2.康德、黑格尔等的德国古典哲学。

---

① Douglas Robinson: *The Dao of Translation: An East-West Dialogue*, p.79—80.

第十一章　中国给全人类带来文明

一、华夏的契合自然的动的旋律

(一)中国的"有序运动"的进步

污蔑中华文明的黑格尔,就像盲人摸象那样地认为中国是"其静如初"。他看不到,中华文明是"正→反→合"的全部,而且经过了无数个回合——开拓了共生长存的文明,化解人类的负面。近代西方只是被卷入了中华"正→反→合"的运动,并且首次在"反"上腾起而已。黑格尔便站在这个高度,目空一切,盛气凌人,认为中国只是"正"(近乎自然的平静与和谐)。他根本不懂得,这个无与伦比的伟大文明一直在"吞吐天下",在施展"阴阳平衡"。然而,一切"妄动",包括西方之"妄动"(人类历史上最大最后的一个),都是最终难逃"如来佛的手掌"的!

黑格尔武断而愚蠢地说:"中国……始终是静止着,保持了一种自然的、草木的生存一直到现在……"①黑格尔的好友谢林(Schelling,1775—1854)更恶毒、更肤浅地鹦鹉学舌,他说:"中国躺在历史的开端,(但)仅止于停滞不动的地步。的确,如我们所想的,所有史前的人类境况正是中国固着的境况。或者说,以一个瘫痪的状态现存于中国,并且因此在事实上已经不再留存于其原初状态。中国意识已不再是原初境况本身,而只是原初境况的一个死亡版,像该境况的木乃伊。"②

法国学者谢和耐反驳上述肤浅之论。他认为中国文明及社会一直都在变化和进步当中,在承受极大的忧患的同时,奋力向上,健行自强;不仅民康物阜,丰富多彩,而且早在10—13世纪就一枝独秀地进入近代化了。

---

①黑格尔:《历史哲学》,第160页。
②[加]卜正民,格力高利·布鲁主编:《中国与历史资本主义:汉学知识的系谱学》,古伟瀛等译,新星出版社,2005年,第93页。

谢和耐写道：

　　人们惯常妄下结论,以为中华文明是静止不动的,或者至少会强调它"一成不变"的方面。这实在不过是一种错觉而已。任何未被分析清晰的事物,总是显得缺乏特点……事实上,每个时期都有它独特的风貌,甚至唯独适于它的环境。此外,中国的幅员辽阔,也意味着它的气候、风光、生活方式、习俗和方言等方面千差万别。这是一个面积可与整个欧洲相匹、具备近3000年有记载历史的国度,因此,任何对它的有效论述都必须涉及确切的时间与地点。再不许奢谈什么"永恒不变的"中国了……

　　13世纪……稻田密布、运河成网的江淮流域和浙江丘陵地带,以及东南沿海省份(现在的江苏、浙江、福建)和长江流域。……(而在)公元8世纪的中国南方,由于其沉闷并使人丧失活力的气候,只不过是辽阔帝国的一块未开拓的地区罢了。人们的兴趣和感情都另有所系。对于许多人来讲,南方并非祖先的故土……不过,数世纪过去之后,人们已经不断地感受到了中国南方经济的日趋增长的重要性。在南方,人口更加密集,富足程度增加,海上和内河交通发展起来,并且形成了一种几乎不为中国北方所熟悉的特殊的城市生活方式,产生了一些重要的书香世家,这终于使人们意识到它的存在和它的活力。

　　对于这种深远的、几乎难于觉察到的变化过程,我们最先想到的、也是最有可能正确的解释是:正是公元10世纪至13世纪的来自中亚和今天蒙古一带的游牧民族持续不断的压力,才构成了促进中国长江流域和东南省份经济普遍成长的主要动因……蒙古人的入侵形成了对于伟大的中华帝国的沉重打击,这个帝国在当时是全世界最富有和最先进的国家。在蒙古人入侵的前夜,中华文明在许多方面都处于它的辉煌顶峰;而由于此次入侵,它却在其历史中经受着彻底的破坏……

　　13世纪的中国,即使其北方省份已被胡人占据,也仍是一个伟大的帝国。它的幅员,从四川省到长江下游平原,东西一线超逾1200英里,而从南部海岸到北方前线,南北一线超逾600英里。故其总面积达到了70万平方英里以上,也就是说,足有当今的4个法国那么大。它的人口总数达到了6000万以上。这在当时是一个庞大的数目,特别是当我们考虑了下述事实:有四分之三的地方是几乎杳无人迹的山区,而人们只是高密度地聚集在川西的成都盆地和长江下游平原(今江、浙两省)之后,就更为之惊叹不已。长江的航运经由其支流,可以远抵成都周围的富饶平原地区,从而构成了中国南方的主要商业通道。帝国东部地区的运河网络连接着大城镇,河面上的船队昼夜不停地航行。一支庞大的沿海船队维持着东南沿海的贸易中心与南部沿海贸易中心(远达广州)的联系。而大型的海船则每年都在季风时节来往于中国和南洋群岛、印度、非洲东岸以及中东之间。在内陆,永久性的集市于南北陆路和长江的交汇点上发展起来了,其贸易的规模远远超过同时代的欧洲商业中心。13世纪的中国在近代化方面进展显著,比如其独特的货币经济、纸币、流通证券,其高度发展的茶叶和盐业企业,其对于外贸(丝制品和瓷器)的倚重,以及其各地区产品的专门化等等……

在社会生活、艺术、娱乐、制度和技术诸领域,中国无疑是当时最先进的国家。它具有一切理由把世界上的其他地方仅仅看作蛮夷之邦。……在中国早已开始了近代化时期,是蒙古的入侵阻断了此一迅速进步的过程。此一时期的显著标志是城市中心和商业活动的突出发展。在不到100年的时间内,杭州人口就翻了一番,迄1275年已逾百万。这种增长还并非京城特有的现象……

正是在宋代……有关日常生活的文本开始增多了,如生活琐记、佚事汇编、笔记小说、地方志等,都向我们提供了大量翔实准确和栩栩如生的细节。这类信息资源骤然增多,其原因不外乎从10世纪初叶以来印刷术的发明及其推广使用、教育的进展,以及与之相应的商人阶级的兴起,商人中间并不存在对于描绘琐碎细节的藐视,这一点与文吏大相径庭。至关重要的是,当时的史料在有关1275年前后的杭州城方面给我们提供了多得令人惊讶的信息。这个城市的居民把涉及它的一切都记下来留给了我们:它的街衢、运河、建筑、官衙,它的市场及商业交易,它的节日和娱乐……①

(二)中国启动和牵引世界

这个非凡的世界体系已经存在了五千年了……而中国则总是或几乎总是如此非凡的世界体系的轴心枢纽。(China had always or almost always been the central hub of this singular world system.)②——安德烈·弗兰克(美国历史学家)

《易经》曰:日进无疆,与时偕行,化成天下;文明以健,类族辨物,和同寰宇。

中华文明的演进是世界历史上最大幅度的可持续性的运动。《中庸》曰:"致广大而尽精微。"从人心微调到洪范天人,从"平天下"之协和万邦到包容世界的正面与负面;以致她自身转向历史的反面,成为忧患的化身而消化之。阴阳推移,大明

---

① [法]谢和耐:《蒙元入侵前夜的中国日常生活》,刘东译,北京大学出版社,2008年,导言。
② Immanuel Wallerstein: *The Modern World-System I*, p.xxix.

终始。故而,一位学者称:中国文明看来静,而亦是最有大力、能运动的。黄帝开了一个大力运动的时代,殷朝又开了一个,一样的能飞扬……而其后周朝的礼乐亦这样大气魄,还有秦汉,还有大唐大明大清……①

中华文明是真正的和圆满性的"有序运动",因而是人类社会的可持续性的主轴。

相比之下,大多数别的文化、宗教和"文明",特别是近现代的西方文明(尽管是中华派生的),都是"无序运动"——其内部的"有序运动",是以它们对外制造"无序运动"为条件,以牺牲异域和异端、牺牲生态与生物为代价的。

实质上,只有中华这种无排他性的、和而不同的"有序运动",才能成为发展与文明的原动力,才能成为世界历史的引擎。因为在近代以前,各地人群皆囿于其国土生态、乡土环境,在此情况下,除非有"道的智慧"(和谐文化、和合智慧)的制导,任何社会运动都必定是"有序"与"无序"在其内部彼此抵消,结果,发展与文明皆为零。

之所以在近现代西方这种排他性的、同而不和的"无序运动"能够最大化地享有文明与发展?那是因为中华文明数千年的"有序运动"及其成果打开了全球天下,故而人们——首先是倚靠海洋地缘的西方——能够利用全球性生态为其平衡条件与牺牲代价。人们对于大自然,看似可以予取予求、为所欲为,但也是贻害无穷、难以为继,终归是需要"道的智慧"来妥善解决的。

让我们浏览一下历史长河中的主流,看看究竟是谁创造了近代文明。威斯康星大学教授洛卡德综述东西方的相关研究,摆脱"欧洲中心论"的学术成果跃然纸上,清新俊逸、豁人耳目。他写道:东方主导"中期世界"(Intermediate World)(指从上古结束到近代开始这一千余年的世界历史。——引者)

近一个多世纪以来,北美和西欧这些繁荣和强大的国家——我们所知的西方——在经济与政治上主宰世界。然而,回首1500年之前的情景则迥然不同:……东方文明所享有的权力与地位皆远远超越其国境,从而能持续塑造大部分的东半球……

一些历史学家相信,东方——特别是中国、印度等——的繁荣与辐射是中期世界的主题。……在这期间的大部分时间里,较之其余的人类社会,东方人发展和保持了能动性的政治、生产性的经济和创造性的技术……

---

① 胡兰成:《山河岁月》,广西人民出版社,2006,第80页。

许多历史学家都认为是东方主导中期世界的;但不尽相同的是,哪个文明对世界贡献最大?大多数人倾向于中国是这个千年的领袖……例如,阿谢德(S.A.M. Adshead)把公元 600 年至 900 年的唐代中国,视为世界经济的中心舞台和世界上最稳定的国家。威廉·麦克尼尔(William Mcneill)尤其推崇从 1000 年到 1500 年的中国优势——它是欧亚大陆的经济引擎。在亚洲历史学家之间,罗兹·墨菲(Rhoads Muphey)特别描述了非常活跃与创新的宋代中国,在许多方面为培育 18 世纪后期的西北欧洲的工业化准备了基本条件,诸如城市化、商业化、广阔的国内外市场、需求的增大和机械发明。少数学者像玛丽·马托西安(Mary Matossian)全然地把中期世界标签为"中国千年",这是鉴于当时中国享有社会稳定和先进技术,其人口数、生产力和财富总量皆大于别的文明。

在世界的历史学家当中形成两个愈来愈大的共识,那就是:Ⅰ.中国的创新与商业扩张驱动着欧亚大陆的贸易;Ⅱ.中国的科技发明最多,对"中期世界"的贡献也是极大的。

英国学者罗伯特·坦普尔(Robert Temple)……确信,是中国发明了近代农业、造船、天文观测、石油工业、纸币、十进位数学、轮子推车、绕线轮、多节火箭、枪、伞、热气球、棋和威士忌,乃至蒸汽引擎的基础设计。他和其他学者断言,若非中国的航海技术,哥伦布是不可能航行到达美洲的。[①]

(三)中华文明代表着世界文明

目前中国的软实力确是很欠缺的:传统迷失,道德沦丧,这怎么能和大国崛起相称呢?古圣说:放之则弥六合,卷之则退藏于密——今乃东方式微,圣智蛰居幽谷,学术陷于低潮。如果从人类学的大视野看,则全球的软实力大部分来源于或蕴藏于中国,这个世界历史的最大最久的中心与母体文明(文化和科技的"施主")。

中国亦是世界思想的集大成者——儒释道回耶五教同源、一花五瓣,以及祆教、摩尼教、犹太教、南亚思想、中东文物、游牧风格等等万流归宗,熔于一炉(例如唐朝皇帝四教并倡,且礼遇景教)。诗云:

    车轨同八表,文书混四方。(唐/李世民)
    岸香蕃舶月,洲色海烟春。(唐/司空图)
    九天阊阖开宫殿,万国衣冠拜冕旒。(唐/王维)

---

① Craig Lockard: *Societies, Networks, and Transitions, Volume 1: To 1500*, Cengage Learning, 2010, p.373.

虚构的西方文明史:古今西方"复制中国"考论

> 南海商船来大食,西京祆寺建波斯。(近代/王国维)

在近代以前的千百万年里,自然力把人类分散于各地,互相隔绝;欧洲也很严重,它被画地为牢,其内部也是如此,缺乏交通,黑森林尤为恐怖。那时,只有中国在这方面做出人定胜天的努力——中国除了"和同"其内部与四围之外,还透过陆海丝路、朝贡制度和别的"平天下"的途径,以及透过被她所影响的外族通商,努力打通、联通这个世界。唐朝成功地打造了第一个泛世界的文化圈。

对此,日本学者江上波夫写道:8世纪在欧亚大陆或整个世界史上是一个相当重要的变动时期。并且那种变动不是在某个地域的、与其他地域不相干的变化,而是东自日本,西至欧洲的欧亚大陆的……地带几乎联成一环,或者说互相呼应式地发生变动的时期……

当时中国正值唐玄宗的开元、天宝治世,唐朝的灿烂文化盛开……东亚诸国……走向繁荣,学习唐朝的制度、法律、艺术、学问、思想、技术、文学和文字等,呈现出以唐为中心的共同文化圈……

唐朝作为世界帝国,其文化不仅限于晋魏以来的中国系统文化,它还包括印度系统的佛教文化和……中央亚细亚的绿洲文化,还有……伊朗萨珊朝文化……它进而还包容夹杂着从南方海路进入的东南亚、印度、波斯、阿拉伯文化和从北方草原陆路而来的土耳其系统的文化等,乃是一个大型的文化复合体。这种多元的复合文化作为唐文化,又被吸收到东亚诸国。东亚文化圈由是成立……

日本仓正院里陈列的古代珍宝是最好的佐证……充分展示了8世纪前半期……文化的世界性……唐帝国文化……具有开放性、国际性的特点。①

再者,关于唐朝作为有史以来首个泛世界和开放性的文化圈,德国学者康拉特·赛茨写道:唐代(618—906)——世界文化的中心。

唐代是一个惊人的爆破性发展的时代。大唐皇帝把自己的王土向东北扩展到满洲、朝鲜,向南占领了安纳姆(今越南北部地区)。最重要的扩张当属向西北的推进:经过戈壁、穿过草原、越过无数高达5000米的风雪连天的山口,大唐皇帝的军队暴风般地冲过中亚走廊,经过介于阿姆河与锡尔河之间的沙漠,在遥远的中亚地区建立了军事武装保护国。

重新开通通往西域的丝绸之路,使中国贯通了与西亚、地中海周围的阿拉伯地区,以及南部的印度等国家与地区……唐朝的首都长安成为世界活动的中心。

---
① 《中国印象》下册,第350—362页。

在这座百万人口的城市中，住有土耳其人、维吾尔族人、波斯人、阿拉伯人、克什米尔人、印度人、僧伽罗人、藏族人……仅在城墙围起来的长安都市里，就居住了数万名外国商人和使者。除长安城外，在唐朝国土上还有其他的大型城市，在那里分布有许多颇具规模的外国人居住区。像佛教、伊斯兰教、摩尼教、东正教、犹太教、基督教等都有自己的教团，都在传教、发展信徒。

唐朝成了一个世界文化的中心。佛教徒用石雕、铜铸塑像以及巨幅壁画，来装饰他们的寺院。也正是这个时代，纯粹的中国文化经历了一个建筑、绘画、音乐等艺术的黄金时代，尤其是抒情诗歌空前繁荣的时代。18世纪初叶所整理的唐诗集，收集了2300余名诗人的4.9万余首诗歌。唐朝文化之光越过国界，朝鲜、日本以及越南诸国在此时期学习并接受了中国文化。

唐朝当时属于一个完全开放的世界，它的开放程度对这个地理位置上封闭的国度来说，不仅是前无古人，而且直到1912年皇室时代的终结为止，也是后无来者的。①

一位基督教学者说：咸海是万流所汇的地方，中国就是这样，欢迎许多宗教，但渐渐都使之溶解变味——融合它们的排他性，光大其精华。②唐诗云："星彩满天朝北极，源流是处赴东溟。"

中国对于异文化，古人是择善而从，取精用宏；今人是兼收并蓄，反刍消滤。中华民族昂霄耸壑，胸襟广博，日月入怀，报怨以德，这是天下无双的。

谢和耐指出，中华文明的社会运动是在"应变忧患、营造和谐"过程中，创造和发展一个开放性、世界性的文明的伟大运动。他说：中华文明曾长期引导广大人类，馈赠世界以文化、技术、人生观与世界观，圣哲思想与政治制度。中国本土、朝鲜（半岛）、日本、越南，均属同一文明体系。但中国的影响范围要广得多，传至蒙古与阿尔泰之突厥人、蒙古人、通古斯人，远播至中亚、东南亚，其影响还广被更为遥远的地域——西方。后者迄今仍借鉴中国，却未意识到此点。西方并不了解从中国获得的益处，倘无此借鉴，西方就不会有目前的局面……

（对中古—近代之交的欧洲来说）中国提供了第一个秩序井然的富强国家的榜样，她似乎基于理性和自然法，而非依靠基督教。中国对现代政治的形成有着极大贡献，其基本制度亦为欧洲所模仿……事实上，中国的启迪并不限于政治社会

---

① 康拉特·赛茨：《中国：一个世界强国的复兴》，搜狐读书。
② 徐松石：《基督教与中国文化》，香港浸信会出版社，1991年，第65页。

思想、制度等领域,而极有可能推动现代科学思想的形成。如果中国这种情况一旦被证实,那么……又将增加一份至为重要的材料。①

二、横向传播造成了"文明接力"

(一)谁做到了"人定胜天"

如前所述,近代以前,自然占绝对优势,人受制于地理环境。在囿于国土生态、乡土环境的情况下,人欲、人为、人智稍有过分,则是自毁家园、自掘坟墓;即使生物圈遭受微小的和零星的损坏,它也多少能够自我修复——无伤大雅、无关宏旨。就这样,生物圈的自我保护系统发挥功效,而使万物众生共存,繁衍无疆。那么,人究竟是怎样战胜自然的,其后果又如何呢?

《易经·随卦》曰:"元亨,利贞,无咎……在道以明,何咎?"在漫长的"随顺自然"的演进过程中,人终于在自然的"适度挑战"的区域(华夏),发挥"道"的神效,建立了"人定胜天"的根据地。并且愈益参悟文化与智慧,契合自然、因顺天德、变易取材、利用厚生、开物成务。但不管怎么做,都是惟道是从,以免激怒自然,而招致天诛地灭。《道德经》曰:"使我介然有知,行于大道,唯施是畏。"

这个"根据地"必须是在高山大海之间的河谷与水网,其内部的地形与气候皆是多样和复杂,具有经济发展与战略安全的广大空间,从而确保文明不会被其所招致的"人类负面"所压垮。如此的文明发祥地是绝无仅有的。

在这儿,应和人欲、人为、人智的物质—科技文明,发展起来了,并且逐渐形成规模;同时也逼近国土生态容量的极限,遭遇地理环境的瓶颈。文明的内在张力(紧张内压)越大,其主动与被动向外传播的动因也就越大。于是,通过世界性的"战争与和平"(蒙古征服与郑和远航乃相反相成),文明的"根据地"的成果,被用于东西方的"传递—接力";以致避实就虚地在地球生物圈的薄弱环节——西洋,发生了历史性的突破。

原先,欧洲由于自然环境的挑战太大和缺少天人和解的文化,不能产生科技,也几乎不能接纳外来科技——科技对它来说,是自体毁灭。然而,越是这样,其突破和海外扩张的动因,也就越大。只要占领了生物圈的"腹地"(美洲),人就可以无

---

① Jacques Gernet: *A History of Chinese Civilization*, p.1 and p.525—526. 参考中文版:黄建华、黄迅余译:《中国社会史》。

事不成了。人类的世联通界等于是把自然捆绑了。届时,根本不用传统智慧,光凭人的本能,人就能够创造出颠覆星球秩序的物质力量了!

人战胜自然是采取正合奇胜的策略的(《孙子兵法》曰:"凡战者,以正合,以奇胜")。就历史上的地理环境而言,中国是"正合"——与自然和合,而取得人为人智的基本成果;西方是"奇胜"——与自然对抗,依靠中国的成果而取得突破。军事战略上有"奇正之术"("正兵"与"奇兵"相辅而成):例如在推翻秦朝的战争中,项羽是"正兵",刘邦是"奇兵";在第二次世界大战(反法西斯战争)中,苏联与中国是"正兵",而美国等则是"奇兵"。"奇兵"的一方往往在战后具有主动性与决定性。所以,今人很容易把战胜自然、征服自然归功于西方。

其实,在人类战胜自然的过程中,西方连奇兵都算不上。西方只是凭借了由中国技术所提升起来的海洋地缘而已——它是联通和掠夺世界的捷径。近现代西方的所有的优势都是基于其上的。然而,西方的海洋地缘是客观的、不以人的意志为转移的,只有几百年的光景;到21世纪的头几十年内,一定会是峰回路转、物归原主。如果不是这样,则人类必毁无疑。人类战胜自然之际,亦是人类径直地走向人与生物圈同归于尽之始。拯救之道系于中国文化与智慧。

(二)欧亚传播诞生近代文明

如果我们宏观透视那演绎了几万年的全部的人类历史,新时代的出现往往是相当突然的。默默无闻的民族有时突然在事物的主流中出现。(Secluded races suddenly take their places in the main stream of events.)。①——怀海德

上面怀海德这句话多少能够告诉我们,欧洲是在原始蛮荒中获得了千载难逢的机遇,而突然兴起的。

一组历史学家(佛兰克、彭慕兰和冈恩等)达成共识:"欧洲和亚洲社会的互相作用是西方崛起的关键因素。"②

约翰·默森著作的书名为《中国是天才:东方和西方创造现代世界》(*The Genius That Was China: East and West in the Making of the Modern World*)。③

---

① A. N. Whitehead: *Science and the Modern World*, p.1-6.

② *Comparative Studies of South Asia, Africa and the Middle East Volume 27*, Number 2, 2007, pp. 482-483.

③ John Merson: *The Genius That Was China: East and West in the Making of the Modern World*, Overlook Press, 1990.

伦克里斯琴·克拉克教授写道:我试图勾勒出一个全球历史的远景,它是基于这样的调查,即近代欧洲是作为欧亚交流的结果。在1991年,历史学家威廉·H.麦克尼尔强调"促进历史性社会变化的主要因素是和陌生的文明接触,获取新的和不熟悉的技能"。我的焦点正是,(近代欧洲的兴起得力于)如此新的和不熟悉的技能的传播,确切地说,尤其是中国国家机制的技能的传播……它使"民本繁荣"的景象扩大到了整个欧洲。①

"丝绸之路是持续千年的文化脉络的生命线。"②在近代以前相对隔绝的世界中,能够进行沟通和交流并且联系亚欧非的,主要是中华文明透过陆海丝路的辐射,它决定性地影响着世界文明。

中华文明对西方的决定作用,大致分为两个阶段:Ⅰ.中古时期,主要通过蒙古征服,间接输送技术或发明(物质文化:奠基文艺复兴和科学-工业革命)。③Ⅱ.近代早期,主要通过耶稣会士,直接提供思想和制度(非物质文化:奠基西方的学术、体制和民主)。④

近代以前,欧亚大陆两端差别极大,判若云泥。偏远的欧洲犹如一个被遗弃的孤儿,嗷嗷待哺于中华文明和伊斯兰文明。然而,地理之不利却变为有利:当蒙古铁骑扫荡两大文明之际,欧洲不仅幸免于难,反而成了受惠者。这就像谢和耐所阐述的:西方这种落后不足为奇,意大利各城邦处于亚洲贸易的终点,到中世纪末,才接受新生活。

欧洲位于欧亚大陆之端,远离伟大的文明潮流、贸易潮流。但欧洲的位置也说明其何以一直免于遭受严重侵略之害,起码其西面部分是这样。蒙古人占领自美索不达米亚至孟加拉湾的地区……欧洲利用了……新潮流……

只需单纯列举一下这段时期东亚对中世纪欧洲的贡献(间接借用或受中国技术启发的创造)便可以显示其功绩之巨大,诸如:造纸、指南针、尾柱船舵……织布机、带平衡仪的透射器……独轮手推车……火药……纺车……木版印刷……铸铁……有了上述重大发明,西方才有可能进入近代阶段。

---

① Christian Gerlach:*Wu-Wei in Europe:A Study of Eurasian Economic Thought*,London School of Economics,2005,p.5 and p,28.
② Gottlieb Guntern:*The Spirit of Creativity:Basic Mechanisms of Creative Achievements*,Lanham,Maryland:University Press of America,2010,p.413.
③ Derk Bodde:*China's Gifts to the West.*
④ Derk Bodde:*Chiese Ideas in the West.*

中国水文地理工程人员受雇从事底格里斯河与幼发拉底河的灌溉工程。蒙古人实行的政策是将最熟练的技术人员从欧亚大陆一端移往另一端……中国技术在伊儿汗国与金帐汗国传播。14世纪西部蒙古诸汗国引进纸牌、印花布、纸币等……活字印刷……伊朗历史学家剌失德·哀丁(1247—1318年左右)第一个提及中国发明木版印刷,他曾在自己的著作《关于中国科学之伊儿汗宝库》(1313)中介绍中国医学。至于……火器……蒙古人则于1241年在匈牙利……使用这种新兵器。①

拉贾尼·甘特说:

西方的核心价值通常宣称,是它自己发明了对近现代具有决定意义的近代科学。但实际上,这全然是穆斯林与中国文化混合影响的结果……伊斯兰和中国文明的传播,把中世纪欧洲塑造成近代欧洲。颇为讽刺的是,伴随着近代西方缘起而形成的独特的"西方身份",在很大程度上也是两大文明与西方汇通的结果。②

在此解释一下"西方身份"(Identity of the West):严格地讲,西方只是到了近代才开始有了它的名物制度(老子曰:"始制有名")。在此之前,欧洲基本上是属于史前性质的,而且是霍布斯式的"自然状态"——极为冲突的前文明状态。③因为它在各个方面都是很原始的,甚至在中国的造纸术和印刷术西传之前,欧洲的主体族群无缘于文字,都是用口语交流。④按照人类学家H.S.张伯伦的说法,西方文明是从纸开始的,而在此之前的历史都是不可靠的。⑤欧洲第一次制造纸张是在1490年⑥(也有说更早),即哥伦布越洋的前两年。

尼尔·鲍得说:世界没有纸那就是不真实的,犹如这文明全然是纸糊的……实

---

①谢和耐:《中国社会史》,第306和332页。

② Rajani Kannepalli Kanth: *The Challenge of Eurocentrism: Global Perspectives, Policy, and Prospects*, Basingstoke: Palgrave Macmillan, 2009, p.21.

③James Buchanan Given: *Society and Homicide in Thirteenth-Century England*, Stanford University Press, 1977, p.33.

④唐娜S.维灵顿说:"罗伯特·斯克里布纳确信,在宗教改革时代(16—17世纪),近似90%的欧洲人都不会用文字。"Donna Spivey Ellington: *From Sacred Body to Angelic Soul: Understanding Mary in Late Medieval and Early Modern Europe*, Washington: CUA Press, 2001, p.9, note.

⑤H. S. Chamberlain: *Foundations of the Nineteenth Century*, Volume Ⅱ, New York: H. Fertig, 1968, p.3 and p.337.

⑥Niir Board: *The Complete Book on Printing Technology*, Dublin: National Institute Of Industrial Re, 2009, p.349.

际上,如果人们不用纸……文明是不可能存在的;我这么说,不是没有道理的。如果没有纸,文明的进步真的很慢,以致(20世纪)我们这一代人仅仅达到黑暗时代(中世纪)的水平。①

(三)西方的"原罪性恶"被释放出来

近现代西方,经纬几大洲,摇荡数百年;挟其骤起之强势,妄自尊大,正名定分,居世界之正统;演义古今,操未来之演变;而将异文化置于死地,使他民族难以安身立命。然而,这种以偷天换日所得之伪论,竟能成为东西方的文化主潮和学术常理——"众流合派银河倾"!

法国学者、文学家米里耶尔·德特里(Muriel Detrie)批评道:欧洲人在强迫全世界接受唯一的(西方)文明模式时,既剥夺了遥远国家的魅力,又剥夺了诗人们的美梦。"②

西蒙·利斯指出:在工业化进步和帝国主义时代,欧洲坚信自己是文明的唯一掌握者,无法容忍另一个民族具有对于人类的同样抱负……"如果有另一个这样的民族存在,那么我们就失去世界性了。"③

若非中国文化及科技的西传,西方则仍将萎靡于世界的"黑暗的角落",直到内耗殆尽。果真如此,也就谈不上后来它用科学"爆炸世界",而置全人类于生态之"如临深渊、如履薄冰"和核武之"可怖威慑、恐怖平衡"了!历史不能假设。

上溯其源头活水,纵观它因缘聚散。就文化而言,今之西方,说是宗本于"两希"(古希腊、希伯来),自诩有着优异传统——尤其是民主传统和科学传统。但实际上不是这么回事:近代以前的西方真是虚无主义,欧美的民主与科学则源自华夏!

首先,西方没有自己"活的历史"。西方的中古与近代只是事后想象,并无文化脉络;因为中世纪的基督教欧洲是个垂死的"末日社会"(不仅窒息现世,而且趋于毁灭)。历史学家约翰·阿伯兹著《末日的边缘》,其中写道:"欧洲中世纪后期是个无比祸乱与悲惨的阶段,在饥馑、战争、瘟疫和死亡的厄运中('天启四骑士'),犹如临近'世界末日'。"④

---

① Niir Board: *The Complete Book on Printing Technology*, p.348.
② [法]谢和耐、戴密微著,耿昇译:《明清间入华耶稣会士与中西文化交流》,北京:东方出版社,2011年,第445页。
③ 谢和耐、戴密微:《明清间入华耶稣会士与中西文化交流》,第450页。
④ John Aberth: *From the Brink of the Apocalypse: Confronting Famine, War, Plague, and Death in the Later Middle Ages*, London: Routledge, 2010, p.i.

其次，对西方有"再造之恩"的是中国，在17世纪以前主要是通过阿拉伯和蒙古帝国为中介的。保罗·肯尼迪称："欧洲文化和科学遗产的可观部分，是从伊斯兰世界'借用'来的；这与先前的几百年里，穆斯林社会通过经商、征伐和移民从中国'借用文化'，如出一辙。"①德克·卜德教授说：（从公元前200年到公元1800年）"中国对西方世界做了巨量贡献……极大地影响了西方文明的发展。"②

第三，至于被称为"西方源头"的古希腊，那是西方的伪造——文明的暴发户"认祖归宗"而已！恩里克·杜塞尔教授指出："……希腊—罗马—欧洲这个思想架构的形成，可追溯到18世纪后期的德国浪漫主义（运动）。质言之，希腊—罗马—欧洲这一单线条的西方发展，是西方中心论的'雅利安模式'的产物。"③经济学家沙希德·阿拉姆说："西方中心论学者们在其伪造西方兴起'历史'的同时，否定了其余世界的真正历史。"④

就人种史而言，现代欧美人被定性为古罗马时期的"北方蛮族"，它与中国北方荒漠草原上的游牧部落乃同条共贯。斯宾格勒说：汉武帝击退匈奴，使之西遁，从而"驱使着一群日耳曼部落"。⑤斯宾格勒还说，近代的"文明化"的西方人，与古代的野蛮人，乃一脉相承、一丘之貉，以洗劫东方的"高级文明"（传统文明）为能事。⑥

埃及学者说：今天的白种人都是很晚时代才从中亚（草原）侵入世界舞台的……他们都是退化的历史扮演者，来参与创造世界历史。他们不仅宣传谎言，而且撰写伪史。他们还制造了各种各样的假文物。

今天的日耳曼人和斯拉夫人……的祖先，是公元3—4世纪来自中亚草原的游牧部落。他们征战劫掠，事后又（凭借中国的发明）杜撰记事与伪造文物，已经颠倒和混乱了整个历史。究竟在其之前有没有古罗马？它是什么样子？这些都不可能说清楚。

---

① Paul M. Kennedy: *The Rise and Fall of the Great Powers*, p.4.
② *China's Gifts to the West Prepared by Professor Derk Bodde*.
③ Enrique Dussel: *Europe, Modernity, and Eurocentrism*, www.unc.edu/~aescobar/wan/wandussel.pdf
④ *A Eurocentric Problem by M. Shahid Alam* / February 9th, 2010. http://dissidentvoice.org/2010/02/a-eurocentric-problem/
⑤ 斯宾格勒：《西方的没落》，第二卷，第35页。
⑥ 斯宾格勒：《西方的没落》，第二卷，第35页。

西方中心论学者们惯于使用假文物来支持他们的谎言。①

这就是说,"西方社会"原是一条汨荡于世界历史之边缘的支流,而今的欧美诸民族那时更是"边缘之边缘"(中世纪的日耳曼族群是原始人)②。他们被画地为牢、神权禁锢,越来越显得是被困的洪水猛兽。李约瑟说,旧欧洲是"海盗区域",其人永不和静于本土,但苦于没有出路。③

即亚当·斯密所称:"那时,人们由于不知道指南针……害怕看不到海岸;又由于造船技术不完善,人们不敢置身于大洋的惊涛骇浪之中。……驶出直布罗陀海峡……被视为一种最了不起、最危险的航行伟业。"④在1492年之前的所有时代,虽然据说偶尔有维京海盗出没于大西洋,但西方人基本上是止步于内陆、内海的。马克·吐温说:"(西方)古人把海格力斯之柱视为通航的尽头和世界的终点。古人尚未具有充分知识,即使先知们写下浩繁卷帙,也未提及瀚水那边存在一个大陆……"⑤(引者按:"浩繁卷帙"应该是源于文艺复兴期间的东方新知的"爆炸")。

欧洲人发现其邻近的大西洋岛屿,诸如亚述尔群岛、加那利群岛和布莱斯特群岛等,都是在地理大发现之初(凭借中国的指南针、造船术、航海图)。鉴于它们成为"古典西方"的乌托邦的原型,所以,与此相关的"古代"作家诸如荷马、柏拉图、普鲁塔克、斯特拉波、老普林尼、托勒密和贺拉斯等和他们的著作,都应该是15世纪中叶以后或近代早期,被杜撰出来的。

三、开放世界与文明中心的转移

(一)中国古人致力于汇通天下

历史上的中国,幸运地凭借高山大漠阻挡着其西边的"终古乱世"——印欧迭侵,教俗嚼噬。汤因比指出,在公元221年之前(战国),中国酷似"旧大陆"的西边——部族战乱、群雄割据;而后,她便步入正轨,分裂和无政府状态是少见而短

---

① *Ancient Man and His First Civilizations Minoan-4*. http://www.realhistoryww.com/world_history/ancient/Minoan_Greece_2a.htm
② Albrecht Classen: *Handbook of Medieval Studies: Terms, Methods, Trends, Volume 1*, Berlin: De Gruyter, 2010, p.707.
③《中国印象》,下册,第164页。
④ 亚当·斯密:《国富论》,第17—18页。
⑤ Ronald H. Fritze: *Invented Knowledge*, London: Reaktion Books, 2009, p.70.

暂的。①这与其说是中国保持了两千年的相对稳定；②不如说是，她每每带来泛世界的逾百年的和平(Pax Sinica)。

如果我们根据中华文明及其地理环境都是自成体系，来判定其文化是不开放、不进步，那就大错特错了！中华文明是人类社会中独一无二的开放性的有序运动（维护人与人、人与自然之和谐），因而它是古今世界总的引擎。

另一方面，我们应该知道，在中国科技打通世界地理之前，由于自然环境强烈制约着人类，世界各地均处于相对封闭的状态之中。

中华民族的开放意识与开放程度是最大的，中国古人热情拥抱外来文化和宗教。自从汉武帝派张骞通西域，以及开凿天竺之路，古人努力联通世界的记载不绝于史。早在唐代，中国商船便已到达非洲。最晚在唐代，中国便建立起成熟的地图学，唐代宰相贾耽亲手绘制了具有现代意义的《海内华夷图》。"地理大发现"和近代以来的"开放世界"，是中国人的功劳。香港学者李兆良先生通过严谨翔实的考证，无可辩驳地证明：郑和船队几乎深入了世界各个角落，是他们绘制了第一幅科学精确的世界地图。李兆良的考证结论，已得到西方历史地理学界的默认。③

李兆良说：郑和下西洋，已经环球航行，才可以测绘世界地图。《坤舆万国全图》是明代人大航海的成果。中国才是世界地理大发现的始祖。中国人早于哥伦布60年以上到达美洲，早于麦哲伦90年渡过"沧溟宗"(即西方误称的太平洋，也是来自中国称的"宁海")。经纬度是中国首先采用来绘制中国与世界地图的，不是欧洲发明的。④

大半个世界——也包括中国自身——都是从这个开放性、利他性的文明中心，透过它的辐射来进行思想与物质的交流，吸取和分享文化养料的。⑤

钱穆指出：中国……不断与其四邻异族相交通、相接触。中国的对西交通，有西北的陆线与西南的海线……尤其是汉、唐以下……交通频繁，是历历有史可证的。而且，中国人对外族异文化，常抱一种活泼广大的兴趣，常愿接受而消化之；把外面的新材料，用来营养自己的旧传统。中国人常抱着一种"天人合一"的大理想，觉得外面的一切……都可以融会协调、凝和为一。这是中国文化精神最主要的一

---

①《展望二十一世纪——汤因比与池田大作对话录》，第288页。
②斯塔夫里阿诺斯：《全球通史》上册，第265页。
③李兆良的博客. http://blog.sina.com.cn/u/1884784543
④李兆良的博客.
⑤《展望二十一世纪——汤因比与池田大作对话录》，第292页。

个特征。①

与近代西方屠杀印第安人、贩卖黑奴、抢占殖民地不同,中国的对外开放是纯善的。中华民族具有最宽容的天下观和最高远的天人观,她吸取异域文明,迎接外来文化。她不仅是怀抱世界之善,而且还包容世界之恶。她承受周边与化外的祸因乱源、承受四海之外的忧患,并将其消融于内。《道德经》曰:唯有承受天下的污垢与不祥的民族,才能王天下。因此,在历史上,尽管中国的国力、航海和科技皆冠于世界,却从未给中国周边和外部世界带来任何祸患。

罗素说:儒教……设定人们在根本上能与整个世界和谐共处……儒家的伦理教诲不是建立在……宗教教义的基础上的,它纯粹是世俗的……儒教一直是中国的官方学说,并作为考察和选拔政府机构官员的准则。这样做的结果,致使长期以来中国的政府掌握在有文化的无神论者手中,这些人的行政管理缺少像西方民族要求其统治者所具有的干劲和破坏性。事实上,他们的行为契合庄子的清静无为。其结果是,除了乱世给老百姓造成苦难之外,人们一直过着幸福的生活。归附的民族享有自主权,外国不必惧怕中国,尽管中国有着众多的人口和丰富的资源。②

一位基督教学者这样写道:中国文化的……奇妙,就是它有相当大的扩张力(与同化力)……是王道的,而不是霸道的;是道德性的,而不是强制性的;是偏于教育的,而不是偏于军事政治经济的。全部中国历史由黄河……长江……渐渐展开。直至附近各邦也蒙受其文化的感召……中国文化具有一种磅礴天下的精神和抱负。中国古代圣贤,从来不以中国文化为本民族所私有……明明德于天下,乃止于至善……九州八演,以神州为模范;四裔六服,以中土为正宗。③

孙中山称,传统中国是行王道,通天下之志,凝四海之情;弱小民族仰慕中国文化,以加入中华体系为荣。他写道:中国几千年以来总是实行平天下的主义,把亚洲的各小国完全征服了;但是中国征服别国,不是像现在的欧洲,专用野蛮手段去压迫人,而多是用和平手段去感化人,所谓王道,常用王道去收服各弱小民族。

汉朝……那个时候,中国的政治思想便很高深,一般大言论家都极力反对帝国主义……反对中国去扩充领土……中国便不主张与外人战争,中国的和平思想到汉朝时已经是很充分的了……

---

① 钱穆:《中国文化史导论》,北京:商务印书馆,1994,第205页。
② Bertrand Russell: *The Problem of China*, p.191—192.
③ 徐松石:《基督教与中国文化》,香港:浸信会出版部,1991,第7—8页。

明朝复国之后,更是不侵略外人,当时南洋各小国要求进贡归化中国,是他们仰慕中国的文化,自己愿意来归顺的,不是中国以武力去压迫他们的。像马来亚及南洋群岛那些小国,以中国把他们收入版图之中,要他们来进贡,便以为是很荣耀;若是不要他们进贡,他们便以为耻辱。像这样尊荣,现在世界上顶强盛的国家还没有做到……

(尼泊尔境内)廓尔人到了民国元年,还来中国进贡。由此可见中国旁边的弱小民族,羡慕中国至今还是没有绝望。

十余年前,我有一次在暹罗(泰国)的外交部,和外交次长谈话,所谈的是东亚问题,那位外交次长说:"如果中国能够革命,变成国富民强,我们暹罗还是情愿归还中国,做中国的一行省。"我和他谈话的地点,是在暹罗政府之公署内,他又是外交次长,所以他这种话,不只是代表他个人的意见,是代表暹罗全国人的意见,由此足见暹罗那个时候,还是很尊重中国。(《民族主义第三讲》)

或许在"恶"的方面,传统中国是自我封闭(都是自我消化,而非输毒于外)。中国的地形与生态的向内倾斜,决定了矛盾运动的方向:不能宣泄出去,而是聚爆于内;儒释道文化也不允许中国扩张而祸乱天下。《易经》云:各正性命,保合大和;首出庶物,万国咸宁。中国自始至终为全人类与生物圈进行"文化保险",而不用其诸多的物器发明去扰乱世界,这与欧美有着本质区别。假如中国也信奉欧洲式丛林法则,历史上的战国七雄,或许变为帝国主义之列强。果真如此,"世界末日"在基督纪元之前便已降临,何来今天的欧美!尽管战国俨然是"诸夏天下的世界大战",但毕竟有天下太平、世界大同的理想抑制好战倾向,并且这一理想成为此后两千年的文化主旨。①

历史上的中国与欧美文明的重要区别之一是:中华民族在其承受和消化内外的"人类负面"的同时,尽量把和谐与实惠都赠予世界;欧美在劫掠其他民族与地球资源的同时,把其内在毒素转嫁出去,祸害"外我",而使其自身保持"理性"。

(二)圣哲设计和启动全球化

(甲)古圣贤困心衡虑

中国是全球化的拓荒者和历史的轴心。在欧洲人"发现新大陆"之前,中国人在联通世界上卓有成效的努力,已经进行了几千年了。

早期的文明是蛮荒世界的众矢之的,是野蛮部落的猎物。因此,通过越来越大

---

① 钱穆:《中国文化史导论》,第203页。

的文明化来巩固自身和消融忧患,成为文明的必由之路。但是,在此过程中,由于技术和别的文明成分的传播和扩散,文明的天敌便有可能与之同步升级,而致广大,因而,文明的危险性与致命性也都越来越大。另一方面,文明本身的低平地势、丰饶生态与和平生活这三点,使它陷于千年的战略被动(地缘政治的绝对劣势)。

不管怎么说,文明是"不归路",只能进,不能退,直到把全世界、全人类都纳入天下太平、天人合一的文化模式之中。这就是儒家的天下观。虽然天下最早只限于中国之局部,但它是一个开放的、不断扩大的概念。亦即钱穆所说:"……先秦时代,天下太平、世界大同的基本理想,即在此期建立,而同时完成了(大规模)的民族融合与国家凝成……为后来文化衍进之根据。"①

从"外延"上看儒家"天下观"的三部曲:

A.据乱世:内其国而外其夏;→B.升平世:内诸夏而外夷狄;→C.太平世:夷狄进至于爵,天下远近大小若一。

然而,老子仿佛是在唱反调、泼冷水——小国寡民似乎担忧:天下连为一体,则万恶汇通,同室操戈,一毁俱毁。这酷似《圣经》中"巴别塔"的启示:世界联通,人在语言上也普遍沟通;由此,人则无事不成,无恶能止。所以,在老子看来,与其这样,倒不如退回那原始蛮荒、人群隔绝的状态,更安全些。

"小国寡民。使有什伯之器而不用;使民重死而不远徙;虽有舟舆,无所乘之;虽有甲兵,无所陈之。使人复结绳而用之。至治之极。甘美食,美其服,安其居,乐其俗,邻国相望,鸡犬之声相闻,民至老死,不相往来。"

其实,老子并非保守和"开倒车",也不反对社会进步和天下联通;但他坚持"道器并进"——"道":道德、文化、和谐、情感等;"器":物质、科技、经济、军事等。老子只是反对唯"器"无"道",这样的天下联通无异于全人类走向自我毁灭!这也就是两千多年后的英国历史学家汤因比,身临其境地感触到世界已遭罹两次世界大战,并且即将面临终极危机。他告诫道:今之人类,已在科技与经济上实现了"大同",但在政治与文化上却是背"道"而驰,这是极危险的。②

汤因比进而写道:在最近 500 年时间里,地球的整个表面,包括大气层,都因为惊人的技术进步而有机地联系在一起。然而,人类在政治上却尚未实现联合,我们彼此之间仍然是按照各自的方式生活的陌生人。这本来是我们从"消除距离"之

---

①钱穆:《中国文化史导论》,第 203 页。
②《展望二十一世纪》,序言。

前的时代继承下来的遗产,现在却使我们陷入了非常危险的境地。两次世界大战以及现今世界范围内的不安、沮丧、紧张和暴力,说明了这种危险。人类无疑正在走向自我毁灭,除非我们能成功地形成天下如一家的状态。①

老子认为在"道"上实现大同,乃至关重要;这与儒家的"修齐治平"则百虑一致。老子曰:修之于身,其德乃真;修之于家,其德乃余;修之于乡,其德乃长;修之于邦,其德乃丰;修之于天下,其德乃普。

"道"与"器"、内涵与外延之有机结合的儒家天下观,即:今天下,车同轨,书同文,行同伦……声名洋溢乎中国,施及蛮貊。舟车所至,人力所通,天之所覆,地之所载,日月所照,霜露所队,凡有血气者莫不"尊亲",故曰"配天"。

关于天下观由传统政治来落实,德国学者康拉特·赛茨说:

皇帝不仅是中国的主宰,也是整个天下的主宰。他的两个称号就显示了其在宇宙万物中的双重角色:作为天子,他负责祭祀,以保持天上和人间的和谐;作为皇帝,他是人间的万能主宰。这个万能主宰不是作为直接、政治上的主宰来考虑的……他只是道德上的主宰,是杰出的中国文明的灯塔。这就是皇帝的道德魅力,按照儒家的理念,正是它吸引着那些尚未开化的蛮人。……随着中国在唐朝……真正上升为光耀全世界的文明国度,而朝鲜、越南以及日本都自愿成为中国文化后裔,并且接过了中国著述以及儒家经典……皇帝的道德力量以及中国文明的优势对外有三个重点传播区,第一个传播区为东亚邻国,如朝鲜、越南、琉球群岛以及日本,尽管这在明代只是暂时的。第二个传播区是北部、西北部的草原、沙漠以及中原王朝在东北的森林区。第三个更外部一些的传播区包括(背叛了的)日本、东南亚、印度次大陆以及欧洲……中国这种道德和文化的辐射力随着距离的扩大而减弱。②

(乙)联通天下的负面凸显

这都是儒家天下观的理想模式,但实践起来,更多的是文化失控——空间上和时间上的文化失控。尽管都是暂时的,但它对于文明主体来说,都是其必须承受和化解的致命忧患。这是因为文明和它的辐射,启动了越来越大的天下;但在其被纳入和谐文化、太平模式之前,都是无序之动,都具有爆发力与冲突性,并且随着文明的技术传播而升级,最后都难免是汇集中土、聚爆中原。

---

① 汤因比:《历史研究》,序言。
② 康拉特·赛茨:《中国一个世界强国的复兴》,搜狐读书。

历史中国的"平天下"首先是由近而远地把越来越大的人类群体置于文明的框架之中。但在此过程中,她难免要承受遍天下的祸因乱源,这是由于其技术与文化的传播会使强烈的人类活动得以普遍升级,而文明中心却是处于战略被动的河谷平原。"平天下"还必须做下一步,即:通过不断扩张的"大一统、同心圆"和朝贡体系迈向天下太平、世界大同。然而在实际操作上,"平天下"的这两步并非良好衔接;这样一来,中华民族不能不是在其推进人类社会的同时饱尝忧患。

对此汤因比写道:在军事和政治方面,中国755年至1126年的历史是一段灾难频繁的历史,780年的改革和1069—1076年的改革,未能改变历史进程。然而在文化方面,这一时期的中国历史却是硕果累累。就像304年及其以后蹂躏中国北部的蛮族一样,10世纪、11世纪、12世纪的后起蛮族,也强烈地为中国文明所吸引。除了自身采纳中国文明,他们还在自己统治的领土上传播了中国文明,而这些领土又从未纳入过中华帝国的版图。因而,中华帝国的收缩由于中国文明的扩张而得到了补偿——不仅在中华帝国周边兴起的国家如此,在朝鲜和日本也是如此。①

如前所述,唐朝形成了泛世界的文化圈。然而,文明的正面与负面在竞赛中。宋朝在其忍受着极大的北方边患——文明的负面——的情况下,快速发展经济与科技,不仅使其社会在琴棋书画、礼乐诗意上傲然升华,而且拓展国内外的贸易和海运,延伸海上丝绸之路,这些使它成为世界经济与文化的"辐射、辐辏"的中心,中华文明达到了登峰造极。这在李约瑟看来,"可称之为(文化与科学的)成熟时期。深奥的散文代替了抒情诗,哲学的探讨和科学的描述代替了宗教信仰。在技术史上,宋代把唐代所设想的许多东西都变成了现实。""中国的科技发展到宋朝,已呈巅峰状态,在许多方面实际上已经超过了18世纪中叶工业革命前的英国或欧洲的水平。"②

但与此同时,文明也不得不自食其果,征服世界的战争源——草原暴力——就是寄生于文明及其传播之上的,它压倒一切,也摧毁了一切!

明朝前期仿佛是要把天下观的实践推向极致,其远洋航行和地图绘制以及宋明之间的国际贸易,几乎是把世界打通了。结果怎样呢?其长远影响是促成了西方的海洋暴力的兴起,这是空前绝后的危及星球家园的暴力!其近期影响是,明朝及

---

① 汤因比:《人类与大地母亲》,第372页。
② 国外汉学家眼中伟大宋朝:繁荣和创新的黄金时代来源:凤凰网历史作者:李蓉蓉2013年02月22日。

前朝的造船和海运及其技术的扩散,使亚太海洋变成了酷似草原暴力,而且潜力无穷的忧患源泉;富饶与平静的东南沿海开始沦为野蛮的猎物,犹如羊入虎口。除非全面防范,否则,中国海洋的民生的因素,远不及祸害的因素。

明代学者归有光说:吴、越之地濒大海……百姓反若依海以为固;不如三边岁有戎马之侵。扬州葆疆,古之所谓天地之中,莫能过也。承钱氏据土,宋室偏安之后,皆以钱塘为国。而皇家定鼎建业,浙为首藩。都邑之盛,物产之殷富,天下称杭州云。自顷承平日久……岛夷乘风迅入寇,则杭州被其患,乃自独松岭入四安,以趋金陵;自华亭……则轶于苏、常之境,而江、淮之间,无不骚动。杭于寇最逼,而首当之。故建督府,调天下兵四集其境,则行省之务,剧于往时百倍矣。(《震川先生集》卷十一)

王夫之著《读通鉴论》云:蒙元征倭,而引火烧身于二百年后之中华;(技术)夷平天险,犹如开门揖盗。其原话是:中国之形势,东有巨海,西有崇山,山之险,不敌海之十一也。然胡元泛舟以征倭,委数万生灵于海岛,而示以巨浪之可凌。然后,倭即乘仍以犯中国,垂至于嘉靖,而东南之害为旷古所未有。巨海且然……铲夷天险,以启匪类之横行……

虽说倭寇不全是日人,也有不少中国人当海盗的。但是,在中国技术的传播和天下观的实践过程中,日本作为直接危害中华的海洋暴力由此而起,滋蔓难图,终于汇入西方列强的巨患之中,这些都是毋庸置疑的。

历史中国的相对快速发展到明朝遇到了地理瓶颈,中华民族不可能像西方那样把其生存方式延伸到大洋彼岸;与此同时,由发展所导致或招致的忧患,攀升到了新的高度,即海洋成了新的忧患的源泉。往昔,在内忧外患发作之时,东南沿海总能保持平静,遂有"衣冠南渡",乃至诗人幻想用东海来"洗胡尘"。如杜甫诗云:

东西南北更谁论,白首扁舟病独存。
遥拱北辰缠寇盗,欲倾东海洗乾坤。
边塞西蕃最充斥,衣冠南渡多崩奔。
鼓瑟至今悲帝子,曳裾何处觅王门。

明朝两面受敌于草原暴力与海洋暴力,这是任何一个民族都无法承受的。明清两朝——特别是清朝——全力打造陆疆的地缘政治,经历几百年,使中华民族能够全身心地应对列强的海洋暴力。

(丙)地缘政治的透视

大体而言,在公元第二个千年(1000—2000年)的技术水平上,中国在地缘政治上有一个极难跨越的险坎:由其海洋的自然条件所决定,即使是中国领先的科技与经济发展,其在战略上的影响也是利于外,而不利于己方。另一方面,中国不可能像西方那样,把其生产方式自然而然地伸展到彼岸大陆,此乃地理环境的中西差异。换言之,中国的海洋不利于她自己向外扩张,反而会成为列强和霸权扼制或侵略中国的捷径。

这就是说,由其地缘政治的战略被动所决定,在历史上,作为世界科技中心的中国每发展一步;她所面临的危险和忧患虽能当时减缓,稍后却反而倍增。即使技术提升到一定程度,以致热兵器消弭草原暴力(胡骑),那也会让整个文明暴露在海洋暴力之下。

儒家所推进的天下汇通,进入某个时段(诸多世纪),在战略上会提升草原胡骑的战略优势;而到另一个时段,会有利于一些岛屿和半岛民族,反而使其自身沦为受害者。极高代价的远洋航行,即使促成了世界联通,也无法改变地理环境阻碍着其广土众民把生存方式延伸到彼岸大陆,反而会让中国本身受害于那被她所启动的世界之"负能量"。这就是明朝的海洋事业戛然而止和明清两朝慎行海事的重要原因。今学者多好批评封建统治者保守,却不知所以然。

关于在海洋地缘上,往昔日本对中国的绝对战略优势,一位日本军事专家这样写道:慈祥的造物主在它的西面,安排了一个最慷慨、最仁慈的邻居,那就是世界上最古老繁荣的文明古国——中国。而且更有意思的是,日本离中国之间的海运直线距离为450英里,越过40英里的日本海峡,通过朝鲜半岛陆路来华也不过500公里。这样的一个地理环境的安排,使日本处于一个绝佳的自卫地位。首先,中国人要想跨海袭击日本,450英里的海运距离是一个大陆民族难以轻松逾越的。而从陆路进攻日本列岛,不但要越过崎岖的朝鲜山脉,还要准备越过日本海峡的海军,这也是冷兵器时代很难实现的。而这样的地理位置对日本人则极为有利,当需要袭击中国大陆时,浅浅的日本海峡对于人人熟悉海潮的日本人来说,如同儿戏。而一旦战争失利,撤回本土就意味着安全……①

然而,中国海洋地缘的逆境到21世纪发生了根本的改变:由于大陆变得机动、整合与联通,以及极具组织力与动员力、防御力与投射力,所以海陆有机便能反制、反克海洋霸权。同比例军备竞赛,中国的实效要高于霸权一方,尤其是高于日本数倍乃至数十倍(而百年前则是相反的)。地缘政治的优劣则决定西方的存亡

---

①周兴旺著《日本人凭什么》,世界知识出版社,2006年。

续绝。唯有中华民族能够在逆境中生存与发展,西方则不能。

汤因比断言,只有中国重返天下观及世界主义的主导地位,人类才会有安全与和平。他写道:过去的五百年间,由于西欧诸民族将其活动范围扩展至全球,人类因此出现技术上的统一……期待人类历史发展的下一阶段,会实现政治与精神方面的"大同"……人类史的下一阶段,西欧将把主导权转交给东亚……

中国的统一政府在以前的两千二百年间,除了极短的空白时期外,一直是在政治上把几亿民众统一为一个整体的。而且统一的中国,在政治上的宗主权被保护国所承认。文化的影响甚至渗透到遥远的地区,真是所谓中华王国。实际上,中国从纪元前二二一年以来,几乎在所有时代,都成为影响半个世界的中心。最近五百年,全世界在政治以外的各个领域,都按西方的意图统一起来了。恐怕可以说,这正是中国肩负着不止给半个世界,而且给整个世界带来政治统一与和平的命运……①

(三)中国开启海洋时代

(甲)中国带来海洋文明,成全"海洋民族"

中国开启海洋时代,西方抢占机会,中国反受其害。西方是天时地利,近水楼台,捷足先登,得天独厚;这对它来说,是千载一时,但好景也就是五百年!

黑格尔赞扬通过海洋扩张而产生文明,他只知道此种文明,仅此而已。黑格尔否认之前的大陆文明,更不懂得超越海洋的文明,尤不懂得那超越有限空间、无限升华的"礼乐文明"。古诗云:

> 朝入谯郡界,旷然消人忧。
> 鸡鸣达四境,黍稷盈原畴。
> 馆宅充廛里,女士满庄馗。
> 自非圣贤国,谁能享斯休?
> 诗人美乐土,虽客犹愿留。

(王粲:从军诗)

对于西方的海洋扩张达到地理极限之后物极必反、乐极生悲的情况,黑格尔根本不去考虑。②(亚当·斯密考虑了一点——他说:西方的海洋扩张,再过两三百年之后是好是坏,"这是人类智慧"所不能预见的。)③

---

① 《展望二十一世纪》,序言和第 289 页。
② 黑格尔:《历史哲学》,第 83—84 页。
③ 亚当·斯密:《国富论》,第 445 页。

然而无论如何,国家发展上的海权(战略权力＋经济权利),这都是近现代的现象,是旷古未有的(罗马与迦太基"争霸"是杜撰的)①。严格地讲,13—15世纪以前,即在中国的相关科技传播和中国人的地理大发现之前,除了极少数的岛民与海盗之外,全人类都是被囿于陆地的,全人类的与地理环境相关的生存意识也是陆地倾向的。亚当·斯密说:"古埃及有厌恶大海的迷信。印度教不许教徒在水上点火,从而不能在水上烹调任何食物,这实际上是禁止教徒去远洋航行。"②

那么,欧亚大陆两端的两个大岛——近现代的两个典型的海洋民族,以前是怎样呢？日本和不列颠在其得力于中国科技的传播,从而成为海洋民族之前,或是受害于,或是恐惧于海洋的。③不列颠岛曾长期遭受欧洲大陆的祸乱和其边缘的海盗殃患。

关于日本,地理学家牧口常三郎写道:我们有时惊讶,为什么日本人没有发现美丽海洋的更多更好的享受呢？尽管日本被海洋环绕,日本人是听着海浪声长大的,但是,日本人歌唱海洋是比较迟钝的。难道是因为海洋超出日本诗的想象范围吗？或者简单地说是日本人对大海不感兴趣吗？

例如,对日本人姓名研究就证明了这个结论。姓名一般表示人与自然间身心的关系。日本人的姓名确切地说暗示了日本人与陆地的关系比与海洋的关系更密切。在日本,很多姓名的起源可以追溯到高山、河川、田野和其他有关的词汇,然而,很少有姓名源于海洋的。

日本人没有发现大海更多的乐趣和快乐的原因,可能是因为对海洋的恐惧。这种恐惧有些可能出于本能,但有些则是人为的,从而导致了这样一种事实,即大多数父母宁愿他们的孩子是农民而不是水手,宁愿是陆军而不是海军。这种恐惧产生的阴影使美丽神奇的世界变成可怕恐怖的地方……

还有海洋的能量,波浪、潮汐的能量使人敬畏。日本人有诗为证:"波涛汹涌冲向海岸,触礁碎成片片。"这可能是由台风产生的灵感而写就的。天地晦暗,狂涛澎湃,乾坤颠倒。被海水的能量吓倒的人们难道不叹为观止吗？④

在近代以前的几千年里,海洋对人类所构成的艰难险阻和不测畏惧,远大于

---

① James Ross Kaye: *Historical Fiction Chronologically and Historically Related*, Snowden Publishing Company, 1920, p.47—50.
② 亚当·斯密:《国富论》,第484页。
③ [日]牧口常三郎著《人生地理学》,陈莉、易凌峰译,复旦大学出版社,2004年,第86页。
④ 牧口常三郎:《人生地理学》,第85—86页。

大陆。唯有中国能以海陆丝路穿越自然障碍,让不同空间的人类进行贸易和非物质文化的交流。

关于唐朝时中国人开始尝试以海上丝绸之路取代内陆丝绸之路,作为联通世界的主要渠道,汤因比写道:中国的南部海岸,当它第一次并入中华帝国的版图时,在中国人的眼里,它被看作是地球的尽头。然而现在,它却开始取代甘肃成了中国的前门。起传导桥梁作用的欧亚大平原,为传导作用更佳的海洋所取代。海洋成了中国与旧大陆其他部分联络的主要媒介。①

然而,正反两面则如影随形。历史中国科技的扩散也引起了人的爆发性、破坏性的运动——主要是游牧部落的征服战争(蒙古征服等,或称草原暴力),它与文明传播乃相反相成,使创造性的活水源流灌注泰西,从而激活了全球性的海洋暴力(它披着"文明"的外衣)。

附录 郑和舰队集先进科技之大成,西方学者称举世无双②

1405 年郑和下西洋。英国科技史权威李约瑟写道:世界上第一个远洋舰队由郑和率领,27800 名中国人分乘 208 艘船舰,驶向三大洋。

郑和下西洋,是否早于哥伦布到达美洲,是当代航海史的争论热点。毋庸置疑的是,航海是科技、经济和军事之集大成。郑和的强大舰队——绝不仅仅是商船队,英国剑桥大学前校长、世界科技史权威李约瑟考证后,得出结论:明代海军在历史上比任何亚洲国家都出色,同时代的欧洲国家联合起来也无法与明朝海军匹敌。

举世无双的特混舰队才能远航至非洲。西方学者称郑和船队为特混舰队。美国史学家路易斯·利瓦塞斯这样评论:郑和船队在世界历史上是一支举世无双的舰队。第一次世界大战之前没有其他船队可以与之相比。科学技术最先的应用多是在军事或国防上,郑和舰队代表了当时最先进的航海技术,完全是按海上航行特技和军事组织编队,也只有这样实力雄厚的海上机动舰队,才能远行三大洋 7 次,直抵大西洋的好望角,足迹到达非洲。

郑和舰队军事建制……人数记载有 4 次,分别为 27800 人、27000 人、27670 人、27550 人。明朝军队以"卫"建制,每卫 5000 人。掌有军权的郑和每次率军出海,部队分为舟师、两栖部队和仪仗队 3 个序列,分属 5 项任务:指挥部分、航海部

---

① 汤因比:《人类与大地母亲》,第 373 页。
② 鞠海航文,北京日报,2005-03-25。

分、外交贸易部分、后勤保障部分和军事护航部分,行动以军法论处。这样的组织形式绝对优于一般商船,适于远洋航行,也是近代海军发展、海上舰队的组织雏形。舰队 200 艘规模,帅舰甲板有足球场大。

郑和每次出使的船只都在 200 艘左右,大船(又称宝船)约 40 至 60 艘,种类至少 7 种:1.宝船:帅舰、各级指挥舰;2.马船:快速综合补给船,载中层官员和军需品;3.战船:护航、作战两用,配有战斗人员;4.座船:防海盗袭击和两栖作战;5.粮船;水船:专储淡水,为当时独有;6.商船。整个舰队犹如一艘当代航空母舰——最大的帅舰甲板约有足球场大,最早的水雷"赛星飞"也装备上了。

当代十大航海科技,郑和舰队拥有 2 项。

20 世纪下半叶,航海科技已有了 10 个重要标志,分别是:船舶大型化、专业化、高速化、自动化、导航定位电子化、避碰自动化、海图电子化、航海资料数字化、通信卫星化、航行记录数字化。600 年前,郑和的舰队已拥有了船舶大型化、专业化两大项;在速度、机械动力方面,也处于当时领先地位;最为先进的则是导航系列,有世界发现最早的航海图《郑和航海图》。《郑和航海图》代表当时最先进技术。

郑和下西洋折射出中国先进的航海科技,还表现在 3 个方面:《郑和航海图》、天文航海技术和地文航海技术。《郑和航海图》记载了 530 多个地点名,其中域外有 300 余个,最远达东非,标出了船队航线上的城市、岛屿、滩、礁、航海标志和航路等,实用性胜过西方最早的《波特兰海图》。郑和舰队还应用了最先进的航海天文定位技术,运用了罗盘、计程计、测深仪等航海仪器,船队航线达 56 条。哥伦布、麦哲伦只有几条船、百十名水手。

1405 年郑和率 2 万人的船队下西洋,87 年后,即 1492 年,哥伦布率 3 只船 30 余人到达美洲;1497 年,葡萄牙人达·伽玛率 4 只船绕过好望角,到达印度古里,首次得知郑和船队来过这里;1519 年,麦哲伦率欧洲最大的舰队(17 艘)开始环球航行。马克思曾论述过这一时期西方"海盗"是怎样用火与剑开辟美洲、非洲殖民地的。欧洲的航海先驱人数虽少、航海技术也并不十分先进,却仅用百年就打破了"郑和神话"……

(乙)西方的"天时地利"之由来

为什么中国开启了海洋时代却让西方抢占机会,很快就打破郑和神话,而且这一占就是五百年呢?这主要是因为:在 21 世纪以前的科技条件下,特别是在传统科技的条件下,在客观上,西方及日本的地缘政治是相对优越的;而欧亚大陆的东部——尤其是中国——的地缘政治,则相对被动。"西洋"是连接东半球与西半球的捷径,也是西方掠夺世界的捷径;相比之下,中国的海洋反倒成为列强侵华的捷径。相对于海洋,大陆缺乏机动、便捷和联通,军事上的结集、驰援和后勤也都是很迟缓的,处处设防,也防不胜防。这种情况到了21世纪开始根本逆转,海权是日薄西山,全世界的战略优势开始转到了"陆海有机"的中国。这是后话。

发展,往古倚靠本土生态,在此方面,华夏最好,欧洲最差。但到近现代,发展倚靠"全球性生态",中国与西方原先的贫富悬殊变得相反。旧大陆的哪一个民族能够霸占大洋彼岸的美洲(这个地球生物圈的腹地),那它就能控制"全球性生态",因而也就有机会长足发展(在中国传统科技的基础上,掀起科学—工业革命)。如果要做到这一点,就要看哪个民族的传统科技较先进;如果拥有先进科技的民族还不胜任于此,那就再看哪个民族具有更好的海洋地缘,因为科技传播开来,是迟早的事。由此一来,中国科技的西传,及其与海洋性较强的欧洲相结合,从而使它的海洋地缘被提升起来,这就成全了西方人!

关于地缘的如此决定意义,伊恩·莫里斯指出:……1000年左右,维京人就乘坐比中国大船简陋得多的船只到达美洲(引者按:因为没有指南针和可靠舵,在哥伦布以前的这般探险,不能形成固定航线)。……要到达美洲,这些维京人要穿过法罗群岛、冰岛以及格陵兰岛,但是他们从来没有穿过宽于500英里的公海……中国的探险家必须从日本穿过5000英里的黑潮,经过阿留申群岛,才能到达加利福尼亚北部(如果顺着赤道逆流从菲律宾到尼加拉瓜的话,就要穿过两倍距离的公海)。

自然地理使得西方的欧洲人穿过大西洋比东方人穿过太平洋要容易得多。①

我们已经看到答案:是地理,而不是人,使得中西方走向不同的道路。地理因素使得西方人比东方人更容易到达美洲。

欧洲人最显而易见的地理优势是……季风、岛屿的位置以及大西洋和太平洋的面积差距,都对他们有利……条件同等的情况下,维京人或者葡萄牙船员总是会比中国人或者日本人更容易达到新大陆。

……地理使……西欧更具有优势,当时东方的社会发展远高于西方……十字军和蒙古军……开始改变了政治地图,令欧洲人更容易进入东方……15世纪的中国统治者最后会停止航行到印度洋这个代价高昂的航海活动。②

---

① [美]伊恩·莫里斯:《西方将主宰多久》,钱峰译,北京:中信出版社,2014年,第268—269页。
② [美]伊恩·莫里斯:《西方将主宰多久》,第272—273。

宋明之际的科技与经济的相对快速的发展,和中国技术与文化的传播,以及中国人的"天下观"的实践,凡此,使得世界地理趋于普遍联通。但与此同时,世界地理的战略意义——地缘政治——也发生了历史性的变化,那就是:西洋和东洋越来越具有对洲陆(各洲大陆)的战略优势。如此新兴的海洋暴力之压倒一切,就像草原暴力对于农耕文明所具有的客观优势一样。在此情况下,中国反而变得愈益被动和脆弱——中华文明每前进一步,都会导致和招致极大的负面或忧患!

(丙)明清两朝的"保守"是明智的

绝大多数的现代学者都诉责明清两朝采取保守国策,而没有沿着郑和远航的势头,展开海洋扩张,因而是"坐失良机、坐以待毙"。这样对待历史是公平的吗?让我们通过反驳颇为典型的费正清的观点,来尝试还历史一个公道。费正清讲到宋朝的经济革命和宋明两朝的海洋开拓,而又急流勇退、急转直下,却没有走世界性的海洋扩张的道路;这是失之交臂于海洋文明,倒行逆施于时代潮流。费正清的原话如下:

蒙古人于1279年征服中国之前,杭州人口超出了100万(有人估计有250万),为全世界第一大都市。马可·波罗的故乡威尼斯可能有5万人口,我们不难理解他目睹中国都市生活时为何叹为观止了。

南宋时期的外贸在政府岁入中居于大宗,这几乎是19世纪以前仅有的一回。杭州对于奢侈品的需求,是宋时外贸迅速成长的一个因素。其中……从东印度群岛运至中国(亦通往欧洲)的香料需求最大。进口货品需求之高,甚至声名远播的中国丝绸与瓷器出口以及铜钞,都不足以均衡进口。迁徙到西班牙并且影响欧洲至深的伊斯兰教民,也于宋时大量增加在广州、泉州、厦门、福州、杭州的海上贸易。中国的货运沿着东亚海岸抵达东印度群岛和印度,甚至远达东非……商业成长的一项影响是,唐代始创的纸钞再度起用。先是政府用汇票调动资金,继而使用期票、可转让票券,终至由政府发行全国通用的纸币……

中国此时期的航海科技是领先全世界的。中国造的有分舱区的大船——包含四层甲板、四或六桅、十多件帆,用艉柱舵、航海图、罗盘导向,可载五百人。这种科技远远超前西亚与欧洲,此期地中海用的大木船还在靠人力和操舵橹航行。

宋代惊人成就的这些层面只是几个例子。任何有现代意识的扩张主义者回顾诸如此类的成长和创造力时,可以想象到,宋代中国若自由发展下去,将可能主导航海世界,并且自亚洲发动侵略,移民欧洲,从而改写历史。看起来,欠缺的只是动机和刺激。这当然是想入非非了,但也再度提出这个问题:究竟是什么阻滞了艾尔文(Elvin)所说的中国的"中古时期经济革命"继续发展?

航海时代在全球各地初现曙光的时候,明代中国本来已经遥遥领先他国,却不肯继续向前。欧洲人再花了将近五十年时间才摸索到起点上。1433年以后,再过了37年,葡萄牙人才到达西非的黄金海岸。而哥伦布率领总吃水量450吨的三桅船队出航,则是在1492年。

爱德华·德雷耶(Edward Dreyer)详述过中国这些伟大的航海行为如何受阻于儒生出身的大臣们,这些读书人理论上就反对贸易与对外接触。黄仁宇亦指出,明朝财政窘迫,无力担负这样耗费不赀的海上外交。例如,明朝于1407年正式将安南划入版图,后来却因为安南作乱反明,朝廷苦厌兵事,不得不于1431年承认其为独立的藩属国。此外,明成祖为抵制科举出身的文官把持朝廷,在军事和安全方面任用太监,也引起京师官吏的妒忌。到了15世纪中叶,京师又面临蒙古势力再起与边境的骚扰。1449年间……天子御驾亲征,结果被蒙古军俘虏。……此后明朝便在蒙古人的威胁下渐渐束手无策……

造船只限于小型船舰以后,明朝海上势力渐衰,替中国南海上的海盗打开了壮大之门……反商主义与恐外症(xenophobia)占了上风,中国自此退出了世界舞台……明代中国手握海上扩张的优势条件,却被保守的理学儒士掐死,简直就像是故意错过近代科技与经济发展的这班船……

正当科技与经济成长在全世界的各个生活层面都造成无数混乱,却还找不出可以将人类文明毁灭延缓的秩序原则之际。明朝独立而自足式的经济成长,以及其相对的平静安乐,也许终将受到历史学者的推崇,在我们看来是失败之处,或许别人看来是某种成功。

我们就按照以费正清为代表的流行观点,从五条路径向前推论,看看是否走得通?看看明清两朝所走的路,究竟是错还是对?

第一,侵略扩张。历史上的中国,从内陆向外侵略扩张,在地形、气候和生态上都是逆势仰攻。很难以战养战,后勤不能接济,所以是死路一条(永乐皇帝死在那儿)。那么,海洋扩张是否可行?大陆自身的海疆无险可守,防不胜防,再去侵略倚靠巨浪而固守的岛邦,不仅是得不偿失,而且是惹火烧身,树立天敌,不是吗?再说,侵略亚太的诸邻,对于缓解其本身之广土众民的"内在紧张"(人口与生态的压力),也是杯水车薪、无济于事。如果是远洋扩张(美洲或印度洋),那意味着巨额财政负担,岂能指望掠夺回馈?而且在战乱状态中,很可能是有去无回(本土、海外据点和战场三者之间的距离太长,出现了"军事投射"的断层)。这与西方人顺着其

"地理倾势",顺水行舟般地从事海盗劫掠或殖民扩张,是不能同日而语的。设想:假如在古代,中国的海洋有利于向外扩张,那就不会有秦始皇的统一,而是春秋五霸或战国七雄(或者更多列国)变为帝国主义列强,犹如近现代的列强,先从事世界征服,再进行世界大战,把诸夏战国放大至全人类的战国!

第二,生产方式。这一点决定一个民族不能不知什么时候可以搞资本主义。资本主义和工业革命都需要利用"全球性生态"作为其平衡条件和牺牲代价。如前所述,欧洲是联通和掠夺世界的"海洋捷径"。正因为如此,欧洲各国能够轻而易举地把其全民族的生产方式延伸的外部世界,延伸到彼岸大陆。西方文明是"吃生态"的,有多大的"海外生态",它就会"创造"多大的奇迹;若是不牺牲美洲及世界,就不可能有西方的一切。西方文明是一种"机遇的文明",其前因后果都与中华文明有关。但对中国自己而言,海洋扩张的难度极大;人口众多,地缘被动,距离彼岸大陆又那么遥远,难道中国人跨越万水千山去找足够大的殖民地?在亚太,到南洋,即使是灭绝土著,腾出土地,那也是于事无补!到美洲?成本与危险皆大,除了极少数航海家之外,有谁会去?在19—20世纪有固定航线的情况下,另当别论。中国这种情况,只有到了20世纪,全球贸易已成规模,还需要突破列强与霸权的国际政治障碍,然后,她才可以采取外向发展和选择市场经济。

第三,地缘因素。就在"天下观"快要把全球打通的时候,却遇到了致命挑战,即它激活了另一个"文明的天敌"——海洋暴力。中国的技术传播和远洋航行等促进世界联通之事,都会直接或间接地提升东洋与西洋在地缘政治上的战略优势,而使中华自身陷于被动挨打的逆境之中。中国倾其力也无法征服对手,反而会使自身暴露在海洋暴力的血盆大口之下。为什么说地缘政治在军事战略上至关重要?举例来说,中日两国的地缘政治的战略态势,好比一个在山上,一个在山下。今天是中国在山上,日本在山下。在此情况下,如果双方是同等程度的军备竞赛,哪怕是日本有更高水平。其结果,中国的战争潜力或实效,都要大于日本十倍百倍——日本尚未摧毁中国几个点,它自己就会全面毁灭。然而,在1945年之前的几百年里,虽然武器的杀伤力较小,但上述比率则是相反的(中国在山下,日本在山上)——中国打不到日本,而日本却很容易进攻中国的软肋。1500—2000年的西方就是依靠这样的地理优势来宰制世界的。

第四,文化模式。历史上的中华文明是在维护人与人、人与自然和谐的前提下发展和绵延的,而近现代西方则是基于中国的成就,反其道而行之。中华民族为了幸存于海洋暴力,进行转型,而走向反面;这也未尝不可,但要看时机。在20世纪以前是绝对不可的。为什么？因为近现代西方的成功的奥秘是其地理环境使它能够利用"全球性生态"作为其平衡条件与牺牲代价；但这对20世纪以前的中国来说，则是时机未成熟，再者，国际贸易体系尚不足以支撑这个广土众民的生产方式。如果一个国家不能自由与安全地"外向发展、海洋倾斜"，硬是选择"反和谐、竞争性"的生产方式——资本主义和工业革命以及最大组织力与动员力的应战体制；那么，它就等于是民族自杀，因为矛盾在内、向心聚爆。西方之所以成功，那是因为在特定的技术时段，其地理条件允许它进行倾国性的海洋扩张。再说中国自身：过早放弃"和谐文化"，那意味着什么？只要有动乱，就分裂；一分裂，就是无休止的内战，而不可能再统一了。果真如此，列强介入，里应外合，而重演美洲的悲剧。中国的地理环境很难向外疏解矛盾，从而使其内部具有"理性"，达成和解。

第五，两面受敌。儒家"天下观"的拓展和中国技术的创新与传播的惨重后果，不仅是使"草原暴力"迅速升级，如蒙古征服；而且又衍生出"海洋暴力"，即日本和西洋。于是，明朝中后期遭遇了两面受敌——中华民族处于"草原暴力"与"海洋暴力"的夹攻之下，大有灭顶之灾。倭寇被扑灭不久，丰臣秀吉便发动了灭朝征华的战争，西洋势力正在云集，其劲旅——荷兰殖民者控制南洋，屠杀汉人，觊觎台湾。明朝竭尽全力，而疲于奔命，却又陷于三面受敌——爆发了农民战争。作为世界联通的另一个后果，从美洲引进的坡地高产的物种诸如玉米、红薯和花生等，造成了严重的生态问题，以致西北省份连续20多年大旱，天灾人祸不可遏止。明朝被压垮了。幸亏中国文化发挥神效，而同化野蛮；清朝成为"平天下"生力军，根除了千年的草原暴力，并且巩固了蒙满藏疆，打造了最具潜力的陆疆地缘政治。再加上明朝击溃倭寇与丰臣秀吉，从而推迟日本的海洋暴力近300年；郑成功打败荷兰和收复台湾，从而推迟列强的军事侵略近200年。凡此，就使中华民族能够在近百年全身心地对付由东洋与西洋汇合的海洋暴力，并且反败为胜，转守为攻；而今则伸张海权，以"陆海有机"反制海洋霸权。

表解　技术会提升和改变"文明的敌人"的地理战略优势

	宋代：技术创新与传播	明代：开拓全球化的福与祸	21世纪：中国与霸权联盟
战略效果	技术提升战略手段：汉人每восп一成，胡骑得数倍。	中国每开拓一步，海洋性的异域的战略价值加倍提升。	军备竞赛的同等提升：中国的实效大于战略对手。
地缘原因	草原胡骑的战略优势大幅提升，河谷平原沦为猎物。	欧亚大陆两边的岛国和半岛受益于中国科技与联通。	海陆有机反克海洋霸权。中日情形与百年前相反。
备注	21世纪，中国开始成为地缘政治的受惠者，以前则相反。世界历史上，中国是科技创造者与全球化的开拓者，但由此导致和招致了极大忧患——中华文明激活了征服世界的"草原暴力"和"海洋暴力"。		

(丁)如何看待中华民族的忧患

倘若不是看似保守,实质上是退一步、进两步和避实就虚的迂回长策;那么,中华民族很难幸存于几百年的列强与霸权的侵略的,尤其不能成为世界大战的战胜国的,遑论在地缘政治上以"陆海有机"来从容应对"再平衡"与"海空一体战"的!

一定有人会说,明清之际和19—20世纪,中华民族遭受那么多苦难,险些亡国灭种,难道统治与体制没有问题吗?难道这是一个正常的文明吗?如前所述,文明所承受的忧患,要比它所收获的正果要大得多。你把世界都启动起来了,这对自然和文明本身都是"妄动"(原先,人和他的"负面"都是被自然禁锢的);你把世界之"恶"都激活了,你的火药死人亿万,你的印刷术导致了无数次的宗教战争,你的指南针把东半球与西半球的物种分布全都搅乱了;你能逃脱天大的责任和天大的忧患吗?——九死一生,死去活来,几亡犹存,先否后喜!这才是真正的文明。至于像西方那样的机遇的文明,在历史长河中只是昙花一现、转瞬即逝的浪花,[①]它有它的报应!

关于中华民族的这种情况,在文明之初,《易经》的作者已经告诫后辈:要知道进退存亡,而不失正道;审时度势,随机应变,这就明白了忧患的缘故。其原话是:

知进而不知退,知存而不知亡,知得而不知丧。其唯圣人乎?知进退存亡,而不失其正者,其为圣人乎?

易之为书也……为道也屡迁,变动不居,周流六虚;上下无常,刚柔相易;不可为典要,唯变所适。其出入以度,外内使知惧。又明于忧患与故。无有师保……

就像这两句诗所云:"天若有情天亦老,人间正道是沧桑。""不经一番寒彻骨,哪得梅花扑鼻香。"

总而言之,近现代的海洋文明或科技–物质文明,是华夏劳苦功高的结果。正因为如此,对于它的巨大负面,华夏亦应承担责任。毕竟是文化与道德失控了,尽管是暂时的,却也是极危险的。

海洋,是地球生物圈对于智能生物(人)的最后屏障——若它不被突破,则人与生命星球尚能继续存在几十亿年;反之,它被突破,人便逞性妄为、无所不能,于是人自己和生物圈皆面对着"终劫"。西方原是被画地为牢、神权禁锢的,倘若没有东学西渐、中学西被,它则长此以往,生灭内耗,也无伤大雅、无关宏旨。现在倒好——释放洪水猛兽,引爆原罪性恶!

[①] 汤因比:《人类与大地母亲》,第31页。

近现代的生产方式是,每一个民族都尽量通过海洋的途径、把其国土环境延伸到外部世界,乃至寄生于"全球性生态"(整个的生物圈),它是富国强兵、优胜劣败的必由之路。牧口常三郎称:"海洋是我们逃脱目前时空限制,享受自然无限能量的地方。"①《海权论》的作者马汉也说:一个国家不能无限期地依靠自身(环境)的供养,而与外界联系、并使自己的力量不断得到补充,其最便利的途径就是海洋。②

(四)西方乘风破浪的前后

在回答西方是怎样变成海洋文明的之前,先看美国历史学家斯塔夫里阿诺斯怎么说:可以断定,公元1500年以后西方人对全球的统治并不意味着西方人天生优越,它仅仅表明"在那段历史时期"内西欧人获得了天时地利而已。而在历史的其他时期,情况则完全不同……北欧人……处于边缘地区……与世隔绝而不发达。于是,我们便能感觉到公元前1世纪西塞罗写给他在雅典的一位朋友的信中的含义:"你最好不要从英国买奴隶,因为他们非常愚蠢。"……11世纪时……有位穆斯林这样写道:"比利牛斯山脉以北的种族性情冷淡且永远也不成熟;他们虽然身材高大、皮肤白皙,但在智力和才能上完全缺乏敏锐力和洞察力。"③

正是中国改变了欧洲,以致造成了文明边缘与文明中心的易位!斯塔夫里阿诺斯教授进一步指出:中世纪千余年间欧亚大陆上最惊人、最有意义的变化就是西欧从贫穷落后和默默无闻中崛起……中国人拥有高度发达的文化,先进的工艺、大规模的商业、以功绩为基础的有效的官僚政治和提供社会凝聚力及思想……儒家学术。于是中国人也就顺理成章地认为他们的文明优于其他文明……(欧洲人)拿来了中国的发明,竭尽全力发展它们,并将其用于海外扩张。这种扩张反过来又引致更大的技术进步和更多的制度变化……④

英国科学史家贝尔纳说:"有史以来,在大部分期间,中国一直是世界……政治和技术都最为发达的中心。"⑤今人多轻视古中国之科技,试问:万里长城、三百里阿房楼台,九河导海、九省运河,皆属世界工程之最,至今无有其匹、无以媲美,

---

① 牧口常三郎:《人生地理学》,第88页。
② 马汉:《海权论》,范利鸿译,陕西师范大学出版社,2007年,第128页。
③ 斯塔夫里阿诺斯:《全球通史》,上册,第340—341页。
④ 斯塔夫里阿诺斯:《全球通史》,上册,第297页。
⑤ John Desmond Bernal: *The social function of science*, London: George Routledge, 1944, p. 209—210.

这又怎么说?

  法国汉学家谢和耐阐述:华夏文明首先也是一种技术文明……很早就发明了精湛的织造技术,丝织始于公元前 1000 多年,棉织始于 13 世纪末。而在炮火工艺方面……表现出卓越的技能……中国陶瓷史是世界上最丰富的历史之一……还有冶金工艺,公元前 1000 多年商代的青铜是过去出产的最美的铜器。自公元前 4 世纪开始,铸铁便成为中国的大工业。两个世纪以后,中国的铸铁匠已经能够经常出产钢材……中国的工匠和工程人员应召到伊朗甚至应召到俄国……中国……带来世界范围的贸易潮流:丝织品(自公元前 3 世纪至 19 世纪)、陶瓷、棉布、茶叶……铜镜、漆器、五金、家具、书籍、绘画。正因为东亚存在着非常活跃的贸易潮流,欧洲才于 16 世纪初以后千方百计地要打进去:(倘若)一个纯农村经济的中国,对欧洲各国毫无吸引力可言。①

  综观 11—13 世纪的中国,便感到经济与学识的惊人发展。13 世纪末马可·波罗的惊讶并不是无故而发。东亚与基督教的西方之间的差距异常明显,只需就每个领域(贸易额、技术水平、政治组织、科学知识、文学艺术)将华夏世界与基督教世界略加比较便可确信欧洲大大"落伍"了,毫无疑问,11—13 世纪的两大文明是中国文明与伊斯兰文明。②

  这个原先的世界文明的边缘支流,就在快要干涸的时候,幸运地被华夏的"万古江河"所灌注,得以充实,进而畸形膨胀而席卷尘世,才变为今之海洋文明的!并且是恶浪滔天、大有洪波陆沉之势!——力引巨海吞百川,神造大观傲九天。

  一位美国地理学家断言,1492 年对于西方是具有划时代意义的:若非借助于中国技术而"发现新大陆",就不可能出现"欧洲奇迹"。③

  黑格尔也说,欧洲人已经等得不耐烦了,幸亏有了"四大发明"给他们带来了"新世界": 对于古老的欧罗巴这个历史的"杂物库"感到厌倦的一切人们,亚美利亚正是他们憧憬的国土。④

  自从印刷术有了新发现……和火药相同,都是……供给当时的需要,使人类互相发生一种理想的联系……航海术又因为指南针的新发现, 得以大大有所作

---

  ① 谢和耐:《中国社会史》,第 30 页。
  ② 谢和耐:《中国社会史》,第 306 页。
  ③ J. M. Blaut: *The Colonizer's Model of the World: Geographical Diffusionism and Eurocentric History*, New York: Guilford Press, 23 Jul 2012, p.18—28.
  ④ 黑格尔:《历史哲学》,第 80 页。

为,不再像从前那样仅沿着海岸行舟;所有各种技术的工具,当人们需要它们的时候,就一一地出现了……好像在长时期暴风雨之后,第一次又预示一个美丽的日子的来临……它经过了中古时代的森阴可怕、漫漫悠长的黑夜,终于破晓了!一个因富于科学、艺术和发明欲而著名的日子……由教会解放出来的人类精神,显示出永恒的、真正的内容。①

从天下到全球化,中国古圣贤所设计、所实践的蓝图付诸东流了吗?

大明帝国的世界地图——《坤舆万国全图》,②把中国古人的天下观推向了极致——中天下而立,王者无外;遐迩一体,率宾归王;化被草木,赖及万方!王维诗云:"九天阊阖开宫殿,万国衣冠拜冕旒。"

不仅如此,儒家还要把它的"和谐模式"推而广之,争取实现其终极使命——天下太平、世界大同、天人合一、民胞物与!只不过中国采取一种迂回的策略,而时间则是在极具生命力的中华民族一边。所以罗素说,中国是世界上最耐心的民族(The Chinese nation is the most patient in the world)。③中华民族花了两千年同化和根除草原暴力,再用数百年来化解和消融海洋暴力。

让我来谈谈《坤舆万国全图》的正反两个方面的奥义:这幅地图标志着中国人已把全球天下打开了。

李兆良指出:

通过郑和领导的大航海活动,明代中国人不只是环球航行和测绘全球;还有部分人定居美洲,开拓美洲。不是哥伦布"发现新大陆",不是利玛窦带来了世界地理!地理学之父不是托勒密,现代地图学的开创者是中国人;不是墨卡托绘制出经纬度、球形投影的;最早的中国全图不是卫匡国拿来的,是中国人自己的杰作!④

这幅地图所含弘的全球观念,和与之相关的航海图、指南针、造船术及其西传,开始启动西方的海洋地缘:这不仅让哥伦布能够从欧洲这个生物圈的自卫系统的薄弱环节和世界地理的海洋捷径,来发现新大陆。而且还能使西方(先是欧洲,再是美国)对于其余世界,具有了绝对的战略优势,于是,西方一如往古欧亚大陆的草原暴力对农耕文明那样淫猎洲洋(极少受到报复,日本在较低的程度上也是如此)。然而进入21世纪,地缘政治的战略优势正在发生丕变:欧美—北美→亚

---

①黑格尔:《历史哲学》,第385页。
②详见李兆良和何新的新浪博客。
③Bertrand Russell: *The Problem of China*, p.16.
④李兆良新浪博客。

太—东亚！

西方只是千年一遇的天时地利的产物。对于西方和日本来说,丧失了地缘政治,就会丧失一切。

中国的地理大发现和西方的步其后尘、反客为主,再加上在此前后,中国的海陆丝路,及其所形成的世界贸易体系;凡此,开启了"天下一体、全球联通"的新纪元。这在人类史及生命史上是破天荒的——这颗星球上所能限制智能生物的天造地设、瀚溟叠嶂,全都失灵了。从那以后,人类在物质进取方面的善与恶,乃不可阻挡地趋于最大化,登峰造极、无远弗届。福兮祸伏?

关于天下连为一体的难以控制的后果,老子有"小国寡民"之启示吾辈:"地球村"将同室操戈,一毁俱毁?基督教有巴别塔之箴警吾辈:人将无事不能,无恶能止!《圣经·创世纪》中的《巴别塔》的原文是:那时,天下人的口音、言语都是一样。……他们说,来吧,我们要建造一座城和一座塔,塔顶通天,为要传扬我们的名,免得我们分散在全地上。耶和华降临,要看看世人所建造的城和塔。耶和华说,看哪,他们成为一样的人民,都是一样的言语,如今既作起这事来,以后他们所要做的事就没有不成就的了……于是,耶和华使他们从那里分散在全地上。他们就停工,不造那城了。

当然,基督教也根本不能做到天下连为一体,十字军无功而返。是儒家的"平天下"的大功告成:以"器"联通,其"道"却失控(但愿是暂时的)。如果中国文化对这个"天下"——实质上是它所打通的"全球天下"——失控太久;那么,不仅无法实现"终极使命"(天下太平、世界大同),而且必将是"末日审判"(地球劫坏、万物终结)。

牛顿、康德和亚当·斯密三人的智慧,并非是他们的古典力学、古典哲学和古典经济学。它们在技术或理论基础上都源于中国,是东方智慧的"碎片"(道器、体用、本末等皆已分裂)。而且,他们都是应运而生于中国所打开的"全球天下"的。当条件改变时,这三个"古典"就会走向反面。如果要说他们有智慧,那分别就是:

Ⅰ.牛顿似乎意识到,我们成功地把这颗星球家园用来做科学实验,但它很快就会被报废的,时间可能是2060年。①

Ⅱ.康德似乎意识到,人类按照其与自然分离、与之对抗的那种"理性",来造

---

① Will Black: *Beyond the End of the World – 2012 and Apocalypse*, Raleigh: Lulu.com, 2010, p.190.

就"文明极致",其结局将会是"万物的终结"。①

Ⅲ.亚当·斯密似乎意识到,西方在这个天赐的"全球天下"之中进行市场扩张,在二三百年后就会达到极限,那将是"智尽能索、乐极生悲"(世界大战等)。②

生命星球受到浩劫。我们应当追究其文化罪责。中国与西方在此方面是相反相成的:西方,因其被基督教"创世－天堂"所引诱、从而疯狂开发双刃剑,耗丧生物圈,它应该是"主犯";华夏,因其对自然"顺势变易、正合奇胜",并且把西方人从被地理与神权的双重禁锢中解放出来,应该是"首犯"。——"有缺陷的则是原动者,是它使这些智慧不曾达到完美之境!"(《神曲》)

表解 近现代,知识(学术)与"道"分裂之后,进入"亢奋期"和"危险期"

西学在数千年的基础上绽放	必需条件,暂时现象		非智慧的西学:短暂成功,悲剧后果
古典力学(伽利略、牛顿等)	西方学术不是整体有机、互动平衡、共生长存。它是针对客观。但在近代以前,主客一体,生命攸关;所以不存在西方学术。而今,客观对象是有限的。	牛顿	我们唯一的生命星球沦为科学实验对象和牺牲品,数百年内将会"报废"。
中国先导:墨子→力学定律			
古典哲学(康德、黑格尔等)		康德	人的第二天性(才能、技巧、品味、淫逸)过度发展,导致万物的终结。
中国先导:道→辩证法			
古典经济学(亚当·斯密等)		斯密	西方幸遇"开放世界",全球扩张;达到尽头,发生逆变?西方智慧有限。
中国先导:无为→自由放任			

---

① Immanuel Kant: *Perpetual Peace, and Other Essays on Politics, History, and Morals*, Indianapolis: Hackett Publishing, 1983, p.93—103.

② 亚当·斯密:《国富论》,第450页。

第十二章　是"活的文明"创造历史

一、人与自然的生命互动

(一)文明产生的概率

银河系中出现生命星球或地球上出现生命的概率,皆是极其微小的。而地球生物圈中出现智能生物——人——的概率,亦很微小。这好比佛陀借喻"盲龟浮木",说明"人身难得",那就是:大海上漂浮着一块小木板,它有一个小洞;一只盲龟每百年抬头一次,伸出海面,正好从那木洞钻出。这岂不是沧海一粟、恒河沙粒的概率!

同样,从人到文明这个概率也应该是极微小的。否则,人(智能生物)一产生就会径直地走向文明。果真如此,生物圈或生命星球就会在几百万年前,不堪忍受人欲人口人智人为,就已坏死,而不是"苟延残喘"到如今了!

实际上,在人降世之后的大部分时间里,自然对人的限制是极大的。即使在几百万年后出现了文明,也只能是顺天应人、道法自然的那种,如《易经》云:"与天地合其德,与日月合其明,与四时合其序,与鬼神合其吉凶。"而不可能是相反的——与自然对立的那种:西方式或希腊式的,体现"智能生物的反克自然的本能"的文明。否则,自然必会诉诸反制策略——局部放弃,人物俱毁,零星修复,总体无恙!

进而,像近现代这样的征服自然、改造自然的文明,它产生的概率也应该是微乎其微的。否则的话,文明一诞生,很快就会耗丧整个生物圈——大地母亲早就失去了厚德载物的功能了,哪里还会有绵延终古、长生久视的中华文明呢! 实际上,在公元15世纪以前,自然对人为人智的制约是长期有效的:倘若智能生物在此方面越雷池一步,则必被扼杀在萌芽状态(乡土环境坏死,古人则自毁家园、自取灭亡)。

但在1492年之后,自然的"反制策略"失灵了。人则逞性妄为,无事不能。但是,自然必将诉诸最好手段——放弃这颗生命星球,提前宇宙微粒劫坏,也不会让人的我行我素、予取予求的胡作非为得逞的!

(二)人是怎样"擒拿"自然的

进一步讨论"人定胜天"。

虽然与自然做斗争的知识系统——西学(科学、数学和逻辑,以及科技百科),在1492年以来是大显身手、大获全胜。但在之前,它并非自然的对手,动辄被扼杀在萌芽状态。往昔,人们囿于国土生态、乡土环境——人与自然是直接的生命攸关,因而上述与自然做斗争的知识系统,根本是不被兼容的。佛经曰:"……国土危脆……生灭变异……心是恶源,形为罪薮。"在1492年之前,人们是依靠与自然高度契合的智慧,来获得和应用知识,从而有所作为的。因此,近现代的知识系统是西学中源、中体西用。

任何弱者战胜强者的方法,都是通过迂回伺机、避实就虚、因势借力、正合奇胜而达到的。它用于天人关系上:

其一是从正面和合,做到人与自然和解、和合,因顺天地的好生之德,变易利用,开物成务,使人安身立命、安居乐业;其二是伺机奇胜,在人从天地间站立起来的同时,改变人与自然的主从关系,从自然王国走向自由王国;其三是,在此过程中,始终遵循天道,维护其生生不已的机制,确保万物众生之有机共存与整体永续。

因而,只有禀赋和谐文化、和合智慧的中华文明才能做到人定胜天。所以,凡是不具有和谐文化、和合智慧的文化与宗教,都不可能创造科学与文明。

何来希腊文明?希腊地区直到19世纪中叶才被欧洲列强输入文明!何来基督教文明?基督教欧洲(中古千年)在获得造纸术与印刷术之前,一直处于原始状态!所以,真正的文明只能是中华文明及其所派生、所变异的地球村文明。像西方及现代的文明与文化,是不可能存在于1492年之前——人受制于地理环境、自然占绝对优势——的任何时间、空间之中的。

进而言之,像西方及现代的知识系统(科学、逻辑、数学和科技百科),只是智能生物的本能(人的反克自然的第二本能);有多大的生态供其消耗,它(智能/人智/科学)就会膨胀多大,发挥多高的效应和创造出多少人间奇迹,直到地废天愆、玉石俱焚为止。但无论如何,西方及现代的知识系统不能单独存在于1492年以前的时空之中;它的原形只能是在华夏的"天道、中庸、阴阳……智慧"之下,被开发、被保护,而服务于厚生的。所以说,"西方传统"与"希腊智慧"都是伪造的。

再说,人"制伏"自然——"人定胜天"的成功,并非是用科技与它作正面对抗的结果,那样的话,早就被扼杀于萌芽状态。而是运用了"孙子战略"的避实就虚的妙招,也就是"正合奇胜"。

Ⅰ."正合"即避免与自然作正面交锋,而是与之和解——"天人合一"。

Ⅱ."奇胜"即"迂回乘虚",有四层意思。

第一,因势而动,首先是在自然对人的适度挑战的地区(中国),人们顺应天地的好生大德与阴阳泰交,发展经济和科技。

第二,再把人为成果扩散出去,科技之世界传播如暗度陈仓,而使天堑地险的生态拱卫变得形同虚设。

第三,人为成果传至地球生物圈防护系统的薄弱环节(西洋),也就是,科技传播与东西接力如瞒天过海,却正好传到了居于生物圈软肋的叛逆者的手中,而被他们用于跨越海洋。于是,人们向生物圈的腹地顺利进军,自然乃无险可守,而一败涂地。

第四,人们在广阔天地中进行科学实验,来研发征服利器,这暂时不会损坏其自身家园;亦即:人类首次以"全球性生态"来平衡其大竞争大发展,那还有什么"人间奇迹"创造不出来呢!资本主义就是一头嚼噬生物圈的怪兽,能吃掉多少生态,它就能膨胀多大;科学—工业革命由此而起,征服一切;与此同时,人类大抵从往常的善的阵容突然换成了恶的阵容,来对付自然,并以压倒优势发动正面进攻,故而大获全胜。

诸位须知,反自然的西方思维在今天无疑是能够有效地宰割生物圈的,但在历史上,它则是无立锥之地。这前后的变化的原因是:东方文化与科技已把自然王国变成自由王国。近代西方的哲学家们津津乐道于这个命题,好像是他们有这个能耐,完成了两者的交替的。另一方面,今天的人通常都会误以为自由是西方文化的特质之一,但它实际上是中国赐予。卢明君教授指出,在近代早期,中国是自由世界主义的楷模(Liberal Cosmopolitan Model)。①

刘易斯·沃伯特在其所著《非自然的自然科学》一书中提出:在历史上,科学技术是分裂的,即:它是截然不同的两个部分:A.反自然的自然科学,产生于古代希腊,被用于作割裂自然的假设和推演;B.生产性的实用技术,产生于传统中国,它

———————

①Mingjun Lu:*The Chinese Impact upon English Renaissance Literature*, p.1—2.

顺遂"自然脾性"而"巧夺天工"。希腊思想仅限于那不能实用的精神领域,直到中西汇通和科学重心转入欧美,它才被迎驾于科学殿堂之上席。沃伯特站在西方中心论的立场上,贬低东方科技的价值,并且吹嘘那被杜撰的"希腊科学"。但是,沃伯特也承认,这个希腊—西方科学大展宏图的现代局面,是被传统中国所打开的。他写道:有必要区分科学和技术,而这两者特别容易混淆……技术比科学更古老,其大部分成就始于早期农业……它并不依赖科学,技术的思想方式与科学迥异。"反自然的自然科学"起源于希腊,这对区分科学与技术是特别重要的……亚里士多德……解释,世界是基于假设和逻辑推理……与此形成对照的是,中国人认为工程专家就是科学家,其哲学大抵是神秘的(道)。理性和主宰自然的观念是西方所要发展的科学(引者按:反自然的自然科学? 即便是空头理论,在历史上也是不存在的)。

为什么在希腊之后那么长久,科学进步才发生于西方? 毕竟,培根所言极大推进了欧洲文艺复兴的三大发明……是中国的成果,而不是欧洲的。中国人是杰出的工程师,虽然他们有极为精妙的天象观察,但他们甚少贡献于科学(理论)。他们能够修建大型桥梁,早在欧洲之前许多年就生产铸铁,但他们从未发展出一个机械论的世界观。……中国人基本上是实践的,他们却有神秘的世界观,它不包含自然法的概念,但它是引导社会道德,以确保人类的和谐与幸福。①

从上面的引言看,其作者沃伯特代表主流西方,其思维特点是线性和机械的。他宣称古代也存在着与现代西方同构的"科学"(尽管没有技术内涵),这是错上加错。至于古代中国,沃伯特不懂得,正因为有了神秘的"和谐之道",古代中国才会拥有实用机械;否则的话,一切免谈。我并且强调,反自然的自然科学在历史上毫无用处,反而会直接祸害人类社群自身(因为古代的相对分散和封闭的地区生态和众生家园,根本不能承受此种双刃剑),所以,它实际上是不存在的。人类从自然那里获得自由、并且对其战而胜之,是通过正合奇胜、迂回西洋而得以实现的。

科学在今天,是人类赖以生存的有效工具(实际上它已经成为万物的天敌和生物圈的克星),这是毋庸置疑的。但在往昔,情形则完全两样。近代西方把已成规模的中国科技拿来裂变,而形成它自己的科学,并用它制伏整个地球。在此之前,是另一番光景。所以我们应该运用贴切的历史观来考虑问题。

再按照上文沃伯特的研究,历史时期,技术(实用—生产)与科学(理论—逻

---

① Lewis Wolpert: *The Unnatural Nature of Science*, Harvard University Press, 1998, p.45—46.

辑)是分离的:前者(实用技术)主要是在中国,谨慎施用而千年积累;后者(空头理论)主要在希腊,异常稚弱而千年绝响。后一种情况实际上是事后杜撰的——如此没有技术内容的科学,在古代是根本不存在的,何况古代希腊原本就是原始社会!

往昔的实践技术(有其独特的圆融智慧),是在天人和解的前提下、在和谐文化、和合智慧的制导与监护的情况下,成为变易厚生的成果和工具。

反自然的自然科学只是在近现代才出现,并且成为显学的。当此之际,传统东方的发明机制与技术体系则脱离大圆融智,委身于希腊—西方式的"科学"。这个前后变化是怎样发生的呢?有四个基本原因:

第一,技术发明是流动或传播的,总是从天人及社会关系"动态平衡"的原创地,流向紧张对抗的区域(地球生物圈的高纬度,而较少流向热带地区)。

第二,技术发明传入草原部落会引发对外的"暴力的宣泄"(形成草原暴力),传入适合定居的滨海蛮族会带来对外的"暴力的再生产"(形成海洋暴力)。

第三,海洋性较强的欧洲,是地球生态防护系统的薄弱环节,也是人们仅以传统科技就能走向"全球性生态"的唯一捷径。

第四,作为犹太一神教的分支,基督教茂盛于生态贫瘠与社会紧张的欧洲水土,它是反自然的,它摒弃了万物有灵(自然的保护神)。该宗教在中国科技奠基近代科学之后,引导人们对自然发动总攻。

(三)中国,"最古老的'活的文明'"

中华文明之所以能够亘古迤逦,极具生命力,主要是因为它一直在进行着契合自然的"阴阳运动",从而使人在自然中获得了主动性与创造性。相比之下,近代以前的其他社会则大体上是:要么相对静止,要么背道而驰(特别是欧洲及地中海地区);后者,是内部或内外的作用力和反作用力彼此抵消,所以毫无进步与发展可言。到近现代,由于中华文明的丰功伟绩,改变了自然与人的主从关系,人从自然王国走向自由王国;由此,海洋性较强的西方能够捷足先登、得天独厚,霸占了无险可守的生物圈的腹地——美洲,剥夺四方与万物,以摧毁生命家园来壮大自身。这样一来,千百万年的人与自然的基本合拍就变成了零和厮杀、无赢决战。全部的希望在于中华民族的伟大复兴和中国文化扭转乾坤。否则易不可见,则乾坤或几乎息矣!

美国历史学会论"最古老的活的文明"[①],提出:中华文化是最古老的,而非"晚

[①]American Historical Association:*Our Chinese ally*,USAFI,1944,p.14—15.

出";是"生斯长斯",而非"西来";是高度文明的起伏绵延,而非"落后"……综述如下:很久以前,一位到中国传教的西方神职学者惊讶道,"中国历史是遥远的、单独的、幽邃的和胜过一切的。"

中国享有世界唯一的绵延不绝的文明——有文字记载的历史长达3500年;即使是在3500年以前,中国文明还可溯源至太古!这本身就令西方学者们望而生畏。

并非像西方人的祖先那样迁徙异域,中国人与生俱来就是在东亚。他们可追溯其史前初民于这片"生于斯、长于斯"的故土,乃至于几十万年前的华北的洞穴中。在公元前3000年,中国文明发祥于沿着黄河的弯道,那儿的土地松软,适合石器工具开垦。

在近代以前黯淡无光的人类故事中,中国历史犹如划破夜空的长明灯,使其自身早早消失原始朦胧,然后照亮亚洲,闪烁其哲学、宗教、文学和艺术的彩虹。"天不生仲尼,万古如长夜"!

许多西方学者认为,在艺术和哲学上,没有别的文化能够超越中国的高峰期。在物质文明的方面:"虽然我们(西方人)自诩我们的文明植根于欧洲,但我们确实从亚洲广搜博采,诸如纸、火药、指南针、丝绸、茶叶和陶瓷等……"

"今天我们西方人会说,中国人是落后的;是的,他们一点也不比我们文明呀!但是,那只是机械和科学发现的成就而已,中国最近几百年落伍了,目前却正在迎头赶上。"中国暂时落伍和西方后来居上的原因是多种多样的;但总的来看,西方国家的部分优势仅仅是最近一个多世纪才存在的。直到1839—1842年的鸦片战争时,欧洲的商人和旅行家来到这个遥远的国度,仍感慨其文明之无比卓越,高山仰止。他们似乎很认同13世纪的意大利人马可·波罗所讲述的情景(按:不论马可·波罗是否确有其事,这个传奇都已持久地感召西方人),即使是在蒙古统治下的中国,其行政管理和有效制度也都远胜于欧洲……银行和贸易城市威尼斯也会惊叹中国的纸币流通。中国人开矿和燃烧石块,好过木材燃料,欧洲人很迟才知道利用煤……

传统中国好像停滞在欧洲的工业革命之前,但在许多方面更优越。因为使用灌溉系统,中国的农业比欧洲先进,其生产率更高;人工运河和渠道形成网络,供水灌溉,也使交通运输变得方便、廉价。中国的陶瓷和丝绸工艺堪称造诣精湛,它的工匠至少是等同于欧洲工业革命前夕的城市技工的水准的。

另外,书写文字作为文明的工具,历史上的中国广泛用于政府管理和其他方面。在这方面,中世纪欧洲根本无法相比。还有,古代中国的政府统计与金融管理,这在近代以前的西方闻所未闻;中国人使用书面的政令文件与规章制度,而旧欧洲的政治则是口口相传。

二、论"活文明"与"死文明"

(一)真文明只有一个

我们这个人类社会的文明是"易经文明"。它坚持与自然和解,有时也会走向反面(承受忧患);在这个过程中,它卷入、激活和派生众多的文化、宗教与文明。

然而,基于如此阴阳运动的周期律的成果,西方中心论伪造或发掘了诸多另类文明,则与我们的历史与文明风马牛不相及,它们或许属于史前文明或是某个冰期之前的遗址(例如金字塔和印度河文明)。

我们不能简单地说,中华文明是四大或更多的古老文明之中的、唯一存活至今的文明。在与现代世界及其有机历史相关的历史时空之中,华夏是人类社会唯一的活动主轴;至于其他"文明"(暂且不论西半球),那是西方伪造了希腊和罗马,也伪造了几个"古老文明"——即使它们确实存在过,对于我们这个历史时期来说,它们也是缺席者或"死文明":既没有发生作用,更没有对近代西方及现代世界做出过贡献。

地球上最为贫穷、落后和祸乱的西方,被中华文明(被她促成的阿拉伯文明是能动性和创造性的中介)哺育成了"欧美文明"。华夏派生西方文明的三部曲如下:

Ⅰ.纸与印刷术(沟通)使血缘变地缘,火药和指南针(征战)形成组织力与动员力;从而,民族国家与书写文字相辅而成。

Ⅱ.诸多中国技术(西传)打通了全球地理,奠基了科学—工业革命;并且,西方因其征服世界,而使它的内部变得宽松和富裕,从而人智人为人欲对其自身则是最大化的正能量。

Ⅲ.中国文化使西方摆脱"神权禁锢",令其社会发生转型,变为"俗世现世、人本人文、发展发明"的社会;近代西方的科学技术、自由经济和民主政治无不源于中国。

在中国与阿拉伯的叠加影响下,诞生了欧美文明,这实际上是西方的第一个文明:华夏成果打通了世界地理,又为西方奠基科学—工业革命,奠基俗世—人文社会;西方凭借其海洋地缘征服世界,使全球资源财源滚滚而来、倾注于西方,从而形成的物质爆炸的文明！于是，西方这个文明的暴发户开始打造天命主宰的优异家谱——无中生有、空穴来风，来认祖归宗。

基于中世纪伪造《圣经》的线索，①16—17世纪的神职学者（斯卡利杰等）根据中国的朝代年表，不仅编造了"圣经纪元"（公元纪元），而且还设计出《圣经》所提及的希腊、罗马、埃及和美索不达米亚等年谱（时间线）；在17—18世纪"中国启蒙欧洲"之际，假历史与真文明同处于哺乳期（吸取被耶稣会士所提供的中国资讯），②尚未形成通行的历史；18世纪后期至19世纪前期，一系列罗马史与希腊史问世，稍后则是古埃及和巴比伦重见天日。也就是说，这些死文明都是在近现代才登上历史舞台的！

西方人按图索骥于基督神话，不仅杜撰了"古典文明"（希腊、罗马等），作为其"源头活水"；而且发掘了"古老文明"（埃及、两河等），作为其"缘起祖脉"。西方中心论的学者们利用了不知是属于哪个年代的遗址（金字塔等），大书特书。这些"文明古国"充其量也是"死文明"，毫无可靠证据说明它们参与了，主要是由中华文明所产生的现代文明这一历史过程。

学者们称，众多的有关古代近东的假文物已经充斥于全世界的私人与博物馆的收藏之中。③

关于欧洲史，安德鲁·朗格（Andrew Lang，1844—1912年）写道：早期基督教时代和中世纪，充斥着虔诚的欺诈（pious frauds），伪造福音、书信和教令。……文艺复兴骗子是忙碌的（The impostors of the Renaissance were busy），因而是自然而然的，伪造文献茁壮成长了起来（literary forgery should thrive）……

已经遗失的西塞罗、萨福的歌曲、索福克勒斯和埃斯库罗斯的戏剧等，随时都可以重见天日（might any day be brought to light）。这是伪造者的非常时期，但也不可能做得天衣无缝。

三四年前问世的书揭露，塔西佗《罗马编年史》（Annals of Tacitus）是被文艺复兴神职学者波焦·布拉乔利尼（Poggio Bracciolini，1380—1459年）伪造的。〔引者按：伏尔泰首先质疑这部罗马历史，而罗斯（John Wilson Ross）和奥沙尔（Polydore

---

① Brian Murdoch: *The Apocryphal Adam and Eve in Medieval Europe*, Oxford University Press, 2009, p.1—8.

② *Isaac Vossius (1618—1689) between Science and Scholarship*, leiden: Brill, 2012, p.50.

③ Brian A. Brown, Marian H. Feldman: *Critical Approaches to Ancient Near Eastern Art*, Walter de Gruyter Inc., 2014, p.31.

Hochart)分别在1878年和1890年揭露真相。〕

按照哈尔端(Jean Hardouin,1646—1729年)的说法,全部古典文献都是于13世纪在西弗勒斯(Severus Archontius)的领导下,一组有学问的人(教士)的产品。(all that the ancient classics were productions of a learned company which worked, in the thirteenth century)……文艺复兴时期的伪造不仅有文献和文物,还有古代钱币。①

西方中心论学者已把古埃及和美索不达米亚(苏美尔、阿卡德、巴比伦、亚述、赫梯等)"变活了"(假的纸莎草、王朝年表和破译文字),唯独印度河文明争论最大,久无定论,其文字也未破译,因而仍是"死文明"。近些年,印度民族主义致力于激活它(破译文字),以便把印度的杂乱无章、混沌幽冥的历史,变成有机整全、贯通终古的篇章。②

(二)为什么要强调"活的文明"?

真正的文明是"活的文明",她是现代的全球文明的母体文明:

第一,她是长生久视的生命机体。若非道的智慧或太极智慧,而不能产生之。再说,如果不是像《孙子兵法》那样的"正合奇胜"——人与自然"和合",避实就虚,在薄弱环节突破;那么,西方人永远不可能在自然中站立起来的,而是一如既往地生活在自然或宗教的禁锢之下,直到自体毁灭,而不可能有所作为。

第二,母体文明与自然和解、和合,顺天应人,变易开物,利用厚生。盛行于今的思想和文化都是破坏"大千、大我"的,所以,西方人只是文明的寄生者,而非创造者。西方的思想和文化都只是在中华文明"打通天下"之后,才信手拈来、据为己有。

第三,母体文明比我们想象得更难、更复杂、更有智慧。但其阴暗面也实在太大,以致我们无法接受她——忧患缠身。她的机体具有排毒功能,因而同化野蛮。她所缔造的现代文明正在反叛——弒害文明母亲与自然母亲。

第四,母体文明是生命的光明岛,孤悬于"死亡之海"——人的负面:原罪、性恶、物化、智巧……它们被汇成了上帝的洪水,正在牺牲自然、重新创世!科学模仿神造万物,以耗丧生物圈来创造奇迹,人类的前程堪忧!

是活的文明——也就是鲜活有机、终古长存的中华文明——缔造了近现代的全球文明。

①Andrew Lang: Books and Bookmen, Longmans, Greens, and Company, 1892, p.85—86.
②Indus Valley code is cracked –maybe By Raja Murthy. http://www.atimes.com/atimes/South_Asia/KD30Df01.html

欧美及现代文明——摆脱神权王权、强调人文人本和重视发展发现的俗世文明，归根结底，是儒家的人文民本、利用厚生展开于全球天下。正如马卡姆教授编著《世界宗教导读》一书中所写，现代的文官制度与民主政治基本上源于儒家的有教无类、选贤举能之理论与实践。①多伦多大学两位教授巴伯和布赖恩特写道："儒家传统与现代性之密切相关是显而易见的，这从欧洲启蒙运动时中国热的盛行，可见一斑；当此之际，蕴含着儒家传统的人文主义和理性主义正在'启蒙'许多启蒙思想家。"②

至于其他"文明"，无论其存在与否，在我们这个历史时期，它们充其量是"死文明"。后者对西方及现代文明的贡献乃似是而非，所以我们应该质疑辨惑。西方的古典文明（希腊、罗马）是伪造的，自不待言。而古埃及、美索不达米亚和雅利安印度则是在欧洲中心论－帝国主义甚嚣尘上的19世纪，开始被发掘，来充当西方的奥援和脉络的。

马托西安教授把中古世界标签为中国千年（Chinese Millennium）。③中国对近代西方的贡献几乎是唯一的。法国学者雅克·布洛斯指出：中国的被发现……对法国哲学思想的形成产生了撞击作用……17世纪发现中国至少与16世纪发现新大陆一样重要。此前，欧洲与美洲、印度文明之对抗……在人们能够从事这种文明的研究之前，（西方）就摧毁了它们。至于印度，当葡萄牙人……发现它时，该地区正由穆斯林莫卧儿人统治。它很久就丧失了其统一，它从前的灿烂文化仅存在着一些零星的残余了。④

（三）希腊因素与"活的文明"格格不入

那些被生编硬造出来的死文明与假文明，缺少生命内核——"道"；如果没有"道的智慧"，哪来原创文明？

欧美学者说，"希腊文明"虽是源于近东文明，却是在它们成就的基础上发生了飞跃。因而较之"希腊智慧"，其他的古代文化都是前科学、前逻辑、前哲学的。果真如此，我们倒是认为，古希腊人却把母体的鲜活有机、实践厚生、和合自然的生

---

①Ian S. Markham: *A World Religions Reader*, Oxford: Blackwell Publishing Ltd, 2009, p.123—125.

②Zaheer Baber, Joseph M. Bryan: *Society, History, and the Global Human Condition*, Lexington, Book, 2010, p.185.

③M. Matossian: *Shaping World History*, NY: M.E. Sharpe, 1997, p.64.

④《明清间耶稣会士入华与中西汇通》，第22页。

命智慧,变成了线性推想、机械割裂、反克自然的僵死思维;正如中华文明派生近代西方与现代文明而发生的智慧蜕变一样!

如前所述,科学、逻辑和数学及其相关哲学,都不是智慧,而多半是智慧工具;它们都属于第二本能(人——智能生物——的反克自然的本能),所以都是双刃剑。正因为如此,古人所囿于的国土生态、乡土环境(而非如今之世界联通、全球循环),是不可能承受西学的。所以在近代以前,只是中国的"道"(和谐文化、和合智慧),能够开发和利用如此"智慧工具"。

所谓西方的科学传统和"希腊智慧",都是在文艺复兴之间和前后伪造出来的(古埃及科学家托勒密,及其天文地理之集大成,也是如此)。它们不仅对近代欧洲的科学—工业革命毫无贡献,而且是严重阻碍。下面是几位教授的推断,说明近代科学不是本于"希腊智慧",而是源于"中国赐予"。

罗德尼·卡莱尔说:"在希腊和罗马算术和符号中,'零'的缺少导致了模棱两可,这必定阻碍了科学与工程的进步。"[1]

罗伯特·洛根说:"这是一个悖论,即希腊的理性和逻辑的思维模式阻碍了代数的发展和零的发明。"[2]

戴尔·雷切说:"事实上……希腊思想的几个方面都阻碍了包括科学革命之内的任何事情的发展。"[3]

迈克尔·查普曼说:"中国人的持续波动状态的世界观,使得他们早在公元前6世纪能够理解物理学的惯性原理;相比之下,在西方,希腊思想的世界特征的静态观念阻碍了这种理解,直到近两千年后才得以改正。"[4]这句话的完整意思是,"牛顿第一定律"的首创者应该是墨子或墨子以前的中国人,而亚里士多德的理论则是南辕北辙的。

约翰·柯伦特博士解释:"墨子……生活于战国初的百家争鸣时期的中国哲学

---

[1] Rodney Carlisle, Scientific American, Inventions and Discoveries: *All the Milestones in Ingenuity-From the Discovery of Fire to the Invention of the Microwave Oven*, Hoboken: John Wiley & Sons, 2005, p.148.

[2] Robert K. Logan: *The Poetry of Physics and the Physics of Poetry*, singapore: world scientific, 2010, p.37.

[3] Melville Y. Stewart Science and Religion in Dialogue, Two Volume Set, Hoboken: Blackwell Publishing Ltd, p.57.

[4] Michael Chapman: *Constructive Evolution: Origins and Development of Piaget's Thought*, Cambridge University Press, 1988, p.327.

家,他的思想被汇编为《墨子》一书,其中包含如下句子:'运动的停止是由于反作用力……如果没有反作用力……运动永不停止。'根据李约瑟的研究,这是牛顿第一定律的先导。"①这样解释,也涵摄了"牛顿第三定律"(作用力与反作用力)。当然,作为古代的"科圣",《墨子》不能不涉及"牛顿第二定律"。任继愈认为,《墨子》囊括了近代力学的各个方面,也包括万有引力定律。②

三、决定中西兴替的客观原因

(一)地理优势与劣势的中西变换

在历史时期,中国的地理环境是最优越的,这里几乎是唯一的自然"适度挑战"地区,适合于产生、发展和保持文明。相比之下,在中国之南,在绝大部分的适居地区,由于地表丰饶,人们贴近自然,生存无忧,因而缺乏发展的动因。在东半球的其他地区,由于人与人、人与自然的关系都太紧张,要么宗教窒息"人的有为",要么全然是冲突与战争,所以谈不上发展与文明。

然而,在中国的经济与科技发展到其自然条件所允许的最高水平之后,她所影响的世界——特别是西欧——则发生了丕变:中华民族的生存与发展,大体上仍是囿于和基于其本土生态,而且已是严重饱和、高度紧张了;而西方则物换星移、今非昔比了!西方无论从前是多么原始、多么落后,而现在它是处于"最佳的地理位置",即它处于可以淫猎生物圈和全世界的通道上。从前因其社会内向冲突太大,西方人不能有为、不能发展,但现在,全球资源滚滚而来,故而其内部变得宽裕,在此情况下,他们则是大有作为和长足发展了。这就是古今之变,1492 年是划时代的!

发展是一个悖论(极具副作用或负面性),因而它需要"平衡":历史上是用文化调节来平衡,仅能小发展;近现代是以耗丧生态来平衡,可以大发展。所以,我们不应该用今天的标准来苛求历史。在近代以前,只有中华一家才谈得上发展,其余世界则基本上是处于原始状态的。再者,传统中国是在保持人与人、人与自然和谐的前提下,把物质—科技文明推上了世界历史之巅,这是一个空前绝后的人文创举,是无与伦比的人间奇迹呀!

---

① John D. Current, M.D.: *Physics Related to Anesthesia*, Mainz: PediaPress, p.106.
② 任继愈:《墨子与墨家》,北京:商务印书馆,1998,第 140—141 页。

然而,在宋明之际,中国的物质—科技进步达到了"危巅",再发展下去,要么破坏国土环境,要么冲击全球生态;但中国自身则遇到地理瓶颈——中国的海洋并非像西洋那样,在当时的技术条件下能够成为联通捷径。虽然那时中国是科技领先,也开启了地理大发现,并且是中国人率先到达美洲,并且也有数量可观的华人移民至南洋。但这些较之其广土众民之巨大矛盾张力或紧张内压,乃是杯水车薪、无济于事。

我们已经讲过(主要是伊恩·莫里斯教授的论证),在海洋地缘的方面,在那个技术时段,西欧是捷径、是得天独厚的,中国是阻碍、是战略被动的(此种状况保持了大约五百年)。现在让我们再援引国外的相关研究,来看看中国在宋明之际的快速发展之后,却遭遇地理瓶颈和生态饱和,因而陷于进退维谷、危机四伏这一情况。

首先是彭慕兰,一方面强调宋明之际快速发展的正面意义,即:"1500—1800年间东亚人口的高增长率……(体现了)供养人口、创造技能等等的'东亚奇迹';作为一种经济成就,它完全可以媲美于工业化的'欧洲奇迹'。"一方面,他辨明西方赶超和中国落伍的原因是,在西欧享有巨大的海外生态的同时,中国则陷于生态困境。即:"新大陆……成为一个取之不尽用之不竭的……源泉和西欧相对富裕的资本和劳力的出路,造成了大西洋世界的突破。而同时,在东亚,很可能更为完善的市场,在时间上早得多的扩展,却导致了生态僵局。"①

其次,迈克尔·威廉斯教授指出了另一面——他说,历史上的中华文明是很成功的文明,却也付出了其不堪承受的生态代价;中国曾是工业革命的先驱,但已达到其国土生态的极限。其原文是:大约公元前600年以降,中国一直为世界上最复杂、创新和技术精湛的文明之一。虽然我们很少知道中国的森林为之减耗,但那一定是极大的。

特别是北宋(910—1126)的热情革新,使华北的山东地区的铁钢工业持续繁荣,堪称一次工业革命。铁产量在北宋末期(1078)是125000—150000吨,而整个西方加上俄罗斯的欧洲部分的总产量,于18世纪初方达到145000—180000吨,再到1796年,英格兰加上威尔士才超过中国。

(在中国)大量的铁被用于生产农具与武器……和用于令人惊叹的造船业。山

---

① [美]彭慕兰:《大分流——欧洲、中国及现代世界经济的发展》,史建云译,江苏人民出版社,2003,第10、20页。

东半岛在845年被描写成森林密布,怀抱着孤独的城镇,但在数百年后就几乎是童山濯濯了(古诗云:"滦人薪巨松,童山八百里。"——引者)。……不得不从遥远的南方运来:烧柴和木炭来自四川、湖南和福建,这两项再加上粮食,从新开垦的长江三角洲灌溉稻区转运。在1266—1289年之间重修的大运河是改善水运的高潮,旨在确保从南方运输燃料和粮食。另外,(中国先民)用煤炭代替木炭,这虽是技术发展的早熟,却也导致了森林耗丧与燃料短缺;而制盐、砖、瓦、酒以及瓷器和明矾等,也使这一形势恶化。①

最后,经济史家查理斯·曼综述,宋明之际的快速发展与中国的生态环境严重冲突的情况。他说:

(在近代以前)中国是地球上最富裕、最强大的国家。……其人均收入、军事力量、平均寿命、农业生产、烹饪、艺术和技术的复杂性,皆不亚于或超过其余世界……

(然而,物种的引进,扩大国土的人口容量;短期缓解人口压力,长期则带来更严重、更广泛的天人冲突。——引者)。美洲的农作物——特别是红薯和玉米——的不期而来……这被农业史专家称为"帝制中国历史中的最具革命性的事件"。中国农业向来是基于谷物和稻米,集中于河川平原,尤其是在长江和黄河流域。而红薯和玉米则能够生长在干燥的高地(也是大陆生态圈中的脆弱环节。——引者),那儿以前杳无人烟,现在开荒人满。由此,非森林化造成水土流失和天灾人祸,再加上连锁反应所致其他问题,愈益损害社会的稳定性。这也有利于欧洲的异军突起。……(明朝末年)东亚正处于"小冰期"……五个世纪以来最严重的干旱连续发生在这五年——1637—1641年(明末农民战争的前夕。——引者)……

印度尼西亚、日本、新几内亚和菲律宾等地火山爆发,死人几百万,这也使东亚大陆的天气变得更加恶劣。天灾人祸令中国的超过三分之二的耕地荒芜。到处都听说人相食。正在抵御满洲部落的明朝却被内战所瘫痪。②

虽然中华文明在在总体上是天人合一,尽量防止变乱自然秩序,所以它极具生命力,而持续终古;但在其发展的过程中,则难免由于人口增加,而以农代林,以致天灾。唐代王维诗云:

----

① Michael Williams: *Deforesting the Earth: From Prehistory to Global Crisis*, An Abridgment, University of Chicago Press, 2010, p.61, 122.

② Charles C. Mann: *1493: How Europe's Discovery of the Americas Revolutionized Trade, Ecology and Life on Earth*, p.23, 35.

万壑树参天,千山响杜鹃。

山中一夜雨,树杪百重泉。

森林对于大陆生态环境乃至关重要:季风雨时蓄水止洪,然后补充补充地表水体(江河)和太空水汽(雨云);后者可长驱玉关,永葆楼兰。

下面是唐代柳宗元的诗《行路难》中的节录,虽然作者有感于"百年树人"而写,但字里行间,吾人也能观其生态负面,即:强烈的人类活动(因人口增加而毁林开荒),破坏了天然植被和万物机脉。(特别是内陆山体的生态平衡极为脆弱:在毁林之后,缺少蒸腾而致旱灾和水土流失,以致洪涝灾情乃交替发生)。原诗如下:

虞衡斤斧罗千山,工命采斫杙与椽。

深林土剪十取一,百牛连鞅摧双辕。

万围千寻妨道路,东西蹶倒山火焚。

遗馀毫末不见保,躏跞碾磐何当?

群材未成质已夭,突兀峥嵘空岩峦。

柏梁天灾武库火,匠石狼顾相愁冤。

君不见,南山栋梁益稀少……!

表解　文明的环境代价,它构成内忧外患的原因之一

	大陆森林调节"海陆水循环圈"	风调雨顺	大陆森林丧失,海陆水循环紊乱	天灾人祸
季风雨时段	吸收、蓄藏过多降水,防止洪涝。		雨季发生水土流失和洪涝灾害。	
非降水时段	持续补充地表水体与天空水体。		非雨季节则发生旱灾、沙尘暴。	
非季风边疆	森林蒸腾雨云在遥远内陆降水。		远离海洋的内陆则愈益沙漠化。	

在历史上的中国,伴随着快速发展而愈益积累起来的矛盾张力,就越来越表现为负能量压倒正能量。负能量化作天灾人祸、内忧外患(包括蒙古征服)。于是,通过"战争与和平",中国的物质—科技文明的元素被传递到了西方;在那里发生了全球性与爆炸性的突破,从此,人类社会进入了以耗丧整个生物圈为代价,从"人与人、人与自然的冲突的最大化"这个路径,来狂热地、大规模地发展物质–科技文明。西方的"天时地利、捷足先登"只是数百年光景而已。进入21世纪,西方基于其上的地理优势开始发生转移:欧美—北美→亚太—东亚:发展的重心/中心只是迂回西洋,绕地球一周,又回到了原点!这正如美国哲学家杜威在百年前所断言:在世界文明史上,是中国影响欧洲并让后者承接了世界"中心地位",然后再传递到了北美;在不久的将来,世界文明中心的"接力传递"将绕地球一周,而返回其

东亚老家。①

所以,我们怎能因为暂时的西方领先、中国落伍,就把那些属于中国原创、并且赠予世界的文明元素(知性、发展、科技和制度等),都说成是西方禀赋呢!岂能颠倒黑白地把数千年的人类文明史的正面归功于西方,而把其负面主要归罪于中国呢(例如用"吃人"两字来概况二十四史)!

(二)西化思维侵蚀中国——兼评牟宗三

关于近代科学的产生,许多学者都强调逻辑,而把它捧到了智慧之巅;这不仅是不切实际和愚蠢的,而且是有意或无意服务于西方优越性。如前所述,古人的生存环境根本不兼容任何与自然做斗争的知识。在此情况下,科学、数学和逻辑及科技百科只能是依偎"道"(和谐文化、和合智慧),而在其监护和驾驭下被开发、被利用。此乃熊十力所言"道器为一、体用不二、性智与量智之和合"。

对于今人所看重的知识与方法,中国古人早早就开发出来了(被"道"所涵融)。德国汉学家顾有信(Joachim Kurtz)相似于欧洲传统的逻辑,中国的逻辑可追溯到公元前5世纪。②G.保尔教授指出:"三段论不是发现真理的必要目标。……(而且)墨子学派哲学家发展出的逻辑系统,是与西方的从亚里士多德到弗雷格的逻辑基本一致的。"③"道"几乎是古今世界的唯一的创生机制。在东学西渐之前,西方是一穷二白、一无所有,其后则是极尽模仿、杜撰之能事。

现代学者受害于西方的分裂、机械、线性思维,再以此来管窥蠡测这个"唯一的创生机制",从而认定科学传统在西不在中。颇为讽刺的是,港台新儒家、哲学家牟宗三似乎既像熊十力一样,看到历史中国具有"创生机制";却又像冯友兰和杨振宁一样,以儒家经典"不显逻辑",便武断地说,"中国开不出科学"。更讽刺、更可悲的是,在同样一本书中,牟先生还有一个自相矛盾,即:他一方面说"中国开不出民主",一方面说欧美民主源于中国。牟宗三等看不透民主与科学、"道"和创生机制三者,原是不可分的——都是源于中华文明;只是近现代才发生了分裂——西方在其牺牲外部世界与地球生态的条件下,无须东方智慧,反而越发享有民主与科学。他们看不透,民主与科学是中华文明原创的,却又在近现代发生了文化失控",由此,人类社会发生了退化——退化到了近似于生物本能的状态了!

---

①《梁漱溟全集》,第三卷,第216页。
②Joachim Kurtz:*The Discovery of Chinese Leiden*:Brill,2011,Logic,p.2.
③Jack Goody:*The East in the West*,Cambridge University Press,1996,p.26—27.

牟先生很睿智地看到历史中国具有创生机制，而欧亚大陆的另一边（犹太地区）则是没有。这是因为在生态环境较为丰饶的地区，人与自然易于和解、和合，从而升华出和谐文化、和合智慧。这样就有了创生机制（因而人就可以——顶天立地于自然界，安身立命、安居乐业，也就有了文明）。与此相反，在生态环境较为贫瘠的地区，人与自然对立，因而产生犹太—基督"一神教"，这与"创生机制"背道而驰。牟先生写道：

天命、天道（诗、书等古籍）＝仁（论语）＝诚（中庸）＝创造性自己（Creativity itself）＝一个创造原理（Principle of Creativity）＝一个生化原理……

假如在天灾深重的地区（犹太是典型），人不得不深化（Deepen）对天的敬畏……而致产生恐怖意识，结果凝铸出一个至高无上的天帝 God，宗教由此而出。

假如在天灾不致过分深重，农作足以养生的地区（中国典型），人类往往能够以农作的四时循环，以及植物的生生不息体悟出天地创生化育的妙理。首先对这妙理欣赏和感恩，冲淡了对天的敬畏观念。然后，主体方面的欣赏和感恩，经年累月地在世世代代的人心中不断向上跃动，不断勇敢化，而致肯定（人的）主体性，产生与天和好（Conciliate）、互解（Mutually Understand）的要求。而且，不以相好相知为满足，更进一步，不再要求向上攀援天道，反而要求天道拉下来，收进自己的内心，使天道内在化为自己的德性，把人的地位，通通参天地而为三的过程，而与天地并列而三位一体。换句话说：把天地的地位由上司、君王拉落而为同工、僚属。

至此，天道的严肃庄重的宗教意味转为亲切明白的哲学味。所以，天命、天道观念发展的归宿，必为与主体意义的"诚""仁"两个观念同一化（Identification）。①

可惜，牟先生却没有进一步推论出上述创生机制与中国文化，是古今文明及其一切方面的源泉。他反而武断地宣称，中国文化开不出民主与科学，这是他没有摆脱西方的分裂、机械、线性思维的影响所致。

牟先生解释中国所以不出现逻辑、数学、科学之故，如下：

在中国，无论道家，儒家，智之知性形态始终未转出……

一个文化生命里，如果转不出智之知性形态，则逻辑、数学、科学无由出现，分解的尽理之精神无由出现，而除德性之学之道统外，各种学问之独立的多头的发展无由可能，而学统亦无由成。此中国之所以只有道统而无学统也。是以中国文化

---

① 牟宗三：《中国哲学的特质》，第37—38页。

生命,在其发展中,只彰着了本源一形态。在其向上一机中,彻底透露了天人贯通之道。在本源上大开大合,一了百了。人生到透至此境,亦实可以一了百了。而即在此一了百了上,此大开大合所成之本源形态停住了,因而亦封闭了。然而人不是神,不能一了百了。人间是需要有发展的。它封住了,它下面未再撑开,因而贫乏而不充实。中国的文化生命在其发展中,只在向上方面撑开,即:只在向上方面大开大合而彰着了本源一形态,而未在向下方面撑开,即未在下方再转出一个大开大合而彰着出属于末的"知性形态"与国家政治法律方面的客观实践形态。中国文化生命迤逦下来,一切毛病与苦难,都从这里得其了解。了解了就好办。①

牟先生这段话是错误百出、每句皆谬。知性、逻辑、数学和科学,以及国家制度等,凡此,对于西方来说,都是近现代的事,而在之前几乎为零(原始状态)。它们总源于中国,是"道的智慧"的产物,却在近代西方与之分裂。脱离"道的智慧"的知性等,在近现代是以空间换时间,伴随着人与人、人与自然之愈益冲突,而通向全面毁灭;在近代以前是囿于本土环境,则无从发展,强行则自毙,故而西方是神权禁锢。牟先生的这番说教既是基于他自己信以为真的西方伪史的,又是违背了熊十力所论"道器为一、体用不二、性智与量智之和合"——它只是近现代才分裂了,因而是西学中源、中体西用。

在熊十力看来,民主与科学在古代中国是自性具足;但绝大多数的现代中国的学者专家却视之不见,这是为什么?就知性来说,荀子曰:"知有所合谓之智。"在历史中国,知性已被和合、被融合于"大圆融智"之中,这也是人类社会原创知性的必由之路(到近现代,知性分裂出来,特立独行,而僭越之)。这些学者专家则骑驴找驴,舍己从人。经过"欧风美雨"的洗礼之后,中国知识界中的很多人都憧憬西洋的民主与科学的"春天"。如唐诗云:

雨前初见花间蕊,雨后全无叶底花。

蜂蝶纷纷过墙去,却疑春色在邻家。

所以针对牟先生所言"在中国……智之知性形态始终未转出",我们认为,"知性"也就是"知"(知识)被神圣化,它实际上是属于人的反克自然的本能。在历史中国,它是融合于超越性的智慧之中,这很难辨别。所以牟先生就错误地说,知性在中国是"始终未转出"。

另一方面,科学和知识从文化整体中分裂出来,并且成为显学,这也是近现代

---

① 牟宗三:《中国哲学的特质》,第158—159页。

现象;它不仅是有条件的,而且在和谐之道上则是严重倒退。在之前是文化、知识和科学三者是和合的,它只存在于中国(只有她才有这样的文化)。其实,古代中国也发生过分裂——分裂成百家,只不过没有像近现代来得这么彻底而已。《庄子·天下篇》言:学者们各执专长,不能汇通,都是一曲之士;剖析大千万物,探索自然律;"内圣外王之道"黯淡无光,分裂成百家,不能和合。其原话是:

天下多得一察焉以自好。譬如耳目鼻口,皆有所明,不能相通。犹百家众技也,皆有所长,时有所用……一曲之士也。判天地之美,析万物之理……是故内圣外王之道,暗而不明,郁而不发……悲夫!百家往而不反,必不合矣!后世之学者,不幸不见天地之纯,古人之大体。道术将为天下裂。

按照牟先生的说法,在历史中国,"本源"(创生机制)向上是大开大合、一了百了;向下则止步发展、停滞落后。这是何等荒谬!看来牟先生不知道,往昔中国的物质文明其实是很发达的,而且是世界历史之最,甚至是独一无二的,是现代的物质极大丰富、科技极为发达的真正源流。

第十三章　文明的创生与衍生机制

一、真文明须化解"发展悖论"

(一)文明与技术相生相克

新技术的掌握和文明的进步之间没有必然的联系……(相反)技术则常常可能导致人类的毁灭。[①]——汤因比(《历史研究》)

我们从历史上的文明与技术所面临的内在外在的致命挑战,来诠释这一命题,即:只有中华民族能够承担文明的天职。

"活的文明"对于世界历史的意义是:它是一种能够承受和消化全人类的负面(忧患)的文明。因为文明是凭借技术打破平衡、变乱环境,而求得发展的,并且,技术的传播也使各地的"人间矛盾"升级。所以,文明势必导致和招致天灾人祸、内忧外患,乃至遍天下的祸因乱源,那就只能是依靠和谐文化、和合智慧来化解之。

中华民族之所以能够成为终古长存的"活的文明",是因为她有一种高超的智慧(道的智慧:和谐文化、和合智慧),能够调控人的反克自然的本能(第二本能),从而化解技术的双刃剑和与它相关的发展悖论。在1492年之后,由于全球联通,人与自然不再是直接的生命攸关,所以,人们暂可忽略天人关系与和合智慧;但从长远来看,这也绝对危险的。

文明与技术相生简单明了,而相克则很难理解。在近现代,由于世界联通、全球循环,"文明与技术相克"这个忧患,很容易被转嫁到"文明"的牺牲品上(异域和生态)那里。因而,现代人只看到文明的光环,而茫然于它的阴暗面终将造成星球

[①] 汤因比:《历史研究》,第120页。

劫坏。在近代以前,由于人们主要是囿于国土环境,"文明与技术的相克"都必须是自我承受和内部消化,这也是对文明的致命挑战。所以,真正的文明比我们想象的要难得多。在历史时期,如果没有能够化解文明与技术的"负面"的智慧(道),就不能享有它们。这就是说,人们根本不可能依靠那征服自然的知识系统,来创造科学与文明!

以下就来详述历史时期"文明与技术的相克"。

(二)"技术反克文明":内部和外部

虽然文明与技术能够"站在人的立场上",来应对与消弭人口 – 生态的紧张及异族侵略。但这却是在积累更深更大的天灾人祸及内忧外患,即使文明与技术能够升级应对,那也是恶性循环呀!

例如,技术进步使天然植被减少,而被农田所取代,这就难免造成水土流失,水旱灾害。这对于古代中国来说,尤其会变乱海陆水循环圈:季风降水的总量未变,但由于地表调节功能的紊乱,水害增加,非季风时节则又干旱;而远离海洋的内陆,由于丧失森林蒸腾,则遭受全年干旱,以致沙漠化。于是,兴修水利,催生了中央集权,它又极具负面性(政治与经济的压力),一旦失灵,反而乱上加乱——自然的生态系统与社会维生系统的双双崩溃。另一方面,技术进步带来了新的、更大的人口 – 生态的压力,这也构成了危机因素。

技术不仅加剧人与自然的冲突,更是加剧人与人的冲突。首先是,技术进步会自然而然地使武器与战争升级;在此情况下,若非持续地向外侵略,则必会祸害内部(犹如战国或军阀混战)——使内部冲突具有了毁灭性。

由地势与生态(地表生物量)皆是外高内低所决定,古代中国是矛盾内倾、向心聚爆;其海洋的一面亦是,忧患的因素压倒民生,而不是向彼岸大陆的殖民扩张。亚太海洋比之西洋,风险更大、距离彼岸更远。唐诗云:

> 旷哉潮汐池,大矣乾坤力。
> 浩浩去无际,沄沄深不测。
> 崩腾翕众流,泱漭环中国。
> 鳞介错殊品,氛霞饶诡色。
> 天波混莫分,岛树遥难识。
>
> (宋务光:海上作)

因此,在此情况下,任何武器开发与内外战争,不论结果如何,都会直接或间接地殃毒中原。武器与战争越是升级,就也越是祸害自身(这截然不同于近代西方的海洋地缘——可以嫁祸于人,在一个相当长的时间内不会受到报复)。

技术的负面,不仅转化为其内部的天灾人祸——社会失衡(引起周期性动乱),而且还转化成其外部的天灾人祸——草原暴力(反克文明的胡骑部落,例如蒙古征服)。

先前,由于近百万年的光合作用和环境适应,在地球上的人类分布的中间地带——北纬30°左右,应该是黄种人的乐土(从东亚到北非)。他们的"中庸、平衡"的天赋,使之成为中间地带的自然适度挑战、人类始生文明的承担者。然而,纤柔和谐、脆弱平衡的大河文明不堪于印欧叠侵、轮番淫猎,它的每一次技术创新与传播都会成为从外向内的双刃剑。于是,黄金般的中间地带溃烂,黄种人依靠高山大漠而死守东亚这半壁河山。唐诗云"河气通中国,山途限外区。"又云:"峡口大漠南,横绝界中国。"

然而,中华却面对其所招致和滋养的"致命忧患"(世界历史的战争源——草原暴力——向东转移),多亏江南水网、季风繁殖和文化思想加以抵消,再逐渐同化之!

草原暴力先是以印欧族群为主。但因为它在物质、技术和文化上愈益倚靠最大最久的"文明中心"——中华,故而,黄种人游牧部落则异军突起,成为劲旅,浑融于农耕文明的内忧外患之中。由此,志在"致太平、求大同"的中华,不得不吞食和消化野蛮,从而,以其越来越大的历史周期律来推动人类社会的有序运动。

(三)"技术反克文明":草原与海洋

在历史上,如果没有文明中心的科技传播,就不会有大型暴力——征服世界的战争源。后者在客观上倚靠其具有战略优势的地理环境——草原地缘或海洋地缘(气候或海浪的屏障,你打不到他,他能打到你)。

由于太阳光照和地球生物圈的地表资源的分配不均——北纬40°以北的地表生物量(净初级生产力)较小。所以,处于东半球较高纬度的人群,在近代(世界联通)以前,总是处于生存困厄的状态;再加上干冷气候的缘故,欧亚大草原的游牧部落在这方面更为严重,因而它们成为世界历史的征服者。凭借生态落差、气候屏障、应战组织、骑射机动和技术传播等因素,上述游牧部落形成了相对于南面农耕文明的绝对的战略优势,由此,因利乘便地世代劫掠。此种以全人类及大自然为猎物的意欲,是历史上的草原暴力和近现代的海洋暴力的核心情结。佛经云:"心造地狱。"

美国历史学家斯塔夫里阿诺斯写道:

在地处大草原西部的印欧人和地处大草原东部的蒙古—突厥人之间,有一条最早的分界线,这就是阿尔泰山脉和天山山脉。这条分界线以东的大草原,地势较高、较干燥,气候通常也更恶劣。这里的牧场没有西部的牧场肥美,可以放牧羊、骆驼和马,但放牧牛不行。这一地理上的不平衡造成相应的历史上的不平衡,即出现一个持久的、影响深远的、由东向西的民族大迁徙……这些东方的游牧部落,由于其地理位置,不仅能进入欧洲、中东和印度,也能抵达中国;只要有机会,它们就不时地侵入中国……

对周围的部落来说,欧亚大陆边缘地区那些古老的文明中心,就像一块块散发着不可抗拒的吸引力的磁铁。丰富的农作物、堆满谷物的粮仓、城市里令人眼花缭乱的各种奢侈品,所有这一切都吸引着大草原和沙漠地区饥饿的游牧民。因此……文明中心不时遭到侵掠……

直到公元前二世纪,整个欧亚大陆的力量均势才开始转变,伟大文明的生存才第一次受到游牧民的威胁。马的驯养和较迟的冶铁技术的发明是两个十分重大的发展,它们使游牧民获得新的作战能力……

到公元前二世纪末,游牧民用骑兵取代战车,进一步提高了他们的战斗力……欧亚大陆的游牧民获得前所未有的灵活机动性,能追上和打败防守城市中心的军队。古典时代和中世纪时,游牧民的军事才能主要就建立在骑马作战这一基础上;终于,在13世纪时,使成吉思汗能完成一系列惊人的征服。直到西方火器占据优势之后,诸文明中心才从游牧民频频入侵的威胁中解脱出来。①

中华文明对此的"止患长策"是:"文攻武卫,以夷制夷,迂回用文,逐个同化。"中国历史历经两个"正→反→合"(阴阳和):

第一,"纯正汉风"于秦汉,"逆反"于五胡乱华,"融合华夷"于隋唐;

第二,"纯正汉风"于宋明,"逆反"于辽金蒙满,"融合华夷"于清朝(根绝胡患)。

其中极精彩的情节是"他山攻错、大器晚成":A.佛教与清朝相反相成地根绝胡患;B.清帝国与俄罗斯不谋而合地荡除"草原暴力"。其结果正如汤因比所指出:

准噶尔人的草原帝国却是欧亚大草原上最后一个具有爆发性的帝国。满洲帝国(清朝)与俄罗斯帝国这两大农耕国家的军队都已装备了火器。这两大农耕帝国1652年在阿穆尔河流域的冲突,业已勾画对欧亚大草原的包围,从那时起,欧亚

---

① 斯塔夫里阿诺斯:《全球通史》,上册,第74—75页。

大草原上的游牧民族的命运便已注定了……与此同时，蒙古人对佛教的皈依也减弱了这个民族的好战性格……1757年（平定准格尔）以后，中国就摆脱了欧亚游牧蛮族对它的威胁，她在这种威胁之下至少已忍耐了2000年之久。①

历史中国的技术的传播，不仅会转化成其周边的、游牧部落的人祸——"草原暴力"，而且还转化成西方和日本的人祸——"海洋暴力"。连续千年的中国科技之西传，不仅点燃了文艺复兴之火，也在整个欧洲点燃了的普罗米修斯之火，从而造成了欧洲宗教的失控（造纸术、印刷术和火药等），以致人神火拼，族群吞噬，而趋于灭顶之灾。幸亏中国的越洋技术（造船术、指南针和航海图，加上火药）让欧洲人占领了美洲，从而嫁祸于人，纾解内部，否极泰来，化腐臭为神奇。但这对于全人类来说，则是机械与科技、武器与战争的无限升级，而通向万劫不复！

二、真智慧才能够"托起文明"

人类诞生距今已有数百万年或更长时间，而文明史仅有几千年，这说明什么呢？说明自然对智能生物（人）的限制是长期有效的，而人的有为则是步履艰难的——直到最近才发生了质变：战胜自然！亦即，只是到了西元15世纪，人方能突破地球天堑、开始征服自然的，从而颠倒了天人地位。往昔，人受制于地理环境，自然占绝对优势——当然，就整体而言，那是人类的安全期。

这就是说，人类拥有文明和战胜自然，皆非易事。那么，人究竟是凭什么战胜自然的？前文已详述，这里再分别从智慧、地理和人性三个方面，略为展开讨论之：

（一）智慧

是哪种智慧能够人定胜天？是西方，还是中国？战胜比自己强大的对手，无不是"循序渐进，量变质变；迂回乘虚，顺势而为"——《孙子兵法》曰"正合奇胜"（"以正合，以奇胜"）。若无如此智慧，根本不能人定胜天，根本不能产生或保持文明！如果不是和合自然、顺天应人，岂能利用厚生、安身立命？反之，如果与自然"针锋相对、正面冲突"，那一定是事与愿违、适得其反——甚至是自毁家园、自取灭亡（1492年前后的形势完全两样）。

大家都会相信，近现代的"西学"和它的源流——"希腊智慧"，理所当然地能够"战胜自然"和建立文明。我们认为，这是西方和今人的"糊涂"——异想天开、痴

---

①汤因比：《历史研究》，第499—500页。

人说梦!"希腊智慧"是近代伪造的。在1492年之前,人们被分散于相对封闭的地区环境之中(截然不同于近现代的世界联通、全球循环);国土生态或乡土生态不兼容任何变乱自然的知识(与自然做斗争的西学),动辄自毁家园、自取灭亡!西方式(希腊式)的知识稍有萌发,就会被扼杀在摇篮中,环境的局部损坏也无伤大雅。实际上是西学中源,即:科技和相关知识皆在"东方智慧"下被开发出来的。

表解　为什么说现代西方在智慧上是退化的?

道:道器为一、体用不二、性质与量智之和合。整体观:多维互动,动态平衡,共生长存。	
↓退化	
分裂:唯器无道,西体中用,仅是量智。基督教式的控制和牺牲自然万物。人作为"智能生物"的反克自然、破坏自然的本能(第二本能)。寻找客观的万事万物的规律和绝对存在。	
↓(近代早期伪造)	↓(19世纪前期形成)
神创论—逻各斯→希腊哲学:视客观为死物。	进化论—辩证法→近代哲学:事物矛盾现象。
比较:西方是主客二分。原始人都知道,人和环境是既分且和;只是静态、没有发展而已。	

(二)地理

文明诞生于"中间地带"。这里只讨论东半球。以北纬30°左右的地带为基准,来看三种情况:

Ⅰ.北纬30°的南面,太阳光强,地表的生物量较大;因而无须发展与文明,人们也能生存。

Ⅱ.北纬30°的北面,太阳光弱,地表的生物量较小;因而天人及族群皆是对抗,冲突压倒一切,不可能有文明。

Ⅲ.唯有在北纬30°左右的适居地带,自然对人是适度挑战;因而人的"有为"(冲击自然)易于恢复"平衡"(可持续性),这才有可能诞生文明。

考虑到近百万年的光照刺激和人体适应的情况,在北纬30°首创文明的,应该都是黄种人;只不过由于文明所导致的技术传播,便利了高纬度的白种人南侵掩杀、鸠占鹊巢而已,北纬30°的"文明的黄金带"也随之消失。

然而,从全球"净初级生产力"(地表生物量)的分布状况和地图来看,中国属于地表生物量较大的季风亚洲的东部,那里由于是雨热同季,在人的努力之下就能够获得最高的农产量。除了东亚,在其西面的几大"文明古国"的区域(尼罗河、两河和印度河),地表生物量都是极小的。照理来说,这些地区很不适合产生文明。或许相对于我们,金字塔和三星堆等属于史前文明;或许老文明区已是生态退化,面目全非,今非昔比?但无论如何,从西亚和西方在受中华文明影响之前,尚处于非文字的部落社会这一点来看,在我们的这个历史时期,古埃及和美索不达米亚等地最多存在着"死文明"(和西方过往或现代文明毫不相干)。直到"西方中心论-帝国主义"高潮的19世纪,西方开始使它们"死而复活"的。

再者,鉴于那儿产生和流传着反自然、反"万物有灵"的犹太系-神教(特别是基督教),而不存在和合自然的精神;我们便能判断:被西方中心论所囊括的"泛西方"是和文明水火不容的。这是因为,文明是必须基于相对丰饶的生态环境,而以与自然"和解、和合"为其精神前提。

(三)人性

再从人性与生态的关系说起。人性恶和它所赖以存在的相对贫瘠的生态环境,皆说明冲突过大,因而不能创造文明。文明,在这方面是缘起于能够与自然和解、和合的"人之初、性本善",其人所赖以存在的是比较丰饶的生态环境。特别是,由这种主体、客观的"通感契合"所升华出来的、驾驭人智与知识(技术)的真正智慧——"道",发挥了至关重要的作用。在1492年以前,如果没有"文以载道",就不可能产生和保持文明。

人性善的静态,即史前的黄金时代,好比小国寡民,宛如世外桃源,是文明诞生的序幕。但理想状态是好景不长、乐极生悲,由此,社会从人与人、人与自然的最佳和谐,发生了蜕变,而步入文明的不归路。为什么呢?"小国寡民、世外桃源"不堪于人满为患与外患!于是,天人、人我及内外等诸多紧张与矛盾,使技术、管理和国政等皆应劫而生;再顺应此情,在精神上把人性善从静态转为动态,从而用和合文化(智慧)来驾驭竞争,调节平衡,可持续性。如此对立统一——形而下(器:技术、管理、竞争)与形而上(道:和谐、和合、平衡)之辩证,就有了文明!

进一步说明"文明是不归路"。技术、管理和国政都是双刃剑,极具副作用。另一方面,在它们化解人满之患与外患的时候,却又是贻害无穷——积累着新的、更大的天灾人祸与内忧外患。因为由技术进步所致的人口增加,愈益造成生态压力;技术传播也会便利游牧部落的迁徙和攻伐,践踏定居民族;管理与国政也会转向反面——贪污腐败,横征暴敛,压迫人民。文明所固有此种副作用,令它强烈地倚靠和合文化(智慧)。后者乃尽量吸取世界各种文化与宗教,一应俱全,他山攻错;熔为一炉,为我所用。但是,这仍不能使社会静下来(阳亢→阴静),以致发生"天下大乱、人口减半",然后才"克己复礼、天下归仁"。

虚构的西方文明史:古今西方"复制中国"考论

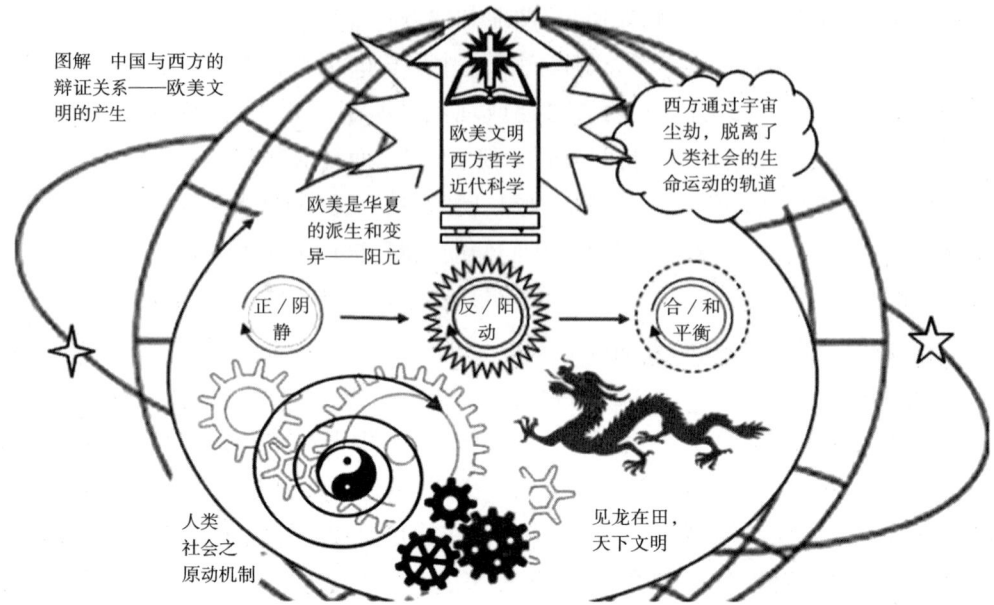

图解 中国与西方的辩证关系——欧美文明的产生

人类社会中唯一的真正的"有序运动"——《易经》所体现的开放性、包容性和无排他性的"阴阳周期",它在承受和化解忧患(人类的负面)的同时,使越来越大的世界步入发展与和谐的轨道。在近代以前,其他一切的社会运动都是互相抵消为零,恒为原始状态。是中华文明的有序运动牵引人类社会穿过历史长河,来到近现代的。西方只因它是联通世界的"地理捷径",暂且"寄生于"这个有序运动,"夺流改道",赴死冲刺。

深度思考:中国与西方的辩证关系

第一,"正反合"——社会运动的规律和轨迹:西方只是正→反→合(阴→阳→和)之第二阶段(反/阳)。中国是其全过程,重心在第三阶段(合/和)。不仅如此,中国已经并且还将完成许多个"正反合"(阴阳和),从而化解天下忧患与人类负面;越来越大的周而复始、循环往复,直到世界大同。《易经》云:一阴一阳之谓道,继之者善,成之者性。老子曰:"万物负阴而抱阳,冲气以为和。"又曰:谁能把这个混浊世道变得清静,谁能为过于安静的环境赋予生机;常保此道,不断推陈出新?这就是说,中华文明是社会生命的原动机制,西方仅是它的"阳亢"。

第二,因果关系:千年一遇的东西方之因缘聚会,使西方的"动"(反/阳),升级到了文明的层次。黑格尔站在这个高度,鄙视中国为"其静如初",他看不到整体运动。这说明撷取中国智慧的西方哲学发生了退化。近来不少国外学者已认识到,中华文明是举世仅见的有机和谐的全息运动,不伤害自然与世界,而且还包容、消融遍天下的祸因乱源。唯有华夏能够安全地、可持续性地开发"第二本能"(科技、经济等),是她带来了世界性的科学与文明。该图就是这样的创造机制,它是世界历史的主轴和现代世界的本体;近代西方是其派生和变异,是华夏的"阳亢"。

第三,现代世界在精神上仍受其基督教所影响:A.以牺牲生命家园为代价来创造"新文明";B.摈弃了天人合一的、亲近自然的生产方式与人文模式;C.使社会运动发生变轨——从东方传统的可持续性的常道,变为反自然、害生态和非生命的赴死冲刺。但愿中国文化能很快复兴,并且在更大的、全球性的天下中,发挥阴阳调节——怪力乱神都跳不出如来佛手掌!否则,就是易不可见,则乾坤或几乎息矣。

第四,生命之道:我们不能以破坏生命家园为代价,来"造福人类",不能相信神造万物,也不能指望在地球之外发现"天堂"。生于斯长于斯。人的有为必须在维护生命家园的前提下进行,这就是"道的智慧"所发挥的效用。如果不是这样,人的有为一旦达到自然的极限,则是人的自我毁灭。如此极限在今是整个生物圈,古代是本土环境。

三、西方是中华的"矛盾辩证"

(一)欧美文明不是"西方自生"

虽然在生物学的意义上,文明基于本能(人的动物本能和第二本能);但是,它不可以从这些"双刃剑、悖论性"中直接产生。这就像生物学家巴斯德(L. Pasteur, 1822—1895年)所证,生命或生物不能"自然产生"(他否定了"自生说")。

前文所讲的怀海德,正是在社会的层面上陷于"自生说"的谬误:他认为,近代文明可以从原始状态和本能文化(本能信念)中突然产生。并且,他好像还能自圆其说:最文明的中国只限于传统时代,而非文明的西方则发生了突变。怀海德不懂得人类社会在这方面是一个"有机整体":文明具有"传播–传递"之性,具有"变易–变异"之性。中华文明是历史长河的主流,因而它代表着生命性和持续性;而近现代的西方文明则是"夺流改道",因而它体现着"爆炸性、末世性"。

让我们从人与自然的关系变化的历程,来诠释文明的产生至"全球化"这一过程,分五点阐述如下(只限于东半球的适合定居的地理环境之中):

第一,静态社会,贴近自然。这是史前的黄金时代,人与人、人与自然都是和谐的,宛如世外桃源。然而,好景不长,乐极生悲。只有在某些热带地区,地表丰饶,生物量大;因而,该社会能够一直维持下来,并且以宗教来开拓众生的灵性生活。但在那些生态环境相对较差的地区,此种静态和谐的社会很快都会由于人满之患与外患,而走向反面——竞争、冲突和消亡。

第二，相对动态，和合自然。人与人、人与自然愈益冲突，天灾人祸。其中，在某些生态较好的不南不北的"中间地带"（地表净生产力较大，人的努力能够获得高产），其社群通过契合自然、顺天应人，得以生存与发展；人们能够安身立命、安居乐业，生于斯长于斯，而立于天地间。该社会通过与自然和解、和合，获得可持续性的文明与发展，亘古绵延，长生久视，这就是绝无仅有的中华文明！

第三，窒息动态、亵渎自然。在那些生态贫瘠的地区，人与人、人与自然的冲突都不可遏止；于是，"人性"依偎"神性"，成为宗教社会。犹太—基督"一神教"是与自然和谐和与自然斗争的双重失败者，在近代以前，它只能是禁锢现世、投降自然，以免天诛地灭。但它以"另外创世、神造万物"来抚慰信众，伺机报复和剥夺自然。此种社会与静态社会一样，恒为原始，永无发展（除非文明把世界地理打通）。所不同的是，南方静态社会是生存无忧，充满和谐性；而犹太-基督社会则是生存困厄，充满爆炸性。

第四，量变质变，战胜自然。就文明本身而言，它属于人的"本能"（智能生物的反克自然的本能），它既是推进生存和发展的正能量，又是导致灾祸与毁灭的负能量。在近代以前，两者"合二为一"，囿于本土，动辄倾覆，基本上是不能发展的；而之后则是"一分为二"：正负能量分离，发展一往无前。不过，唯一的历史例外则是，在适度挑战的地理环境中，人们用"道的智慧"开发本能，因而发展与文明才有可能。到了这"唯一文明"的科技创新和经济发展把整个地球都打通了，当此之时，世界各族都有可能在"向外平衡、向外攫取"的条件下，凭其本能，而尽情发展了——人类社会进入了近现代。

第五，剧烈运动，宰割自然。从以上几点可知，在近代以前，除了中华文明能够持续发展和创新之外，其余人类基本上是零发展，因而始终处于原始社会。到了"唯一文明"把全球打通了，那就不一样了——八仙过海，各显神通！但具体还得看哪一个民族先发展，哪一个民族承受文明的忧患，这些主要决定于地理环境——由于西欧是联通与征服世界的地理捷径，所以西方人是捷足先登、得天独厚！这样一来，神权禁锢就转向人文主义了；而基督教虽然退至后台，但它对自然的包藏祸心及其所种植的选民之原罪，则都爆炸开来，成为创造历史的动因——以牺牲异域异端与生态生物来"创造奇迹"！

重申欧美文明不是由西方自身的历史演进而来的。近代以前的欧洲是"前文明、前国家、前历史的'霍布斯邦'"①——宗教愚昧,现实原始,②不用文字,部落冲突,趋于毁灭。

欧洲知识传统——西方文化+"希腊源头"——的性质,是"神的中心主义→人类中心主义→自我中心";其效果为:以耗丧生物圈、牺牲生命家园,来积聚物质财富。然而,这只是华夏(技术)通过西洋打通"全球天下"(1492年)之后的现象,因为只是在近现代,人类——以西方为先导——破天荒地驰骋于偌大的全球性生态之中,以空间换时间来发挥"科学神效"。但在之前(自然占绝对优势、人受制于地理环境),相对封闭的各地的国土环境,则根本不兼容如此"欧洲知识传统"(双刃剑),动辄自毁家园,玉石俱碎;而西学的雏形只能存在于"和合智慧"(天道、中庸、阴阳等,或类似文化)之下,它被驾驭、被保护,培育成长起来,而初具规模(中国发明和相关知识)。中国传统科技在近代欧洲被用于奠基近代科学-工业革命。

表解　从天人关系的变化看,中华文明的"唯一性"及其产生现代文明

天人混沌	人与自然的矛盾与解决方式(近代以前)			近现代:世界联通,全球剧荡
史前社会 静态和谐 生存无忧	走向 反面	神的社会:禁锢与原始(西方)		人类在自然中获得自由, "发展与文明"对各民族 开放,海洋地缘决定先后
		人的社会:发展与文明(中国)	中国成就→	
		→静态社会的延长:宗教与原始(南亚)		

西方的知识系统,包括被伪造的希腊部分,代表着人的反克自然、自我否定的天性(生命星球的"癌变元素"),旨在对"客观外物"(首先是人与其他的物种的栖息地)进行逻辑化、格式化和网络化,而加以有效宰割。然而这仅是近现代——人类史与生物史的末期——的现象(人类已控制了全球性生态,故而,自然被征服、被捆绑)。但在往昔,自然占绝对优势、人们囿于地方生态、乡土环境。在此情况下,西方的知识系统是根本行不通的,它意味着直截了当地族群自杀。因此,在1492年之前,所有的"西方传统"是不存在的。

除了中国的"舶来品"(科技发明)之外,"在前工业的近代早期"的欧洲,技术依然是原始的,③欧洲的农业也是"很原始、很绝望"。④

---

①Chris Brown:*Political Restructuring in Europe:Ethical Perspectives*,Taylor & Francis,2003,p. 191.

②*The Rotarian-9 1992-page 11*,Vol. 161,No. 3,

③Clifford J. Rogers,Bernard S. Bachrach,Kelly DeVries:*Journal of Medieval Military History*,Volume 1,Suffolk:Boydell Press,2002,p.86.

④Robert Temple,Joseph Needham:*The genius of China:3000 years of science,discovery,and invention*,Prion,1998,p20 and 27.

虚构的西方文明史:古今西方"复制中国"考论

芝加哥大学教授唐纳德·拉赫说:"截至1500年,形成欧洲技术的,几乎全是基于亚洲的发明……西方的技术创新的思想的大部分,都是来自中国的,尽管很少西方人'饮水思源'。"①

夏尔马教授说:"在现代文明产生的过程中,中华文明做出了卓越的贡献。中国人在科学和数学上的发现,已经被证明是至关重要的。通过竞争性的考试招收政府官员盛行于今日世界,这项制度是中国的重大发明。他们还发明了纸和印刷、蚕丝和陶瓷艺术。应用于航海的指南针是中国对这个世界的另一项贡献……"②

近现代西方——欧美文明——兴起的前因后果是:

天人合一、持续万古的华夏文明的内在张力,在欧亚大陆的西端——西洋这个海洋捷径,发生了突破;而使西方乘着天时地利,抢占全球性生态,后者作为其物质膨胀的平衡条件与牺牲代价。由此,人类史与生物圈到了最后阶段。

按照佛学,西方没有自己的"真实存在"(仅是"五蕴六识"这个层次)③,它只是由亚欧两边的因缘汇聚,假合暂成。随着丝路辐射、东学西渐,中国科技的传播造成了彼方的海洋地缘,从而使世界资源向它倾注,这才形成了西方文明的。

从大趋势来看,欧美必将随着世界地缘政治的"陆权替代、优势转移"(麦金德所论)④,而原形毕露于"霍布斯邦"("原罪、性恶"将会否定文明)。⑤

五百年前,西方开始由中世纪转入近代,从而诞生了欧美文明及其拓展而成的现代世界。鲜为人知的是,这个转型对西方来说,是从零开始,几乎百分之百是被东方文化启动的:A.千年泽被(中学西被);B.双重传递(华夏→阿拉伯→西方);C.丝路四波(蒙古征服、马可波罗、郑和远航、耶稣会士)。

"没有东方,就没有西方。"约翰·霍布森教授写道,"欧洲的'大发现时代'基于一系列大大小小的非欧洲的'发现'(发明)。"……东方的思想、制度和技术使西方的兴起成为可能。⑥

---

① Donald F. Lach: *Asia in the Making of Europe*, Volume II: *A Century of Wonder.* Book 3, University of Chicago Press, 1977, p.398.
② Ram Nath Sharma, Rajendra K. Sharma: *Anthropology*, p.199.
③ 周剑文:《以中国传统智能观照西方知识理性》,学灯网,2008年第2期。
④ Geoffrey Till: *Seapower: Theory and Practice*, Hove, East Sussex: Psychology Press, 1994, p.16.
⑤ *CHINA THREATENS AMERICA WITH ITS EXAMPLE.* www.themontrealreview.com/letters/review/Geopolitics-US-China.php
⑥ L. H. M. Ling: *The Dao of World Politics: Towards a Post-Westphalian, Worldist International Relations*, London: Routledge 2013, p.96.

第三编　中华母体派生欧美及现代文明

（在霍布森看来）中国在1100—1800年是怎样一个世界科技的中心，这才使近代西方的异军突起成为可能！亦即，西方仅是借取和消化这个"东方母体"的创新，它才有幸进行近代转型的，从而拥有其资本主义和帝国主义的经济的。①

近代以前，要说欧洲有其自身的"优势"的话，那只是它的依靠中国技术方能利用的海洋地缘；除此之外，西方真是一穷二白、家徒四壁！欧洲本土要素，诸如日耳曼、基督教和古希腊（冠名于柏拉图和亚里士多德等人的伪作）②，皆是祸因，致命内讧，阻碍进步，③终于被拯救——其关键是中国诸多发明，让西方人能够凭借它们霸占美洲，而成为"文明的暴发户"。④

近现代的西方为何物？它似上古西洋之复兴，实乃传统中国之派生。总结其根据，有两点：

第一，中西汇通才使文明边缘和文明中心发生易位的。其主要是因为：在海洋地缘的方面和在传统科技的条件下，当时欧洲是地球生物圈的自我保护系统的薄弱环节，是连通世界的捷径。到达美洲的海路：西洋是亚太的一半距离，风险尤小。⑤

第二，作为非宗教的"俗世文明"，近代西方及其科技、思想和制度等，大体上皆是源于中国的。如此"中学西被"包括：A.科学与民主；B.从自然王国进入自由王国（平等思想和全球地理）；C.物质文化⑥和非物质文化⑦（西方获得中国科技是在中世纪千年，获得思想和制度是从文艺复兴到启蒙运动）。

进而言之，从某种意义上说，近现代的西方文明是中国文化之平天下的节外生枝或变异之果，后者已经畸形壮大，而使文明母亲与自然母亲及其所影响的世

---

①*Global Power The Lessons of History By Prof. James Petras Global Research*, May 20, 2015, Global Research.

②Kembrew McLeod: *Pranksters: Making Mischief in the Modern World*, New York University Press, 2014, p.26.

③Yaacov Shavit: *History in Black: African-Americans in Search of an Ancient Past*, London: Taylor & Francis, 2001, p.132.

④Peter N. Stearns, Michael Adas, Stuart B. Schwartz: *World civilizations: the global experience*, Volume 2, New York: HarperCollins, 1992, 757.

⑤伊恩·莫里斯：《纬度决定历史：从地缘学角度解读……》。

⑥Derk Bodde: *China's Gifts to the West*, http://afe.easia.columbia.edu/song/readings/inventions_gifts.htm

⑦Derk Bodde: *Chiese Ideas in the West*, http://afe.easia.columbia.edu/song/readings/inventions_ideas.htm

界,皆是面目全非,以致全人类与生物圈面临"终劫"!尽管今之天下,已在科技和经济的方面实现了"大同"(车同轨),而在政治和文化的方面,尚有"一步之遥"(汤因比说,除非中国文化及时复兴,人类没有出路)①。

中古后期,中国从"末日死神"②手中救活了西方人,也救活了"死神"本身;结果,两者"合魔"而害人。西方之神即基督教,其魔鬼即"弃神从魔的浮士德",亦即霍布斯所言的"利维坦"——吞噬异文明与生物圈的怪兽。老子曰:"以道莅天下,其鬼不神……其神不伤人。"西方撷取中国文化及科技,但舍弃她的和谐之道,所以是鬼神伤人。近代西方和中华文明的关系,虽是"母子关系",更像农夫和蛇! 在《圣经》中,蛇要人变聪明,从而引发了人的原罪爆炸,去摧毁天人合一的真文明。《易经》云:"见龙在田,天下文明!"

(二)中华是人类社会的"光明岛"

这是生命的"光明岛":历史若缺她,人类从铁器打回石器;未来若缺她,地球被原子毁成石子。这真是天不生仲尼,万古如长夜!中华始终是死亡之海的光明岛(死亡之海即"性恶、原罪"——人欲横流,洪水猛兽)。泰戈尔诗句:"死像大海的无限的歌声,日夜冲击着生命的光明岛的四周。"

人是无限打破生态平衡的物种,因而禀赋像弗洛伊德所称的死亡本能(自我否定、自我破坏)。唯有华夏以"天道易道、中庸中和、阴阳阴静……"化解了"人的自我否定",而儒释道以外的思想、文化则大多数都是背"道"而驰的。西方文化是体现死亡本能的文化。为了确保其自身的存在,它必须不断地"输毒于外、嫁祸于人"——以"死亡本能"为强劲动因,去摧残外部世界与地球生态。那就是为什么弗洛伊德使用"死亡驱力"(death drive)的模式,诠释"西方文化是把死亡威胁的经常性的理性化"。③

因此,是华夏使人类社会具有了生命性和可持续性的(也不断激活其反面)。再者,由于上述自我否定、死亡本能,发展是个悖论:不发展则不能缓和人口—生态压力,发展则面临更大的生存挑战。对此,中华"殷忧道著、迎刃而解",才有她自

---

①Richard Madsen, Paul Pickowicz: *Restless China*, Lanham, Maryland: Rowman & Littlefield, 2013, p.184.

②John Aberth: *From the Brink of the Apocalypse: Confronting Famine, War, Plague, and Death in the Later Middle Ages*, Hove, East Sussex: Psychology Press, 2001, p.6.

③Christopher Kocela: *Fetishism and Its Discontents in Post-1960 American Fiction*, Palgrave Macmillan, 2010, p.208.

身之可大可久(正道:人与人、人与自然之全面和谐)与近现代的进步进化(反面:人与人、人与自然之愈益冲突)。

也许在历史之初或史前,东半球北纬30°东西地带出现了始生文明。果真如此,文明的技术的扩散,则一定引起了印欧部落的纷纷南下,杀戮且相互吞噬,而使文明与生态皆萎缩。不管怎么说,中华依靠高山大漠而保住了"光明岛",但又招致更大的草原暴力;她凭借季风繁殖、江南水网与文化和合,加以缓冲消融,而使其自身延绵与博大。另一方面,中华在"天人合一、万物一体"的前提下,在"均调天下、动态平衡"的条件下,坚持发展与创新(开物成务、利用厚生),这在世界历史上是"独步青史、独上高楼"。

历史上,"中国是技术的原始世界中的创新的光明岛"(China as an island of brilliant innovation in a technologically primitive world)。[①]本来,为了缓解人口与生态的压力与内忧外患,华夏致力于发展与创新,但这又带来了新的、更大的负面挑战:人口-生态压力暂时缓解,却又加倍反弹;新技术在治世是"善业"(正德、利用、厚生),而到乱世和化外则变得相反——加剧人与人、人与自然的双重对抗。中华文明的世界性的逆反由此开始!

如果历史上的中国是向外扩张、向外平衡,那她似乎不仅能够缓解其内部的压力与忧患,而且在经济与科技等方面也更上一层楼(科学革命、工业革命和资本主义等随之而来)。但果真如此,华夏就会致命性地冲击全人类与生物圈,这也就轮不到西方人来实验其"创世→末日"模式了!儒家能这么做吗?《易经》云:首出庶物,万国咸宁;保合大和,各正性命;喻示:华夏不可用其诸多发明去祸害世界,尤要为全人类与生物圈进行"文化保险"。

但实际上,就历史时期的全球扩张而言,由于地缘、风浪和彼岸距离的差异,最发达的中国,远不如贫穷落后、但获得中国技术的西欧那样便利:中国的海洋犹如新添忧患,西欧在技术上"只欠东风"。华夏的发展与创新愈益受制于地理环境的瓶颈,因而正能量赶不上负能量,后者化作天灾人祸和内忧外患。于是,文明的延绵起伏、战争与和平,以及丝路、朝贡和蛮族征服等,就使华夏的成就向西溢泽。文化传播以叠加的成分远播欧洲,蒙古征服是损东益西——西方不仅没有受害于蒙古征服,反而是其"大一统"的受惠者。美国历史学家伊佩霞说,欧洲不仅免遭侵略,反而被"蒙古和平"(Pax Mongolica)激活了,而那些主要的文明(中国等)却是

[①] Arnold Pacey: *Technology in World Civilization: A Thousand-year History*, MIT Press, 1991, p.7.

不幸的。①

如前所述，人是"自我否定"，具有"死亡本能"。欧洲在此方面尤为突出，这是因为在自然条件的方面，欧洲是高纬度、阳光弱、地表贫，故而在近代以前，这块大陆，天人、人我皆是极为对抗的；如果不是神权禁锢，日耳曼族群则早已灭绝。中古后期，诸多中国发明传入欧洲，其中的大多数使其社会动荡起来，祸乱数百年；而指南针、造船术和航海图等几项则拓宽天地，再造西方。

华夏哺育千年，而形成欧美文明。马镫造就骑士，纸与印刷开始谱写文明（但有待于地理大发现，而使其内部负能量变为正能量）；火药演义毁灭性的内战，直到随指南针而变为向外征服的利器。欧洲从蛮族部落走向民族国家的前提是，纸与印刷便利沟通、共通，其条件是全球扩张令其内部宽松、宽和。如此物质基础是中国发明，而在制度层面上，还必须学习和引进华夏的宏观管理与文官考试。后者再加上儒家的"选贤与能、民本人文"，发轫出欧美民主；但它除了必须全球扩张、疏解矛盾之外，关键是打碎神权禁锢，这就是中华文明在欧洲启蒙中所发挥的重大影响。此外，更有西方的近代化与经济学以及思想和制度，都是源于中国。所谓"希腊源头"先前无人问津，事后则服务于"盗憎主人"。

较之往古，今人所处的世界是俗世人本、物质丰盈、程序复杂、宽松疏离等，凡此不论是善与恶，皆应该归功于儒家。只不过它所玩转的天人关系，暂且是迂回西洋、颠倒阴阳而已。人从屈从自然到征服自然的变化，是华夏的劳苦功高、却又功败垂成，其最后的关键有两点：一是把西方（也包括基督教）从"画地为牢、神权禁锢"中解放出来（释放原罪、性恶，人欲人口人智人为，皆裂变）；一是把人类（首先是西方人）从"国土危脆、自然严威"中纾缓开来（开始耗丧生物圈，不可再生，用完则地球劫坏）。

附录　中华文明是世界历史的"光明岛"

根据美国"视觉时代"的文章《一千年前的中国面貌》和别的西方的相关研究，②我们来对照一下那时的中国与世界：

---

① Patricia Buckley Ebrey: *East Asia: A Cultural, Social, and Political History, Volume II: From 1600*, Wadsworth, 2009, p.166.
② *The Face of China 1000 Years Ago VISION TIMES* June 25, 2013, www.visiontimes.com/2013/06/25/the-face-of-china-1000-years-ago.html

一千多年前的夜晚,全世界……都是一片漆黑,只有中国的城市是灯火辉煌和光明灿烂。一千多年前的夜晚,全世界……都是一片安静,只有中国的城市是车水马龙和欢歌笑语。"日本僧人上顺对1072年一处夜市的描写:店铺面前悬起成百上千的琉璃灯,五彩缤纷,光怪陆离。门廊中挂着珠翠幕帘,妇人们或吹箫弄管,或在古琴声中歌唱。还有变魔术的、玩杂耍的、跳舞的和奏乐的。卖茶的人来往穿行,每杯索钱一文。"①

2004年诺贝尔经济学奖得主美国的经济学家爱德华·普雷斯科特说:"宋朝的时候中国很富裕,比世界平均水平富裕一倍。"②

一千年前的世界与中国的差距有多大? 一千多年前,全世界只有中国有超过百万以上人口的超大城市。11世纪,欧洲最大的城市……都不超过万人。而中国的首都有一百五十万人。一千年前中国的城市规模的超过二十万人口的有六个,十万人以上的城市有四十六个。

一千年前的中国城市就已经有施药局、慈幼局、养济院、漏泽园等福利设施,这是高级城市化、现代化的前兆。一千多年前,欧洲很乱、很穷、很落后,美洲未开发(土著印第安文化),非洲很原始……

一千年前,世界与中国差距不是一点半点,不是一倍,而是十几倍……13世纪的世界,除中国以外的最大最繁华的城市是巴格达,城市规模在三十至五十万之间……而中国13世纪杭州、苏州、成都都是超过百万以上人口的大城市。一千年前世界与中国差距有多大? 13世纪欧洲最富裕地方的意大利威尼斯人有幸来到泉州,不禁感慨中国城市是"光明之城"。13世纪西方最富裕地方的意大利威尼斯人有幸见到杭州,不禁感慨中国城市是"天上之城",认为杭州是世界上最优美、最高贵的城市。

一千多年前的中国正朝着成为海上强国的方向发展。一千多年前西方最富裕地方的意大利威尼斯人,见着中国的商船不仅感慨:

中国的商船也是人们能够想象出的最大的船只,有的有6层桅杆、4层甲板、12张大帆,可以装载1000多人。这些船拥有懂得几何和星象的人,以及熟知天然磁石的人,通过精确而奇妙的航线图,他们可以找到通往世界尽头的路;对于他们的天赋,愿上帝为之赞美。

---

①谢和耐:《蒙元入侵前夜的中国日常生活》,173页。
②国外汉学家眼中伟大宋朝:繁荣和创新的黄金时代来源:凤凰网历史作者:李蓉蓉 2013年02月22日。

一千多年前意大利人见着中国的面条，于是他们发明了今天的意大利面条。一千多年前意大利人见着中国的冰淇淋，于是他们自己也就"发明"冰淇淋……一千多年前中国华北的钢铁业年产就达一百二十五万吨。公元1788年欧洲工业革命开始，英国钢铁业年产才有七万六千吨。一千年前世界与中国差距不是一点半点，不是几倍而是十几倍……

中国11世纪开始使用纸币，而欧洲17世纪后才开始使用纸币。公元1661年，瑞典才发行纸币，成为欧洲最早使用纸币的国家。一千多年前中国的货币比今天的美元、欧元要坚挺、更有信用。一千多年前中国人是最会做买卖的，宋朝人用泥土（把泥土烧成瓷器）就轻易换来大批金银珠宝。一千多年前中国人用高科技换取原材料、资源，一千多年后的中国人靠出卖廉价的劳动力与资源生存。一千多年前的中国人都很值钱，中国的工匠是世界各国急需的人才，是世界之宝。一千多年前中国人用高科技挣钱，一千年后的中国靠低廉的劳动力挣钱。一千年前中国人会自豪地说："我幸福，因为我是人，而不是动物……是中国人，而不是蛮族人；我幸福，因为我生活在全世界最美好的城市洛阳。"

一千年前的中国已经摆脱对异域宗教的沉迷，而不再受制于宗教。一千年前的中国自己的儒家、道家和被本土化的佛教光芒万丈。一千年前的中国人自信得笑傲江湖。一千年前的中国农业、商业、制造业、手工业、娱乐业都是世界最发达的，一千年前的中国的第一产业、第二产业、第三产业都是世界第一。

一千年前的中国各方面都遥遥领先于世界，一千年前的中国是世界的中心，当之无愧叫"中国"（中央王国）。一千年前的中国经济、政治、科技、工艺、文化、娱乐、学术、数学等等都是世界第一，即便是军事也是数一数二。

一千年前的中国不幸地处于野蛮世界的怀抱中……一千年后的西方人说："一千年前的中国经济总量，占当时世界的百分之八十。"一千年后的中国人震惊地说："这怎么可能？"而没有多少中国人意识到，其祖国曾是持久辉煌。今天的中国相比简直是小巫见大巫！

（三）欧美文明是历史的倒退

作为中华文明的全面失控的结果，近代西方及现代世界在许多方面，包括智慧、政治、人生和道德等，都已是退化了！人类社会进入"衰变期"（五浊恶世、末法时代）。分别阐述五点如下：

第一，文明退化。天人和解→征服自然。

在人与自然的关系上，传统文明是基于"天人和解"，虽说缓慢发展，乃至"停滞不前",却是细水长流、共生绵亘。而今的文明则是基于耗丧生态,所以它能够拥有爆炸式发展;也就是说,人们以破坏生命的栖息地来建筑人为景观,来创造科学天堂。

近现代的如此行径,是受到邪恶的"反自然、害生态、非生命"精神的引导的:神的中心主义→人类中心主义→自我中心(物质主义)!西方及现代文明是与地球村格格不入的,因而爆发了两次世界大战;西方及现代文明导致生物圈岌岌可危,所以行将出现"第六次物种大灭绝"(由愈益强烈的人类活动所引起的物种大灭绝)。①

第二,智慧退化。智慧→本能(第二本能)。

通俗地讲,人的智识分为两个部分:智能(人智)和智慧(圣智)。Ⅰ.智能(人智):是人作为智能生物的天性(第二本能)——反克自然,剖析大千,索取万物,解放本能;它对于人自己是双刃剑:既是生存、发展的工具,又是灾祸、自毁的利器。Ⅱ.智慧(圣智):驾驭、制导智能(人智),而使人与人、人与自然和解与感通。传统时代是两种的辩证统一,而今只是智能(人智)的单刀直入、唯我独尊。

今人的科技革命与知识爆炸只是人类的残缺思维的恶性循环,直到它们彻底耗丧地球环境为止。不仅如此,在智能(人智)这一块,现代人也比其祖先减少了许多"智能基因"(请读《最新研究表明人类的智力正在退化》)②。

第三,政治退化。德礼自治→政法强制。

传统社会主要是基于仁德的人民自我管理,而很少法律强制与政治压力,并且带来泛世界的和平与安宁。今人所崇尚的民主实际上是人类的政治文明的低谷,它是以堕落的人性为前提(原罪性恶、私我中心),而其必要条件则是民族国家在哄抢生物圈的国际竞争中占据上风。后者直接和主要地依靠霸权,而间接和基本地取决于地缘政治(海洋地缘)。相比之下,那些地理被动,易受扼制的国族则会沦为民主的牺牲品,这也成为民主的存在条件之一。

民主与否,实际上是与制度和文化没有关系的,它们仅是政治的"顺理成章、能动配套"而已。从长远来看,地理优劣或民主条件是会发生变化的,届时,民主势必走向反面。普世价值与普遍低智是相吻合的,加深了现代文明的危机。

---

① [美]伊莉萨白·寇伯特:《第六次大灭绝:不自然的历史》,黄静雅译,台北:天下文化,2014。
② 腾讯科学,《最新研究表明人类的智力正在退化》,2012年11月14日。http://tech.qq.com/a/20121114/000033.htm

第四，人生退化。礼乐人生→物质人生。

《道德经》曰："故常无，欲以观其妙；常有，欲以观其徼。"这里，"有境"是物质的，适度满足，过犹不及；"无境"是精神的，和乐神怡，美妙无疆。此乃传统中国的人生幸福。然而近现代，由于东半球与西半球连接而使地表生物量的产出倾注于人类（牺牲自然物种），再由于地下矿藏变成财富、而汇总于工业化国家；面临着突如其来、无比巨大的物质诱惑，人类便陷溺于本能层次的物欲人生。这在从未享有过礼乐幸福的西方，是理所当然的（"启蒙理性"）；而东方在这方面则是西方化，舍己从人，青胜于蓝。由此，现代人的幸福感与其总的物质财富的剧增，是成反比的关系。

第五，道德退化。道德→"理性"。

按照社会生物学，人有两种利他主义：A.无条件的利他主义——道德；B.有条件的利他主义——理性。仅有后者，意味着人就是赤裸裸的智能生物，不受道德约束，只是按本能行事；那就是有条件的理性和无条件的非理性，两种互为因果。例如，一个国家若能成功地把其内部矛盾（原罪、性恶）转嫁到外部世界与地球生态，而使该社会及公民的生存竞争变得有利无害；那么，它就是有条件的理性——代替道德功能。反之，一个受害国或是国际角逐的失败者，它就是无条件的非理性（在此情况下，若无集权来强制整合，则趋于毁灭）。

人欲横流或物质陷溺及其所致的道德沦丧，也与地理与生态皆是有关的，因而在1492年前后则截然不同。往古，人们囿于地区生态、乡土环境，后者所能承受的"人的负面"极为有限，动辄祸爆，乃至灭亡。所以，东方文明是以众生修身为本、仁德为根，其余世界则或是宗教神约，或是族群吞噬。到近现代，偌大的地球生物圈海涵物质文明与物质人生及其善与恶；这在西方人看来是创世常理，而逞性妄为，东方人视之为天赐良机，而及时行乐。《管子·牧民篇》曰："国有四维（礼义廉耻），一维绝则倾，二维绝则危，三维绝则覆，四维绝则灭。"或许一个古代社群的道德败坏达到今天的一半，就会倾覆，而现代人在此方面的趋势则似乎是不倾覆地球村与生物圈而不罢休！

但愿现代文明的进步进化，仍在《易经》的生命周期律的起伏范围内——"明夷艰贞、先否后喜"。

如果不是这样，那么，人类就被代表其愚蠢面、阴暗面的"智慧"所引导，勇往直前地迈向"创世→末日"的目标！

总而言之，欧美文明是中华所派生的矛盾的对立面，是她的阴阳运动的周期律的一个"阳亢期"——反自然、害生态、非生命的"阳亢期"。现代世界是人类社会的极危险的突变、蜕变,亦即,文明误入歧途于"创世→末日"的轨道!如何扭转乾坤?是回归"阴阳平衡"?——《易经》曰:"一阴一阳之谓道,继之者善也,成之者性也。"还是自然"强制平衡"?——《易经》曰:"易不可见,则乾坤或几乎息矣。"

第四编

西方民主是儒家的成果与变种

第十四章　中国产生欧美民主的过程

一、民主的启蒙：孔子是自由"守护神"

孔子成为 18 世纪启蒙运动的守护神。(Confucius became the patron saint of eighteenth-century Enlightenment.)①——赖希魏因(德国历史学家)

中国文化是西方民主思想的源流，是形成西方民主政治的动力。(Chinese culture was one source from which Western democratic thought flowed and a force in shaping Western democratic politics.)②——亨利·华莱士(美国前副总统)

近代以前的西方，现世人生与制度、人民的权利与自由等这些现代民主的因素，都几乎为零。而此种状况的改变，从无到有(民主、自由、法治与人权)，则几乎百分之百得力于中华文明：

Ⅰ.中国科技的西传，导致宗教失控，最终把西方人从地理与神权的双重禁锢中解放出来；

Ⅱ.中国科技与文化的影响，在西欧引起了文艺复兴、宗教改革、启蒙运动和工业革命，凡此，使得西方人告别其中世纪的自然困厄与宗教蛰眠——西方人开始有了俗世与现世、有了人文与人权；

Ⅲ.中国科技与文化开拓"全球天下"(海陆丝路与地理大发现)，世界性地实现车同轨、书同文(联通世界地理、普及书面文字)；

---

① Nicolas Berggruen, Nathan Gardels: *Intelligent Governance for the 21st Century: A Middle Way between West and East*, Hoboken, New Jersey: John Wiley & Sons, 2013, p.50.
② Ian S. Markham: *A World Religions Reader*, p.124.

Ⅳ.曾是扼杀其自身的"原罪",现在可以宣泄出去,变成了豪夺自然与世界的强劲动力,从而带来了西方的"内部佳境"——西方人变成了"有条件的理性",民主与科学基于其上!

欧美及现代文明,即摆脱神权王权、强调人文人本和重视发展发明的"俗世文明"。归根结底,是儒家的"人文民本、利用厚生"展开于"全球天下"。《易经·贲卦》曰:"文明以止,人文也……观乎人文,以化成天下。"

表解　西方民主的形成和中国的决定性的贡献

形成民主的6个要素		欧美民主的前提和必要条件如何具备	中国的贡献是必不可少的
6	民主的稳定机制	内部和解,疏解原罪,仇外,牺牲异族	几百年中国承受西方祸患
5	民主的制度确立	人文社会各种制度从何而来,怎样运作	引进中国体制与文官制度
4	民主的理性样板	离开宗教能否形成稳定的"人的社会"	非宗教的中华文明的样板
3	民主的精神特质	神本→人本:天赋人权,争取现世权利	把西方从神权禁锢下解放
2	民主的地理条件	海洋地缘:地缘政治的战略与经济优势	中国发明提升欧洲海洋性
1	民主的生态基础	寄生于海外生态:霸占美洲,掠夺世界	中国科技与人文联通世界

欧美文明及现代世界及其一切方面,都是"缘起性空"(因缘暂合),都是由中国文化变现出来的;西方及现代文化不能首创民主与科学,所谓的"西方传统"和"希腊源头",都是在华夏赋予其文明之后才粉墨登场、偷天换日的。文艺复兴期间,所谓的"人文主义者"(几乎全是神职学者)大量伪造古典艺术、古代文集,但根本没有发现有关古希腊的历史记载。希腊克里特大学教授富莱斯普写道:"自从文艺复兴以来,'重新发现'的古代历史资料是极为有限的,甚至到18世纪都没有希腊历史问世""直到18世纪,无人撰写希腊历史。"[①]

在近代以前,倘若没有深邃高卓的智慧("道的智慧":和谐文化、和合智慧),并且用它来调和天人及社会等诸多关系。那么,人们是根本不能有所作为的——是不可能享有文明的,更不可能创造民主与科学的。然而,在中国文化与科技通过西洋打开了"全球天下"之后,则人类的一切问题变得"容易"了——迎刃而解、顺水推舟(但也是人类史与生命史的最后阶段——西方及现代文明是耗丧生物圈的)!可惜,今人难以理解这些。

本章专论民主政治。我相信,不带成见的读者在览阅它之后,一定会感觉到一目了然,一叶知秋的。

---

① Kostas Vlassopoulos: *Unthinking the Greek Polis: Ancient Greek History beyond Eurocentrism*, Cambridge UniversityPress, 2007, p.15—17.

关于"欧美民主源于中国"这一命题,国外众家宏议,颇多共识。我们在此做一番介绍。

是中国文化促成近代西方的民主化的,它在欧美各国的表现与效果则不尽相同,情随事迁:在美国是显著而立竿见影,在法国剧烈而跌宕起伏,在英国是迟缓而渐入佳境……总的来说,是"橘化为枳,转圣为凡"(按:相对于道器合一、体用不二的中华文明,她所派生的欧美文明及其政治是西体中用、唯器无道)。

印度《对话季刊》写道:

发生于18世纪后期的伟大的美国与法国革命,是被"祖述"中国先哲的欧洲启蒙运动所引爆的。那时,中国文化风靡欧洲。孔子曰:"有教无类。"伏尔泰(1694—1778年)赞扬这一公平合理的政治理念。1942年美国副总统华莱士宣称,中国哲学和国民的民主心性对于西方的政治哲学,做出了重大贡献。①

再有,韩国的英法文学教授李家亨(Lee Ka-hyung)说:

由于它的合理性和启示性,儒学在启蒙运动时期的法国被广泛接受……那些为法国革命提供了精神炸药的启蒙精英们……共识:"孔子是18世纪的民主哲学家们的守护神;因为他的思想是无神论的、自然主义的、民主的、理性的和现实的,甚至是革命的。"②

对于近代西方取法中国来构建其政治制度,就连鄙夷华夏的黑格尔也不否认,他说:

……国家公职都由最有才智和学问的人充当,所以,他国每每把中国当作一种理想的标准,就是我们(德国)也可以拿它来做模范的……在中国,实际上是人人绝对平等的……任何人都能够在政府中取得高位,只要他具有才能。③

此须交代一下:虽然黑格尔承认欧洲启蒙时代的上述事实,但他和别的大多数"后启蒙时代"的西方学者一样,都蜕变为"西方中心论";他们所做的,主要有四件事:A.塑造希腊和西方传统;B.隔断东西方的源流关系;C.凸出印欧种族的"优越性";D.宣称西方应该主宰其余世界。

---

① Lokesh Chandra: *Indian and Chinese Thought*, *Dialogue Quarterly Journal of Astha Bharati July-September*, 2011, Volume 13 No.1 www.asthabharati.org/Dia_July%20011/lok.htm

② *Korea Newsreview*, *Vol. 5*, No. 27—52, Korea News review Incorporated, 1976, p.199.

③ 黑格尔:《历史哲学》,第117页。

二、民主的前奏:政策公开与新闻自由

(一)西方不存在它自己的政治传统

世界历史的"文明边缘"(文化荒漠)——欧洲,不存在它自己的纵向历史或有机脉络,而仅是一时千载的横向汇流(作为文明中心的中国对其灌注)。欧洲文艺复兴的人文主义倾向于这样共识,即:从中世纪到他们自己的时代的欧洲基本上是"文化荒漠"(cultural wasteland)。①

欧美文明的各个方面几乎都是源于中国的,包括科技、政治和经济及其相关的思想与哲学。法国汉学家谢和耐说:"中国大大推动了现代政治思想的形成……中国的启迪并不限于政治、社会思想、制度、技术等领域,而极有可能曾推动现代科学思想的形成。"②(按:在传统阶段,中国科技的诸多发明奠基了科学—工业革命;在现代阶段,中国哲学的整体观启迪了超越机械论的有机科学。)③

所谓的"西方传统"和"希腊源头"都是被杜撰的,它们与欧美文明及其民主与科学的产生是毫不相干的。如前所述,它们实际上是在"中国热"与启蒙运动之后被塑造出来,来迎合"文明的暴发户"的认祖归宗的。

罗姆·布劳恩说:"……即使是统治阶级的人也大多数都是文盲(the governing class were illiterate)……直到十字军的时代(11—13世纪末),欧洲的国家政治依旧属于原始群落文化(primitive mass cultures)。"④

约翰斯顿说:"黑暗时代……哥特人在意大利、盎格鲁撒克逊人在英格兰、法兰克人在法国和德国、西哥特人在西班牙,他们都是相对原始的和未开化的……欧洲中世纪是这样一个时代,即:日耳曼部落成长起来了,发展了政府、文化和技术……"⑤我们应该指出,日耳曼的成长与发展是发生在近代的"中国赐予"。

---

① Albrecht Classen: *Rural Space in the Middle Ages and Early Modern Age*, Berlin: Walter de Gruyter, 2012, p.731, Note 6.

② 谢和耐:《中国社会史》,第460—461页。

③ J. J. Clarke: *Oriental Enlightenment: The Encounter Between Asian and Western Thought*, Routledge, 1997, p.167—169.

④ Jerome Braun: *Democratic Culture and Moral Character: A Study in Culture and Personality*, Berlin: Springer Science & Business Media, 2013, p.134.

⑤ Ruth A Johnston: *All Things Medieval: An Encyclopedia of the Medieval World*, Vol. 1, xiii.

(二)近代早期西方的"中式立法"

丝路辐射,中学西被,德厚流光,过化存神。

关于近代西方从中国引进民主政治,让我们先看"政府政策与新闻自由"的立法,睹始知终,以小见大。

在西方,恰如瑞士是第一个采用了经由法国重农学派转手的儒家经济学的国家,①瑞典是第一个实行中国式的政府信息公开的国家,即在1766年颁布了《新闻自由法》(Freedom of the Press Act)。(按:1766年瑞典《新闻自由法案》规定,不得批评国教和国王)。另外,在国家管理的方面,瑞典也是最早引进中国的人口调查与统计方法的欧洲国家(1749年)。②

斯蒂芬·兰博的文章《信息公开:一位芬兰牧师带给民主的礼物》,论证了这项立法的原旨是来自中国;即……芬兰牧师安德斯·屈德纽斯在中国的影响下,起草了瑞典的这项法案。然后欧洲各国先后如法炮制。③

两位学者大卫·屈耶、查理斯·戴维斯解释道:

1766年,瑞典,还有芬兰,通过了全国性的《信息自由法》(FOI Law: Freedom of Information Act)。这是在美国此项立法之前的整两百年(引者按:美国国会于1966年通过《联邦信息自由法》,又经多次修改;直到最近,即2007年,批准《政府公开法》)。芬兰的安德斯·屈德纽斯(Anders Chydenius)应该是信息自由法和出版法之父……按照信息自由法,政府有义务提供免费的官方信息。另外,他还创造了监察员制度……澳大利亚研究者……斯蒂芬·兰博发现,屈德纽斯的上述立法思想,并非他自己独创,而是从唐朝太宗皇帝(公元627年即位)的文献中撷取灵感的。这位皇帝建立御史制度(监察机关),使政府记事公开;它允许"不平则鸣",允许任何人能够获得政府信息,只要他到殿前击鼓即可。④

根据达奇和安德伍两位教授的介绍,屈德纽斯的相关的中国研究是:太宗在位二十二年……励精更始,正理平治;建立御史台制度,由选士高官执掌。他们不仅实录政令与奏疏,而且还接纳对政府和君主的批评。该机构基于"人文民本"的

---

① Christian Gerlach: *Wu-Wei in Europe: A Study of Eurasian Economic Thought*, London School of Economics, 2005, p.4.

② Jacques Gernet: *A History of Chinese Civilization*, p.525.

③ Colin Darch, Peter G. Underwood: *Freedom of Information and the Developing World: The Citizen, the State and Models of Openness*, London: Chandos Pub, 2010, p.71.

④ David Cuillier, Charles N. Davis: *The Art of Access: Strategies for Acquiring Public Records*, Washington, D.C.: CQ Press, 2010, p.23.

儒家哲学。御史台的主要功能是审查政府和官员,揭露政府失误、机构低效和官吏贪污。在缺少现代媒体的情况下,它发挥权力制衡与舆论监督的作用。①

三、民主的真源:高卓文明的政治传统

(一)传统中国的政治开放

那么,政策公开与新闻自由,在其"母体文明"——所谓的"东方专制主义"的传统中国——究竟是怎样的呢?

按照历史学家钱穆的研究,明代大臣给皇帝的奏疏,皇帝的批示,种种争吵议论,几乎都是公开的。通过邸报,能传遍全国各地,乃至成为民间街谈巷议的品评或谈资。一切都是公开化、透明化的。

许多奏疏,皇帝没有批示就已广为传抄;边塞军事消息没有奏闻就已经散播;公卿往来,权贵交际的情况,每天都有邸报公布于众。而报房的商人为了谋取利益,不顾事情缓急与国家命运,就贩卖传播邸报上的各种消息。

关于明代政务的透明化,《利玛窦札记》里也有记载:"所有这些呈送皇上的书面文件和对它们的答复,都要复制很多份。这样,在朝廷所发生的事情,就迅速传到全国每个角落。这种文件也编辑成书,如果其内容被认为值得流传给后代,就载入本朝的编年史。"

钱穆又说,这样的公开化、透明化,等于是把皇帝的一言一行,政府的一举一动,都置于光天化日之下,接受舆论的监督。皇帝和少数高级官员很难通过隐藏某些事实,来达到操纵控制舆论的目的。这同样让明代的舆论具有非常大的独立性。这种程度的公开化、透明化,是现代大多数所谓民主国家,都根本不可能具备的。

众所周知,现代一般的政府文件,以及各种政策的讨论争议,凡此决策及其内幕,都只能是作为国家机密来对待的,需要至少几十年才可能解密,才被普通公众和学者看到。而在明代,政府对任何政策的讨论几乎全无都无机密可言,任何决策过程和争吵过程,都暴露于大庭广众之下。以至连军国大事的各种信息,竟然可以通过"报房",公开传播。②

---

① Colin Darch, Peter G. Underwood: *Freedom of Information and the Developing World: The Citizen, the State and Models of Openness*, p.71.

②鲁希然·支撑明代舆论独立的一些制度构架,人人网 blog.renren.com/share/224428269/6277438574

实际上,中国传统政治不仅本来就是民主的,是最早和最纯正的民主政治,而且几乎所有方面,它都是西方民主的唯一源流。甚至可以说,历史中国是臻于人类社会的政治文明的巅峰,而欧美及现代民主则是其退化形式。

(二)世界民主的总源头

关于传统中国,洛斯·迪金森教授说:"中国人是民主性的人种(Chinese man is the democratic man.),至少他们在对其自身和对周围人的态度方面,臻于西方人所希望的民主。"①华莱士也说"中国的国民性的民主倾向"。②(the democratic trend in Chinese folk psychology)。

关于古代中国首创民主政治,哲学家熊十力指出:

民主政治……《春秋》与《周官》之法制,可谓广大悉备矣。《春秋》书:新人立晋,便有由人民公意共选行政首长之法。《周官》于国危或立君等大事,亦有遍询民众之文;又于各种职业团体……直接参与国政。至于地方制度之详密,尤可见民治基础坚实。③

《周官》为民主之制,不独朝野百官,皆自民选……拥有王号之虚君,亦必由全国人民公选。秋官小司寇,掌外朝之政,以致万民而询焉:一曰询国危,二曰询国选,三曰询立君。据此类推,则国之大询,当不止三事。④

钱穆阐述:西汉前期,中国政治由"平民社会的朴素的农民政府"进升为"平民社会的士人的文治政府"。⑤他又说:"……汉唐时代……民主精神的文治政府,经济平等的自由社会,第次实现……宋元明清时代……个性之伸展,在不背离融合大全的条件下,尽量成熟了;文学、美学、工艺如春花怒放,光明畅茂。"⑥

中国传统政治从来都是本着民主精神的——从众尤从贤,从民所欲尤要使民尚善。司马光云:"圣人举事,与众同欲,故能下协人心,上顺天意。"洪范曰:"三人占,从二人言。"盖国有大疑,则决之于众,自上世而然矣。"(《续资治通鉴长编·卷二百五·治平二年》)

---

① G Lowes Dickinson:*An Essay on the Civilisations of India,China and Japan*,NY:Routledgep,2011,P.14.

② Lokesh Chandra:*Indian and Chinese Thought*,Dialogue Quarterly Journal of Astha Bharati July-September,2011,Volume 13 No.1 www.asthabharati.org/Dia_July%20011/lok.htm

③ 郭齐勇:《现代新儒学的根基》,第340页。

④ 熊十力:《原儒》,中国人民大学出版社,2009,第255—256页。

⑤ 钱穆:《国史大纲》,香港,商务印书馆,1989,第108—109页。

⑥ 钱穆:《中国文化史导论》,第203—204页。

西汉儒生尝试选天子归于失败,终于妥协(变乱中枢、争鼎逐鹿)。此须说明:在生存竞争囿于国土(而非如今的向外平衡、全球循环)的历史时期,帝王制度是政治的平衡器,它使祸争最小化而不殃及行政与民间(王国维语)。①

历代治世,儒士皆尽量让帝王隐然弃政,昭示太平,崇尚德礼之治,实际上是人民道德自觉,自我管理(乡里自治。唐君毅称:"人人皆以礼乐自治其身心,而'兵革不试,五刑不用'"②)。《论语·为政》曰:"道之以政,齐之以刑,民免而无耻;道之以德,齐之以礼,有耻且格。"

所以钱穆又说:"……虽有君王高高在上,而庶民在下,乃尽得有宽松安宁之自由。"③亦即,梁漱溟言:"治世,有西洋中古社会以致近代社会所不能比之宽松、自由、安静、幸福。"④

华夏政治的民主统系是文官考试制度(即被牟宗三所忽略的"政统"⑤)——从战国的贵族无权、游士擅政,经两汉的乡举里选、布衣卿相,到唐宋的开科取士、寒门出仕,一直延续至清末。诗云:"朝为田舍郎,暮登天子堂;将相本无种,男儿当自强。"钱穆在其所著《国史大纲·引论》中写道:

……"考试"与"铨选",遂为维持中国历代政府纲纪之两大骨干。全国政事付之官吏,而官吏之选拔与任用,则一惟礼部之考试与吏部之铨选是问。此二者,皆有客观之法规,为公开的准绳,有皇帝(王室代表)所不能摇,宰相(政府首领)所不能动者。若于此等政治后面推寻其意义,此即礼运所谓"天下为公,选贤与能"之旨。

就全国民众施以一种合理的教育,复于此种教育下选拔人才,以服务于国家;再就其服务成绩,而定官职之崇卑与大小。此正战国晚周诸子所极论深岂,而秦、汉以下政制,即向此演进。特以国史进程,每于和平中得伸展,昧者不察,遂妄疑中国历来政制,惟有专制黑暗,不悟政制后面,别自有一种理性精神为之指导也。

沙佛尔教授说:在18—19世纪西欧发展代议制民主和普选权之前,科举制度是世界上最民主的制度。⑥

科举制度是人类政治文明中的最重要的发明。

---

①《王国维学术论著》,浙江人民出版社,1998,第58页。
②唐君毅:《中国文化之精神价值》,台北:正中书局,1992,第278页。
③钱穆:《现代中国学术论衡》,第191页。
④《梁漱溟全集》,第三卷,第209页。
⑤牟宗三说,传统中国有"道统",但缺少"政统"和"学统"(民主与科学)。这是误解,因为西方及现代的民主与科学都是源于中国。(牟宗三:《中国哲学的特质》,第87页)。
⑥*China and Europe,1500—2000 and Beyond:What is Modern*,2014.

埃及经济学家萨米尔·阿明认为,在近代以前,中国"在所有的生产领域都明显优越于欧洲";但在基于中国技术的工业革命成功地塑造近代欧洲之后,中国则黯然失色。尤其是在政治上,"近代的欧洲思想家们深知中国的优越性,把她看成是'最佳典范'(model par excellence)……看成是理性的楷模:中国在很久以前就发明了公共服务的文官制度,而摈弃了贵族制与神权制,它是通过竞争性的考试招收管理人员的国家官僚制度。在许多世纪以后,欧洲才发现此种很现代性的行政体制(19世纪),因而整个世界都分享它……在欧洲人凭借军事优势而压倒一切之后,他们不仅不再敬佩中国的优越性,而且还破坏了中国本身的传统模式。"①

(三)从广阔视野看中国传统政治

春秋战国至秦汉之际,人心物化,相争相害,从恶如崩,这也是连续几百年诸侯列国混战的精神根源。凡此,归因于铁器革命在天人及社会的各种关系上的负面效应,即汤因比所言:新技术冲击心灵,从而构成对社会与环境的严峻挑战。秦始皇及其政治则是"应劫而生",针锋相对;遵法家,用霸术,施猛药,严刑峻法,高压强制。如此"必要之恶",仅仅是"人心向善、政民和合"之前的权宜之计,而非长久之策。

清初思想家王夫之说,战国至秦汉之际,人心妄动,易乱难治;妄动之机枢在下不在上,故而秦朝"非暴不立,其祚也短"。他写道:

战国之争,逮乎秦、项,凡数百年,至汉初而始定……其间非无暂息之日、若可以定者,然而(祸因乱源)支蔓不绝,旋踵复兴。非但上有暴君,国有奸雄;抑亦人心风俗一动而不可猝静,虚矫习成,杀机易发,上欲扑之而不可扑也。夫秦……恶能(岂能)摄天下之心与气、而敛之一朝哉?故陈胜有辍耕之叹……争乘虚而思起。此兵之不可急弭者,机在下也。

纯粹法家的政治是专门针对乱世的("乱世用重典"),它通常是典型的中国传统"治道"的一个前奏。传统中国的治道的展开是:

1.人性恶,则实行霸道暴政,间歇于道家之无为。孔子曰:政猛民受残(苛政猛于虎),政宽民则慢(怠慢于法律);宽猛相济,中庸调节。

2.人性善,则采取仁政德治,以儒家为主,兼用法家。其前提是人性恶变为人性善,它归因于儒家之导民尚德和佛教之降伏人心。从"官民相煎"到"政通人和"。

3.性至善,则契合"无为而治"。儒释道三家会通。孔子曰:"无为而治,其舜也

---

① Samir Amin:*Theory is History*,Springer,2014,p.101.

与……"荀子曰:性恶,则法正刑禁,并行"礼化";性善,则去圣息礼,达到"无为"。

以上三个阶段都是"有教无类、学优则仕"和"天下为公、选贤与能"。第二、三阶段逐步完善地方自治和人民的自我管理——"人人皆有士君子之行","人人皆以礼乐自治其心身"。

表解 历史中国开拓出的政治文明,现代西方处于低级阶段

	儒家治道、政治文明	三部曲:宋代以前是1—2;近古盛世是2—3	西方及现代
升华向上	B."道"(形而上):德礼虚政,良民自治	3.性至善:德治、无为而治(儒释道合流)	处于A层次:霸权及联盟有民主;西方受害者则不民主
	A."器"(形而下):政刑之治,权制实体	2.人性善:仁政礼治。儒家为主,法家为辅	
		1.人性恶:严刑峻法。法家为主,道家为辅	

再回到秦始皇。他的盖世奇功之一是确立郡县制中央集权。今人受西方与西化思维的影响,把它等同于"专制"。如果放开视野来看它,则是别开生面。详述如下:

第一,此种政治根绝了阶级制度:以社会中的出类拔萃者来管理国家,从而淘汰贵族等级、特权世袭、封建血统和地域狭隘。这是一种公平和有效的政治。秦始皇(及李斯等法家)是后代科举选士与文官制度的先行者。

王夫之《读通鉴论·秦始皇》说,选士任官不利于天子,但对社会则利大于弊,其害处远小于诸侯世袭;秦始皇以他权衡祸福之"私心",成全了"天下为公"。他写道:

古者诸侯世国……大夫缘之以世官,势所必滥也。士之子恒为士,农之子恒为农;而天之生才也无择,则士有顽而农有秀。秀不能终屈于顽,而相乘以兴,又势所必激也。封建(世袭)毁,而选举行守令席诸侯之权,刺史牧督司方伯之任;虽有元德显功,而无所庇其不令之子孙。势相激而理随以易,意者其天乎!……(而今)选举之不慎而守令残民,(往古)世德之不终而诸侯乱纪,两俱有害,而民于守令之贪残,有所藉于黜陟以苏其困。故秦、汉以降,天子孤立无辅,祚不永于商、周;而若(周平王)东迁以后,交兵毒民,异政殊俗,横敛繁刑,艾削其民,迄之数百年而不息者亦革焉,则后世生民之祸亦轻矣。郡县者,非天子之利也,国祚所以不长也;而为天下计,则害不如封建之滋也多矣。呜呼!秦以私天下之心而"罢侯置守",而天假其私以行其大公……

第二,秦始皇的郡县制中央集权实际上是开现代政治之先河,它是现代西方各国的政治体制的原创。17—19世纪的欧美各国都在引进或模仿此种统一管理的体制。所以,西方的历史学家说,现代世界的主要制度或体制都是源于古代中国

的。美国的《历史教学材料》这样写道：

在别的古代文明中，不存在类似于中国的文官制度（译者按：礼部考试，吏部铨选）……在17—18世纪的欧洲文字里，科举制度是被反复描述的，以致伏尔泰和魁奈等人对此赞叹不已。在法国，最早的文官制度形成于革命狂潮的1791年……18世纪的一些英国学者称道中国的这项制度，他们敦促英格兰采用之。1806年，英国东印度公司首先尝试。……随后几十年，许多英国人倡导援引中国模式，而在英格兰全面实行之……今天，文官制度的原则已被民主国家普遍接受……文官制度无疑是中国赠予西方的最珍贵的知识礼品之一……文官制度并非中国赠予西方的唯一礼品。①

比较20世纪初以前的英国：其社会公平低于古代中国，其政治公平低于秦朝。只不过英国及列强向外侵略，而使财源资源滚滚流入，以致其内部变得宽裕、易于治理而已。

西方政治乃至西方的一切都是以"全球性生态"作为其平衡条件与牺牲代价，我们须了解这样做的前因后果：前因是中国科技与文化打通全球天下，而让西方人及现代人在其中绽放人作为智能生物的反克自然的本能；后果是西方人及现代人如此急功近利，则后患无穷，它是通向人与生物圈同归于尽的。

为什么说20世纪初的英国的政治公平低于秦朝？答：在其于19世纪后期采用传统中国的文官考试制度之前，虽然英国已引进了中国的郡县制，并且经历了几百年的议会制度，但如此政治都是被世袭贵族所把持的，下层社会没有参政或管理国家的机会。

为什么说20世纪初的英国的社会公平低于古代中国？让我来展开说明黑格尔这句话，即中国古代最为公平，任何人都可以通过学习和考试的途径参政。梁漱溟详述道：

（历史中国）做官的机会，原是开放给人人的。如我们在清季之所见，任何人都可以读书；任何读书人都可以应考；而按照所规定，考中，就可做官。这样，统治、被统治……时而易位，更何从而有统治、被统治两阶级之对立？

英国文官之得脱于贵族势力而依考试任用，至今未满百年。以此较彼，不可谓非奇迹。无怪乎罗素（视为）……中国文化三大特点之一也（治国者为由考试而起之士人，非世袭之贵族）。今人非有相当本钱，不能受到中等以上教育。但从前人要

---

① Derk Bodde: *Chinese ideas in the West*, American Council on Education, 1948, p.2.

读书却极其容易：

> 不收学费的义塾随处可有。宗族间公产除祭祀外，莫不以奖助子弟读书为第一事，种种办法甚多。同时，教"散馆"的老师对于学生收费或多或少或不收，亦不像学校那种机械规定。甚至老师可以甘愿帮助学生读书……读到几年之后，就可一面训蒙，一面考课，借以得到"膏火补助"自己深造……
>
> "耕读传家"，"半耕半读"，是人人熟知的口语。父亲种地为业而儿子读书成名，或亲兄弟而一个读书，一个种地，都是寻常可见到的事。谚语"朝为田舍郎，暮登天子堂"正指此……在中国耕与读之两事，士与农之两种人，其间气脉浑然相通而不隔。士与农不隔，士与工商亦岂隔绝？士、农、工、商之四民，原为组成此广大社会之不同职业。彼此相需，彼此配合……由于以上这种情形，君临于四民之上的中国皇帝，却当真成了"孤家寡人"，与欧洲封建社会大小领主共成一统治阶级，以临于其所属农民者，形势大不同……
>
> 官吏多出自士人。他们的宗族亲戚邻里乡党朋友相交，仍不外士、农、工、商之四民。从生活上之相依共处，以至其往还接触，自然使他们与那些人在心理观念上、实际利害上相近，或且相同。此即是说：官吏大致都与众人站在一面，而非必相对立……诚然官吏要忠于其君；但正为要忠于其君，他必须爱民如子和直言极谏。因只有这样，才是获致太平而保持皇祚永久之道。爱民如子，则每事必为老百姓设想；直言极谏，则不必事事阿顺其君。所以官吏的立场，恰就站在整个大局上……
>
> 在中国看不到统治阶级，而只见有一个统治者。然一个人实在是统治不来的。小局面已甚难，越大越不可想象。你试想想看：偌大中国，面积、人口直比于全欧洲，一个人怎样去统治呢？他至多不过是统治的一象征，没有法子真统治。……政治上统治、被统治之两面没有形成，与其经济上剥削被剥削之两面没有形成，恰相一致；其社会阶级之不存在，因互证而益明。本来是阶级之"卿、大夫、士"，战国以后阶级性渐失，变成后世之读书人和官吏……他们亦如农工商其他各行业一样……旧日中国……阶级不存在……
>
> 在经济上，土地和资本皆分散而不甚集中，尤其是常在流动转变，绝未固定地垄断于一部分人之手。然在英国则集中在那百分之四的人手中……
>
> 政治上之机会亦是开放的。科举考试且注意给予各地方以较均平之机会。功勋虽可荫子，影响绝少，政治地位未尝固定地垄断于一部分人之手……较19世纪末20世纪初之英国情形为好。英国虽则选举权逐步开放，政治机会力求均等；然

据调查,其1905年……内阁首相及各大臣、外交官、军官、法官、主教、银行铁路总理等,约百分之七十五还是某些世家出身。他们几乎常出自十一间"公立学校"和牛津、剑桥两大学。名为"公立学校",其实为私人收费很重的学校。普通人进不去,而却为某一些家庭祖孙世代读书之地。所以近代英国是阶级对立的社会,而旧日中国却不是。此全得力于……上下流通。①

严格地讲,现代西方及世界的国家政治是和战国七雄属于同一档次的,其特质是:极具组织力与动员力,排他性与应战型的民族国家。在文明程度上,它较之秦朝以后的中国传统政治则是等而下之。中国传统政治是以王道代替霸道,用德礼之治淡化政刑之治,重义轻利,讲信修睦。

然而,现代世界毕竟是全面地重演战国,故而,中国传统政治的优与劣受到时代检验,那就是:往昔华夏以人心自治为主、政法管理为辅,旨在免于权力重压。如此"治道"勉强治水防夷,尤不胜任大型战争。它是扬弃战国、统摄天下的太平政治,却根本不适合于19—20世纪的列强时代。所以,为了救亡图存,20世纪的中国必须转型。它似乎是进步,实质上是相反的——中国文化的"战略退却",返回"战国七雄":从天下观及世界主义退却到国家观及民族主义。不过,这也是"以退为进、先否后喜"。

(四)西方接受和实践儒家民主的经过

《美国教育·亚洲研究》登载德克·博德教授著《中国思想在西方》专论,我们结合同一刊物的类似文章,综述如下:

在17—18世纪的欧洲启蒙运动中,深受儒家启迪的法国重农学派主张教育与教会分离和发展全民教育。仅此途径,有才能的人被选拔和训练,而服务于公共事业。重农学派明显是被中国所影响的。再如,文官考试制度(科举)确保出仕政府的人,是基于教育,而非地位。重农学派所倡导的全民教育,开启了19世纪的西方民主的规范化的运动。

(甲)中国思想与启蒙运动

很久以前,各种中国的技术发明是通过阿拉伯人——欧亚大陆的旅行者和贸易者——为中介,传到欧洲的。然而,西方人受惠于纯粹的中国知识(非物质文化),在他们自己远赴中国之前则是微乎其微的。

中欧会通的新时代始于利玛窦到达北京的1601年。耶稣会士们被这个悠久

---

① 《梁漱溟全集》,第三卷,第153—156页。
② Derk Bodde:*Chinese ideas in the West*,p.1—42.

高卓的文明所震惊,于是,他们就把其所见所闻,反馈于欧洲;他们的文字被汇编成集,形成了系列的中国著述。犹如向欧洲人展示了一幅美轮美奂、惟妙惟肖的中国画,它掀起了"中国热",炽盛于17—18世纪。这不仅是家喻户晓的"中国时尚",而且还在文学和思想上熏陶了当时欧洲的名流。

在那段欧洲的政治与知识的酝酿期里,"中国效应"是至关重要的。西方人开始依照儒家的民本、仁政和贤能,审视与批评欧洲的现状:A.他们反对君王只顾自己、不管民生的"君权神授";B.他们对贵族奢侈和农奴挨饿表达了正义;C.他们敦促公共事务向受教育者开放。

如此思想,初露锋芒于17世纪,涤荡社会于18世纪,即举世闻名的欧洲启蒙运动,其结果是爆发了1789年的法国革命。

中国的刺激是强烈的。欧洲人看到了一个独立于和更早于宗教的伟大文明,它不允许教会干预行政权力。中国皇帝看似绝对君主,实际上是受制于主张"民贵君轻"的儒家治道的。特别令人敬佩的是,中国,不像欧洲那样的由世袭贵族垄断职权,而管理国家的则是教育和考试中的出类拔萃者。

极有趣的是,莱布尼茨在1697年所写的一封信中,宣称:"我应该在我的门上挂个招牌:中国知识咨询局!"

最倾慕中国的欧洲启蒙运动的领袖是伏尔泰,他的书房中敬奉孔子(画像);他认为,孔子是圣人之最,而中国则是哲人治理——"理想国"。

伏尔泰死后11年爆发了法国革命,接踵而至的是拿破仑战争和19世纪的欧洲工业革命。于是,欧洲人的浓浓的"中国遥情"云消雾散。但在美国,至少有一位19世纪的思想家沉浸于中国,那就是爱默生(1803—1882年),他接受儒家的士的观念。他主张好的政府应该基于道德,个人当有社会责任作为处世之道。今天,我们敬重如此美国思想,但很少知道它是祖述尧舜。

(乙)重农学派与儒家示范

深受儒家启迪的法国重农学派主张,政府应该尊重客观的经济与社会规律,那就是"自然秩序"(自然法、道法自然),这与儒家的相关思想基本一致。几千年前,中国人就致力于"人之道"(政府行为)应该与"天之道"(魁奈所称"自然秩序")保持和谐。

重农学派还主张,教育与教会分离,发展全民教育。仅此途径,有才能的人被选拔和训练,而服务于公共事业。重农学派被儒家影响的另一个方面,是提倡文官考试制度(科举),它确保出仕政府的人,是基于教育,而非地位。

中国皇帝每年的春耕仪式也打动了重农学派的领袖魁奈。1768年,路易十五的儿子在宫廷中举行了这种仪式,以表示政府重视农业。奥地利皇帝约瑟夫二世效仿之。魁奈被其门徒称为"欧洲的孔子"。

重农学派的另一个杰出人物是杜尔哥(1727—1781年),于1774—1776年任法国财政大臣。在1765年,杜尔哥听说有两名由耶稣会士派来法国学习的中国人,即将回国。他一口气列出了52个有关中国的经济和社会状况的问题,请他们带回中国,酌情解答,然后寄回(可惜没有收到)。

虽然重农学派的儒家式的经济改革没有成功,但它对经济理论的贡献,特别是对亚当·斯密的影响,是深远的。重农学派是近代西方的政治经济学的奠基者。另外,重农学派所倡导的全民教育,开启了19世纪的西方民主的规范化的运动。

虽然欧洲的"中国热"在1789年后火烬灰冷,但它留下了一份行之有效的遗产,那就是现代西方普遍采取的文官制度。各种欧洲的文官制度都源于中国的"帝国考试",一般来说,它始于西元前165年的西汉王朝。该制度有两个重要优点:A.它确保优异学子服务于政府。B.它对社会全体开放,一视同仁。故而,在近代以前,这项制度是世界上最民主的。

(丙)中国体制与欧洲引进

在17—18世纪的欧洲文字里,科举制度是被反复描述的,以致伏尔泰和魁奈等人对此赞叹不已。

在法国,最早的文官制度形成于革命狂潮的1791年,十年后中断,而于1840年重建。虽然它的来龙去脉已渐模糊,但还是有几位法国史家追溯其中国源头。

英国的文官制度的起源比较清晰。18世纪的一些英国学者称道中国的这项制度,他们敦促英格兰采用之。1806年,英国东印度公司首先尝试。随后几十年,许多英国人倡导援引中国模式,而在英格兰全面实行之。最积极的呼吁者是驻华外交官密迪乐(Thomas Taylor Meadows,1815—1868年),他于1847年发表《关于中国政府和人民及中国语言等的杂录》一书,其主旨是:"敦促英国各部门实行竞争性的文官考试制度,以改善不列颠和英帝国的行政功效。"他叙述了中国的体制,称:"一个持久帝国归因于'选贤任能'的好政府。"如此呼吁使英国政府建立了调查此项制度的委员会。在1853年,它向议会呈递了《永久性的文官制度》的报告,提议:设立中央考试司,招纳有知识的候选人,它应该是普遍开放的常设机构,以促进政府服务基于才德、而非偏爱。该报告还说,中国已经实践这些原则,亘古有效。它导致了第一个英国文官制度委员会于1855年问世。

第四编　西方民主是儒家的成果与变种

今天,文官制度的原则已被民主国家普遍接受。文官制度无疑是中国赠予西方的最珍贵的知识礼品之一。

西方人习惯于把我们的文化遗产归功于埃及、希腊、罗马和北欧,而忽略它的真正源头——距离遥远、文化异质和很少共性的亚洲源头。鲜为人知的是,在16世纪以前,西方更多的是受惠于亚洲,详见于德克·博德教授的另一篇专论——《中国赠予西方的礼品》,它所叙述的是在物质文化方面,中国对西方的贡献。

(丁)文官制度与美国民主

文官制度的思想不是起源于美国或欧洲,而是中国。西元前165年,中国开启帝国考试制度,而后历朝加以改进。

在这方面,英国为美国创造了先例,是很自然的;尽管如此,中国的影响还是无处不在的。例如,1868年罗德岛的托马斯·詹克斯最先向国会建议,在美国创造文官制度,它的报告有一章是介绍中国的。同年,艾默生在波士顿演讲,赞美中国的科举制度,敦促政府采纳詹克斯的建议。

在美国,像在英格兰一样,以往那不正规的体制滋生出许许多多的惯于以权谋私的人。他们对文官考试这一政治革新恨之入骨,群起而攻之。他们抗议道,凡是赞成以考试决定候选官员的人,都不是美国人,而是外国人、是中国人!以致1968年的决议,直到1883年才被国会通过。

也许今天的美国人都会想到,自从美利坚建国之初,文官制度就是其立国之本。但很少人停下来思考:实际上这个有效的政治机能的思想,在美国是相对很新的。在美国历史的第一个一百年里,制度恶劣,贪污行贿,丑闻层出不穷。直到1883年,即在美国总统被一名求职失败者所刺杀后的第三年,公共觉醒,要求实行文官考试制度,任人唯贤,而不是党派忠诚。

今天,文官制度是一个被所有的民主国家所接受的机制。例如,早在1941年,美国就有250万男女通过考试进入政府。基于人的才能来选择政府官员,这是很重要的。

(戊)西方国民教育源于中国

被称为现代管理学之父的彼得·德鲁克指出:

教育的社会宗旨的最明晰也是最古老的观念,就是:儒家圣贤和士人统治的中国的理想。此种宏观的教育理念是形成于基督时代以前的,被规划于典章制度不会迟于公元6世纪的唐朝,它基本完好地传承下来,影响今天。即使是在现代中国,儒家隐退,但其教育结构也富含孔子的理念与价值。

类似的教育模式在16—17世纪之交以前西方,乃闻所未闻。当(赴华)耶稣会士第一次读到刊印教本之时,西方通过发达的教育来制导政治与社会,便成为可能了。耶稣会士(在欧洲)建立了最早的近代学校,而使他们自己成为高贵和博学的导师……在18世纪(即"中国热"的启蒙运动时代——引者),教育和学校是主要的社会功能在西方被普遍接受。

……托马斯·杰斐逊为弗吉尼亚所做的教育设计,是自从中国儒家以来的最全面的教育规划,即:普及的和无阶级的、通过它来产生民主精英。但19世纪,移民潮滚滚而来的时候,美国的学校就变成了美国化的有效机制。

与此同时,在欧洲……18世纪的奥地利皇帝约瑟夫二世致力于创建学校,把它作为社会政策的中心;其教学内容雷同于耶稣会士的学校和北美殖民地的学校,但目标有所区别:约瑟夫二世是使教育与天主教分离,确保俗世导向、而非教士套路的培养人才,令社会互动,包容平民学子。奥地利学校是成功的故事之一……①

另外,关于约瑟夫二世从中国引进教育,北欧自然科学研究协会网站发文:《自从启蒙时代,中国就启迪我们》,其中写道:

这种由成绩优异的受教育者管理国家的儒家思想,也在欧洲王室获得了立足之地——例如约瑟夫二世(德意志国王,神圣罗马帝国皇帝,在位1741—1790年),他是哈布斯堡王朝的统治者,领土包括奥地利、斯洛文尼亚、德国和意大利的部分地区。约瑟夫二世师从耶稣会士学习哲学,也学到了中国的教育制度。他还听取了对贵族血统继承国家官职的批评,他认为治国者应该按教育程度来选拔……

像伏尔泰这样的启蒙哲学家从中华文明获得启示,来促进国民教育,再由他们来管理国家。就连欧洲君主们也希望在保持其权力的同时,引进"学优则仕"的文官制度。②

---

① Peter F. Drucker: *The New Realities*, *Piscataway*, New Jersey: Transaction Publishers, 2003, p. 230—231.

② Author: Martin Ledstrup, Michael de Laine, Joint Committee of the Nordic Natural Science Research Councils: *China has inspired us since Enlightenment*, sciencenordic.com/print/616, February 12, 2012.

四、民主的传播:"以儒建国"的美利坚

(一)一元声教

杰斐逊、富兰克林等美国的缔造者透过欧洲启蒙运动,而与中华文明接轨,那在思想上源于儒家的重农学派,是其中的主要媒介。美利坚之建国尤能体现儒家的世界性的"车同轨、书同文"与"平天下"——中国文化透过中西之地理发现、世界联通,在"新大陆"开花结果了!清代儒家云:

> 天欲使尧、舜、孔、孟之教自中国以施及蛮貊,列圣先天而不违,故在二百年前即已启其机栝。盖天地无外、圣人无外,故列圣之包涵遍覆亦无外。吾知百年内外,尽地球九万里,皆当一道同风,尽遵圣教"天下一家……"之盛,其必在我朝之圣人无疑矣。目下泰西诸国,皆能识华文、仿中制,译读四子、五经……丕变其陋俗。①

当然,"平天下"进入最后阶段,其所面对的忧患也是极大的(这里只谈它的正面意义)。

劳里·拉佩利说:"最著名的,孔子关于好的政府需有全民教育这一信条,启迪了欧洲思想家们。参考顾立雅和基廷便可知,孔子的中国古代哲学通过启蒙运动时期的欧洲学术界,影响了美国民主的发展。"②

亨利·汤普森也说:"儒家思想影响了欧洲启蒙运动和法国革命。再通过富兰克林与法国哲学家的友谊和通过托马斯·杰斐逊,儒家进一步影响了美国民主。"③

北美殖民地的建国者们无不敬仰孔子。④子曰:"道不行,乘桴浮于海";"言忠信,行笃敬,虽蛮貊之邦,行矣"。《中庸》云:"是以声名洋溢乎中国,施及蛮貊,舟车所至,人力所通,天之所覆,地之所载,日月所照,霜露所坠,凡有血气者,莫不尊亲,故曰配天。"

在北美殖民地的后期——美利坚建国的酝酿期,建国精英们渴望在其同文同

---

① [清]王之春:《清朝柔远记》,〈李序〉。

② Lauri Rapeli: *The Conception of Citizen Knowledge in Democratic Theory*, Palgrave Macmillan, 2013, p.22.

③ Henry O. Thompson: *World religions in war and peace*, McFarland & Company Incorporated Pub, 1988, p.116.

④ *The U.S.Founders and China*, foundingfathersandchina.blogspot.co.uk/2014_10_01_archive.html, 01-08-2013.

种的、大洋对面的欧洲,获得可资借鉴的"传统"和积极意义的"范式"。但是,那里更多的是令人厌恶、罪恶滔天的贵族等级、神权禁锢和日耳曼式的混战,再加上他们的"母国"又是暴君式的压迫者。

恰值此时,沛然德教溢乎泰西,犹如云开见日,春风化雨——被放逐的"孤魂野鬼"岂不热烈地沐浴于阳光雨露:欧洲的"中国热"——启蒙运动!

指导北美精英及其建国立宪的精神,是与基督教相左、而与欧洲启蒙思想家一脉的"自然神"(Deism);后者被他们溯源于孔子,称其思想为"自然哲学"。欧美学者把中华文明视为非宗教的"自然主义"的实践典范。①"历史学家称孔子是启蒙运动的守护神。"②美国学者罗伯特·奥利弗说:"魁奈被尊称为'欧洲的孔子'。理性的自然神的发展得力于儒家的范例;即使是民主……也是受助于儒家。"③

包姆和哈里斯两位学者写道:

美国建国那一代的欧洲移民从关于儒家式的中国文明的著述中,寻求抽象的经验教训。他们着迷于有关大圣人(孔子)与治理国家的翻译文字……以及那个伟大文明的神韵和她的国富民安……耶稣会士杜赫德所著《中华帝国全志》,交口称誉,洛阳纸贵。它使人信服于东方文明的道德力量和文官管理的创造效应,诸如大运河、长城、文官考试制度和国家税制等,凡此都说明该国的资源配置与国内贸易之间的有效均衡。伏尔泰、魁奈和与其相关的政治经济学家(后来称作"重农学派")推崇中国的稳定的、繁荣的文明,要求西方模仿之。

上述读物和思想家引导着富兰克林和杰斐逊的事业,两人去巴黎——当时西方的中国文化的中心——取经,探索立国之道。富兰克林详细了解中国,查询东亚的植被、动物、工艺和发明等,他尝试引进中国的风车、桑树、丝织、大黄、稻米、造纸和中心暖气等。杰斐逊得到一部杜赫德的书,他喜欢中国的戏剧和园林。更重要的是,杰斐逊翻译了法国德崔希伯爵的《政治经济学论文》;他发挥了该书的原旨,要求美国公民把其个人素质与社会效果联系起来。德崔希伯爵扩充重农学派所感兴趣的儒家治道,再与功利主义、个人意愿和社会福祉,熔为一炉。④

---

① Elliot H. Goodwin: *The New Cambridge Modern History: Volume 8, The American and French Revolutions, 1763—1793*, Cambridge University Press, 1965, p.235.

② Craig A. Lockard: *Societies, Networks, and Transitions: A Global History*, Cengage, Learning, 2015, p.364.

③ Robert Tarbell Oliver: *Communication and culture in ancient India and China*, New York: Syracuse University Press, 1971, p.122.

④ Bruce Baum, Duchess Harris: *Racially Writing the Republic*, Duke University Press, 2009, p.34.

杰斐逊传记以大量的篇幅介绍孔子哲学,及其与民主政治的关系。①作为美国民主缔造者的杰斐逊和富兰克林等人,师承法国的重农学派——以儒学为核心的欧洲第一个经济学派(当然也是亚当·斯密和政治经济学的先导)。美国哥伦比亚大学教授伊莱·金兹伯格写道:

16—17世纪耶稣会士在中国,被儒教(文明)所震撼,以致他们在欧洲被谴责为皈依异教。他们所反馈的是赞扬儒家,尤其是耶稣会士李明(Le Compte)感慨于中国之缺少贵族等级、种姓制度和阶级鸿沟;凡此信息,贡献于法国的平等思想的发展。对法国革命起重要作用的重农学派承认,他们自己极大的受赐于由耶稣会士舶来的儒家。另一方面,富兰克林和杰斐逊承认他们受赐于重农学派。

上述影响,不管是主要的,或是次要的,这都不重要;重要的是……不存在权力垄断,就像杰斐逊所指出的,是基于平等的理念。令人感兴趣的是,观察到杰斐逊和孔子两人的思想基本相似;特别是前者所关心的(国政方面)与孔子的共同点是:蔑视神秘主义,相信人的自然权利,抨击强权主义,重视政府的教育功能,相信充分施展个人潜力,和无限追求公私品德。②

美国政治学家哈罗德·罗伯特也说:

由本杰明·富兰克林创立的美国哲学协会,第一卷的介绍中写道:"如果我们幸运地引进中国的产业、生活艺术和改进的农事,那么,美国必将很快变成像中国那样的广土众民。"(他所期望的是,孔子所云:庶而富之,富而教之。——引者)富兰克林和杰斐逊……受益于法国重农学派;其领袖魁奈宣称,他只是"系统地介绍中国思想,这是值得所有国家效法的模范"……不论杰斐逊是否直接取法中国,他首倡"自然贵族"(natural aristocracy)的政府职位。("自然贵族",即孟子称"天爵",道德标准,而非血统世袭——引者)。③

(二)四海沛然

化被草木,赖及万方;博德普施,名扬四海。

中国文化(主要是儒学)透过17—18世纪的欧洲启蒙运动,促成了西方的民

---

① Trevor Burnard: *American Revolution: Oxford Bibliographies Online Research Guide*, Oxford University Press, 2010, p.39.

② Eli Ginzberg: *The Nation's Children*, Volumes 1—3, Piscataway, New Jersey: Transaction Publishers, 1987, p.229—230.

③ Harold Robert Isaacs: *Scratches on Our Minds: American Views of China and India*, New York: M.E. Sharpe, 1958, p.95—96.

主化,尤其是影响了美国革命及《独立宣言》和法国革命及《人权宣言》。在此"中学西被"的过程中首先生效的,不是"中国热"中心的法国,而是与之有着反英同盟关系、因而受其影响的北美十三个殖民地。其思想的演义是:

(儒学:民本人文)自然哲学→(俗世文明)扬弃神权与等级特权→天赋人权、主权在民。

根据芝加哥大学汉学家顾立雅(H. G. Creel)的研究,杰斐逊认同"选贤任能"与民主宪政两者的一致性;他读伏尔泰的著述时,对孔子由衷赞赏。

伏尔泰……宣称:"人类无法想象比中国更好的政府了,那里所有的实际权力都掌握在历经重重考试才被认可的官员手中。"有道德和天赋的人管理国家,他们的官职不是通过世袭,而是凭借自身的成绩而谋得;这完美地符合杰斐逊的共和主义宪政理念,它扎根于人民主权。

杰斐逊似乎发挥孟子的"天爵"(贤能)和"人爵"(血统)的思想,他说:"人群中存在先天(natural)的贵族……这一切的根基在于美德与智慧……还有一种凭借财富和家庭出身、后天造成(artificial)的贵族。……我所认为的先天的贵族是自然界最为宝贵的礼物,用来管理、指导和信任这个社会……这样形式的政府是最好的,它为这些先天的贵族担任官职提供了最佳'仕途'。"

顾立雅诠释:"这……是概括中国科举考试系统最简洁的理论了。"的确,杰斐逊曾经在1779年提出教育法案,用公共开支来建立一个从小学到威廉玛丽学院的逐级考试系统,"用于从普通人中选拔出年轻有为者……以帮助这些已经显现出天赋的人,从普通人中脱颖而成为精英。"

尽管可能缺乏证据显示,直接是孔子、而不是通过其所拥有的伏尔泰的儒学笔记,影响了杰斐逊;但是,孔子感通启蒙学者则是毫无争议的。顾立雅引用历史学家赖希魏因(Adolf Reichwein)的断言:启蒙哲学家们"惊讶地发现,早在两千多年前的中国……孔子已经用同样的方式,思考同样问题,并且进行了同样的抗争,……孔子成了18世纪启蒙运动的守护神。"[①]

关于儒家与《独立宣言》,美国作家罗素·弗里德曼阐述道:

在西方世界,孔子的影响比许多人所认识的更大。他被耶稣会士介绍给西方读者。耶稣会士是在16世纪旅行到亚洲,而后他们自己变为"士人",乃至成了中国朝廷的官员。他们把东方的书籍翻译成拉丁文,其中有《论语》——"孔子对话汇

[①] Nicolas Berggruen, Nathan Gardels: *Intelligent Governance for the 21st Century: A Middle Way between West and East*, p.48—50.

编",传遍欧洲。

众多欧洲哲学家、政治家和作家吃惊地发现:两千年前,在"神秘的东方",竟有中国圣人与他们自己百虑一致。孔子给予人们以深刻印象是:合乎正道地使用语言(雅言),批评特权等级和主张"仁政"。他们(西方人)特别注意到这样的教导,即统治者必须征得其人民的同意;如果统治者失职,人民就有革命的权利。这个思想影响了欧美的民主思想的发展,而托马斯·杰斐逊则把它表达于《独立宣言》之中,即:

"为了保障这些权利,人们才在他们之间建立政府,而政府之正当权力,则来自被统治者的同意。任何形式的政府,只要破坏上述目的,人民就有权利改变或废除它,并建立新政府。"①

雅各布森说:"中国成为典范,教导欧洲如何不用贵族来管理。思想家们像伏尔泰,指出:从受良好教育的平民中,选拔官吏,而不考虑其出身。"②启蒙运动中的这一"传为佳话",直接影响了美利坚合众国的立法。"有教无类、学优则仕",这在当时的西方是"至理名言"!

1784年,本杰明·富兰克林致信莎拉·巴奇:"我反对贵族世袭……在中国,这个历史最为悠久、在历史经验中表现得最智慧的国度(不行贵族制)……与之相反……堕落……是欧洲所谓贵族阶级之现状。"③

1787年9月15日,制宪会议通过《美国宪法》:"第一条,第九款,第八则 合众国不得授予贵族爵位……"(注:为了纪念儒家对北美的建国立法的贡献,美国最高法院的楼檐有孔子浮雕)。

中国在两千多年前(战国至秦汉),就扬弃了阶级制度(人民可以自由地上下升退、远近迁徙、选择职业和变换身份),也扬弃了贵族爵位(历朝仅作荣誉称号,与权力无关)。孟子提出,以"天爵"(道德)代替"人爵"(血统)。儒经《周礼》主张"还爵于民,授予贤能",在此基础上构建民治政府;即:"以贤制爵,则民慎德。""以德诏爵,以功诏禄,以能诏事。""使民兴贤,出使长之;使民兴能,入使治之"。《荀子·王制篇》亦云:

虽王公士大夫之子孙也,不能属于礼义则归之庶人;虽庶人之子孙也,积文

---

① Russell Freedman:*Confucius:The Golden Rule*,New York:Scholastic Inc,2002,p.38—40.
② Martin Ledstrup:*China has inspired us since Enlightenment February 12*,2012 sciencenordic.com/china-has-inspired-us-enlightenment
③ Walter Isaacson:*A Benjamin Franklin Reader*,New York:Simon and Schuster,2005,p.323.

学,正身行,能属于礼义则归之卿相士大夫。(白话:即使是帝王公侯士大夫的子孙,如果不能顺从礼义,就把他们归入平民之列。即使是平民的子孙,如果积累了古代文献经典方面的知识,端正了身心行为,能顺从礼义,就把他们归入卿相士大夫之列)。

所以,1942年美国副总统华莱士总结:

中国哲学与其国民性之趋向民治,对于西洋政治哲学实有重大之影响。美国建国之始,若干贤哲倡导革命,奠定宪政,其信仰与作风,直接把取于欧洲,间接导源于中国。此种文化因缘,美国人士现多茫然无知……中国文化实为启发西洋民主政治之源泉,亦为创造西洋民主政治之一动力。①

(丙)万世蓝图

18世纪下半叶,北美十三个殖民地要与其宗主国英国一刀两断。那么,独立运动将按照什么模式来建立自己的新国家呢?自然是回首欧洲。但在那儿,特别是在支持北美独立的法国,被"中国热"所驱动的启蒙运动方兴未艾,如火如荼;因而,北美的精英们(多数已在巴黎感受了"东学西渐")干脆以其纯朴的"空灵",尽量拥抱纯正的中国文化,以免被欧洲的旧势力(权贵、王权和神权)所侵蚀。

美籍华人王小良博士撰写了《孔子与美国建国》一文,笔者翻译其片断如下:

在美国建国的过程中,其缔造者们都把源自孔子道德哲学的价值观,付诸实践。他们仰慕儒家思想,这从《美国宪法》和《权利法案》之父詹姆斯·麦迪逊(1751—1736年)的住所,可见一斑,他的弗吉利亚的家中悬挂着孔子画像……《常识》的作者托马斯·潘恩(1737—1809年)把这位中国圣人与耶稣……等量齐观……美国精神的创造者本杰明·富兰克林(1706—1790年)庄严声明,儒家的道德哲学对于全人类都是有价值的(换言之,儒家的道德哲学是人类的"普世价值"——引者。原文:Confucian moral philosophy was valuable to the human being in general.)《独立宣言》的主要作者,托马斯·杰斐逊(1743—1826年)在其1801年(第三任美国总统)就职演讲中,促进孔子的道德原则;在其个人的书中,他放置了一首有关孔子推崇圣王(周公)的诗。其他美国的缔造者们,如约翰·亚当斯(1735—1826年,第二任美国总统)和本杰明·拉什(1746—1813年,科学家)都是高度赞扬孔子,犹如这位古圣为建设这个新国家预备了蓝图。所有这些美国的缔造者们,皆敦促这个新国家的公民们,躬行儒家道德哲学中的积极成分,按照孔子的示范涵

---

① 转引自陈立夫:《中国文化概论》台湾,正中书局,1987年,第112页。

养和提升国民品行。①

Ⅰ.孔孟和其他儒经之论民本:"惟天惠民";"民惟邦本";"仁者爱人";"保民而王";老安少怀;仁民爱物;为民制产;博施济众;均贫和寡;民贵君轻;诛杀独夫;汤武革命,顺天应人;庶而富之,富而教之……

Ⅱ.论民治:天下为公,选贤与能;"使民兴贤,出使长之;使民兴能,入使治之"。《周礼注疏卷第十二》解曰:"使民自举贤者……使之长民,教以德行道艺……使民自举能者……使之治民之贡赋田役之事……

附录:王小良博士《中国文化影响北美殖民地》②一文(片断翻译)

美国人知道中国有着丰厚的历史,因为她帮助塑造了世界,她帮助塑造了美国。我们知道中国人的天赋优异,因为他们帮助我们创建了这个伟大的国家。(Americans know the richness of China's history because it helped to shape the world and it helped to shape America. We know the talent of the Chinese people because they have helped to create this great country.)——奥巴马总统在"美中战略与经济对话"上的演讲(2009年7月27日)

中国文化在北美殖民地的传播,提供了巍巍华夏从其中心"光被四表"的一个显例……美利坚的建国者们努力吸取文明的养料……通过吸收中国文化的有益成分,来发展美国文化。

北美殖民地的文化、经济和政治的发展均受惠于中华文明。例如,作为神州英徽的孔子,难以置信地感召殖民时代的北美。一些殖民地的精英,包括本杰明·富兰克林(1706—1790年)、托马斯·杰斐逊(1743—1826年)、托马斯·潘恩(1737—1809年)、约翰·巴特拉姆(1699—1777年)和杰迪代亚·莫尔斯(1761—1826年),都是敬重孔子和他的道德哲学的……1737年,富兰克林在他的驰名的《宾夕法尼亚报》上,发表了《孔子道德》的摘录。被比作孔子的杰斐逊,把孔子所推崇的圣王(周公)当作励己的楷模。杰迪代亚·莫尔斯在他的《美国环球地理》一书中,引用了儒家四书中的《大学》和《中庸》,他称颂这两部典籍是,至上真知和道德的箴言,是精微雅致的宝训。殖民地的杰出科学家约翰·巴特拉姆撰文《中国圣哲孔子的性格

---

① *Virginia Review of Asian Studies*, Volume 16 (2014):11—26. Dave Wang: *Confucian Morality in the American*.

② Dr. Dave Wang: *From Confucius to the Great Wall: Chinese Cultural Influence on Colonial North America*, https://kiss.kokushikan.ac.jp/contents/0/data/1002929/0000/registfile/ajj_006_09.pdf

与生涯》……

在美国革命胜利在望之际,一些独立战争的功臣要求(像欧洲一样)建立贵族爵位的等级制度……富兰克林援引中国的范例予以反对:"……中国是最古老、最智慧的民族,在那儿,一个人只能凭借其知识、才能或英勇,才有机会被皇帝授予官职……但他的后代不能分享上辈的功业,否则的话,不仅是荒谬和无据,而且还会贻害后代……"

为什么(美利坚合众国)开国元勋们致力于学习中国文化?……富兰克林告诉他的同胞:"中国人是开明的人民,是现存的最古老的文明,他们的艺术是古老,备受青睐……"潘恩也称道中国人的温和风范和善良美德。富兰克林考虑在北美实践中国的治理模式,他断言:"如果我们幸运地引进中国的产业、生活艺术和改良农业的方法,以及它的农作物;美国将有可能变成像中国那样的广土众民,比其他国家容纳更多的居民……"

在一位新英格兰的作者的眼光中,新兴的美国在农业、政府和个人自由等方面,"应该超越欧洲,而采取中国模式"。"……在北美,一个新型社会正在起步,一切从头开始;它所需要的是,不同于欧洲的中国文化的成分。那就是为什么我们(美国人)都要阅读有关中国的书籍……"

五、民主的特例:贵族议会到中式政体

(一)"文明的暴发户"之前的身世

近代以前的西欧是最为贫穷落后的,差于拜占庭和阿拉伯,更不用说中国了![1]

第一,在1492年之前,人类社群被自然分割为众多的、相对封闭的生态单位,它们(各个族群)都以本土环境维持生存。处于季风亚洲东部的中国,是自然对人的最佳的适度挑战,最适合创造和发展文明;由于气候是雨热同季,人的努力能够带来最高的农业产出。相比之下,欧洲是高纬度、阳光稀、非时雨、地表贫,因而人的生存紧张,冲突压倒一切;甚至是:若非宗教"禁锢"人欲人为人智、从而窒息一切"创造与发展"的因素,那么,基督教欧洲就不能存在下去,首先是不能停止族群吞噬。

第二,不列颠距离世界历史的文明中心(中国)最远。姑且不论上古历史(文明

---

[1] Joseph R. Strayer: *Medieval Statecraft and Perspectives of History*, Princeton University Press, 1971, p.333 and p.100.

古国和西方古典实际上都是被伪造的),西方学者承认,中国是中古千年的唯一的文明中心,称之为"中国千年"(Chinese Millennium)——中国是世界历史的主轴。①在中世纪,中国文化与技术的传播的顺序是:中国→中华圈邻邦→阿拉伯→意大利→欧洲其他地方。在近代之初,西欧内部受益于中国有三条路径,而英国则都是姗姗来迟者,那就是:Ⅰ.地中海:意大利→西班牙→葡萄牙→⋯英国;Ⅱ.耶稣会士:意大利→荷兰→法国→德国→⋯英国;Ⅲ.航海接触:葡萄牙→西班牙→荷兰→⋯英国。

第三,在获得中国技术之前,不列颠岛不具备"自卫"的客观条件;也就是说,在近代以前,不列颠的地缘政治属于世界最差的之一。它首先是欧洲的海洋暴力(海盗)的主要受害者,是欧洲大陆忧患的"地理终端"——凯尔特人被盎格鲁-撒克逊人追杀,后者又遭受"威廉征服"(1066 年);其间还有无数次丹麦、挪威和瑞典海盗登陆殖民、杀光土著。实质上,不列颠族群不仅要忍受自身的人口与生态的高度紧张、生存困厄,而且还要承载其余欧洲的忧患,恐怕连原始社会都不如!②

第四,在 1492 年之前,即在西方有机会攫取海外及全球的资源和财富之前,由于它没有像传统中国那样的和谐文化、和合智慧,西方人不可能正常地安身立命、安居乐业,从而利用厚生、利时及物,遑论享有科学与文明。再者,近代以前的欧洲不仅不能创造科技,而且也几乎不能接受外来科技(中国科技的西传导致其宗教失控,人神火拼)。华夏能够自我调节平衡,所以其科技创新是可持续性的,避免变乱天人、玉石俱毁。而多项中国发明引起欧洲的"社会地震"。③倘若没有指南针,西方就会内耗致毁。

(二)"文明的暴发户"是怎样起家的

关于中国与西方的历史性的"科技接力",美国作家 L.J·戴维斯写道:

(近代以前)中国是文明的硕果累累,是创新和发明的主机⋯⋯中世纪的欧洲人乐呵呵地偷取之(cheerfully stole),来推启其自身的较为落后的"文明"。(相对而言)中国是统一的和稳定的,一次又一次地腾起,她的创新与繁荣的周期持续了几千年。(然后是中西替换)1769 年是西方的创新周期的开始⋯⋯大约每隔七十五

---

① Craig Lockard: *Societies, Networks, and Transitions, Volume 1: To 1500*, Cengage Learning, 2010, p.373.

② John Gillingham: *The English in the Twelfth Century*, the Boydell Press, 2000, p.13.

③ Joseph Needham: *Science and Civilisation in China: Volume 7, The Social Background, Part 2, General Conclusions and Reflections*, p.20.

年出现一次高峰。①

欧洲——尤其是不列颠——奇迹般的兴起的原因,其实很简单,那就是它的客观条件起了变化:在中国科技带来地理大发现之前,在自然环境上,欧洲算是最差的,并且它又是远离文明中心的"孤魂野鬼"。而之后,它的客观条件变为"最好"的,是渔猎世界的前沿阵地。在掌握中国技术的条件下,欧洲成为连接东半球与西半球的海洋捷径;它与美洲之间的距离是中国跨越太平洋的一半。②以前的几千年,欧洲人苦于没有越洋技术,而现在,他们掌握了指南针、造船术和航海图等。这使西方从原先的榛榛狉狉、困兽犹斗,变为今之蛟龙得水、如虎添翼!

虽然在欧洲各国的越洋和殖民的过程中,英国像是"输在起跑线上";但它却是后来居上,后生可畏——在获得相关技术的条件下,不列颠岛的战略位置陡然凸起:英国不仅自身立于不败之地(如1588年"无敌舰队"),而且它还钳制了其余欧洲国家。

一个国家的现代化的前提是,它必须克服两个障碍:1.自然地理障碍;2.国际政治障碍。克服自然地理障碍,首先都应该是大西洋(1492年);克服国际政治障碍:英国是1588年(中国是1978年)。当一个国家克服了这两个障碍之后,它在发展上较之以前就是"一帆风顺、一往无前"了。关于英国的如此转变,杜兰特说:

……伊丽莎白时代的英国——那个近代最强大国家的最辉煌的时代。随着美洲的发现,贸易中心从地中海转向大西洋,这就把大西洋沿岸的国家——西班牙、法国、荷兰和英国——将商业上、金融上的地位都提升到无与伦比;在这之前这个优越地位本来是意大利的,那还是在半个欧洲把意大利当作与东方贸易的进出口岸的时候。随着这个变异,"文艺复兴之光"也从佛罗伦萨、罗马、米兰、威尼斯变为马德里、巴黎、阿姆斯特丹和伦敦。

1588年,西班牙海上霸权被打破,英国的商业从此遍布某个海域;英国的城市家庭手工业朝气蓬勃,船长们征服美洲,水手们环航地球。文学在斯宾塞的诗歌和锡德尼的散文中绽放出鲜艳的花朵;舞台上活跃着莎士比亚……在这样一个时代、这样一个国家,只要一个人真拥有一颗种子,他就会生根发芽,枝叶繁茂。③

在战略位置上,英国俨然是其大西洋邻国的拦路虎:在北面可扼控北海和波

---

① L. J. Davis: *Fleet Fire: Thomas Edison and the Pioneers of the Electric Revolution*, NY: Arcade Publishing, 2003, Conclusion.
② 伊恩·莫里斯:《纬度决定历史:从地缘学角度解读历史》。
③ 杜兰特:《哲学的故事》,第76—77页。

罗的海诸国,在南面可堵塞地中海和黑海诸国。所以《海权论》作者马汉说:

如果一个国家的地理位置,除了具有便于进攻的条件之外,又坐落在便于进入公海的通道上,同时还控制了世界贸易的要冲,显然它的地理位置就具有了战略意义。很大程度上英国就占据了这样的有利位置。荷兰、瑞典、俄国、丹麦的贸易以及经各大河进入德意志内地的贸易,都要经英吉利海峡,帆船更要靠近英国海岸航行。①

在第一次世界大战之前的几百年里,欧洲——特别是西欧——的地缘政治最具战略优势,而英国则是欧洲之最。便于世界性的掠夺和独占、从而其内部变得宽裕,这就决定了英国内部最为理性和妥协性,因而最为自由与民主。近现代西方文明的正面意义是寄生于外,以牺牲外部世界和地球生态为代价的。在第二次世界大战之前的百年中,欧洲从西向东的大国即英国、法国、德国和俄罗斯,其"海洋性"从而争霸的主动权皆递减,由此,它们的自由民主的程度亦递减,而动乱与集权的概率则递增。

表解:海洋性的地缘政治决定西方列强的文明程度

1789—1939年的欧洲	←(从右到左)控制海洋的地理条件一个比一个好,从而争霸的主动权越来越大。			
	英国:民主倾向	法国:民主与内乱	德国:极权倾向	俄国:极权与革命
	→(从左到右)控制海洋的地理条件一个比一个差,从而争霸的难度和阻力递增。			

再回首1492年,这是地理大发现的"中西换班"的时间。在此之前,西方人囿于极为贫瘠的欧洲本土环境,而陷溺于困苦与冲突,陷溺于恶性循环的天灾人祸长达数百年;是中国文化与科技使西方人"翻身解放",也把他们从被地理与宗教的双重禁锢下解放出来。在1492年之后,特别是在霸占和殖民美洲之后,由于世界资源财源滚滚,西方出现了内部佳境,犹如创世乐园;释放原罪性恶,都能创造奇迹,从而形成征服世界、征服自然的持久实力(暴力的再生产)。之前,西方是社会暴力与生态危机的自体受害,那是个相争相害、你死我活的自然状态(本土性的霍布斯邦);之后,西方是其所制造的世界性的海洋暴力与生态危机的暂时受益者(全球性的霍布斯邦)。

西方及现代的产生科技革命与知识爆炸的那种"智慧",是何物?此种知识,原先在中国传统文化之下仅是工具。由于它极具负面性,故曰双刃剑,所以需要真正

---

① [美]马汉:《海权论》,范利鸿译,陕西师范大学出版社,2007,第47页。

的智慧来驾驭和监护。也就是说,西方及现代的知识系统是源于东方(主要是中国)。西方自身所有的,不外乎是潘多拉盒子里的东西——也是凡人皆有的,只不过看谁有智慧能够适当控制、安全利用而已。西方没有这种智慧,那就只能等待机遇了。

这个潘多拉盒子里的东西究竟是什么?它是人作为智能生物所禀赋的反克自然的本能(人智)。如此人智原先只能在东方智慧的监护下加以开发。但西方的人智与东方的智慧成果相结合,就会变为可观的和爆炸性的人智(科学)——有多大的海外生态供其消耗,就会产生多大规模的奇迹。往昔因为囿于本土,若非神权禁锢,则必自体毁灭。而今是世界联通,无限开发科学,势必是以空间换时间、而导致全人类的毁灭。但西方暂且能够收获其正果,而让非西方饱尝苦果。

(三)英国民主的"特殊性"

英国在欧洲启蒙运动之前经历了两场革命(1640年和1688年),乃至溯源于1215年的《大宪章》(这是一个伪造的文献)[1]。但它们都是强化贵族的特权,而与民权毫无关系,甚至是倒行逆施(只是在体制的形式上有着历史的继承性而已)。英国的这种情况正是美国和法国革命所杜绝或消灭的。黑格尔是这样评论《大宪章》的——"英格兰的贵族逼迫国王签了《大宪政》,但人民一无所得,仍然处在原来的地位。波兰的'自由'同样地不过是贵族们的自由……全国被束缚在一种绝对的农奴制之下。"[2]关于《大宪章》是杜撰出来的,马利克(Maleiha Malik)教授写道:

《大宪章》是……法治和英国及西方的"卓异主义"的一个象征。从这个意义上讲,《大宪章》发挥着神秘的和偶像的功能。的确,如约翰·贝克爵士(Sir John Baker)……所讨论的,从1215年到16世纪后期,《大宪章》的实际影响是微不足道的。然而,《大宪章》作为故事和神秘还是很重要的。既然使用"故事"和"神秘"这样的术语,那就意味着它是假的和误导性的。[3]

类似于美国和法国革命、并受其影响的英国的民主运动,应该是轰轰烈烈的宪章运动(1836—1848年,人民宪章——普选权);它要求开放政权,打破贵族垄断。这个目标,随着英国的全球侵略和称霸海洋、而使其内部变得宽松和解,到19

---

[1] C. R. Cheney: *Magna Carta: another Canterbury-Forgery*, Historical Research Volume 36, Issue 93, pages 1—26, May 1963.

[2] 黑格尔:《历史哲学》,第402页。

[3] Robin Griffith-Jones, Mark Hill QC: *Magna Carta, Religion and the Rule of Law*, Cambridge University Press, 2025, p.248.

世纪的下半叶基本达成,它是以引进和落实中国的文官考试制度为其操作机制的(1855年局部采用,1871年扩大规模)。两位教授布朗斯坦和哈里斯所说:"一个新的文官考试制度(1871年)使几乎所有的政府部门对才俊开放。……《大学考试法案》(1871年)允许外籍教授登堂牛津和剑桥,进一步限制英国贵族垄断教育……引进的书写糊名的《秘密投票法案》(1872年),也满足了宪章派的这项要求。"[1]极为讽刺的是,英国学者格雷厄姆·沃拉斯(Graham Wallas,1858—1932年)竟说:"创造文官考试制度是19世纪的英格兰的一个伟大发明。"[2]

关于欧美引进传统中国的文官制度,英国历史学家汤因比评论道:

实际上现代英国的官吏制度,是仿照帝制中国的官吏制度而建立的。同罗马制相比较,中国的这种制度取得了很大成功。鸦片战争时,在侵略中国的英国人心目中,当时的制度是极为优越的。英国人曾考虑是否也要采用。各种议论的结果,同样在英国也确立了通过考试选拔任用行政官的制度,今天已经广泛普及。[3]

英国著名学者卡莱尔(1795—1881年)认为,此种选贤任能的政治要比宪政更有价值,如果中国的这个机制不被(英国)引进的话,"纵使宪法条文像黑莓一般的繁密,议会普及到各个乡村,那也是毫无意义的"。[4]文官考试制度之于西方,在中国思想启蒙和激发民主革命之后则起着落实民主和保驾民主的作用——它是帝国主义的时代的政治文明的中流砥柱!

---

[1] Jamie L. Bronstein, Andrew T. Harris: *Empire, State, and Society: Britain Since 1830*, Hoboken, New Jersey: John Wiley & Sons, 2012, p.96.

[2] Ronald Hyam: *Understanding the British Empire*, Cambridge University Press, 20 May 2010, p.33.

[3]《展望二十一世纪——汤因比与池田大作对话录》,国际文化出版公司,1985,第265页。

[4] Thomas Carlyle: *Heroes and Hero-worship*, London: Chapman and Hall, 1869, p.200.

第十五章　现代政治是"德治"之变异

一、中国民主及其西传都很纯正

(一)作为"母体文明"的华夏

论华夏在世界历史上的地位,首须说明两点:第一,她是文明中心和母体文明,因而泽被四海,良范万邦;第二,她承受忧患和屡经动乱,却不宣泄矛盾,向外平衡(侵略扩张)。因为后一点,她的文明成就和政治功绩就被内忧外患和周期动荡,抵销了一大半;而不像近现代西方之嫁祸于外,损人利己,故能凸显其"光明面"。因为前一点(中华是文明中心和母体文明),她致力于"平天下",即:她总是涵融遍天下的祸因乱源,却又把和平文化赠予全人类。亦即罗素说,中华民族宁愿包容和消化人类的负面,而让全世界分享她的文明和文化。①

华夏,包荒善恶而吞吐天下,承受忧患而哺育邦国。历史中国不仅是周边国度的母体,也哺育了近代西方。中国对"欧洲奇迹"的贡献,不仅在科技上(科学革命),而且在思想上(启蒙运动)。后者包括政治哲学和政治制度。法国汉学家艾田蒲说:

中国思想的发现给欧洲,尤其是给法国那些梦想使自己的国家摆脱暴政和僧侣统治的人,提供了论据。世界上确实存在着一种最为丰富多彩、繁荣且雅致的文明,在这种文明社会之中。一个通过一系列考试、竞争而被接纳的哲人阶层,构成了政界的主要官员。②

熊十力独具慧眼地看到,民主的源头在孔子之"公天下",而现代民主政治的

---

① Bertrand Russell: *The Problem of China*, P.10. // the Selected Letters of Bertrand Russell 1914–1940, P216, Routledge, 2001.

② 艾田蒲:《中国之欧洲》下,前言,第16页。

思想根基,则正是在于该理念向着太平世界的展开(暂处反面、阴阳变替)。凡此构思,皆体现于儒家群经之中。①这与本书所引的马卡姆教授主编《世界宗教读本》中论现代民主源于孔子,是异曲同工的。

"孔子是民主的源头",这是美国与法国的革命的思想家们的共识与依据!新加坡1952年中国新年献词援引西方的研究,称:"作为第一位政治哲学家和民主的先行者孔子,成为18世纪欧洲哲学运动——启蒙运动——的守护神。……通过与此相关的美国革命和法国革命,民主体制在西方世界迅速地和戏剧般地确立起来了。"②

德国哲学家赫尔德在法国革命高潮的1792年,关注它会产生什么宗教;但他情不自禁地想到:一个带着孔子新教的"欧洲的中国"将会诞生!③因为不仅儒学诱导了启蒙与革命,而且两者试图把宗教与道德分开。但在打碎神权的过程中,却未能保住道德。而中国在这方面则一直做得很好,所以还得继续模仿她。若非如此,就会走向反面:要么忍受内乱,要么向外侵略;后者会纾解内部,造成公民理性与"社会契约"。事实上,革命后的法国是在"从恶如崩"的方面双管齐下:长期内乱和频繁侵略;直到1884年中法战争,清朝让出越南,才使得法国民主得以稳定。

(二)现代学者论中国民主普世化

欧美文明及现代世界,尤其是民主政治,无论其善与恶,都是儒家"平天下"的成果。

伊恩·马卡姆教授主编的《世界宗教读本》,是这样评估儒家对近现代西方民主所做的贡献的,即它这无疑的决定性的源头活水!以下是该书论儒家与欧美民主的节选:④

……在孔子的栖栖惶惶的一生中,他投身于其政治理想之实践。孔子的哲学具有丰富的政治内涵和创造精神。他首倡"有教无类",亦即,在一个自由与平等的社会中,所有的人在法律面前都是平等的。孔子热衷于世界主义(天下观)和由社

---

① 熊十力:《原儒》,第255—256页。

② Hsiao-hsien Su:*Singapore:Chinese 1952 New Year Honours Celebration Souvenir*,Singapore:S.P. Shotam,1952,p.88.

③ "a European Chinamen's state, a type of Confucius-religion". Jonathan Israel:*Democratic Enlightenment:Philosophy,Revolution,and Human Rights 1750—1790*,Oxford University Press,2011,p.567.

④ Ian S. Markham:*A World Religions Reader*,p.123—125.

会选举产生的圣贤政府——有道德的专家治理,此种社会的政治即:民有、民享、民治……孔子的治道不仅防止人权被侵害,而且还提高行政的质量,使之成为开明和进步的政府……儒家,贡献于结束先秦的封建主义,并在秦汉之际促成了废除等级制度和贵族特权;从而使那免于阶级差别的大众教育扎下了根,社会正义由此开始。自从那时,中国就是民主的(亦如钱穆云:汉唐政治是"民主精神的文治政府"——引者)。

降至唐宋几朝,文官考试制度被纳入正轨(科举制度),政府尚书、各省督抚和其他所有的官员,都是通过竞争性的考试,而涌现出来。最有才能的人有机会荣登高官,这是天经地义的!举贤任能的政治原则是行之有效的。

追昔抚今,告别封建制度(周朝、贵族等级)已经两千年了,文官考试制度在一千多年前登上历史舞台。这不仅是中国的政治体制的伟大革命,而且也导致世界的政治理念的伟大革命。近代以前的西方没有什么与之媲美。

是明末清初赴华的耶稣会士,把儒家和中国文化介绍到西方的。最早到中国的是利玛窦神父,1582 年抵达澳门;其他的耶稣会士皆步其后尘,也都是翻译和出版有关中国典籍。1689 年是东西方文化交流史上值得纪念的一年,因为《论语》、《大学》和《中庸》的拉丁文译本均在巴黎被出版。1735 年,杜赫德神父著《中华帝国全志》也在巴黎出版,这是当时最好的一部展示中国的历史、地理、文化和体制的书;它被欧洲学者所青睐,稍后又被译成英文、德文和俄文。

中国文化的赫然光顾,给予欧洲的思想界极大的启迪和激励。在将中国先哲及其实践和欧洲的政治现状相对照之后,西方学者们共识于:中国文化之正义与亲和,中国体制之开明与先进,于是,他们无比敬仰孔子的人格与气质。在 18 世纪后期的美国和法国大革命的前夜,中国风尚席卷欧洲。先前,即 18 世纪初,欧洲的历史学感怀于中国的汉代史家,犹如孔子的仁政历历在目,令西方学者们——像伏尔泰(1694—1778 年)——赞叹不已。欧洲被注入了新鲜血液,这也是为粉碎旧制度(封建、神权和贵族)铸造了精神利器。新思想的冲击终于爆发美国革命和法国革命,从而开辟了世界历史的新时代。儒学及中国文化对这些震撼世界的事件的贡献,是精彩的和深刻的。

一般来说,(英国)威斯敏斯特是议会之母,而 1688 年的不流血的革命则发生于拉丁文"儒经四书"问世之前的一年,以及牛顿的科学方法和洛克的政治哲学,皆基于英国的思想;凡此,都与中国毫无关系。但这种观点忽略了一个事实,即:英国议会的早期成长,纯粹是贵族性质的,中产阶级被拒之门外……中国文化和英国的政治生命的关系,从塞缪尔·约翰逊于1738年在《绅士杂志》的撰文可见。他说,在中国,学者才有官职……而不考虑贵族特权……美国革命超越了1688年的英国革命。《独立宣言》主张,所有的人被赋予平等权利。在新世界,贵族等级未能存在……

1942年10月10日,(美国)副总统亨利·华莱士发表广播讲话,称:中国哲学和其国民性之倾向民主,已对西方的政治哲学做出重大贡献。在美国建国时,许多学者之倡导革命和奠基宪政,其信念和思想直接被启发于欧洲,而间接被影响于中国。中国文化是西方民主思想的源流,是形成西方民主政治的动力。托马斯·杰弗逊总统援引中国的文官考试制度,起草了资助才俊的法案……

法国革命和美国革命是同一洪流中的两个互相激荡的巨浪。法国革命的思想家之一马奎斯·孔多塞说,政治的第一原则是正义,第二原则是正义,第三原则是正义!基于孔子所论"政者正也",这难道是讽刺吗?……1795年《法国宪法》写道:"己所不欲,勿施于人;欲人施己,先施于人。"岂不是证明孔子是法国革命的预先倡导者和理论家吗?当美国与法国革命在西方政治发展史上阔步向前的时候,直到19世纪早期,西方政治并未步入正轨。英格兰和美国的政治陷于腐败堕落……引起学者们的关切。于是,分别在1855年和1883年,英国采用了中国传统的文官考试制度,美国稍后效仿之……

孙中山说……在政治哲学上,西方必须向中国学习。他又说,文官考试制度,别的国家是复制英国的,而英国则是从中国引进的。这是历史事实。托马斯·卡莱尔(1795—1881年)……反复赞扬中国的文官考试制度——中国的士人政府。他说,如果一个国家不是士人治理,再详尽的宪法或再多的议会,也无济于事。

在鸦片战争使中国的威信扫地之际,西方学者对文官考试制度则兴趣盎然……当美国国会表决此案时,一句话便消弭异议,即:"既然这个制度的好处在东方国家经过了最悠久的考验,难道它不能裨益西方的这个最年轻的国家吗?"

那时,"体西中用"的文官考试仅涵盖人事管理的非权力机制,这既不是卡莱尔的期望,也不是中国历史的实践。为了实现民主理想,有待进一步改革……综述西方民主的发展历程,17世纪英国的"光荣革命"是第一步,18世纪的美国和法国革命为第二步,19世纪普遍采用文官考试制度为第三步,20世纪之风行民主算作第四步。人们不难发现两千五百年前的孔子的苦心孤诣,竟成为当代世界的新思想,就像伏尔泰的一语惊人,即"实现孔子的理论吧,那将会产生最幸福和最有价值的人类历史!"

二、现代民主是儒家治道的退化

中国与西方的文明及其政治,既有共通之处,又有迥异之点。中国传统政治的美善及灵妙,非内修"慧眼"而不能观赏。唐诗云:"桃花流水窅然去,别有天地非人间。"

站在现代民主的"高度"来藐视、鄙夷历史上的"东方专制主义",犹如井底之蛙,不知天高地厚!反之,现代人应该对传统文明与政治肃然起敬、望洋兴叹才对呢!——美国杜威学派正是这样,如两位美国教授安乐哲、郝大维所说:

通过美国实用主义大师约翰·杜威的眼光,结合他关于人类社群的思想,对中国"先人的民主"进行考察。我们的结论是令人惊奇的,因为我们将会看到,在许多方面,(古代)中国更接近杜威的社群主义民主理想,而杜威自己的国家却没有达到这种程度……

资本主义制度并没有促进真正意义上的民主,恰恰相反,资本主义制度阻碍了民主的健康发展……19 世纪的个人主义不利于任何真正民主的人类社群的建立,恰恰相反,个人主义是任何民主社群的大敌。①

孙中山指出,中国政治哲学臻于至善,是西方所不能望其项背的。他说:

中国古时有很好的政治哲学。我们以为欧美的国家近来很进步,但是说到他们的新文化,还不如我们政治哲学的完全。中国有一段最有系统的政治哲学,在外国的大政治家还没有见到,还没有说到那样清楚的,就是大学中所说的"格物、致知、诚意、正心、修身、齐家、治国、平天下"那一段的话,把一个人从内发扬到外,由一个人的内部做起,推到平天下止。像这样精微开展的理论,无论外国什么政治哲学家都没有见到,都没有说出……外国人对于中国的印象,除非是在中国住过了二三十年的外国人,或者是极大的哲学家像罗素那一样的人,有很大的眼光,一到中国来,便可以看出中国的文化超过于欧美,才赞美中国。(《民族主义·第六讲》)

梁启超指出,中国传统政治的设置,不局限于某个时空的民族国家,而是服务于全人类的长远利益。他说:

中国人则自有文化以来,始终未尝认国家为人类最高团体;其政治之论,常以全人类为其对象。……目的在"平天下",而国家不过与家族同为组成"天下"之一

---

①安乐哲、郝大维:《儒家民主主义》,国际儒学网,http://www.ica.org.cn/nlb/content.aspx?nodeid=513&page=ContentPage&contentid=4606&tohtml=false

阶段。政治之为物,绝不认为专为全人类中某一区域某一部分人之利益而存在。其向外对抗之观念甚微薄,故向内之特别团结,亦不甚感其必要。①

按照罗素的说法,即使是具有帝王形式的中国传统政治,也比现代西方政治要民主得多、高尚得多。其理由有三:Ⅰ.西方人挣脱了神权禁锢,却也抛弃了道德。②而中国传统政治则发挥"人同此心、心同此理"的道德功能。Ⅱ.西方政治则总是被其性恶、原罪的民众所绑架,而致力于破坏性的物质主义和帝国主义。而中国传统政治则具有行之有效的天下太平的韵力,以致朝贡内外都安享泽被。③Ⅲ.所以"现代政府十分之九都是有害的"④。反之,"如果世界都像传统中国,世界都幸福"⑤。

西方从中国所引进的民主,仅是皮毛,而且把正面,变成了反面(破坏世界和平与地球生态)。以下是政治文明的比较:传统华夏与现代西方:

表解　比较中西政治:"四性"

	中国传统政治		现代西方政治
超越性	涵"器"达"道"(形而上)	庸俗性	唯"器"无"道"(形而下)
	注:"器"指物质、人智、国族制度;"道"指道德、圣智、整体关怀。		
和谐性	自然之亲和性的发扬光大。开放亲缘、天下一家。	斗争性	物种之斗争性的变本加厉。狭隘排他,零和博弈。
仁善性	人性善。"仁者静"与"知者动"的兼有和平衡。	原罪性	人性恶。没有"仁者静",强调"知者动"。实际上是"妄动"。
稳定性	国之四维,礼义廉耻,礼让为国。社会自我稳定。不侵略、不掠夺。	倾倚性	寄生于外(海外)、必须树敌(异端)。囿于本土,则无文明,无秩序。

表解　比较中西政治:"十观"(左为传统中国,右为现代西方)

天下观:世界主义→天下太平→世界大同	国族观:国际争衡→全球战国→世界大战
道义观:重义轻利→推己及人→天下为公	利益观:重利轻义→视人为物→天下争纷
感化观:德礼之治→道德自觉→无为而治	政法观:政刑之治→法律强制→无羞耻心
新民观:选贤举能→君子之治→政治升华	人民观:从民所欲→小人之治→政治陷溺
和合观:开放亲缘→大我包容→和平主义	竞争观:契约排外→人以群分→普遍相争
王道观:内圣外王→扩充仁义→讲信修睦	权力观:内争外斗→伸张霸道→压迫反抗
中庸观:大同小异→中庸中和→不走极端	主义观:思想偏激→阶级对抗→无端仇视
友道观:情谊共勉→志通天下→民胞物与	组织观:割裂醇和→党同伐异→以众暴寡
圆融观:无不感通→和而不同→有容乃大	价值观:强人所难→同而不和→文化攻势
雅俗观:涵俗致雅→会通四方→人类政治	地域观:唯俗无雅→狭隘排他→部落民主

①《梁启超学术论著:先秦政治思想史》,浙江人民出版社,1998年,第5页。
②Bertrand Russell:*The Problem of China*,p.44.
③Bertrand Russell:*The Problem of China*,p.191—192.
④Bertrand Russell:*The Problem of China*,p.204.
⑤*The Basic Writings of Bertrand Russel*,1903—1959,p.560.

关于政治文明的层次：

庄子曰："闻在宥天下，不闻治天下也。"这是政治文明的最高境界。从它而下，即老子所云："太上，不知有之；其次，亲而誉之；其次，畏之；其次，侮之。"优劣顺序：无为→仁政→霸道→暴政。我们再把老庄融通于儒家，那么，政治文明的由高向低的四个层次是：

A.无为在宥；B.德礼之治；C.仁政法治；D.霸道暴政（按：西方及现代政治处于后两个阶段，欧美民主对内是仁政法治，对外是霸道暴政，两者互为条件）。

最高境界（太上：无为在宥）是儒释道三家合流的，正如唐君毅所说：

儒家所理想之天下既治之局面，乃人人皆以礼乐自治其心身，而"兵革不试，五刑不用。"经济上之利用厚生之事，则当赖人民自为，更无特重政府之管制之意。儒家之太平之世之政治，亦近乎无为之治，故孔子亦谓"无为而治者，其舜也欤"。儒、道二家之理想政治社会，实皆同为使人民不感有政治权力之存在，觉"帝力何有于我哉"。①

比较的结果：在理论与实践上，中国传统政治都是处于人类政治文明的高峰，并且是现代世界的政治制度的正宗源流；而西方民主政治，虽在今日被普遍称赞，但实质上则是一种陷溺。这样说，似乎难以令人信服。让我们来进一步讨论一下，或许大家会有所认同。

儒家在两千多年前使中国人对宗教敬而远之，而让他们世世代代、自觉自愿地向善尚德。但是，儒家在17—18世纪启蒙欧洲，却功败垂成——西方人抛弃了神权，也抛弃了道德，世界与中国反受其乱。西方的原罪、性恶无所制约，犹如洪水猛兽，祸害自然及生态，摧残异域及文化（传统道德）。这样一来，整个人类在精神上都退化了，都退化到了"哥特式的现代野蛮"②——近似于禽兽的野蛮人！亦即儒家所云"人禽之辨"以下的"人"。19世纪的加拿大作家格兰特·艾伦说："现代英国人比野蛮人更野蛮。"（modern Britons are more barbaric than the barbarians）③

那么，无道德的野蛮人何能组成社会，何能拥有文明？进而，西方人是怎样成为像马克思所说的没有道德、自私自利的"文明人"的呢？④回答是："近似于禽兽的

---

①唐君毅：《中国文化之精神价值》，第278页。
②David Punter: *The Literature of Terror: Volume 1*, London: Routledge, 1996, p.5.
③Patrick Brantlinger: *Victorian Literature and Postcolonial Studies*, Edinburgh University Press, 2009, p.51.
④马克思：《鸦片战争史》。

野蛮人"分为两种：A.有条件的理性；B.无条件的非理性。如此"理性"是西方人组成社会和拥有文明的关键元素。很多中外学者都认为，"理性"是西方文化的特质之一，但这是非常错误的。更有甚者，一些中国的"西化精英"称，西方的少数"天才"所设计的制度，能使群氓、无赖和罪犯都变成了"理性之公民"（如休谟所论）；这真是糊涂透顶、愚蠢之极！理性为何物？它是人作为社会生物的一种本能：在社会环境宽松和富裕的状态下，大部分的动物种群都会自然而然地变得有序和妥协。人也是如此，管子曰："仓廪实则知礼节，衣食足则知荣辱。"理性是人人皆有的潜质，它在一定条件下才能发挥作用。这个条件，在近现代的西方是"恶"——嫁祸于外，损人利己；在历史上的中国是"善"——天人和解，互助共生。西方之恶的最大化是征服自然、征服世界，由此，在其暂时胜利的情况下，西方的理性的文明功效越发凸显。然而，西方自身并不能开启理性和创造条件，一切都是源于中华文明！

中国古代的理性及其条件，是和平发展的结果。尽管如此，在管子看来，理性（仓廪实则知礼节，衣食足则知荣辱）只是社会的初级层面；而作为文明，社会则应该上升至较高层面，即有道德的"礼义廉耻、国之四维"。经过春秋战国和楚汉之争，到西汉前期，传统的教民化民、移风易俗的文化事业尚未恢复和全面展开。所以"有条件的理性"不失为一种基本的社会功能，起着显而易见的作用。这就是司马迁在《货殖列传》中发挥了管子的"有条件的理性"的思想，即（白话文）：

管仲说："粮仓充实，百姓才懂得礼节；衣食丰足，百姓才能分辨荣辱。"礼节是在富有时产生的，贫穷时废弛。因此，有统治地位的人富有，才会推行德政；百姓富有，才能本分劳作。海深则鱼聚，山深则兽多；人变富有，则仁义就会依附在他的身上。富贵的人得到权势就更加显赫，失去权势，做客都无处可去，因此而没有乐趣。谚语说："家有千金的人，不会因犯法而被处死于市曹。"这可不是一句空话啊！所以说："普天下的人熙熙而来，都是为了利，攘攘而去，也都是为了利。"那千乘的封国，万户的列侯，百室的大夫，尚且担心贫穷，何况是百姓？

显然，社会环境的宽松和富裕就是理性的条件。所以，我们说，近现代的西方人是"有条件的理性的政治动物"（近代以前的西方人是"无条件的非理性的野蛮人"，故须神权禁锢）。那么，近现代西方的这个条件是怎样具备的呢？那就是：嫁祸于外，损人利己，牺牲异域与自然，而使全球的财源资源向着西方滚滚倾注！只有那些否定或损害其余人类的生存权的民族，其内部的"上帝的选民"才有人权，例如美国的自由女神是竖立在印第安人的尸骨之上的。

表解　政治文明的不同层次：传统中国臻于高级阶段，现代西方则是退化

政治文明比较	条件：内部宽松与富裕	条件：内部紧张与压力
道德文化高度（传统智慧）传统中国治世依靠文化力量达成政治升华	治世：文明、社会和政治的精神基础是"人性本善"。良民自我管理为主，政治统合为辅。后者主要是德治与无为，配合人民道德自觉；兼用政法管理，尽量减少政治压力。	乱世：社会遭遇内忧外患、生存危机，蜕变为"无条件的非理性"，并且陷于战乱。但士君子能够保持文化道统，"君子固穷、惟士为能"。因而长远来看，返回治世，而且文明趋于博大。
中国传统文明及政治囿于本土的生态环境，总体平衡，难度极大，推行普世性地"天下太平"		
社会生物层次（第二本能）现代西方民主奥秘：转嫁"原罪"而实现之	民主：有条件的理性（有条件的利他主义）。公民意识：妥协，有序。自然物种在其"社群"内部都有此倾向。西方是牺牲外部世界，通过对外制造非理性，使内部变得理性。	不民主：无条件的非理性（不具备条件）。地缘政治（海洋地缘）较差，易受扼制。国际竞争的失败者或西方的受害者；矛盾聚爆于内，而非疏解于外。除非高压强制，否则分裂解体。
现代西方文明及政治以"全球性生态"为其平衡条件与牺牲代价，非常容易，后果不堪设想		

西方之所以能够如此，首先是因为它具有有组织的暴力的优势——亨廷顿承认，西方之赢得世界，不是依靠文化、宗教或制度的优越性，而使依靠有组织的暴力的优势。再进一步问：为什么西方在这方面能够压倒其反抗者？那就应当归因于西方的最基本的优势——地缘政治（海洋地缘：一如历史上的草原好战部落在地理上，对于河谷平原的农耕文明所具有的战略优势）。

由此可见，西方文明及民主是属于社会生物的本能这个低层次的，只不过它幸运地成为"有条件的理性"而已。相比之下，在此方面的失败者和受害者则都是相对的"无条件的非理性"。但无论如何，这些都是由暂时的、不以人的意志为转移的客观地理条件所决定的。

三、古今之政治文明的整体透视

（一）重估价值

大家都会把现代民主看得神乎其神，称赞其为"文明极致"；但实质上，它是人类的政治文明（主要是中国传统政治）的蜕变或堕落，是一种近似于人的生物本能的政治。西方或现代民主说起来是很简单、很容易的、因而也是很落后的。当一个社会把其生存竞争的重心转到外部世界的社会（嫁祸于外、损人利己），它的内部就会自动地变得妥协、和解、有序和理性，"民主"便由此而生。然而，这个外部世界

是如何暴露在西方这头"怪兽"①的血盆大口的面前的呢？它是中国文化与技术通过西洋这个生物圈的薄弱环节，而打通了全球天下的结果。只不过西方在地缘政治（海洋地缘）上占据了最有利的位置而已。

以上是西方民主的必要条件。它的产生的前提是：西方人需要把上帝决定（神权禁锢）变为自我决定（天赋人权）。这个转变主要是儒家的功劳（启蒙）。因为中世纪的欧洲，委身上帝而获救赎，这是天经地义的。反之，如果让人自我决定，那简直就是"人吃人"，这意味着西方的自我消亡。到近代之初，西方人了解到，中国是非宗教、人文型的文明，而且它是一个先于基督教之前而延绵至今的高度文明；所以他们信服儒家的"自力拯救、为仁由己、事在人为、经世致用"。恰值全球天下已被打开，无须修身、教化，只要把"人吃人"转到外部世界（输毒于外），也能建立"人的文明"。由此，西方人就把中国文化用作"敲门砖"，而后就从上帝中心变为自我中心（原罪性恶，祸荡世界），从神的中心主义变为人类中心主义（戡天役物，破坏生态）。

古今文明的性质迥异：传统华夏是自身消化"毒素"的生命有机体，它处理人类的负面，包括同化野蛮、推广太平和保持绿水青山，一并解决。虽有失衡，却也长生久视。禅语：树凋叶落，体露金风。相比之下，西方犹如实验室的文明——它自身没有"排毒功能"，它只是简单地把所有的内在矛盾统统"输毒于外"（商鞅语）：把它的负面（原罪性恶）顺着它的海洋地缘，宣泄到全球天下之中。这样，其内部就出现了理性佳境，完美造型！在冷战前的数百年里，西方的"输毒于外"是：广殖民、灭土著、贩黑奴、频战争、害生态等。从历史长河来看近现代，此种实验室的文明是反常的和短暂的，而且它体现着人类史与生命史的最后阶段。②

（二）道器之辨

欧洲在中古—近代之交发生转型，实际上这是它的首次的文明化；而在此前，它则是前文明、前国家、前文字和前历史的"自然状态"（霍布斯语）。既然"中国提供了第一个治理井然、富强国家的榜样"（China furnished the first example of a disciplined, rich and powerful state.）③，那么，当时的西方从中华文明中学到了什么呢？答：它所学到的只是"器"（用），而非"道"（体）。《易经》曰："形而上者谓之道，形而下者谓之器。"所以，从某种意义上说，这也是西体中用。只不过近现代西方是"器

---

① 怪兽，即《圣经》中的海兽，霍布斯的书中称"利维坦"——巨灵。
② an vander Dussen: *Studies on Collingwood*, *History and Civilization*, Springer, 2016, xxiv.
③ Jacques Gernet: *A History of Chinese Civilization*, p. 525.

盛",压倒一切,故而它的"器用"变为普世性的显学(科学和科技百科及相关知识),以致我们误认为是西学。19—20世纪的中国承受忧患,龙屈蛇伸("蛇"喻《圣经》中的蛇,亦即近代西方的"浮士德文明"),故而她的"道体"成了遁世性的"隐学"(《中庸》曰:"放之则弥六合,卷之则退藏于密")。

这里仅就政治文明的大体,谈两点:

第一,近代西方从中国文化中所撷取的,主要有五:Ⅰ.超宗教之人文观:人文化成,入世人生,为仁由己;Ⅱ.非贵族之平等观:废除阶级,有教无类,学优则仕;Ⅲ.重民生之经济观:利用厚生,货值发展,仁政富民;Ⅳ.合理性之民治观:选贤与能,文官考试,贤能治国;Ⅴ.齐政型之管理观:体国经野,励精图治,政通人和。

第二,近代西方在其引进中国的政治文明的过程中,并非择善而从、取精用宏,而是中为洋用、摈弃道体。西方人自从启蒙运动撷取和践行中国的政治哲学,却忽略或摈弃了儒家的"治道"。后者的内容主要有五:Ⅰ.王道及天下观(讲信修睦,天下太平);Ⅱ.天道及天人观(人与自然,天人合一);Ⅲ.无对及中庸观(无排他性,和而不同);Ⅳ.尚德及道义观(重义轻利,内圣外王);Ⅴ.人性善及德礼观(重在感化,超越权力)。

(三)中西辩证

再看历史背景与变化趋势。

自中古后期以来,西方的新兴的文明及政治就一直倚靠中国。略谈六点如下:

第一,四大发明之造纸与印刷术,使中世纪欧洲的基督教-日耳曼社会,凭借传播媒介和使用文字,抛弃血缘而联结地缘,从而由部落族群过渡到了民族国家;与此同时,"现世权利"生根发芽,滋蔓难图。

第二,火药与指南针让欧洲人在摧毁其社会与地理桎梏之后,转向了征服大洋大洲。从而,组织力与动员力,以及民族国家、社会契约和公民理性等,都应运而生,由此形成了适度竞争与持续创新的内部佳境。

第三,中国文化的非神权、非贵族的天下为公、选贤与能,启蒙欧洲,激发革命,构建民主。并且,西方又从中国引进了文官考试、监察制衡、宏观管理、财税统计①和经济发展等"俗世文明"的诸要素。

第四,中国文化与技术通过西洋突破宗教与地理的双重禁锢,从而把人类带

---

① Cheng Lin, Terry Peach, Wang Fang: *The History of Ancient Chinese Economic Thought*, Routledge, 2014, p.95.

入"全球天下"之中;西方人首先从"自然王国"进入"自由王国",并以广殖民、灭土著、贩黑奴、频战争和害生态,为其平衡条件与牺牲代价,来创造奇迹(包括科学与民主)。

第五,在第二次世界大战的末期,霸权密谋(罗斯福、斯大林、丘吉尔的德黑兰—雅尔塔秘密外交),让东欧和东亚承受西方的"剩余能量"(阶级斗争),并且剥夺了两地参与世界市场的权利,把它们置于苏联"铁幕"之中。霸主由此来拯救西欧的民主与资本主义。而后,民主与资本主义又被移植于亚太边缘(日本及四小龙),旨在遏制东亚大陆。然而,当美国越战撤退和苏联势力席卷、因而西方式微之际,中国脱苏入美而扭转乾坤,使美国赢得冷战。中国也因而得到"实惠"——以参与世界市场为必要条件的现代化与"和平崛起"。

第六,由于海洋地缘的差异,西方暂且捷足先登,得天独厚;中国一时承受忧患,水深火热。中国与欧美,在文明的正面上,是因果和母子关系;在负面上,则是相互依存,而且很快就会相互转化的——从今往后,世界地缘政治的优势变化是:欧美—北美 → 亚太—东亚。

第十六章　西方不能产生和维持民主

一、西方原本没有"民主土壤"

其实,西方根本不能创造民主;它的"民主"只是机遇,而且是与中国赐予分不开的。欧美民主本质上是人类的政治文明的严重退化。要证明这几个命题并不难。

西方的精神基因是原罪与性恶,它会造成人与人、人与自然之愈益冲突;这是属于人类的负面性或劣根性,是在儒家所讲的人禽之辨以下的这个层次(人退化为近似于禽兽的野蛮人)。但在具备了嫁祸于外、损人利己的条件下,任何邪恶的族群都会自动形成理性,民主与法治以及别的文明价值均可应运而生。此乃"有条件的理性",它相对于其受害者——"无条件的非理性"(不具备嫁祸于外、损人利己的条件),两者互为因果。然而,这样的条件是不可靠的。就拿嫁祸于外、损人利己来说吧,它遭遇反弹或反抗也可能是极大的。怎样才能保证压倒一切、无与匹敌呢?那就必需地理上的战略优势(地缘政治、海洋地缘)。但这是可遇不可求和不以人的意志为转移的。

如果西方的原罪、性恶不具备嫁祸于外、损人利己的条件,亦即,它的内在的祸因乱源不能疏解于外,而是聚爆于内;那就相争相害、内讧内耗(霍布斯邦),在此情况下,若非神权禁锢或极权高压,很快就会自体毁灭,因为西方没有化解矛盾或促进人与人、人与自然之和谐的文化。那么,西方是否能够自我改变、自我拯救,做到剥极必复、否极泰来,从而永远是有条件的理性,永远拥抱科学与文明和民主与法治呢?这是不可能的,因为矛盾在内,祸乱不止,负能量(破坏性)压倒一切。近代西之"时来运转、扭转乾坤",在各个方面都得力于中华文明,诸如打碎神权禁锢而建立俗世社会,打通全球地理而从事海洋扩张,奠基物质文明而步入发展轨道等等,无不如此。就连西方首次具备嫁祸于外、损人利己的条件(1492年),都是凭借源自中国的火药枪、指南针、造船术和航海图的。西方之所以能够走通这条路,并且由此主宰世界数百年,还有它自己一方的决定性的客观原因,即:在中国传统科技和基于它的现代科技的前提下,西方的地理环境(海洋地缘、地缘政治),对于其余世界具有绝对的战略优势(犹如历史上的欧亚草原的游牧部落在地理上所具有的,对农耕社会的居高临下的战略倾轧)。西方的如此地缘政治的战略优势只能保持五百年左右。

二、欧美,无传统的"机遇文明"

①近代以前的西方是没有历史的文化荒漠。
②西方没有自己的文化传统(特别是民主与科学)。
③欧美文明的源流:本于华夏,而被置于希腊。
④中世纪的西方人:迟钝的进步,本能的淫猎和精神的蛰眠。
⑤中国掀起欧洲变革(500—1800年)。
⑥中国转动西方千年:解除神权禁锢,放出洪水猛兽。
⑦中国的发明成为西方用科学爆炸世界的定时炸弹。
⑧中国发明+儒家思想:使得西方人获得了"理性"——嚼噬几大洲与生物圈的"理性"。
⑨"中国之原动"——易经式的有序运动——造成了世界联通与欧美奇迹,却脱离了通向天下太平、世界大同的轨道。

(一)我们应该质疑问难

欧美宣称,存在着一个无比优越的西方传统,即发端于古希腊的科学传统和文明谱系。这是真的吗?现在看来,如此传统及其源头基本上都是被编造出来的,西方国家的出版物已有相当的揭露。尽管本书前文已经讲到被伪造的"希腊科学",在17—19世纪的科学—工业革命的过程中,不是源泉,而是阻碍。但是,我们有必要集中讨论一下,在欧洲近代转型的过程中究竟有没有一个西方传统,在此历史进程中起到了积极作用。

西方学者质疑西方传统。美国人类学家埃里克·沃尔夫指出:

我们在教室内外所学到的,即:世界上存在着一个称作西方的实体,并且……把这个西方看作是一种独特的社会和文明,而截然不同于其他社会和文明(例如东方)。我们许多人甚至根深蒂固地认为,西方世界有一个优异的文明谱系:古希腊产生了罗马,罗马产生了基督教欧洲,基督教欧洲产生了文艺复兴,文艺复兴产生了启蒙运动,启蒙运动产生了政治民主和工业革命……工业连同民主以及后来产生的美国,都体现了生存权、自由权和对幸福的追求……但这是在误导。首先,因为它把历史变成了一部道德成功史,变成了一场由各个西方竞赛选手,向下一个接替者传递自由火炬的接力赛。历史就这样被改成了一个关于美德传承,以及品德高尚者(例如西方)如何战胜落后族群(也就是东方)的传说。①

西方自诩的传统元素,包括欧洲中世纪晚期的"非常活跃"的几种社会与文化的成分。深入查究便发现真相:它们虽在事后都是征服自然、征服世界的主角或急先锋,但在之前,它们无不是被动地、茫然地被卷入由东西方的文化汇合所形成的历史浪涛之中。那就是,主流文明打通了其边缘支脉(泰西化外),却就像打开了装满原罪、性恶的潘多拉魔盒一样,使得洪水猛兽泛滥成为海洋文明。几千年来,东方"大河文化"与自然和解,因顺天地好生大德而变易聚财,积累了相当的科技成果;终于被几乎是家徒四壁、赤手空拳的西方人拿去,从历史的反面(人性恶)向自然发动突然袭击和胜利进军,而西方自己就成了"文明的暴发户"!荷兰学者多丽丝·杰登斯基说:

近代西方是缘起于东方古老文明的暴发户(upstart),它的科学发现和应用发明只是人类历史中的浅层装饰,缺少智慧的道德根基。西方给予人类的,全是在资本主义好战的政治意识形态下的物质主义……当西方文明因其权力欲望和无限贪婪而自体破坏的时候,世界必将转向现在被它所鄙视的传统智慧的东方。东方将使地球持续下去!②

如果说当时欧洲有其自身的优势的话,那就是两个不由自主、但等风云际会的优势:Ⅰ.客观上,它的海洋性相对最强,这里是地球生物圈的"防卫系统"的薄弱环节,很容易被突破;再者,千百年来地中海即为人们反叛自然而"赴死冲刺"的历练场所,但因缺少技术而无法进入世界海洋。Ⅱ.精神上,这里有一个对抗自然的罪魁祸首——否定宇宙秩序,宣扬重新创世,却被画地为牢、禁锢终古。当中国科技使得自然为欧洲解禁好久之后,它还继续禁锢着选民(因为害怕他们内讧致毁);所以它自身也遭罹惨烈的反叛(死人数千万)。

---

① Eric R. Wolf: *Europe and the People Without History*, University of California Press, 1982, p. 4—5.

② Doris Jedamski: *Chewing Over the West: Occidental Narratives in Non-Western Readings*, Amsterdam: Rodopi, 2009, p.20.

(二)打破砂锅问到底

现在让我们来看欧洲从中古到近代的转型,其间到底有没有一个西方传统?一目了然地透视历史场景,分述六点如下:

(甲)传统元素

西方学者称:形成近现代"欧美奇迹"的三种传统力量是:古典潮、基督教和日耳曼,亦即:A.古希腊和罗马;B.基督教,犹太一神教的分支;C.日耳曼诸民族,原是欧亚草原的游民部落。然而实际上恰恰是相反的。这所谓的西方历史传统的"三要素",它们之中没有一个对欧洲转型起到了任何积极作用,都是成事不足,败事有余。分别辨明:

第一,如前所述,中古后期和文艺复兴期间伪造的"希腊思想",诸如亚里士多德和逻辑与逻各斯,都是进步的阻碍,因而在科学革命的前夕,被欧洲知识界吐弃为"教条主义",并且还援引中国文化批判之。①

第二,在中世纪后期,依旧垄断文化的教士阶层,虽然也参与海外殖民,但他们阻碍西方转型之久,真是难以想象——从文艺复兴算起是四百年,从哥伦布越洋算起是三百年!最后还是靠中国文化来打碎神权禁锢的。②

第三,原始野蛮的日耳曼人既是"原罪、性恶"的载体,又是其受害者,他们多投身于宗教和贵族的火拼。而典型的日耳曼人——被康德和黑格尔所吹嘘的"优秀人种"——到底具有什么样的素质呢?罗素说,直到19世纪,他们始终被拉丁语系民族视为文明中的下等人。③

(乙)典型事例

在"发现新大陆"的一百年之后,许多在海外布道的传教士返回到欧洲时,发现这里的人都在窝里斗,俨然是个相争相害的"霍布斯邦"(16—17世纪的"末日战争"),④毫无"向上的朝气"。⑤教士们觉得有必要、有责任改变欧洲的精神靡溃。于是,就有一名牧师,也是很有名的意大利学者,叫乔万尼·博泰罗(Giovanni Botero,1544—1617年),写了一本题为《世界全览》的书,进行鼓动,被翻译成欧洲

---

① *The Columbia History of Western Philosophy* edited by Richard Henry Popkin, Stephen F. Brown, David Car, Columbia University Press,1999. p.413.
② *The Columbia History of Western Philosophy*, p.413.
③ Bertrand Russell: *History of Western Philosophy*, Routledge, 2013. p.668.
④ A. Cunningham, Ole Peter Grell: *The Four Horsemen of the Apocalypse*.
⑤ J, Huizinga: *The Waning of the Middle Ages*, Edward Arnold,1976. P.28.

多国文字,广为流传。其中心思想是:欧洲最为优越,所以"上帝的选民"有资格、有能力去征服和统治美洲、非洲和亚洲。然而,作者给出的论据令今人啼笑皆非,竟然是:只有欧洲才有四大发明,加上火药炮(这也是中国发明)。①这说明什么呢?当时的欧洲在精神上和物质上确实都是一穷二白!然而,这本书似乎真的使欧洲人一下子豁然开朗了,他们加紧全球征服的步伐——把欧洲的"祸因乱源"整然地(不再是部分地)转到外部世界。

另外,乔万尼·博泰罗也是第一个定性古代中国是"专制主义"的西方人。他给的理由同样是可笑的,即:中国没有贵族统治,没有侯爵和公爵等阶级特权和世袭;中国只有一种国家税收,而没有封建割据和关税林立。②

(丙)千载难逢

如前所述,欧洲转型应当归因于历史机遇,那就是"东方赐予"。伏尔泰说:"东方文明赐予西方一切。"③其中,华夏科技不仅奠基了科学革命和工业革命,更重要的是,为它打破了地理障碍的瓶颈,从而使"近水楼台、得天独厚"的西方人开始拥抱"全球性生态"(生物圈)和已经为它准备好的经济和贸易的全球循环的体系。④试想:对于任何一个别的(非热带)民族来说,如果要有这样的"天赐良机"——获得一个比本土面积大千百倍的海陆生态,那它必定会在一两代人的功夫就会产生奇迹。但欧洲却是在没有遇到太大抵抗也不存在竞争对手的情况下,足足花了近三百年,即从 1492 年算起,二百五十年之后开始起步工业革命。之前,随着灭土著、挖金银、劫宝库、贩黑奴、种植园等,财富滚滚倾注己方。

若是从宇宙的"天眼"来看,这个欧洲转型或"人间奇迹",却是人类精神发生错乱所致:几大洲的万古智慧之"放之四海",却服务于"性恶";万千生灵之"泯乎三界",即牺牲于"原罪";再加上全球的生态、资源和财富的自然分布皆被打乱,而像重新创世一般地倾斜于西方。生物圈为之折寿达 99%以上,此乃生命星球被智能生物提前毁灭的"通则"!⑤

(丁)以怨报德

---

①R. Porter,K. Park,L. Daston:*The Cambridge History of Science:Volume 3,Early Modern Science*,p.838.

②Martin J. Powers:*A Companion to Chinese Art*,Wiley Blackwell,2016,p.4.

③John James Clarke:*Oriental Enlightenment*,Routledge,1997,p.3.

④Gavin Menzies:*1434*,HarperCollins,2009,p.253—253.

⑤Fermi Paradox,from Wikipedia,the free Encyclopedia.

上述乔万尼·博泰罗所鼓动起来的"欧洲优越",却被耶稣会士从中国寄回的信札大泼冷水。17—18世纪之交的欧洲在经济上开始暴富,但在文化、制度和艺术等许多方面都还是贫困不堪,而且陷于全面的本土混战。于是,在华耶稣会士掀起了欧洲的"中国热"——迥然不同于往昔间接和零星的科技传递,这次可是各个方面的引进中国:A.哲学:矛盾辩证和非宗教观;①B.经济:自由竞争和惠民政策;②C.科学:有机整体与单子全息;③D.政治:文官考试和俗世行政。就连蔑视中国的黑格尔也承认,举贤任能的中国是欧洲政治改革的楷模。启蒙运动在很大程度上是中国文化"启蒙西方",即建立非宗教的、以人为本的俗世文明。而后,从19世纪初开始,欧洲思想界别的反华仇华。从早年教士的"福音殖民主义",经过"正、反、合"(否定之否定)变为康德、黑格尔的"理性种族主义"(康德抛出"科学种族论",黑格尔重提征服世界,还包括对中国)。但此两人都是直接或间接撷取中国文化和别的东方文化,而自成一家的。

(戊)中国启动

从中世纪初到"转型"的一千年里,欧洲人先被蛰伏于"上帝救赎",再是内耗于神权禁锢,不存在发展或进步;要说有的话,那在很大程度上是被中国前牵后推的。前牵是精神幻觉,指从马可波罗到哥伦布的"中国引力",④这对于连续数世纪精神低沉的欧洲人来说,⑤是海风里所夹带的清新空气。后推是实际驱动:Ⅰ.中国马镫传入欧洲,引起了革命,使部落头领变成了骑士,并使冷兵器得到升级,愈益积累战祸。Ⅱ.几百年后,火药又使冷兵器被热兵器所取代,首先革了骑士的命,因为这个阶层成了热兵器的脆弱目标。Ⅲ.四大发明对西方的深远影响,按照培根所言超过任何一次伟大的革命。另外还有众多的中国发明,奠基了其科学革命、工业革命和农业革命。Ⅳ.作为转型的主要障碍的教会,因向中国传教而引火烧身,启蒙思想家援引中国文化来炮轰教会,这是法国革命的原因之一。于是打到了教会、贵族和王室,后者从路易十五到路易十六,都在试行受中国影响的重农学派的经济改革。历史极具讽刺性!

中国转动欧洲长达一个千禧年,花了九百年才解除神权禁锢,最后是原罪爆

---

① *Eastern influences on Western philosophy:A reader*,p.10.
② *Eastern influences on Western philosophy:A reader*,p.17.
③ *Eastern influences on Western philosophy:A reader*,p.169.
④ J.J. Clarke *Oriental Enlightenment*,p16.
⑤ J,Huizinga:*the Waning of the Middle Ages*,p22,215.

炸,天翻地覆,以致现在我们唯一的生命星球都岌岌可危了!对此中国似乎应该下"罪己诏",光是四遗贤发表"世界宣言"推卸责任怎么行呢?

(己)转型前夕

中世纪后期的欧洲,危机的趋势压倒一切。每每被外部因素点燃的"进步的火花",就熄灭了,看不到一点近代化的迹象。"不是重生,而是挣扎;不是迈向美好的未来,而是丧失黑暗的宁静。"①13—14世纪往后,连续灾祸数百年:教俗冲突、教派互争、各邦相屠、百年战争、三十年战争等,直到17世纪中期,法国学者还悲叹道:"我和我的欧洲同胞正生活在'铁器时代'的……革命和动荡之中。"②

中世纪后期的欧洲陷于不可自拔的危机综合征。它是"一体多因":底层是生态环境的危机,再分别是人口、经济、社会、政治、宗教和精神危机,互为因果而全息激荡。生态、人口和经济危机根源于其社会机体的病入膏肓,其他危机则基于其上。但影响并发症的外部因素则为中国,那就是:Ⅰ.中国因素在后期化解危机,即中国的农业技术和越洋技术;后者是决定性的,若非如此,欧洲必毁无疑。Ⅱ.中国因素在前期加剧危机,即:A.中国马镫催生骑士,潜聚战祸;B.火药使骑士阶层沦为脆弱目标,而被摧毁;C.印刷术助长反叛,令教会分裂混战。

中古与近代之交的欧洲的并发症是通向社会消亡的,除非具备两个"法宝"或其中之一:一是和谐文化,欧洲绝对没有;一是越洋技术,中国雪中送炭。如果没有后者,其他技术越多,人与人、人与自然的冲突则越烈,因而社会的毁灭概率也就越大。

三、中国在支撑现代西方民主

欧美民主不仅是源自中华文明,而且它的存在也是由中国来"维持"的。后者是指,现代中国承受西方忧患——有史以来的忧患之最,是西方民主化与"普世化"的必要条件。经济学家沙希德·阿拉姆说:

西方是怎样来到近现代的? 在18世纪,一批欧洲思想家致力于用理性(而非宗教)来主导人类事业;他们知道他们是在"步武前贤",而且是热衷于此,那就是"祖述"两千年前在这方面的先行者——孔子(孔子倡导建立一个非宗教、现世性、

---

① Johan Huizinga: *The Autumn of the Middle Ages*, University of Chicago Press, 1996, p.2.
② Geoffrey Parker: *Europe in Crisis 1598—1648*, the Harvester Press, 1986, p.18—19.

人文型的社会)。然而到18世纪末,一个强大和自信的欧洲,对这前前后后的中国赐予和对非西方的文化源流,则忘得一干二净。欧洲学者开始宣称,理性、科学和民主是西方的独特禀赋。①

下面几个历史插曲,极讽刺、极可悲!

第一,英国:在其成功地发动两次鸦片战争(火烧圆明园)之后,议会竟然论证中国体制之无比优越性,从而决定引进"中央王国"的两千年行之有效的文官考试制度(科举考试),②以终结英格兰的两百年来"名为议会宪政,实为贵族擅政"。③其理由之一是:如果此种中式体制不被英国引进的话,那么,"纵使宪法条文像黑莓一般的繁密,议会普及到各个乡村,那也是毫无意义的"!④

第二,美国:经由欧洲启蒙运动与重农学派为中介,而撷取儒学,建国立宪。之后,鉴于仅仅是"中学为用",而不足以克服"联邦蠹政"。⑤然而,竟在华工修好北美铁路之后,通过和实施种族迫害的《排华法案》(1880年);与此同时,推行传统中国的文官制度(有教无类、学优则仕)。其理由之一是:一个最成功、最悠久的政治制度,"难道不应该被我们这个最年轻的国家采用吗!"⑥

第三,法国:"中国热"启蒙欧洲,引爆1789年革命。期间,1793年和1795年两个宪法所附的人权宣言,都引用儒学。随后则是陆续的革命与战争(包括第二次鸦片战争),其内乱诸如:拿破仑战败与王室复辟(1815年);革命(1789、1830、1848、1870和1871年);起义(1792、1793和1848年);政变(1794、1799和1851年)。幸亏中法战争(1883—1885年)虽败犹胜——清廷割让越南,其民主才得以巩固(镇南关大捷,费理内阁倒台;清朝让步,法国民主有惊无险)。

第四,西欧民主。欧美的民主化是以摧残其余世界为代价的,这使它走向了世界大战。20世纪上半期是西方文明的总危机。为了转入冷战、从而避免全面毁灭的第三次世界大战,同时也为了拯救西欧的民主与资本主义,罗斯福总统设计了

---

①*A Eurocentric Problem* by M. Shahid Alam / February 9th,2010. http://dissidentvoice.org/2010/02/a-eurocentric-problem/

②*Chinese Ideas in the West*,Prepared by Professor Derk Bodde.

③Adward Hughes:*Britian and Greater Britain in the Nineteenth Century*,Cambridge University Press,1930,p.146.

④Thomas Carlyle:*Heroes and Hero-worship*,p.200.

⑤*Chinese Ideas in the West*,Prepared by Professor Derk Bodde.

⑥*Chinese Ideas in the West*,Prepared by Professor Derk Bodde.

"祸水东引",即:苏联割爱西欧的共产主义高潮,换取红军进入中国东北(洗劫满洲工矿),牺牲这个遭罹最久世界大战的国度;美国通过"秘密外交",而置中国于苏联铁幕,从而剥夺了中华民族的海洋权利和参与世界市场的权利。

第五,亚太民主。冷战开始以后,特别是朝鲜战争以后,美国为了对付苏联和共产主义中国,便放弃了限制日本经济的原计划,而让其分享"西方优越性"——市场经济与民主政治;进而,它以此向亚太的大陆边缘推而广之。所有的旧的和新的东西方民主国家或地区,在历史上都是受到华夏所哺育的。而今,只因为东亚大陆的边缘可以用来扼制中国,可以作为"以华制华、以亚制亚"的棋子,所以彼岸霸主才让它们分享"西方优越性"的。

第六,普世价值。20世纪70年代,以美国越战撤军为标志,西方阵营陷于颓势;而苏联势力则如日中天,凌驾欧美。幸亏中国远交近攻、脱苏入美,而加盟西方,由此,中国与北约完成对苏联东西钳夹,使之两面受敌(虽未开战,却拖垮其经济)。1979年越南战争则遏制苏联阵营的扩张,再加上中国挟第三世界角逐之,才使美国反败为胜,而赢得冷战。于是出现民主化的高潮,"普世价值"受宠若惊!

第七,真正民主。迄今为止,西方民主的两个必要条件是:西方的海洋地缘和中国承受忧患。然而最近,地缘政治的世界优势已转到了中国——兼摄最大洲洋,拥抱地理枢纽。发展下去,海洋霸权则自然而然地被边缘化、被淘汰。另一方面,中国在其解除西方的致命重压之后,就会回归与光大其传统文化的民主原旨——选贤举能,重义和利,天人合一,王道太平!从今往后,随着中国的充分崛起,西式民主的负面递增,而其正能量愈少。

是中华民族用其血肉之躯来做捍卫西方民主的"万里长城"的,西方却自坏长城!中国将要"收回民主、自我享用"了!21世纪见证:西式民主(国家或地区)品尝和遭受民主的负面,乃至原形毕露于"霍布斯邦"(自我中心、原罪性恶、相争相害)。

四、究竟谁开创的"自由王国"

(一)纵横之概述

从"性恶"来说,人类永无自由。因为人是生物的非理性的"变异"(人是打破生态平衡并且不断突破的动物),他的任何自由都是牺牲自然的,或迟或早都会受到致命天惩。西方的自由只是由于某种机遇的缘故,而暂时在此方面占了上风,并牵引全人类走向自我毁灭!

第四编　西方民主是儒家的成果与变种

从"性善"来说，传统中国相对而言则是乐土；因为她能够和合自然，进行中庸调节，所以中国古人就能够享有真正的自由！如下面两首古诗：

巴女骑牛唱竹枝，藕丝菱叶傍江时。
不愁日暮还家错，记得芭蕉出槿篱。

（于鹄《巴女谣》）

钓罢归来不系船，江村月落正堪眠。
纵然一夜风吹去，只在芦花浅水边。

（司空曙《江村即事》）

第一首写农家女孩自由自在，无忧无虑，恬静合天；第二首写江村水乡乃安和乐利，免于恐惧，毫无压力，身心豁达，怡然天放。

欧洲中世纪的前期是宗教救赎，人生窒息和经济原始。中世纪后期到近代早期是"黑铁祸乱"，即霍布斯所言的"自然状态"：相争相害，万人战争。究其原委，是诸多的中国科技诸如马镫、火药、造纸和印刷等，使欧洲动荡起来的：族群残杀，人神火拼。李约瑟说，在西元头十四个世纪，中国科技陆续西传，产生一系列的"地震效应"；直到关键的中国发明（指南针、造船术、航海图）使得欧洲人能够嫁祸于外、损人利己——他们把其内在"霍布斯祸根"加上"马尔萨斯危机"，转嫁到了外部世界，从而西方才有可能变为"自由乐土"，当然还需要中国文化为之启蒙（西方的所有的关于人和权利的观念以及关于自然法的观念，都是从儒家那里获得的）。

实际上，西方国家的相对自由是很晚的事。它的"首次自由"发生在19世纪后期，也就是在帝国主义的高峰期，直到第一次世界大战的爆发为止；而美国的"自由"的时间较早、其程度较大，那是因为灭绝土著和拓展西部。源于中国的亚当斯密的经济自由主义在英国被实施，是在19世纪后期，也就是英国用炮舰政策严重摧残了和平贸易与经济的千年砥柱之后。鸦片战争的深层意义是，最初基于中国技术的英国，通过征服自然、征服世界获得了压倒性的物质力量，再用它来摧毁这个维护天地与人间和谐的终古文明，从而突破了"人与生物圈"的最后一道防线。汤因比在其所著《人类与大地母亲》一书中，这样写道：

1839—1842年，英国进攻并且打败了中国。英国给予这个政权以致命打击。在此前2000年的大部分时间里，这个人口众多的中国……是和平与稳定的。这些都是英国的"丰功伟绩"，但它在这一时期的最大业绩则是开创了工业革命。在这一革命的进程中，为了博取人类的欢心，英国打破了生物圈和人类之间的力量平衡,而这最终将使生物圈在人类力量的作用下,变得不适于所有生命物种的生存,其中也将毫无例外地包括人类自身。①

近现代欧美进入人性恶的"自由王国",是中国的赐予——中国文化与科技把欧洲人从地理与宗教的双重禁锢中解放出来:第一,中国科技奠基科学革命和联通世界地理,海洋性相对最强的欧洲是"近水楼台",暂得"天时地利";第二,中国文化破除神权垄断和启蒙世俗理性,却使原罪泛滥全球,让资本吞噬生态。近代西方的自由经济与经济学也都是源于中国,只不过"反其道而行之"而已。

再看古今中国。孙中山指出:在传统政治之下,中国人民并非没有自由,恰恰相反,是自由"太多"了!

> 中国自古以来,没有自由之名,而确有自由之实,且极其充分,不必再去多求了……外国人说中国人是一片散沙,究竟说一片散沙的意思是什么呢?就是个个有自由,和人人有自由,人人把自己的自由扩充到很大,所以成了一片散沙。(《民权主义第二讲》)

中国人这般"自由",在"华夏王天下"的太平盛世,确是"万民天放";而在"西方霸诸侯"的列强时代,则为"一片散沙"。后者是指:民族散漫而无组织力,国家阴柔而无动员力,以致不能形成钢铁长城一般的抵抗力,此乃20世纪中国的政治转型之缘由。

这就是说,近现代中国一方面是西方"原罪—性恶"的自由民主的受害者,一方面是儒家"无为—天放"的自由传统的退却期。消融前者,回归后者,是她的终极使命的一部分。

从今往后,中国的民主化将会随着海洋立国而水到渠成;它当是以多元一统(而非分裂)为前提,以摆脱西方的致命重压为条件,以恢宏德教、涵融西方为内容,以改造现代民主、推行王道大同与天人合一为旨趣。否则的话,那是置人类自毁于无救。《易经·随卦》曰:"随有获,其义凶也。"中国随顺西方,即使达到欧美标准,也是徒增一个民主帝国主义,而加速地球村的覆灭!正如英国哲学家罗素所说:"中国……最终意义不在其自身,而宁在其为西方……和她的夙有品质两相结合,开创新局。倘若达不到此目的,纵然取得其政治独立,又有何价值?"②

---

① 汤因比:《人类与大地母亲》,第512页。
② Bertrand Russell: *The Problem of China*, p.242.

(二)理想之落实

近古中国的历朝盛世,其政治与经济管理的重心,从制度管理转向教化治道。朝廷采取德治、无为,这已不是单纯的道家的理念,而是以儒家为主的三教(儒释道)合流的杰作。孔子曰:"无为而治……其舜也与。"政府权力从民间撤退,不再负责为民制产、予人恒产了;它也很少承担宏观调控、保民安富的职责了,一切利用厚生之事皆让人民自为(乡里自治)。哲学家唐君毅写道:

> 儒家所理想之天下既治之局面,乃人人皆以礼乐自治其心身,而"兵革不试,五刑不用"。经济上之利用厚生之事,则当赖人民自为,更无特重政府之管制之意。儒家之太平之世之政治,亦近乎无为之治,故孔子亦谓"无为而治者,其舜也欤"。儒、道二家之理想政治社会,实皆同为使人民不感有政治权力之存在,觉"帝力何有于我哉"。

> 中国汉唐之政,较重有为,近世之治术多重不扰民。地方官吏之事务,恒不外收粮税、治盗贼,与理人民之讼事。如无盗贼,人民不讼,"花落讼庭闲","太平无一事",则官吏可以余力治学问。人民亦尽量求与官府少作交涉,人民纳粮以外,可一生不入衙门。社会之秩序维持,主要赖人民之安土守分,乡里之能自治,与文化道德意识之普遍。由是而中国社会,能异于西方之赖武力与警察以为统治……此实可谓为一种最能与社会相忘,任社会自由生长之政治。天高皇帝远,人民可与之毫无关系,则皇帝一方只为一天下一统之一象征……①

这是一个比较彻底的自由经济,但不再出现像西汉那样的野蛮竞争了("富者田连阡陌,贫者无立锥之地"以及较普遍奴婢买卖),而是体现着儒家的互助共生!带有"通财之义"(伦理共产主义)性质的义庄、社学、书院和会馆等私人团体普及全国,从而落实儒家的理想——"大道之行也,天下为公,选贤与能,讲信修睦。故人不独亲其亲,不独子其子,使老有所终,壮有所用,幼有所长,鳏、寡、孤、独、废疾者皆有所养,男有分,女有归"!

马克斯·韦伯称,儒教中国具有"福利国家的性格","具有平等化的倾向"。②

或有人问:近古中国这般颇为理想的社会公平是如何达成的呢?答:儒家一千多年教民新民、移风易俗的大功告成也!——《易经·恒卦》曰:"圣人久于其道,而天下化成。"董仲舒云:"教化流行,德泽大洽,天下之人……(皆)有士君子之行。"

---

①唐君毅:《中国文化之精神价值》,第278—279页。
②Max Weber: *The religion of China*, Free Press, 1964, p.136, 148.

除了承受内忧外患和皇帝世袭作为稳定的平衡器这两点凸显阴暗面之外,传统中国在政治、经济、社会和人生等各个方面都已臻于人类理想,所以她能成为近代欧美的母体和楷模。可惜今天不少华人受西方霸权和帝国主义的蛊惑,数典忘祖,不识泰山。

世界史上的"理想国"或"乌托邦",在中国每每随盛世到来而成为现实。梁漱溟说:"德国奥本海末尔……认为,(人类)将来趋势,要成为一种'自由市民团体'。那时,将无国家而只有社会。但中国从他看来,却早就近于他所谓自由市民团体了。"①

辜鸿铭也引语佐证:"(瑞典学者)斯万伯氏说得好,托马斯·莫尔(Thomas More)于亨利八世年间在他的乌托邦书中所梦想的社会状况,在那时早已在中国实行了。"②

早在几百年前的1690年,英国学者台姆贝尔写道:

中华王国似乎是被人类智慧、理性与才略的极致所组织和监督,并且实行起来甚至还胜过其他人们臆想的境界,也优于所有那些欧洲智者想象出来的架构,(诸如)……柏拉图的理想国,我们现代作家笔下的乌托邦或大洋国(Oceanas)。③

陆游《游山西村》诗云:

> 莫笑农家腊酒浑,丰年留客足鸡豚。
> 山重水复疑无路,柳暗花明又一村。
> 箫鼓追随春社近,衣冠简朴古风存。
> 从今若许闲乘月,拄杖无时夜叩门。

今学者多拿历史中国阶段性地陷于天下大乱、人口减半,来质疑这个至善文明,这是很不公正的。他们哪里知道:在中国文化汇通天下、联通世界之前的历史时期,人们不可能利用"全球性生态"来平衡其负面与矛盾;在此情况下,每一个国家或民族都要承受马尔萨斯式的人口与生态的失衡危机!所不同的是:中国是在遍天下的忧患的情况下,保持着高度文明的起伏绵延,而其余世界(除了生物量较大的热带、亚热带的静态社会)则是:要么不堪震荡而国族夭折,要么征服异域而亡不旋踵,要么宗教窒息而生不如死。中古后期至近代早期的欧洲,因宗教失灵而

---

① 《梁漱溟全集》,第三卷,第26页。
② 辜鸿铭:《中国人的精神》,广西师范大学出版社,2001,第267页。
③ 卜正民、格力高利·布鲁:《中国与历史资本主义》,第79页。

坠溺血腥内乱,长达三百多年;若非中西汇通而嫁祸洲洋,则趋于毁灭也!

(三)贤哲之慧眼

传统中国岂会没有自由?如前所述,孙中山认为,自古以来中国人民享有充分自由。他进一步阐述:

> 外国人不知道中国的历史,不知道中国人民自古以来都有很充分的自由,自然是难怪他们。至于中国的学生,竟忘却了"日出而作,日入而息,凿井而饮,耕田而食。帝力何有于我哉?"这个先民的自由歌,却是大可怪的事。由这个自由歌看起来,便知中国自古以来,虽无自由之名,确有自由之实,并且是很充分,不必再去多求了。(《民权主义第二讲》)

钱穆亦称:君权之有限,庶民享自由,即:

> 中国天子虽受在下位者至高之尊敬,而实亦同在礼之下,同受礼之约束,而不得轻肆其一己之私欲。后世此礼继承,而中国乃得成其为广土众民大一统之民族国家。政府虽有君王,高高在上,而庶民在下,乃尽得有宽放安宁之自由。①

唐君毅也说:"即知中国过去之社会,所以不倡自由,而实有最多之社会生活之自由,与宗教学术上之自由、政治上之自由之真正理由所在。"②他进一步阐述传统中国的学术文化上的自由:

> 相连于中国之和而不同之友道者,是中国学术文化中之自由精神,与崇尚人类之和平之精神。在中国历史中,大家都知道莫有西方之所谓宗教战争。虽然佛教曾经三武之厄,康熙曾一度禁止基督教。然而这都有其他的原因,而非由于中国文化之缺乏宗教的宽容。在中国社会中,一直有各种宗教并行不悖的传教之风,所以和会三教、五教同源之论特别多。中国学术在春秋战国时,原是百家争鸣。只有秦始皇曾焚书坑儒。但……汉初仍是儒道法与阴阳家之言竞起。汉武帝罢黜百家,只是不与百家立官学,仍未尝禁止民间百家学术之流行。魏晋以后,佛学东来,中国人立刻竞相讲习。唐代与世界交通更盛,而佛耶回波斯之教齐来。虽然韩愈辟佛,宋明儒亦辟佛而要复兴儒学,然韩愈与宋明诸大师,皆常与佛徒往还,并常出入于儒佛道之教中。至于清代之文字狱,则是满人摧残汉人民族意识之事,又当别论。儒家之成为中国学术文化之主流,乃由于儒家教义,本来较他家为周备,而非由于儒者借政治力量,以钳制他家学术之自由发展之故。而且儒家本来是相信万物并

---

① 钱穆:《现代中国学术论衡》,第191页。
② 唐君毅:《中国文化之精神价值》,第275页。

育而不相害,道并行而不悖的。孟子反对他家,只反对其执一而废百。荀子反对他家,只因他家有所见而又有所蔽。儒家之精神,重会通之道、全尽之道。故要于殊涂见同归,于百虑见一致,于睽异而见其相通相类。中国道家则更重思想之自由,中国之所以莫有宗教战争,莫有异端裁判所,中国人之所以最富于宽容博大之精神,而不钳制学术文化之自由发展,亦正由儒家与道家之此种精神所陶养。①

(四)本质之透视

此须重申,有两种自由:一是人性善的自由,向内用力而获得,这是东方文化所内涵,即上述传统中国之自由;一是人性恶的自由,向外用力而获得,此乃西方文化之能事,即近现代所倡之自由民主。后一种自由决定于生态空间之宽松与否:生态宽松就有自由,但生态紧张则须采取集权,以免四分五裂。然而,那决定着人性恶的自由的宽松环境,无非是对外扩张(侵略、称霸或贸易,多为三者之和)。美利坚民族的自由首当归因于灭绝土著的边疆政策。可见,西方所鼓吹之自由,实在是致祸天下:其成功则牺牲异域乃至全人类及生物圈,其不成功则就会发生内战或对外战争。就连西方文化之半的基督教都把如此劣根性的自由,拒于伊甸园之外,让人自生自灭,待到他们相争相害而罪恶滔天之时,再来加以除灭。正如唐君毅所说:

……上帝造人为唯一有自由意志者之信念。然自亚当犯罪,人之自由意志,则恒向恶。故中古基督教,仍不重个人之自由意志之价值。人多谓尊重自由乃日耳曼精神。真尊重个体之自由意志,盖始于西方近代。②

西方的基于人性恶的自由民主,在表面上乃属于制度范畴,但实质上则决定于生态空间(生物层次,即达尔文主义,或曰生态帝国主义)。生态空间越大,自由民主的可能性也就越大,反之则越小。任何生物在生态空间较大的条件下,都会表现出一种社会佳境;但在生态空间变小的情势下,动物的社会逆变则比较微弱,远不如人类那样的厉害(残杀同类——向外残杀,若成功遂有自由民主,不成功转为向内残杀;后一种状况也是为了重新整合而再次向外)。这是因为人是有自我意识的、因而是突破性的高级生物;顺之者曰理性解放——西方文化,融和它曰修身养性——中国文化。

所以,西方文明是凭恃斗争强力,从外延上拓展生态空间。但是,地理范围是

---

① 唐君毅:《与青年谈中国文化》。
② 唐君毅:《中国文化之精神价值》,第4页。

有限的,即使侥幸成功,福兮祸伏。传统中国是运用和谐文化,从内涵上扩充人文空间。

西方之自由,是向外争取而来(权利和人权),它在冲突中或能实现,但愈发制造冲突;一时花绽,如露如电。传统中国之自由,是向内修身而来(立己亦立人),它在和谐中悠然自得,又带来更大和谐,为仁由己、生生不已。

西方的自由始终离不开强制力。对此康德说:"……人类所定的最高任务,是……外在法制下的最大自由,与不可抗拒的强制力相结合,从而形成一个完全公正的公民宪法……需要迫使人进入这种强制状态,尽管他在别的情况下倾向于毫无约束的自由(例如对异族——引者)。"①

设想:有史以来,诸民族都曾蒙受过极大的强制性(高压统治),而后各有化解,由此分道扬镳:

Ⅰ.在中国是,强制性被向内用力与调和心性所化解,从而造成内在的、和谐性的、人文性的自由;其强制性不再登大雅之堂了(道德自觉、自治心身),此乃人民自我管理与朝廷德治无为;这种自由,以体味人生、参天地、赞化育为旨趣,灵妙真谛,无远弗届。

Ⅱ.在西方是,强制性由向外突破和物质进取而疏解,因而带来外在的、力争性的、生物性的自由;但强制性反而是"理所当然"了(人皆自私、政法强制),只是它的程度比其受害者较低而已;如此自由,以牺牲其他民族和地球生物圈为代价,似福大祸,梦幻泡影。

黑格尔说,西方的"世界历史"就是"自由"的展开。康德说,如此过程开始于"启蒙的时代", 即:"……我们生活在一个启蒙的时代……我们已见到的明确迹象,即人类面前展现出一个可供其自由进步的领域,而且普遍启蒙的障碍也逐渐减少。"②这个"自由进步的领域"在何方?黑格尔答云:"大海邀请人类从事征服、从事掠夺,但是同时也鼓励人类追求利润,从事商业。"③

可见,在中国为西方人打开一片天地之后,他们不是在此基础上,通过修身养性来建立那基督教所无能为力的、协和内外、天人合一的新文明,从而能为那正在"平天下"的文明母亲减轻负担,助其一臂之力,那多好啊!而是反其道而行之——征服自然、征服世界,却美其名曰启蒙、理性、自由!

---

①Immanuel Kant:*Perpetual Peace and Other Essays*,P.33.
②Immanuel Kant:*Perpetual Peace and Other Essays*,P.44—45.
③黑格尔:《历史哲学》,第83页。

另外,正是有了这个新天地——海洋及其所通之寰宇,亚当·斯密适逢其会,从经济学上为西方人设计了资本主义这头吞噬诸文明与生物圈的"怪兽";但他比康德和黑格尔似乎更有"良知"和"远识"。亚当·斯密的良知,是他对牺牲异域怀有恻隐之心。他说:人类从"新航路、新大陆"这一最大创举中所获得的好处,全被西印度、东印度人民的不幸抵销了!亚当·斯密的远识,是他对西方冲击世界抱着忧患之情。他说:这项创举的后果是好是坏,很难预料。①

实际上,亚当·斯密所倡的自由经济(无形之手、市场均衡),却是通过周期性地发动诸如鸦片战争来为之平衡的,到了"世界领土瓜分完毕"之际,它引爆了两次世界大战和阶级斗争风暴(后者全由东方承受);再到资本主义把生物圈吞噬殆尽之际,便是康德所言"万物之终结",亦即黑格尔所说"上帝计划的付诸实践"!

---

①亚当·斯密:《国富论》,第 445—446 页。

第四编　西方民主是儒家的成果与变种

第十七章　来到现代民主的古代源头

一、圣人之道是否存在

圣人之道,自古迄今长存,或明或暗,有正有反而已。

《道德经》曰:"孔德之容,惟道是从。道之为物,惟恍惟惚……自古及今,其名不去,以阅众甫。"

《易经》曰:"一阴一阳之谓道,继之者善也,成之者性也。仁者见之谓之仁,知者见之谓之知,百姓日用不知,故君子之道鲜矣!"

让我们来具体看一看"圣人之道"在中华文明中所起的作用,略谈五点:

(甲)天下观之世界主义

按照汤因比的说法,中国自从汉高祖刘邦开始,以"天下主义"代替国族对抗,开创了持久和平与持续文明,以及千禧盛景与千秋气象。华夏不仅独步青史,而且开拓历史长河,中古至今的其他文明几乎都是她所派生的!近现代的西方文明是华夏的子文明和对立物的兼而有之:子文明是反客为主、喧宾夺主,对立物是取代草原暴力的海洋暴力(古今世界的两个最大的战争源)。西方使世界重蹈战国现象:数百年中有数百次战争,20世纪爆发了两次世界大战,随后是濒临核武毁灭的冷战;眼下的地球村是恐怖平衡、一毁俱毁,生物圈是如履薄冰、如临深渊。

汤因比论自从刘邦开始的世界文明的正流,这样说:

虽说是中华民族,也并不是在任何时代都是和平的。战国时代和……近代欧洲一样,也有过分裂和抗争。然而到汉朝以后,就放弃了战国时代的好战精神。汉朝的开国皇帝刘邦重新完成中国的统一是远在纪元前202年。在这以前,秦始皇的政治统一是靠武力完成的。因此在他死后出现了地方的国家主义复辟这样的反动。汉朝刘邦把中国人的民族感情的平衡,从地方分权主义持久地引向了世界主义……将来统一世界的人,就要像中国这位……统一者一样,要具有世界主义思想。同时也要有达到最终目的所需的干练才能。世界统一是避免人类集体自杀之路。在这点上,现在各民族中具有最充分准备的,是两千年来培育了独特思维方法的中华民族。不是在半个旧大陆,而是在人们能够居住或交往的整个地球,必定要实现统一的未来政治家的原始楷模,是汉朝的刘邦。①

(乙)开创民治政体

汉武帝时中国形成文治政府,由乡举里选的平民参与(第一个布衣宰相公孙弘)。稍后民间代表会聚京师,辩论国是(盐铁论),废除国与民争利之官营垄断,反对单纯依靠武力来克服草原暴力(匈奴)。进而,西汉儒家执意要把其政治理想贯彻到底,即应用"天下为公、选贤与能"来取消皇权。但是,在政权崩拆、致乱天下之后,痛定思痛,姑且容忍这个中枢稳定的"均衡器"。关于自西汉开始的平民士人的文治政府,国史大师钱穆写道:

> 自此汉高祖以来,一个代表一般平民社会的、素朴的农民政府,现在转变为代表一般平民社会的、有教育、有智识的士人政府……
>
> 汉政府自武帝后,渐渐从宗室、军人、商人之组合……转变成士人参政之新局面。公卿朝士,名儒辈出。仍举丞相一官言之,昭帝时有王䜣(郡县吏积功)、杨敞、蔡义(以明经为博士,拜相封侯)。宣帝时有韦贤(以诗教授,称大儒)、魏相(少学易,为郡卒史)、丙吉、黄霸、于定国。元帝时有韦玄成(名儒)、匡衡……孔光(以明经举议郎)……宣帝后,儒者渐当路。元、成、哀三朝,为相者皆一时大儒……士人在政府里渐渐占到地位,一半是凭借武帝时董仲舒、公孙弘诸人所创建的种种制度,一半是读书博通之士在政治上所表现的成绩,究竟比贵族军人和商人们来得强……霍光废昌邑王,先问于古有否先例,可见士人学者逐渐在政治上占到地位和势力,实为当时一种自然之趋势。②

(丙)互助共生的自由经济

唐朝是仁政的典范,即均田制——动态的井田制:庶民保险(为民制产、予人恒产)和富人竞争(保民安富、藏富于民)。钱穆说:这是传统时代的"社会主义计划经济"。自宋迄清更上一层楼:政府收敛或放宽经政权力,乡里自治,人民互助(义庄),孤寡老弱病残皆有所养。这是什么经济体制呢?自由经济+伦理共产主义,私

---

① 《展望二十一世纪——汤因比与池田大作对话录》,第 295 页。
② 钱穆:《国史大纲》,下册,商务印书馆(香港),1989,第 108—109 页。

有与公有之中庸,均调或共通之中和!关于此种空前绝后的文明极致的由来,钱穆这样写道:

《诗》云:"相鼠有体,人而无礼。"礼即人群大生命之体,人类大生命即以群为体,财货则仅为维持生命之一项工具……贵通不贵别。亦可谓中国自古代即已为一通财或共产之社会。

如言农业,二十而冠,即谓成人,受田百亩,为其生资。六十归田。此为中国古代之井田制度。田属公,不属私,实可谓即中国之共产制度……故中国春秋以前之封建时期,实不啻一共产社会,例证不胜举……

自宋以下,士阶层中之尤要者,在其仍能推行古代社会通财之共产观念。即如宋代范仲淹之义庄制度,即其一显例。范仲淹乃一贫寒之士,其父早卒,其母改嫁,范氏就读僧寺中。乃其为秀才时,即以天下为己任。"先天下之忧而忧,后天下之乐而乐",主要可谓即在其具有通财共产之思想。及其为朝廷之副宰相,遂倡立义庄制……

中国亦决非一共产社会,农、工、商皆有产,士独无产,唯受供养。而社会乃富通财性,家族通财,乡里通财,孝、友、姻、睦、任、恤,老吾老以及人之老,幼吾幼以及人之幼,老有所养,幼有所长,不患寡而患不均,乃主以通财为均,而并不废私财。唯其尚通财,乃有两汉以下之门第。唐末门第尽废,宋以后遂有社仓义庄。移民远赴国外,则有会馆,皆有通财之谊,而亦皆非政府法令之所规定,全由社会自动成立。政府止于轻徭薄赋,少收租税。其通其均,则社会自身之责,而由士教导之。①

孟子曰:穷则独善其身,达则兼济天下。范仲淹创下义庄制度,逐渐普及全国,历宋、元、明、清及民国,垂八九百多年;使人民有"生活保险"(孟子曰"恒产",马克思·韦伯称"福利国家"),在此基础上再进行良性竞争,这是什么制度呢?

《古文观止·义田记》纪念范仲淹的这项创举,摘录如下(白话翻译):

范文正公,是苏州人氏。一生乐于周济穷人,挑选亲族中的贫困者和非亲族之贤良着,都给予救助。

当他富贵显达的时候,购买了靠近外城而常年丰收的良田一千亩,名为"义田",用来赡养救济同族的人。使他们每天有饭吃,每年有衣穿,遇到婚嫁或丧葬都有补助。选择族中的有德长老,掌管资金的调配,适时收付财物。每人每天给一升

---

① 钱穆:《国史新论》,台北:东大图书,1989,第58、61和188页。

米,每年给一匹绢;嫁女儿的给钱五万,嫁次女的三万;娶媳妇的三万,娶次媳的一万五;丧葬者等同嫁次女的数目,埋葬幼夭的一万。族里的人聚居在此的有九十名,义田每年可收入稻谷八百斛;拿义田的收入,供给那些聚居的族人,充裕有余,使用不尽。凡曾经出仕而暂时解职在家、等待新职的人,也给予救济;已经出仕为官的人,就停止供给。这就是义田的大概情形。

……孟子说:"先亲爱亲人,然后仁爱百姓,仁爱百姓,然后爱惜万物。"……如今看看范文正公的义田……的制度良善,可以推行久远……

(丁)政治文明的奇葩

Ⅰ.超大型或泛世界的管理(天下太平),不用战争和霸权,没有政治压力。孙中山说:弱小民族加入中华体系,并非以力服人,而是仰慕我文化。Ⅱ.在世界历史上,华夏是最大、最久的科技与经济中心,中华文化圈以有限土地和技术密集供养了大约一半的世界人口;凡此,都是基本上遵循"天人合一",没有变乱世界与生态,这难道不是空前绝后的人间奇迹吗!

让我来进一步说明中国传统政治的"超大型或泛世界的管理"。历史上的中华文明在承受遍天下的忧患的情况下,一次又一次地迈向天下太平。

中央集权似乎有名无实,它是虚体德治。其弊是,因它弱化组织与动员力,因而不胜任大型战争;其善是,减小权力和它的负面,做到了治世没有政治压力。《道德经》曰:"圣人处上而民不重。"下面,让我来介绍此种政治的绝顶妙用:

任何一种实体政治一经扩大或膨胀,差不多都会遇到统治资源短缺和人民不堪重负的问题(那些专门从事侵略和掠夺的帝国,另当别论)。但华夏的这种轻型的虚体德治不存在这个问题。就像汉学家费正清所说,在两千多年的中国历史中,人口增加了六倍,而官员人数与行政管理机构(县)的数目则基本未变;政府权力越来越离开民间社会(无为而治),而让人民在士大夫引导下自觉自律、自我管理。费正清写道:

……官僚(行政)为什么未能向下深入中国社会……施坚雅……指出,从汉初到清朝中叶的两千年间,连续数朝都未增扩土地行政结构,同期间中国人口却增加了六倍。各朝最盛时期的最基层行政单位县的数目是:汉朝1180(县),隋朝1255,唐朝1235,宋朝1230,元朝1115,明朝1385,清朝1360。至于人口,公元80年总数可能是六千万,875年为八千万,1190年为一亿一千万,1585年为两亿,1850年为四亿二千五百万。所以,汉朝末期的县令统辖五万名百姓,晚清的县令却得管三十万人。施坚雅认为,如果清朝有了八千五百县(每县保持五万人),北京的政府根本无从运作。所以,中国政府并未机械化地把县的数目持续增到不可能管辖的程度……同时中央政府也减少对地方的行政业务。例如,唐代以后,中央政府不再主管……城市经销系统,全面停止"对商贸事务的细密规定",逐步退出对地方事务的干预……

唐代登记的官职有一万八千个左右,宋代约两万个,清代仍是两万个。政府并不直接进入村庄……似乎不与地方有牵连……总而言之,在一百多年前,一个人口超过四亿的国家里的正规官吏不到两万位……

理学家以个人自律为维持社会秩序第一要务的主张,是许多人欣然同意的。①

更重要的是,中国传统政治能够随着"天下"的展开而无限扩大。——摄九州(版图南扩),辖四疆(蒙藏满疆),领百藩(朝贡体系),怀万国(丝路辐辏)……直到"世界大同、天下一家"。它每每给大半个世界带来逾百年的和平。若非如此,国族、教派、部落等全然冲突,乾坤沉沦!

天朝盛世,众藩国皆取消国防或常备军,儒佛圈闲置政法。诗赞:"花落讼庭闲,天平无一事。"不用宗教而有道德,不用法律而有秩序。例如暹罗(泰国)部长对孙中山说:"我们祖先蒙恩天朝,而长享太平;今列强云扰,中国若再强大,暹罗宁愿做她的一个省。"中国赐福人类(科技、文化与和平),她却涵融普天下的忧患——草原暴力和海洋暴力(古今世界的战争源)。

(戊)圣人之道与现代世界

18世纪终于根除两千年来最大的战争源——草原暴力,另外,华人为开发南洋做出了重要的贡献,从而使中华文化圈中增添了几个"和平王国"。尤其是,在中华文明已基本联通世界的大环境下,中国文化又促使西方挣脱神权、构建以人为本的社会。然而,一切都发生了逆转:受惠于华夏的西方,异军突起,征服世界,打断了儒家的平天下的进程:把由中国所打通的全球天下,变为世界战国,普世倾荡。

极为讽刺的是,中国文化的平天下始于结束战国状态,然而经过两千多年的努力,却弄出个世界战国。哲学家冯友兰感叹于如此"历史重演"。他说:

从孔子的时代起,中国人虽然只生活在中国的地域之中,但他们的精神世界,特别是思想家的精神世界,却自认是生活在世界之中,所考虑的政治问题也是从世界范围来着眼。因此,秦统一的虽然只是中国全境,在当时人们看来,这就如同

---

① 《费正清论中国:中国新史》,第109—110页。

今日人们心目中的统一全世界了。从公元前221年起,此后两千多年,除去其中很短的、被中国人认为不正常时期之外,中国人始终认为是生活在"普天之下"的世界里,受一个中央政府管辖。因此,中国人贯以为,要有一个中央机构来实现世界和平,但是,现代世界的格局,很像中国古代的春秋战国时代。在今日世界里,中国人被迫改变自己的传统思维方式和行为方式。但在精神状态上,却觉得今日世界很像中国古代的春秋战国时期,因此就很容易有"历史重演"的感觉。这种重演的历史为中国人民带来了现在的种种苦难。①

鸦片战争后,华夏从两千年的"中天下而立"的文明中心,沦为险些亡国灭种的"世界战国"之一员。汤因比说:"中国人曾经把中华帝国视为'普天之下,莫非王土'的天朝大国,他们今天正在思考着,自己的国家作为全球竞技场上彼此争战的国家中的一员所发挥的作用。"②

但汤因比相信,中国必将是"世界战国"的终结者。——地球村在科技与经济上已实现"大同",在政治和文化上却背道而驰。因环境危机和核武扩散等问题,世界不走向统一,就会毁灭。然而,西方在此方面的任何努力,都带来战争,甚至万劫不复。唯有儒家的天下观、天人观与"和而不同、齐政异俗"的政治观,能够成为未来的"世界政府"的可行模式。③

学界泰斗抱怨:"世界民主"原是康德所倡"永久和平的世界共和国",但实践则相反:普世价值之文明冲突,部落意识之穷兵黩武,甚至会造成战争毁灭。他们认为,儒教德治却能行之有效地推广太平,每每把半个世界带入持久太平。因而,此种模式是将来"世界民主"的不二法门。④

二、世界民主的源头:西汉废除皇权的运动

(一)一脉相传的中西民主

霍布森教授说:"西方中心论塑造民主与科学的欧洲,使之永远优越于专制和前科学的东方;而在此过程中,杜撰古希腊则是个关键。"⑤

---

① 冯友兰:《中国哲学简史》,新世界出版社,2005年,第21—34页。
② 汤因比:《人类与大地母亲》,第529页。
③ 《展望二十一世纪——汤因比与池田大作对话录》,第290—304页。
④ 《展望二十一世纪——汤因比与池田大作对话录》,第293—295页。
⑤ John M. Hobson: *The Eastern Origins of Western Civilisation*, p.228.

第四编 西方民主是儒家的成果与变种

莫伊拉博士说:"……在文艺复兴后,尤其是在1789年之后,这个(西方)传统以恢复其所需要的古希腊民主,来构建西方祖谱……这是根据西方的虚构而诞生的。把古希腊编造成西方的祖先,旨在服务于欧洲的文化与经济利益。"①

实际上,西方及现代的民主政治与自由经济主要是源自于西汉。②《史记》和《周礼》祖述管子和老子以及先秦儒家的相关思想,而在汉武帝前后被付诸实践;司马迁首创"自由放任"和"价值规律",而在体现自由经济与民主政治的"盐铁会议"上被充实于"民本厚生",遂成为立国基准。它的可持续性和损益精进之理论与实际,在17—18世纪影响了欧洲的重农学派和亚当·斯密的经济学。

西汉开创了基于"民有民享民治"的文官制度,以杜绝贵族擅政和其他一切的阶级特权,它是科举制度的前身,也是西方及现代的文官制度的原型。欧盟人事部文件《文官服务人才选拔概述》中,有这样一段话:

对于文官甄选程序的历史透视是一个很有价值的反思。虽在今天,基于公平合理的方法的这项制度,已成为真实可靠的民主的关键要素……但在事实上,采用竞争性的考试来选择官员这件事应该追溯到历史中国,即:公元前206年建立的汉朝政府用它来招聘德才兼备的文士……③

另外,美国的政治百科全书这样写道:

……基于功德的文官制度存在于帝制中国,追溯至公元前200年,汉朝把儒家思想作为政治哲学和机构的基础,包括以道德和声誉来取代贵族血统,根据德才选拔行政官员。……在公元100年左右,即在纸张被发明的同时,汉朝政府采用竞争性的考试来形成文官制度,它允许任何人通过考试变成官员……

欧洲最早的文官制度的产生,不是在本土,而是在英国东印度公司,这是受中国的影响。公司采用竞争性的考试招收和提拔雇员,以防止腐败和任人唯亲。今天,印度的文官制度也是用同样的方法吸收该国的才俊……

现代欧洲的文官制度开始于17世纪的普鲁士,弗里德里希·威廉,勃兰登堡大选帝侯("中国化"的赞助者)④创造了竞争性的文官制度和有效的行政管理……在法国,类似的文官制度诞生于法国革命中,它成为拿破仑把王室政府变为职业

---

① Moira Fradinger: *Binding Violence*, Stanford University Press, 2010, p.6.
② Ian S. Markham: *A World Religions Reader*, p.124.
③ OVERVIEW OF CIVIL SERVICE SELECTION PROCEDURES IN EU CONTEXT, By Mr. Guy Van-Biesen, 21—22 March 2006.
④ David E. Mungello: *Curious Land: Jesuit Accommodation and the Origins of Sinology*, p.244.

文官制度的改革的基础。在整个欧洲,到19世纪早期,改革者的共识是反对任人唯亲,而以知识和才能作为政府用人的标准。①

在近现代,中国的这一卓越的政治传统,在启迪18世纪的欧洲启蒙运动、法国革命和美国建国之后,又作为一种行之有效、不可或缺的民治机制,竟成为(19世纪后半期)"帝国主义时代"的西方民主的中流砥柱!②

让我们来阐述"西汉乃民主精神的文治政府"(钱穆语)③和体现这个政治潮流的"选天子、公天下"的运动。

(二)诸子百家论"选天子"

儒经《礼记·礼运》曰:"大道之行也,天下为公,讲信修睦,选贤与能。"其中的"选贤与能",本当包括天子,例如尧舜之传贤美誉和汉儒之倡导禅国。正如波尔州立大学教授郑竹园所说:

> 民主:虽然现代民主政府发端于西欧,但民主思想或民权等也都存在于中国传统文化之中。孙中山深受儒经之大同观所熏陶,故而提倡"大道之行、天下为公"。许多中国古典学者都倾向于尧舜治世(公元前2356—公元前2255年)既是黄金时代,又是民主时代——人民推举他们为统治者,为人民而治理天下。④

除此之外,墨家也主张"选天子",《墨子·尚同上篇》载,自君王到乡官均由选举产生,(白话译文)如下:

> 明白了天下所以大乱的原因,是由于没有行政长官,所以(人们)就选择贤能的人,立之为天子。立了天子之后,认为他的力量还不够,因而又选择天下贤能的人,把他们立为三公。天子、三公已立,又认为天下地域广大,他们对于远方异邦的人民以及是非利害的辨别,还不能一一了解,所以又把天下划为万国,然后设立诸侯国君。诸侯国君已立,又认为他们的力量还不够,又在他们国内选择一些贤能的人,把他们立为行政长官。

文中所提"诸侯国君",有可能被误认为是封建贵族甚或奴隶制。实际上,诸子百家都已超越了阶级制度:孟子呼吁以"天爵"(道德修养)代替"人爵"(血统地

---

① Michael Kazin, Rebecca Edwards: *The Concise Princeton Encyclopedia of American Political History*, Princeton University Press, 2011, p.86.
② Ian S. Markham: *A World Religions Reader*, p.124.
③ 钱穆:《中国文化史导论》,第203页。
④ Chu-Yuan Cheng: *China's Economic Development, 1950—2014: Fundamental Changes and Long-Term Prospects*, Lanham: Lexington Books, 2014, p.29.

位),《周礼》亦云:"以贤制爵,则民慎德。"再者,上面墨子之文,字里行间,有一点值得注意,即普选之天子立于"万国"之上;这意味着什么呢?它就是超越了国家观或民族主义,而进达于天下观或世界主义。鉴于儒家在这方面既有完备的理论,又有成功的实践,汤因比主张,中国文化应该是医治今天"全球战国"的良药。

(三)尝试废除帝王世袭

宋诗云:"秦接衰周汉接秦,汉儒议论尽真醇。"

西汉前期的政治,由"朴素的平民政府"变为"民本的士人政府"。①因而,作为"平民政府"的僵化蜕变,皇亲国戚和功臣元老包揽王侯将相这一弊政,被基本革除。

士人政府虽已登上历史舞台,但西汉儒家并不以此为满足,而要求进行更彻底、更全面的改革,包括政治上要选天子,经济上要按照《周礼》所设计的"理想国"来实现"小康、大同"(用今天的话来说,"小康"是社会主义的雏形,"大同"具有共产主义的成分)。他们追尊孔子为"素王",来贬抑汉家皇帝。他们一方面用图谶语来推演"禅让",称"汉德已终",而须由圣贤做"新王";另一方面用古文经来论证"改制",要求"拨乱反正"而一步到位"致太平"(实现"太平世")。

"皇天无私,惟德是辅。"(《尚书·蔡仲之命》)西汉中后期,"禅国让贤"之说蔚然成风,势不可挡。西汉儒家的鼓吹与实践,旨在恢复尧舜之禅让,废除刘汉之世袭。西汉去古未远(三代王道),值据乱之余(公羊三世),人心犹念圣王之德,而不以"家天下"为天经地义。"天下非一人之天下也,天下之天下也。"(《吕氏春秋》)此一思想为当时所共信,虽皇亲国戚乃至帝王本人,也不以此为非。有趣的是,在西汉首先提出禅国让贤的,不是别人,而恰是皇帝自己,即汉文帝。当大臣请早建太子,文帝下诏对之曰:

朕既不德,上帝神明未歆飨也,天下人民未有慊志。今纵不能博求天下贤圣有德之人而禅天下焉,而曰豫建太子,是重吾不德也,谓天下何?(《汉书》)

汉文帝提出"博求天下贤圣"来继承皇位,这虽为空言,但其旨也明,即:天下非一人一家所私有!它出于帝王之口,彰于正史之典。至于在百官及儒生中间,明确要求汉帝让贤,渐成共识。一代宗师董仲舒开风气之先,司马迁转述其语:《春秋》之微言大义,曰:"贬天子,退诸侯,讨大夫,以达王事而已矣。"(《太史公自序》)董仲舒又云:"五帝三王之治天下,不敢有君民之心。"(《春秋繁露卷第四》)

---

① 钱穆:《国史大纲》,上册,第 109 页。

议郎官眭弘借用图谶之"天人感应"验证这件事,震惊朝廷。即:昭帝时,泰山、莱芜山之南麓,闻有数千人匈匈之声,民视之,有大石自立;与此同时,上林苑中又有枯柳复生。眭弘不失时机地推演《春秋》之意,云:"石柳皆阴类,下民之象;泰山者,岱宗之岳、王者易姓告代之处。今大石自立,僵柳复起,非人力之所为,此当有匹夫为天子者。"(《汉书·眭弘传》)眭弘还借用董仲舒的话来要求汉家皇帝让位于贤人,他说:

先师董仲舒有言,虽有"继体守文"之君,不害圣人之受命。汉家尧后,有传国之运。汉帝宜谁差天下,求索贤人,禅以帝位,而退自封百里,如殷周二王后,以顺承天命。(《汉书·眭弘传》)

眭弘委托内官同僚上书于朝廷。当此之时,昭帝幼,大将军霍光秉政,避嫌而恶其事,令廷尉问罪于眭弘等人,皆伏诛。然而五年之后,因汉宣帝刘询(公元前91—公元前49年)来自民间(武帝孙,宫难而被藏养),眭弘案竟被平反,其子被任命为郎官。

王莽开"新朝",取汉帝而代之。这从其本人来讲,无疑是狼子野心之篡窃;但就客观情势而论,则为当时之大势所趋。自董仲舒起,几代儒者之崇论弘议,全在此旨。如刘歆是博古通今之士,又系汉朝宗室,竟也支持王莽代汉。大儒杨雄亦然。

先前,王莽出身于皇后世家,犹不失儒生本色,礼贤下士,温良恭俭让,执古道而有大志;在政治与学术上皆有很好的口碑,为时代潮流之所归。故而,汉儒群倡禅让,王莽适逢其时、风云际会。例如他辞封宰衡官职,上书支持王莽者达四十八万七千人,只有两人反对。这令我想起白居易的诗句:

周公恐惧流言日,王莽谦恭未篡时;
向使当年身便死,一生真伪有谁知。

王莽利用"汉德已衰,新圣将兴"这一时代潮流,而取代汉朝,建立"新朝"。

王莽主要是按照儒家的"理想国"——《周礼》来进行改革的,其内容大体如下:

1. 恢复井田公有制,土地国有,名为"王田";计口受田,不得买卖,杜绝贫富悬殊。
2. 实行五均赊贷,规定盐、铁、酒由国家专营,平抑物价,课征税项,调控国计民生。
3. 改革币制,以金、银、龟、贝、钱、布为货币,共二十八品,又严禁豪强私自铸钱。
4. 解放奴婢,禁止奴隶制,不得买卖。

王莽用静态的理想制度,苛求动态的社会现实;以理论和主观的药方,医治危机四伏的状态。结果食货俱废,农桑失业;天下大乱,朝代倾覆。

王莽改制既是代表儒家之理想,又反映了士人之激进——前者是按《周礼》来建设"理想国",即实现儒家之小康大同;后者是以士人政府否定皇权世袭,也就是彻底贯彻"天下为公、选贤举能"。关于这后一点,钱穆说:

……历史上的战国遗风,终于在他们脑子里忘不了。战国学者常把自己当圣人,做了圣人便该做"明王"。那时的国王,也真会三推四让,把至尊的宝位让给他,他亦敢老实坐下不客气。至于当王者师,做大国相,那已是等而下之了。西汉学者不然,自己地位低了,专把孔子捧得天般高,把孔子神圣化。孔子是他们的教主,他们因此也要求王者同样尊奉他们的教主。如此来把王者地位和他们拉平。学术定于一尊,亦是学术界自身要求,不是皇帝力量所能强。一到汉业中衰,皇室威信堕落,他们终于拥戴出一位学者身份的贵族来,迫汉朝把皇位禅让给王莽。那是学者气焰重张的机会,不幸其人及身而败,汉王室再起,西汉学者终于对"战国世运"徒作了一番憧憬。①

对于西汉儒生废除皇权世袭未成功这件事,大家一定觉得惋惜。自然也有不少人会认为,儒家再怎么折腾,也达不到西方的民主宪政的高度。但这是一种很错误的观点。纠正五点如下:

第一,现代政治再好、再怎么完善,都不适合于古代。因为条件不同:现代是世界联通、全球循环,各国都或多或少把其生存竞争的重心转到外部世界,牺牲全球性生态(民主国家更是如此),所以,它们的内部就相对宽和;而古人则都是囿于他们的本土环境,没有回旋余地,矛盾难以疏解。

第二,鉴于第一点,古代政治不知道要比现代政治难多少倍。因为:如今的生存竞争的重心在外,其内部则为适度竞争。那么,政治就是径情直遂、轻而易举(当然,如果是民主与霸权的受害者,其政治就比较难)。若像古代那样的矛盾全然在内,那政治就是进退维谷,举步艰难。

第三,鉴于前两点,中国传统政治依靠智慧,现代西方政治依靠理性(生物社会有序化的本能)。中国古人必须达成人与人、人与自然的和解,还必须向内修身——"自天子以至于庶人,壹是皆以修身为本。"其难度之大,以致其他的古代民族多是:宁愿依偎宗教、原始蛰眠,而不敢奢望此种便于发展的行政管理和文官制度。

第四,按照罗素的观点,现代西方政治是被"人性恶"绑架的、充满干劲和破坏

---

① 钱穆:《国史新论》,第29页。

性的政治,①十分之九是有害的。②汤因比说,西方民主是部落意识、穷兵黩武。③罗素还说,中国传统政治近于庄子的"和谐之道",④不像基督教国家的政治那样:宣传如同布道,行动如同凶神。⑤然而,现代中国为了幸存于西方的致命重压,不得不降低到西方的水平,"向西方学恶",以牙还牙、以暴易暴;但愿这对她来说,是权宜之计,非长久之策。⑥

第五,很多人都认为,美国的民主政治很发达、很完善。美国人自己也拿它做标准,来衡量别的国家,并且发表"人权报告"。但在我们看来,美国的民主政治远低于中国传统政治(王道),而且也很脆弱。否则,它就不会滥用炮舰政策,到处搞"平衡"了。美国一旦丧失霸权,它退不回"门罗主义"、退不回"孤立主义",而是陷于"霍布斯邦"(分裂内战),因为美利坚民族缺少深厚的文化融通。黑格尔在书中先是夸赞美国民主,然后又说在其完成了开拓边疆之后,美国就会陷于火拼内讧。⑦是其成功地争夺世界霸权使它躲过一劫。所以在孙中山看来,欧美民主是霸道,根本比不上汉朝的和平政治。他说:

那个时候,中国的政治思想便很高深,一般大言论家都极力反对帝国主义。反对帝国主义的文字很多,其中最著名的有弃珠崖议。此项文章就是反对中国去扩充领土,不可与南方蛮夷争地方……中国便不主张与外人战争,中国的和平思想到汉朝时已经是很充分的了。(民族主义第四讲)

(四)儒家妥协于忧患国情

王莽改制失败而导致天下大乱,使儒家的"禅国让贤"的理想付诸东流。"举圣贤为新王",谈何容易!广土众民,生态脆弱,多灾多难,外患频仍,往昔的文明易乱而难治,历史教训乃痛定思痛!所以,废朝君一事,万不可轻举妄动。王夫之说:"安于其位者习于其道,因而有世及之理,虽愚且暴,犹贤于草野之罔据者。"(《读通鉴论》卷一)这就是说,世袭之君再坏,也比乱世窃国者要好。宋儒张载亦曰:"以知人为难,故不轻去未彰之罪;以安民为难,故不轻变未厌之君。"(《正蒙作者篇第十》)

---

①Bertrand Russell: *The Problem of China*, p.191.
②Bertrand Russell: *The Problem of China*, p.204.
③汤因比:《历史研究》,第8页。
④Bertrand Russell: *The Problem of China*, p.192.
⑤*The Basic Writings of Bertrand Russel*, 1903–1959, p. 557—558.
⑥Bertrand Russell: *The Problem of China*, p.241.
⑦黑格尔:《历史哲学》,第79—80页。

第四编　西方民主是儒家的成果与变种

此须说明,如果中国的地理环境像欧洲那样容易"出海",从而中国古人能够把生存竞争转向外部世界(牺牲异域和地球生态),那就能够建立共和立宪(战国七雄变为帝国主义列强,果真如此,就不会有秦始皇的统一)。不然的话,矛盾向心聚爆,须"定于一",才能减少争神器而乱天下的概率。王国维认为古人认同君主世袭之用意,即在于"息争",他说:

> 盖天下之大利莫如定,其大害莫如争。任天者定,任人者争。定之以天,事乃不生。故天子……之传世也……任天而不参以人,所以求定而息争也。古人非不知"官天下"(公天下)之名美于"家天下",立贤之利过于立嫡,人才之用优于资格,而终不以此易彼者,盖惧夫名之可籍而争之易生,其弊将不可胜穷,而民将无时或息也。故衡利而取重,絜害而取轻,而定为立子立嫡之法,以利天下后世。①

关于儒家与皇权之妥协,从而形成一个"平衡机制",美国汉学家费正清这样写道:

> 自宋代起,可看得出有文官行政的综合系统和武官掌权的综合系统,在儒家政体内一前一后操持着国政。两者都是治国必需的。文官体系包括科举出身的人、受理学调教的文职大臣,还有培育这些人才的地方士大夫阶级。第二类是比较没学问的武人体系,包括皇帝、皇亲贵族、军队、禁军,再加上特别专属皇帝本人的太监群和安全情治单位(套用现代的说法)。
> 也许我们可以分辨两种权力结构功能上的分野。前文提过,皇帝独裁是与官僚政府互补所必需的。因为它是未例行化而自主的,变动改革和猝发的阻力都由此而来。它的作用本质上是不可预测的,经常是残酷无情的,而且隐含着灾祸。在有条有理的儒家秩序中,皇帝既在层峰发生作用,同时又代表极端形态的强烈失序。他称得上是大刽子手(the great executioner)。
> 几乎从一开始,中国政府就是这两种作用共同管辖的状态。内亚细亚部族勇士们持续不断的草原游牧黩武活动模式,助成了皇帝掌大权的功能。另一个功能则由中国的儒家文职行政官来完成。每一朝代开创时都是尚武的,待基业奠定了,用的官僚全是文人。两者的意识形态都符合其需要。诉诸暴力的开国之君相信"天命",夺天下的阻力消失之时,便证明天命确实归属他。朝中为臣的这些读书人却鄙视诉诸暴力的人,因为用"武"即是欠缺"文"(修养)的表现。儒者之邦的主要迷思即是,君主堪为表率的端正行为证明他有德,有德便可吸聚子民得授天命。②

---

① 《王国维学术论著》,浙江人民出版社,1998年,第5页。
② 《费正清论中国:中国新史》,第115—116页。

(五)皇权基本上被限制的

"东方专制主义"是西方中心论对中华文明的恶毒中伤。

黑格尔说:在中国只有专制君主一人是自由的,即:"东方人不晓得'精神'……是自由的……所以他们不自由。他们只知道一个人是自由的。"①黑格尔以狭隘的地域观与上帝观以及反自然的劣根思维,来推演"历史哲学",贬低中华文明及其政治,从而在哲学上打造"西方中心论"。

与黑格尔正相反,梁启超认为中国皇帝是天下最不自由的人,他说:

立而为君,则有记过之史,彻膳之宰,进膳之旌,诽谤之木,敢谏之鼓,瞽史诵诗,工诵箴谏,大夫进谋,士传民语;设为种种限制机关,使之不得自恣。盖遵吾先圣之教,则天下之最不能自由者,莫君主若也。犹惧其未足,复利用古代迷信之心理,谓一切灾异番应在人主之一身,而告之以恐惧修省。及其殂落,则称天而谥,动以名誉,名曰幽厉,百世莫改。②

除了极少数开国皇帝、大有为之君主或冒天下之大不韪的暴君之外,绝大多数者乃如梁启超所言,是"最不自由"的;当然也有消极反抗的(昏君)——"从此君王不早朝",例如明神宗二十余年不上朝。另一方面,皇帝及皇家多是尽量按照礼乐(道德和艺术)之高标准,来反求诸己,自律而戒亲。例如宋太宗《敦劝皇属》云:

朕即位十三年矣,外绝游观之乐,内却声色之娱。汝等生于富贵,长自深宫,夫帝子亲王先须克己。每着一衣,则悯蚕妇;每餐一食,则念耕夫。……朕每亲临庶政,岂敢惮于焦劳,你等勿鄙人短,勿恃己长……以保终吉。先贤有言:"逆吾者是吾师,顺吾者是吾贼。"不可不察也。

钱穆指出:"凡属皇室戚属,亦得封王封侯,然仅止于衣租食税,而不参预政府之实际政事。武臣得军功,亦仅酬以爵位与勋级,不复有官职。"③进而,唐君毅从传统文化(儒家道统)的角度,说明中国皇帝受限制,而并非"至高无上",他说:

大学之礼,为师者虽诏于天子,无北面。君之地位,在家庭中则位逊于尸与父母。父母即家君,故易曰:"家人有严君焉,父母之谓也。"在教育文化中,君之位逊于师与圣贤。至于在宇宙中,君之位逊于天地,君须礼天,更无论矣。故中国文化中,对君虽未能自政权上,与以确定之限制,而表之于成文宪法中;而在整个社会

---

①黑格尔:《历史哲学》,第108页。
②《梁漱溟全集》,第三卷,第181页。
③钱穆:《国史新论》,第111页。

文化意识中,则君所受之限制仍甚明。师与圣贤,尤代表中国社会文化中之至尊。①

透视唐宋两朝中央政府之运作,可以具体说明皇权之有限性。对此钱穆说:

唐代是先由宰相在政事堂拟定诏稿,用书面送皇帝用印,皇帝所有的只是一种同意权。宋代则由宰相开具意见,当面先呈请皇帝意旨,再退下正式起草,因此皇帝在颁布诏敕上,事前获得了更大的发言权。但这并不是说宋代皇帝便可独裁专制。当时皇帝要立一个后妃,被宰相李沆把诏书烧了。皇帝不根据宰相劄子即建议书,由内降出命令,被宰相杜衍退还了。这些故事,在宋代并不止少数的几次。直到蔡京当宰相,他才开始"奉行御笔",这是说,宰相只为皇帝副署,不再自己出主意。这是中国史上典型的权臣与奸相,但他只是不尽宰相之职。从外面说,他把宰相的出命权自己放弃。从内里说,他把一切责任推卸到皇帝身上去。但我们仍不能说,在当时法理上宰相无权。因为皇帝的命令,依然须由蔡京盖上宰相印始得行下。

但我们也不能由此说,政府一切命令宰相可以全权做主。在唐代,凡遇军国大事,照例先由中书省属官中书舍人各拟意见,称为五花判事。再由中书令即宰相审核裁定,送经皇帝画敕后,再须送经门下省,由其属官给事中一番覆审,若门下省不同意,还得退回重拟。因此必得中书、门下两省共同认可,那道诏书才算合法。故唐代诏令,都经中书、门下两省联席会议决定。宋代大体情形也差不多。②

西方学者认为,科举制度对于君主权力是另一个限制,并且保证了政治的公平与全民性,即:

它使得教育及博大精深的文化得到了全社会的尊重,并培养出一批好的官员队伍。这种制度往往还能起到限制皇权的作用。如果没有竞争性的考试,那些较重要的权力机关也许会被世袭贵族霸占,低级的政府职位有可能归帝王的宠臣所有。通过考试选拔官员的方法阻止了按照特权阶层的意愿来立法的倾向。政府的工作人员来自全社会的各个阶层。③

法国汉学家谢和耐有力地驳斥"东方专制主义"之邪说,他指出:

在孟德斯鸠看来,中国是专制的政府:"那里无法无天,个人独断专行。"但这个定义不如用于我们(西方)古代的君主制,而不宜用于康熙的帝国。事实上,众所周知,中国帝王的权力受到官吏即"曼达林"维护传统礼法的限制。利玛窦在1609

---

① 唐君毅:《中国文化之精神价值》,第283页。
② 钱穆:《国史新论》,第76—77页。
③ [美]M.G·马森:《西方的中华帝国观》,杨德山译,北京时事出版社,1999,第233页。

年撰写了耶稣会士最初在华传教的回忆录……强调中国政治制度的两个重要特点：帝王几乎不能自己决定任何大事，以及他的私产和公产之间存在着根本的差异，用于皇宫和王室的费用不同于用于政府机构的费用……

利玛窦说：虽然由大臣制定的法规都必须经皇帝在呈交给他的奏折上，加以书面批准；但如没有与大臣磋商或考虑他们的意见，皇帝本人对国家大事就不能做出最后的决定……我已做过彻底的调查研究，可以肯定下述情况是确凿无疑的，那就是：皇帝无权封任何人的官或增加对任何人的赐钱，或增大其权力；除非根据某个大臣提出的要求这样做，而这个人如不根据古俗或法律，就不能决定任何事。然而……皇帝凭自己的权威……对他家族有关的人进行赏赐，这种情况是常常发生的……但这笔赏赐不能列为公家赠款，皇帝所做的这类赠礼也由他个人财产中出，而不能从公款中提取。

从这段文字还可以看出两个不同的特点：一方面，不同部门间工作的专业化；另一方面，在行政中，法律、规章和习俗起着突出的作用。因此，不同于称作专制主义的独断独行，它对君主专断和任意恩赐起到相当的制约作用。……遵守传统和典章，是有力的制约力量，肯定比立宪机构更有效。①

(六)让皇权世袭发挥积极意义

世袭传子亦难免于争，但其殃及之范围毕竟是有限的——争于宫，不及于朝；争于朝，不及于国；祸于内而乱不及于民。怕就怕乱臣、巨盗或悍胡与之争，其势必祸乱天下。故从这个意义上说，"天之道"，好过于"人之道"。(老子曰："天之道，利而不害；圣人之道，为而不争。")钱穆认为，历史中国的君主世袭既是不得已的曲全其事，又有它的"光明面"，他说：

中国传统政治，既主张选贤与能，为何不想出一种皇帝公选的制度来呢？这亦有它外在客观条件之限制。在贵族政治下，皇位容易公选，小国寡民城市国家的皇帝，也易公选。中国自秦以后，却是一个大一统的国家，社会上又没有特权贵族存在，散漫的一千几百个县行政单位，居民多数在农村，皇帝公选无法推行。有一个举国共戴长期世袭的元首，国家易趋安定。只求他不太作恶，利害两权，而容许一个世袭皇室之存在，这不能说是全由于皇帝方面之压力，也不能说是全由于人民方面之奴性。这尽可有一个较近光明的看法，较近情理的说法。

但中国古人亦未尝不知世袭皇室可能有坏处，皇室传统终必要更易，中国人

---

① 谢和耐：《中国人的智慧》，第13页。

向来便很少信有万世一统迹近神权的观念。远在《尚书》里早说："天命不于常。"西周皇室卜世三十,卜年八百,即使这故事是由春秋时人所伪造,也可证明春秋时人也并不信有万世不绝的皇室传统。可见中国传统的皇室世袭,乃是一种权宜之计。只有秦始皇帝,始说一世二世乃至万世,这是他一时的兴奋心理,但已为后世国人所诟厉。因那时中国初次创出大一统政府,以前封建时代列国纷争的局面打破了,当时认为天下一家,从此将不再见兵革,世界永久和平,皇室传统自可万世不辍了。即在近代……相信民主政治的人,岂不也认为此后政治,将永远是政党选举不再有变动吗?以今例昔,又何必对古人多肆抨击呢?

中国广土众民,山区僻壤,交通不便。若求政府民选,徒滋纷扰分裂。抑且中国传统政府,选举考试,汉、唐一年一次,宋以后三年一次。政府人员,不断新陈代谢……政府成员,却都从民间来。又如租税法、兵役法等,凡涉民间事,政府皆有规制,非出皇帝宰相之私意。

政府中之皇位世袭,亦可以表示此一政府长时期的和平与安定。在中国历史上,固亦不断有专制皇帝出现,但不得谓中国传统政治即为一种专制政体。在长时期的和平安定中,人事不免腐化,政体不免懈弛,只要一次改朝易代,与民更始,在旧有政制上,略加整顿振作,仍可再来一次长时期的和平与安定。又皇帝养自深宫,在中国历史上,皇帝而英明杰出者甚少,多数都是平庸软弱,亦多青年童年皇帝。试问他们如何能专制得此一广土众民的大国?①

进而,唐君毅认为,在儒家制约下的君主世袭,不仅远非专制,而且还能发挥极好的正能量——促进高远的"致广大、垂悠久"的天下太平!即:

社会之秩序维持,主要赖人民之安土守分,乡里之能自治,与文化道德意识之普遍。由是而中国社会,能异于西方之赖武力与警察以为统治,(辜鸿铭英文春秋大义,又名中国文化精神,初言及此。)此实可谓为一种最能与社会相忘,任社会自由生长之政治。天高皇帝远,人民可与之毫无关系,则皇帝一方只为一天下一统之一象征,一方由皇帝之为至尊,亦可使吾人之精神中之一切权力意志与我慢,及吾人之超越精神,只能达于君位之理念即回转。而君之理念,即为具无限之涵盖性与仁爱之理念。故吾人之权力意志、超越精神,达于君而回转,亦所以使忠君者必然爱国,回头护念世间而涵盖之者也。

历代皇帝之世系相传,不以德而以血统者,则因血统纯由天定,而不由人定。

---

①钱穆:《国史新论》,第81页和第48页。

则人于此得免于思虑之安排,亦所以绝纷争,而使社会易长治久安。在长治久安之中,有一由天然血统所定之万世一系之皇室,以为天下在时间空间上之一统之客观象征,人乃可更有一悠久无疆之太平之感。此盖为中国过去儒者承认有皇帝世袭之理由,皇帝在今日固不存在,中国将来亦不能有皇帝,今后中国之政治,亦当大异于往昔,然谓中国过去之政治全无价值,及中国数千年儒者皆甘作皇帝之奴隶,则悖于事实者也。①

传统中国的中央集权和文官制度,是一种超血缘与地缘、致太平与王道的"天下政治"。按照梁启超的说法,儒家政治是为全人类的长远利益谋福利的政治;西方及现代的排他性与冲突性的国族政治则是等而下之的,汤因比说,西方民主充满"黩武精神、部落意识"。

历史上的中国政治,乱世时倾向于专制与皇权,以应对危机;而治世则相反:它浸透于儒家的"仁政礼制、德治无为"之中。传统中国的治世是古今中西一切民主自由的原生土壤,今人却盲信另有"西天净土"!

西方及现代民主是政治文明的退化:Ⅰ.人性不陷溺于"原罪性恶、自我中心",则不会有西方文明及民主! 它岂能达到仁德性善、修身齐家? Ⅱ.不破坏其余世界与地球生态,则不会有西方文明及民主! 它岂能达到内外协和、天人合一? Ⅲ.不倚靠海洋地缘、向外倾压,则不会有西方文明及民主! 它岂能达到国有四维、自我稳定?

三、儒家的自由民主的人类宪章

《周礼》是"制度文明"的源头之一。诺斯艾德奇(Northedge)说,中国历史是"现代制度的祖先"。②佛兰克说,中华文明一直以来是"奇异的世界制度的枢纽"。

《周礼》深远地影响了中国历朝的文官体制,它是诸多变法维新(包括一些农民起义政权)的蓝本。

《周礼》集中体现了儒家的自由经济、民主政治和朴素社会主义。在此方面,《周礼》既非唯一,也非最早,但它是最系统的。美国汉学家列文森指出:"虽然社会主义产生于欧洲,但它的思想则萌芽于古代中国……17—18世纪的西方传教士把中国思想带入欧洲,这当是现代社会主义思潮的源泉之一……孟子的知识境界

---

① 唐君毅:《中国文化之精神价值》,第281—282页。
② Immanuel Wallerstein: *The Modern World-System I*, xxix.

应该被考虑为后来的社会主义者的前兆。"①所以孙中山说,社会—共产主义在中国历史上都有其源流。②钱穆也说,朴素的社会—共产主义的思想与实践皆贯穿于中国历史。③现代西方与东方的社会主义是这个传统理想的发扬光大。

《周礼》集各种文明要素于一身,诸如民主政治、自由经济、朴素社会主义和宪法以及"理想国"等。净空法师说:"《周礼》是全世界最好的宪法。"《周礼》与其说是"理想国",不如说是一部能够经世致用、知行合一的宪法,也是举世无双的跨历史、超国家的、行之有效的。其要旨是:以天人和谐与天下和平为前提的民主政治、自由经济和社会主义(雏形)之三位一体。

对于西方来说,《周礼》应该属于近现代的政治理念;因为在此之前,西方不存在现世的国家制度与行政管理。不仅如此,《周礼》包含着许多高要求、高标准的内容,它们在传统中国是通常被付诸实践的"理想国",而在现代西方则是被束之高阁的"乌托邦"。

以下是我们按照现代术语和阅读习惯,《周礼》原文略加调整,简明扼要地阅读之。

附录:《周礼》——自由民主与社会公平的宪法

(上)国家管理与公共事业

一、基本政法制度
(一)行政机构

Ⅰ.六官所设:《天官·小宰》:"一曰天官,其属六十,掌邦治,大事则从其长,小事则专达。二曰地官,其属六十,掌邦教,大事则从其长,小事则专达。三曰春官,其属六十,掌邦礼,大事则从其长,小事则专达。四曰夏官,其属六十,掌邦政,大事则从其长,小事则专达。五曰秋官,其属六十,掌邦刑,大事则从其长,小事则专达。六曰冬官,其属六十,掌邦事,大事则从其长,小事则专达。"〔译文:1.天官:属官有六十名,掌管治理,大事听从长官,小事可自处再传达。2.地官:属官有六十名,掌管

---

① Joseph R. Levenson: *Confucian China and Its Modern Fate: Volume Three*, London: Routledge, 1965, p.135.
②《民族主义·第四讲》。
③钱穆:《国史新论》,第57页。

教育,大事听从长官,小事可自处再传达。3.春官:属官有六十名,掌管礼制,大事听从长官,小事可自处再传达。4.夏官:属官有六十名,掌管军政,大事听从长官,小事可自处再传达。5.秋官:属官有六十名,掌管刑法,大事听从长官,小事可自处再传达。6.冬官:属官有六十名,掌管生产事务,大事听从长官,小事可自处再传达。〕

Ⅱ.审核干部:《天官·大宰》:"三岁,则大计群吏之治而诛赏之。"〔三年大考核众官吏的政绩,而决定对他们的惩罚和奖励。〕

《地官·州长》:"三年大比,则大考州里,以赞乡大夫废兴。"〔到三年大校比时,就对州里官吏进行一次总考核,以协助乡大夫决定对州里官吏的罢免或提升。〕

Ⅲ.基层组织:《地官·大司徒》:"令五家为比,使之相保;五比为闾,使之相受;四闾为族,使之相葬;五族为党,使之相救;五党为州,使之相赒;五州为乡,使之相宾。"

(二)法制运作

Ⅰ.晓谕法典:《天官·小宰》:"正岁,帅治官之属而观治象之法,徇以木铎,曰:'不用法者,国有常刑。'"〔正月,率领治官及属下观看悬挂在象魏上的治典,边走边摇动木铎,说:"不执行法令的,国家自有常刑"。〕

Ⅱ.听讼断狱:《地官·大司徒》:"以乡八刑纠万民:一曰不孝之刑,二曰不睦之刑,三曰不姻之刑,四曰不弟之刑,五曰不任之刑,六曰不恤之刑,七曰造言之刑,八曰乱民之刑。"〔用……八种刑罚纠察万民:一是针对不孝的刑罚,二是针对不和睦九族的刑罚,三是针对不亲爱姻戚的刑罚,四是针对不友爱兄弟的刑罚,五是针对不信任朋友的刑罚,六是针对不救济贫困的刑罚,七是针对制造谣言的刑罚,八是针对暴乱之民的刑罚。〕

Ⅲ.审案方法:《周礼·小司寇》:"以五声听狱讼,求民情。一曰辞听(观其出言,不直则烦),二曰色听(观其颜色,不直则愧),三曰气听(观其气息,不直则喘),四曰耳听(观其听聆,不直则惑),五曰目听(观其眸子,不直则眊)。"

Ⅳ.人民陪审:《秋官·小司寇》:"以三刺断庶民狱讼之中:一曰讯群臣,二曰讯群吏,三曰讯万民。听民之所刺宥,以施上服下服之刑。"〔通过三次讯问来使对平民诉讼的审断正确无误:一是讯问群臣,二是讯问群吏,三是讯问民众。听从他们的意见来决定诛杀或从宽,决定施用重刑或轻刑。〕

Ⅴ.酌情用法:《秋官·大司寇》:"……刑新国用轻典……刑平国用中典……刑乱国用重典。""新朝用轻典,承平用中典,国乱用重典。"

二、疆域及其藩盟
(一)华夏内域

Ⅰ.诸侯之制:《地官·大司徒》:"以土圭土其地而制其域:诸公之地,封疆方五百里,其食者半;诸侯之地,封疆方四百里,其食参之一;诸伯之地,封疆方三百里,其食者参之一;诸子之地,封疆方二百里,其食者四之一;诸男之地,封疆方百里,其食者四之一。"

Ⅱ.九畿之分:《夏官·大司马》:"乃以九畿之籍,施邦国之政职。方千里曰国畿,其外方五百里曰侯畿,又其外方五百里曰甸畿,又其外方五百里曰男畿,又其外方五百里曰采畿,又其外方五百里曰卫畿,又其外方五百里曰蛮畿,又其外方五百里曰夷畿,又其外方五百里曰镇畿又其外方五百里曰蕃畿。"

Ⅲ.版图之变:《周礼注疏卷第三十三》:"先王之作土有三焉:若太平之时,土广万里,中国七千;中平之世,土广七千,中国五千;衰末之世,土广五千,中国三千。"

(二)讲信修睦

Ⅰ.九服划分:《夏官·职方氏》:"乃辨九服之邦国,方千里曰王畿,其外方五百里曰侯服,又其外方五百里曰甸服,又其外方五百里曰男服,又其外方五百里曰采服,又其外方五百里曰卫服,又其外方五百里曰蛮服,又其外方五百里曰夷服,又其外方五百里曰镇服,又其外方五百里曰藩服。"

Ⅱ.同化四方:《夏官·职方氏》:"职方氏掌天下之图,以掌天下之地,辨其邦国、都鄙、四夷、八蛮、七闽、九貉、五戎、六狄之人民与其财用、九谷、六畜之数要,周知其利害。"《尔雅》:"九夷、八蛮、六戎、五狄,谓之四海。"

《周礼正义卷六十三》:"王化虽施,天命方永,四夷八蛮,攸尊王政,作职方氏。"

Ⅲ.反对侵略:《秋官·大司寇》:"刑新国用轻典。""新辟之地,民不习教,有凡者,从轻处置。若轻典行不通,则不如弃之。"(如西汉之珠崖郡。孙中山云:汉儒反对帝国主义。)"华夏取人之土,任德不任力。任力者,会复叛也;任德者,必无返也。"(以德感怀,不行霸道)。

三、经济宏观调控
(一)资源规划

《地官·大司徒》:"大司徒之职,掌建邦之土地之图与其人民之数,以佐王安扰邦国。以天下土地之图,周知九州之地域广轮之数,辨其山林、川泽、丘陵、坟衍原隰之名物。"〔大司徒的职责,掌管天下各国土地的地图与记载人民数(户籍),以辅助王安定下天各国。依据天下土地的地图,遍知九州地域面积之数,辨别各地的山、林、川、泽、丘、陵、坟、衍、原、隰的名称与所出产之物。〕

(二)人口统计

《秋官·小司寇》:"……登民数,自生齿以上登于天府。"

《秋官·司民》:"司民,掌登万民之数,自生齿以上皆书于版,辨其国中与其都鄙及其郊野,异其男女,岁登下其生死。及三年大比,以万民之数诏司寇。司寇及孟冬祀司民之日,献其数于王,王拜受之,登于天府。内史、司会、冢宰贰之。以赞王治。"〔司民负责呈报民数,自生齿的婴儿以上的人都载入户籍,辨明他们居住在都城、采邑或在郊野,区别男女性别,并载明每年出生、死所造成的人数增减。到三年大校比,把民数报告司寇。……收藏于天府。内史、司会和冢宰保存副本,以协助王施政。〕

(三)财政有度

Ⅰ.审财慎征:《天官·司书》:"三岁则大计群吏之治,以治民之财器械之数,以知田野夫家六畜之数,以知山林川泽之数,以逆群吏之征令。"〔三年对各级官吏的政绩进行一次大考核,以了解民众的财物、农具和兵器的数目,以了解田地、各家的劳动力和牛马等牲畜的数目,以了解山林和川泽的数目,以考察各级官吏的征敛是否合理。〕

Ⅱ.量入为出:《周礼注疏卷第三十五》:"国家所用财物,由民上而来,是以国用多少,要由民众寡(而定)。故民众则益,丰用之;民寡则损,俭用之。"

Ⅲ.合理征税:《地官·均人》:"均人掌均地政,均地守,均地职,均人民、牛马、车辇之力政。"〔均人掌管使地税合理,使山林川泽之税合理,使各种从业税合理,使对于人民、牛马、车辇的力役征调合理。〕

(四)劳动就业

Ⅰ.职业类别:《天官·大宰》:"以九职任万民:一曰三农,生九谷;二曰园圃,毓草木;三曰虞衡,作山泽之材;四曰薮牧,养蕃鸟兽;五曰百工,饬化八材;六曰商贾,阜通货贿;七曰嫔妇,化治丝枲;八曰臣妾,聚敛疏材;九曰闲民,无常职,转移执事。"〔以九类职业任用民众。1.在三种不同地形从事农业,生产各种谷物。2.园圃之业,培育瓜果。3.虞衡之业,开发利用山林川泽的材物。4.薮牧之业,蕃养鸟兽。5.百工之业,利用各种原材料制造器物。6.商贾之业,使财物大流通。7.嫔妇之业,治理丝麻。8.臣妾之业,采集草木果实。9.闲民,没有固定职业,经常转换雇主为人

做工。〕

Ⅱ.产业分项:《地官·大司徒》:"一曰稼穑,二曰树艺,三曰作材,四曰阜藩,五曰饬材,六曰通财,七曰化材,八曰敛材,九曰生材,十曰学艺,十有一曰世事,十有二曰服事。"〔1.谷物;2.种瓜果;3.开发山林川泽的材物;4.畜牧业;5.手工业;6.商业;7.纺织业;8.采集业;9.做雇工;10.学习道艺;11.世代相传的专业;12.在官府服务。〕

Ⅲ.防止懒惰:《地官·闾师》:"凡庶民,不畜者祭无牲,不耕者祭无盛,不树者无椁,不蚕者不帛,不绩者不衰。"

四、保障人民生活

(一)裕民之政

Ⅰ.以本养民:《天官·小宰》:"……事职,以富邦国,以养万民,以生百物。"

Ⅱ.以末富民:《天官·大宰》:"……曰薮,以富得民。"何谓"薮"?山泽之财也。本于农而养生,事于末而致富。

Ⅲ.因地制宜:《地官·大司徒》"以土宜之法辨十有二土之名物,以相民宅而知其利害,以阜人民,以蕃鸟兽,以毓草木,以任土事。"〔依据土地相适宜的法则,辨别十二个区域土地的出产物及其名称,以观察人民的居处,而了解它们的利与害之所在,以使人民繁盛,使鸟兽繁殖,使草木生长,努力成就土地上的生产事业。辨别十二种土壤的作物,而知道所适宜的品种,以教民种植谷物和果树。〕

(二)社会福利

Ⅰ.生活保障:《地官·大司徒》:"以保息六养万民:一曰慈幼,二曰养老,三曰振穷,四曰恤贫,五曰宽疾,六曰安富。"

Ⅱ.救荒措施:《地官·大司徒》:"以荒政十有二聚万民:一曰散利,二曰薄征,三曰缓刑,四曰弛力,五曰舍禁,六曰去几,七曰眚礼,八曰杀哀,九曰蕃乐,十曰多昏,十有一曰索鬼神,十有二曰除盗贼。"〔用十二项救济灾荒的政策聚集万民:1.借贷种子和粮食给灾民;2.减轻赋税;3.减缓刑罚;4.免除力役;5.放松关市山泽的禁令;6.免除关市之税;7.简省吉礼;8.简省丧礼;9.收藏起乐器而不演奏;10.简化婚礼以促使多嫁娶;11.求索已废弃祭祀;12.铲除盗贼。〕

五、实行全民教育

(一)以教导民

《天官·大宰》:"……教典,以安邦国,以教官府,以扰(训导)万民。"

(二)兴学善民

《天官·大宰》:"……曰师,以贤得民……曰儒,以道得民。"立教学之官,育之以德艺,使民好学,尊贤向道。

(三)教学内容

Ⅰ.国教十二:《地官·大司徒》:"施十有二教焉:一曰以祀礼教敬,则民不苟;二曰以阳礼教让,则民不争;三曰以阴礼教亲,则民不怨;四曰以乐礼教和,则民不乖;五曰以仪辨等,则民不越;六曰以俗教安,则民不愉;七曰以刑教中,则民不虣;八曰以誓教恤,则民不怠;九曰以度教节,则民知足;十曰以世事教能,则民不失职;十有一曰以贤制爵,则民慎德;十有二曰以庸制禄,则民兴功。"〔施行十二个方面的教育。1.用祭祀之礼教民尊敬,人民就不会马虎随便。2.……教民谦让,人民就不会相争。3.……教民亲和,人民就不会相互怨恨。4.……教民和睦,人民就不会乖戾。5.用礼仪来辨别上下尊卑,人民就不会僭越。6.用习俗教民安居,人民就不会苟且。7.……教民遵守礼法,人民就不会暴乱。8.用誓戒教民敬慎,人民就不会懈怠。10.用世间技艺之事教民技能,人民就不会失业。11.根据贤行颁授爵位,人民就会谨慎修养德行。12.根据功绩制定俸禄,人民就会致力于建立功业。〕

Ⅱ.乡教三物:《地官·大司徒》:"以乡三物教万民而宾兴之:一曰六德,知、仁、圣、义、忠、和;二曰六行,孝、友、睦、姻、任、恤;三曰六艺,礼、乐、射、御、书、数。"〔用三方面内容来教育万民,而荐举贤能者。1.六德:明白事理、爱人及物、通达而能预见、适时决断、言谈发自内心、刚柔适宜。2.六行:孝敬父母、友爱兄弟、和睦九族、亲爱姻戚、信任朋友、救济贫穷。3.六艺:五类礼义、六种歌舞、五种射法、五种驾驭车马法、六种造字法、九种数学计算法。〕

六、多种公共事业

(一)全民医疗

《天官·医师》:"医师掌医之政令,聚毒药以共医事。凡邦之有疾病者……使医分而治之。"〔医师掌管有关医药方面的政令,收集药物以供医疗所用。国中凡有患疾病的……都到医师的官府来看病,医师派医者对他们分别进行治疗。〕

"疾医掌养万民之疾病。四时皆有疠疾:春时有痟首疾,夏时有痒疥疾,秋时有疟寒疾,冬时有嗽上气疾。以五味、五谷、五药,养其病;以五气、五声、五色,视其死生。两之以九窍之变,参之以九藏之动。凡民之有疾病者,分而治之。死终,则各书其所以,而入于医师。"〔疾医掌管治疗万民的疾病。四季都有因气不调和而引起的疾病:春季有头痛病,夏季有皮肤长痒疥的病,秋季有寒疟病,冬季有咳嗽气喘病。

用五味、五谷、五药治疗患者的疾病。根据患者的五气、五声和五色来观察患者可否医治,再观察患者九窍的变化,再诊断患者九脏的活动情况。凡民众有疾病的,就分别加以治疗;如患者死,则须记载原因,上报给医师。〕

(二)遍设公仓

《地官·遗人》:"遗人掌邦之委积,以待施惠。乡里之委积,以恤民之艰厄;门关之委积,以养老故;郊里之委积,以待宾客;野鄙之委积,以待羁旅;县都之委积,以待凶荒。"〔遗人掌管王国的委积,以待施惠于民。乡里的委积,用以救济乡民中饥饿困乏的人;门关的委积,用以抚养(为国事而死者的)父母和孩子,郊里的委积,用以供给(出入王都的)宾客;野鄙的委积,用以供应寄居的旅客;县都的委积,用以防备灾荒。〕

(三)交通旅行

Ⅰ.道路设施:《秋官·野庐氏》:"至于四畿。比国郊及野之道路、宿息、井、树。……凡道路之舟、车互者,叙而行之。"〔野庐氏负责使王国的道路畅达四境,巡视检查国郊和野地的道路、庐舍、井和树。……凡水陆道路因狭窄可能导致阻塞,加以疏导,使船车依次行驶。〕

Ⅱ.长途款待:《地官·遗人》"凡宾客、会同、师役,掌其道路之委积。凡国野之道,十里有庐,庐有饮食;三十里有宿,宿有路室,路室有委;五十里有市,市有候馆,候馆有积。"〔凡有接待宾客、会同、征伐、劳役等事,掌管道路所需的仓积。凡国都中和野外的道路,每十里设有庐,庐中备有饮食;每三十里设有宿,宿处有路室,路室有仓;每五十里有集市,集市有候馆,候馆有仓。凡有关仓积的事,加以巡视查核,按时颁布有关仓积的政令。〕

(中)公平合理与自由民主

一、社会没有阶级

尽管存在着职业分工、地位高低和贫富差异,但是,社会上绝无血统与阶级之划分与成见,以阻碍人民上下左右之变位升降。

《秋官·大司徒》云:"以贤制爵,则民慎德……以庸制禄,则民兴功。"〔根据贤行颁授爵位,人民就会谨慎修养德行……根据功绩制定俸禄,人民就会致力于建立功业。〕

《夏官·司士》:"以德诏爵,以功诏禄,以能诏事。"受爵得禄,不以血统世袭,而靠勤功修德；如此，进取之事，在己不在人。孔子曰："为仁由己，而由人乎哉？"

二、制度公平合理

什么是合理的制度？是不是越自由越好？或者愈平均愈好？然而，自由与平均是一对矛盾，太自由就不平均，极自由则无平均；绝对自由就绝对不自由，绝对平均则绝对不平均。因此合理的制度当是：相对自由或相对平均，即自由中含平均，平均里有自由。以下先讲平均，再论自由：

（一）财富均调

Ⅰ.礼尚平均：《春官·大宗伯》："大均之礼，恤众也。"《周礼注疏卷第十八》："此大均亦据邦国遍天下皆均之，故云大均。不患贫而患不均，不均则民患，故大均之礼，所以忧恤其众也。"

Ⅱ.平邦均民：《天官·小宰》："……治职，以平邦国，以均万民。"

Ⅲ.平均土地："……乃均土地，以稽其人民，而周知其数。上地，家七人，可任也者家三人；中地，家六人，可任也者二家五人；下地，家五人，可任也者家二人。凡起徒役，毋过家一人，以其余为羡，唯田与追胥竭作。"〔……合理调配土地，核查人民，而遍知人民的数目。上等土地授给七口以上人家，其可胜任兵役和劳役的有三人；中等土地授给六口的人家，其可以胜任兵役和劳役的有五人；下等土地授给五口以下的人家，其可胜任兵役和劳役的有二人。凡征调兵役和劳役，不超过每家一人，把其余的丁壮作为羡卒，只有田猎和追捕寇贼时全体出动。〕

Ⅳ.均市平价：《周礼注疏卷第九》："质人……平定物价者。"

《地官·司市》："司市掌市之治教、政刑、量度禁令。以次叙分地而经市，以陈肆辨物而平市……以商贾阜货而行市。以量度成贾而征价，以质剂结信而止讼，以贾民禁伪而除诈。"〔司市掌管听断市场的争讼、教导经营、掌管有关的政令、刑罚、度量单位和禁令。合理划分地段、划分市场，按照货物的不同来分类陈列店铺，而使买卖公平……通过招致商贾而使货物丰盛、钱币流通，通过度量确定价格而招徕购买者，通过质剂结成买卖双方的信任，而避免争讼，用胥师、贾师等小吏来禁止假货而杜绝欺诈。〕

（二）经济自由

Ⅰ.自由转职：《天官·大宰》："……闲民，无常职，转移执事。"

Ⅱ.保民安富：《地官·大司徒》："以保息六养万民：一曰慈幼，二曰养老，三曰振穷，四曰恤贫，五曰宽疾，六曰安富。"〔民生政策要旨有六：1.慈爱幼儿；2.赡养老年人；3.拯救灾民；4.救助贫穷；5.残疾免税；6.使富人安心。〕

三、政治充分民主

（一）君主问题

Ⅰ.导王以善：《地官·师氏》："掌以媺诏王。"〔师氏负责以美善的道理告诉王。〕

Ⅱ.谏王之恶：《地官·保氏》："保氏掌谏王恶。"〔保氏负责劝谏王的过失。〕

（二）以民为本

《天官·大宰》："以九两系邦国之民：一曰牧，以地得民；二曰长，以贵得民；三曰师，以贤得民；四曰儒，以道得民；五曰宗，以族得民；六曰主，以利得民；七曰吏，以治得民；八曰友，以任得民；九曰薮，以富得民。"〔用九种和协的办法凝合天下各国的民众。1.诸侯国君，以土地取得民众。2.官长，以尊贵的爵位取得民众。3.老师，以贤德取得民众 4.儒士，以道艺取得民众。5.大宗，以亲睦族人取得民众。6.主人，以有利可依取得民众。7.官吏，以治理民事取得民众。8.朋友，以可托付信任取得民众。9.掌管山林川泽的官吏，以山林川泽的材物取得民众。〕

（三）民有民享

Ⅰ.设政为民：周礼六官，开宗明义曰："惟王建国，辨方正位，设官分职，以为民极。"此可从两个方面理解：一是建国家，设官职，以民为本；从而令国中之百姓，皆能安身立命。一是施政制，行治道，以民为归，终在使天下之庶众，均能安居乐业。这就是"民极"。

Ⅱ.民有之政：《天官·小宰》："正月之吉，始和，布治于邦国都鄙，乃县治象之法于象魏，使万民观治象，挟日而敛之。"〔正月初一，开始向各国诸侯和王畿内的采邑宣布治典，把形成文字的治典悬挂在象魏上，让民众观看治典，过十天而后收藏起来。〕

Ⅲ.民享之政：《天官·大宰》："以富得民。"

《天官·大宰》："……事典，以富邦国，以任百官，以生万民。"《周礼注疏卷第二》："冬官主事，作事者，所以生养万民，故云：'生万民。'"

（四）政治公开

Ⅰ. 共观治象：《周礼注疏卷第二》："大宰……布王治之事于天下……使万民共观治象，所以重治法、新王事也。"

Ⅱ.皆知治法：《天官·小宰·疏》："……万民而观治象之法，使知当年治政之法也。"

（五）问政于民

Ⅰ.民意上达：《天官·宰夫》："宰夫之职……诸臣之复、万民之逆。"〔宰夫的职

责……受理诸臣的奏事,以及民众的上书。〕

Ⅱ.询政于众:《地官·乡大夫》:"大询于众庶,则各帅其乡之众寡而致于朝。"〔国家有大事要征询广大民众的意见时,就各自率领本乡的民众来到王的外朝。〕

Ⅲ.大事询民:《秋官·小司寇》:"小司寇之职,掌外朝之政,以致万民而询焉。一曰询国危,二曰询国迁,三曰询立君。"〔小司寇的职责,掌管有关外朝的事务,召集民众而征询他们的意见:一是当国家有危难的时候征询他们的意见,二是当国家要迁都的时候征询他们的意见,三是当国家需选立嗣君的时候征询他们的意见。〕

(六)人民参政

Ⅰ.进贤使能:《天官·得宰》:"以八统诏王驭万民:……进贤,使能,礼宾……"

Ⅱ.广教精选:《地官·大司徒》:"以乡三物(六德、六行、六艺)教万民而宾兴之。"

《周礼注疏卷第十》:以德、行、艺三物,教乡内之万民;三物教成,遂举其中贤者能者,行乡饮酒之礼,尊之以宾客,并献其书于王。

Ⅲ.比考德艺:《地官·乡大夫》:"三年则大比,考其德行、道艺,而兴贤能者,乡老及乡大夫帅其吏兴其众寡,以礼礼宾之。"〔每三年进行一次大校比,考查乡民的德行和道艺,而荐举有德行、有才能的人。乡老和乡大夫率领属吏以及善良的乡民,用乡饮酒礼像对待宾客一样礼敬被荐举出来的人。〕

(七)人民治政

Ⅰ.由民掌政:《地官·乡大夫》:"使民兴贤,出使长之;使民兴能,入使治之。"〔让人民自己推举有德行的人,使他们做人民的长官;让人民自己推举有才能的人,使他们治理人民。〕

Ⅱ.乡里自治:《地官·大司徒》:"令五家为比,使之相保;五比为闾,使之相受;四闾为族,使之相葬;五族为党,使之相救;五党为州,使之相赒;五州为乡,使之相宾。"〔令五家组成一比,使他们互相担保。五比组成一闾,使他们有事时可以互相托付。四闾组成一族,使他们有丧葬事互相帮助。五族组成一党,使他们有灾荒时互相救助。五党组成一州,使他们互相周济。五州组成一乡,使他们对乡中的贤者以宾客之礼相待。〕

(下)和谐目标与理想境界

一、实现社会和谐
(一)和邦谐民
《天官·大宰》:"……礼典,以和邦国,以统百官,以谐万民。"〔……礼典,用来谐调天下各国,统御百官,使民众和谐。〕

(二)礼让乐和
《春官·大宗伯》:"以礼乐合天地之化、百物之产,以事鬼神,以谐万民,以致百物。"

《地官·大司徒》:"以五礼防万民之伪,而教之中;以六乐防万民之情,而教之和。"

《地官·大司徒》:"……以阳礼教让,则民不争……以乐礼教和,则民不乖。"

(三)调怨解仇
《地官·调人》:"调人,掌司万民之难而谐和之。"

《地官·调人》:"凡过而杀伤人者,以民成之。"〔凡因过失杀伤人的,就与乡里民众共同评断其是非。〕

二、改善乡里风俗
(一)仁情互助
《天官·大宰》:"友,以任得民。"《孟子·滕文公》:"乡田同井,出入相友,守望相助,疾病相扶持,则百姓亲睦。"

(二)尽职守业
《地官·大司徒》:"以世教能,则民不失职。"

(三)纯正乡风
《地官·大司徒》:"以乡八刑纠万民:一曰不孝之刑,二曰不睦之刑,三曰不姻之刑,四曰不弟之刑,五曰不任之刑,六曰不恤之刑,七曰造言之刑,八曰乱民之刑。"〔用实行于乡中的八种刑罚纠察万民:一是针对不孝的刑罚,二是针对不和睦九族的刑罚,三是针对不亲爱姻戚的刑罚,四是针对不友爱兄弟的刑罚,五是针对不信任朋友的刑罚,六是针对不救济贫困的刑罚,七是针对制造谣言的刑罚,八是针对暴乱之民的刑罚。〕

三、保持生态平衡

《地官·大司徒》:"以教稼穑树艺。"

《地官·山虞》:"山虞掌山林之政令。物为之厉而为之守禁。仲冬,斩阳木;仲夏,斩阴木。凡服耜;斩季材,以时入之,令万民时斩材,有期日。凡邦工入山林而抡材,不禁,春秋之斩木不入禁。凡窃木者有刑罚。"〔山虞掌管有关山林的政令,为山中的各种物产设置藩界,并为守护山林的民众设立禁令。仲冬时节砍伐山南边的树木,仲夏时节砍伐山北边的树木。凡制造车轿和耒,砍伐较幼小的木材,按时送交负责制造的官。命令民众按规定的时间砍伐木材,并规定了砍伐的刑罚加以惩处。〕

《地官·林衡》:"掌巡林麓之禁令而平其守,以时计林麓而赏罚之。若斩木材,则受法于山虞,而掌其政令。"〔林衡掌管巡视平地和山脚的林木而执行有关的禁令,合理安排守林的民众,按时核计他们守护平地和山脚林木的成绩而对他们进行赏罚。若要砍伐木材,就要到山虞那里接受所安排的时间,而掌管有关的政令。〕

第五编

深度思考人类历史与未来趋势

第十八章　文明合分几百年九九归一

一、原始要终,长河贯通

(一)独领风骚的文明

一位西方学者说:"在大部分的有记录的历史中,中国是最先进的文明,最大的经济体和世界的主导者……"①

另一位西方学者说:"中华文明曾长期引导广大人类,馈赠世界予文化、技术、人生观与世界观,圣哲思想与政治制度。中国本土、朝鲜(半岛)、日本、越南,均属同一文明体系。但中国的影响范围要广得多:传至蒙古与阿尔泰之突厥人、蒙古人、通古斯人,远播至中亚、东南亚。其影响还广被更为遥远的地域——西方。"②

现代文明——"注重现世或俗世、摆脱神权和王权、强调发明与发展"的文明,基本上是儒家思想的展开。

在有案可查的"我们的历史"中,只存在中华文明及其所派生的"子文明"(后者指欧美文明及现代文明)。其他的"文明"(姑且不论西半球,下同)都是被杜撰出来的——主要是在中古—近代之交,西方的神职学者使用中国技术与方法,按照"中国模式"(特别是中国编年史),伪造了他们的"古典文明"(希腊、罗马等)、"古老文明"(埃及、两河等)和犹太—基督"文明"(中古、上古等)。

在中华文明辐射与辐辏,向西传播和传递的过程中,所波及之处,原先都是原始性、非文字的部落社会。第一个受惠于中国而跻于"有文字的文明"的是大食国。然后,在阿拉伯文明与中华文明的怀抱和哺育下,在战争与和平的激荡下(蒙古征

---

① Stephen Kingah, Cintia Quiliconi: *Global and Regional Leadership of BRICS Countries*, Springer, 2016, p.170.
② J. Gernet: *A History of Chinese Civilization*, p.1.

服、郑和远航和耶稣会士等),历时近千年,西方才第一次有了文明。

原始落后的西方幸遇天时地利与中学西被,不遗余力地模仿中国,构建其文明和"历史",两者齐头并进、相辅相成。通行于今的科学与民主及自由经济等都是源自中国。通行于今的脱胎于《圣经》框架的世界历史和公元纪年都是用中国模板铸造出来的。另外,中世纪欧洲的封建制与贵族制、西方中心论之东方学与埃及学,都是出自"中国蓝本"。

(二)西学的根在中国

近现代的"西学"或"显学",即科学、逻辑和数学以及科技百科与相关知识,都不是智慧,而是工具(工具理性)。质言之,西学属于人作为智能生物的反克自然、改变环境的本能("第二本能",相对于人的动物本能而言),其特点是"双刃剑":它既是人的生存与发展的利器,又是人的灾祸与毁灭的缘由。为了避免后者和确保前者,必须用智慧来驾驭之,那就是"道的智慧"(和谐文化、和合智慧)。为什么在近现代,西学能够"单枪匹马、单刀直入和大显身手、大行其道呢?那是因为:从15世纪开始,世界联通,人们首次可以利用"全球性生态"作为其平衡条件与牺牲代价。然而,这仅是数百年的奇异景象而已!

西学不能单独存在于地球饱和、生态超限的不久将来,否则它就会倾覆星球家园。西学也不能单独存在于局囿国土、生老乡间的近代以前,否则它就会倾覆古人家园。往昔,人受制于地理环境,人与自然的关系是直接的生命攸关;在此情况下,由人为、人智所引起的自然的反弹或报复,都会直接否定其生存,因为那时不存在生态缓冲、回旋余地(不同于今天的世界联通、全球循环)。历史上,西学只能是在"道的智慧"下被开发、被利用,这就是中华文明及其创新与发展的文化机制。与此同时,在没有"道的智慧"的西方,它只能是将人的无限潜力加以禁锢或窒息,把它看作是人的固有愚蠢,对其进行"万古封存"。

西学的原创是在中国。它于近现代在西洋大放异彩需有三个条件:A.中国科技打通全球地理;B.四大发明促成了普遍交流;C.中国文化启蒙"现世精神"。

因此,近代以前的西方不存在西学,不存在同构于欧美文明的一切文化。

(三)地理环境变古今

在近代以前的千百年中,中国所处的地理环境即季风亚洲的东部,最大海洋与大陆的水循环圈之中,是"自然的适度挑战",这几乎是地球上唯一的!汤因比说:"无论是过分挑战、还是过弱的挑战,都不能引起……创造性的应战。"①

"云行雨施,品物流形……各正性命,保合大和,乃利贞;首出庶物,万国咸宁。"

中国的季风气候,雨热同季,农作高产,文化平衡,具可持续性,很适合发展与创新。

相比之下,在其他的可定居的地理环境中,在中国之南,阳光强,地表丰,人们生存无忧,因而无须文明(没有必要品尝文明的福与祸)。在别的区域,由于地表贫,人们生存困厄,冲突压倒一切;通常是以宗教窒息人为,以免彻底毁灭,这样就不可能有文明或发展。

在18世纪之前,即在全球财源资源向欧洲滚滚倾注之前,那儿的生态状况决定了其人群不可能拥有高于原始水平的生活,亦不可能超越"零发展"。另一方面,在近代以前,犹太—基督教社会不存在文明与发展;因为在那儿,人欲、人智、人为不是被释放与调和,而是被禁锢与窒息。

在世界历史上,中国作为创新与进步的引擎,在宋明之际的快速发展的过程中,却越来越遭遇地理瓶颈,其内部的人口与生态皆已高度紧张。在当时的科技条件下(尽管中国的水平最高),中国的地理环境(海洋地缘)不可能让其广土众民的生产方式延伸到大洋彼岸——中国距离美洲相对西洋要远得多。由此,发展的正能量伴随着负能量,后者化作天灾人祸、内忧外患;以致通过战争,而使文明的内在张力,在亚欧大陆的西端,在这个地球生物圈"自我保护系统"的薄弱环节,发生了突破。

在中国技术与文化传播的条件下,贫穷落后的欧洲幸运地变为连通与掠夺世界的海洋捷径。这样一来,在原先的全人类皆囿于地方生态的时代,中国是最富裕的;如今,较之掌控全球性生态的西方,她就是小巫见大巫了,何况中国还得忍受其内部的人口与生态的压力和外部的草原与海洋的忧患呢!在1400—2000年这个"技术时段",欧亚大陆的东部,除了日本之外,是处于地缘政治的逆境之中的,这是中国承受极多忧患的一个重要原因。

---

①汤因比:《历史研究》,第118页。

表解　比较亚当·斯密和黑格尔,可知西方文明是基于地理的暂时的"机遇文明"

	亚当·斯密(《国富论》)	黑格尔(《历史哲学》)
理论来源	儒学道家→法国重农学派→自由经济	"道"→莱布尼茨辩证法+法国汉学家
论西方兴起的原因	指南针和新的造船技术①→开拓美洲和世界航路→全球经贸汇聚于欧洲②	指南针、航海术、印刷术和火药③→海洋扩张与掠夺→是"文明"唯一途径④
比较两人的"智慧"	同情于灭绝土著和殖民掠夺之悲剧⑤ 海洋扩张有限,两三百年后凶吉难测⑥	认为灭绝土著是理所当然,白人优越⑦ 西方的海洋文明是无限的,主宰世界⑧
两人如何评价中国	相对中肯:近代以前中国是最富裕的,但停滞于"海洋时代"⑨有很大潜力⑩	自相矛盾:文明始于中国,极盛于西方,不再变化,专制中国是西方政治楷模⑪
总的推论	1.文明的地理优势:西方兴起及其科学与工业决定于它的"海洋地缘"和全球扩张与贸易。2.文明的接力传递:宋明之际的快速发展开启近代化,但受制于地理瓶颈和生态压力;于是文明的内在张力通过战争与和平向西运动,并在西洋突破,那儿是联通世界的捷径。3.西方兴盛的奥秘:开发潜能,地缘政治好,收获正能量,疏解负能量。	

(四)真文明绝无仅有

谁能担当"文明"？拥有精微广大、绵延终古的文明,需要何等的智慧！

远古时代,在地球上的一些环境适中的地区,我们的祖先有一段黄金时代——小国寡民、世外桃源。

在令人惊叹的人类生存的初期,人间是一个乐园。在印度史诗中就有赞美田园诗般的过去的段落,称颂当时种姓制度并不存在,人类可以自由自在、无忧无虑地生活。……黄金时代……白银时代和黑铁时代……人类不断衰落的命运。人类最初生活在乐园这一观念是有某些史实根据的。⑫

但好景不长,它因不堪于人满为患和外患,而走向了反面:绝大多数消亡,其

---

① 亚当·斯密:《国富论》,第17页。
② 亚当·斯密:《国富论》,第445页。
③ 黑格尔:《历史哲学》,第384—385页。
④ 黑格尔:《历史哲学》,第83—84页。
⑤ 亚当·斯密:《国富论》,第446页。
⑥ 亚当·斯密:《国富论》,第445页。
⑦ 黑格尔:《历史哲学》,第75—76页。
⑧ 黑格尔:《历史哲学》,第83—84页。
⑨ 亚当·斯密:《国富论》,第56、73页。
⑩ 亚当·斯密:《国富论》,第484页。
⑪ 黑格尔:《历史哲学》,第117页。
⑫ 斯塔夫里阿诺斯:《全球通史》上,第193页。

幸存者则寥若晨星,后者不进则退。然而,进——美其名曰"文明",但实际上则是"不归路"。

就像汤因比所说:从一次成功到新的斗争,从一个问题的解决到另一个问题的提出,从暂时的歇息到展开新的运动,从"阴"再次到"阳"。……为了使这一运动变为一种反复再现的韵律,就必须有一种把……平衡状态推入不平衡的冲力,使之暴露在新的挑战面前,因而激励它做出进一步的……应战,而结局却是又一次的不平衡,实际是一种潜在的无止境的进程。①

"文明:是诅咒,还是福音?"②进步的过程是充满挑战和灾难的。文明与发展的良性循环,与它们所引发和卷入的诸多"负面"的恶性循环,两者竞赛,而且往往是后者压倒前者。为什么会如此?

这是因为:在文明凭借技术来解决该社群的生存问题的同时,这也是在积累更大的忧患。今天看来,科技能够改造自然、造福人类;但古人这样做,很快就会因变乱环境而自食其果。与近现代截然不同的是,在古代,人与自然是直接的生命攸关;这意味着:越是技术发明与创新,文明所遭罹的天灾人祸、内忧外患的概率,也就越大。这就必需"道的智慧"来维持和恢复自然及社会的生态平衡。

无独有偶,祸不单行。文明辐射与技术传播无疑是把越来越大的"天下"都启动了起来。虽然文明自身是有序运动,但它之外的运动则都是无序运动(原始世界的自然及社会的生态平衡,被文明打破了);这样一来,"遍天下的祸因乱源趋于向心聚爆",文明不得不承受和同化之。尤其是技术和别的文明成分的向外扩散,就使那些生态贫瘠、冲突频繁的地区(如漠北与西欧),从原始部落的战争升级为征服世界的战争源;由此,文明便沦为它自己的进步的受害者。文明是进退维谷,却又是"明知山有虎、偏向虎山行"。文明是一种报应。

最后,人类及其负面(原罪、性恶)原先几乎全是被地理和宗教所禁锢的;现在,文明通过辐射与传播,而逐渐把它们统统给解放了,以致洪水猛兽祸荡寰宇,谁来承受?

古代文明越是进步与发展,它所承受的忧患就越是深重和致命。真正的文明所承受的忧患较之它所收获的"正果",不知道要大多少倍!然而,文明的生命力在于文明之道;那是把源于"黄金时代"的和谐元素发扬光大,从静态变为动态,化解

---

① 汤因比:《历史研究》,第119页。
② 斯塔夫里阿诺斯:《全球通史》,上,第193页。

忧患与野蛮,恢复和谐与平衡。我们现代人总是拿历史上的忧患来指责文明,这是我们的误解。

文明是致力于天下太平,但又面临新的致命挑战,故而坚持不懈地平天下;天下与忧患皆越来越大,直到实现世界大同为止。

(五)忧患的战略原因

能够在地势的逆境中坚持下来的文明,那是真文明。而那些倚靠地缘政治的优势兴盛的军事暴力或"文明",都是机遇性的,因而是不会长久的。

历史时期,草原上的游牧部落中的侵略势力对于河谷平原的农耕文明,在地理上具有绝对的战略优势。文明颇具自卫力与反击力,但它受阻于气候干冷和生态贫瘠的自然屏障,不能绝漠穷追,因而不能根除患源,同化野蛮。相反,游牧部落中的侵略势力则是顺着地形与生态的内倾,而向着文明中心掩杀席卷而来,以战养战。中原王朝的科技发明只能暂时获得某种优势,却很快就会传播出去,从而把"文明的天敌"提升到了压倒性的程度。直到经历诸多劫数之后,方能借助于热兵器克服草原暴力。但随之而来的则是,文明因其科技创新和传播,导致、招致了另一个和更危险的战争源——海洋暴力(东洋和西洋)。

在全人类都处于相对封闭的时代,唯有中国通过其主导的陆海丝路、国际贸易、朝贡制度、远洋航线和地理发现,以及通过地图、历法和别的相关知识的进步,来联通世界、打通天下。然而在此过程中,中国却逐渐陷于更危险的战略逆境;那就是,中华文明的全力发展与全球拓展,灾难性地激活了东西方的海洋暴力!它对于中国,具有像草原暴力对农耕文明那样的地缘优势——你打不到它,它能打到你。中国无法克服海洋暴力,正如秦汉唐宋无法克服那兴起于荒漠的草原暴力一样。

中国的海洋开拓似乎是得不偿失,它会把海洋暴力提升到征服世界的程度。这种情况从13世纪持续到20世纪。王夫之说,元朝征倭却把日本引向了祸害中华的海洋暴力的轨道。进而,蒙古征服使中国技术注入西方,从而把它的海洋地缘给提升了起来,这是近世以来,人类与生物圈遭罹最大劫祸的主要原因。

在明代,中国近海已汇聚成了新的忧患源(聚集着中外海盗),这是具有无限潜力的海洋暴力的前奏。面对陆海的两面受敌,朝廷决定"禁海保疆",这在今天看来似乎是失策,但在当时也可能很是明智的(虽然是不得已的权宜之计)。明清两朝的政治精英们意识到:中国已经沦为它自己所创造的"开放世界"的受害者;中华民族作为"全球天下"的终古开拓者,越是接近大功告成,则越是凶多吉少——中国在此方面每前进一步,都会加倍地提升其地缘天敌的战略优势。所以,中华民族必须退一步,进两步。我们现代人则很难理解这一点。

明朝剿灭倭寇和挫败丰臣秀吉,中断日本的海洋暴力近三百年,加上郑成功击溃"西洋前锋"——荷兰(当时可谓军事劲旅),推迟列强侵华战祸约两百年;从而,清朝能够全力打造内亚边疆,根绝草原暴力(大大减少列强前后夹击的概率)。若非如此,中华民族无法幸存于近百年,遑论今天以"陆海有机的地缘政治"反克海洋霸权。21世纪,海洋霸权被淘汰的命运已经注定了!

中华民族是在地缘内倾、战略被动的情况下终古迤逦、周期起伏的,正因为如此逆境,它才禀赋发展型与包容性的和谐智慧,从而极具生命力——可大可久、日新又新。

(六)西方兴起的原理

我们从西方兴起之前的地理环境说起。它一分为二:1.内涵—生态;2.外延—地缘。

第一,欧洲的地理环境的内涵。由于高纬度、阳光稀、地表贫和非时雨(降水与农时相反),人的生存极为困厄与紧张,人与人、人与自然皆是对立与冲突;以致不用最愚昧和最无情的宗教手段来窒息一切人欲、人为、人智,而不能保持族群的存在;这样一来,就不可能有任何的发展与进步,而是恒久的原始状态,哪里还谈得上文明呢!

第二,欧洲的地理环境的外延。虽然欧洲是海洋性的,但在其获得中国的相关技术和知识之前,西方人不可能向外扩张;反倒是被自然画地为牢,任其困兽犹斗。为了防止人祸自毁,又加上了神权禁锢。在如此的状态下,欧洲不仅不能自生科技,而且也几乎不能承受外来科技——众多的中国发明的西传,导致了宗教失控、人神火拼和族群吞噬,历时数百年,死人近千万,而趋于毁灭。幸亏获得了中国的"越洋技术"(指南针、造船术和航海图等),西方人有可能把火药从自我毁灭,变为用于海外征服,灭绝土著,霸占美洲;从而在财富和资源倾注于本土的情况下,西方渐入佳境,成为资本积累和长足发展的乐园。

由于中华文明的数千年的发展和积累硕果,人们破天荒地进入全球天下、世界联通,而西方在此方面是近水楼台、捷足先登、得天独厚;所以,西方在中国技术和知识的基础上,以全球性生态为其平衡条件与牺牲代价,搞起了科学—工业革命、经济—资本主义。西方文化不含智慧,而是属于"人作为智能生物的反克自然的本能",极具负面性;有多大的海外生态供其耗丧,它就能创造多大的"人间奇迹",如果没有或丧失海外生态,那么,西方就会走向毁灭,甚至会毁灭人与生物圈。

西方不劫掠世界、不摧残地球,它就不可能有科学—工业革命。而在历史上,对于那些海洋地缘欠佳,因而不能向外疏解矛盾的国家来说,例如中国(尽管她在各方面都领先世界),如果迈向这个目标,则无异于民族自杀——把家园变为废墟,也搞不成科学—工业革命!

中国与西方是"一元两分",欧美文明是中华文明的阴阳运动的极危险的阳爻,它必须尽快被纳入和谐轨道。

(七)西方是暂时现象

问:西方有什么优势? 答:西方实质上没有优势。那它为什么能兴盛? 西方是一种机遇的文明,它只是近现代的暂时现象。再说,如此"人性恶"在人与人、人与自然的冲突中"创造奇迹"的西方模式,不可能有未来,否则是人与生物圈同归于尽;也不可能有历史,因为古人的生活环境与自然是一体的(不兼容"与自然做斗争"的思维方式)。

西方的制度和文化都是其文明的机能配套,顺理成章,而不存在任何普遍意义。西方所自诩的"文明极致"和"普世价值",对它自己是嫁祸于外、损人利己的结果,对外则是祸乱他国、里应外合的工具。它们都是基于亨廷顿所承认的西方的"唯一优势"——有组织的暴力的优势;从长远来看,这也是空中楼阁。西方的一切,包括西学、制度、民主、经济和人权等,都是源自中国。

略谈西方的"有组织的暴力的优势"如下:

有关文明博弈的军事战略有三要素:科技、组织和地缘。在地缘上占优势的国家,能够做到科技发展的最大化、组织力与动员力的最大化,因而战无不胜、攻无不克。如果处于地缘劣势的国家也选择这两个"最大化"(科技与组织),似能有效克服外患,但对其自身也是致命的。在古代是民族自杀,在现代不至于如此,但也是极大的社会内耗与环境破坏。所以今人诟责传统中国"不尚武""不搞科学革命",都是知其然,不知其所以然。

因此,地缘上的战略优势是至关重要的。就像本书所论证的:就其必要条件而言,科学革命与科学本身、与逻辑方法皆无关,现代民主与制度本身、与文化传统皆无关,它们都是西方在最近数百年中可倚靠的海洋地缘的产物。也就是说,海洋地缘是近现代西方的最基本的优势,而"有组织的暴力的优势"和文化与制度的优越性,则都是建立于其上的。

20世纪,东方各国都已"转型",从而做到了组织力与动员力的最大化,并且也都能够有效地抵抗西方。但尽管如此,基于"海洋地缘"的海洋霸权仍具"有组织的暴力的优势",因为它不仅能够灵活应战,而且还能做到"低内耗、高创新"。

然而无论如何,地缘政治的优势是客观的、不以人的意志为转移的。进入21世纪,随着科技、经济和军事的发展,大陆变得机动、捷便与凝合,具有了高效的防御力与投射力;这样一来,就像地缘政治学家麦金德所预言的那样,炮舰政策基本失灵,其扼制手段形同虚设,整个的海洋霸权将会被淘汰。

这真是"三千年未有之变局":历史中国是在地缘政治的逆境中创造和保持了一个无与伦比的高卓文明;而今则是在"陆海有机"淘汰海洋霸权的条件下,迎来了"中华民族的伟大复兴"!

表解　决定欧美文明兴盛的,并非制度与文化,而是客观的和暂时的地缘政治

古代	现代	现代西方及西方联盟	19—20世纪东方大国	现代	未来
游牧铁骑或草原暴力对河谷文明具有战略优势	表象	看似很文明、很理性、很强壮	看似不文明、非理性、很脆弱	表象	机动大陆及陆海有机对海洋霸权具有战略优势
		↑	↑		
	社会层次	制度与文化在社会和解中"顺理成章、能动配合",内耗很小	制度与文化在社会对抗中"独断专行、强制整合",内耗很大	社会层次	
		↑	↑		
	生物层次	开发、发挥人的潜能:"正能量"尽情绽放,向外疏解"负能量"	开发、发挥人的潜能:"负能量"难以疏解,内部抵消"正能量"	生物层次	
		↑	↑		
	地理层次	地缘政治(海洋地缘)的优势:战略主动,海洋霸权顺水行舟	地缘政治(海洋地缘)的劣势:战略被动,捍卫主权逆水行舟	地理层次	
地缘政治:草原暴力扼制河谷平原→海洋暴力扼制大陆→陆海有机淘汰海洋霸权					

(八)走出进步的陷阱

中华文明的"有序运动"把整个天下都启动了起来,把人类的善与恶、乾坤的福与祸都启动了起来;尤其是因其自身的地缘被动,却让征服世界、征服自然的海洋暴力得以炽盛。自然已无险可守,"人为"则长驱直入。从而,这个"易经式"的有序运动——"阴阳→和合"模式,发生了变轨,而转入基督教的"创世→末世"模式。即《易经》云"为道也屡迁","知存也知亡"。

儒家的"平天下"——越来越大的天下——终于"联通世界"。结果怎样?在自然与社会的和谐上,使地球成了烂摊子;而儒家则是泥菩萨过江,自身难保,中国自己深受其害,人与生物圈面临终劫。中国文化失败了吗?或者是它在智慧上有缺陷?

倘若推动这些星辰的智慧并无缺陷,有缺陷的则是原动者,是它使这些智慧

不曾达到完美之境。①

还是"先否后喜、沧桑正道、峰回路转、大明终始"?

早先,《道德经》和《圣经》似有启示:若是天下连为一体,则人必是"无事不能、无恶能止",必是"凶多吉少、福兮祸伏"。如果不是中国的有序运动,全世界的"人为"则是亘古洪荒、混沌未开。那样或许更好——那是造物主的"各正性命、保合大和"!而今,经过科学—工业革命以及人的"翻天覆地",生物圈被折寿,从而人与其他物种在地球上的存在时间,都被减少了99%以上!

"我们正生活在一个正常秩序被打乱的星球上。"②它需要借助于儒家的"天下观"(天下太平)和"天人观"(天人合一)来加以恢复。

汤因比说:今天下,在科技和经济上已实现了"大同",而在文化和政治上则是咫尺天涯,这是最危险的。③

他又说:现在人类居住的整个地区,在技术上已经统一成为一个整体了。因此,在精神上也需要统一为一个整体。以前只为人类居住地区的局部地区,只向其居民和政府献身的政治热情,现在必然奉献给全人类和全世界,不,应该奉献给全宇宙!……中国新儒学派的哲学家程颢说:"仁者以天地万物为一体……"又说:"仁者浑然与万物同体。"按照王阳明的世界观来说就是:"大人者,以天地万物为一体也,其视天下犹一家焉。"④

二、追昔抚今,返本开新

(一)"母体文明"和她的子系

天下有始,以为天下母。既得其母,以知其子,复守其母,没身不殆。——《道德经·第52章》

近代以前,除了"中华圈"之外,世界各地的人群在天人关系的方面,几乎都是"不能站立、不能自由",遑论"顶天立地、参赞化育"。他们要么过于贴近自然,而泯息人的能动性;要么全然偎依宗教,而窒息人的现世性。

---

①但丁:《神曲·天堂篇》。
②斯塔夫里阿诺斯:《全球通史》下,第764页。
③《展望二十一世纪——汤因比与池田大作对话录》,序言。
④《展望二十一世纪——汤因比与池田大作对话录》,第227页。

往昔，犹太—基督"一神教"是人与自然之"和与斗"的双重失败者，所以它才是放弃现世生活、窒息人为潜能，以免天人及社会皆致命冲突（客观上是由于那里的生态环境太贫瘠，冲突太大）。由此我们可以推断，反自然的《创世纪》很可能是神权禁锢的后期（中古后期）才问世的。自那以后，西方人之所以大胆实践"创世纪"（汤因比语），是因为中华文明及其成果已经改变了天人的主从关系，从而"人的有为"不再会受到直接的自然的报复了。

所以，作为"人的社会"，中国先贤讲人是"万物之灵、五行之秀"，讲"为仁由己、人能弘道"。至于希腊哲学称"人是宇宙的中心"和"人是万物的尺度"，那是文艺复兴学者伪造的典型的近代思想：从神本主义的极端，走到另一个极端——反自然的人类中心主义，[①]而且它是中国哲学的"现世人文"的变种。[②]

在大部分的历史时期里，全世界几乎都不用书写文字，都是血统等级，都没有经济发展，其夜晚都是被黑暗笼罩；唯有中国是耕读传家、诗书继世，是置产殖货、物器惟新，是四民变通、事在人为，其夜晚有万家灯火、喧闹如昼。

关于近代以前的西方状况，克拉克（Gregory Clark）教授说："……第一个和最长的'马尔萨斯停滞'（Malthusian stagnation）是从公元前13000年到公元1000年，平均生活水准徘徊于勉强生存；用托马斯·霍布斯的话说，是'贫穷、厌恶、野蛮和短命'。"[③]到近代之初依然如故。英国经济学家安格斯·麦迪森（Angus Maddison）指出，在公元500—1500年之间，欧洲始终是"零发展"。[④]

为什么在近代以前，中国与西方及别的地区是如此的判若云泥？就文化的原因来说，唯有中华民族禀赋"道的智慧"，所以她能够利用厚生、巧夺天工，主客无对，游刃有余。"万物并育而不相害，道并行而不相悖。"

在近代以前，人受制于地理环境，自然占绝对优势，世界族群皆囿于各自的国土生态、乡土环境，人与自然是直接的生命攸关；它不支持、不兼容任何带有"双刃剑"的人智与人为，现代"西学"或"显学"在往昔是行不通的，动辄自毁家园、自取灭亡。自然对于人智人为的反弹或报复，都是直接朝着人的生存、生活的核心区而来的，这与1492年之后的情况截然不同。

[①] Maria S. Haynes: *The Italian Renaissance and Its Influence on Western Civilization*, University Press of America, Incorporated, 1991, p.91.

[②] Lisbeth Littrup: *Identity In Asian Literature*, London: Routledge, 1996, p.37.

[③] Arvind Subramanian: *Eclipse: Living in the Shadow of China's Economic Dominance*, p.70.

[④] Bruno Chiarini: *From Malthus' Stagnation to Sustained Growth*, p.1.

这就是说,近代以前,在中华圈以外的世界,人基本上是不能有所作为的。西方人只是到了近代,在中华文明的启动和启蒙之下,才把《圣经》之"太初有道"改为"太初有为"的。①

在历史上,唯有禀赋"道的智慧"的中华民族,能够与自然保持高度契合,从而顺天应人、变易取材、利用厚生。按照哲学家牟宗三的话说,则是:中国文化"遥契天道",因而掌握了"化生规律、创造原理"。②《道德经》论"天道"的化生规律和人的"顺势而为",曰:"道生之,德畜之,物形之,势成之……长之育之,亭之毒之;养之覆之。生而不有,为而不恃,长而不宰,是谓玄德。"

于是,中国古人能够安身立命、安居乐业,能够生于斯、长于斯,参立乾坤,巧夺天工。此乃《中庸》所云:尽人之性,尽物之性;参天地,赞化育。

由此,中华民族是独步青史、超群绝伦,拥有一个发展发现、可大可久的文明。它并且派生子文明和否定者(矛盾的对立面)。后者是指,中华文明在其演进的过程中会导致、招致"文明的天敌"。例如,文明中心对外传播技术和其他的文化成分,很有可能就把远方的部落冲突、原始竞争提升至征服世界的战争源的程度(主要是历史上的草原暴力和近现代的海洋暴力)。这是文明所伴随的极大忧患,故而它不得不承受和化解之,其遭罹之惨绝,而恢复之神奇,犹如谷神不死、凤凰涅槃(每五百年一次"浴火重生",譬如秦汉至五胡乱华,再至辽金蒙元……)。

由于"文明"是极大地打破生态平衡,这对自然、人类和文明自身都是致命挑战。所以,它一定要受到报应的,而且它也有责任恢复平衡(文化调节、动态平衡)。文明所承受的忧患远远大于其所收获的"正果",因此,除了中华民族之外,没有哪一个民族有能力、有智慧能够真正地承担文明的天职!

近现代的文明是"前人栽树、后人乘凉"。因为"全球天下"已被打通,人们首次可以利用整个的生物圈,它海涵人类的善与恶,宽恕他们的罪与罚;人与自然的关系由原先的直接的生命攸关,变为间接的事不关己,直至到达极限、从而人与生物圈同归于尽为止。以前的被自然禁锢的宗教、被自然与宗教双重禁锢的种族,都被中华文明给解放了,从而来到海洋时代,才表现出八仙过海、各显神通的。但实际上,近现代的西方人仅是绽放智能生物的反克自然的本能,是在破坏地球村与生物圈!

---

① 出自歌德《浮士德》。
② 牟宗三、罗义俊:《中国哲学的特质》,第37页。

不管怎么说,现代文明并非西方属性,更不是与东方文化风马牛不相及的;恰恰相反,它只是传统的中华文明的暂时的"失控"和"阳亢"而已!并且,近现代文明所造成的极严重、极危险的忧患与后患,都需要在东方民族承受劫祸的情况下,由复兴的中国文化来加以化解之。确切地说,欧美文明是华夏的子文明与否定者兼而有之,其秉性就是"弑母"——弑杀文明母亲与自然母亲。但也就是五百年的光景:进入21世纪,西方的海洋霸权已是回光返照。

(二)历史长河到近现代发生"变异"

那么,为什么中华文明不能直接体现和主导近现代的世界,而让西方代为其劳、反客为主呢?这主要是由中国与西方的地理差异所决定的。

历史时期,即在10—15世纪之间,中国的相对快速的科技与经济的发展,越来越严重地遭遇地理瓶颈,以致人口与生态的愈益紧张把文明推向了"危巅"——进步与危机齐头并进,而至传统文明的巅峰。

伊恩·莫里斯教授说:在公元700年前,中国(唐王朝)的都城长安很可能人口已达百万,中国的文学也正处在鼎盛时期。木刻板印刷术使中国人印出了数以百万计的书籍,购书时人们用世界上最早的纸币(10世纪的发明)来支付。公元1000年之前,文化蓬勃发展之外,经济也迅猛发展:公元11世纪中国每年生产的铁相当于工业革命前的1700年整个欧洲的铁产量总和。为了生产出这样大量的铁,中国的铁匠几乎成片地砍伐森林。值得一提的是,他们比西方提前600年学会了用焦炭熔化铁矿石。①

如此快速发展的生态后果极为严重,再加上引进的新物种所导致的人口爆炸。所以,近古中国忍受着高强度的"紧张内压"(生态压力)。要想缓解之,而且还能够在一个宽松广大的生态环境之中更快更大地发展(科学—工业革命),唯一出路就是从事海外扩张,主要是占领美洲,因为"旧大陆"已被中华文明(技术与文化)启动了起来,到处都是不同层次的"紧张内压"。尽管当时中国的技术与航海的水平都是最高的,然而,较之"西洋",利用太平洋的难度要大得多(到达彼岸的距离比西洋远得多)。西方人苦于没有技术,只好等待。

在上述情况下,在近古中国,发展的正能量越来越被其负能量所抵消、所压倒,它转化为天灾人祸与内忧外患。中国技术和别的文明成分启动了征服世界的

---

① 伊恩·莫里斯:《纬度决定历史:从地缘学角度解读历史》。
② 汤因比说,若非得力于文明中心(中国)的技术,欧亚大陆则不可能出现大型的战争源。汤因比:《历史研究》,第326页。

战争暴力,例如蒙古征服。②于是,文明的内在张力(包括科技和它的"爆炸性效应")①,通过战争与和平,在欧亚大陆的另一端("海洋性"较强的西欧),②也就是地球生物圈的"自我保护系统"的薄弱环节,发生了突破。③

戴维斯教授说:"技术突破最终发生在欧洲,而非中国这一事实,不应该被夸大到中国与欧洲在技术变化的层次与速率上有何不同。"④如此突破在西不在中,并非是科技本身的事(例如有些学者在逻辑里钻牛角尖),其基本的原因就是在地理环境上,西方是近水楼台、捷足先登。科技或科学属于智能生物的反克自然的本能(第二本能),仅仅是在1492年之后,由于人们——首先是凭借海洋地缘的西方人——能够利用全球性生态作为平衡条件与牺牲代价,才能够大规模的开发之。而在往古,它只能是小规模地存在于中国的"道的智慧"(和谐文化、和合智慧)之下。

在1500—2000年间,西方(西欧和北美)的客观的地理与地缘比中国优越——西洋是联通和掠夺全球的捷径;于是,西方便从文明的边缘变为中心,中国因其地缘政治(海洋地缘)的相对被动,反而不得不承受来自欧美俄日的致命忧患。正因为如此,中国在19—20世纪遭罹极大的劫祸。

对于西方来说,1492年之前与之后是完全不同的。在之前,由于世界各地的族群皆受制于地理环境,自然占绝对优势,天人相与是直接的生命攸关。西方因其不具有人与人、人与自然之全面和解的智慧,是不可能有任何进步或进化、发明与发展的,也就不可能创造和拥有科学与文明。但在1492年之后,由于地理发现、世界联通和由于人们首次有机会利用全球性生态作为平衡条件与牺牲代价,天时地利、得天独厚的西方因其没有"和谐传统"的制约,反而能够最大化地发展(智能生物层次的文明:物质—科技文明、竞争—资本主义)。这些都是基于中华文明的成就的,而西方自己要做的则是再简单不过了,那就是"打开潘多拉盒子"(美其名曰

---

① 中国科技传到西方便发生了"爆炸性效应"。斯塔夫里阿诺斯:《全球通史》,上册,第297页。

② 克雷格·洛卡德说:"虽然蒙古征服及其短暂的统治削弱了中国的创造活力,但它们则大为拓展了中国与其外部世界的贸易联系,从而促进了中国技术传播到欧亚大陆的西边。"Craig Lockard:*Societies,Networks,and Transitions:Volume I:A Global History*,Cenage Learning,Inc., 2008,p.324.

③ 斯特凡·加雷利说:"中国领导世界的技术和发现,却没有决定性地完成突破,而是走向她自己的历史周期";哥伦布"发现新大陆被认为是最重要的历史事件之一"。Stephane Garelli:*Top Class Competitors*,John Wiley & Sons,Ltd,2006,p.38.

④ Karel Davids,Carolus A. Davids:*ligion,Technology,and the Great and Little Divergences*, Leiden:Brill,2013,p.174

"理性")——绽放"原罪",让它变成在人与人、人与自然的愈益冲突中"创造奇迹"的动因!

如此"创造奇迹"只不过是中华文明的数千年的量变,在近现代西方所发生的质变而已。这个质变有两种意思:

第一,数量上的质变,即:在万事俱备、又得东风的情况下,发生了"物质爆炸"——西方在百年内所创造的生产力(物质财富)超过之前的世界历史的总和!人们都会对此惊叹不已,却难免是管中窥豹,见风是雨(误认为西方有着呼唤生产力的魔力)。

第二,本质上的质变,即:由于中华文明数千年的努力和积累,人类在自然中首次获得了自由,并且成为"万物的主宰"(人是万物的尺度)。当此之时,西方人便自作聪明地滥用科学这一"神器"。《道德经》曰:"天下神器,不可为也,不可执也;为者败之,执者失之。"他们改变了生物圈在空间上与时间上的天然分布,把属于远方异域的东西据为己有,把属于子孙后代的东西提前挪用。这是极为愚蠢的杀鸡取卵、竭泽而渔——以破坏生物圈及其化生机制,来获得眼前利益,以致地球很有可能再过几百年就不再是生命家园了! 康德称"万物的终结"(the end of all things)。

老子认为,发展若不遵循"和谐之道"(不得一),那就会:天污地废,神绝祥佑,河谷干涸,万物无生(人与生物圈同归于尽)。其原话是:"天无以清将恐裂,地无以宁将恐废,神无以灵将恐歇,谷无以盈将恐竭,万物无以生将恐灭。"

所以,物质—科技文明变得越强大,走得越远,那更要"反于道",更要回到"道法自然"上来。即老子曰:"大曰逝,逝曰远,远曰反。……人法地,地法天,天法道,道法自然。"从今往后,世界将应该被纳入中国文化的"人与人、人与自然之和谐"的轨道上来。

(三)探讨原理:是中国,而非西方首创"科学与文明"

我们首须认清"究天人之际、通古今之变"这个哲理,再用它来把握世界文明的运动规律与变化趋势。

如前所述,人类史演进到近现代是个质变,之前恒为量变。人类学家古德曼(Jeffrey Goodman)说:"现代人代表了质变,而不再是自其祖先开始的量变了。"[1]

就其本身的属性而言,今天的文明和生产方式以及各种"价值观"等,凡此,都

---

[1] M. Corey: *The Natural History of Creation*, University Press of America, 1995, p.101.

是体现着这个质变的,因而都是近现代的现象。它们没有过去,也没有未来。历史上不存在与之同构的文明或传统,如果有的话,那都是伪造的。

为何如是说?因为:近现代这种征服和改造自然的文明,是有条件、有代价的,那就是以全球性生态为其平衡条件与牺牲代价。过去和未来都是不具备此种条件,不能承担此种代价的。亦即,过去的各地族群均局限于相对封闭的乡土环境,未来的整个人类将受限于愈益饱和的地球环境,两者都不可能承受像今天这样的增长型的生产方式,都不可能支持像近现代这样的"人与人、人与自然皆对立"的文明。后者源于和归于那与今相反的"人与人、人与自然之和谐"的传统文化与文明。如果文明是终古长存和延绵不绝的话,那就应当如此。

倘若不是1492年开始海洋扩张和美洲殖民,从而疏解其内部矛盾。那么,囿于欧洲本土的西方人,则不仅无缘于文明与发展,而且只能是陷溺于他们的中世纪——族群对抗与吞噬、宗教禁锢与窒息,是原始性的"马尔萨斯陷阱"[①]和趋于毁灭的"霍布斯邦"![②]再者,倘若不是中国文化与科技的传播和中国人的"地理大发现",就不可能出现自1492年开始的西方的海洋扩张与殖民,因而也就不可能有近现代这种文明——以"全球性生态"为其平衡条件与牺牲代价的"文明"。

所以,就我们这个文化纪元来说,世界文明的演进不是直线、线性,而是圆形、圆融,即:

Ⅰ.文明中心的地理转移:东→西→东。

Ⅱ.文明中心的承担主体:中→西→中。

Ⅲ.文明演进的变化规律:正→反→合("正"与"合"是人与人、人与自然之和谐;"反"是人与人、人与自然之对立)。

Ⅳ.中国文化是文明主轴:显(显学)→隐(隐学)→显(显学)。

进一步阐述"古今之变"如下:

今天,人们通过科技与经济发展来赢得竞争,体现文明。但在近代以前则是迥然不同的。——古人若像今人一样做,那不仅得不到科学与文明,而且是径直地

[①] 伯勒尔和斯塔奇伯里说:"中世纪欧洲的经济陷于'马尔萨斯陷阱'"(The medieval economies of Europe were caught in a Malthusian trap)Steven Burrell, Michael Stutchbury: *Australia rebuilds*, Financial Review, 1994, p.282.

[②] 迈因策尔说:(17世纪的霍布斯目睹)"在血腥的内战,欧洲社会和国家都陷入毁灭和混乱。"(In bloody civil wars, European societies and states were falling into ruin and chaos.)Klaus Mainzer: *Thinking in Complexity*, Springer, 1997, p.257.

自取灭亡。为什么？

在近现代，全球地理畅通，自然对人类已是无险可守，而沦为征服对象；人则是心想事成、无事不能，人欲、人智、人为皆驰骋于偌大的生物圈之中，大地母亲海涵人的善与恶，直到她丧失了厚德载物的能力为止。这都是近现代文明存在的前提条件。

而在近代以前，各地族群囿于国土生态、乡土环境——人与自然的关系是直接的生命攸关（近现代是间接的，或者说是以空间换时间）。在往昔的此种情况下，如果要拥有科学与文明，那就必需一种文化或智慧来有效地维护全面的、无排他性的人与人、人与自然之双重和谐，而且是动态平衡、中庸调节。只有这样，人们方能安身立命、安居乐业，从而立于天地间，然后才谈得上发展与文明。如此文化或智慧就是"道"——和谐文化、和合智慧。这在今天看似不需要，但在往古则是唯一的文明之道！

反之，近代以前，如果没有"道的智慧"，那就不可能安身立命、安居乐业、立于天地间，而是依靠习俗禁忌或宗教禁锢来尽量窒息人欲、人智、人为，这只能是原始性的生生灭灭（中古与上古的西方皆如此）。

因此，硬是按照今天的标准，在历史上找出与近现代（西方）同构的文明与传统，那就是无中生有。欧美这种征服、改造自然的文明与文化，在近代以前是行不通的。欧美及现代文明只能是源于那"协和、合和"天人关系的文明与文化的，亦即是华夏的"顺天应人、利用厚生、开物成务、咸与维新"及其成就联通遍天下、奠基近现代的！

（四）西学源于中国智慧，现代人生活在"中国天下"

一些西方学者认为"15世纪至今，'中国天下'依然持续存在"（The existence and persistence of a Sinic world from the fifteenth century to today）。①——沃勒斯坦教授

我们也可以从"智慧"层面上说明之：现代思维与学术（"西学"或"显学"），包括科学、逻辑和数学，以及科技百科、社科和西方哲学等，凡此，都不是智慧，而是人作为智能生物的反克自然的本能（智能、人智）。其特点都是双刃剑，极具负面性。它们只在近现代是单刀直入、大显身手、发挥神效、势位至尊，因为有全球性生态为其平衡条件与牺牲代价。然而，近代以前，除了中华文明能对其开物成务、人

---

① Immanuel Wallerstein: *The Modern World-System I*, p.xxix.

文化成之外,它们几乎都被视为人的"固有愚蠢"(如《圣经》所言),必须被万古封存。如果崇尚这些,那无异于民族自杀,或者说战争毁灭。从今往后,除非中国文化对其进行有效驾驭,它们(西学)便愈益体现人的"死亡驱力"(如弗洛伊德所言),会导致万劫不复;若想免于人类自毁,则必克己复礼、返璞归真。

从长远来看,脱离传统智慧的现代知识(西学)本质上就是固有愚蠢、死亡驱力。——"弗洛伊德断言:我们的知识是增加人类屈辱的知识……最终是狂喜的'死亡驱力'与人类自恋的延长毁灭(博弈)。"①

从古代到近代,是华夏的"道的智慧"把上述带有双刃剑、负面性的知识系统开发出来造福人类的(开物成务、利用厚生、人文化成、正德惟和),使之已成规模,再被西方人拿去绽放,犹如打开潘多拉盒子!所以,西学就是中学,只不过在近现代发生分裂,抛弃了"道"而已。今天的一切具有正面意义的那些东西,在近代以前的西方几乎为零。

换句话说,人作为智能生物,除了具有一般性的动物本能之外,还具有这样一个高级本能,即:通过学习和使用知识来改造自然的本能(智能或人智,本书称为第二本能)。但它对人来说,是双刃剑——既是生存与发展的利器,又是灾祸或毁灭的根由。有多大的海外生态供其平衡与消耗,第二本能(智能、人智)就能带来多大的正能量;如果没有海外生态或已耗丧之,那就是梦幻泡影。在1492年之后,西方的正能量最大化,乃至出现"人间奇迹"。但在之前,一切为零,若非神权禁锢、窒息人智,则必自体毁灭。所不同的是,在近代以前,只有中国能够开发、利用第二本能(智能、人智或科技)。因为中国具有"道的智慧"(和谐文化、和合智慧)来处理双刃剑,化解负能量。所以,近现代的"全球天下"是中国打下来的,西方只不过依靠其被中国技术提升起来的海洋地缘,在中华文明的历史基础上扮演主角数百年而已。

"道的智慧"在今天不是显学,似乎很不重要,甚至被视为进步和发展的阻碍。但在往古和未来皆是必不可少的:1.如果未来没有"道",那么,在人与人、人与自然之愈益冲突达到生态或地球的极限的时候,必是人类自毁;反之,若是有"道",则有可能转危为安。2.如果往古没有"道",那就一无所有,等于处于原始或祸乱状态;反之,有了"道",才有可能获得科技与发展。

近现代的"俗世"与"现世"、告别神权与王权、重视发明与发展的文明,是儒家

---

① Rob Weatherill: *The Death Drive: New Life for a Dead Subject Rob Weatherill*, 1999, p.2.

的"人文民本、利用厚生"的全面展开,只不过一切都走到历史的反面而已。

诸位须知,发展与进步的活水源头在中不在西,让近现代西方分享而已。"科学发展观"是对古今中西的综合与创新,其源头是古代中国。

科学史家克龙比说:进步的观念表达了人对时间与历史的态度,以及人对过去与将来的关系的态度……(往昔)此种思想仅在有历史观、有历史记录的社会中被发现。人们不能指望在过去诸社会中找到西方意义上的进步观念,或是由于没有历史记载,或是由于……(西方)缺少过去与将来的历史关联,而只是毫无时间概念的宗教神秘……据我所知,在伟大的古老文明中……东方的中国是具有历史观的,而巴比伦、埃及和印度似乎则主要都是神话的。亦即,在那些可接受的知识仅是启示、而非争鸣与实证的地方,人们不能指望发现理性的进步观念。①

这段话的要旨是,在近代以前,中国之外的世界,或是没有历史与历史感,或是充斥神话或神秘。所以,唯有超越神话或神秘,而且具有历史与历史感的中国,才有进步和发展的观念。这段话还可以启迪我们的思考:古代的西方、埃及和巴比伦还能具有文明和历史吗?

近代西方摆脱神权禁锢,从而拥抱进步的理性,是中国启蒙的结果(欧洲启蒙运动)。艾恺教授说:"……中国是启蒙运动的主要灵感与源泉,的确,孔子被宣称是欧洲启蒙运动的'守护神'(patron saint)。"②

英国曼彻斯特大学教授郑扬文写道:他们(耶稣会士)的著述启迪了欧洲思想家们,贡献于启蒙时代。"既然中国成为基督徒所推崇的典例和楷模,那么,(欧洲)国家还需要基督教吗?"中国还被看成是一个唯美的国度(按:罗素称:"传统中国是个艺术家的国度"③),欧洲便模仿中国风(Chinoiserie)。从儒家思想到休闲文化,中国哲学启蒙西欧,深远地改变了欧洲的生活方式。④

也就是说,现代人是生活于"中国天下"之中——中国打通了"全球天下",她的成就奠基了物质—科技文明,奠基了非宗教的群体管理与自我理性。宗教是"外力拯救",而与之相对的"天赋人权"则是源于儒家的自然主义,是它的"为仁由己、

---

① A. C. Crombie: *Science, Optics, and Music in Medieval and Early Modern Thought*, p.23.
② Guy Alitto: *Contemporary Confucianism in Thought and Action*, Springer, 2015, p.3.
③ Bertrand Russell: *The Problem of China*, p.17.
④ Zheng Yangwen: *The Chinese Chameleon Revisited*, Cambridge Scholars Publishing, 2013, p.12—13.

事在人为"的另一种表现形式。儒家启迪了欧洲启蒙和天赋人权。①"天赋人权的雏形主要是源于儒家,最终来到西方支撑其'人的定义'。"②

文明一元,一合一分;中西不二,正与反而已。近现代是历史的反面,是中华文明产生了欧美文明——产生了她须承受与消融的矛盾的对立面。中国与西方是辩证关系——相生相克、相反相成。

三、中华文明启动世界,吞食"西洋苦果"

(一)黑铁时代的礼乐文明

往昔,中国文化含弘光大,广被四海;古圣贤则谨守和谐之道,而控制科技及火药;唯恐"普罗米修斯之火"纵焚同类,遗殃我辈。——老子曰:"用其光,复归其明,无遗身殃。"科技之光必须昭示文明之本源,赞化万物,让众生长享太平,这就是"有龙在天,天下文明"! 唐诗云:

> 盈缺青冥外,东风万古吹。
> 何人种丹桂,不长出轮枝。
> 圆魄上寒空,皆言四海同。
> 安知千里外,不有雨兼风。

正当中国人在其平天下的间歇享受那尽善尽美的礼乐人生的时候,最糟糕的事发生了! 中国科技竟被四海之外的"夷狄"改制成了爆炸世界的炸弹。李约瑟说:"中国竟是在西方……起着'定时炸弹'作用的那么多发现和发明的施主。"③唐诗云:

> 起来琼户寂无声,时见疏星渡河汉。
> 屈指西风几时来,只恐流年暗中换。

(二)原始的西方"时来运转"

欧洲中世纪是停滞的和封闭的,生活状况是原始的(Conditions of life were primitive)。④——汉默顿爵士(1871—1949 年)

---

①Chung-Ying Cheng, Nicholas Bunnin: *Contemporary Chinese Philosophy*, Blackwell Publishers Ltd., 2002, p.404.
②Journal of Asian Affairs, Vol. 1—3, *Center for Asian Studies*, p.31.
③潘吉星、陈养正编译《李约瑟文集》,辽宁科学技术出版社,1986,第 266 页。
④Sir John Alexander Hammerton: *Universal World History*, Wise & Company, 1937, 7, p.1888.

近代以前的西方，从上古到中古，都是原始性的部落社会，不用文字，没有文明。中世纪欧洲是个原始性的"马尔萨斯陷阱"或"霍布斯邦"——前期宗教蛰眠，后期祸乱连年；神权禁锢似能遏止无穷杀戮，却也长期窒息了人欲、人智、人为，从而窒息了现世的一切。

然而，诸多的中国技术的西传，造成了宗教失控，导致人神火拼与族群吞噬，而令欧洲社会趋于消亡。那是因为：由于西方没有化解"双刃剑"的智慧（"道的智慧"——和谐文化、和合智慧），它既不能创造科技，也不能承受科技。但"不幸中的万幸"是，由中国西传的指南针、造船术和航海图等让西方能够从事海洋扩张和美洲殖民，从而转嫁危机，否极泰来。

进而言之，中国的发明与传播及其所造成的地理大发现，使西方幸遇天时地利——在中国传统科技西传的情况下，较之亚太海洋，西洋尤能成为连通彼岸大陆及世界地理的捷径。有了全球性生态为其平衡条件与牺牲代价，西方便可以尽情开发、无情滥用人的智能生物这一面（人智人为），从而把源于中国的物质—科技文明进行爆炸性的发展，这就是西方兴盛的奥秘。

西方的"智慧"不外乎是人作为智能生物的反克自然的本能，其特点是：有多大的"海外生态"供其耗丧，它就会产生多大的"奇迹"；若无"海外生态"，或者达到极限，则是趋于毁灭：之前是欧洲自体趋于消亡，之后是人类整体趋于毁灭。西方的兴起与拯救都是依赖中华文明，鉴于此，近现代西方只是中国的阴阳周期律的短暂而危险的"阳亢"。

近代以前，科学或科技不能自我产生，动辄自毁家园、自掘坟墓，它只能产生于和谐文化、和合智慧之下。大卫·戴明教授在其所著《世界科技史》书中写道："比较中国与欧洲的科技史，说明文化因素的重要性，由此，中国人是创造性的（The Chinese were creative），他们发明了无数的技术。"[①]

欧美文明及其一切"独特价值"，诸如科学、民主、法治、人权、自由和发展以及资本主义与个人主义等，都不是西方自生自产（西方的历史与传统皆为杜撰），而是"西学中源"。

（二）"天时地利"光顾西方五百年

五百年前，西方千载难逢地遇到"天时地利"——赶上了中国文化与科技通过

---

① David Deming: *Science and Technology in World History*, Volume 2, McFarland & Company, INC., 2010, p.49

"战争与和平"的泛世界的传播,赶上了中国人的地理发现、全球联通,而中国本身却受制于地理瓶颈。欧洲的海洋地缘也被提升了起来,从以往的画地为牢变成了全球形胜(西洋成为连通和掠夺世界的地理捷径)。

西方学者说:西欧从贫穷落后和默默无闻中崛起……拿来了中国的发明竭尽全力发展它们……①

向大西洋延伸(不列颠)这个4000多年……的地理劣势,从17世纪起却成了一个巨大的地理优势。

曾经使大不列颠落后的地缘位置,如今却带给这个岛国以财富和强盛的国力……它拥有能横渡大洋的船只和射杀大洋彼岸人们的大炮。

英格兰到美洲……距离仅是中国到加州距离的一半。几千年来,由于缺乏渡洋的船只,这个地理位置显得无足轻重;然而,在公元1600年前,这一下子就成了具有决定性意义的地理优势。②

于是,在1492年后不久,西方开始兴起,走向极盛——以"全球性生态"作为平衡条件与牺牲代价,使那源于中国的物质—科技文明获得了爆炸性的发展,这是人类史上破天荒的,也是对星球家园的致命冲击。

西方学者说:中世纪主要的技术发明大多数出自中国……但在西方……火药、指南针、印刷术和远洋船只……得到充分利用;首先对欧洲,然后对包括中国在内的整个世界,产生了爆炸性的影响。③

为了眼前的方便,我们劫掠了将来……由于哥伦布的"成功",我们这个星球上总的生命(物种)已经减少了许多,我们将会变得越来越困穷。④

西方踩着历史巨人的肩膀而横空出世、翻天覆地。在这过程中,它取代了中国的"天下中心",⑤却在最大范围内重演"诸夏战国";⑥与此同时,西方摧残中华文明——"弑母"(弑杀文明母亲和自然母亲),其高峰期是西方中心论、列强的侵华

---

① 斯塔夫里阿诺斯:《全球通史》,上册,第297页。

② 伊恩·莫里斯:《纬度决定历史:从地缘学角度解读历史》。

③ 斯塔夫里阿诺斯:《全球通史》,上册,第266页。

④ Alfred W. Crosby: *The Columbian Exchange: Biological and Cultural Consequences of 1492*, Greenwood Publishing Group, 2003, p.219.

⑤ 美国汉学家列文森说,"征服世界的西方精神"吞噬了"中央王国"的世界中心。J. R. Levenson: *Confucian China and Its Modern Fate*, *Volume 1*, University of California Press, 1964, p.104.

⑥ 冯友兰:《中国哲学简史》,第238页。

战争和中国国内的西化狂潮之三管齐下。中华民族虽是置之死地而后生,但在备受内忧外患的同时被妖魔化,衬托着西方优越性。

然而,很快就出现了"否定之否定":西方自身的批判、反叛都始终存在。在20世纪的大部分时间里,西方思想界常有异样火花,那就是:著名学者诸如托尔斯泰、罗曼·罗兰、罗素和汤因比等,把传统东方视为正面价值来批判西方。到20世纪最后的十余年,一大批反西方中心论的学者脱颖而出、蔚然成风,其中为中华文明讨公道的不乏其人。他们认为中华文明是世界历史的主轴和近代西方的主要源流。

历史人类学家查尔斯·奥泽介绍:历史学家们批评西方优越性,他们当中的许多人所揭示的历史,根本不是那么回事。也许最强烈、最协同的致力于破除荒谬绝伦的西方中心论的是来自西方的汉学家;他们所研究的全球历史表明,许多先前归因于"欧洲的文化特质"的那些东西,实际上都是亚洲——主要是中国——"古已有之"。像弗兰克已经注意到,"整个的(古今)世界经济的体系简直就是中国中心(The entire world economic order was—literally—Sinocentric.)"①

(三)西方是中华"生命周期律"所派生的一次致命挑战

今天,西方主宰世界快到了终点。往后何去何从?存在着两种可能性:

一是人类继续处于"科学的创世纪"?但这难免不是进入"末日审判"!从人与自然的关系上讲,它是指:人为导致"地球劫坏"——生物圈坏死,就像美国学者克尔伯特所著《第六次大灭绝:不自然的历史》一书所阐明的那样。②

一是"转到了"中国——"大道回归"?甚至是"五百年必有王者兴"?汤因比希望出现一位领导中华民族的伟大复兴,并且对世界做出重大贡献的"王者",其原型是中国历史上的刘邦——他开辟了相对的"可大可久"的和平:人神共愤于地域对抗,人同此心于天下主义!

汤因比说:汉朝刘邦把中国人的民族感情的平衡,从地方分权主义持久地引向了世界主义……将来统一世界的人,就要像中国这位第二个取得更大成功的统一者一样,要具有世界主义思想。同时也要有达到最终目的所需的干练才能。世界统一是避免人类集体自杀之路。在这点上,现在各民族中具有最充分准备的是两千年来培育了独特思维方法的中华民族。不是在半个旧大陆,而是在人们能够居住或交往的整个地球,必定要实现统一的未来政治家的原始楷模,是汉朝的

---

①Charles E. Orser, Jr.: *AN ARCHAEOLOGY OF EUROCENTRISM*, 2012, p.739.
②Elizabeth Kolbert: *The Sixth Extinction: An Unnatural History*, Henry Holt and Company, 2014.

刘邦。①

伊恩·莫里斯教授提出"西方还能主宰多久？"②再次给西方文明敲了丧钟。

早在两次世界大战之间，斯宾格勒就以"西方的没落"为书名。那时，幸亏美国在"新大陆"崛起、并且拯救西方，这是因为：在20世纪30年代"大萧条"的前后，资本主义陷于总危机，蹈入战争的恶性循环。美国一方面通过"德黑兰—雅尔塔之秘密外交"，设法使欧亚大陆的东部承受极大的西方忧患，一方面通过深掘生物圈、来掀起消费革命，从而使世界市场从原先的平面的广度扩张，变为纵向的立体扩张。这就使西方得以"延年益寿"。

关于西方人从自信其文明之永世长存到急转直下，汤因比于1974年写道：

西方基督教世界从公元后第15世纪的最后10年开始的不断扩张。从此以后，随着世界其他部分被纳入不断扩展的西方的疆界之中，这些地区也被带进（西方）历史的范围之内。如此回顾历史，在1897年是顺理成章的。因为在那时，似乎西方在全球所取得的优势将会永世长存。到1973年，人们仍能感觉到西方在世界范围内的优势之史无前例。但如今似乎又感到，这种优势也将像从前蒙古人、阿拉伯人、匈奴人、罗马人、希腊人、波斯人、亚述人和阿卡德人曾取得的规模稍小些的世界优势那样，转瞬即逝。如果西方的优势只是昙花一现，人们就不能再把它看作是整个历史功德圆满的结局。③

为什么西方的"好景不长"预兆于1974年？那是因为：美国从越南撤军，而令西方的冷战阵营一蹶不振。是中越战争（1979年）使之扭转乾坤，并置"苏联社会帝国主义"于两面受敌，让其不堪负重于军备、经济和"输出革命"，因而美国才有可能乘虚而入、"不战而胜"的。作为"回报"，西方对中国"门户开放"（美国给予中国"最惠国待遇"），由此，中国启动面向世界的市场经济的现代化。

早在20世纪前期，美国哲学家杜威预言：文明中心原是由中国传给欧洲，再传至美国，然后是完成"绕地球一周"而物归原主。④罗素也说，美国还将宰世一两个世纪，再就轮到了中国。⑤

罗素和汤因比皆感叹：若非中国文化复兴与引导世界，则"人类将比预想的更

---

①《展望二十一世纪——汤因比与池田大作对话录》，第295页。
②伊恩·莫里斯：《西方将主宰多久》。
③阿诺德·汤因比：《人类与大地母亲》，第2—3页。
④《梁漱溟全集》，第三卷，第216页。
⑤Bertrand Russell: *Autobiography*, London: Psychology Press, 1998, p.416.

快消亡"。①罗素还有两句"悲观论调",即:"只有中国才能带来普世和平与幸福,但这是个微弱的希望";②"人类宁愿死去也不愿思考。"③这后一句话似乎印证了几位科学家,诸如霍金、马丁·里斯(Sir Martin Rees)和法兰克·芬纳(Frank Fenner)。他们达成共识:由人性的劣根性所推动的科学过分发展,必将毁坏生物圈——生命栖息地,但他们没有思考求救于中国文化(霍金宁愿放弃地球,而让人类移居太空)。甚至在三百多年前,牛顿一方面又"着迷于中国历史(编年)及其与《圣经》的相关性"④("圣经编年"及其相关的世界历史,基本上是西方的神职学者参照中国历史而设计出来的),一方面根据那些编年(加上他的天文学知识)推算出"世界末日"是在2060年。⑤然而,"牛顿关注中国编年史,却没有进一步'思考'"(Newton did not go as far as taking Chinese chronology into account.)⑥——极具生命力的中华文明能否同化西方文化——耗丧生态、人类自毁的文化?

(四)西方的压倒优势只是历史的瞬间

奥巴马总统誓言,美国还将统治世界一百年。但西方智库却预测,到2030年左右,美国的主要优势——包括海洋霸权——都将丧失。⑦这就像汤因比所言:美国霸权将会像历史长河中的那些军事帝国那样转瞬即逝、昙花一现。⑧

现在要问:西方究竟有什么优势,使它能够兴起,并且取代中国的文明中心而主宰世界到如今? 难道西方已经丧失或快要丧失它的全部优势了吗?

我们都会听信种种关于"西方优越性"的说教。实际上,所有的被认为是"西方价值"的那些东西,诸如科学、民主、法治和人权,以及个人主义和资本主义等,并非西方原创,几乎全是"西学中源"。⑨而且到了西方这里就都发生了退化:它们都

---

① 斯塔夫里阿诺斯:《全球通史》,下册,第781页。
② Bertrand Russell: The Problem of China, p.13—16.
③ 斯塔夫里阿诺斯:《全球通史》,下册,第795页。
④ "Isaac Newton, remained fascinated by Chinese chronology and its relationship with biblical authority." Joe Moshenska, Joseph Moshenska Feeling Pleasures: *Sense of Touch in Renaissance England*, Oxford University Press, 2014, p.297—298.
⑤ Will Black: *Beyond the End of the World – 2012 and Apocalypse*, p.190.
⑥ Urs App: *The Birth of Orientalism*, University of Pennsylvania Press, 2010, p.263.
⑦ *GLOBAL TRENDS 2030: ALTERNATIVE WORLDS* a publication of the National Intelligence Council.
⑧ 汤因比:《人类与大地母亲》,第31页。
⑨ Arthur F. Wright: *The Confucian Persuasion*, Stanford University Press, 1960, p.289.

是"双刃剑",极具负能量,因而都是悖论,除非满足一定条件——嫁祸于外、损人利己的条件,否则西方不能享有它们的正面意义。鉴于西方文化是一种生物本能的文化(智能生物的反克自然的天性),它缺少像中国文化那样的处理"双刃剑"的智慧(道的智慧:人文化成、正德惟和)。所以,确保上述西方价值的必要条件只能是向外疏解矛盾——牺牲外部世界与地球生态。在这方面,西方有两个关系其兴衰存亡的基本优势:1.有组织的暴力的优势;2.地缘政治的优势。

美国政治学家亨廷顿在其所著《文明的冲突》一书中,说出了实话,即:西方之所以赢得世界,并非依靠思想、价值和宗教的优越性,而是凭借"有组织的暴力"的优越性。(The West won the world not by the superiority of its ideas or values or religion, but rather by its superiority in applying organized violence.)[①]解释两点如下:

第一,在1500—2000年的前一半,其余世界和传统社会都正在安享相对和平的生活方式,当此之际,西方凭借有组织的暴力就使它们——非战斗序列的社会——逐个沦为猎物。西方的有组织的暴力(优势)最初是基于中国的四大发明的:纸和印刷术促进日耳曼部落融通,而使血缘变为地缘,此乃凝成民族国家之前提;火药和指南针被用于内外战争,从而历练组织力与动员力,此乃凝成民族国家之条件(近代以前的西方是原始部落社会)。

第二,在1500—2000年的后一半,其余世界和传统社会开始了"西方化",也逐步掌握有组织的暴力,来作为民族幸存的必要手段。当此之际,西方在这方面仍是占优势的——它是事半功倍的,即西方无须高压强制,能够有效地具有组织力与动员力,有效地对外诉诸暴力。因而其社会内部乃宽松自由,锐意创新。于是,西方的有组织的暴力的优势及其所支持的民主与科学,使它占据了文明与道德的制高点。相比之下,西方的受害者则是事倍功半。非西方的大陆国家的社会转型,伴随着极大的阵痛与混乱,非用高压强制而不能整合,人群逆反与倾轧皆大,西方文化渗透与西方霸权之里应外合,尤使人祸充斥。

那么,为什么同样是获得有组织的暴力,西方是事半功倍(并且还享有自由民主),而西方的受害者则相反呢?这就是地缘政治的差别。

在1492年之后的五百年里,在科技发展的这个时间段,西方相对于其余世界,具有地缘政治(海洋地缘)的绝对优势:1.军事上,西方不仅立于不败之地,而

[①] Samuel P. Huntington: *The Clash of Civilizations and the Remaking of World Order*, Penguin Books India, 1997, p.51.

且是因利乘便地征服世界;2.经济上,作为海洋文明的受益者的西方,能够凭借各种手段使得全球资源财源向着己方滚滚倾注。西方的所有优势——有组织的暴力的优势及其所派生的其他一切优势(优越性),都是基于它的"地缘政治"(海洋地缘)的。

在这五百年里,欧亚大陆的东部在地缘政治(海洋地缘)上是处于劣势的。甚至从19世纪中期到20世纪中期,东亚的海洋竟然成为列强侵华的捷径。这种被动挨打的情势,直到朝鲜战争和越南战争才基本上被遏止。

(五)文明中心的中西交替的标识与圆周

请大家记住如下四个划时代的年代:

(甲)18世纪50年代,应该是西方崛起的"划时代"

通常把西方开始兴起的时间算作1500年,但相对于中国来说,它很迟才脱颖而出,崭露头角的。以至于二百五十年后(欧洲启蒙运动),西方因其系统地引进中国的思想与制度,才算有了文明。

在1750年之前的两百多年里,西方全靠中国的科技发明,占美洲、灭土著、贩黑奴和吞印度等,恶贯满盈,而使几大洲的财源资源倾注于欧洲。尽管如此,西方仍与中国相差甚远。——这时西方的各项经济产量都低于中国(约在1800年,欧洲的钢铁总量才达到宋朝的水平)。

虽然头几代西方殖民者已把大半个世界搅得天翻地覆,但他们还远不是中国的对手。罗普和巴雷特两位教授写道:对于16世纪的西方人来说,中国是辽阔的、坚韧的和秩序井然的;他们从未停止惊奇:如此广袤的国度和产品的多样性!所以,极少西方人响应西班牙殖民者的狂妄吹嘘——只需数百人的精锐武装就可以征服这个国家(就像他们摧毁美洲那样)。参观者所看到的是,中国的城市有坚固的围墙,防守严密;中国的军队是庞大的,战船众多,装备精良。他们还看到了中国政府强有力地靖乱,管辖巨大的人口,安排经济生活和有效反击祸害臣民的外患。①

有一个插曲:早在16世纪初,葡萄牙海盗皮雷斯(Tome Pires)企图以控制马六甲来降伏中国(如同当今美国的离岸封锁),结果发现是以卵投石、螳臂当车——差得太远了!

---

①Paul S. Ropp, Timothy Hugh Barrett: *Heritage of China: Contemporary Perspectives on Chinese Civilization*, University of California Press, 1990, p.1.

伊恩·莫里斯教授写道:皮雷斯……尝到了苦头,知道即使他们有枪支在手,面对着这个真正的世界中心,欧洲人还是无能为力的;尽管欧洲人摧毁了阿兹特克人,用武力打进了东方市场……东方文明和发展仍然凌驾于西方……焚毁特诺奇蒂特兰(文明)所引起的变化效应,还需要三个世纪的时间。①

从焚烧特诺奇蒂特兰城到焚烧圆明园,时隔三百多年!

中国对西方的近代化的贡献,在1750年前主要是物质文化(技术与商贸),而在其后则主要是非物质文化(思想与制度)。中国的物质文化奠基了西方的科学—工业革命,也为它带来了可供平衡与牺牲的全球性生态;中国的非物质文化奠基了西方的非宗教的俗世文明,也为它带来了经济学和自由经济以及全球贸易体系。②

(乙)19世纪50年代,应该是西方超过中国的划时代(这并非发生于明朝)

在19世纪的大部分时间里,中国的经济总量都高于西方各国。如果仅是和平竞争,中国不会落伍,因为中国文化具有很强的应变能力(《易经》曰:唯变所适,与时偕行)。——中华民族总是共赢于和平竞争,但也总是非和平竞争的直接或间接赢家,她是迂回性地和缓慢性地战胜致命挑战!时间是在极具生命力的中华民族这一边。所以罗素说,她是世界上最耐心的民族。③

抱着传统的"天下太平"教条的清朝统治层,对泰西之东侵缺乏认知——他们不知道它是基于中国科技发明的"暴力再生产",因而与往古"胡骑"不能同日而语,不能等量齐观。简森和欣瓦尔两位教授说:当炮舰政策与前现代亚洲相遇时,中国人把西方理解为蛮族……而此时的欧洲列强已经采用了全部的中国的发明与发现,并且对它们进行了伟大创新,尽管这些基础技术曾使中国领先世界一两千年。④

然而在清朝,中国不堪于屡遭战祸与勒索——"历史巨人"终于摔倒了。在自鸦片战争以后的百年中,中国有两个基本的战略劣势:

---

① Ian Morris:*Why the West Rules— for Now:The Patterns of History,and what They Reveal about the Future*,McClelland & Stewart,2010,p.394—395.

②*Rethinking the rise of the West:Global Commodities*,http://afe.easia.columbia.edu/neh/course7/activity4.html

③Bertrand Russell:*The Problem of China*,p.13—16.

④Kristina Jonsson,Catarina Kinnvall:*Globalization and Democratization in Asia*,London:Routledge,2002,p.53.

一是地缘政治的劣势：在1500—2000年的技术条件下，中国的海洋易被扼制，而且大陆的防卫性远逊于海洋的进攻性。

一是有组织的暴力的劣势：转型之前的中国体制是不扰民、软实力的"太平模式"(中国传统政治是以德礼为主、以政刑为辅)，缺乏组织力与动员力；勉强治水防夷，但不胜任于大型战争，尤不适合于现代战争。近百年，大陆国家的避免亡国灭种的"转型"，对其自身也是致命的，所以清朝难以起步。

很多人都会错误地认为，清朝败于列强是因为制度落后。殊不知，西方的有组织的暴力——极具组织力与动员力的国家体制，是等同于和模仿于中国先秦的战国七雄。① 清朝和民国所要做的，就是"退回到两千多年前"(斯宾格勒称，战国—民族主义)②！此乃孙中山所云"中国文化的战略退却"——从历史上的天下观及世界主义，退却到近现代的国家观及民族主义。这只是以退为进：为将来由中国主导实现"世界大同"做准备。③

罗素指出，中国为了幸存于列强，不得不降低自己的文明层次，来"向西方学恶"，选择军备型与排他性的民族国家，伤害自然环境的工业化的"进化体制"；④并且争取跻身列强，彼此进行殊死竞争，共同摧毁生命家园。⑤

罗素还说：中国传统体制仅有一个严重缺陷，那就是：它不胜任于抵抗好战的民族(欧美俄日等)。如果整个世界都像中国，整个世界都会是幸福的。(If the whole world were like China, the whole world could be happy.)但是，鉴于别的国家(西洋与东洋)都很好战和精力充沛……如果她将要保持其民族独立，中国被迫在某种程度上复制我们(西方)的恶(vice)。然而，让我们(西方人)不要自我陶醉地认为，如此模仿便是进步。⑥

清朝功不可没，其意义尤为深远。否则的话，美洲的悲剧就会在中国重演，列强一定会在打世界大战之前灭绝黄种人的！也正因为18世纪末至19世纪末，清朝有效地缓冲了西方的凶猛势头，西方才会不同程度地利用中国周边国族(包括日本和印度)，从而放弃对东方进行种族灭绝。再者，如果不是清朝从"陆疆"(陆权—

---

① *Journal of Asian history*, O. Harrassowitz, 2006, p.97.
② 斯宾格勒：《西方的没落》，第二卷，第452—453页。
③ 周道济等编著《国父思想》，台北：大海出版社，1988年，第31—34页。
④ Bertrand Russell: *The Problem of China*, p.13—14.
⑤ *Russell autography*, London: Routledge, 1998, p.417.
⑥ *The Basic Writings of Bertrand Russell*(1903—1959), London: Routledge, 1992, p.560.

地缘政治)的方面,在政治之"大一统"上和在文化之"同心圆"上,打下了良好基础。那么,中华民族不可能幸存于近百年(列强与霸权)的:首先,版图分裂远不止外蒙与台湾,而是占国土大半的边疆,此与中原汉地乃生命攸关;其次,第二次世界大战中的中国不可能依靠大纵深的西部,无后顾之忧地抵抗强寇,坚持到"战胜国"之时;最后,若非清朝前期的文治武功及其营造地缘政治,当今中国也不可能是从"世界屋脊"到太平洋,高屋建瓴、龙盘虎踞般地伸张海权,势不可挡的。

(丙)20世纪50年代,应该是西方衰落的划时代

西方的崛起和宰制世界主要是依靠海权及海洋霸权,对大陆进行有效扼制的。而朝鲜战争则是对美国的海洋霸权(取代列强且整合之)进行有效扼制。美国是从相对安全的大洋彼岸来宰制全球的,主要是宰制"旧大陆"(麦金德称为"世界岛")。朝鲜战争在这方面等于是对美国画地为牢——它永被边缘化于亚太的海洋一面,而不能向东亚大陆越雷池一步。麦金德预测,海洋霸权将会受到新兴的陆权的致命挑战。朝鲜战争不仅是海权、陆权逆转的前奏,而且决定了越南战争的美国必败。后者是因为美国不敢把战争扩及印度支那的后方(美国唯恐触及"中国红线"),从而无法切断越南抵抗力量的战略补给(越共的战争资源与潜力源源不绝)。美国在此局部,与其说是和越南打仗,不如说是和半个"有组织"的亚欧大陆打仗,它怎么能不输呢?

"神武如斯旷代无。"从长远的观点看,朝鲜战争犹如是对美国的海洋霸权预判死刑。概括朝鲜战争的深远影响如下:

第一,冷战赢家。朝鲜战争使中国从"冷战走卒"升为要角,从而具有自由结盟或变换阵营的价值与可能性,亦形成平衡两霸、鼎立三分的潜势。中国站到哪边,哪边就会得胜。最后,苏联两面受敌,使越战撤军的美国反败为胜,而实际上则是中国崛起抵消单级霸权。

第二,平衡杠杆。自从朝鲜战争,中国在冷战中起着至关重要的平衡作用:她总是站在最危险一方的对立面,从而防止战争毁灭;这也使其自身获得两霸的轮流扶植,奠基工业与国防(原子弹)。由此,中国能够促进核武的恐怖平衡,而致"冷战善终",实际上是中俄换位。

第三,霸图梗死。美国宰制世界,须阻遏大国崛起。其战略是北约与亚太合围,令其对手重蹈两次大战的德国两面受敌之覆辙。但朝鲜战争予以永久否定——美国军事无法深入大陆。中俄两国具有岿然之地利,除非它们内讧;但那也是"角色互换",美国虽胜犹败。

第四，海权丧钟。朝鲜战争使海洋霸权被边缘化于亚太海洋，而不能向着大陆越雷池一步。鸦片战争以来的炮舰政策基本失灵。麦金德称，大陆一旦能够做到有效自卫和机动联通，则扼制它的海权就会被淘汰。基于同样的趋势，美国在朝鲜战争后所打造的"岛链"，也将形同虚设。

第五，亚太纪元。朝鲜战争后，美国加紧营造东亚边缘的地缘政治，注入西方优越性，成就了日本与四小龙。再因朝鲜战争使美国无法战胜共产主义，它只好伺机与中国结盟，而让她参与全球循环（市场、投资、技术等）。于是，曾是全球历史的发展主轴的东亚，而今生龙活虎般地绽放潜力。由此，世界经济与发展的重心（中心）即将完成这样的"地理循环"：欧美—北美→亚太—东亚。

（丁）21 世纪 50 年代，应该是中华民族的伟大复兴的划时代

如果中国有能力防止或制止新的世界大战，如果全球工业化还不至于破坏生物圈（生命星球）。那么，中华民族的伟大复兴不在话下，因而到 2050 年中国将会是集其历史盛世之大成。列举三点如下：

第一，在国际政治上再现唐朝，而超越之。由于以中国为主轴的"海陆有机、丝路经纬、洲洋整合、共赢互惠"的顺利展开，那擅长从外围扼制和打劫（世界岛）的海洋霸权，早已因其无机可乘，而被自然淘汰了。中华重新成为天下太平的中坚，汉语和人民币分别取代英语和美元的主导地位。贯百世、通四方的汉语，被 17 世纪的欧洲学者——尤其是培根——称为建立世界通用语言的模范。①

唐朝作为文明中心是近悦远来、万邦向化。西方学者写道：这个地理上的东亚文化圈或称"中国天下"（the Sinic World）是怎样与广大世界交融的呢？……唐朝这样的世界主义和对外开放，在 7—8 世纪，乃至 9 世纪，无数的外国人从中华文化圈内外，从西方、从中亚，来中国做贸易、皈依宗教、留学和定居。朝鲜和日本甚至学习和移植中国的文官制度。无数的宗教派系在此繁荣，从祆教、景教，到多种佛教，却没有出现像西方世界那样在教皇或新教下的反异端的宗教战争……外来宗教也未曾挑战政治。②

第二，在思想文化上再现宋朝而超越之。"道的智慧"（和谐文化、和合智慧）百废俱兴、万丈光芒，诸如天人合一、依正不二、三才均调、四书五常、六艺群经等都

---

① Daniel Garber, Michael Ayers: *The Cambridge History of Seventeenth-century Philosophy*, Volume 2, Cambridge University Press, 2003, p.93.

② Ainslie T. Embree, Carol Gluck: *Asia in Western and World History: A Guide for Teaching*, London: Routledge, 1997, p.688.

成了"显学"。于是,经济与科技发展以及知识爆炸与信息爆炸统统都被纳入人与人、人与自然之和谐的轨道。近世以来,西学源于中国,却是失去了"道德指南",①所以牺牲生态环境与社会和谐。从今往后,必须使它回到"道器、体用"的智慧中来。至于中国的民主化,它将会随着陆海有机淘汰海洋霸权而水到渠成;它当是以多元一统(而非分裂)为前提,以摆脱西方的致命重压为条件,以恢宏德教、涵融西方为内容,以改造现代民主、推行王道大同与天人合一为旨趣。

陈寅恪论中国文化至宋朝达到巅峰,虽衰必复,必将同化西方文化。他写道:

"华夏民族之文化,历数千载之演进,造极于赵宋之世。后渐衰微,终必复振。譬诸(一棵)冬季之树木,虽已凋落,而本根未死,阳春气暖,萌芽日长,及至盛夏,枝叶扶疏,亭亭如车盖,又可庇荫百十人矣。

"窃疑中国自今日以后,即使能忠实输入北美或东欧之思想,其结局当亦等于玄奘唯识之学,在吾国思想史上,既不能居最高之地位,且亦终归于歇绝者。其真能于思想上自成系统,有所创获者,必须一方面吸收输入外来之学说,一方面不忘本来民族之地位。此二种相反而适相成之态度,乃道教之真精神,新儒家之旧途径,而二千年吾民族与他民族思想接触史之所昭示者也。"②

第三,在"大一统、同心圆"上再现清朝而超越之。主要本着合理回归、自愿加入的原则来光复旧物(版图)。不再有那些认贼为父、为虎作伥的恶邻。源于儒家式的欧美与中国的文官制度,被普世性地落实于"天下为公、选贤与能、讲信修睦"。古书云:蠢尔蛮荆,大邦为仇;中国衰则先畔,圣人起则后服。

关于历史与未来的中国的和平使命,汤因比说:没有任何征兆表明中国要越过一七九九年,即乾隆皇帝逝世当年的国界进行扩张……一八三九年鸦片战争以前,中国在占世界一半的东亚是名副其实的"中华王国"。虽说只有日本在政治上没有从属于中国,但周围所有国家,也包括日本在内,都在吸取中国文明。从这个意义上可以说,中国是统治着"天下万物"……佛教……传入中国,就被中国化了。这正是与从匈奴到满族这些北方民族几次征服整个中国或一部分中国,而最后被中国化了的原理是一样的……在最近新形成的地球人类社会中,中国仅仅就停留于三大国、五大国或者更多的强国之一员的地位吗?或者成为全世界的"中华王国",才是今后中国所肩负的使命呢?

---

① 斯塔夫里阿诺斯:《全球通史》上册,致读者。原文是"伦理指南针"。
② 陈寅恪:《金明馆丛稿二编》,上海古籍出版社,1980年,第245、252页。

罗素认为,中西之争是善恶之争,它关系到人类的前途和命运。他在1921年说:"世界上的'文明'国家(引者按:指列强与霸权),可能会……在今后的百年内相互毁灭(按:罗素提前20年预测到第二次世界大战),而把世界这个舞台留给那些……坚持和平主义而得以生存的民族。假如中国能够免于被驱使进入战争(按:中国未能幸免于二战,但愿能幸免于三战),那么,她的压迫者最终会把自己拖垮(按:就像目前在南海一样,拖垮穷兵黩武的霸主),从而让中国人自由地追求符合人道的目标,以取代全部白人国家所热爱的战争、掠夺和破坏。这对中国人来讲也许是一个微弱的希望……

"中国人发现了,并且已经实践了数个世纪之久的一种生活方式,如果它能够被全世界所接受,则将使全世界得到幸福。……如果我们不能够学到一些东方的智慧——正由于那种智慧,我们才藐视它;那么,(我们的)导致破坏的效率则只能以毁灭而告终,我们的文明正走向这一结局。"①

回到当下。自2000年以来,全球性的地缘政治(海权、陆权)的战略优势开始丕变。由于"旧大陆"——特别是欧亚大陆的东部——愈益具有机动、便捷和联通的能力,以及国防自卫与投射能力,因而西方霸主不得不从中国近海"退避三舍",其岛链、基地和盟国都已是形同虚设。与此同时,世界的经济发展的重心(中心)也在向这里转移(最大的洲陆与海洋衔接,以及最大比重的世界人口)。随着中国的充分崛起,其势力对海洋的覆盖面越来越大,以致形成压倒性的陆海有机的引力场,托起世界和平与发展。这样一来,海洋霸权就会越来越被边缘化,西方的各种优越性也都随之丧失;世界将回到西方兴起以前的格局——中华是主流或主轴,通过丝路辐射与辐辏!

耶鲁大学教授乔纳森·斯彭斯在2000年1月1日美国《新闻周刊》刊登文章,这样评价西方兴起之前的中国:

上一个"中国世纪"是11世纪。当时,中国是世界上最大也是最成功的国家。它的领导地位源于一系列的因素,从技术上的发明到工业企业的兴起和管理良好的农业,从普遍的教育和行政管理试验的传统到对宗教和各种哲学思想的宽容。……上一个1000年的中国,是世界超级大国,也是世界上最强大的国家。当时宋朝的首都在东京汴梁,就是现在的河南开封,人口达百万,是世界最先进、最繁荣、最庞

---

① 《中国印象》下册,第87—88页。

大的城市。①

原先,西方在一穷二白、穷途末路的情况下,搭上中华文明的顺风车,花了三百五十年(1500—1850年)赶超了中国。而后,中国则在承受列强与霸权的致命压迫的情况下,赶超西方只花了不到七十年;如果从1978年算起,则是不到四十年(1980年《河殇》还说中国在世界上是垫底)。

这不只是"五百年之轮回",而真正是"三千年未有之变局"。三千年来,中国几乎都是在地缘政治的逆境中(主要是由于地形和生态倾势,农耕文明面对其外界的暴力,犹如羊入虎口),延绵起伏、愈益博大。另一方面,中华文明却导致、招致了征服世界的战争源——历史上的草原暴力和近现代的海洋暴力。倘若不是中国的科技发明和传播及其启动世界,那么,各地——尤其是漠北与西欧——的人类矛盾与冲突都是原始性、地方性的(汤因比说,若非文明中心的技术扩散,则无"大型的征服战争")。所以,中国自身不得不承受和消弭之——她已经同化了草原暴力,近百年来一直在全力应对海洋暴力。极可喜的是,全世界的地缘政治的战略优势首次转到了中国。因而在此方面,中国之化解忧患,往古是逆水行舟、逆流而上,而从今往后则是顺水推舟、水到渠成。历史中国是依靠"道的智慧"逢凶化吉,我们今天亟须恢复和发挥它。

四、中国文化协和万邦,消化"西洋苦果"

(一)中华文明驱动的人类社会是"道的运动"

中华文明是全面维护人与人、人与自然的和谐,因而是开放性与包容性的有序运动,此乃人类历史上绝无仅有的。除此之外,古今世界的有序运动几乎全是排他性的(内和谐、外冲突);其相对于中华文明和相对于自然环境,则都是无序运动;因为它们的内部有序,是以制造外部无序为条件、为代价的。

是中国的有序运动驱动人类社会与文明的。西方学者指出:近代以前,中国是作为"欧亚经济的引擎"(China as the engine of the Eurasian economy),以致整个中古世界被称为"中国千年"(Chinese Millennium)。②

在近代以前,绝大多数的中国之外的有序、无序的运动,都是彼此抵消或原地

---

①国外汉学家眼中伟大宋朝:繁荣和创新的黄金时代来源:凤凰网历史作者:李蓉蓉,2013年02月22日。

②Craig Lockard: *Societies, Networks, and Transitions*, p.416.

踏步的,因而是原始性的(不存在进步或进化、发展与发明)。现代西方是典型的无序运动:造成人与人、人与自然的冲突,以牺牲异域及生态来确保其内部的有序(理性)。但在1492年之前,它等于零——处于宗教窒息与人神火拼的原始平衡的状态。

近现代西方,在中国打通"全球天下"的情况下,在地理上是近水楼台、捷足先登,从而在中国所奠基的物质—科技的基础上,通过最大化地制造人与人、人与自然的冲突来牟取暴利,但这很快就会达到极限的。因此,西方的"线性进化"只是近现代的现象,而且是中华文明的"道的运动"在此阶段的表现形式,是其周期律(阴阳律)的短暂阳亢。古诗云:"草树知春不久归,百般红紫斗芳菲。"

"道"是圆融的和迂回的。中华文明在循环往复中不断涵融,愈趋博大。

社会运动的规律是什么?现代文明是一往无前的进步、进化吗?假如生态无限——有许多个地球供其消耗、供其牺牲(犹如《创世纪》所言,神造万物及人,万物为人服务和牺牲),那么,现代这种征服自然、改造自然的"文明"就会是行地无疆、无远弗届。但实际上,厚德载物的生物圈是"仅此而已",况且已是超限。

所以,人与自然的关系既有对立,又须和合;这就是规律,亦即"道"。道或规律不是线性的,而是圆形的。

至于今人或西方所言社会运动是"一个进步或进化的趋势"(线性),那是一厢情愿的假象。譬如,当社会的阴阳运动处于某个"阳"的时间段(活跃期),在其中锐意重新的人们,就会乐此不疲。因而就会说:过去、现在和将来都是"阳",这俨然是一条进步线(进化线)。进而,大家也会形成一种共识:那些锐意创新的人们,才是合乎规律的,所以他们是明智的群体,代表了我们这个超越历史的"理性的时代"。

斯宾格勒认为,现今的时代精神和价值标准不适合于历史。他批评道:

"理性的时代"、人性、最大多数人的最大幸福、启蒙、经济进步、民族自由、征服自然……当作评判全部千百年历史的标准。并且,当事实不过是这些人的愿望和目标不同于我们的愿望和目标而已的时候,我们就据此认定,他们忽视了"真正的道路",或认为他们背离了这一道路。[①]

殊不知,执着于"阳"(进步、进化),而视之为一般规律,那不仅是短暂的,而且是危险的。就今而言,执着于如此违背"道"的假规律,是危及生物圈和全人类的;若非自觉的"大道回归、反本开新"(阴阳→和合),则必盲目的"末日审判、地球劫

---

① 斯宾格勒:《西方的没落》,第二卷,第19页。

坏"（创世→末日）！

文明演变的真正规律（道）是：正→反→合，或是：阴→阳→和。老子曰："万物负阴而抱阳，冲气以为和。"《易经》云："一阴一阳之谓道，继之者善也，成之者性也。"

1."正"（阴）是人与人、人与自然之相对和谐；

2."反"（阳）是人与人、人与自然之愈益对抗；

3."合"（和/阴）是人与人、人与自然之相对和谐。

鉴于西方（思想、文化和宗教）全然是"反"（阳亢——人与人、人与自然之愈益对抗），所以，西方文明仅是近现代的暂时现象；西方没有历史，也没有未来。

西方没有历史。历史是"正"——人与人、人与自然之相对和谐。在近代以前，西方的宗教内外或是处于禁锢状态，或是陷于人神火拼，哪里谈得上文明呢！

西方没有未来。未来必须"合"——人与人、人与自然之相对和谐。如果西方依然主宰未来世界的话，或者中国无能为力于"大道回归"，那么，就不会是文化调节平衡，而是自然强制平衡。后者意味着人与生物圈同归于尽。

中华文明是"正→反→合"（道）的全部，只不过在近现代被其所派生的矛盾的对立面（西方）所表现而已。所以，从今往后，中华文明不仅是自我复兴，而且要促进普世和谐。

进一步探讨文明之"道"（正反合）。

"道"的展开：1.正、阴、静（相对和静）；→2.反、阳、动（剧烈运动）；→3.合、阴、静（相对和静）。其整体通观如《太极图说》："无极而太极。太极动而生阳，动极而静，静而生阴，静极复动。一动一静，互为其根。分阴分阳，两仪立焉。阳变阴合……"

"道"应用于社会：文明演进的规律（道＝正→反→合）：1.传统时代——"正"，即：人与人、人与自然之相对和谐。2.近现代——"反"，即：人与人、人与自然之愈益冲突。3.未来——"合"，它有两种可能：A.文化调节平衡→人与人、人与自然之相对和谐；B.自然强制平衡→返回前文明乃至前生命的状态。

"道"应用于"古今中西"：鉴于在人类文明的演进的过程中（道：正→反→合），西方仅是"反"（人与人、人与自然之愈益冲突）；所以，西方只是近现代的暂时现象，它没有历史，也没有未来。中华文明是"正→反→合"（道）的全部，只不过在"反"这个阶段是西方凸显而已。由此，欧美文明及现代世界的历史源流，并非西方，而是中国。文明的未来结局：若非人类自毁，则必"大道回归"。

概括"文明之道"七点如下：

第一,中国是"正→反→合"的全部,而西方则仅是"反"(人与人、人与自然之愈益冲突)。

第二,中国之"反"是在"道"之内,西方之"反"是在"道"之外(脱离了生命的周期律)。

第三,正因为没有"道",无所制约,西方之"反"比较强烈和凸出,以致它暂时主宰近现代的世界。

第四,鉴于社会运动的规律是"道",是圆形的,是"正→反→合";所以,全然是"反"的西方,没有历史,也没有未来。

第五,鉴于"反"不可能自我产生,而是产生于"正";所以,近代西方不是产生于它自己,而是产生于截然不同的文明(它体现"正":人与人、人与自然之相对和谐)。

第六,近代以前的国土生态、乡土环境(而非近现代的世界联通、全球循环),根本不能承受单纯的"反"(人与人、人与自然之愈益冲突)。像西方这种文化、思想和宗教在古代要不了半个回合,就灰飞烟灭了。所以它只能是依靠神权禁锢,勉强保住原始性的存在。

第七,中国之"正",并非绝对静止,而是动态平衡(其内部也包含无数个正、反、合)。因而近代以前,中国是真正的文明,其他文明乃似是而非。近代西方及现代世界都是源于中国的。

(二)中华派生矛盾的对立面——文明的怪胎

中国是人类社会中最大最久的科技、经济、文化和政治中心。她作为矛盾统一体,派生子文明与对立物。后者有两个"之最":1.历史上的草原暴力(部落战争、征服亚欧);2.近现代的海洋暴力(侵略全球、世界大战)。假如不是华夏的技术与文化的传播,那么,两者的暴力基因仅是原始性和地方性的,而根本不可能形成大型战争。但事实上,它们对于文明母体来说,都是致命的。她不得不吞食苦果而消化之:她已经艰辛地同化了草原暴力,正在倾全力应对海洋暴力。

现代西方是华夏的子文明、对立物的兼而有之,所以,它也是文明的怪胎。让我就此问题多说几句:

第一,侧重于"胎"字。实际上,近代西方或欧美文明——它首次有了"文明"——是中华母体的"胎生",是华夏向外传播文化与科技,却又在"道"的方面失控的结果。西方几乎是从零开始拥抱文明的,因为在近代以前,它是非文字、极贫穷、很原始的(毫无文明的内涵。它的优异传统、西方谱系,都是伪造的)。构成近代西方及现代世界的基本元素,几乎百分之百是中国的(物质文化:科技和经贸以及"地理大发现";非物质文化:思想和制度以及"俗世性文明")。

第二,侧重于"怪"字。欧美文明是华夏的生命周期律(阴阳运动)的暂时而危险的阳亢,只不过在她的平天下(通往大同)的过程中,西洋在中国传统科技的条件下是连通东半球与西半球的地理捷径,所以文明与技术的张力从亚欧大陆的西端,而不是东边,发生了突破。这也就把西方人从画地为牢、神权禁锢(地理与宗教的双重紧箍)下解放了出来,从而"洪水猛兽"——原罪性恶、重新创世、上帝洪水——飞流直下、飞瀑凌空!中国与西方由"母子关系"蜕变为:农夫与蛇,盗憎主人,乃至西方一直在"弑母"——弑杀文明母亲与自然母亲。见怪不怪:中西元一,一合一分;怪力乱神,七十二变都跳不出如来佛手掌!

第三,整个来看"文明的怪胎"。人类社会走到了历史的反面,一种反自然、害生态、非生命的思维与生产方式占了上风;此乃空前绝后——人类史及生物史的末世现象。西方的进步、进化是这样的没有未来,即:神云"最后晚餐",佛曰"梦幻泡影",俗言"回光返照"!西方与西方化的国家都以耗丧生物圈来创造科技—物质文明,这仅是"全球天下"被打通后的以空间换时间(冲击星球家园的极限),岂能长此以往?人类的存亡绝续决定于其文化模式的选择:A.仍是创世→末日,自然强制平衡(地球劫坏,太空殖民)?B.回归阴阳→和合,文化中和平衡(贞下起元,返本开新)?

(三)西方文明及其一切方面都是伪命题

欧美文明及现代文明,以及西方文化、制度和价值观,诸如科学、民主、自由、法治、人权、资本主义和个人主义等,凡此,从历史长河来看,都是伪命题。首先,它们都是"缘起性空",没有"实在自性"(借用佛语)——它们不是缘起于西方本身,也都不是自体生成;它们没有历史,也没有未来;它们都仅是在一定条件下存在于近现代,即它们都是以全球性生态为其平衡条件和牺牲代价。

就拿科学来说:有多大的海外生态供其耗丧,就会产生多大的"奇迹",直到彻底的自毁家园为止。因此,在1492年之前,即在人类社群囿于各自的本土环境的情况下,几乎不可能出现科学或科技;除非个别民族(中华民族)在"道的智慧"(和谐文化、和合智慧)之下,开发和利用传统技术。

再说资本主义:它意味着生存竞争最大化,又不会伤害自身,这只能是近现代的事(依靠"全球性生态"作为平衡条件和牺牲代价)。资本主义是嚼噬生物圈的一头怪兽——吞食生态与人文的精华,排泄自然与精神的污毒,直到人类的自我毁灭。这在近代以前,即在世界联通、全球循环之前,是不可能存在的。在近代以前,人受制于地理环境,自然占绝对优势,天人相与是直接的生命攸关。在此情况下,国土生态、乡土环境根本不能承受任何"双刃剑"和资本主义,也几乎不能承受人智、人为,动辄自毁家园、自掘坟墓。除非有"道的智慧"(和谐文化、和合智慧)来驾驭,否则就不会有发展和创新。

至于民主、法治、自由、人权等,凡此,无不是需要向外平衡,无不是牺牲异域与生态。一个国族把生存竞争的重心转向外部世界,并使资源财源滚滚而来,由此,社会变得宽松、理性、有序,便出现文明极致。人是有条件的理性动物——在宽松富裕的环境中自动形成内部佳境。但如果是在一些国家遭受霸权压迫的情况下,或者在将来地球超载或在往古囿于本土的情况下,那么,都不存在西方式的民主、法治、自由和人权。